W0034815

Im **CONBOOK** VERLAG sind außerdem die folgenden Nordamerika-Routenreiseführer erschienen:

Vancouver Island – Reiseführer zur schönsten Insel im Pazifik – 4. Auflage ISBN 978-3-934918-53-5
Pazifikroute – Die traumhafte Küstenroute West-Kanadas ISBN 978-3-934918-33-7
Nationalparkroute Kanada - Die legendäre Route durch Alberta und BC ISBN 978-3-934918-80-1

Nationalparkroute USA – Südwest – 2. Auflage ISBN 978-3-934918-60-3
Route 66 – Neue Wege auf altem Asphalt ISBN 978-3-934918-28-3

Impressum

1. Auflage, Originalausgabe, © 2011 Conbook Medien GmbH, Meerbusch
Alle Rechte vorbehalten.

www.conbook-verlag.de

Autor: Jens Wiegand
Innengestaltung: David Janik, Linda Kahrl
Umschlaggestaltung: David Janik
Druck und Verarbeitung: Offizin Andersen Nexö Leipzig GmbH, Zwenkau
Kartografie: Conbook Medien GmbH, wenn nicht anders angegeben

Printed in Germany

ISBN 978-3-934918-57-3

Bildnachweis Einband: ©istockphoto.com/abbywilcox (Cover), ©istockphoto.com/step2626 (Bandon Rocks)
Bildnachweis Innenteil: S. 23 unten ©shutterstock.de/Caitlin Mirra, S. 24 ©istockphoto.com/jklune, S. 28 © Redondo Beach Visitors Bureau,
S. 30 © Dennis Conner's America's Cup Experience, S. 18, 31 © San Diego Harbor Excursion, S. 35, 36 © Courtesy of www.californiabell.com,
S. 44, 47 © BrightSourceEnergy - www.brightsourceenergy.com, S. 48 © Tesla Motors, S. 51 © Gary Avant, S. 59 © SDHE - Courtesy John
Koster, S. 68 © Hotel del Coronado gallery property, S. 72, 73 © Comité de Turismo y Convenciones de Tijuana, S. 79 ©istockphoto.com/
ElFlacodelNorte, S. 93 © Visit Newport Beach, S. 102, 103 © Courtesy Laguna Beach Visitors & Conference Bureau, S. 104, 105 ©
Courtesy Visit Newport Beach, S. 107, 108, 110, 111 © Courtesy Surf City USA, S. 109 © Duke Kahanamoku, Courtesy Surf City USA,
S. 114, 115, 119 © Courtesy Long Beach Convention & Visitors Bureau, S. 125 © shutterstock.com/Tsebourn, S. 19 oben, 129, 135,
136, 138, 139, 147, 150, 258 © Courtesy Los Angeles Convention & Visitors Bureau, S. 144 © Courtesy Los Angeles Convention &
Visitors Bureau, Michele & Tom Grimm, S. 145 Courtesy Los Angeles Convention & Visitors Bureau, © Henry Salazar, County of Los
Angeles, S. 146 Courtesy Los Angeles Convention & Visitors Bureau, © Stephen Berkman, S. 148, 149, 151 Courtesy Los Angeles
Convention & Visitors Bureau, © John Paul "Boomer" Iacoangelo, S. 152 Courtesy Los Angeles Convention & Visitors Bureau, © Griffith
Observatory, S. 154 Courtesy Los Angeles Convention & Visitors Bureau, © Glenn Cormier, S. 155 Courtesy Los Angeles Convention &
Visitors Bureau, © Travis Conklin, S. 169, 170 © Feuchtwanger Memorial Library, University of Southern California, S. 173 © Feuchtwanger
Memorial Library, University of Southern California, B. Schaarschmidt, S. 186, 187 ©shutterstock.de/Elias H. Debbas II, S. 20, 198, 199,
201 © Tim Hauf, timhaufphotography.com, S. 205, 206 ©shutterstock.de/Richard Thornton, S. 26 unten, 207, 208, 211, 214 © Santa
Barbara Conference & Visitors Bureau, S. 221, 226, 228 © San Luis Obispo Chamber of Commerce, S. 224 © Courtesy Pismo Beach
Conference & Visitors Bureau, S. 20 unten, 239 ©istockphoto.com/Vladone, S. 263, 264, 266 © Courtesy of www.carmelcalifornia.com,
S. 271 © Courtesy of www.canneryrow.com, S. 273 © Courtesy of www.montereyjazzfestival.org, S. 277 ©shutterstock.de/John Kropewnicki,
S. 280 ©shutterstock.de/Mariusz S. Jurgielewicz, S. 290 © Courtesy San Francisco Convention & Visitors Bureau, S. 22, 294 © Phil Coblentz,
Courtesy San Francisco Convention & Visitors Bureau, S. 298, 301, 317, 324, 338, 339 © David Janik, S. 300 © Mark Gibson, Courtesy
San Francisco Convention & Visitors Bureau, S. 304 © Kerrick James, Courtesy San Francisco Convention & Visitors Bureau, S. 313 © P. Fuszard,
Courtesy San Francisco Convention & Visitors Bureau, S. 314, 315 © Courtesy Alcatraz Cruises, LLC, S. 323 © Regis Lefebure, Courtesy
San Francisco Convention & Visitors Bureau, S. 331 © Seth Affoumado, Courtesy San Francisco Convention & Visitors Bureau, S. 330, 332
© Bob Ecker, Courtesy San Francisco Convention & Visitors Bureau, S. 333 © Sheryl Schindler, Courtesy San Francisco Convention &
Visitors Bureau, S. 334 © Carol Simowitz, Courtesy San Francisco Convention & Visitors Bureau, S. 350, 351, 352, 356 © Visit Mendocino
County, S. 374 © Lincoln City Visitor and Convention Bureau, S. 375 Simone Müller, www.szim.de, S. 380 © Joe Curren, S. 382 ©istockphoto.com/
step2626, S. 384, 386 © Bill Grami, Courtesy Coos Bay North Bend Visitors & Conference Bureau, S. 388 ©istockphoto.com/jklune,
S. 390 ©istockphoto.com/Pierdelune, S. 395, 396 © Washington State Tourism, S. 397 © Travel Oregon, S. 404 ©istockphoto.com/Kativ,
S. 400, 407 ©istockphoto.com/brown54486, S. 413, 436 © Don Dungeness & Sequim Lavender Festival, S. 414, 416 ©istockphoto.
com/kcline, S. 425 ©shutterstock.de/akva, S. 429 ©istockphoto.com/yenwen, S. 430 © Ross Hamilton, Courtesy Visit the Olympics,
S. 17, 25, 26, 429, 433, 439, 442, 445, 447 © Washington State Tourism, S. 434 © John Gussman, Courtesy Visit the Olympics,
S. 435 © Val Henschel, Courtesy Visit the Olympics, S. 449 ©istockphoto.com/urbanglimpses

■ Reisekapitel / -informationen

NORDKALIFORNIEN 337

OREGON 373

WASHINGTON 413

REISEVORBEREITUNG & UNTERWEGS 457

ANHANG 481

■ Reisekapitel / -informationen

EINLEITUNG

Einleitung – der Pacific Coast Highway

Neue Wege ...

Das Meer war schon immer Gegenstand menschlicher Sehnsucht. Im Wasser spiegelt sich der Himmel, und der Himmel ist da, wo das Leben endet und das Paradies beginnt. Das Meer ist unendlich wie der Himmel, doch irgendwo weit hinter dem Horizont versteckt sich Neuland. Fremde Ufer, die das Paradies auf Erden versprechen.

Der Pacific Coast Highway ist eine Hommage ans Meer, eine Demutsbezeugung an seine Größe und Großartigkeit. Dreitausend Kilometer zieht sich das Asphaltband am Stillen Ozean entlang, von der wüstenhaften Grenze im lebensfrohen Süden zur düsteren Schwermut kurz vor dem Grenzübertritt nach Kanada. Dazwischen liegen in ständiger Abwechslung goldene Sandstrände, sturmumtoste Kaps, Steilküsten, Kliffs, natürliche Brücken und Felsen, Dünen und Marschen, Vogelinseln und Treibholz. Alle paar Kilometer kann man den Wagen anhalten und sich von einem anderen Panoramablick über das ungestüme Zusammentreffen von Land und Wasser überwältigen lassen.

Eine Reise entlang der Pazifikküste ist eine Liebeserklärung an die Schöpfung, ein Genuss für alle Sinne, ein Anstoß für große Gefühle. Freiheit und Einsamkeit sind zwei ungleiche Geschwister, die sich immer wieder die Hand schütteln. Neben sentimentalen Regungen verspricht der Highway einen grandiosen Streifzug durch die Weiten des amerikanischen Kontinents und seine konsequente Widersprüchlichkeit: von den Palmen am Strand von Venice zu den Baum-riesen der Redwoods, vom gleißenden Licht San Diegos ins düstere Forks, vom uferlosen Überfluss in Los Angeles in die deprimierende Aussichtslosigkeit von Aberdeen oder vom religiös-patriotischen Konservatismus des Orange County in die brodelnde Untergrundmetropole San Francisco.

Fünf der fünfundzwanzig größten Städte der USA liegen an der Pazifikküste oder in ihrem unmittelbaren Einzugsbereich. Trotz dieser Gemeinsamkeit könnten sie kaum unterschiedlicher sein. Das sonnenüberflutete San Diego ist die Badewanne des amerikanischen Westens, Los Angeles der Inbegriff der kulturindustriellen Metropole. San Francisco war und ist die Brutstätte des subkulturellen Untergrunds, von den Beatnicks über die Hippies zur Schwulenbewegung. San Jose, gleich um die Ecke, fungiert als Hauptstadt des Silicon Valley, der Inkarnation des Hochtechnologie-Clusters mit Unternehmen wie Google, IBM oder Hewlett Packard. Seattle schließlich, hoch oben im pazifischen Nordwesten, wirkt wie die perfekte Fusion der letzten beiden. Als Heimat von Boeing, Microsoft und Starbucks drückt die Stadt der Weltwirtschaft ihren Stempel auf und ist in fast allen Ecken der Welt präsent. Gleichzeitig ist Seattle ein Fixpunkt der amerikanischen Anti-Globalisierungsbewegung und Heimat des Grunge, der Seattle Anfang der 90er zum Status der Welthauptstadt der Rockmusik katapultierte.

Doch die brodelnden urbanen Zentren trennen viele Meilen einsamer Küste, die ein anderer Rhythmus dominiert. Die kleinen Küstenorte, einst abgelegene Fischerdörfer, sind heute Rückzugsgebiete für Urlauber und Senioren, die sich in die friedliche Beschaulichkeit einer grandiosen natürlichen Umgebung zurückziehen. Es sind nicht nur die atemberaubenden Formen, die das ewige Zusammenspiel von Wind und Wellen geschaffen hat, sondern auch die reiche Tierwelt, die ein Fernglas in der Reisetasche unabdingbar machen. Pelikane, Wanderfalken und Adler segeln in majestätischer Haltung über der Brandung, tausende Seevögel brüten auf Felsen und Vogelinseln, und in den idyllischen Weiten der Marschen rasten hunderttausende Wandervögel bei ihrer Wanderung nach Süden oder Norden. Der vor hundert Jahren fast ausgerottete Seeotter tummelt sich fröhlich in den Wellen, See-Elefanten erholen sich in großen Kolonien von den Anstrengungen der Migration und liegen fett und faul in der Sonne. Seehunde sind weniger scheu und bevölkern Häfen und Piers, sogar in Millionenstädten wie San Francisco.

In jedem Herbst besteigen Tausende die Ausflugsdampfer von Washington bis Kalifornien, um dem Schauspiel der Migration der Grauwale aus nächster Nähe beizuwohnen. Selbst von den Kliffs der Küste kann man dann mit etwas Glück einen Blick auf die riesigen Meeressäuger werfen. Gleiches gilt für Blauwale, Pottwale, Delphine und Orcas. Im Rücken der Küste durchstreifen Hirsche, Elche, Rehe, Wildschweine und Schwarzbären die tiefen Wälder.

Doch die Reise entlang der Pazifikküste hat noch viel mehr zu bieten. Sie ist ein Trip durch Kulturen und Subkulturen, durch Vergangenheit und Zukunft, Komödien und Tragödien. Eine Straße voller Geschichte und Geschichten. Ein Road Movie auf den Spuren von Straßengangs und Sekten, Indianern, Entdeckern und Pionieren, Einwanderern und Konzernen von Weltrang. Wir treffen große Literaten wie John Steinbeck, Jack Kerouac, Henry Miller oder Charles Bukowski und erforschen das deutsche Literaturexil in Los Angeles. Wir graben nach den Ursprüngen der großen Bewegungen der Populärkultur, deren Wiege am Pazifik stand. Von der Surfmusik über Folk und Rock zu Hiphop, Punk und Grunge.

Hollywood hat die Bilder der Küste, ihrer Städte und Bewohner in die Welt hinausgetragen. An jeder zweiten Stra-

ßenecke begegnen wir einem Hollywood-Streifen, von Alfred Hitchcock bis Quentin Tarantino. Doch der Highway war auch Schauplatz großer und kleiner Legenden und Anekdoten. Jedes Dorf hat kuriose, ergreifende, schockierende oder einfach nur skurrile Geschichten zu erzählen.

Wir sind nicht auf der Suche nach dem Paradies auf Erden und verschließen die Augen nicht vor der Realität. Wir erforschen auch die sozialen Abgründe, die Krisen, die alltägliche Gewalt, die Umweltzerstörung und die Schattenseiten des amerikanischen Traums. Wir erleben Amerika mit all seinen Höhen und Tiefen, blicken hinter seine Kulissen und räumen mit seinen Mythen auf. Es gibt viele Amerikas, die alle entdeckt werden wollen – und wir stoßen mitten hinein.

... am Stillen Ozean

Der Pacific Coast Highway ist schlicht das, was sein Name verspricht: eine Küstenstraße. Das Wort „Highway" kann allerdings zu vorschnellen und irreführenden Schlüssen führen, denn „Autobahn" ist keinesfalls immer die richtige Übersetzung. In der Nähe der Metropolen kann die Route einen autobahnähnlichen Charakter haben, doch über weite Strecken ist sie nicht mehr als eine zweispurige Landstraße.

Anders als die Route 66, deren Geist eindeutig die Fahrtrichtung nach Westen vorschreibt, gibt es auf dem Küstenhighway keine spirituell vorgeschriebene Richtung. Bewegt man sich von Norden nach Süden, genießt man während der Fahrt sogar die besseren Ausblicke auf das Meer und hat es leichter, mal eben an einer besonders schönen Stelle zu halten. Wir haben trotzdem die umgekehrte Richtung für den Aufbau des Führers gewählt. Der Grund liegt darin, dass sich ein guter Teil der Leserschaft nicht die gesamte Route vornehmen, sondern sich auf den prominentesten und vom Klima begünstigten Abschnitt in Kalifornien konzentrieren wird. Denn, wiederum im Gegensatz zur Route 66, gibt es auch keine metaphysische Verpflichtung, die gesamte Strecke zu bereisen. Tatsächlich ist das Teilstück zwischen Los Angeles und San Francisco unter touristischen Gesichtspunkten der attraktivste Part. Ihm wird daher auch besonders breiter Raum in diesem Buch zugebilligt.

Doch die Idee von einem vollständigen Trip von der Süd- zur Nordgrenze, der Durchquerung des gesamten Landes, ist aus anderen Gründen ein faszinierendes Unterfangen. Nur sie gestattet ein Gesamtbild, einen Überblick über Vielfalt und Gegensätze des pazifischen Westens. Nördlich von San Francisco bewegt man sich in vom Fremdenverkehr bedeutend weniger erschlossenen Regionen und wird mit mehr Ruhe und Authentizität belohnt.

Genauso wenig wie auf eine offizielle Fahrtrichtung besteht der Pacific Highway auf einen bestimmten Startpunkt. Im Süden bieten sich San Diego und Los Angeles an, im Norden Seattle und San Francisco. Wir beginnen die Reise an der mexikanischen Grenze, aber nach der zumindest auszugsweisen Lektüre dieses Buches wird jeder in der Lage sein, Start und Ziel nach eigenen Wünschen, Interessen und Sehnsüchten zu definieren.

San Diego, der südlichste Zipfel des amerikanischen Westens ist eine lebensfrohe, vom mediterranen Klima verwöhnte Metropole. Eine moderne Hafenstadt, die ganz oben auf der Wunschliste frierender Rentner aus dem Norden steht und bevorzugt von Kreuzfahrtschiffen angesteuert wird. Schließlich bietet San Diego genau das, was eine interessante Metropole ausmacht: wichtige Kulturinstitutionen und Museen, interessante Stadtviertel und so manche Kuriosität der Stadtgeschichte. Das historische Gaslamp Quarter lädt zum Spazieren, Shoppen und Ausgehen ein. Ein Abstecher über die Grenze nach Mexiko garantiert bemerkenswerte Kontraste und ist leicht zu bewerkstelligen. Leider sollte man sich aber vorher über die aktuelle Sicherheitslage kundig machen.

Die 150 Meilen nach Los Angeles durchlaufen eine der am dichtesten besiedelten Regionen der USA. Kein Wunder, drei Viertel

der Weltbevölkerung träumen unerstellten Statistiken zufolge davon, an sonnenüberfluteten Stränden zu leben. Folglich hört die Mehrzahl der Ortschaften auf den Familiennamen „Beach". Populäre Vornamen sind Solana, Newport, Huntington, Seal, Long, Redondo, Hermosa und Manhattan.

Die urbane Landschaft des Orange County wirkt etwas eintönig, es fällt schwer, die einzelnen Orte individuell zu unterscheiden. Doch Orange ist nicht nur ein Fokus der Immobilienspekulation, sondern auch die Heimat des Surfens – und der konzentrierte Teil des Camino Real, der Kette historischer spanischer Missionsstationen, entstanden als erster ernsthafter Versuch Europas, Kalifornien zu kolonisieren.

Los Angeles ist ein urbaner Krake, mit all seiner konzentrierten Hässlichkeit und aufregenden Vielfalt. Ein größtenteils unansehnlicher, hyperaktiver Ameisenhaufen. Viele Besucher sind angesichts des großen Namens und übersteigerter Erwartungen auf den ersten Blick enttäuscht. Doch Los Angeles will entdeckt werden und hat in Wahrheit eine Menge zu bieten. Für das historische spanische Dörfchen, den mexikanisch dominierten Broadway, die moderne Downtown, Hollywood und Venice muss man mindestens einen ganzen Tag investieren, besser zwei. Wir folgen obendrein den Spuren von Charles Bukowski und dem Exil großer deutscher Literaten wie Thomas Mann, Bertold Brecht, Lion Feuchtwanger und Alfred Döblin.

Beverly Hills, Santa Monica und Malibu, bekannt aus Film und Fernsehserien, sind Orte, wo sich bevorzugt die Stars und Neureichen niederlassen. Man wird seine Neugier kaum unterdrücken können, jedoch schnell feststellen, dass sich das Leben der Prominenz hinter hohen Mauern und dichten Hecken verschanzt.

Es beginnt der populärste Abschnitt des Pacific Coast Highways, die Strecke von Los Angeles nach San Francisco. Eine überwältigend schöne Straße, immer auf Tuchfühlung mit dem Ozean. Mal fliegt man hoch oben über die Klippen, mal fährt man direkt neben dem feinen Sandstrand. Erinnert man sich der Überbevölkerung des Orange County, findet man keine Erklärung für die Tatsache, dass diese hinreißende Landschaft so dünn besiedelt ist.

Zunächst erreicht man Oxnard, das Sprungbrett zu den Channel Islands. Acht gar nicht mal so kleine, praktisch unbewohnte Inseln liegen direkt vor der kalifornischen Küste. Fünf davon gehören zum gleichnamigen Nationalpark, der – angesichts der Menschenmassen im Großraum Los Angeles völlig überraschend – zu den am wenigsten besuchten Parks der Vereinigten Staaten gehört. Ein Schiffsausflug zu einem der Vogelparadiese ist absolut empfehlenswert, nimmt aber auch fast einen ganzen Tag in Anspruch. Eine rationale Zeitplanung vor der Abreise auf den großen Road Trip ist also ebenso absolut angeraten.

Von Oxnard geht es ins quirlige Santa Barbara, einem der beliebtesten Urlaubsorte der kalifornischen Küste. Im Sommer und an Wochenenden bricht der Verkehr auf dem Highway One regelmäßig zusammen, obwohl er hier als vierspurige Autobahn ausgebaut ist. Ein Stück weiter nördlich wendet sich der Highway kurzfristig ins Inland und durchquert die nicht minder schönen Berge des Küstengebirges. Er erreicht San Luis Obispo, eine höchst sympathische kleine Universitätsstadt, fußgängerfreundlich und geradezu europäisch. Ein Ort, den man bei seiner Etappenplanung unbedingt als Übernachtungsplatz ins Auge fassen sollte. Gleiches gilt aber auch für Morro Bay, kaum zwanzig Kilometer weiter und wieder an der Küste. Das ehemalige Fischerdorf lebt zwar fast ausschließlich vom Tourismus, schafft es aber auf unerklärliche Weise angenehm normal und nicht überlaufen zu wirken.

Von hier an werden Klima und Landschaft schon ein wenig rauer. Der nächste Fixpunkt auf der touristischen Landkarte ist Hearst Castle, das Prunkschloss des ultrareichen Medienzaren William Randolph Hearst, den Orson Welles zum Vorbild seines Filmcharakters „Citizen Kane" nahm, der üblicherweise als bester Streifen der Filmgeschichte gehandelt wird. Der Prunk des an sich abgeschiedenen Märchenschlosses zieht unfassbare Besuchermengen an.

Der folgende Streckenabschnitt ist sicher nicht die Seele, aber zweifellos das Herz des Highways am Stillen Ozean. Einhundert praktisch unbewohnte Kilometer entlang einer atemberaubenden Küstenlandschaft klettert und kurvt die Straße über Klippen und Canyons. Purer Genuss, besonders für Motorradfahrer und Hobbyfotografen. Der Begriff „Traumstraße", der im Rest des Buches nicht nochmal verwendet wird, klingt reichlich abgedroschen, bekommt hier aber einen Sinn. Das Etappenziel ist Big Sur, nicht viel mehr als einige verstreute Häuser am Ende der Welt, aber als Rückzugsort für Literaten vom Kaliber eines Henry Miller und eines Jack Kerouac ein Fixpunkt der amerikanischen Kulturgeschichte.

Über Geschmack lässt sich bekanntlich hervorragend streiten, darum ist Carmel – einst von Bürgermeister Clint Eastwood regiert – auch Gegenstand angeregter Diskussionen. Die protzigen Villen entlang des mautpflichtigen „17 mile drive" kann man ebenso abscheulich wie begeisternd finden. Monterey, die erste größere Stadt seit San Luis Obispo hat nichts mehr von der proletarischen Romantik, die John Steinbeck beschrieb, zieht aber alljährlich Millionen Besucher an, und das nicht ohne Grund. „Cannery Row", die Straße der Ölsardinen, wurde in eine authentische Touristenmeile verwandelt, und das Aquarium wird allenthalben als eines der besten der Welt zitiert. Von Monterey kann man einen lohnenswerten Abstecher ins Inland unternehmen. Salinas, die Heimat John Steinbecks, widmet dem Autor ein großartiges Museum. Wenige Meilen weiter verspricht San Juan Bautista ein angenehmes Gruseln, schließlich steht die spanische Missionsstation just auf der San Andreas Verwerfung, die als Erdbebengarant ebenso berühmt wie berüchtigt ist. Noch ein paar Meilen weiter stößt man auf das verschlafene Hollister, das 1947 von vier Tausend ungebremsten Jugendlichen auf Motorrädern überrollt wurde und als Geburtsort der Rockerbewegung gilt.

San Francisco ist nicht mehr weit. Man muss entscheiden, ob man den friedlichen Weg entlang der Küste nimmt oder einen Blick ins nicht sonderlich ansehnliche aber nichtsdestotrotz ungemein bedeutende Silicon Valley wirft. Das langgestreckte Industrie- und Vorstadtgebiet an der Bucht von San Francisco hatte entscheidenden Anteil an den großen technologischen Veränderungen, die die Welt in den vergangenen Jahrzehnten erlebt hat.

Zweifellos ist San Francisco ein, wenn nicht der Höhepunkt einer Reise entlang der amerikanischen Pazifikküste. Eine (er-) lebenswerte Großstadt, eingebettet in herrliche Naturlandschaft, voller Historie und Überraschungen. Ein Ort, dem man mindestens zwei Tage gönnen muss, wenn nicht eine ganze Reise. Die Gefängnisinsel Alcatraz und die Golden Gate Bridge sind ebenso legendär wie die Stadtviertel Haight Ashbury und Castro, Zentren der Hippie- und der Schwulenbewegung.

Nach der Querung der atemberaubenden Golden Gate Brücke stößt man schnell in die Einsamkeit der nördlichen Pazifikküste vor, die den Reisenden bis Seattle begleitet. Alfred Hitchcock setzte dem Küstenörtchen Bodega Bay mit seinem Film „Die Vögel" ein Denkmal. Viel hat sich seitdem verändert, doch einige Schauplätze lassen sich noch entdecken.

Die folgenden dreihundert Kilometer Küste provozieren mit ihrer grandiosen Abgeschiedenheit Schwermut und Sentimentalität. Bei Fort Bragg entdeckt man den russischen Versuch, die amerikanische Küste zu kolonisieren, was allerdings wenig mehr als eine Anekdote der Geschichte geblieben ist. Dann wendet sich der Highway ins Landesinnere und durchquert einige der großartigsten Wälder dieser Erde. Die kalifornischen Redwoods beherbergen wahre Giganten von Bäumen, die dem Menschen genau wie das Meer und das Universum seine Winzigkeit und Bedeutungslosigkeit vor Augen führen. Ein National- und mehrere staatliche Parks schützen das Naturerbe und öffnen und erklären es gleichzeitig dem Besucher. Die kleinen, im Wald verloren wirkenden Orte waren früher reine Holzfällersiedlungen, heute leben auch sie überwiegend vom Tourismus und haben skurrile Attraktionen erfunden wie ausgehöhlte Bäume, die man mit dem Auto durchfahren kann.

Nach etlichen begeisternden Meilen durch die Wälder kehrt der Highway zur Küste zurück. Die kleine Universitätsstadt Arcata regiert ein Hippie-Flair, doch was so friedlich erscheint, ist seit vielen Jahre Schauplatz der Kämpfe zwischen Holzindustrie und entschiedenen Umweltschützern, von denen einige ihr Leben geopfert haben.

Die Zone der Wälder zieht sich noch etliche Dutzend Kilometer weiter, bis über die Grenze nach Oregon. Volle 1.600 Kilometer hat man hier bereits seit San Diego zurückgelegt. Oregons Küste ist noch wilder und rauer als die Kaliforniens. Die Wellen peitschen auf die Strände und gegen die Klippen, allenthalben wird Treibholz angespült. Sturmumtoste Kaps sind die letzte Ruhestätte unzähliger Schiffe, denen ein minimaler Navigationsfehler zum Verhängnis wurde. Die vielen romantischen Leuchttürme haben ihr Schicksal offensichtlich nicht verhindern können. Die Städte und Orte an der Strecke sind eher einförmig und nicht sonderlich aufregend, dafür lassen sich aber große und kleine Geschichten der Seefahrer und Pioniere entdecken. Die wichtigsten in der amerikanischen Historie sind zweifellos Lewis und Clark, die Präsident Jefferson 1804 mit einem kleinen Expeditionstrupp losschickte, um nach einer Nord-West-Passage, einer Flussverbindung vom Mississippi zum Pazifik zu suchen. Zwei Jahre dauerte die äußerst beschwerliche und gefährliche Reise. An der Mündung des Columbia River baute der Trupp zur Überwinterung ein hölzernes Fort. Die seltsamerweise in Europa weitgehend unbekannte Abenteuergeschichte lässt sich um Astoria rekapitulieren. In Amerika sind Lewis und Clark Nationalhelden, die jedes Kind kennt.

Eine über sechs Kilometer lange Brücke über den Columbia ebnet den Weg in den Staat Washington und zur Halbinsel Olympic. Die äußerste nordwestliche Ecke der Vereinigten Staaten ist der Inbegriff der Peripherie. Dutzende Meilen trennen die wenigen kleinen Orte, dazwischen liegen schier endlose Wälder. Die sind auch der einzige Grund dafür, dass sich überhaupt Menschen in dieser Wildnis finden. Doch die Holzindustrie hat einen herben Niedergang erfahren. In Aberdeen, der größten Stadt auf der Reise durch den hohen Norden, riecht alles nach Krise, Arbeitslosigkeit und Depression. Sofort kommt die Assoziation der nordenglischen Industriestädte, die ein ähnliches Schicksal erlitten haben. Aberdeens einziger Stolz ist der Grunge-Heroe Kurt Cobain, der allerdings nach Seattle abwandern musste, um seinen Weg in den Rockhimmel zu finden.

Nördlich von Aberdeen bekommt man das Meer entlang des Highways lange Zeit nicht mehr zu Gesicht. Die Einsamkeit erhebt Absolutheitsanspruch in den Regenwäldern der Halbinsel Olympic. Die haben ihren Namen mehr als verdient, denn hier fällt alljährlich fast fünfmal so viel Niederschlag wie in Hamburg. Dennoch kann man im Sommer Glück haben und eine kurze Periode der Trockenheit erwischen, um die grandiose Wildnis zu erforschen. Der Olympic National Park bietet einige Straßen und Wege, die ins Herz des über 2.400 Meter hohen Gebirges vorstoßen.

Die Kleinstadt Forks wählte Bestsellerautorin Stephanie Meyer zum Schauplatz ihrer romantischen Vampirsaga „Twilight". Sie war auf der Suche nach dem düstersten und einsamsten Ort der USA – und hat ihn gefunden. In Port Angeles erreicht der Küsten-Highway seinen nördlichsten Punkt. Auf der anderen Seite de Juan de Fuca-Straße erblickt man bereits die Küste von Vancouver Island in Kanada. Wer sich einen Abstecher zum nördlichen Nachbarn erlauben will, kann mit der Fähre problemlos nach Victoria, der Hauptstadt des Staates British Columbia, übersetzen und am selben Tag zurückkehren. Von Port Angeles kehrt man auf dem Weg nach Osten fühlbar wieder in die Zivilisation zurück. Nach eineinhalb Stunden Fahrt erreicht man Bainbridge Island, wo man mit der Fähre direkt ins Zentrum von Seattle übersetzt.

Die Metropole des pazifischen Nordwestens lohnt den weiten Weg. Sie gilt als eine der zivilisiertesten Großstädte Amerikas und bettet sich in eine herrliche Naturlandschaft. Urbanes Leben, umgeben von Parks, Wäldern und überall Wasser machen Seattle zum letzten Höhepunkt einer grandiosen Reise. Die Heimat von Bruce Lee und Jimi Hendrix ist ein weiteres Zentrum der Hochtechnologie. Hier begannen die Erfolgsgeschichten des Flugzeugbauers Boeing und der Kaffeehauskette Starbucks. Softwaregigant Microsoft hat hier seinen Sitz, und Multimilliardär Bill Gates lebt im Osten der Stadt, am Ufer des Lake Washington. Seattle bietet Museen und Kulturinstitutionen für alle Interessenlagen, und die Fahrstuhlfahrt auf das Symbol der Stadt, die 184 Meter hohe Space Needle, ist absolute Pflicht. Als Start- oder Zielpunkt der 3.000 Kilometer langen Reise entlang der amerikanischen Pazifikküste ist Seattle schlichtweg ein Juwel.

Geographische Breiten einiger Stationen im Vergleich

Entlang des Pacific Coast Highways		Zum Vergleich	
Tijuana	32° 31' 30"	Casablanca	33° 32' 00"
San Diego	32° 42' 54"	Tripoli	32° 54' 08"
Los Angeles	34° 03' 00"	Rabat	34° 02' 00"
San Luis Obispo	35° 16' 27"	Tanger	35° 46' 00"
San Francisco	37° 46' 45"	Catania	37° 30' 00"
Eureka	40° 48' 07"	Madrid	40° 24' 00"
Bandon	43° 07' 08"	Marseille	43° 17' 47"
Newport	44° 36' 16"	Genova	44° 24' 40"
Astoria	46° 11' 20"	Bern	46° 57' 00"
Seattle	47° 36' 35"	Salzburg	47° 48' 00"
Port Angeles	48° 06' 47"	München	48° 08' 00"

Ein paar bescheidene Worte des Autors

Reiseführer sind bis auf wenige Ausnahmen eine eher enttäuschende Angelegenheit. Als Informationsquelle und zur gedanklichen wie praktischen Vorbereitung einer Reise für viele unerlässlich, beschränken sie sich meist auf die enzyklopädische und unkommentierte Sammlung von Fakten. Spätestens auf Seite 20, beim Kapitel „Flora und Fauna", nach „Geographie" und vor „Geschichte", kommt das große Gähnen. Im Reiseteil werden Städte abgehakt, mit Glück gibt es wenigstens eine atmosphärische Beschreibung der Orte. Auch wenn die Konzentration auf die rein faktischen Aspekte einer Reise durchaus einen Nutzwert vermittelt, so bin ich von allen Reisen trotz Führer mit mehr Fragen als Antworten zurückgekehrt.

Reisen soll Spaß machen. Spaß am Fragen, Lernen und Verstehen. Am Analysieren und Vergleichen. Jeder Ort der Welt steckt voller Geschichten, Anekdoten und Tragödien, die der profane Reiseführer unter dem Mantel der Objektivität verschweigt. Das Paradies auf Erden existiert nicht, überall lebt die Menschheit in sozialen, politischen und kulturellen Konflikten. Gerade das macht Reisen aufregend. Hinter die Kulissen gucken, verstehen, was, wie und warum passiert oder passiert ist.

Hier greift dieser Reiseführer an. Nicht nur führen, sondern in die Tiefe gehen, durchblicken und mit Klischees aufräumen. Amerika, das Ausland, das man am besten kennt, ohne jemals dort gewesen zu sein. Kein anderes Land ist in der Welt der Medien so omnipräsent und hat so viele Bilder und Stereotypen in den Köpfen hinterlassen. Erdbeben, Ghettos, Serienkiller – Stichworte, die jeder kennt und mit Amerika verbindet. Was dahinter steckt, weiß kaum jemand. Darum füllen dieses

Buch 24 Essays, die amerikanische Stereotypen hinterfragen.

Eine sowieso zweifelhafte Objektivität ist allerdings nicht der Anspruch. Schon die Auswahl der Themen geschah rein subjektiv unter dem Motto: „Was ich schon immer über Amerika wissen wollte, aber dummerweise noch nie gefragt habe."

Alle diese Themen haben einen direkten Bezug zur Reiseroute, und die meisten lassen sich auch tatsächlich auf der Strecke entdecken. Deswegen folgen fast immer Hinweise auf Originalschauplätze der großen und kleinen Geschichten, die das Leben schrieb.

Dabei kann ich keinen Anspruch auf wissenschaftliche Objektivität, aber zumindest auf journalistische Korrektheit erheben. Vielleicht trete ich hier und da auch in eine Falle und übernehme Legenden, die nicht ganz der historischen Wahrheit entsprechen. Bestimmt kann ein Spezialist für jedes Thema mir die eine oder andere Fehlinterpretation oder Auslassung nachweisen. Aber ich habe immer versucht, alle Fakten und Quellen soweit wie möglich zu verifizieren, und bin bei der Recherche mit höchster Sorgfalt vorgegangen. Trotzdem kann ich nicht ausschließen, dass ich nicht irgendeinem historischen Irrtum zum Opfer gefallen oder einem Gerücht aufgesessen bin. Nicht selten erschienen mir die Geschichten, auf die ich gestoßen bin, selbst unglaublich.

Eine Reise nach Amerika ist auch immer eine Reise durch die Welt der Musik. Amerikanische Künstler haben viele Orte der Pazifikküste besungen, kritisiert oder verherrlicht. So wie man mit den Filmhinweisen seine Reise auf dem heimischen Sofa schon im Voraus durchlaufen kann, erlauben die Songlisten, sich einen individuellen Soundtrack für die Reise zusammenzustellen. Unter der Vielzahl von Musikrichtungen sollte für jeden Geschmack etwas dabei sein. Vollständigkeit kann natürlich auch hier nicht garantiert werden.

Mit der passenden musikalischen Untermalung kann es dann rausgehen auf die Straße. Und der Pacific Coast Highway ist eine verteufelt lange Straße. Er führt auch durch Gegenden, die auf den ersten Blick eher arm an touristischen Highlights sind, sieht man mal von der großartigen Kulisse ab. Aber es gibt trotzdem eine Menge zu entdecken. Dieses Buch will dabei helfen, eine Reise in eine einzigartige und vielfältige Erfahrung zu verwandeln.

🎵 Soundtrack Pacific Coast Highway

Künstler	Titel	Album	Jahr	Genre
Dick Dale	Highway 101	The Surf Family	1964	Surf
The Mamas & the Papas	Pacific Coast Highway	People Like Us	1971	Folkrock
Brian Auger's Oblivion Express	Pacific Coast Highway	Keys to the Heart	1987	Jazzrock
Sonic Youth	Pacific Coast Highway	Sister	1987	Alternativrock
Marc Antoine	P.C.H. (Pacific Coast Highway)	Classical Soul	1994	Jazzrock
Travoltas	Pacific Coast Highway	Teenbeat	2000	Alternativrock
Stan Ridgway	Down the Coast Highway	1996 @ the Mercury Lounge NYC	2002	Alternativrock
Jimmy McCracklin	Highway 101	Jimmy's Blues: 1945-1951	2003	Blues
Robbin Thompson	Highway 101	The Vinyl Years	2003	Songwriter
Social Distortion	Highway 101	Sex, Love and Rock 'N' Roll	2004	Punkrock
Hole	Pacific Coast Highway	Nobody's Daughter	2010	Alternativrock

HIGHLIGHTS

SAN DIEGO
Mediterranes Klima und feine Sandstrände machen die Gegend um San Diego
zur Badewanne des amerikanischen Westens.

GRAUWALE
In jedem Frühjahr ziehen 20.000 Grauwale in Sichtweite der Küste in Richtung Alaska,
doch auch in anderen Jahreszeiten kann man Wale beobachten.

LOS ANGELES
Urbaner Moloch und Hauptstadt der Musik- und Filmindustrie.

HOLLYWOOD
Der Inbegriff der westlichen Populärkultur, ein Stadtteil voller Remineszenzen an die glitzernde Welt von Stars und Sternchen.

CHANNEL ISLANDS
Obwohl fast in Sichtweite der Millionenmetropole Los Angeles, bilden die fünf Inseln einen der am wenigsten frequentierten Nationalparks der USA. Nichts als Wind und Natur.

HEARST CASTLE
Das Märchenschloss des Zeitungsmagnaten William Randolph Hearst, den Orson Welles zum Vorbild für Citizen Kane nahm.

SEE-ELEFANTEN
Zu Hunderten wälzen sich See-Elefanten in ihren Kolonien faul in der Sonne.

BIG SUR
Hundert Kilometer einsame und wilde Pazifikküste machen den Highway 1 zu einer der schönsten Straßen dieser Welt.

DIE UNRUHIGSTEN CHARAKTERE DER GROSSEN LITERATUR
John Steinbeck und Charles Bukowski, Jack Kerouac und Henry Miller
hinterließen ihre Spuren am Straßenrand des Highway One.

SAN FRANCISCO
Das einstige Hippie-Mekka ist ohne den Hauch eines Zweifels eine
der schönsten und spannendsten Städte Nordamerikas.

DIE REDWOODS
Im Schatten der jahrhundertealten Baumriesen wirkt
ein amerikanischer Van wie ein Spielzeugauto.

ARCATA
Eine sympathische kleine Universitätsstadt mit Hippie-Atmosphäre.

LEUCHTTÜRME
Voll nostalgischer Schwere wachen hundert Jahre alte Leuchtfeuer
über die grenzenlosen Weiten des Ozeans.

OREGONS WILDE KÜSTE
Unablässig tosen schwere Wellen gegen die Klippen und formen eine Felsenküste
mit sturmumbrausten Kaps, wie sie Caspar David Friedrich sicher gern gemalt hätte.

OLYMPIC NATIONAL PARK
Von düsterem Regenwald bedeckt, sind die einsamen Gebirge
im äußersten Nordwesten eine wahre letzte Wildnis.

SEATTLE
Die Heimat von Jimi Hendrix und Bill Gates gilt als eine der zivilisiertesten und musikalischsten Metropolen der USA.

EINSAME STRÄNDE
Während die europäische Mittelmeerküste weitgehend zugebaut und überlaufen ist, findet man an der amerikanischen Pazifikküste noch kilometerlange Strände, an denen man keiner Menschenseele begegnet.

Der gar nicht so stille Ozean

No nation ever had two better friends than we have. You know who they are? The Atlantic and Pacific oceans.

Keine Nation hat jemals zwei bessere Freunde als wir gehabt. Wisst ihr, wer sie sind? Der pazifische und der atlantische Ozean.

Will Rogers (1879-1935), Humorist und Entertainer
aus dem küstenfernen Oklahoma

Wer seine Reise in San Diego beginnt, wird den Namen vielleicht passend finden, doch in Oregon oder Washington bietet sich ein anderes Bild: der Stille Ozean entfesselt wütende Gewalt, mit der er die Küstenlandschaft malträtiert. Der portugiesische Seefahrer Fernão de Magalhães, eingedeutscht Ferdinand Magellan, gab dem Ozean seinen Namen, nachdem er bei seiner Weltumseglung 1521 das sturmgeplagte Feuerland umfahren hatte und sich plötzlich in einer ruhigen See wiederfand. Allerdings brauchten seine Schiffe in der Windstille fast vier Monate von der südamerikanischen Westküste zu den indonesischen Gewürzinseln. Die Vorräte gingen zur Neige, die Mannschaft aß Ratten und gekochtes Leder und erkrankte an Skorbut, der mindestens 19 Seeleute dahinraffte.

Magellan war von den Kalmen und der ungeheuren Größe des Pazifiks überrascht worden. Von der peruanischen Küste bis zur Ostspitze Neu Guineas summieren sich 14.000 Kilometer. Der weltgrößte Ozean bedeckt eine Fläche 18 Mal so groß wie die USA. Deutschland würde 500 Mal hineinpassen. Und Magellan hatte das Pech, unterwegs nur auf zwei unbewohnte der 25.000 pazifischen Inseln zu treffen.

Der Pazifik bedeckt rund dreißig Prozent der Erdoberfläche, womit er logischerweise das Weltklima und die Muster der atmosphärischen Zirkulation entscheidend beeinflusst. Die Ozeane fungieren als gigantische Energiespeicher für die aufgenommene Sonnenstrahlung. Ihre Strömungen verfrachten die Wärmeenergie geographisch, wobei sie in ständiger Wechselwirkung mit der Atmosphäre stehen. Das System der Interaktion ist ungeheuer komplex. Noch ist die Wissenschaft weit davon entfernt, es in Einzelheiten zu verstehen. Wie groß der Einfluss des Ozeans auf das Klima und damit indirekt auf den Menschen ist, beweisen die wiederholt aber unregelmäßig auftretenden „El Niño"-Phänomene. Etwa alle zwei bis sieben Jahre erwärmt sich das Oberflächenwasser vor der südamerikanischen Küste aus bisher kaum verstandenen Gründen. Der kalte Humboldtstrom von der Arktis nach Norden kommt zum Erliegen. Plankton, die unterste Stufe der Nahrungskette, stirbt ab und die Fischbestände gehen drastisch zurück. Die ersten Betroffenen, die peruanischen Fischer, gaben dem Phänomen seinen Namen, weil es meist um die Weihnachtszeit spürbar wird: El Niño bedeutet „das Kind" oder „der Junge".

Die Anomalie der Ozeantemperatur beeinflusst das Wettergeschehen in drei Vierteln der Welt, Europa bleibt weitgehend verschont. Im Westpazifik herrscht dann extreme Trockenheit, während sich die Niederschläge an der amerikanischen Westküste erheblich verstärken. Selbst weit oben im Norden der USA kommt es zu Überschwemmungen. Allerdings schwächen sich auch die Hurrikanes im Nordatlantik ab, und die nordamerikanischen Winter fallen ungewöhnlich mild aus. Doch es gibt auch ein klimatisches Gegenstück: La Niña bewirkt genau die gegenteiligen Effekte. Dabei kommt es besonders in Kalifornien aufgrund der Trockenheit zu schweren Waldbränden. Über die Frage, welche Einflüsse der globale Klimawandel auf El Niño und seine Schwester haben wird, wird gegenwärtig noch spekuliert, doch strukturelle Veränderungen sind bereits festgestellt worden.

Auch die Auswirkungen des Klimawandels auf die Meeresbiologie sind umstritten. 2002 wurde vor der Küste Oregons erstmals eine marine Todeszone festgestellt. Der Sauerstoffgehalt des Wassers geht gegen Null, alles Leben verendet. Der Meeresboden ist mit den leblosen Körpern toter Meerestiere übersät. Seitdem wird das Entstehen der Todeszone in jedem Sommer beobachtet. Im Jahr 2006 dehnte sich das Gebiet über 780 Quadratkilometer aus. Nach siebenjähriger Forschungsarbeit machten Wissenschaftler der Oregon State University die globale Erwärmung für das Phänomen verantwortlich.

Vergleichbare Ereignisse sind auch an anderen Teilen der Pazifikküste aufgetreten und mit der Überdüngung des Meeres mit Phosphaten aus Abwässern und landwirtschaftlichen Düngemitteln in Verbindung gebracht worden, was eine Algenblüte auslösen kann. Es kommt zu einer plötzlichen und massenhaften Vermehrung der Algen, die das Meer grün, gelb oder rot färben können. Sterben die

Felswatt

Organismen nach der kurzen Blüte ebenso massenhaft ab, wird bei ihrem Zersetzungsprozess so viel Sauerstoff verbraucht, dass eine Todeszone entstehen kann.

Der Pazifik und seine Tier- und Pflanzenwelt sind den gleichen Bedrohungen ausgeliefert wie der Rest der Weltmeere: Die Ölförderung vor der kalifornischen Küste birgt die bekannten Risiken, was die jüngste Ölkatastrophe im Golf von Mexiko nachhaltig in Erinnerung gerufen hat. In Kalifornien sind bereits mehrere derartige Ereignisse vorgekommen, glücklicherweise in wesentlich geringerem Umfang. Der ununterbrochene Eintrag von Schadstoffen und Schwermetallen aus Industrie und Haushalten findet seinen Niederschlag in der Nahrungskette und landet letztendlich in Form von Speisefischen wieder auf dem Teller der Konsumenten. Die Überfischung durch industrielle Fangflotten ist das nächste Problem, ganz zu schweigen von den zerstörerischen Fangmethoden wie der Grundschleppnetzfischerei, die den gesamten Meeresboden abräumt und große Teile der Flora zerstört.

Viele sehen die Lösung in marinen Aquakulturen, also der kontrollierten Fischzucht, doch auch die industrielle Fischproduktion birgt ihre Tücken. Die Fütterung mit Fischmehl, deren Ausgangsprodukt natürlich auch erst einmal gefangen werden muss, führt wiederum zur Überdüngung des Meeres. Wegen der hohen Konzentration der Fischpopulation auf engstem Raum verbreiten sich Krankheiten in Windeseile. Abhilfe schaffen Antibiotika, die sich natürlich im Meer verbreiten und ungeahnte Einflüsse auf das Ökosystem haben können. Besonders in den USA glaubt man an die Zukunft der Biotechnologie, die auch bei der Fischzucht zum Einsatz kommen soll. Aqua-Bounty, ein Unternehmen aus Massachusetts mit Ableger in San Diego, hat eine genmanipulierte, extrem schnell wachsende Lachsart entwickelt und kämpft um die Freigabe als Lebensmittel. Man erwartet, dass die ersten kommerziellen Genlachse 2011 in marinen Aquakulturen ausgesetzt werden können. Doch Wissenschafter verschiedener Universitäten haben erhebliche Bedenken angemeldet. Sollten genmanipulierte Lachse aus den Zuchtanlagen entwischen, was nahezu unvermeidlich ist, könnten sie natürliche Lachsarten in den Meeren verdrängen. AquaBounty hält dagegen, dass alle Fische von vornherein sterilisiert seien.

Wie sich all diese Faktoren langfristig auf das Leben im Pazifik auswirken werden, ist derzeit noch nicht abzusehen. Der Reisende hingegen wird die grandiose Pazifikküste noch als scheinbar intakte Naturlandschaft wahrnehmen. Besonders begeistert die Vielfalt an Meerestieren, die man aus nächster Nähe beobachten kann. Millionen von Seevögeln nisten und brüten entlang der Steilküsten, darunter Pelikane, Seeadler und Wanderfalken. In den Marschländern machen alljährlich Zugvögel Station.

Auch an der amerikanischen Pazifikküste machen sich die Gezeiten bemerkbar. Da der Meeresboden jedoch relativ steil abfällt, entsteht kein offenes Wattenmeer, so wie an der deutschen Nordseeküste. Buchten und Flussmündungen dagegen können bei Niedrigwasser teilweise trockenfallen und visuell den Eindruck eines Wattenmeeres erwecken. Besonders in Oregon lohnt ein Ausflug ins Felswatt. Bei Ebbe werden ansonsten unterseeische Felsen mit der anhaftenden Meeresflora freigelegt. Dabei kann man Seeanemo-

nen, Seesterne und allerlei Meeresgetier aus nächster Nähe bewundern. Allerdings ist beim Klettern auf den Felsen einige Vorsicht geboten. Nicht wenige Naturfreunde sind schon von plötzlichen, hohen Wellen erfasst worden.

Noch größere Aufmerksamkeit erregen die marinen Säugetiere. Ihre Vorfahren lebten bis vor etwa 100 Millionen auf dem Land, doch im Lauf der Evolution passten sie sich immer mehr dem Leben im Wasser an. Das älteste gefundene Walfossil wird auf ein Alter von 60 Millionen Jahre datiert. Seelöwen, See-Elefanten und Robben kann man entlang der gesamten Küste in ihrer natürlichen Umgebung entdecken. Die größte und bekannteste Kolonie von See-Elefanten findet man bei Piedras Blancas, wenig nördlich des Hearst Castle in Kalifornien.

▶ Walbeobachtung

Die größte Attraktion ist natürlich die Walbeobachtung. Etliche Spezies der Riesensäuger treiben sich vor der amerikanischen Pazifikküste herum. In fast allen größeren kalifornischen Häfen kann man einen Dampferausflug zur Walbeobachtung unternehmen, doch ist eine tatsächliche Sichtung keineswegs garantiert.

Die größten Chancen bietet die Zeit der alljährlichen Migration der bis zu 15 Meter

langen Grauwale. Etwa im Oktober, wenn sich in der Beringsee das Eis ausbreitet, ziehen rund 20.000 Exemplare in einer zwei- bis dreimonatigen Reise über 10.000 Kilometer bis zur mexikanischen Halbinsel Baja California. Sie schwimmen Tag und Nacht und legen täglich im Schnitt 120 Kilometer zurück. Von Mitte Dezember bis Anfang Januar passieren sie die kalifornische Küste in einiger Entfernung. Ende Februar beginnen die ersten schon die Rückreise nach Norden. Dabei nähern sie sich wesentlich stärker der Küste und können auch von Land aus gesehen werden. Geschätzte 2.000 Grauwale machen nicht den ganzen Rückweg bis vor die Küsten Alaskas, sondern verbringen den Sommer in den Gewässern Oregons. Dann werden hin und wieder auch die im Volksmund Killerwale genannten Orcas gesichtet, denn unter anderem stehen junge Grauwale auf ihrem Speiseplan.

Anbieter für Walbeobachtungs-Ausflüge sind in Oregon jedoch wesentlich dünner gesät als in Kalifornien. Ausgangshäfen können Newport, Garibaldi und Depoe Bay sein. Insbesondere der letztgenannte Ort bietet sich an, weil man den Ausflug mit einem informativen Besuch im staatlichen Whale Watching Center verbinden kann.

▶ Tradewinds Charters
- ✉ 118 HW101, Depoe Bay, OR 97341
- ⇨ Am Nordende der Brücke auf der rechten Seite
- ⚭ Erwachsene: $ 18, Senioren: $ 16, Kinder: $ 9 für den einstündigen Ausflug, für zwei Stunden knapp das Doppelte
- ☎ 1-541 765 2345
- 💻 www.tradewindscharters.com

▶ Dockside Charters
- ✉ 270 Coast Guard Dr, Depoe Bay OR 97341
- ⇨ Hinter der Brücke die erste rechts in die Bay Street, nach 250 m rechts in den Coast Guard Dr, nach 100 m auf der linken Seite
- ⚭ Erwachsene: $ 20, Kinder: $ 10 für einen Trip von eineinhalb Stunden
- ☎ 1-541 765 2545
- 💻 www.docksidedepoebay.com

▶ Marine Discovery Tours
- ✉ 345 SW Bay Blvd, Newport OR 97365
- ⇨ Nach Überquerung der Brücke in Newport die erste rechts und gleich links in den SW Neterlin Dr, nach 300 m rechts in den SW Bay Blvd, nach 500 m auf der rechten Seite
- ⚭ Erwachsene: $ 36 , Senioren: $ 34 , Kinder: $ 18 für einen Trip von zwei Stunden
- ☎ 1-541 265 6894
- 💻 www.marinediscovery.com

▶ Garibaldi Charters
- ✉ 7th & HW101, Garibaldi OR 97118
- ⇨ In Garibaldi direkt am HW101, gegenüber der Shell-Tankstelle
- ⚭ $ 40 für einen 2-3stündigen Ausflug
- ☎ 1-503 322 0007
- 💻 www.garibaldicharters.com

▶ Grunion Run

Einer der wenigen Fische, der nicht geangelt, gejagt oder gefangen, sondern einfach nur eingesammelt wird, ist der silbrig
glänzende Grunion. Die circa 15 Zentimeter langen Fische, die im südlichen Kalifornien etwa bis zur Bucht von Santa Barbara
zu Hause sind, legen nämlich ein höchst
ungewöhnliches Verhalten an den Tag: Die
Weibchen schwimmen mit den Wellen auf
den Strand, gleiten auf dem nassen Sand
noch ein wenig weiter und graben mit der
Schwanzflosse ein Loch, um dort ihre Eier
abzulegen. Der männliche Partner kommt
direkt hinterher, um die Eier in Windeseile
zu befruchten. Mit der nächsten Welle glei-
tet das Elternpaar zurück ins Meer.

Doch damit noch lange nicht genug:
Die Grunions legen diese Praxis nur in Voll-
und Neumondnächten zwischen März und
August an den Tag, wenn mit der Springflut der höchste Wasserstand erreicht wird.
Daher lassen sich die „grunion runs" im
Voraus berechnen. Die Nachkommenschaft
schlüpft erst nach etwa zehn Tagen, um die
nächste Springflut für den Sprung ins Meer
zu nutzen. Während der vorausgesagten
Vollmondnächte machen sich viele Kalifornier auf den Weg zum Strand, um das
eigentümliche Schauspiel zu beobachten.
Der grätige Grunion ist obendrein essbar
und wird eingesammelt, allerdings braucht
man, zumindest theoretisch, einen offiziellen Angelschein.

Das Jagd- und Fischereiministerium
des Staates Kalifornien veröffentlicht auf
seiner Website die alljährlich erwarteten
Daten des „grunion run":

🖳 www.dfg.ca.gov/marine/grunionschedule.asp#runs

▶ Baden

Wer den langen Flug von Europa nach
Amerika auf sich nimmt, wird zweifellos
mindestens einmal im Pazifik baden wollen. Dazu bietet sich natürlich in erster
Linie der Sommer an, obwohl selbst dann
die Luft- und Wassertemperaturen im nördlichen Teil der Pazifikküste nicht gerade

einladend sind. Die folgende Tabelle fasst
die durchschnittlichen Wassertemperaturen einiger Küstenorte zusammen, damit
man sich eine Vorstellung machen kann,
was einen erwartet (Angabe in °C):

Durchschnittliche Wassertempera- turen	Mai	Juni	Juli	August	September
San Diego, CA	18	20	21	22	21
Santa Monica, CA	16	18	19	20	19
Morro Bay, CA	13	14	14	14	14
Santa Cruz, CA	13	14	15	15	16
Mendocino, CA	10	10	10	11	12
Newport, OR	12	13	13	13	13
Port Orford, OR	10	10	10	11	12
Long Beach, WA	10	11	11	11	12

Es lässt sich leicht aus der Tabelle erse-
hen, dass ein Bad für die Meisten nur im
südlichen Kalifornien in Frage kommt. Ist
man entschlossen, sich in die Wellen zu
stürzen, sind einige Grundregeln zur eigenen Sicherheit zu beachten: Man sollte
nur an ausgewiesenen Badestränden mit
Rettungsschwimmern baden und deren
Anweisungen befolgen. Die Pazifikküste
ist bekannt für gefährliche Strömungen,
die sogenannten „Rip Currents", die vom
Strand aufs offene Meer hinaus fließen.
Wird man von einem solchen Brandungs-
rückstrom erfasst, wird man nur schwer
gegen die Strömung ankämpfen können
und riskiert, in kurzer Zeit seine Kraftre-
serven aufzuzehren. Die Strömungen sind
selten breiter als dreißig Meter, man sollte
also versuchen, küstenparallel zu schwimmen, um der Strömung zu entwischen und
dann an einer ruhigeren Stelle zum Ufer
zurückzukehren.

SÜDKALIFORNIEN

El Camino Real – Spanische Mission und Expansion in Kalifornien

Los indios son libres ... Ordenamos ... que sean castigados con mayor rigor los españoles que injuriaran u ofendieren o maltrataran a indios.

Die Indianer sind frei. Wir ordnen an, dass Spanier, die Indianer beschimpfen, beleidigen oder misshandeln, mit größter Härte bestraft werden.

Der Indienrat, die oberste spanische Kolonialbehörde, in seinen Anweisungen zur Behandlung der Indianer in den amerikanischen Kolonien.

Scottie Ferguson treibt die hinreißende Judy Barton die Stufen des Kirchturms hinauf. Obwohl er diese Frau liebt, zwingt er sie zu einem Geständnis. Sie hatte Gavin Elster geholfen, den Mord an dessen Frau zu vertuschen und als Suizid zu tarnen. Den Tränen nahe beichtet Judy ihren Beitrag zu der Bluttat. Nach der dramatischen Aussprache fallen sich Scotty und Judy in die Arme. Doch plötzlich taucht eine schattenhafte Gestalt am Treppenabsatz auf. Judy wird von Panik ergriffen und stürzt sich vom Kirchturm in den Tod.

Die packende Schlussszene aus Hitchcocks „Vertigo – Aus dem Reich der Toten" spielt im Glockenturm der historischen Mission San Juan Bautista, 50 Kilometer nordwestlich von Monterey. Die spanischen Missionsstationen erscheinen im heutigen Kalifornien wie Relikte aus der Prähistorie. Lange Zeit wurde die hispanische Epoche des amerikanischsten aller Bundesstaaten ignoriert. Die Angloamerikaner assoziierten die südlichen Kulturen mit Faulheit, Ignoranz und Rückständigkeit. Es dauerte Jahrzehnte, bis der Charme der eigenen

Geschichte entdeckt – und kommerziell ausgeschlachtet wurde.

Allzu gern wurde übersehen, dass Kalifornien zuerst von den Spaniern kolonisiert wurde. Oder zumindest hatten sie es versucht. Kalifornien war für das spanische Kolonialreich nur ein Außenposten, der mangels Gold, Silber oder einer hochentwickelten, leicht auszubeutenden, Indianerkultur wenig Wert besaß. Die Kolonialmacht konzentrierte sich auf die amerikanischen Hochkulturen der Inkas und Azteken. Kalifornien war von Jägern und Sammlern bevölkert und folglich wenig mehr als die uninteressante Peripherie des immensen Kolonialreiches. Erst als die Konkurrenz aus England und Russland über zweihundert Jahre nach Kolumbus Interesse an den eigentlich kaum mehr als theoretisch spanischen Ländereien zeigte, musste der territoriale Besitzanspruch durch Fakten untermauert werden.

König Carlos III., verheiratet mit einer sächsischen Prinzessin, beauftragte den Franziskanerorden, die Provinz Alta California zu kolonisieren. Verantwortlich für die Kampagne war Bruder Juníper Serra, ein Mönch aus dem Dörfchen Petra im Herzen Mallorcas. Seine Aufgabe war, die Region militärisch zu sichern, die Einheimischen zum katholischen Glauben zu bekehren und, wenn möglich, zu produktiven Untertanen der Krone zu erziehen.

Im Frühjahr 1769 brachen zwei Abteilungen vom Süden der Halbinsel Baja California auf. Drei Segelschiffe folgten der Küstenlinie mit Kurs nach Norden, beladen mit Werkzeug, Waffen, Früchten und Saatgut. Pater Junípers Trupp legte gut 1.400 km mit Schweinen und Rindern im Gefolge zu Fuß zurück. Die Härten und Gefahren der Mission forderten ihre Opfer: Eines der Schiffe sank im Sturm, viele Seeleute verendeten am Skorbut. Unfälle und Krankheiten dezimierten auch das Expeditionskorps, das auf dem Landweg anreiste.

Ungeachtet der Opfer hielt Bruder Juníper am 16. Juli nach kolonialer Tradition vor einem eilig errichteten Holz-

kreuz eine Messe ab und segnete den Boden für die Gründung der ersten Missionsstation auf dem Gebiet der heutigen USA: San Diego de Alcalá, das in zwei Jahrhunderten zur Millionenstadt wachsen sollte. Die Namenswahl ehrte den heiligen Franziskanerbruder Didacus, der im 15. Jahrhundert die Guanchen, die Ureinwohner der Kanarischen Inseln, zum rechten Glauben bekehrt hatte.

In fieberhafter Eile bauten die Kolonisatoren eine Kirche als Zentrum des neuen Ortes und eine Infrastruktur, die die neue Siedlung zum Überleben brauchte: Unterkünfte, Wasserversorgung, Ställe, Lagerräume, Werkstätten.

Die weitaus schwierigere Aufgabe war jedoch, sich mit den verstreut lebenden Bewohnern der Umgebung zu verständigen; sei es mit friedlichen oder autoritären Kommunikationsmethoden.

Natürlich waren die Kumeyaay-Indianer mehr als neugierig, was für seltsame

Gießen der Glocken

Feierliche Weihe, Los Angeles 1906

Gestalten da eingetroffen waren. Mit den technischen Errungenschaften Europas und den fremdartigen Tieren konnten die Bleichgesichter durchaus ihr Interesse wecken. Die Schamanenanbeter erkannten schnell, dass der fremde Gott außergewöhnliche Macht besitzen musste, und integrierten ihn relativ mühelos in ihre Glaubenswelt.

Wie in der übrigen Kolonialwelt in Amerika, Afrika und Asien wurden die neuen Untertanen des Papstes nur zum Teil aufrichtige Katholiken. Vielmehr vermengten sie ihre traditionelle Weltvorstellung mit dem gepredigten Wort der Fremden. Selbst heute noch sollte man die stolzen Statistiken mit Vorsicht genießen, die gläubige Schäfchen in Westafrika oder dem ländlichen Lateinamerika zählen. Wer einmal in einem Dorf im südmexikanischen Chiapas gesehen hat, wie eine geköpfte Heiligenfigur mit Tequila bespuckt wird, bevor zu ihrer Ehre ein lebendiges Huhn geköpft wird, weiß, dass das Christentum außerhalb Europas unerwartete Facetten besitzt.

In jedem Fall brachte die Missionierung zunächst eine Glaubensvermischung, einen Synkretismus, hervor. Bekannte Beispiele solcher religiöser Mixturen sind der karibische Voodoo, der brasilianische Candomblé oder die kubanische Santería.

Spanien aber manifestierte seine territorialen Besitzansprüche mit der Siedlung in San Diego und setzte den Weg nach Norden fort. Innerhalb weniger Jahre gründete der unermüdliche Junípero neun weitere Missionsstationen entlang der pazifischen Küste, die nördlichste 1776 in San Francisco, benannt nach dem Urvater seines Ordens, Franz von Assisi.

Bruder Junípero, geboren als Miquel Josep Serra i Ferrer, soll bei der Bekehrung Kaliforniens mehr als zwanzigtausend Kilometer zu Fuß zurückgelegt haben. Trotz minimaler Bekanntheit sind ihm posthum reichlich Ehrerbietungen zu den blasengeplagten Füßen gelegt worden; Papst Johannes Paul II. sprach ihn 1988 schließlich heilig. Er ist auch der einzige Spanier, dessen Statue neben illustren Persönlichkeiten wie den Präsidenten Ronald Reagan und George Washington oder dem Komödianten Will Rogers einen Ehrenplatz im Kapitol der Hauptstadt einnehmen darf.

Auch nach seinem Tod ging die Kampagne zur Missionierung Kaliforniens weiter. Von der heutigen mexikanischen Grenze bis nach San Francisco reihen sich 21 Missionsstationen auf. Dazu gesellten sich fünf sogenannte „presidios"; Militärforts, die die spanischen Besitzungen gegen französische, englische oder russische Invasionen, Piratenangriffe und indianische Aufstände schützen sollten.

Alle diese Bedrohungen waren real. Acht Jahre nach ihrer Gründung legten die Indianer die Mission San Diego in Schutt und Asche und kreierten mit dem ebenfalls von Mallorca stammenden Pater Lluís Jaume den ersten kalifornischen Märtyrer. Im Laufe der Jahre wurden mehrere Missionsstationen von aufständischen Untertanen geplündert und verwüstet.

Die andere Gefahr lauerte auf dem Meer. Den eifersüchtigen europäischen Konkurrenzmächten waren die riesigen spanischen Besitztümer ein Dorn im Auge. Kurz nach der Entdeckung Amerikas hatte der Papst die Welt in nur zwei Hälften geteilt, eine spanische und eine portugiesische. Im Vertrag von Tordesillas wurde besiegelt, dass alle Länder, die etwa 1.800 km westlich der Kapverdischen Inseln lagen, dem König in Madrid zufielen. Auf alle Gebiete östlich dieser Linie konnte Portugal Besitzanspruch erheben. So kam es auch, dass Portugal das heutige Brasilien annektierte, denn dieses Territorium ragte unerwarteterweise in die östliche Welthälfte hinein.

Frankreich, England und Russland blieben bei der Aufteilung des offiziell noch flachen Globus zunächst außen vor, wollten aber auch ihren Anteil am territorialen Kuchen. Sie entsandten Kaperschif-

fe, die spanische Karavellen und Städte plünderten. Die kalifornischen Missionen wurden mehrfach von dem französischen Piraten Hipólito Bouchard überfallen. 1818 nahm er Monterey ein und hisste kurzzeitig die argentinische Flagge, unter der er bisweilen fuhr. Auch Santa Barbara und San Juan Capistrano wurden von seinen Schiffen heimgesucht.

Die Hauptleidtragenden der Kolonialgeschichte waren aber bekanntermaßen die Indianer. Sie wurden von den Eroberern mit Zuckerbrot und Peitsche bekehrt. Die Spanier betrachteten sie als ungläubige Wilde, die wie kleine Kinder zu ihrem Glaubensglück gezwungen werden durften oder mussten. Jedes Fehlverhalten wurde hart bestraft.

Neben der Gottesfürchtigkeit sollte ihnen auch Zivilisation beigebracht werden. Die Missionare unterrichteten sie in Landwirtschaft und Viehhaltung und zerstörten im gleichen Atemzug die Grundlagen der indianischen Kultur. Die harten Arbeitsbedingungen und die eingeschleppten Krankheiten rafften große

Teile der indianischen Bevölkerung dahin. Allein im Frühjahr 1806 dezimierte eine Masernepidemie die Ohlonen in der San Francisco Bay um ein Viertel. Um 1880 waren sie praktisch ausgestorben. Von den geschätzten 300.000 Bewohnern des kalifornischen Territoriums blieb kaum mehr als ein Bruchteil.

Die Periode der spanischen Kolonisierung ging mit der Unabhängigkeit Mexikos ihrem Ende entgegen. Kalifornien wurde Provinz der jungen mexikanischen Republik, die bald die Enteignung der Missionen anordnete. Die Franziskaner verließen die Siedlungen und gaben sie Plünderung und Zerfall preis.

Der Camino Real ist seit Beginn des 20. Jahrhunderts als touristische Reiseroute ausgebaut und mit der entsprechen-

den Infrastruktur ausgestattet worden. Insgesamt 380 symbolische Glocken am Straßenrand weisen auf historische Orte entlang der Strecke hin.

Die Routen von Camino Real und Highway 1 überschneiden sich nur teilweise. Die meisten Missionen entstanden nicht direkt an der Küste, sondern einige Kilometer weit im Inland. Sicher wird niemand alle 21 Missionen besuchen wollen, daher haben wir vier interessante und günstig gelegene Beispiele ausgewählt. Denjenigen, die der Kolonialgeschichte kein großes Interesse entgegenbringen und maximal eine Mission besuchen wollen, empfehlen wir die Mission San Luis Obispo.

▶ AUF MISSIONSBESUCH

▶ Mission San Diego de Alcalá

Die erste Mission auf dem Boden des heutigen Kaliforniens durchlebte eine turbulente Geschichte. Schon einen Monat nach ihrer Gründung wurde sie zum ersten Mal von Indianern angegriffen. Wegen Trinkwassermangels musste sie an einen anderen Standort verlegt werden. 1775 machten etwa 600 Indianer die Gebäude dem Erdboden gleich und erhoben Bruder Lluís Jaume zum ersten christlichen Märtyrer Kaliforniens. Wenige Jahre später wurde Bruder José Pedro Panto von seinem indianischen Koch mit Extrakt aus Besenginster vergiftet und zu einem elenden Tode verurteilt.

✉ 10818 San Diego Mission Rd, San Diego, CA 92108
⇒ Aus Downtown San Diego auf dem IS8 nach Osten, Exit Mission Gorge Rd, links in die Mission Gorge Rd, nach 0,6 mi/1 km links in die Twain Ave, nach 0,6 mi/1 km auf der rechten Seite
🕐 Täglich 9-16.45h
💲 Frei
☎ 1-619 281 8449
💻 www.missionsandiego.com

▶ Mission Santa Barbara

Die spanische Mission ist eine der Hauptattraktionen in Santa Barbara. Sie wurde mehrfach von Erdbeben beschädigt, aber immer wieder restauriert. Das Archiv lagert die Originaldokumente aller Missionsstationen Kaliforniens und ist somit die älteste Bibliothek im Staat.

✉ 2201 Laguna St, Santa Barbara, CA 93105
⇒ Vom HW101 Ausfahrt „Mission St", der Mission St 0,9 mi/1,5 km nach NW folgen, dann links in die Laguna St und geradeaus bis zum Parkplatz
🕐 Ganzjährig 9-17h, außer Karfreitag, Ostern, Thanksgiving und Weihnachten
💲 Erwachsene: $ 5, Senioren: $ 4, Kinder bis 15 Jahre: $ 1
☎ 1-805 682 4713
💻 www.santabarbaramission.org

▶ Mission San Luis Obispo de Tolosa

Im Ortszentrum gelegen ist die Mission von San Luis Obispo nicht nur eine der schönsten, sondern für den Reisenden außerordentlich günstig gelegen. Auch die Franziskaner genossen das angenehme Klima und die natürliche Umgebung, die eine ausreichende Nahrungsmittelversorgung sicherte. Bruder Juníper Serra wird mit einer Statue vor der Kapelle geehrt.

✉ 751 Palm Street, San Luis Obispo CA, 93401
⇨ HW1, Exit Broad St, rechts in die Broad St, an der dritten Kreuzung auf der linken Seite
🕐 April - Oktober täglich 9-17h, November-März 9-16h
🚻 Freiwillige Spende von $ 2
☎ 1-805 543 6850
🖥 www.missionsanluisobispo.org

▶ Mission San Juan Bautista

Knappe 30 Kilometer muss man sich vom Highway 1 entfernen, um die größte der spanischen Missionen in Kalifornien zu bewundern. Nur sechs Jahre nach ihrer Gründung zählte sie bereits über tausend Bewohner. Praktisch genau auf der San Andreas Verwerfung gelegen wurden die Gebäude durch etliche Erdbeben beschädigt. Der Glockenturm der Schlussszene aus „Vertigo" existiert allerdings nicht wirklich, sondern wurde im Studio gebaut.

✉ 406 Second Street, San Juan Bautista, CA 95045
⇨ Auf dem HW1 von Monterey nach Norden, nach 13 mi/20 km rechts auf den HW 156, nach weiteren 15 mi/24 km Exit San Juan Bautista, rechts, nach 3 mi/5 km an der Ampel links auf The Alameda, dritte rechts und erste links
🕐 Täglich 9-16.30h, an Feiertagen geschlossen
🚻 Frei
☎ 1-831 623 4528
🖥 www.oldmissionsjb.org

🎬 Film

Vertigo – Aus dem Reich der Toten	
Originaltitel	Vertigo
Jahr	1958
Regie	Alfred Hitchcock
Hauptdarsteller	James Stewart, Kim Novak
Genre	Thriller

California über alles!

Kalifornien ist der Inbegriff Amerikas, der Fokus des amerikanischen Traums und das Ziel der Route 66. Kein anderer Staat ist so überrepräsentiert in den Medien, den Nachrichten, den Filmen und den Klischees aus Amerika. Dabei ist jedem klar, dass Kalifornien anders ist. Auch den übrigen Amerikanern. Sie halten Kalifornier für liberaler, weniger religiös aber besorgter um die Umwelt. Gleichzeitig gelten die Kalifornier als fröhlich, ein bisschen arrogant, individualistisch und hochgradig eitel. Kalifornier halten sich fit, fahren aber immer mit dem Auto, auch wenn der Fußweg nur fünf Minuten dauern würde.

Alles das stimmt und stimmt nicht, so wie das mit Klischees nun mal ist. 36 Millionen Menschen kann man schlecht über einen Kamm scheren. Schon gar nicht in einem Staat, der gegensätzlicher und abwechslungsreicher kaum sein könnte. Deutlich weniger als die Hälfte der Bevölkerung sind Weiße, Latinos machen mehr als ein Drittel aus, Asiaten stellen mehr als 12 Prozent. Der schwarze Bevölkerungsanteil liegt mit rund 7 Prozent überraschenderweise unter dem amerikanischen Durchschnitt, doch konzentriert er sich in ganz bestimmten Gegenden, wie etwa dem verrufenen South Central Los Angeles.

Kalifornien ist kein Schmelztiegel, aber ein Sammelbecken der Kulturen der Welt. Jeder vierte Kalifornier wurde außerhalb der USA geboren, und die Staatsregierung verkündet stolz, es gebe keine Sprache, keine Ethnie und keine Kultur, die nicht in Kalifornien vertreten sei. Vierzig Prozent der Kalifornier sprechen zu Hause eine andere Sprache als Englisch.

Zur gesellschaftlichen Vielfalt gesellt sich die geographische Bandbreite. Ein Viertel des Staates ist von Wüsten bedeckt, ein Drittel von Wald. Die großen Städte konzentrieren sich überwiegend im mediterranen Klima der Pazifikküste. Der höchste Berg außerhalb Alaskas, der Mount Whitney, liegt kaum hundert Meilen vom tiefsten Punkt der USA entfernt, dem Death Valley, das bis 85 Meter unter den Meeresspiegel reicht. Es ist gleichzeitig der heißeste Ort der USA, wo im Sommer tagsüber die 40 Grad-Marke weit überschritten werden kann. Und weil Kalifornier die Extreme lieben, findet alljährlich im Hochsommer ein mörderisches Wettrennen vom Death Valley bis hoch auf den

Kalifornien in Zahlen	Kalifornien	Zum Vergleich: Spanien
Einwohner	36,5 Mio.	46 Mio.
Fläche	424.000 km²	505.000 km²
Einwohner pro km²	90	91
Höchste Erhebung	Mount Whitney, 4.421 m	Pico del Teide, 3.718 m
Hauptstadt	Sacramento	Madrid

Mount Whitney statt. Unter brutalen Temperaturen rannten 2008 beim Badwater Marathon 90 Läufer mit. Der schnellste überwand die 135 Meilen in weniger als 23 Stunden.

Die natürliche Vielfalt machte das seit über zehntausend Jahren besiedelte Gebiet schon vor der Ankunft der Europäer zu einem bunten kulturellen Mosaik. Siebzig verschiedene indianische Volksgruppen sammelten, säten, jagten und fischten in perfekter Anpassung an ihre jeweilige natürliche Umgebung.

Die Spanier verleibten Kalifornien offiziell ihrer Kolonie Neuspanien ein, überließen den Landstrich aber weitestgehend sich selbst. Außer einer Handvoll missionierender Jesuiten interessierte sich keiner für die abgelegene Gegend. 1579 landete der königliche englische Pirat und Erzfeind der Spanier, Francis Drake, in der nach ihm benannten Bucht nördlich von San Francisco. Er nahm das Land kurzerhand für die englische Krone in Besitz, so wie das europäische Entdecker zu tun pflegten. Für die Ureinwohner hatte das keinerlei Konsequenzen, denn vorerst ließ sich kein Engländer mehr blicken. Erst gegen Ende des 18. Jahrhunderts verstärkten die Spanier ihre Anstrengungen und gründeten entlang des Camino Real, des Königspfads, eine Kette von Missionsstationen.

Doch kurz darauf musste sich Spanien schon den Unabhängigkeitsbestrebungen Mexikos erwehren, das sich 1821 endgültig von der Kolonialmacht lossagte. Kalifornien gehörte fortan zu Mexiko.

Bald kamen die ersten Weißen aus dem Osten, um sich in Kalifornien niederzulassen. Im Streit um Texas kam es zum Krieg zwischen den USA und Mexiko, die Regierung in Washington annektierte Kalifornien und machte es 1850 zu einem vollwertigen Mitgliedsstaat.

Das wurde auch höchste Zeit, denn zwei Jahre zuvor hatte der Tischler James W. Marshall zufällig im Sacramento River ein Goldnugget gefunden und den ersten Goldrausch ausgelöst. Zu Tausenden strömten Glücksritter aus dem Osten auf der Suche nach Glück und Reichtum ins Land. Als 1869 die erste Eisenbahnverbindung quer durch den Kontinent fertiggestellt wurde, multiplizierte sich die Zahl der Zuwanderer in einem Strom, der bis heute nicht mehr abflaute. Später war es die Route 66, die die ruinierten Farmer des Dustbowl ins goldene Land trug. Kalifornien war der Inbegriff des amerikanischen Garten Eden, das Land, wo Milch und Honig fließen. Um 1900 hatte Kalifornien kaum eine Million Einwohner, heute ist es der bevölkerungsreichste Staat der USA.

Der Staat boomte in allen Wirtschaftssektoren. Das günstige Klima brachte eine vielfältige und intensive Landwirtschaft hervor, die noch heute ein wichtiger Wirtschaftsfaktor ist. Inzwischen sind die USA zum viertgrößten Weinproduzenten der Welt aufgestiegen, 90 % davon kommen aus Kalifornien.

Auch die Vielfalt an Bodenschätzen trieb das stetige Wachstum an. Am Ende war der entscheidende Faktor wohl der Geist und Erfindungsreichtum der Goldgräber, der Kalifornien nach vorn getrieben hat und immer noch treibt. Praktisch alle Industriezweige sind vertreten, darunter die High-Tech-Sektoren, die die Welt revolutionieren. Und dabei steht das Silicon Valley für nichts anderes als einen neuen Goldrausch.

Kalifornien ist die größte Wirtschaftsmacht der USA, im Staat wird ein Viertel des amerikanischen Sozialprodukts erwirtschaftet. Wäre Kalifornien ein unabhängiges Land, stünde es unter den wichtigsten Wirtschaftsnationen der Welt auf Platz acht. Hinter Italien, aber vor Spanien, Russland, Brasilien oder Australien.

Aber die Natur, die den goldenen Staat so begünstigt, ist auch feindselig. Kaum irgendwo sonst in der entwickelten Welt häufen sich Naturkatastrophen so wie hier. Die Nachrichten von Waldbränden, Erdbeben, Flutkatastrophen gehören zum Alltag. Quer durch den Staat zieht sich die San Andreas Verwerfung, die Grenze zweier Kontinentalplatten, die knirschend aneinander vorbei treiben. Jährlich werden etwa 500.000 Erdstöße registriert, von

denen einer 1906 San Francisco praktisch komplett zerstört hatte – und nicht wenige Wissenschaftler sagen ein ähnliches Ereignis für die nähere Zukunft voraus.

Die brummende Wirtschaft und die Konsumfreudigkeit der Bevölkerung resultiert natürlich in einem ungeheuren Energieverbrauch. Kalifornien muss mehr Elektrizität von den Nachbarn importieren als jeder andere US-Staat. Dennoch ist das Versorgungssystem schon mehrfach zusammengebrochen. So investiert man jetzt in erneuerbare Energien. Kein anderer Staat produziert so viel Wind- und Sonnenenergie. Und man ist überzeugt, dass hier ein neuer Industriezweig entsteht, der Kalifornien ein neues Silicon Valley bescheren wird.

Unangefochtener Marktführer, zumindest in der westlichen Welt, ist natürlich die Filmindustrie, die jährlich rund 300 Filme produziert, gefolgt von der Musikindustrie, die dem Kino nur wenig nachsteht.

Kalifornien hat seit den 60er Jahren eigene Stilrichtungen geprägt und eine Fülle musikalischer Moden angeführt. Nach der Surf-Musik der Beach Boys kam in den späten 60ern die psychedelische Bewegung mit Bands wie Grateful Dead oder Jefferson Airplane. Die experimentierfreudigen Frank Zappa und Captain Beefheart beeinflussten Musiker in der ganzen Welt. Es folgte der Country Rock mit den Eagles und Jackson Browne an der Spitze. Die 70er gebaren eine Funk-Bewegung, angeführt von Sly and the Family Stone und Quicksilver Messenger Service.

Der Punk hinkte New York und Washington zunächst hinterher, aber mit Black Flag und den unvergleichlichen Dead Kennedys setzte Kalifornien neue Maßstäbe. In den 90ern entwickelte sich rund um NOFX und Pennywise der typisch kalifornische Hardcore.

In den Gefilden des harten Rock prägten Mötley Crüe oder Quiet Riot die 80er mit ihrem dick aufgetragenen Glam Metal, der später vom Trash abgelöst wurde. Die bekanntesten Vertreter sind wohl Metallica und Slayer.

Die HipHop-Bewegung musste erst aus dem Osten herüberschwappen, fand aber äußerst fruchtbaren Boden. In den großstädtischen Ghettos packten die Gangster-Rapper Ice T, 2Pac oder Snoop Dogg ihre diskussionswürdige Lebensphilosophie in jugendgefährdende Reime.

All diese Beispiele zeigen, dass es Kalifornien immer wieder geschafft hat, sich an die Spitze zu setzen. Ein gewisser Übermut der Bevölkerung lässt sich daher nicht bestreiten – vielleicht ist es aber auch ein Überbleibsel der alten Goldgräbermentalität. Wo sonst könnte der Terminator persönlich zum Gouverneur gewählt werden?

Websites
- 🖳 www.visitcalifornia.com
- 🖳 www.ca.gov

🎵 Soundtrack Kalifornien

Künstler	Titel	Album	Jahr	Genre
Beach Boys	California Girls	Summer days	1965	Surf
Bob Dylan	California	As Good as It Gets: The Ultimate Emmett Grogan Acetates	1965	Folk
The Mamas & the Papas	California dreamin'	If You Can Believe Your Eyes and Ears	1966	Folk
Merle Haggard	California Blues	Pride in what I am	1969	Country
The Ramones	California Sun	Leave Home	1977	Punkrock
Cheap Trick	California Man	Heaven Tonight	1978	Rock
Chuck Berry	California	Rock it	1979	Rock'n'Roll
Dead Kennedys	California über alles	Fresh Fruit for Rotting Vegetables	1980	Punk
The Barracudas	California Lament	Drop Out with the Barracudas	1981	Surf
2Pac	California Love	All Eyez on Me	1996	HipHop
Tom Petty & the Heartbreakers	California	Songs and Music From „She's the One"	1996	Rock
Red Hot Chili Peppers	Californication	Californication	1999	Rock
Nancy Sinatra	How Are Things in California?	California Girl	2002	Pop
Propellerheads	Take California	Take California	1997	Elektronik
Rufus Wainwright	California	Poses	2001	Songwriter
Kings of Leon	California Waiting	Holy Roller Novocaine	2003	Rock
Lenny Kravitz	California	Baptism	2004	Rock
Metro Station	California	Metro Station	2007	Pop
PJ Harvey	Leaving California	A woman a man walked by	2009	Songwriter
Vampire Weekend	California English	Contra	2010	Alternativrock
Ace of Base	Southern California	The Golden Ratio	2010	Pop
Social Distortion	California	Hard Times and Nursery Rhymes	2011	Punkrock

California goes green

We can do both ... protect the environment and at the same time have economic growth.

Wir können beides schaffen, die Umwelt schützen und gleichzeitig Wirtschaftswachstum haben.

Arnold Schwarzenegger, ehemaliger Gouverneur Kaliforniens

Die Amis haben sich mit fulminanter Beharrlichkeit ihren Ruf als globales Umweltschwein erarbeitet. Jede Klimaanlage muss auch im August vorweihnachtliche Temperaturen verströmen; wenn es zu einem Panzer der Marke Hummer nicht reicht, muss mindestens ein 8-zylindriger Pick-up vor der Einfahrt brummen. Die klassische Wäscheleine wurde schon vor Jahrzehnten durch den elektrischen Wäschetrockner ersetzt. Das erlaubt dem Durchschnittsamerikaner, mehr als doppelt so viel Energie zu verbrauchen wie der Vergleichsdeutsche. Fünf Prozent amerikanischer Weltbevölkerung sind für 25 % des Kohlendioxyd-Ausstoßes verantwortlich. Konsequenterweise wurde das Klimaschutzprotokoll von Kyoto niemals ratifiziert.

Das Weltklima ist dem Amerikaner auch deutlich weniger wichtig als seine Jobsituation. Noch zweifeln viele Amerikaner die Theorie vom globalen Klimawandel an. Vor allem unter Republikanern ist der Verdacht verbreitet, dass Al Gores Kampagne schlicht ein weiterer Versuch ist, Machtbefugnisse nach Washington zu schaufeln und neue Steuern zu erheben. Drum wird dem mittelmäßig glaubwürdigen Klimapriester aus Tennessee auch hämisch nachgesagt, dass sein Landsitz zehnmal so viel Strom verbrauche wie der von Ex-Präsident Bush.

Trotzdem darf man sich nicht mit Klischees zufrieden geben. Möglicherweise hinkt das amerikanische Umweltbewusstsein dem mitteleuropäischen Niveau um ein paar Jahre hinterher. Doch die Statistiken sagen auch, dass der deutsche Otto Normalverbraucher immer noch hundertmal mehr Energie frisst als Ahumba Durchschnittsmensch aus Tansania. Und die angeblich so umwelt- und eskimofreundlichen Kanadier übertrumpfen die USA nochmal locker im Energieverbrauch.

Die scheinbar objektiven Statistiken verschleiern nun mal gewisse Hintergründe. Die meisten Amerikaner haben mit wesentlich längeren und härteren Wintern zu kämpfen als die mittleren Europäer und verbrauchen folglich auch mehr Energie. Wie viele umweltbewusste Zentraleuropäer sich bei 40 Grad Bürotemperatur nicht von der Fernbedienung der Klimaanlage verführen lassen würden, hat bisher keine Umfrage ermittelt.

Der ökologische Vorsprung lässt sich also maximal auf einige Jahre quantifizieren. Wir wollen nicht vergessen, dass Umweltbewusstsein auch hierzulande ein relativ neues Phänomen ist. Die ersten Grünen im Bundestag wurden als „gegen alles-" und „zurück in die Steinzeit-" Spinner diffamiert. Und dass Oma Herta heute brav ihren Müll trennt und Bio-Gemüse kauft, ist keineswegs eine jahrhundertealte Tradition.

Vorerst ist Kalifornien jedenfalls noch weit entfernt von dem grünen und humanen „Ökotopia", das sich Ernest Callenbach schon 1975 in seinem gleichnamigen Roman erträumte. 38 von 52 Counties erhalten alljährlich die schlechteste Note in Punkto Luftqualität. Los Angeles, Bakersfield und Visalia liegen unter den nationalen Top 5 der höchsten Partikelbelastung. Die Grundwasserreserven im Central Valley werden in Kürze zur Neige gehen, wenn die Landwirtschaft weiterhin bedenkenlos bewässert. Von den vielfältigen potentiellen Folgen des Klimawandels ganz zu schweigen.

Der pazifische Ozean wartet gleich mit einer ganzen Latte alarmierender Probleme auf: Sein Säuregehalt steigt, Algenplagen häufen sich und inzwischen spricht man von einem gigantischen Müllstrudel im Nördlichen Pazifik. Menschlicher Plastikabfall, in mundgerechte Stückchen geschreddert, treibt in Größenordnungen von hunderttausenden von Tonnen an der Wasseroberfläche und kommt höchstwahrscheinlich über die Nahrungskette wieder auf die Teller der Fischkonsumenten.

Nun wäre Amerika nicht Amerika, wenn es nicht flexibel auf neue Bedingungen reagieren könnte. Ganz vorn, wie immer, die Kalifornier. Deren ökologische

Speerspitze war ein alter Bekannter, dem grünes Gedankengut zumindest noch vor wenigen Jahren allergischen Ausschlag provozierte: der austro-amerikanische Ex-Gouverneur Arnold Schwarzenegger.

Man erinnert sich noch gut, wie er zum Welterfolg des inzwischen unverkäuflichen Spritfressers Hummer beitrug. Angeblich soll er General Motors sogar dazu überredet haben, eine Zivilversion des Panzerfahrzeugs auf den Markt zu werfen. Arni kaufte gleich den ersten und erweiterte seine Flotte in kurzer Zeit auf acht Stück.

Doch nach der ersten Amtszeit war die ideologische Munition weitgehend verschossen. Seine Lieblingsfeinde „Steuern, Schwule und Einwanderer" würden für die erträumte Wiederwahl nicht ausreichen. Eine Vision musste her. Welchem seiner Berater diese schließlich kam, ist historisch nicht belegt, doch der Gouvernator predigte plötzlich ökologische Erneuerung als neues Zugpferd der kalifornischen Wirtschaft. Kalifornien sollte ein Vorbild für Amerika werden und Umwelt und Ökonomie zu einer erfolgreichen Symbiose zusammenführen. Was Silicon Valley für die Informationstechnologie war, sollte ganz Kalifornien für den Umweltsektor werden. Eine börsenkompatible Melange aus Innovationsgeist, Hochtechnologie und Risikokapital sollte den geliebten amerikanischen Lebensstil langfristig erhalten. Die Zeit nannte Schwarzenegger „eine schwarz-grüne Koalition auf zwei Beinen". Schließlich schaffte die Kampfmaschine den schon verloren geglaubten Wahlsieg mit satten 56 Prozent.

Als wiedergeborener Gouverneur setzte Schwarzenegger nicht nur auf elektronische Schulbücher, um Steuergelder und Papier zu sparen, sondern erkämpfte auch die striktesten Umweltauflagen für Autos und Lkws. Bereits 2010 sollten 20 % des elektrischen Stroms im Staat aus erneuerbaren Energieressourcen stammen. In der Mojavewüste entstanden ganze Wälder aus Windturbinen. Innerhalb von 10 Jahren sollten eine Million kalifornische Dächer von Solarzellen geziert werden.

Schwarzenegger legte sich auch mit der Industrie an. Er wollte die Autobauer zwingen, den Schadstoffausstoß ihrer Vehikel bis 2016 um 30 % zu senken. Gegen die gerichtlichen Klagen der Industrie konnte er sich nicht durchsetzen. Besonders lautstark jammerten ausgerechnet die deutschen Autoschmiede, das wollen wir nicht vergessen, um den anfangs erwähnten Klischees weiteren Boden zu entziehen. Aber selbst wenn die hochgesteckten Klimaziele bis 2020 erreicht werden, wird der Ausstoß von Klimagasen pro kalifornischer Nase den europäischen Vergleichswert immer noch weit übersteigen.

Schwarzeneggers schwarz-grüne Revolution blieb im Kern ein Wirtschaftsprogramm. Darum sind inzwischen auch reihenweise Großunternehmen auf den anrollenden Zug aufgesprungen. Die Perspektive einer Expansion in völlig neue Geschäftsfelder lässt illustre Initiativen wie „Eco-Imagination" entstehen, mit der sich 27 Großkonzerne ein grünes Make-up verpassen wollen. General Electric, BP, Dow Chemical oder DuPont waren bisher als Umweltverschmutzer ersten Ranges bekannt. Jetzt fordern sie schärfere Umweltgesetze, denn die könnten die Bevölkerung zum Kauf bestimmter Technologien zwingen. Man denke an Filteranlagen oder Katalysatoren. Also sponsern die Konzerne großzügig Forschungsprojekte der renommierten kalifornischen Universitäten. Und sichern sich die entsprechenden Patente.

Kaliforniens Grüne Revolution ist nicht ausschließlich politischer Opportunismus, trotzdem ist sie klar profit-orientiert. „Die Welt retten und damit Geld verdienen" heißt die Devise der mentalen schwarz-grünen Koalition. Jede Menge kleine innovative Unternehmen entwickeln vielversprechende Technologien. Ein Zentrum der jungen Clean-Tech-Branche steht wieder im Silicon Valley. Nach den Höhenflügen der Halbleiterindustrie in den 70ern und der IT-Branche in den 90ern rutschte auch die Vorzeigeregion im ersten Jahrzehnt der 2000er in die Krise. Der Absatz stotterte, tausende Angestellte wurden entlassen.

Jetzt herrscht wieder Goldgräberstimmung. Damals Schwarzenegger und heute Obama geben eine neue Richtung vor. Weg vom Öl, Unabhängigkeit vom Energieweltmarkt und effiziente Ressourcenverwertung sind die Fixpunkte der nun gültigen Doktrin.

Schwarzenegger verpflichtete die kalifornischen Stromversorger, bis 2010 zwanzig Prozent der Elektrizität aus erneuerbaren Ressourcen zu gewinnen. Bis 2020 soll der Anteil auf ein Drittel wachsen. Folglich können sich die Entwickler von Solarkraftwerken vor Aufträgen kaum retten. Und die sollen in näherer Zukunft dann auch massenhaft aus dem Ausland kommen. Bright Source Energy aus Oakland baut gerade ein 400 Megawatt-Kraftwerk an der Grenze zu Nevada und eine Versuchsanlage in der israelischen Negev-Wüste.

Ein anderes Vorzeigeunternehmen ist Nanosolar aus San Jose. Der Münchner Roland Martin Röscheisen entwickelte mit seinem Team ein Verfahren, bei dem Solarzellen auf eine Folie gedruckt werden, so wie Buchstaben auf Zeitungspapier. Damit soll der Preis für Solarzellen in Kürze auf ein Zehntel schrumpfen und der Markt weltweit revolutioniert werden. Nanosolar hat bereits eine Fabrik in Luckenwalde bei Berlin gebaut.

Brent Constance, Chemieprofessor der Stanford-Universität, bewegte eine ganz andere Frage: Wenn die Zement-industrie weltweit der drittgrößte Kohlendioxyd-Produzent ist, müsste es doch möglich sein, einen klimaneutralen Baustoff zu entwickeln. Sein grüner Zement setzt nun aber nicht nur kein CO_2 frei, sondern bindet es sogar. Die erste Anlage seiner Firma Calera nutzt bei der Produktion die Abgase eines alten Kohlekraftwerks und bindet sie. Seine Zementfabrik fungiert gewissermaßen als Abgasfilter der benachbarten Dreckschleuder.

Einen flotten Sportwagen, ganz nach dem Geschmack von Autoliebhaber Schwarzenegger, baut die Firma Tesla in San Carlos. Der zweisitzige Flitzer mit 185 PS funktioniert mit einem Elektromotor. Nach dreieinhalb Stunden an der Steckdose beschleunigt das Gefährt in 4 Sekunden von Null auf Hundert. Unter den ersten Bestellern waren der Ex-Gouverneur persönlich und Hollywoodstar George Clooney. Allerdings kostet die windschnittige Karosse derzeit noch über 90.000 Dollar.

Bisher galt Deutschland weltweit als Motor und Marktführer grüner Technologie. In ein paar Jahren könnte Kalifornien mit Hochgeschwindigkeit vorbeiziehen.

Zukunftsweisende Projekte kommen aber nicht nur von profitorientierten Unternehmen. Kommunen, Schulen und Universitäten treiben ebenfalls den ökologischen Umbau voran. San Francisco schaffte die Plastiktüte ab und zwingt unter Androhung von Strafzetteln zur Benutzung der Biotonne. Wenige Meilen nördlich im Sonoma County schlossen sich die örtlichen Schulen zusammen und verpflichteten sich, freiwillig eigene Umweltauflagen zu erfüllen. Viele Kommunen unterstützen den Bau von Biohäusern und ökologischen Stadtvierteln.

Arbeiten am Solar Energy Development Center (SEDC), Negev, Israel

1KALIFORNIEN I GREEN CALIFORNIA

Tesla Roadster

Der Staat ist inzwischen übersät mit zukunftsweisenden Projekten. Ob der Spagat geschafft wird, Umweltverträglichkeit mit dem hochgradig konsumorientierten *way of life* in Einklang zu bringen, wird die Zukunft zeigen. Der aktuelle Ansatz ist jedenfalls ein zutiefst amerikanischer. Die Grundwerte der Gesellschaft werden nicht in Frage gestellt. Man passt sich einer neuen Situation flexibel an und versucht, daraus Kapital zu schlagen. Doch der Weg in eine profitable grüne Zukunft ist steinig und auch in Kalifornien existiert das Wort Rückschlag. Trotz der Goldgräberstimmung im Green Business gingen die Einkünfte aus Solarzellen 2009 um 40 % zurück. Bleibt zu hoffen, dass wenigstens die Umwelt von dem entfachten Preiskrieg unter den Herstellern profitiert.

▶ Schauplätze

Die jungen Unternehmen des Green-Tech-Sektors bieten derzeit leider keine Besichtigungstouren an.

▶ Moss Landing Pilot Plant
Die Pilotanlage für die Herstellung von umweltfreundlichem Zement liegt direkt am Highway One 19 mi/30 km von Monterey neben dem unübersehbaren Kohlekraftwerk.
🖥 www.calera.com

▶ Bright Source Energy
✉ 1999 Harrison St, Oakland, CA 94612

⇨ Auf dem IS80 von San Francisco nach Oakland, nach 8 mi/13 km auf den IS580 in Richtung Hayward-Stockton, nach 2,5 mi/4 km Exit Harrison St, rechts in die Harrison St, nach 1 mi/1,6 km hinter der Kreuzung 20th St auf der rechten Seite
🖥 www.brightsourceenergy.com

▶ Nanosolar Inc.
✉ 5521 Hellyer Ave, San Jose, CA 95138
⇨ Auf dem HW101 nach Norden in Richtung San Jose, Exit Hellyer Ave, rechts in die Hellyer Ave, nach 1,7 mi/2,8 km auf der rechten Seite
🖥 www.nanosolar.com

48 KALIFORNIEN I GREEN CALIFORNIA

▶ Tesla Motors Zentrale

Leider erlaubt der Autobauer keine Besichtigung seiner Produktionsanlagen.

✉ *1 Circle Star Way, San Carlos, CA 94070*
⇨ *HW101 nach Norden, Exit 409 Whippie Ave,*
  links und die zweite rechts
  in den Industrial Way,
  nach 0,4 mi/0,6 km auf der rechten Seite
🖳 *www.teslamotors.com*

▶ Tesla Autohäuser

In Kalifornien betreibt die Marke derzeit zwei Autohäuser, wo die schicken Karossen in Augenschein genommen werden können:

✉ *11163 Santa Monica Boulevard,*
  West Los Angeles CA 90025
✉ *300 El Camino Real, Menlo Park, CA 94025*
  (Silicon Valley)

▢ Film

Eine unbequeme Wahrheit	
Originaltitel	An Inconvenient Truth
Jahr	2006
Regie	Davis Guggenheim
Hauptdarsteller	Al Gore
Genre	Dokumentarfilm

Die Badewanne Kaliforniens – San Diego

We'll watch the waves rise
as bodies glisten in the sun.
San Diego sounds like fun.

Wir werden zusehen, wie die Wellen wachsen,
während Körper in der Sonne glänzen.
San Diego klingt nach Spaß.

Feeder in ihrem Song „San Diego"

🏠 SAN DIEGO

San Diego ist das pazifische Pendant zu Miami: Von subtropischem Klima und Postkartenstränden verwöhnt, vibriert die Stadt vor Lebensfreude und urlaubsgemäßem Easy Going. „Family Fun" heißt die Devise. „Smile at everyone you see" lautet ein anderer der Slogans, mit denen sich San Diego als weitgehend untergrund-befreite Spaßmetropole vermarktet. Mit genügend Dollars ausgestattet, kann man sich in Freizeitparks und Shopping Malls zu Tode amüsieren. Der Zoo, Legoland, das Aqua-rium und Dutzende andere Attraktionen wirken wie ein Magnet auf Kinder, die ihre Eltern erbarmungslos hinterherziehen.

Obwohl statistisch längst das zweitgrößte Metropolgebiet Kaliforniens, ist San Diego noch nicht vollständig zur Businessmetropole mit alltäglichem Verkehrskollaps verkommen. Die Skyline nimmt sich vergleichsweise bescheiden aus. Das höchste Gebäude, das One American Plaza, reckt sich auf gerade mal 151 Meter Höhe. Immerhin zählt man gegenwärtig 26 Gebäude von mehr als hundert Metern Höhe.

San Diego in Zahlen	San Diego	Zum Vergleich: München
Einwohner	1,3 Mio.	1,3 Mio.
Fläche	964 km²	310 km²
Einwohner im Ballungsraum	3 Mio.	2,6 Mio.
Einwohner pro km²	1.612	4.274
Durchschnittstemperatur	18 °C	7,6 °C
Jährlicher Niederschlag	252 mm	964 mm
Höhe über NN	10 m	519 m
Partnerstädte	15, darunter keine deutsche Stadt, aber Edinburgh, Warschau und Wladiwostok	

Doch San Diego will modern sein. Die Stadt investiert entschlossen in ihre metropolitane Zukunft. Einige Großprojekte, wie das neue Kongresszentrum oder das Petco Park Baseballstadion, geben die Richtung vor. Am Broadway entsteht derzeit ein schnieker, zweistöckiger Kreuzfahrt-Terminal, und in den nächsten Jahren wird der Besucher der städtischen Wasserkante von der Geräuschkulisse gewaltiger Bauarbeiten empfangen werden. Die gesamte Frontpartie soll ein neues, schöneres Gesicht bekommen. Das Projekt, das sich selbst als „visionär" betitelt, wird die Westseite des Broadway und den parallel zum Ufer verlaufenden Harbor Drive in breite, palmenbestandene Flaniermeilen verwandeln. Allein für die erste Bauphase wurden Kosten von 228 Millionen Dollar veranschlagt. Der unentschlossene Widerstand von Nachbarschaftsorganisationen wird den Fortschritt nicht aufhalten.

Noch vor wenigen Jahrzehnten war San Diego kaum mehr als eine überdimensionierte Marinebasis. Doch seit den 90ern herrschte Goldgräberstimmung. An allen Ecken und Enden der Stadt wurde gebaut. Die Immobilienblase blähte sich zu ähnlichen Dimensionen wie beim östlichen Zwilling Miami auf. Ihr Platzen hat die städtische Soziologie mächtig durcheinandergemischt. Ein ansehnlicher Prozentsatz der Bevölkerung sitzt plötzlich auf Bergen von Dollars, und ein noch weit größerer auf Bergen von Schulden.

Der städtische Krake ist derweil in alle Himmelsrichtungen gewachsen, nur der Pazifik und der gefängnisartige Zaun der mexikanischen Grenze sperren sich gegen die weitere Expansion. Die Nähe zur südlichen Nachbarkultur ist allenthalben zu spüren, etliche Vorstädte sind von Latinos geprägt.

Doch in den touristisch attraktiven Gebieten dominiert ein Amalgam weißer US-Amerikaner mit Wurzeln in allen Ecken der Nation. Die Wahrscheinlichkeit, dass es sich bei einem älteren Herrn um einen gut situierten Pensionär aus den winterkalten Staaten des

Downtown San Diego

Nordens handelt, ist relativ hoch. Denn San Diego hat ein schlagkräftiges Argument: sein Klima. Kaum 30 Regentage im Jahresdurchschnitt ziehen Sonnenanbeter, Familien und Rentner aus aller Herren Bundesstaaten an. Während Minneapolis im Schnee versinkt und die Temperaturen in Milwaukee monatelang nicht über Null klettern, kann man in San Diego im offenen Cabrio spazieren fahren. München zählt über hundert Regentage mehr. Dementsprechend ist die Atmosphäre der Stadt leger und entspannt. Man kleidet sich informal und lächelt.

Doch als zweitgrößte Metropole Kaliforniens braucht San Diego natürlich noch andere Standbeine als den Tourismus. Der Handelshafen spielt keine große Rolle, am jährlichen Güterumschlag gemessen liegt San Diego lediglich auf Platz 99 unter den amerikanischen Häfen. In Hamburg werden gut vierzigmal so viele Container verladen.

Dafür legen täglich Kreuzfahrtschiffe an. Während die Touristen an Landgang sind, wollen die Dampfer versorgt werden. Hunderte von Unternehmen sind auf Ausrüstung und Catering von Kreuzfahrtschiffen spezialisiert.

Seine wichtigste Funktion hat der Hafen für die Marine. Seit 1901 ist der Militärstandort kontinuierlich ausgebaut worden. Spätestens ab dem Ende des Zweiten Weltkrieges spielte die Landesverteidigung eine zentrale Rolle in der Ökonomie der Stadt. Im Dunstkreis der Marinebasis entstanden Ausbildungszentren, Militärkrankenhäuser und Truppenübungsplätze. San Diego gilt als weltweit größter Marinestandort.

Tausende Soldaten müssen natürlich auch gefüttert werden; folglich spielt die Versorgung des Militärstandorts eine entscheidende Rolle. Im Schlepptau des wichtigsten Marinehafens der Pazifikküste wuchs auch die Rüstungsindustrie. In den Docks werden Panzerkreuzer repariert und U-Boote gebaut. Für die Stadt bedeutet dies Einkommen, Wachstum und Arbeitsplätze.

Doch gleichzeitig verfiel San Diego in eine tiefe Abhängigkeit von den zyklisch schwankenden Verteidigungsausgaben aus Washington. Je nach politischer Großwetterlage steigt oder fällt die Auftragslage in der Rüstungsproduktion. Mit dem Ende des Kalten Krieges schrumpfte der Verteidigungshaushalt, was die lokale Ökonomie in die Krise stürzte. Allein zwischen 1990 und 1993 gingen der Region 58.000 Jobs verloren. Zwei Drittel der Arbeitsplätze in der Rüstungsindustrie wurden abgebaut.

Immerhin konnte sich im Umfeld der Waffenschmieden und der Universitäten auch eine zivile High-Tech-Industrie entwickeln, die die lokale Ökonomie in den 90ern vor dem Zusammenbruch bewahren konnte. Die Statistik zählt heute 160.000 Beschäftigte bei 1.400 Firmen im Hochtechnologiesektor. Größter Arbeitgeber ist der Telekommunikationsgigant Qualcomm mit über 11.000 Angestellten. Das Unternehmen war an der Entwicklung des Satellitentelefons Globalstar beteiligt und vertrieb das e-Mail-Programm Eudora. Qualcomm konnte es sich dank guter Geschäfte leisten, 18 Millionen Dollar für die Neutaufe des lokalen Footballstadions auf den Firmennamen hinzublättern.

Andere weltweit verbreitete Produkte kommen aus dem Hause Sony Online Entertainment. In den nördlichen Außenbezirken San Diegos entwickelt der japanische Elektronikgigant Internetspiele wie Matrix oder EverQuest.

Universitäten und renommierte Forschungseinrichtungen bilden auch das Milieu, das dem Sektor Biotechnologie in den letzten Jahrzehnten ein rasantes Wachstum ermöglichte. John Salk, der Entwickler der Impfung gegen Kinderlähmung, etablierte 1960 ein eigenes Forschungsinstitut in La Jolla. Vor seiner großen Entdeckung galt Polio als gravierendstes Problem der nationalen Gesundheit; heute ist die Krankheit praktisch ausgerottet.

Neben einheimischen Unternehmen beheimatet San Diego eine lange Reihe von Ablegern internationaler Pharma- und Biokonzerne wie Merck, Pfizer oder Élan. 2004 wurde die Stadt zur Nummer Eins der amerikanischen Biotech-Cluster gekürt. Dabei füllte San Diego mehrfach die Schlagzeilen der Weltpresse. Doktor Samuel Wood, Gynäkologe und Fruchtbarkeitsexperte, war der erste Mensch, der sich 2008 in seinem Institut in La Jolla selbst klonte. Die Embryonen wurden nach wenigen Tagen zerstört, doch die Experimente des modernen Doktor Frankenstein provozierten Aufschreie der Entrüstung. Der Vatikan deklamierte die „übelste Art der Ausbeutung des Menschen".

Die Gegend von San Diego wurde seit geschätzten zehntausend Jahren von den Kumeyaay Indianern bewohnt. Sie waren einfache Jäger und Sammler, betrieben keine Landwirtschaft und hielten auch keine Haustiere. 1542 ging das erste spanische Schiff in der Bucht vor Anker, doch die wichtigste europäische Kolonialmacht in Amerika zeigte wenig Interesse an Kalifornien. Offenbar gab es weder Gold, Silber noch Edelsteine zu holen, und die soziale Struktur der verstreut lebenden Indianer versprach keine leichte Ausbeutung ihrer Arbeitskraft. Folglich zeigte Spanien über zwei Jahrhunderte kaum Interesse an der nördlichen Peripherie seines Weltreichs.

Als aber gegen Ende des 18. Jahrhunderts die Konkurrenzmächte England und Russland in den Ländereien auftauchten, musste Spanien klarstellen, wer der Herr im Hause Kalifornien ist. Flugs wurde der Franziskanerorden beauftragt, eine Kette von Missionsstationen zu gründen. Die kleine spanische Siedlung San Diego de Alcalá wurde von dem Presidio, einem Militärfort, beschützt.

Ein Teil der Indianer der Umgebung ließ sich mehr oder weniger bereitwillig in Bibelkunde und Landwirtschaft unterweisen und siedelte sich neben der Missionsstation an, die allmählich zu einem Dorf heranwuchs. Ab und an rebellierten die Indios gegen allzu autoritäre Unterrichtsmethoden und töteten den einen oder anderen Gesandten der katholischen Kolonialmacht. Doch bis zum Ende des 19. Jahrhunderts blieb San Diego Peripherie, sowohl der unabhängig gewordenen Republik Mexiko als auch des US-Bundesstaates Kalifornien, der ab 1850 seine Hoheit

proklamierte. Da zählte San Diego gerade einmal fünfhundert Einwohner.

Es war die Ankunft der ersten Eisenbahnlinie, die der Stadt den entscheidenden Wachstumsimpuls gab. Geschäfte und kleine Unternehmen schossen aus dem Boden, die Zuwanderung aus dem kalifornischen Norden setzte ein. Die US-Marine ließ sich am natürlichen Hafen der San Diego Bay nieder und brachte tausende von Soldaten in die Stadt, die verpflegt und unterhalten werden wollten. Der ökonomische Motor begann zu beschleunigen. Die Eröffnung des Panamakanals und der Erste Weltkrieg taten ihr Übriges. Zwischen 1900 und 1920 vervierfachte sich die Einwohnerzahl auf ansehnliche 75.000.

Das städtische Wachstum setzte sich über das gesamte 20. Jahrhundert ununterbrochen fort, wenn es auch in konjunkturschwachen Phasen gebremst wurde. In den 1980er Jahren durchbrach San Diego schließlich die Schallgrenze zur Millionenstadt.

Doch wie fast alle amerikanischen Metropolen hatte zu dieser Zeit schon die Abwanderung der Mittel- und Oberschichten in die grünen Außenbezirke eingesetzt. Weite Teile der Downtown verwahrlosten und verkamen zu den üblichen urbanen Ghettos. Seit Ende der 80er versuchten die Stadtherren den Trend umzukehren. Mit gezielten Investitionen sollte das Zentrum wieder geschäftsfreundlich werden und die Bessersituierten zurückholen. Das Gaslamp Quarter und Little Italy sind Beispiele für Niedergang und folgende Aufwertung innerstädtischer Quartiere.

San Diego stand immer im Schatten des übermächtigen Nachbarn Los Angeles, sowohl wirtschaftlich als auch kulturell. In keiner Phase formte sich ein musikalischer oder künstlerischer Untergrund, der der Kultur entscheidende Anstöße gegeben hätte. San Diego ist auf der Karte der amerikanischen Populärkultur höchstens als Dörfchen verzeichnet. Da mag es überraschen, dass ausgerechnet zwei der richtungsweisendsten amerikanischen Musiker der vergangenen Jahrzehnte biographische Wurzeln in der Stadt haben: Frank Zappa besuchte als Teenager die Mission Bay High School, wo er auch als Trommler seine erste Band formierte. Tom Waits büffelte an der Sweetwater Union High und verdiente sich ein paar Cent im Napoleon Pizza House im Vorort National City, was ihn möglicherweise zu dem Song „I can't wait to get off work" inspirierte. Später diente er bei der Küstenwache.

Die beiden genialen Musiker wanderten zum Anschub ihrer Karriere natürlich nach Los Angeles ab, was auch die Schauspieler Gregory Peck, Dennis Hopper, Raquel Welch und Cameron Diaz taten. Charlene Tilton wechselte auf die Southfork Ranch nach Dallas und Pearl Jam-Sänger Eddie Vedder zog es nach Seattle, wo Ende der 80er die Grunge-Welle ihren Ausgang nahm.

Auch in der Gegenwart kann San Diego auf keine große Namen in der Popwelt verweisen. Die Pop-Punker Blink 182, die Alternativrocker Rocket from the Crypt, die christliche(!) Metalband P.O.D. oder die erbarmungslosen Hot Snakes stehen maximal in der zweiten Reihe des Musikbusiness.

Doch kam San Diego zu der zweifelhaften Ehre, einen Radioevergreen inspiriert zu haben: „I don't like Mondays", 1979 ein Welterfolg der Boomtown Rats, erzählt die Geschichte der 16jährigen Schülerin Brenda Spencer, die aus ihrem Schlafzimmerfenster wahllos auf Menschen vor der gegenüberliegenden Cleveland Elementary School schoss. Mit dem halbautomatischen Gewehr, das ihr der Vater zu Weihnachten geschenkt hatte, erlegte sie den Schuldirektor und den Hausmeister. Neun Schüler wurden verletzt. Die Polizei brauchte sechs Stunden, um das schießwütige Gör endlich dingfest zu machen. Noch während der Schießerei klingelte das Telefon in Brendas Haus und ein cleverer Lokaljournalist befragte sie zu ihren Motiven. „Ich mag keine Montage" lautete die einleuchtende Antwort. Die inzwischen fast 50-Jährige sitzt weiterhin in einem Frauengefängnis westlich von Los Angeles und sammelt abgelehnte Gnadengesuche.

Wenige Jahre später ging die Story vom McDonald's Massaker durch die Weltpresse. An einem Sommertag 1984 verabschiedete sich der psychisch labile James Huberty nach einem Zoobesuch von seiner Frau mit den Worten, er gehe gleich auf Menschenjagd. Wenig später verschoss er mit drei verschiedenen Waffen 257 Kugeln in einem Mc Donald's in San Ysidro. In 77 Minuten tötete er 21 Restaurantbesucher und verwundete 19 weitere. Ein Scharfschütze erschoss ihn schließlich vom Dach des gegenüberliegenden Postamts.

Heute zählt San Diego zu den sichersten Großstädten der USA. In den 90ern räumte Polizeipräsident Jerry Sanders in der Stadt auf. Er heuerte tausend freiwillige Unterstützer für die Polizei an. Die Kriminalitätsrate sank um 40 Prozent. Das schafft Popularität in Amerika, der Republikaner bestreitet gegenwärtig seine zweite Amtszeit als Bürgermeister San Diegos.

▶ UNTERWEGS IN SAN DIEGO

ℹ International Visitor Information Center

Die Touristeninformation liegt leicht lokalisierbar gegenüber Broadway und B Street Pier, wo die Kreuzfahrtschiffe anlegen, und nahe der Amtrak-Bahnstation.

- ✉ *1040 1/3 West Broadway*
- ⇨ *Aus dem Zentrum auf dem Broadway in Richtung Pazifik, an der Kreuzung Harbor Dr auf der rechten Seite*
- 🕐 *Juni-September täglich 9-17h, Oktober-Mai täglich 9-16h*
- ☏ *1-619 232 1212*
- 💻 *www.sandiego.org*

Telefonische Informationen zu öffentlichen Transportmitteln und Fahrplänen: 511

Aktuelle Veranstaltungshinweise findet man unter
- 💻 *www.sdreader.com*
- 💻 *www.sandiego-online.com*

Orientierung

In San Diego kann man relativ gut auf Sicht fahren. Das Stadtgebiet wird von Canyons und Hügelketten durchzogen, von denen man vielfach die Hochhäuser der Downtown oder den Pazifik erspähen kann, der immer im Westen liegt.

Das Stadtzentrum grenzt nicht direkt an den Ozean, sondern an die San Diego Bay, eine durch die Halbinsel Coronado fast vollständig vom Meer abgetrennte Lagune und damit ein erstklassiger natürlicher Hafen. Auf der Nordseite der Bucht liegt der internationale Flughafen, kaum fünf Kilometer vom Zentrum entfernt.

Das historische Gaslamp-Viertel liegt im südöstlichen Teil der Downtown und beginnt etwa acht Blocks vom Hafen entfernt. Nördlich der Downtown findet sich mit dem Balboa Park eines der Touristenmagnete. Nordwestlich schließt sich das lebendige Hillcrest-Viertel an.

Die San Diego Bay wird im Norden von der Cabrillo-Halbinsel begrenzt, an die sich wiederum nördlich die Mission Bay anschließt. In südlicher Richtung durchquert man nur noch die überwiegend latinobevölkerten Vorstädte National City und Chula Vista und erreicht nach nur 19 mi/30 km die mexikanische Grenze.

Anfahrt und Parken

Je nachdem, wo man sein Basislager aufschlägt und welche Pläne man hat, muss man entscheiden, ob man öffentliche Transportmittel nutzt oder mit dem Auto fährt. Bevor man sich mit dem eigenen Gefährt auf den Weg ins Zentrum macht, sollte man sich per Straßenkarte grob orientieren, denn meist weist die Beschilderung nicht auf „San Diego" oder „Downtown" hin, sondern nur auf die Nummer des jeweiligen Highways und die Himmelsrichtung.

In Downtown San Diego stehen rund 60.000 Parkplätze zur Verfügung, doch nur ein kleiner Teil davon ist kostenlos. Parkuhren erlauben eine maximale Standzeit von zwei Stunden und kosten meist $ 1,25 pro Stunde. Besser ist, gleich ein Parkhaus oder einen bewachten Parkplatz zu suchen. Schnell fündig werden sollte man in den Häuserblöcken nördlich des Broadways zwischen Harbor Dr und 9[th.] Auch südlich des Broadways wird man östlich der 1st Ave einen bezahlbaren Parkplatz finden.

Öffentliche Verkehrsmittel

Das „Trolley Bus" genannte Schnellbahnsystem ist unschwer zu durchschauen, aber mit nur drei Linien in seiner Reichweite ausgesprochen begrenzt. Die Entfernungen zwischen den Stationen sind außerhalb des Zentrums relativ groß, denn das System dient vor allem dem Transport von Berufspendlern. Sie verkehren grob zwischen 5 Uhr morgens und Mitternacht im 15 Minuten-Takt, zu den Hauptverkehrszeiten doppelt, später abends halb so oft. Eine einfache Fahrt kostet $ 2,50, zahlbar am Automaten der jeweiligen Bahnstation. Einen für Bus und Bahn gültigen Tagespass gibt es für $ 5.

Mehr von der Stadt sieht man natürlich im Linienbus. Das Netz ist wesentlich weiter verzweigt, dafür ist die Benutzung auch komplizierter. An den mit rechteckigem blauem Schild markierten Haltestellen muss man erst einmal die richtige Busnummer in Erfahrung bringen, wenn man sich nicht clevererweise vorher schon anderswo informiert hat, welche Linie zum gewünschten Ziel führt. Beim Einstieg steckt man die passenden Münzen oder Ein-Dollar-Scheine in den Automaten, der allerdings kein Wechselgeld gibt. Also Kleingeld bereithalten oder gleich einen Tagespass kaufen. Um die Angelegenheit noch ein bisschen kniffliger zu machen, variieren die Preise mit der Länge der zurückzulegenden Strecke zwischen 1,75 und 4 Dollar. Expressbusse sind natürlich etwas teurer.

▶ Downtown

Das Zentrum San Diegos dehnt sich über etwa zwei mal zwei Kilometer aus, lässt sich also bequem zu Fuß erschließen. Man kann es in drei wesentliche Zonen unterteilen: Der Business Distrikt mit Wolkenkrat-

zern, Bürogebäuden und Shoppingmeilen um die Horton Plaza grenzt im Süden an das historische Gaslamp Quarter. Auf der Westseite liegt die Waterfront mit Parks, Promenaden, Hafenanlagen und einigen Touristenattraktionen.

▶ **Waterfront und Embarcadero**
Wasser übt eine magische Anziehungskraft auf die Menschen aus, und das Meer ganz

besonders. So werden die meisten den Besuch der Stadt an den Ufern der San Diego Bay beginnen. An den Landungsbrücken am westlichen Ende des Broadways machen täglich Kreuzfahrtschiffe fest und spucken hunderte Landgänger aus. Drum betrachtet man die Waterkant auch als „the front porch", das Frontportal San Diegos. Folglich ist die Hafengegend auch mit Touristenattraktionen gespickt: ein Schiffsmu-

Metropolitan Transit System Downtown San Diego

seum, ein Flugzeugträger, Einkaufsmeilen und einige hübsche, kleine Parks.

▶ San Diego Maritime Museum

Das Museum macht dem Freizeitkapitän eine der größten Sammlungen historischer Schiffe der USA zugänglich. Als Flaggschiff wird die Star of India betrachtet, eine dreimastige Bark, die 1863 auf der Isle of Man in der irischen See gebaut wurde. Sie segelte knapp 40 Jahre lang als Hochseefrachtschiff zwischen Großbritannien, Indien und Neuseeland. Später transportierte sie Lachs von Alaska nach Kalifornien.

Daneben kann man noch sechs weitere Schiffe ganz unterschiedlicher Typen besichtigen und den direkten Vergleich zwischen einem sowjetischen und einem amerikanischen U-Boot anstellen.

✉ 1492 N Harbor Dr, San Diego, CA 92101
⇨ Von der Kreuzung Broadway / Harbor Dr 600 Meter auf dem Harbor Dr nach Norden. Parken kann man in einem der zahlreichen Parkhäuser in Downtown oder direkt vor dem Museum für 25 Cent pro 12 Minuten.
🕐 Täglich 9-20h, im Sommer bis 21h
💰 Erwachsene: $ 14, Senioren: $ 11, Kinder 5-17 Jahre: $ 8
☎ 1-619 234 9153
🖥 www.sdmaritime.org

▶ Midway Aircraft Carrier Museum

Zweihundert Meter südlich der Broadway Pier liegt ein monströses Kriegsschiff, das Friedensfreunde erschauern und jeden Betrachter das ungeheure Zerstörungspotential moderner Waffen erahnen lässt. Der Flugzeugträger USS Midway lässt allein durch seine Dimensionen reihenweise Kinnladen herunterklappen. 212.000 Pferdestärken trieben das 295 Meter lange und 41 Meter breite Ungetüm mit einer Höchstgeschwindigkeit von 60 km/h durch die Weltmeere. Bis zu 4.100 Mann Besatzung und 12 Millionen Liter Treibstoff schaukelte die Midway über die Ozeane. Ein gepanzertes Flugdeck war Ergebnis des Lernprozesses aus japanischen Kamikaze-Angriffen.

Kurz nach dem Zweiten Weltkrieg in Dienst gestellt, nahm das Schiff an den beiden größten amerikanischen Kriegen der zweiten Hälfte des 20. Jahrhunderts teil und spielte eine wichtige Rolle in der Abschreckungsstrategie des Kalten Krieges.

1965 war es Ausgangspunkt von Luftangriffen auf den Vietcong und Ziele in Nordvietnam. Zehn Jahre später überrollte der Vietcong den wirtschaftlich geschwächten und durch den vom Watergate-Skandal schwer angeschlagenen Präsidenten Nixon nur noch halbherzig unterstützen Süden. Für die amerikanischen Strategen kam die Angriffswelle des Nordens mit unerwarteter Wucht, die Räumung Saigons wurde viel zu spät eingeleitet. Fünfzig Helikopter evakuierten fast 7.000 Amerikaner und Vietnamesen in der neunstündigen Operation „Frequent Wind" aus Saigon. Am nächsten Tag endete der Vietnamkrieg.

USS Midway und Skyline von San Diego

Im ersten Golfkrieg 1991 war die Midway eine wichtige Operationsbasis für die Luftangriffe auf den Irak und die Besatzertruppen in Kuwait. Die Bombardierung der irakischen Luftabwehr und Radaranlagen sollte den Weg für die Invasion der Bodentruppen freimachen. Als einziger der vier im Persischen Golf eingesetzten Flugzeugträger hatte die Midway keine Verluste zu beklagen. Nach 47 Dienstjahren wurde sie 1992 eingemottet und zum Museumsschiff umgebaut.

✉ 910 N. Harbor Drive, San Diego, CA 92101
⇨ Von der Kreuzung Broadway / Harbor Dr einen Block nach Süden
◎ Täglich 10-17h, Einlass bis 16h, außer an Thanksgiving und Weihnachten
∞ Parkplätze auf der Pier pro Stunde $ 5, 4 Stunden $ 7, 10 Stunden $ 10
∞ Erwachsene: $ 18, Senioren & Studenten: $ 15, Kinder 6-17 Jahre: $ 10
☎ 1-619 544 9600
🖥 www.midway.org

▶ Hafenrundfahrt

Eine Hafenrundfahrt ist immer eine kurzweilige Angelegenheit, ob in Hongkong oder an Bord der Harle Kurier in Wilhelmshaven. In Los Angeles gibt es genügend andere Dinge zu tun, in San Francisco schippert man vielleicht eher nach Alcatraz und in Seattle kann einem das Klima einen Strich durch die Rechnung machen. Also bietet sich das sonnige San Diego an. Viele imposante Docks, Kräne und Containerfrachter wie in Hamburg sollte man nicht erwarten, dafür bekommt man schöne Panoramablicke auf die städtische Silhouette und höchstwahrscheinlich auch ein paar faule Seelöwen zu sehen. Für ein paar Dollar mehr lässt sich die Spritztour auch mit einem romantischen Abendessen kombinieren. Als preiswertere Variante kann man sich aber auch für die Fähre nach Coronado entscheiden.

▶ Hornblower Cruises
✉ 1066 N. Harbor Dr, San Diego, CA 92101
⇨ Wenige Schritte nördlich der Broadway Pier

◎ Täglich 10h, 11.15h, 12.30h, 13.45h, 15h, 16.15h, 17.30h
∞ Einstündige Tour Erwachsene: $ 20, Senioren: $ 18, Kinder 4-12 Jahre: $ 10; Zweistündige Tour Erwachsene: $ 25, Senioren: $ 23, Kinder 4-12 Jahre: $ 12,50
☎ 1-619 686 8700
🖥 www.hornblower.com

▶ San Diego Harbor Excursions
✉ 1050 North Harbor Dr, San Diego, CA 92101
⇨ An der Nordseite der Broadway Pier
◎ Täglich 10h, 11.15h, 12.30h, 13.45h, 15h, 16.15h, 17.30h
∞ Einstündige Tour Erwachsene: $ 20, Senioren: $ 18, Kinder 4-12 Jahre: $ 10; Zweistündige Tour Erwachsene: $ 25, Senioren: $ 23, Kinder 4-12 Jahre: $ 12,50
☎ 1-619 234 4111
🖥 www.sdhe.com

▶ Dennis Connor's America's Cup Experience

Die Ausblicke sind zwar praktisch die gleichen, dafür schippert man aber auf einem ästhetisch höchst ansprechenden zweimastigen Segler durch die Bucht. Im Ticket inbegriffen ist freier Eintritt ins Maritime Museum of San Diego.

✉ 1492 North Harbor Dr, San Diego, CA 92101
⇨ Von der Kreuzung Broadway / Harbor Dr 600 Meter auf dem Harbor Dr nach Norden, direkt am San Diego Maritime Museum
◎ Telefonisch erfragen oder im Internet abrufen
∞ Am Wochenende Erwachsene: $ 85, Kinder unter 12 Jahren: $ 44, Mo- Fr Erwachsene: $ 65, Kinder unter 12 Jahren: $ 34
☎ 1-800 644 3454
🖥 www.stars-stripes.com

► Whale Watching

Zwischen Mitte Dezember und Ende März migrieren massenhaft Grauwale küstennah aus dem kühlen Nordpazifik in die seichten Gewässer um Baja California. Die monströsen Säugetiere lassen sich per Feldstecher von der Küste aus beobachten, näher heran kommt man natürlich mit einem schwimmenden Untersatz. Mit sehr viel Glück zeigt sich auch mal ein echter Orca. Eine Walbeobachtungstour dauert normalerweise vier Stunden. Zur angezeigten Jahreszeit veranstalten die genannten Anbieter entsprechende Ausflüge, die Preise liegen dann etwa 30 % höher als für die Standardausflüge. Für 5 bis 7 Dollar kann man das notwendige Fernglas mieten.

► Seaport Village

Ein Shopping- und Restaurantkomplex, der abseits vom wirklichen Leben der Stadt fast nur von Ortsfremden besucht wird. Immerhin kann man schöne Blicke auf die San Diego Bay, Coronado Island und die gleichnamige Brücke werfen. Von dem im Süden direkt anschließenden Embarcadero Park genießt man ein schönes Skyline-Panorama mit Yachthafen im Vordergrund.

- ✉ 849 W. Harbor Dr, San Diego, CA
- ⇨ Vom Broadway den Kettner Blvd 0,4 mi/0,6 km nach Süden
- ⌚ Täglich 10-21h, im Sommer länger
- ∞ Frei
- ☎ 1-619 235 4014
- 🖥 www.seaportvillage.com

▶ Business District

► Museum of Contemporary Art

Mit dem großen Bruder in Los Angeles kann das Museum für Gegenwartskunst in San Diego in Punkto berühmte Namen nicht mithalten. Auch die Zweiteilung in das Haupthaus in La Jolla und die wenn auch größere Zweigstelle in Downtown San Diego machen den Besuch nicht unbedingt leichter. Dennoch werden neben der Dauerausstellung regelmäßig interessante und weniger bekannte Künstler der Gegen-

wart vorgestellt, die für Insider durchaus attraktiv sein können. Die Zentrale in La Jolla liegt verführerisch direkt über dem blauen Meer.

MCASD Downtown

- ✉ 1100 & 1001 Kettner Boulevard, San Diego, CA 92101
- ⇨ Direkt am Broadway Ecke Kettner Blvd

MCASD La Jolla

- ✉ 700 Prospect Street, La Jolla, CA 92037-4291
- ⇨ Insgesamt etwa 21 km vom Zentrum entfernt. Von San Diego Downtown 1st St nach Norden, direkt nach der Autobahnbrücke links auf den IS5 North, nach 9 mi/14 km Exit 26A La Jolla Parkway, dem Straßenverlauf 2 mi/3 km rechts in den Prospect Pl, nach knapp 1 mi/1,5 km auf der rechten Seite
- ⌚ Jeweils Do-Di 11-17h
- ∞ Erwachsene: $ 10, Senioren: $ 5, Schüler & Studenten bis 25 Jahre: frei, gültig für beide Häuser
- ☎ 1-858 454 3541
- 🖥 www.mcasd.org

► Santa Fe Depot

Direkt gegenüber dem Kunstmuseum sticht ein großes Gebäude im spanischen Kolonialstil ins Auge. Es handelt sich nicht um eine historische Missionsstation, sondern um einen Bahnhof. Die Bürger San Diegos mussten 30 Jahre um einen Eisenbahnanschluss betteln, bis sie 1885 endlich eine Schienenverbindung nach Los Angeles bekamen, was die Stadt tatsächlich eine imposanten wirtschaftlichen Schub versetzte.

Anlässlich des erhofften Besucherstroms zur Panama-California-Ausstellung 1915 wurde das alte Bahnhofsgebäude durch das bis heute funktionierende Santa Fe Depot ersetzt. Wenig später stieg San Diego dann vom Status eines Nebenstreckenbahnhofs zur Endstation einer Transkontinentalstrecke auf. Über den weiter östlich gelegenen Knotenpunkt Calexico bekam die Stadt direkte Verbindung nach St. Louis, Chicago, El Paso und New Orleans. Die letzten 238 Kilometer hatten es allerdings in sich. Wegen der komplizierten Topographie bekam die Route zu Bauzeiten den Namen „the impossible railroad". Tatsächlich verzögerte sich die Eröffnung der Linie um mehrere Jahre, und die Baukosten beliefen sich letztendlich auf das dreifache der ursprünglich veranschlagten sechs Millionen Dollar.

Heute dient die Bahnstation vor allem dem Pendlerverkehr ins Zentrum. Der Transkontinentalverkehr musste dem Auto und dem Flugzeug weichen, und San Diego ist zumindest was die Schienenanbindung betrifft wieder auf dem Stand von 1890: Den Rest des Landes erreicht man nur über Los Angeles. Die politisch inzwischen salonfähig gewordenen Ideen zur Wiedererweckung öffentlicher Verkehrsmittel haben zum Nachdenken über eine Hochgeschwindigkeitstrecke von Los Angeles nach San Diego geführt. Rein rechnerisch sollen die Züge die Strecke in 78 Minuten zurücklegen. Mit der derzeitigen Amtrak-Verbindung muss man mit minimal 160 Minuten rechnen.

✉ *1050 Kettner Boulevard, San Diego, CA 92101*

▶ Gaslamp Quarter

Das einst als Brutofen der Flöhe verrufene Viertel im Südosten der Downtown ist zur sauberen Vorzeige- und Amüsiermeile San Diegos umstrukturiert worden. 94 Gebäude aus dem 19. und dem frühen 20. Jahrhundert stehen unter Denkmalschutz und beherbergen Läden, Bars und Restaurants. An Wochenenden und nach den Heimspielen der Baseball-Lokalhelden San Diego Padres im nahegelegenen Petco Park Stadion vibriert das Trendviertel.

Bis in die achtziger Jahre war das kleinste der Innenstadtquartiere San Diegos eines der in Amerika so typischen innenstadtnahen Verfallsgebiete. Die meisten Gebäude ließen nur zwei Optionen offen. Radikalsanierung oder Abriss. Nicht nur amerikatypisch plädierten viele für Abriss: Der Baugrund einen Steinwurf von Downtown entfernt drängte sich Immobilienhaien als Spekulationsobjekt geradezu auf.

Die späte, aber nichtsdestotrotz großartige Einsicht amerikanischer Stadtplaner, dass man auch zu Fuß von Laden zu Laden schlendern kann, anstatt mit 4 Rädern vor gigantischen Einkaufsmalls am Stadtrand aufzufahren, hat sich als Treffer erwiesen. 1982 riefen die Stadtväter zur Restaurierung und Wiederbelebung der verfallenen Gegend auf, als sich der halbwegs gut situierte Durchschnittsamerikaner längst ins gemütliche Eigenheim in zentrumsferne Schlafstädte zurückgezogen hatte. Breite Bürgersteige brachten wieder menschliches Leben auf die Straße, Touristen wie Einheimische erlagen bald dem Charme der Kleinstadtatmosphäre mitten in der Metropole.

Und das Viertel weiß sich zu vermarkten. Dem Vorbild New Orleans folgend inszenierte man den Straßenkarneval zu Mardi Gras, dem französischen Faschingsdienstag. Auch der fast überall in Amerika populäre irische St. Patrick's Day wurde ins Viertel geholt. Eine Bewohnerinitiative organisierte 1984 unter dem Motto „5 Bands, 5 Dollar" das erste Street Scene Festival. Was als Underground-Party begann, zog 2005 ins multifunktionale Qualcomm Stadion um. Nach drei Auswärtsspielen kam das Festival 2008 wieder zurück in die Stadt, nun ein paar Blocks weiter östlich im East Village. Aus der Gegenkulturveranstaltung ist ein Zwei-Tage-Event geworden, das mit großen Namen der Alternativrock-Welt über 30.000 Menschen anlockt. Trotz aufs Zwanzigfache gestiegener Eintrittspreise.

Gaslamp ist also wieder in. Folglich schossen die Immobilienpreise in schwindelerregende Höhen. „Skyrocketing", wie man das in Amerika plastisch formuliert. Für ein Zimmer im schnieken neuen Hardrock-Hotel muss man mindestens 200 Dollar hinlegen, eine Rockstar-Suite kostet das Zehnfache. Das Viertel ist eins von tausenden Beispielen für die Schlagworte Gentrifizierung, Kommerzialisierung oder Yuppisierung, die man auch aus deutschen Großstädten kennt. Trotzdem ist es für den Fremden hochattraktiv und leuchtet wie eine Perle im Algenschlamm autofreundlicher und menschenfeindlicher amerikanischer Stadtkultur.

Gaslamp Quarter

Dass Gaslamp wieder zum Amüsierviertel geworden ist, mag eine beschmunzelnswerte Paradoxie der Geschichte sein. Denn das Quartier war den Stadtoberen lange Zeit ein Dorn im Allerwertesten.

Als der weitsichtige Geschäftsmann Alonzo Horton 1867 die unbebauten Ländereien am Hafen für eine Handvoll lächerliche Dollars erwarb, lag das Siedlungszentrum San Diegos sechs Kilometer weiter nördlich in dem heute treffend als Old Town bezeichneten Stadtteil. Die armen Neuankömmlinge des Booms der 1870er und 1880er Jahre ließen sich bevorzugt in den Barackensiedlungen in Hafennähe nieder. Gaslamp, das natürlich noch keine Straßenbeleuchtung kannte, hieß damals „Stingaree" und galt als das Viertel der Unerwünschten.

Nach Fertigstellung der Eisenbahnlinien des Nordens zogen viele arbeitslos gewordene Chinesen zu und gründeten die erste Chinatown. Die asiatische Zuwanderung nach San Diego erlebte mit den Rassenunruhen in den nördlichen Städten Kaliforniens einen weiteren Schub. Die Chinesen verdingten sich als Fischer oder investierten ihren Geschäftssinn in Läden, Restaurants oder Wäschereien. Als weit profitabler erwiesen sich aber Saloons, Spielhöllen, Bordelle oder das Geschäft mit Opium. Schließlich konzentrieren sich in den Hafenvierteln der Welt die einsamen und verlorenen Seelen, die für derartige Versuchungen anfällig sind. Ergo hieß der erste anrüchige Laden, auf den die Seeleute stießen, auch „the first and last chance" – „die erste Gelegenheit" zu einem Whiskey auf Eis, wenn man an Land, und die letzte bevor man an Bord geht. Wie es seinerzeit zuging, verdeutlichen die Namen von Etablissements wie dem „Old Tub of Blood" – „Alte Wanne voll Blut" an der Ecke Third und Island Street oder „Seven Buckets of Blood" – „Sieben Eimer Blut", schräg gegenüber.

Doch das Viertel boomte und stellte trotz schlechtester Reputation die gute alte

Old Town bald in den Schatten. Schließlich zog sogar das Rathaus mitten ins Rotlichtviertel.

Nicht dass es im Wilden Westen keine Gesetze gegen Glücksspiel, Prostitution und andere Laster gegeben hätte. Zu ihrer Durchsetzung mangelte es dem Staat aber an Macht, Beamten und Willenskraft. So wurde der geographisch begrenzte Sittenverfall als nicht auszurottendes Übel stillschweigend geduldet. Die eine oder andere offiziell pikierte Persönlichkeit aus der guten Gesellschaft wird zweifellos klammheimlich an den vielfältigen Möglichkeiten zwangloser Freizeitgestaltung Gefallen gefunden haben.

Unter den Unternehmerseelen des Viertels findet sich auch ein alter Bekannter, den man hier kaum vermutet hätte: Wyatt Earp. Der Gesetzeshüter und Revolverheld, dessen wilde Schießerei mit Doc Holiday in Tombstone, Arizona dutzendfach in Hollywood-Filmen porträtiert wurde, betrieb zwischen 1887 und 1896 mindestens drei Spielhöllen im Viertel. Bei Wyatt konnte man seinen Wochenlohn, sein Pferd oder seinen Sattel bei über zwanzig verschiedenen Glücksspielen riskieren. Einige Spielvarianten wie Faro, Pedro oder Mexican Monte sind heute nur noch Insidern bekannt.

Wyatt Earp galt als angesehener Geschäftsmann und vertrieb sich seine Freizeit als ehrenamtlicher Schiedsrichter bei Pferderennen und Boxkämpfen auf beiden Seiten der Landesgrenze. Während Bruder Virgil weiter auf der Seite des Gesetzes stand und Marshall in Colton bei Los Angeles wurde, zog der Goldrausch Wyatt später nach kurzem Zwischenspiel in San Francisco nach Alaska.

Im Sumpf des Stingaree gediehen aber nicht nur die Verstöße gegen die guten Sitten, sondern auch ein anderer Teufel: die Arbeiterbewegung. Die Ideen der internationalistischen Industrial Workers of the World fassten nach der Wende zum 20. Jahrhundert im plurikulturellen Viertel Fuß. Doch Gewerkschaften hatten in den USA und speziell in Kalifornien immer einen schweren Stand, bis heute unter Schwarzenegger.

Bis zur Unzurechnungsfähigkeit betrunkene Proleten stellten maximal eine Gefahr für die Moral dar, nicht aber für die Macht- und Besitzstrukturen der Gesellschaft. Das Umgreifen revolutionärer Ideologien aber konnte keinesfalls geduldet werden. Der Sumpf des Stingaree gehörte trockengelegt.

Dabei klangen die Forderungen der „Wobblies" geradezu lächerlich im Vergleich zu dem, was Gewerkschaften seinerzeit in Europa forderten. „Free Speech" – „Freie Rede" war das Motto ihrer Demonstrationen, die wenig mehr einklagten als ein Verfassungsrecht. In ihrem scheinbar spontanen Auftreten könnte man sie mit heutigen Flashmob-Aktionen vergleichen. Nur funktionierte die Kommunikation nicht per SMS oder via Facebook, sondern durch Mund-zu-Mund Propaganda. Völlig überraschend versammelten sich hunderte oder gar mehrere tausend auf einem öffentlichen Platz, um einem Wortführer die freie Rede zu garantieren. Die Zuhörer ließen sich dann in Massen festnehmen, um eine Überfüllung der Gefängnisse zu garantieren und die staatliche Ordnung ad absurdum zu führen. Die „Free Speech Fights" in San Diego sind heute eine Legende der amerikanischen Arbeiterbewegung.

Daneben näherte sich ein anderes Ereignis, das ein Ende des unmoralischen Treibens im Stingaree forderte: 1915 sollte endgültig der Panama-Kanal eröffnet werden. Für San Diego ein Großereignis und eine historische Chance. Jedes Schiff, das von der Ostküste zur Pazifikseite des Landes segelte oder dampfte, würde hier den ersten Ankerplatz auf US-amerikanischem Boden passieren. Die Stadtoberen wollten die Augen der Welt auf sich ziehen und inszenierten eine Art lokale Weltausstellung im Balboa Park unter dem Titel „Panama-California-Exposition".

Der Moment war gekommen. Während der lokale Polizeichef überzeugt war, dass eine Säuberung des Distrikts nur zu einer geographischen Verlagerung führen würde, trieb das Gesundheitsamt die Reinigung des Viertels voran. Immerhin mit einem relativ modernen und theoretisch sozialverträglichen Ansatz: Der Dreh- und Angelpunkt war die Prostitution, das hatte man verstanden. Das „Laster-Unterdrückungs-Komitee" baute die „Door of Hope", das „Haus für gefallene Frauen". Gewissermaßen eine Rehabilitationsstätte für Prostituierte. Gleichzeitig schloss man Saloons und Spielhöllen. In drei Jahre wurden 120 unerwünschte Gebäude dem Erdboden gleich gemacht. Das zügellose Leben des Stingaree wurde schließlich ausgelöscht und San Diego auf den rechten Weg gebracht.

🖳 www.gaslamp.org

▶ Little Italy

Wer Little Italy hört, darf nicht Palermo denken. Klein Italien protzt zwar an jeder Ecke mit Pizza und Lasagne, doch San Diego und Messina trennen zehntausend Kilometer. Little Italy ist ein innenstadtnahes Wohnviertel mit allen Attributen, die eine solche Gegend auszeichnet: Einfamilienhäuser, Supermärkte, Parkplätze, Eigentumswohnungen. Little Italy, San Diego war tatsächlich mal ein sizilianisch dominiertes Stadtviertel. Viel mehr als ein Markenzeichen für Touristen ist davon nicht übriggeblieben.

Sizilien, damals wie heute, war das Armenhaus Italiens. Zwischen 1880 und 1906 schifften sich mehr als hunderttausend Sizilianer nach Amerika ein. Angesichts der engen familiären und kulturellen Bindungen entstanden die heute folkloristisch-populären Little Italies in New York, Chicago, Boston und San Francisco. Die Süditaliener sahen sich der stereotypen Feindseligkeit der Durchschnittsamerikaner und der norditalienischen Einwanderer ausgesetzt. Sie galten als arm, primitiv und kriminell. Figuren wie Al Capone und der Rest der New Yorker und Chicagoer Mafia boten willkommene Argumentationshilfe, um die Sizilianer auszugrenzen.

Dabei ist der kulturelle Beitrag der sizilianischen Einwanderer an der amerikanischen Mischkultur keinesfalls zu verach-

ten. Sonny Bono (geboren Salvatore Phillip Bono), Al Pacino (Alfredo Pacino), Sylvester Stallone (Sylvester Enzio Stallone), Dean Martin (Dino Paul Crocetti), Johnny Thunders (John Genzale) oder Jon Bon Jovi (John Bongiovi) trugen auf ihrer Geburtsurkunde noch italienische Namen. Hinzufügen kann man Berühmtheiten aus erster oder zweiter Generation sizilianischer Abstammung: Cindy Lauper, Martin Scorsese, Frankie Laine, Frank Sinatra und Liza Minelli.

Nach dem verheerenden Erdbeben 1906 in San Francisco zogen massenhaft Familien italienischen Ursprungs nach San Diego und widmeten sich dem Thunfischfang oder eröffneten kleine Läden. In Little Italy wurde Italienisch gesprochen, sechstausend kinderreiche Familien bevölkerten die Gegend und formten eine integrierte „Community".

Für städtische Entwicklungspolitik bedeutete ein solcher kultureller Zusammenhang kein beachtenswertes Hindernis. In den frühen Siebzigern wurde der neue Interstate 5 quer durchs Viertel geschnitten. Ein Drittel der Gebäude fielen den Bauarbeiten zum Opfer, ein Großteil der im Viertel integrierten Italiener suchte sich ein neues Quartier, irgendwo im Großraum San Diego. Die gezielte Auslöschung eines gewachsenen aber fremden Sozialzusammenhangs oder ein Akt gezielter Integrationspolitik?

Little Italy glänzt heute wenig mit mediterranem Reiz. Wer sich ob des verführerischen Namens auf die Suche nach sizilianischer Authentizität begibt, wird auf brutale Weise enttäuscht werden. Wer in freundlicher Umgebung ein wenig spazieren gehen will, eine amerikanische Pizza essen und nebenbei vielleicht ein nettes Souvenir erhaschen möchte, wird sich in Klein Italien wohlfühlen.

▶ Balboa Park

Abgesehen von Stränden und Vergnügungsparks ist der Balboa Park zweifellos die Hauptattraktion San Diegos. Er feiert sich als größten städtischen Kulturpark der Nation und beherbergt den berühmten San Diego Zoo, der seinerseits zu den größten der Welt zählt. Die Spannweite an besuchenswerten Museen und Kulturinstitutionen ist immens und reicht von Kunst und Fotografie über Naturkunde und dem Automobil bis zur Luftfahrt.

Die folgende Auswahl der besten Museen des Parks ist zweifellos subjektiv. Je nach individuellem Interesse kann man auch in die Welten von Eisenbahnen, historischen Automobilen, Flugzeugen aus Kriegs- und Friedenszeiten oder der amerikanischen Kriegsveteranen eintauchen. Daneben kann man in etlichen gepflegten Gärten Schatten suchen und den Besucherströmen entfliehen.

Der Grundstein für den 400 Hektar großen Park wurde bereits zu Zeiten gelegt, als San Diego noch zur mexikanischen Republik gehörte. Seine Bestimmung als kulturelles Zentrum der Stadt erhielt er 1914, als eine Art kleine Weltausstellung anlässlich der Eröffnung des Panamakanals inszeniert wurde. San Diego glaubte an eine große Zukunft, schließlich war es die erste US-amerikanische Stadt, die die Ozeandampfer nach der Durchfahrt der zentralamerikanischen Meerenge erreichten. Somit lag auch die Namensgebung nahe, der spanische Conquistador Vasco Nuñez de Balboa war der erste Europäer, der die Meerenge von Panama überwandt und 1513 den Pazifik erreichte.

Bruce Springsteen widmete dem Balboa Park auf dem Album „The ghost of Tom Joad" einen gleichnamigen Song, und einzelne Szenen von Orson Welles' Citizen Kane wurden im Park abgedreht.

Etwa 1,5 Kilometer östlich des Parks kam es 1971 zum bis dahin schwersten Flugunglück in der Geschichte der USA. Beim Landeanflug auf den Flughafen San Diego kollidierte eine aus Sacramento kommende Boeing 727 mit einem Sportflugzeug und stürzte mit der Nase voran mitten in ein Wohngebiet. Alle 137 Passagiere der beiden Flugzeuge kamen ums Leben. Zweiundzwanzig Häuser wurden zerstört oder schwer beschädigt und neun Bewohner getötet. An der Ecke Dwight Street / Nile Street erinnert eine Bronzetafel an das Unglück.

Der Park grenzt direkt an die nördliche Downtown. Dazwischen liegt aber der Interstate 5, der ein fast ebenso unüberwindliches Hindernis darstellt wie die mexikanische Grenze. Zu Ehren des hispanischen Erbes der Stadt wurden viele Gebäude in einem reich ornamentierten spanischen Revival-Stil errichtet.

Wenn man nicht direkt den Zoo ansteuern will, fährt man Balboa Park am einfachsten über die ost-west-verlaufende Zentralachse, den Prado an, von dem man fast alle Attraktionen erreicht und obendrein auch Parkmöglichkeiten findet.

⇨ *Aus Downtown San Diego 5th Ave nach Norden, nach 1,2 mi/ 2 km rechts in die Laurel St und geradeaus über die Highwaybrücke bis zur Plaza de Panama*

Innerhalb des Parks kann man sich kostenlos mit den roten „Trams" fortbewegen, die etwa alle 10 Minuten zwischen den wichtigsten Attraktionen verkehren.

Die Preisgestaltung der verschiedenen Häuser ist höchst unterschiedlich. Einige sind kostenlos, andere, wie der Zoo, verlangen dem Geldbeutel einiges ab. Wer den Park tiefgründig erforschen will, kann an fast allen Ticketschaltern Sammeleintrittskarten erstehen. Es gibt drei Modalitäten: Für $ 35 bekommt man den „Stay for the Day Pass", der den Zutritt zu fünf Museen freier Auswahl erlaubt. Den Eintritt zu allen elf kostenpflichtigen Museen beinhaltet der „Passport to Balboa Park" für $ 45. Wenn der Zoobesuch mit eingeschlossen sein soll, muss man $ 75 berappen. Man beachte, dass viele der Attraktionen montags geschlossen sind.

▶ San Diego Zoo

Natürlich fliegt kaum jemand über den großen Teich, um einen Zoo zu besuchen, doch Bewunderer der globalen Fauna können in San Diego sicher einen interessanten Tag verbringen. Die Konzentration auf artgerechte Haltung minimiert den Schlechtes-Gewissen-Faktor, soweit das in einer solchen Institution möglich ist. Unter den 800 präsentierten Tierarten finden sich einige seltene Spezies, wie der große Panda. Allerdings bewegen sich die Eintrittspreise ebenfalls auf Weltniveau.

Das Coverfoto des 1966er Albums „Pet Sounds" der Beach Boys zeigt die Bandmitglieder bei der Ziegenfütterung im San Diego Zoo. Die Scheibe landete in der Rangliste der 500 besten Schallplatten aller Zeiten der Zeitschrift Rolling Stone hinter Sergeant Pepper's von den Beatles auf Platz 2.

✉ 2920 Zoo Dr, Balboa Park
⇒ Auf der 11th St aus dem Zentrum nach Norden, geradeaus auf den HW163 in Richtung Escondido, nach 1,2 mi/2 km Exit 1C, nach 0,5 mi/0,8 km rechts in die Upas St, nach weiteren 0,2 mi/0,3 km rechts auf den Park Blvd und nach 100 m rechts in den Zoo Dr
🕐 Täglich ab 9h, schließt je nach Jahreszeit zwischen 17 und 21h
💰 Ab 12 Jahren: $ 40, darunter: $ 30, Parkplätze sind kostenlos
☎ 1-619 231 1515
🖥 www.sandiegozoo.org

▶ San Diego Museum of Man

Das Völkerkundemuseum konzentriert sich auf die vorkolonialen Indianerkulturen Amerikas, mit besonderem Akzent auf den Ethnien Südkaliforniens und Mittelamerikas. Daneben zeigt es auch Sammlungen aus verschiedensten Regionen der Welt, unter anderem aus dem alten Ägypten.

✉ 1350 El Prado, Balboa Park, San Diego, CA 92101
🕐 Täglich 10-16.30h außer Thanksgiving und Weihnachten
💰 Erwachsene: $ 10, Senioren, Studenten & Jugendliche: $ 7,50, Kinder: $ 5
☎ 1-619 239 2001
🖥 www.museumofman.org

▶ Museum of Photographic Arts (MOPA)

Das noch relativ junge Museum kann auf eine qualitativ wie quantitativ stolze

Sammlung blicken. Praktisch alle Stilrichtungen und Epochen sind vertreten, ebenso einige der berühmtesten Fotografen wie Alfred Stieglitz oder Henri Cartier-Bresson.

✉ 1649 El Prado, Balboa Park, San Diego, CA 92101
🕐 Di-So 10-17h, feiertags bis 15h, im Sommer Do bis 21h
💰 Erwachsene: $ 6, Senioren, Schüler & Studenten: $ 4, Kinder unter 12 Jahren: frei
☎ 1-619 238 7559
🖥 www.mopa.org

▶ Timken Museum of Art

Das Timken setzt auf alte Meister. Man begegnet etlichen alten Bekannten aus der europäischen Kunst des 13. bis 19. Jahrhunderts wie Rubens, Brueghel und Rembrandt.

✉ 1500 El Prado, Balboa Park, San Diego, California 92101
🕐 Do-Sa 10-16.30h, So 13.30-16.30h, feiertags geschlossen
💰 Frei
☎ 1-619 239 5548
🖥 www.timkenmuseum.org

▶ San Diego Natural Hist. Museum

Als eines der ältesten Museen des amerikanischen Westens blickt das NHM auf über 130 Jahre Geschichte zurück. Regelmäßig wechselnde Ausstellungen beschäftigen sich vorwiegend mit Themen aus der kalifornischen Naturgeschichte, von der Prähistorie bis zu aktuellen Umweltproblemen. Ein Kino mit Großleinwand zeigt stündlich pompöse Dokumentarfilme im Stil des National Geographic.

✉ 1788 El Prado, San Diego, CA 92101
🕐 Täglich 10-17h. An Thanksgiving und Weihnachten geschlossen.
💰 Erwachsene: $ 17, Senioren: $ 15, Schüler & Studenten: $ 12, Kinder 3-12 Jahre: $ 11
☎ 1-619 232 3821
🖥 www.sdnhm.org

🏛 CORONADO (21.400 EW)

„The island", wie Coronado von den Einheimischen genannt wird, ist in Wirklichkeit eine Halbinsel, die durch den zehn Meilen langen Sandstreifen Silver Strand mit dem Festland verbunden ist. Die Nordhälfte der Insel wird von der amerikanischen Marine in Beschlag genommen, die dort einen eigenen Flughafen betreibt.

In dem Städtchen mit vielen hübschen Bungalows atmet man dagegen eine entspannte Urlaubsatmosphäre. Kein Wunder, denn der beinahe einzige ökonomische Motor ist der Tourismus. Entlang der palmenbestandenen Orange Avenue reihen sich Läden, Restaurants und sogar zwei Theater auf.

Angezogen werden die Besucherströme natürlich vom Pazifikstrand, der 2008 vom Travel Channel zum fünftbesten Strand der USA gekürt wurde. Lang und flach liegt er da, und manchmal lassen ihn kleine Pyritkörner golden glitzern. Natürlich muss man sich am Strand an die gängige Kleiderordnung halten, denn Coronado ist ein konservatives Städtchen. Die Republikaner gewinnen üblicherweise doppelt so viele Stimmen wie die Demokraten, was nicht überrascht, denn pensionierte Marinesoldaten stellen einen großen Anteil der Einwohnerschaft. Nicht unbedingt das Ambiente, in dem man einen Kiffer und Anarchisten wie Psychobilly-Sänger Mojo Nixon vermuten würde. Doch der hat sich ebenfalls hier niedergelassen.

Die einzige echte Attraktion der Halbinsel ist, abgesehen vom Strand, das historische Hotel Coronado, dessen sonnenüberflutete Restaurantterrasse auch von Einheimischen frequentiert wird.

Coronado ist über die gleichnamige fünfspurige Autobahnbrücke mit der Innenstadt verbunden. Auf dem 61 Meter hohen Bauwerk sind leider keine Fußgänger erlaubt, sonst könnte man schöne Panoramafotos der San Diego Bay schießen. Trotzdem haben sich hier in den letzten 40 Jahren über 250 Menschen in den Tod gestürzt. Angeblich sollen neun den Aufschlag auf die Wasseroberfläche überlebt haben. Hinter der Golden Gate Bridge und der Aurora Bridge in Seattle steht die Coronado-Brücke auf Platz drei der beliebtesten Suizidbrücken der USA. Die Stadt hat eine Telefonhotline eingerichtet, der man die Sichtung von Kandidaten übermitteln soll.

▶ Hotel del Coronado

Der historische Hotelkomplex gilt als nationaler Schatz und steht zwangsläufig unter Denkmalschutz. Charlie Chaplin, Muhammad Ali, Charles Lindbergh und alle amerikanischen Präsidenten gingen hier ein und aus. Von USA Today wurde es in die Liste der zehn weltbesten Urlaubshotels aufgenommen.

Das viktorianische Holzgebäude wurde 1888 in nur elf Monaten Bauzeit für Kosten von einer Million Dollar errichtet. Kurz zuvor hatte die erste Eisenbahnlinie San Diego erreicht, was die Investition erst sinnvoll machte, denn das Reisen war seinerzeit ohne Bahn keine einfache Angelegenheit. Angesichts mangelnder Wälder im trockenen Südwesten musste das Bauholz aus dem Norden Kaliforniens herantransportiert werden. Ein Großteil der Arbeiter waren Chinesen, die sich im Gaslamp Quarter niedergelassen hatten.

Das ehemals größte Urlaubshotel der Welt war auch das erste, das mit elektrischen Glühbirnen erleuchtet wurde. Erfinder Thomas Edison reiste persönlich an, um die Installation zu überprüfen.

In Anbetracht der vielen illustren Gäste ereigneten sich natürlich einige nette oder weniger nette Anekdoten in den luxuriösen Räumlichkeiten. Nach dem ersten Weltkrieg bewohnte eine gewisse Wallis Spencer ein Nebengebäude. Wenige Jahre später lernte sie den als Dandy bekannten Prince of Wales kennen, der 1936 als Edward VIII. den englischen Thron bestieg. Dummerweise war seine Geliebte Wallis Spencer bereits geschieden, und die anglikanische Kirche erlaubte keine Heirat. Edward entschied sich für die Liebe und dankte nach nur zehnmonatiger Herrschaft ab.

Große Teile des Manuskripts des Kinderbuchs „Der Zauberer von Oz", später mit Judy Garland verfilmt, entstanden im Hotel. Lyman Frank Baum, der Autor, war Dauergast im Coronado.

Hotel del Coronado

Zu einem richtigen alten Hotel gehören natürlich auch Spukgeschichten. Angeblich ereignen sich seltsame Dinge in Zimmer 3327, denn hier wandelt der ruhelose Geist von Kate Morgan. Die in Iowa geborene, junge Frau war unglücklich verheiratet. Im November 1882 wartete sie fünf Tage lang vergeblich auf das Eintreffen ihres Ehemanns. Aus Liebeskummer setzte sie ihrem Leben per Kopfschuss am Hotelstrand ein Ende. Die genauen Zusammenhänge bleiben ungeklärt. Spätere Versuche, den Fall neu aufzurollen, scheiterten. Die Mordspekulationen jedenfalls halten die Spukgeschichte am Leben. In Zimmer 3502 soll ebenfalls ein Geist aktiv sein, allerdings konnte der ungebetene Gast bisher nicht identifiziert werden.

Mediale Berühmtheit erlangte das Hotel als Schauplatz großer Teile der Komödie „Manche mögen's heiß" mit Marilyn Monroe. Jahre später diente es auch als Kulisse für „Mein Partner mit der kalten Schnauze". Die Szene, in der der clevere Polizeihund mit dem abgerissenen Außenspiegel eines Ford Mustang angetrabt kommt, wurde auf der Strandterrasse abgedreht.

🖵 Filme

Manche mögen's heiß	
Originaltitel	Some Like It Hot
Jahr	1959
Regie	Billy Wilder
Hauptdarsteller	Marilyn Monroe, Tony Curtis, Jack Lemmon
Genre	Komödie

Mein Partner mit der kalten Schnauze	
Originaltitel	K-9
Jahr	1989
Regie	Rod Daniel
Hauptdarsteller	James Belushi
Genre	Komödie

Paranormal Activity	
Originaltitel	Paranormal Activity
Jahr	2007
Regie	Oren Peli
Hauptdarsteller	Katie Featherston, Micah Sloat
Genre	Horror

Wenig nördlich des Hotelgebäudes formen künstliche Dünen das Wort Coronado, beim Landeanflug auf San Diego oder in Google Earth deutlich lesbar.

Mit dem nötigen Kleingeld in der Tasche ist eine Nacht im Coronado zweifellos eine Option. Ein Zimmer kostet ab 350 Dollar aufwärts.

- ✉ *1500 Orange Ave, Coronado, CA 92118*
- ⇨ *Von Downtown San Diego auf den IS5 nach Süden, nach 1 mi/1,5 km auf den CA75 in Richtung Coronado, nach knapp 3 mi/5 km links in die Orange Ave, nach wiederum knapp 1 mi/1,5 km rechts in den Rh Dana Dr*
- ☎ *1-619 435 6611*
- 🖳 *www.hoteldel.com*

▶ SeaWorld

Auftritte vielfältigen Meeresgetiers wie Delphinen, Robben oder Seeottern werden mit aufregenden Attraktionen im Stile üblicher Freizeitparks verbunden. Ein teurer Familienspaß.

- ✉ *500 SeaWorld Drive, San Diego, CA 92109*
- ⇨ *IS5 nach Norden, Exit Sea World Dr und noch 1 mi/1,6 km geradeaus*
- 🕐 *Im Winter meist von 10-17h , im Sommer 9-23h*
- ⚭ *Ab 10 Jahren: $ 69, Kinder 3-9 Jahre: $ 59. Parkplätze: Auto $ 12, Wohnmobil $ 17, Motorrad $ 8*
- ☎ *1-800 257 4268*
- 🖳 *www.seaworld.com*

▶ Panoramablicke

▶ Centennial Park

Die Ostseite der Coronado Halbinsel wird fast durchgehend von Privatgrundstücken gesäumt. Der kleine Park erlaubt frei Sicht über die San Diego Bay auf die knapp einen Kilometer entfernte Skyline. Ein idealer Fotostandort, insbesondere bei einbrechender Dunkelheit.

- ✉ *1st St / Orange Ave, Coronado 92118*
- ⇨ *Mit dem Auto verlässt man das Zentrum auf dem IS5 in Richtung Süden und biegt auf den HW75 in Richtung Coronado ab. Nach der Überquerung der Brücke folgt man dem Straßenverlauf noch einen knappen Kilometer, dann rechts in die Orange Ave bis zum Ende*

Noch schönere Aussichten kann man von der Passagierfähre zum Coronado Ferry Landing erhaschen, die stündlich an der Broadway Pier ablegt. Der Preis für die Überfahrt liegt bei $ 3 pro Person.

▶ Bertrand at Mr. A's

San Diego bietet leider kein Empire State Building und keinen Sears Tower. Den besten innerstädtischen Überblick über die Skyline gewinnt man aus dem Restaurant Bertrand at Mr. A's. Zum Mittagessen kann man noch mit 20 Dollar pro Teller wegkommen, abends wird es kaum unter 30 Dollar gehen.

- ✉ *2550 5th Ave, 12. Stock*
- ⇨ *Aus dem Zentrum die 5th Ave nach Norden, kurz hinter der Kreuzung Laurel St auf der linken Seite*
- 🕐 *Mittagstisch Mo-Fr 11.30-14.30h, Abendessen Mo-Fr ab 17.30h, Sa & So ab 17h*
- ☎ *1-619 239 1377*
- 🖳 *www.bertrandatmisteras.com*

▶ Mount Soledad

Für einen letzten Panoramablick über die Bucht von San Diego und den Pazifik kann man mit dem Auto den Mount Soledad erklimmen. Zu Füßen eines 10 Meter hohen Kreuzes zu Ehren der im Koreakrieg Gefallenen kann man 360 Grad Rundumsicht genießen. Die Berge im Südosten liegen bereits weit in Mexiko. Luftlinie liegt der 250 Meter hohe Gipfel bereits 16 km von Downtown San Diego entfernt.

- ⇨ *Auf dem IS5 in Richtung Los Angeles, Exit 23A Grant Ave, geradeaus weiter auf dem Mission Bay Dr, nach 0,6 mi/1 km links auf die Garnet Ave, nach 0,3 mi/0,5 km auf die Soledad Mountain Rd und schließlich nach 2,9 mi/4,5 km rechts in die Soledad Park Rd*

▶ Mount Helix

Die östliche Kopie von Mount Soledad liegt ebenfalls gute 15 km vom Stadtzentrum entfernt und wird von einem Kreuz gekrönt. Das 360 Grad Panorama schweift über die Stadt, den Ozean und die ausufernden Vororte San Diegos.

⇨ *Das Zentrum auf dem HW94, dem Martin Lu-*
ther King Freeway in Richtung „East" verlassen,
nach 8 mi/13 km links auf den HW125 North,
nach weiteren 2 mi/3 km Exit Lemon Ave,
rechts, der Lemon Ave 0,5 mi/0,8 km folgen,
rechts und für 2 mi/3 km dem Verlauf des Alto
Dr folgen.

▶ Strände

Schöne Strände gibt es in und um San
Diego im Überfluss. Zum Baden können
die Strände südlich der Bay wegen der
Wasserverschmutzung nur eingeschränkt
empfohlen werden.

▶ Coronado Beach
In Kombination mit der Fahrt über die Coronado Bridge und einer Erfrischung im Hotel
de Coronado vielleicht die erste Wahl.

⇨ *Von Downtown San Diego auf den IS5 nach*
Süden, nach 1 mi/1,5 km auf den CA75 in
Richtung Coronado, nach knapp 3 mi/5 km
links in die Orange Ave, nach wiederum knapp
1 mi/1,5 km rechts in den Rh Dana Dr

▶ Blacks Beach
Einer der populärsten Nacktbadestände
Nordamerikas. Am Südende wird per Beschilderung auf Kleidungspflicht hingewiesen. Bei Nichtbeachtung wird dem nackten
Mann tief in die Tasche gegriffen: Es dro-
hen 135 Dollar Strafe.

⇨ *Auf dem IS5 nach Norden, Exit Genesee Ave,*
nach 0,8 mi/1,3 km links in die Torey Pines Rd,
nach 400 m links in die Tory Pines Scenic Rd,
am Ende parken und den Fußweg runter zum
Strand

▶ La Jolla Cove
Kleine Bucht am Fuß der Steilküste, die
ihr Aussehen mit Ebbe und Flut verändert. Auch Taucher und Surfer kommen
hierher.

⇨ *Auf dem IS5 nach Norden, Exit 26A „W La Jolla*
Pkwy", dem Straßenverlauf 2 mi/3 km folgen,
rechts in den Prospect Pl, nach 300 m nochmal
rechts in den Coast Blvd. Nach weiteren 500 m
rechts am Scripps Park parken und den Fuß-
weg in die Bucht hinabsteigen

▶ Events

Als sonnenüberströmtes Touristenziel ist
San Diego natürlich ausgesprochen feier-
freudig. Das ganze Jahr über werden den
verschiedensten Themen Festivals gewidmet. Was zur geplanten Reisezeit ansteht,
erfährt man im Event Calendar von

🖵 *www.sandiego.org.*

Besonders spektakulär sind das jährliche
Sandburgenfestival im Juli oder August an
der Imperial Beach Pier und die Surf Dog
Meisterschaften im Juni auf Coronado.
Wirklich, echte Hunde reiten auf echten
Surfbrettern über echte Wellen.

⚏ Soundtrack San Diego

Künstler	Titel	Album	Jahr	Genre
Tom Waits	San Diego Serenade	The heart of Saturday Night	1974	Songwriter
Sister Double Happiness	San Diego	Uncut	1993	Alternativ-rock
Fidele Schwaben	San Diego im Schnee	Eine letzte Rose	1995	Volksmusik
Bruce Springsteen	Balboa Park	The goast of Tom Joad	1995	Folk
Feeder	San Diego	Turn (Single)	2001	Alternativ-rock
Knightowl	San Diego	California Ghetto Bird	2003	HipHop
Lil Rob	San Diego	Can't keep a good man down	2003	HipHop
Hot Snakes	Plenty for all	Audit in Progress	2004	Punk
MTO	San Diego 2 Los Angeles	San Diego 2 Los Angeles	2005	HipHop
Chamellows	San Diego rat heart	Rat Hearts	2006	Alternativ-rock
The Eternal Afflict	San Diego the tragical	Realict or Requiem	2006	Gothic
The Buzzbombs	San Diego drinking song	San Diego Shindig	2008	Psychobilly
The Avett Brothers	Pretty Girl from San Diego	Emotionalism	2007	Folk
Leesha Harvey	San Diego Morning	Penny in the Pocket	2008	Songwriter

Plata o Plomo – Kohle oder Blei
Tijuana, die Amüsiermeile im Kugelhagel

Welcome to Tijuana –	*Willkommen in Tijuana –*
tequila, sexo y marihuana.	*Tequila, Sex und Marihuana.*
Welcome to Tijuana –	*Willkommen in Tijuana –*
con el coyote no hay aduana.	*mit dem Schlepper gibt es keine Grenzkontrolle.*

Der franko-hispanische Sänger Manu Chao in seinem
Song „Welcome to Tijuana"

Es riecht nach totem Hund. Wenige Meter entfernt liegt er an der Straßenecke. Überfahren und liegengelassen. Dabei gehört Tijuana zu den aufgeräumteren Städten in Mexiko. Man sagt, sie sei eine teuflische Mischung der schlechtesten Charakterzüge Mexikos und der USA. Sie ist grenzenlos optimistisch, obwohl sie eigentlich keinerlei Grund dazu hat. Tijuana ist wie ein Cowboy, der im Treibsand versinkt und im vorletzten Atemzug schreit: „Wenn ich hier rauskomme, wird gefeiert!"

Die Hoffnung stirbt auch hier zuletzt, doch das kann verdammt schnell gehen. Im Jahr 2009 zählte die Stadt über 600 Opfer im Vielfrontkrieg zwischen Staat und Drogenkartellen. TJ, wie es die Kalifornier nennen, galt schon immer als heißes Pflaster. Doch in den letzten Jahren wurden völlig neue Dimensionen erreicht. „Stadt ohne Gesetze" titelte der Spiegel.

Seit jeher ist Tijuana eines der wichtigsten Einfallstore zum größten Rauschgiftmarkt der Welt. Doch nach dem Zusammenbruch der kolumbianischen Drogenkartelle sprangen die mexikanischen Kollegen in die Bresche und multiplizierten die Problematik. Sieben Kartelle streiten sich gegenwärtig um Marktanteile und Schmuggelrouten.

Mexikos Präsident Calderón sagte den Mafias nach seiner Amtseinführung im Jahr 2006 den Kampf an und entfachte „la guerra contra la droga", den Krieg gegen die Droge. Ein Konflikt mit vielfältigen Frontverläufen: Der Staat gegen die Kartelle und die Kartelle gegeneinander.

Das klingt kompliziert. Doch die Wirklichkeit ist noch viel verworrener: Viele Mitarbeiter stehen gleichzeitig auf den Gehaltslisten mehrerer Arbeitgeber. Der Überlauf abtrünniger Gruppen zum Gegner ist an der Tagesordnung. Tausende gut ausgebildete Deserteure der mexikanischen Armee haben mit den Drogenbaronen neue Arbeitgeber gefunden. Das Tijuana-Kartell ist dabei, in fünf Splitterorganisationen aufzubrechen. Polizei und Zoll gelten als unheilbar korrupt. Die Agenten werden von den Banden im großen Stil bestochen oder schlichtweg mit dem Tode bedroht: Plata o Plomo. Geld oder Blei. Nimm unser Angebot an, oder du stirbst.

Der Arco Monumental auf der Avenida de la Revolución

Vierundzwanzig Polizisten ließen 2009 in Tijuana ihr Leben. Um der Situation Herr zu werden, entsandte der Präsident reguläre Truppen in die Grenzstädte. Da schnelle Erfolge ausblieben, beschloss er, die Marine hinterherzuschicken.

Angesichts dieses Panoramas suchen sich viele Touristen natürlich andere Reiseziele. Doch der Fremdenverkehr spielt in der lokalen Ökonomie eine wichtige Rolle. Das staubige Grenznest verwandelte sich quasi über Nacht in eine bro-

delnde Amüsiermeile, als 1920 in den USA die Prohibition eingeführt wurde. Findige Unternehmer aus Kalifornien stampften Bars, Schnapsläden und alle Arten anrüchiger Etablissements aus dem preiswerten Boden.

So wurde in Tijuana der Protoyp für das Erfolgsmodell Las Vegas entwickelt: 1929 entstand mit dem Agua Caliente das erste Kasino-Hotel mit Restaurants, Thermen und Pferderennbahn. Hollywood-Größen wie Buster Keaton, Clark

Gable oder Laurel und Hardy gingen ein und aus. Rita Hayworth begann hier ihre Karriere als Tänzerin. In Kalifornien durfte sie als Minderjährige nicht auftreten.

Die Avenida de la Revolución mauserte sich zur Reeperbahn Niederkaliforniens. Die in San Diego stationierten, amerikanischen Marinesoldaten strömten in ihrer Freizeit über die Grenze, um sich fernab der Kontrolle von Mama, Frau und Freundin zu amüsieren. Eine Invasion tausender College-Studenten brach alljährlich zum Spring Break, den Frühjahrsferien, über die Stadt herein. Für viele gilt in den Staaten faktisch weiterhin die Prohibition, denn an Alkohol kommt man legal erst mit 21.

Konsequenterweise reduzierte Manu Chao Tijuana auf drei Worte, die man auch ohne Spanischkenntnisse versteht: „tequila, sexo y marihuana". Keine unattraktive Kombination.

Aber nicht nur Amüsement ist preiswert in Tijuana: Die nordamerikanischen Gringos kamen auch mal eben für Souvenirs, Arzneimittel, Zahnbehandlungen und Abtreibungen über die Grenze. Nun ist der Besucherstrom angesichts der Horrormeldungen von Gewaltexzessen weitgehend versiegt. An Wochentagen tanzen die Stripperinnen vor den gelangweilten Minen der Kellner. Die meisten Barhocker bleiben kalt.

Zur Beschleunigung der Talfahrt fehlte nur noch die große Wirtschaftskrise. Die mexikanische Grenzregion ist ein wichtiger Industriestandort. Spätestens seit dem Freihandelsabkommen NAFTA 1994 lagerten viele US-Unternehmen Teile ihrer Produktion in das Billiglohnland im Süden aus. Um die Jahrtausendwende stellten über 800 „maquiladoras", die ausländischen Fabrikableger, Industrieprodukte aller Art her. Sony, Toyota, Kodak, Samsung, Sanyo, Philips und Pioneer betreiben Montagehallen in Tijuana, das als Welthauptstadt

der Fernseherproduktion galt. Etwa 1,3 Millionen Mexikaner und vor allem Mexikanerinnen stehen bei Unternehmen aus dem Norden in Lohn und Brot.

Niedrige Löhne, laxe Umweltgesetze, eine Wochenarbeitszeit von 48 Stunden und die halbherzige Durchsetzung der Arbeitsschutzgesetze lockten die Unternehmen über die Grenze. Eine mexikanische Fabrikarbeiterin verdient etwa ein Sechstel des Lohnes ihrer nordamerikanischen Kolleginnen. Nachrichten von Diskriminierung und sexueller Ausbeutung gehen häufig durch die Medien. Meist ohne weitere Konsequenzen.

Der wirtschaftliche Einbruch von 2008 traf Tijuana hart. In kürzester Zeit gingen zehntausend Industriearbeitsplätze verloren. Doch damit noch lange nicht genug: Als Grenzstadt ist Tijuana seit langem Sprungbrett für Migranten auf dem Weg in den goldenen Norden. Tausende treiben sich mittellos in der Stadt herum und warten auf die Gelegenheit zum Sprung über den eisernen Vorhang. Täglich kommen Dutzende aus den USA Ausgewiesene hinzu. Die meisten können sich weder die Rückreise in die Heimat noch die erneute illegale Einwanderung nach Norden leisten. Ihnen bleibt wenig mehr, als Juan Soldado, den Schutzheiligen der Grenzverletzer, um Hilfe anzuflehen.

Natürlich versucht die Stadt, von ihrem Schmuddel- und Gewaltimage loszukommen. Riesengroß war die Freude 2006, als man mit Donald Trump einen Investor von internationalem Format begrüßen konnte, der eine Luxusresidenz am Ozeanstrand bauen wollte. Leider wurden die investierten 32 Millionen Dollar im wahrsten Sinne des Wortes in den Sand gesetzt. Kaum eines der schicken Apartments konnte verkauft werden.

Tijuana bleibt vorerst weiter das Land der zerbrochenen Träume, wie J. J. Cale es in seinem gleichnamigen Song nannte.

▶ Ein Besuch in Tijuana

Sicherheit

Die Stadtväter mobilisieren alle verfügbaren Mittel, um das touristische Zentrum für Besucher so sicher wie möglich zu machen. Die Gewalt des Drogenkrieges entlädt sich zu größten Teilen im armen Osten der Stadt. Die wenigsten Reisenden bekommen von diesen Problemen bei einem Kurzbesuch etwas mit. Sie sind nicht das Ziel der Gewalt, waren aber in Einzelfällen als Unbeteiligte betroffen. Jerry Sanders, der Bürgermeister der Nachbargemeinde San Diego, sagte im November 2009, er fühle sich vollkommen sicher auf den Straßen Tijuanas. In keinem Fall aber wird es schaden, sich kurz vor einem Besuch über die aktuelle Situation zu erkundigen.

Kleinkriminalität dagegen hat es immer gegeben, und wie in allen Amüsiermetropolen werden alle erstaunlichsten Methoden entwickelt, um dem unbedarften Kunden noch ein paar Dollar mehr abzuknöpfen. Auch Polizisten bessern ihr nicht unbedingt üppiges Gehalt gern durch den einen oder anderen Strafzettel auf. Trotz der fast schon sprichwörtlichen Korruption, sollte man mit Bestechungsversuchen aber äußerst vorsichtig sein.

Einreisebestimmungen

Für den Grenzübertritt nach Mexiko benötigen Deutsche, Österreicher und Schweizer Staatsbürger kein Visum, sondern lediglich einen Reisepass. An der Grenze erhält man eine „FMT" genannte Touristenkarte, die bei der Ausreise wieder vorgelegt werden muss. In jedem Fall sollte man sich vorher versichern, dass man problemlos wieder in die USA einreisen kann.

Grenzübertritt

Für einen Kurztrip nach Tijuana sollte man seinen Mietwagen in San Diego stehen lassen, zumal kaum ein Verleiher die Ausreise nach Mexiko erlaubt. Die Abfertigung an der Grenze auf vier Rädern auch schon mal zwei Stunden dauern, vor allem bei der Rückkehr in die USA.

Man stellt sein Gefährt kostenlos auf einem der Parkplätze der in der Karte mit „P" gekennzeichneten Trolley-Stationen der blauen Linie ab, zieht ein Ticket (einfache Fahrt $ 2,50, Tageskarte $ 5) und nimmt die Schnellbahn nach Süden bis zur Endstation San Ysidro. Von dort muss man nur dem Strom der Menschen durch die Grenzkontrollen folgen.

Vorbei an den wartenden Taxis hält man sich in südwestlicher Richtung, nach kaum zweihundert Metern erreicht man den betonierten Kanal des Tijuana River, den man auf der Fußgängerbrücke überquert. Die Orientierung könnte nicht einfacher sein, man muss nur immer in Richtung des großen Bogens laufen, der 400 Meter weiter die Avenida Revolución ziert. Dabei durchquert man automatisch den Mercado de Artesanía, wo man sich mit allen Arten mexikanischer Souvenirs und Kunsthandwerk eindecken kann.

Währung

Im Zentrum Tijuanas kann man alles und überall mit Dollars bezahlen. Der Umtausch von Pesos ist für einen Kurzbesuch nicht notwendig.

Im Zentrum von Tijuana

Der Arco Monumental oder Arco Reloj ist weithin sichtbar und dient als perfekter Orientierungspunkt, zu dem man immer wieder zurückfindet. In südlicher Richtung liegt der touristische Teil der Avenida Revolución, im Norden beginnt das Rotlichtviertel. Auf der Westseite der Kreuzung versammeln sich abends auf der Plaza Santa Cecilia die Mariachi-Bands und warten auf Kundschaft. Sie werden stundenweise gemietet, damit sie den musikalischen Beitrag zu privaten Festen liefern.

🛈 Touristeninformation

Noch auf amerikanischer Seite kann man sich über Tijuana und die aktuelle Situation informieren:

Baja California Tourism Information
✉ *7860 Mission Center Court, Mission Valley*
☎ *1-800 522 1516*

MIT Pedestrial Border Cross
⇨ Direkt am Grenzübergang auf der mexikanischen Seite
🕐 Mo-Sa 9-18h, So 9-13h
☎ 078
☎ Notfalltelefon: 060

☎ 664 633 7300
🖥 www.caliente.com.mx

Websites
Tijuanas offizielle Fremdenverkehrsseite
🖥 www.seetijuana.com

Informationen zur Anreise im San Diego Trolley
🖥 www.sdcommute.com

▶ Sehenswert

▶ Centro Cultural de Tijuana
Das moderne und abwechslungsreiche Kulturzentrum, das seinen nordamerikanischen Nachbarn in nichts nachsteht, bietet Ausstellungen, ein IMAX-Theater und Aufführungen aller kulturellen Sparten.
✉ Paseo de los Héroes 9350
⇨ Vom Arco der Av Revolución gut 1 km nach Süden folgen, dann links in die Calle J. Sarabia, dem Knick nach links folgen und geradeaus über den Kreisel. Insgesamt etwa 2,5 km Fußmarsch. Mit dem Taxi geht's natürlich schneller.
🕐 Mo-Fr 9-19h, Sa & So 10-19h
∞ je nach Veranstaltung
☎ (+52) 664 687 9600
🖥 www.cecut.gob.mx

▶ Hipódromo Caliente
Ein Windhundrennen ist sicher ein Spektakel, das man nicht jeden Tag zu sehen bekommt. Hier kann man täglich seine Dollars oder Pesos auf einen der windigen Vierbeiner setzen, die hier „galgos" genannt werden.
✉ Blvd. Agua Caliente 12027
⇨ Die 5 km von der Avenida Revolución zum Hipódromo legt man am besten im Taxi zurück
🕐 9.30-17h

🗔 Tijuana im Film

Perdita Durango
Originaltitel	Perdita Durango
Jahr	1997
Regie	Alex de la Iglesia
Hauptdarsteller	Rosie Perez, Javier Bardem
Genre	Kriminaldrama

Traffic – Macht des Kartells
Originaltitel	Traffic
Jahr	2000
Regie	Steven Soderbergh
Hauptdarsteller	Michael Douglas, Erika Christensen, Benicio del Toro
Genre	Kriminaldrama

Lost Souls – Verlorene Seelen
Originaltitel	Lost Souls
Jahr	2000
Regie	Janusz Kaminski
Hauptdarsteller	Winona Ryder, Ben Chaplin
Genre	Horror

🎵 Soundtrack

Künstler	Titel	Album	Jahr	Genre
The Kingston Trio	The Tijuana Jail	At Large	1959	Folk
Tim Buckley	Tijuana moon	Look at the Fool	1975	Folkrock
Kirsty MacColl	Mexican sofa	Desperate Character	1981	Folk
Wall of Voodoo	Mexican radio	Call of the West	1983	New Wave
Neil Young	Eldorado	Eldorado	1989	Folk
JJ Cale	Tijuana	Travel Log	1990	Bluesrock
Manu Chao	Welcome to Tijuana	Clandestino	1998	Latino
Jarabe De Palo	Las cruces de Tijuana	Bonito	2003	Latino

Mauer der Schande – Die mexikanische Grenze

*¡Pobre México, tan lejos de Dios y tan
cerca de los Estado Unidos!*

*Armes Mexiko, so weit weg von Gott und
so nah an den Vereinigten Staaten!*

Der mexikanische Diktator Porfirio Díaz zu Anfang des 20. Jahrhunderts,
vor kurzem wiederholt von Venezuelas Präsident Hugo Chávez

Ándale, ándale! Speedy Gonzales, die schnellste Maus von Mexiko! Seit den Fünfzigern hatten alle Kindergenerationen ihren Spaß an dem aufgeweckten Nager, und Mami und Papi lachten auch gerne mal mit. 1999 setzte das amerikanische Cartoon Network die Sendung ab. Nicht der pfiffige Speedy, sondern seine arbeitsscheuen, ewig singenden und tequilatrinkenden Freunde waren der Stein des Anstoßes. Im Jahrzehnt der politischen Korrektheit schien die Ausstrahlung „ethnischer Stereotypen" nicht mehr angebracht. Seit Stummfilmzeiten hatten Film und Fernsehen simple Klischees über die mexikanischen Nachbarn kultiviert. Der schnauzbärtige Mexikaner wurde mit wenigen Ausnahmen als ungebildete, machohafte, gewalttätige, trunksüchtige und durch und durch unehrliche Marionette in Szene gesetzt. Folglich stellen Mexiko und die Einwanderung von Latinos für das christlich-konservative Amerika eine existentielle Bedrohung dar.

Nach dem Freihandelsabkommen NAFTA zwischen Mexiko, den USA und Kanada im Jahr 1994 explodierte der Zuzug aus Zentralamerika förmlich. Kleinbauern und Beschäftigte der heimischen Industrien verloren durch die Überschwemmung des Marktes mit nordamerikanischen Industrieprodukten ihre Lebensgrundlage. Die Globalisierung zog Millionen Mexikaner und Latinos anderer Nationalitäten in die USA. In Kalifornien werden sie in wenigen Jahren die Bevölkerungsmehrheit darstellen.

Doch im weißen Amerika regt sich Widerstand. Seit den Anschlägen vom 11. September 2001 spricht sich eine klare Mehrheit der Amerikaner für eine Begrenzung der Zuwanderung aus. In einer Umfrage bekundeten 70 % der Befragten, sie würden nicht für einen Präsidenten stimmen, der die Einwanderung erleichtern würde. Damit war eine klare politische Richtung vorgegeben: Die Abschottung nach Süden. Unter der Regierung Bush wurde demgemäß die Versiegelung der Grenze nach Mexiko beschlossen.

Über beinahe 3.200 Kilometer erstreckt sie sich von der Pazifikküste San Diegos bis zum texanischen Brownsville am Golf von Mexiko. Sie durchquert Wüsten, Gebirge und Ballungsgebiete und wird in der West-

hälfte durch den Rio Grande definiert. Mit jährlich etwa 250 Millionen legalen Grenzübertritten gilt sie als die meistpassierte Staatsgrenze der Welt. Arbeitsplätze in Landwirtschaft, Industrie und Dienstleistungssektor wirken bei vergleichsweise hohen Löhnen wie ein Magnet.

Trotzdem ist sie für die meisten Zentralamerikaner ein schwer zu überwindendes Hindernis auf dem Weg ins gelobte Land des Wohlstands. Denn die USA schotten sich zunehmend ab. In den 90er Jahren wurden südlich von Ballungszentren wie San Diego oder El Paso die ersten Grenzzäune errichtet und die Kontrollen verstärkt.

Das Katz- und Maus-Spiel der illegalen Einwanderung begann. Denn die „Mauer der Schande", wie Mexikos Präsident Vicente Fox sie nannte, ist keineswegs eine vollständige Grenzsicherungsanlage. Vielmehr besteht sie aus unzusammenhängenden Teilstücken im Bereich der Hauptverkehrsadern. Dazwischen liegen viele Meilen grüner Grenze, oft nur in großen Abständen mit einem Grenzpfosten markiert. Folglich erscheint es nicht allzu schwer, die Grenzanlagen zu umgehen und per Jeep oder zu Fuß nach Arizona oder New Mexico zu gelangen.

Doch ein Fußmarsch durch die Sonora- oder die Chihuahuawüste ist alles andere als ein Spaziergang. Eine klassische Route führt westlich von Nogales durch die Wüste ins südliche Arizona. Bis zur ersten Siedlung, in der man Wasser und Verpflegung bekommen kann, sind es gut 80 Kilometer. Unterwegs lauern Orientierungsverlust, Klapperschlangen, Grenztruppen, Räuber, Vergewaltiger, Durst und Hitzschlag bei Temperaturen bis zu 46 Grad im Schatten, den es effektiv nicht gibt. Alljährlich bezahlen über 400 „Illegale" ihren Traum von einem besseren Leben mit dem Tod. Dutzende ertrinken beim Versuch, den Rio Grande zu durchschwimmen. Die, die durchkommen, werden im Volksmund „wetbacks" genannt, nasse Rücken. Sozialwissenschaftler prägten dagegen das Wort von der „Migration of the fittest" – nur die Besten kommen durch.

An der Südseite der Grenze hat die mexikanische Regierung Schilder aufgestellt, die vor den Gefahren einer Querung der Extremlandschaften warnen. Doch vermutlich lassen sich die Wenigsten davon abschrecken. Man schätzt die Zahl der illegalen Grenzübertritte auf eine halbe Million pro Jahr. Schließlich greifen viele auf professionelle Hilfe zurück: Die „Coyotes" genannten Schlepper kennen den Weg oder überwinden die Grenze in geländegängigen Fahrzeugen. Etwa 1.500 bis 2.000 Dollar kostet die Reise pro Nase.

So beschloss die Regierung Bush, gegen die immer professioneller agierenden Schlepper aufzurüsten. Unter dem Slogan „smart border" wollte man bei der Grenzüberwachung auf Hochtechnologie setzen: Videokameras, Nachtsichtgeräte, Bewegungsmelder, Helikopter und sogar unbemannte Luftfahrzeuge. Doch Anfang 2011 sah sich die Folgeregierung Obama im Angesicht der Wirtschaftskrise gezwungen, das auf 7 Milliarden Dollar veranschlagte Projekt zu anullieren. Stattdessen greift man weiter auf klassische Methoden wie Reitpatrouillen und Verkehrskontrollen im Hinterland zurück.

2006 wurde außerdem beschlossen, den Grenzzaun weiter auszubauen. Dabei unterlief den Bautrupps allerdings das Missgeschick, die Sperranlage bei Columbus, New Mexiko, zwei Meter weit auf mexikanisches Territorium zu setzen. Die mexikanische Regierung, die ehrlicherweise über den Fehler in Kenntnis gesetzt wurde, reagierte wie es jeder Landbesitzer tun würde: In einem freundlichen aber bestimmten Schreiben wurde um die

Dreistufige Grenzsicherung

unverzügliche Rückgabe des Landes gebeten. Die Rückversetzung des Zaunes kostete den amerikanischen Steuerzahler drei Millionen Dollar.

Doch am Ausbau der Grenzanlagen scheiden sich die Geister: Wie die anderen Mauern der Welt, ob in Israel, der Westsahara oder den spanischen Exklaven Ceuta und Melilla, wird die angestrebte hermetische Abschottung von vielen Seiten als unmoralisch kritisiert. Auch die grenzüberschreitenden Sozialbeziehungen werden erheblich gestört. Das Städtchen Naco wird wie Berlin zu Zeiten des Kalten Krieges in einen amerikanischen und in einen mexikanischen Sektor geteilt. Angeblich klettern die Bewohner ab und an mal über den Zaun, um bei den Nachbarn ein Bier zu trinken. Auch Umweltschützer wettern gegen die Zerschneidung der natürlichen Lebensräume wilder Tiere.

Bürgerinitiativen verfechten eisern ihre Position, ob pro oder contra. Auf der einen Seite versuchen humanitär gesinnte Gruppen, den Illegalen medizinischen Beistand zu leisten und Leben zu retten. Auf der Gegenseite stehen als rassistisch denunzierte Organisationen wie das Minutemen Civil Defence Corps, das zivile Patrouillen organisiert und die Grenztruppen freiwillig unterstützt.

Letztendlich wird sich die Zuwanderung aus Lateinamerika aber nicht unterbinden lassen. Zu groß ist das wirtschaftliche Gefälle von Nord- nach Zentralamerika und zu sehr sind viele Wirtschaftssektoren der USA auf die billigen Arbeitskräfte angewiesen. Migration ist in der globalisierten Welt ein Phänomen, das sich nicht unterbinden lässt. Drum werden die Rufe nach einer realistischen Immigrationspolitik immer lauter. Doch die polarisierte Öffentlichkeit steht vernünftigen Ansätzen entgegen.

▶ Ein Besuch an der Grenze

Wer nicht selbst den Grenzübertritt nach Tijuana wagen will, kann sich zumindest einen Eindruck von den Grenzanlagen verschaffen. Der kurioseste Ort dafür ist zweifellos der Pazifikstrand, der durch Pfähle in einen US-amerikanischen und einen mexikanischen Teil getrennt wird. Der Schritt ins Nachbarland wäre kein Problem, wenn man nicht unter ständiger Aufsicht der Grenzposten stände. Um die absurde Situation noch ein wenig zu intensivieren, steht die Gegend als Border Field State Park unter Naturschutz, obwohl sie von dem hochgradig kontaminierten Tijuana River durchflossen wird.

⇨ *IS5 nach Süden, Exit 2, nach rechts in die Dairy Mart Rd und dem Straßenverlauf etwa bis zum Ende folgen*

▢ Filme

Etliche Streifen haben sich in irgendeiner Form mit dem Thema Grenze auseinandergesetzt. Der kurioseste ist sicherlich die Ko-

mödie „A day without a Mexican", gewissermaßen eine Science Fiction Komödie mit der Fragestellung: Was passiert, wenn von einem Tag auf den anderen alle Mexikaner aus Kalifornien verschwinden? Die Antwort ist einleuchtend: Nichts funktioniert.

Grenzpatrouille	
Originaltitel	The Border
Jahr	1982
Regie	Tony Richardson
Hauptdarsteller	Jack Nicholson, Harvey Keitel
Genre	Drama

Last Man Standing	
Originaltitel	Last Man Standing
Jahr	1996
Regie	Walter Hill
Hauptdarsteller	Bruce Willis
Genre	Thriller

A day without a Mexican	
Originaltitel	A day without a Mexican
Jahr	2004
Regie	Sergio Arau
Hauptdarsteller	Caroline Aaron, Maria Beck
Genre	Komödie

The Shepherd	
Originaltitel	The Shepherd: Border Patrol
Jahr	2008
Regie	Isaac Florentine
Hauptdarsteller	Jean Claude Van Damme, Scott Adkins
Genre	Action

🎵 Soundtrack Mexikanische Grenze

Künstler	Titel	Album	Jahr	Genre
Bruce Springsteen	The line	The ghost of Tom Joad	1995	Folk
Elton John	Border Song	Elton John	1970	Pop
Al Stewart	On the Border	Year of the Cat	1976	Songwriter
Camper van Beethoven	Border Ska	Telephone Free Landslide Victory	1985	Ska
Clutch	Open up the Border	Pure Rock Fury	2001	Rock
Joe Strummer	At the Border, Guy	Global Agogo	2011	Reggae
Propagandhi	Fuck the Border	Today's Empires, tomorrow's Ashes	2006	Punk
Mark Knopfler	Border Reiver	Get lucky	2009	Songwriter

Raus auf die Straße – Das San Diego County

☗ SAN DIEGO COUNTY

Der Nordteil des San Diego County wird in Küstennähe fast vollständig von den ausufernden Vororten der Großstadt eingenommen. Wo Flüsse und Canyons die Küste erreichen, kann man einen wohltuenden Blick aufs blaue Meer werfen, doch meist geht es durch einförmige und wenig aufregende urbane Landschaften. Dementsprechend langsam geht es vorwärts. Den Sinn des Automatikgetriebes versteht man schnell angesichts der rasanten Folge roter Ampeln, darunter nicht wenige Blitzampeln.

Man verlässt San Diego am besten auf dem Interstate 5 nach Norden. Die Vororte scheinen kein Ende zu nehmen. Von einsamer Küstenstraßenromantik ist vorerst noch nichts zu sehen. Für einen ersten kleinen Vorgeschmack verlässt man die Autobahn nach 14 mi/23 km am Exit 29, biegt nach links in die Genesse Ave und folgt dem County Highway S21. Die überwiegend vierspurige Straße führt als von Eukalyptusbäumen beschattete Allee zunächst an der Universität von San Diego vorbei und dann durch den wenig beeindruckenden Vorort Torrey Pines. Nach vier Kilometern überwältigt einen endlich das Glücksgefühl, das endlose Suburbium zu verlassen, und nach zwei weiteren Kilometern kommt auch schon das Meer in Sicht. Wenige Meilen weiter erreicht man die Kleinstadt Del Mar. In Solana Beach wird dann zum ersten Mal der Highway 101 ausgeschildert.

Doch die Freude währt nur kurz, es geht zwar raus aus dem Stadtgebiet, allerdings im Handumdrehen wieder in den nächsten Ort. So ginge es eigentlich für die nächsten 180 Kilometer bis nach Los Angeles weiter, läge an der Grenze von San Diego und Orange County nicht der riesige Truppenübungsplatz Camp Pendleton, der vom Highway durchquert wird und eine kurzfristige Befreiung von der Aussicht auf weitgehend gleichförmige Urbanisationen bedeutet. Dessen einsame Strände sind allerdings dem Armypersonal vorbehalten. Irgendwann erreicht wahrscheinlich jeder den Punkt, wo er oder sie entscheidet, auf die Autobahn umzusteigen und Kilometer zu fressen, entweder gleich bis Los Angeles oder zumindest bis zur nächsten Attraktion entlang der Strecke.

☖ Del Mar (4.400 EW)

Die Nähe zur University of California hat das kleinste Städtchen des San Diego County geprägt: Studenten und Fakultätsmitarbeiter beeinflussen seit Jahrzehnten das politische und soziale Klima. Man legt Wert auf kontrolliertes Wachstum und den Schutz der natürlichen Ressourcen. Kein Apartmenthochhaus und kein Hotelbunker beeinträchtigen die friedliche und liberale Kleinstadtatmosphäre.

So ist Del Mar heute auch ein Magnet für Gutbetuchte. In regelmäßigen Abständen gehen Gerüchte um, welcher Hollywoodstar sich gerade wieder eine Villa oder ein Wochenendhäuschen zugelegt hat. Laut Statistik liegt das Einkommen der Einwohnerschaft doppelt so hoch wie im staatlichen Durchschnitt. Dementspre-

Oceanside

chend gestaltet sich das Preisniveau von Restaurants und Boutiquen.

Abgesehen vom Strand konzentriert sich das öffentliche Leben auf das Freiluft-Shoppingcenter Del Mar Plaza, mit Restaurantterrassen, von denen man sich an formvollendeten Sonnenuntergängen über dem Wasser des Pazifiks ergötzen kann.

Schon in den 40er Jahren vertrieben sich die Großen des Filmbusiness hier ihre Freizeit. Die sommerlichen Pferderennen auf dem Del Mar Racetrack waren ein beliebter Zeitvertreib. Bing Crosby persönlich war bei der Einweihung der Rennstrecke dabei, und ein Wettbewerbspokal wird ihm bis heute alljährlich gewidmet.

Del Mar stand und steht auch bei Surfern hoch im Kurs. Die Beach Boys erwähnen das Städtchen zu Anfang der zweiten Strophe ihres wohl bekanntesten Hits „Surfin' USA".

In der Historie eines anderen Freizeitvergnügens stellte Del Mar sogar einen entscheidenden Wendepunkt dar: Die ersten Versuche, die Kunst des Wellenreitens auf städtischen Asphalt zu übertragen, fanden schon in den fünfziger Jahren statt. Niemand weiß genau, wer letztendlich das Skateboard erfunden hat, wahrscheinlich kamen verschiedene Leute zur gleichen Zeit auf ähnliche Ideen. Zu Anfang der 60er erlebte das Rollbrett seinen ersten großen Boom, doch die Modewelle verschwand genauso schnell wieder in der Versenkung wie seinerzeit der Hula-Hoop-Reifen.

Zehn Jahre später erweckte die Erfindung neuartiger Rollen aus Polyurethan die fast schon in Vergessenheit geratene Sportart zu neuem Leben. Obendrein litt Kalifornien unter einer schweren Dürre, Los Angeles rief den Wassernotstand aus. Private Swimming Pools durften nicht

🎵 Soundtrack Del Mar

Künstler	Titel	Album	Jahr	Genre
Beach Boys	Surfin' USA	Surfin' USA	1963	Surfrock
Max Kaminsky	Del Mar Rag	Chicago Style	1954	Chicago Jazz

mehr gefüllt werden. Junge Skater fielen über die leeren Becken her, ganz besonders über die mit abgerundeten Wänden, an denen sie wie auf Ozeanwellen entlanggleiten konnten. Das war gewissermaßen die Erfindung der Skateboardrampe. Mit den neuen Rollen waren bisher undenkbare Techniken und Kunststücke möglich. Eine kleine Gruppe aus Venice Beach, die Z-Boys, revolutionierten die Kür auf vier Rädern und begeisterten 1975 in Del Mar die Zuschauer beim nationalen Skater-Contest. Ein neuer Stil war geboren, und die zweite Skateboard-Welle setzte zum Siegeszug um die Welt an. Einige der gerade mal fünfzehnjährigen Z-Boys wurden später hochbezahlte Profis. Ihre Karriere erzählt der Film Dogtown Boys, der den Wettbewerb von Del Mar in etlichen Filmminuten dokumentiert.

🖵 Film

Dogtown Boys	
Originaltitel	Lords of Dogtown
Jahr	2005
Regie	Catherine Hardwicke
Hauptdarsteller	Heath Ledger, Emile Hirsch, John Robinson
Genre	Sportdrama

Website
🖥 www.delmar.ca.us

🏛 Solana Beach (12.700 EW)

Weniger schick und deutlich konservativer als beim südlichen Nachbarn ist das Ambiente, das Solana Beach regiert. Eine friedliche Kleinstadt ohne nennenswerte Attraktionen, abgesehen vom Pazifikstrand natürlich. Der soziale Frieden wird von den Stadtherren mit eiserner Faust erzwungen. Solana Beach war die erste Stadt der kalifornischen Küste, die ein absolutes Rauchverbot über seine Strände verhing. Inzwischen haben viele andere Orte nachgezogen. Zum Hauptfeind der öffentlichen Sauberkeit und Ordnung wurden Jugend-

banden erklärt. Die Stadtverwaltung unterhält ein rigides Anti-Graffiti-Programm und predigt eine Null-Toleranz-Politik. Wer Zeuge einer niederträchtigen Schmieraktion wird, ist aufgerufen, die Schandtat sofort per Telefonhotline zu denunzieren.

Trotz der erzwungenen Ruhe ging Solana Beach 2008 durch die nationale Presse, als ein 66jähriger Rentner von einem Weißen Hai angegriffen wurde. Er verlor beide Beine und erlag in kürzester Zeit seinen schweren Blutungen. Der ehemalige Tierarzt David Martin war im April trotz abschreckender Wassertemperaturen mit einer Gruppe von Sportlern etwa 140 Meter weit in den Pazifik hinausgeschwommen, als er völlig unerwartet aus der Tiefe von einem etwa fünf Meter langen Hai angegriffen und für einen Moment aus dem Wasser gehoben wurden. Die Mitschwimmer zogen das Opfer an Land, doch jede Hilfe kam zu spät.

Sofort wurde über einen Strandabschnitt von acht Meilen Länge ein striktes Badeverbot verhangen, was die Surfgemeinde mit der gleichen Geschwindigkeit rundum ignorierte.

Spätestens seit Steven Spielbergs Drama vom Weißen Hai gelten die kräftigen Raubfische als Menschenfresser. Der Film allerdings war an der amerikanischen Ostküste angesiedelt, wo derartige Ereignisse zumindest im südlichen Abschnitt häufiger vorkommen. Doch tatsächlich sind Angriffe von Haien auf Menschen eine Seltenheit, wenn man sich vor Augen hält, wie viele Millionen sich jährlich in die Wellen der Ozeane werfen. In den vergangenen 80 Jahren wurden an der Pazifikküste 96 Fälle statistisch erfasst, wovon nur acht einen tödlichen Ausgang für das Opfer hatten. Vor der Küste des San Diego Counties lag der letzte Angriff eines Hais bereits zwölf Jahre zurück. Auch im Mittelmeer kommt es übrigens gelegentlich zu Haiattacken, in hundert Jahren wurden 66 Angriffe gezählt. Die Mehrzahl davon an Italiens tyrrhenischer Küste.

Lieblingsopfer der schwimmenden Fleischfresser sind Taucher und Surfer,

🎵 Soundtrack Solana Beach

Künstler	Titel	Album	Jahr	Genre
Phil Cody	Solana Beach Song	The Sons of Intemperance Offering	1996	Songwriter

denn die bewegen sich in größerem Abstand zur Küste. Menschen sind prinzipiell keine geeignete Nahrung für Haie. Zu viele Knochen, zu wenig Fleisch. Deswegen wenden sie sich nach dem ersten Happen meist enttäuscht von ihrem Opfer ab. Im Falle des badenden Rentners von Solana Beach lag vermutlich eine Verwechselung vor: Der Schwimmer trug einen schwarzen Neoprenanzug, wodurch der Angreifer geglaubt haben könnte, dass sein Leibgericht, nämlich ein Robbe, auf dem Menüplan stehe.

Robben werden auch just als der Grund vermutet, warum Haiangriffe im Norden Kaliforniens häufiger vorkommen. Nördlich von San Francisco tritt eine starke Lobby für die Erhaltung der natürlichen Fauna ein, die Küste ist wesentlich weniger urbanisiert als zwischen Los Angeles und San Diego. Folglich ist die Robbenpopulation bedeutend größer und der Tisch für Haie reich gedeckt.

Website
🖥 www.ci.solana-beach.ca.us

🎬 Film

Der Weiße Hai	
Originaltitel	Jaws
Jahr	1975
Regie	Steven Spielberg
Hauptdarsteller	Roy Scheider, Robert Shaw, Richard Dreyfuss
Genre	Action

🏛 Encinitas (58.000 EW)

Auch die nächste Stadt kann mit stolz geschwellter Brust behaupten, im Beach Boys Song „Surfin' USA" erwähnt zu werden. Allerdings nicht namentlich, sondern nur indirekt über den Hausstrand Swami Beach, der unter Kennern zu den fünf besten Surfspots der Welt gezählt wird.

Der exotisch klingende Name geht nicht, wie man vermuten könnte, auf indianische Ureinwohner zurück, sondern vielmehr auf einen indischen Guru, der seinen Ashram direkt oberhalb des Strandes errichtete. Swami Paramahansa Yogananda aus Gorakhpur, nahe der nepalesischen Grenze, kam 1920 aus Indien in die USA, gründete zunächst in Boston ein Meditationszentrum, zog dann aber an die Westküste. Dort baute er seine „Self-Realization Fellowship" genannte Gemeinde auf, die heute Ableger in 21 Ländern der Welt, von Argentinien bis Malaysia unterhält. Auch in fast allen deutschen Großstädten existieren Meditationsgruppen.

In Encenitas ließ er sich 1937 nieder, verfasste den spirituellen Klassiker „Autobiographie eines Yogi" und baute Tempel, Meditationszentrum und Meditationsgarten auf. Swami Yogananda war der erste indische Guru, der sich in den USA niederließ und mit seinen Lehren tausende von asiatischer Weisheit überzeugen konnte.

Und noch eine andere Berühmtheit vom indischen Subkontinent ließ sich in Encinitas nieder: der weltweit bekannteste Sitarspieler Ravi Shankar. In den 50er Jahren öffnete er sich der westlichen Kultur, arbeitete mit Yehudi Menuhin und Philip Glass zusammen und wurde schließlich zur Ikone der Hippiekultur, von der er sich später distanzierte. Er trat bei den Festivals in Monterey und Woodstock auf und freundete sich mit Beatle George Harrison an, der auf Shankars Einfluss hin Sitarunterricht in Indien nahm. Auch Ravi Shankars Tochter Anoushka wurde zu einer brillanten und erfolgreichen Sitarspielerin und fusioniert

In Oceanside

heute indische Klassik mit elektronischen Klängen.

Encinitas entstand 1986 als Zusammenschluss von fünf ursprünglich selbständigen Orten, die auch heute noch leicht zu unterscheiden sind. Dazu gehört auch die östliche Gemeinde Olivenhain, die offensichtlich auf deutsche Einwanderer zurückgeht. Angesichts der erbarmungslos vorangeschrittenen Urbanisierung, ist es kaum vorstellbar, dass in Olivenhain um 1880 ganze elf Einwohner gezählt wurden.

Neben dem Tourismus gilt die Blumenzucht als wichtigster Industriezweig, Encinitas versorgt die halbe Nation mit Weihnachtssternen. Passend zum Thema bietet Encinitas einen fabelhaften botanischen Garten.

Eine architektonische Kuriosität findet sich in der 732 3rd Street: Einige hundert Meter vom Meer entfernt stehen zwei Schiffe auf Stelzen, den Bug landeinwärts gerichtet, und dienen als Wohnhäuser. Es ist noch nicht endgültig geklärt, ob man die frühe Meisterleistung des Recycling nun Hausboot oder Bootshaus nennen muss.

Website
🖥 www.ci.encinitas.ca.us

▶ Self-Realization Fellowship Temple
Der kleine Tempel, den Guru Yogananda aufbaute, liegt in der 939 Second Street, zwei Blocks weiter südlich findet sich der Ashram mit dem hübschen Meditationsgarten.
⇨ Vom HW1 links in die W 1st St und gleich wieder rechts in die 2nd St, nach 50 m auf der rechten Seite
🕐 Meditationsgarten Di-Sa 9-17h, So 11-17h, Meditationsabende im Tempel Di, Sa & So
🖥 www.yogananda-srf.org

▶ San Diego Botanical Gardens
Der zwölf Hektar umfassende Botanische Garten ist dank seines Reichtums unterschiedlichster botanischer Ökosysteme durchaus sehenswert. Von der Wüste bis zum tropischen Regenwald können über dreitausend Pflanzen aus fast allen Weltregionen bewundert werden.

✉ 230 Quail Gardens Drive, Encinitas CA 92024
⇒ Auf dem HW101 bis ins Zentrum, rechts in den Encinitas Blvd, nach 0,9 mi/1,5 km links in den Quail Garden Dr und ca. 400 m geradeaus. Vom IS Exit Encinitas Blvd, rechts und nach 500 m links in den Quail Garden Dr
🕙 Täglich 9-17h, Weihnachten und Neujahr geschlossen
💲 Erwachsene: $ 12, Senioren & Studenten: $ 8, Kinder 3-12 Jahre: $ 6, Parkgebühr: $ 2
☎ 1-760 436 3036
💻 www.sdbgarden.org

▶ **Lux Art Institute**

Das Lux ist ein ganz andersartiges Kunstmuseum; hier lässt sich nämlich Kunst in ihrer Entstehung beobachten. Man kann das Atelier regelmäßig wechselnder Künstler besuchen, ihnen bei der Arbeit zusehen und gleichwohl blöde wie intelligente Fragen stellen. Kunst zum Anfassen in einem modernen Pavillon in wunderschöner Umgebung.
✉ 1550 S. El Camino Real, Encinitas, CA 92024
⇒ Vom IS5 Exit Manchester Ave, links und 1,5 mi/2,3 km geradeaus, auf der linken Seite
🕙 Di-Fr 13-17h, Sa 11-17h
💲 Erwachsene: $ 10, bis 20 Jahre: Eintritt frei
☎ 1-760 436 6611
💻 www.luxartinstitute.com

🏛 Carlsbad (105.000 EW)

Die ausufernden Urbanisationen von Encinitas und Carlsbad werden von der Batiquitos Lagune getrennt, einem der letzten natürlichen Feuchtgebiete Südkaliforniens. Hat man die Brücke über die Lagune überquert, ist man sofort wieder im städtischen Alltag. Doch das konservative Carlsbad hat durchaus charmante Seiten. Die lebendige Downtown, Carlsberg Village genannt, ist ein beliebtes Ziel von Shoppingsüchtigen. Jeden Mittwoch und Samstag ist Markttag.

Carlsbad ist ein schickes Pflaster, das merkt man sofort. Der Immobilienmarkt gehört zu den teuersten der gesamten USA, der Durchschnittspreis für ein Einfamilienhaus liegt bei etwa einer Million Dollar. Das ist mehr als das Doppelte des kalifornischen Durchschnitts. Dementsprechend hoch müssen die Einkommen der Bewohner sein.

Im 19. Jahrhundert war hier nichts als Farmland mit einer Handvoll verstreuter Bauernhäuser. Mit der Ankunft der Eisenbahn begann sich ein kleines Städtchen zu entwickeln, das nach dem tschechischen Kurort Carlovac benannt wurde. Nahe der Bahnstation gab es nämlich sehr gutes Trinkwasser, das ein deutschstämmiger Geschäftsmann namens Gerhard Schutte in Flaschen füllte und verkaufte. Und der fand den Namen Carlsbad für sein Produkt sehr vielversprechend. Abgesehen vom Mineralwasserbusiness lebte man vorwiegend von der Landwirtschaft. Zitrusfrüchte, Oliven und Avocados wurden in großem Stil angebaut.

Nach dem Zweiten Weltkrieg änderte sich das Bild geradezu schlagartig. Die ländliche Kommune verwandelte sich mit rasanter Geschwindigkeit in eine Stadt für Gutbetuchte. In nur 60 Jahren schoss die Einwohnerzahl von Viertausend über die Hunderttausendermarke. Im Blick auf zahlungskräftige Besucher und zukünftige Einwohner proklamiert sich Carlsbad selbst als Golfhauptstadt der Welt, was allerdings auch noch zwei Dutzend andere Gemeinden rund um den Globus behaupten. Neben dem unvermeidlichen Strandvergnügen wirkt Legoland wie ein Magnet auf die jüngste Generation.

Websites
💻 www.visitcarlsbad.com
💻 www.carlsbadca.gov

▶ **Batiquitos Lagoon**

Auf einem zwei Meilen langen Wanderweg kann man die Lagune erkunden und sich vom urbanen Stress Südkaliforniens erholen. Das Meerwasser dringt bei Flut weiterhin in die Lagune ein. 1994 wurde begonnen, Sand aus der Lagune abzupumpen, da sie sonst durch Sedimentablagerung vom Meer abgeschnitten worden wäre, was zu einem völlig anderen Ökosystem führen würde. Langfristig wäre die Lagune verlandet.

✉ 7380 Gabbiano Lane, Carlsbad, CA 92011

⇒ Vom HW101 kurz vor der Lagune rechts in die La Costa Ave, vom IS5 Exit 44 und rechts

🕙 Visitor Center Mo-Fr 9-12.30h, am Wochenende bis 15h

♾ Kostenlos

☎ 1-760 931 0800

🖥 www.batiquitosfoundation.org

▶ Museum of Making Music

Das zur Jahrtausendwende eröffnete, also sehr junge Museum ist auf dem Weg, eine Referenz in der Populärkultur zu werden. Ziel der Mission ist, vor allem junge Leute zum Verständnis von Hintergründen moderner Musik zu führen und zum Musikmachen anzuregen. Die permanente Ausstellung zeigt hunderte aktuelle wie historische Instrumente, die zum Teil auch angefasst und ausprobiert werden dürfen. Musikbeispiele gibt es zu Hunderten zu hören.

Hochinteressante temporäre Ausstellungen widmen sich Einzelaspekten oder Phänomen der Popmusik seit 1890. In der Vergangenheit wurden beispielsweise die Slide-Gitarre, der Moog-Synthesizer, die singende Säge oder die ersten elektronischen Klangexperimente der 60er Jahre unter die Lupe genommen.

✉ 5790 Armada Drive, Carlsbad, California 92008

⇒ Vom HW1 hinter der Kreuzung Solamar Drive halbrechts dem kleinen Schild Palomar Airport Road folgen, rechts und nach der Querung des Interstate die zweite links in den Armada Dr. Vom IS5 Exit 47 Palomar Airport Road, rechts und die zweite links in den Paseo del Norte. Nach 500 Metern auf der linken Seite.

🕙 Di-So 10-17h, Feiertags geschlossen

♾ Erwachsene: $ 7, Senioren & Schüler: $ 5

☎ 1-760 438 5996

🖥 www.museumofmakingmusic.org

▶ Flowerfields

In jedem Frühjahr kann man sich an über 20 Hektar farbenfroh aufblühenden Blumen ergötzen. Die Augenweide wird zwar auch als Touristenattraktion vermarktet, dient aber in erster Linie der kommerziellen Produktion von Schnittblumen und Zwiebeln für Hobbygärtner, von denen hier jährlich etwa 10 Millionen geerntet werden. Gegen Eintrittsgeld darf man durch die Felder schlendern. Wem ein flüchtiger Blick genügt, biegt von der Palomar Airport Rd ein paar hundert Meter weiter östlich in den Armada Dr, nach einem halben Kilometer stößt man auf eine Promenade mit Panoramablick über das Blumenmeer. Im Hintergrund schimmert tiefblau der Ozean.

✉ 5704 Paseo del Norte, Carlsbad, CA 92008

⇒ In Carlsbad vom HW1 rechts auf die Palomar Airport Rd, über die Autobahnbrücke und links in den Paseo del Norte

🕙 Anfang März bis Anfang Mai, 9-18h

♾ Erwachsene: $ 10, Senioren: $ 9, Kinder 3-10 Jahre: $ 5

☎ 1-760 431 0352

🖥 www.theflowerfields.com

🏛 Oceanside (180.000 EW)

Die größte Stadt im nördlichen San Diego County kann in Punkto Ambiente mit ihren südlichen Nachbarn nicht mithalten. In Oceanside spürt man allenthalben die Nähe der riesigen Marinebasis Camp Pendleton. Der Tourismus dagegen rückt in den Hintergrund. Vielleicht macht gerade diese Normalität die Stadt angenehm, denn seit San Diego drehte sich bisher fast alles um Strand und Sonne. Die Pazifikküste ist auch in Oceanside – wie der Name vermuten lässt – von zentraler Bedeutung. Die vier Meilen Sandstrand haben ihren Reiz und ihren Ruf unter Surfern. Drum wird der Surfbewegung auch ein Museum gewidmet, das schwer zu umgehen ist, wenn man ein Herz für amerikanische Populärkultur hat. Auch ein Besuch der sechshundert Meter langen, hölzernen Pier wird in Erinnerung bleiben. Der Steg ist so lang, dass sich Fußfaule mit einem elektrischen Shuttle für einen halben Dollar bis zur weit in den Ozean ragenden Spitze kutschieren lassen können.

Doch auf Oceanside kommen schwere Zeiten zu. Die Stadtverwaltung quälen gewichtige finanzielle Probleme. Ein Erdrutsch hatte 2005 zwei Dutzend Häuser schwer beschädigt. Sechs Eigenheime mussten direkt abgerissen werden. Die ehemaligen Bewohner klagten mit der Begründung, die Schlammlawine sei durch undichte Rohre des städtischen Wassernetzes ausgelöst worden – und bekamen Recht. Die Stadt wies zwar jede Verantwortung entschieden zurück, erklärte sich aber bereit, vier Millionen Dollar Entschädigung zu zahlen. Doch nun fehlt das Geld an anderen entscheidenden Fronten. Im Januar 2010 erklärte der Bürgermeister die Sandaufspülungen an den städtischen Stränden mangels finanzieller Mittel für beendet. Damit wird die wichtigste natürliche Ressource der nagenden Erosion der Ozeanwellen ausgesetzt und eine der wichtigsten Einkommensquellen, der Tourismus, zum Schrumpfen verurteilt.

Ganz im Stil der Route66 konnte die Nostalgiewelle immerhin einen der ältesten Highway Drive Inns bis heute am Leben erhalten: An der Ecke South Coast Highway / Wisconsin Avenue steht das Highway 1 Café. Ein Diner im Stil der 50er Jahre, der 2028 sein hundertjähriges Bestehen feiern will.

Website
🖳 www.ci.oceanside.ca.us

▶ California Surf Museum
Wer Kaliforniens Küste entlang reist kommt am Surfbrett nicht vorbei. Auch wenn man selbst den Sprung auf die Wellen nicht wagt, so wird man doch immer fasziniert verfolgen, wie einige Künstler elegant über die Brandung reiten, während andere unbeholfen in die Fluten klatschen. Drum ist der Besuch im Surf Museum nahezu obligatorisch, auch wenn es weiter nördlich noch ein paar mehr gibt.
✉ 312 Pier View Way Oceanside, CA 92054
⇨ *Vom HW101 rechts in die Mission Ave, die dritte links in die N Tremont St, die erste wieder links in die 3rd St, nach 50 Metern auf der rechten Seite. Vom IS5 Exit 53 Mission Ave in Richtung Downtown, nach 1 mi/1,6 km rechts in die N Tremont St, die erste wieder links in die 3rd St*
🕐 *Täglich 10-16h, donnerstags bis 20h, feiertags geschlossen*

🔄 *Erwachsene: $ 3, Schüler & Senioren: $ 1, Kinder bis 12 Jahre: frei*
☎ *1-760 721 6876*
🖳 *www.surfmuseum.org*

▶ Camp Pendleton Marine Corps Base

Für die einzige nennenswerte naturnahe Unterbrechung der urbanen Überflutung Südkaliforniens ist ausgerechnet das Militär verantwortlich. Zwar wird der immense Truppenübungsplatz öfter mal mit schweren Waffen umgepflügt, dennoch fühlen sich hier siebzehn gefährdete Spezies der Tierwelt heimisch. Das führt unweigerlich zu Konflikten. Nicht nur mit der Ökobewegung, sondern direkt mit der föderalen Umweltgesetzgebung, die die Marines geschworen haben, mit allen verfügbaren Mitteln zu verteidigen.

Doch damit ist die Liste der Kontroversen mit der zivilen Außenwelt noch lange nicht abgehakt. Die gutbürgerliche Umgebung ist zwar durchaus patriotisch gesinnt und bekennt sich offen zur Verteidigung amerikanischer Werte, doch das Training dazu, muss ja nicht ausgerechnet vor der Haustür stattfinden. Also haben Nachbarschaftsorganisationen gegen die gutbürgerliche Ruhe störenden Helikoptereinsätze geklagt. Daneben lieferte sich die östlich angrenzende Gemeinde Fallbrook eine 17 Jahre andauernde Justizschlacht mit den Marines um die Nutzungsrechte der Wasser des Santa Margarita River.

Die Streitkräfte scheinen keine klar definierte ökologische Linie zu vertreten. Einen Teil ihres Territoriums traten sie zur Errichtung des Naturschutzgebiets San Onofre State Beach ab, ein direkt angrenzendes Territorium überließen sie dem Bau des gleichnamigen Atomkraftwerks.

Trotzdem hat sich Camp Pendleton eine 27 Kilometer lange Strandlinie erhalten, die gern für das Training amphibischer Kampfmanöver genutzt wird. Hier wurden seit 1942 über 200.000 Marines ausgebildet, besonders vor ihren Einsätzen in Korea und Vietnam. Die größte Marinebasis der USA erscheint wie ein unabhängiger Staat mit hermetisch abgeschotteten Grenzen, tagsüber gut 100.000 Bewohnern, über 500 Meilen Straßen und allen zivilen Einrichtungen, die der Durchschnittsamerikaner braucht: McDonald's, Bars, Restaurants, Jugendzentrum, Golfplätze und Bungalows am Strand. Zivilisten haben keinen Zutritt, nur für Hollywoods Filmteams wurde gelegentlich wohlwollend eine Ausnahme gestattet, vorzugsweise natürlich für heroische Weltkriegsepen.

Website
🖳 www.pendleton.usmc.mil

🖸 Filme

Du warst unser Kamerad	
Originaltitel	Sands of Iwo Jima
Jahr	1949
Regie	Allan Dwan
Hauptdarsteller	John Wayne, John Agar, Adele Mara
Genre	Kriegsfilm

Guadalcanal – Entscheidung im Pazifik	
Originaltitel	Flying Leathernecks
Jahr	1951
Regie	Nicholas Ray
Hauptdarsteller	John Wayne, Robert Ryan
Genre	Kriegsfilm

Urlaub bis zum Wecken	
Originaltitel	Battle Cry
Jahr	1955
Regie	Raoul Walsh
Hauptdarsteller	Van Heflin, Aldo Ray, Nancy Olson
Genre	Kriegsdrama

Heartbreak Ridge	
Originaltitel	Heartbreak Ridge
Jahr	1986
Regie	Clint Eastwood
Hauptdarsteller	Clint Eastwood, Marsha Mason
Genre	Kriegsdrama

ORANGE COUNTY

Endless Suburbia – Orange County

*It's nice to be in Orange County, where
the good Republicans go to die.*

*Es ist schön in Orange County zu sein, da wo die
guten Republikaner zum Sterben hinkommen.*

Ronald Reagan, US Präsident 1981-89

*I don't go to Orange County unless
it involves a court order.*

*Ich fahre nicht nach Orange County, es sei denn,
es handelt sich um eine gerichtliche Anordnung.*

Norman Chad, professioneller Pokerspieler

❖ ORANGE COUNTY

Entlang der 27 Kilometer Küstenlinie des Truppenübungsplatzes Camp Pendleton macht der Pazifik außerhalb von Manöverzeiten seinem Namen noch Ehre. Doch hat man einmal das Atomkraftwerk San Onofre passiert, ist es mit dem Frieden zu Ende. Mit der Einfahrt in den Orange County stürzt man sich bereits in den Großraum Los Angeles. Orange County ist der suburbane Auswuchs der Metropole, ihre Schlafstadt und ihr Speckgürtel. Ein unsortiertes Häusermeer gigantischer Ausmaße und gleichzeitig das amerikanische Mittelstandsparadies.

Obwohl flächenmäßig der kleinste County Kaliforniens ist Orange mit über drei Millionen Einwohnern nach Los Angeles der bevölkerungsreichste. Die Bewohnerschaft konzentriert sich nicht auf ein oder einige wenige Zentren, sondern verteilt sich über fünfundvierzig miteinander verwachsene Gemeinden. Nur vier dieser Städte zählen mehr als 200.000 Seelen. Am ehesten lässt sich dieser Ballungsraum vielleicht mit dem Ruhrgebiet vergleichen. Doch bei der Gemeindestruktur hören die Gemeinsamkeiten auch schon auf.

Bis weit ins 20. Jahrhundert war die Gegend von Landwirtschaft und Viehzucht dominiert, doch nach dem Zweiten Weltkrieg begann die große Suburbanisierungswelle der amerikanischen Städte. Die Mittelklas-

Orange County in Zahlen	Orange County	Zum Vergleich: Saarland
Einwohner	3 Mio.	1 Mio.
Fläche	2.455 km^2	2.568 km^2
Einwohner pro km^2	1.472	405
Durchschnittstemperatur	21,1 °C	9 °C
Jährlicher Niederschlag	285 mm	840 mm
Höhe über NN	48 m	230 m

se verließ die urbanen Zentren und zog raus in grüne, friedliche und sichere Vorstädte. Innerhalb von sechzig Jahren verfünfzehnfachte sich die Bevölkerung des Counties. Kein Konzept und keine ordnende Hand dirigierten das Wachstum. Stück für Stück, Stadtteil für Stadtteil, fraß sich der suburbane Krake ohne jede Planung in die einst grüne Landschaft. So formte sich eine zusammenhanglose und trotz Sauberkeit und Ordnung chaotisch wirkende Vorstadtlandschaft.

Ganz nach uramerikanischen Prinzipien wurde dem Grund- und Immobilieneigentum höchste Priorität eingeräumt. Die Idee öffentlicher Räume wie Parks und Plätze wurde völlig vernachlässigt, aus derartigen Einrichtungen lässt sich ja nur schwer Kapital schlagen. Bau- und Bodenspekulanten planten ohne öffentliches Zutun komplette Gemeinden und konnten ihren individuellen Vorstellungen vom Utopia der amerikanischen Mittelklasse freien Lauf lassen. Irvine, mit 212.000 Einwohnern eine der größten Gemeinden, wurde von Anfang an am Reißbrett geplant. Der Name der Stadt geht natürlich auf die Grundbesitzerfamilie zurück.

Orange County wurde nicht wie die meisten anderen der sieben Namensvetter in den Vereinigten Staaten als Huldigung an das niederländische Königshaus getauft, sondern tatsächlich zu Ehren der gleichnamigen Zitrusfrucht. Neben Fleisch- und Milchprodukten widmeten sich die wenigen Bewohner im 19. Jahrhundert vor allem dem Obstanbau. Der Goldrausch brachte den ersten Absatzboom, das Wachstum der Metropole Los Angeles sicherte langfristig gute Geschäfte. Der Historiker Jim Sleeper geht sogar so weit zu behaupten, dass die Gründerväter des Counties bereits auf den späteren Immobilienboom spekulierten. Der Name würde mit seinen subtropischen Assoziationen Siedler und Investoren aus dem Osten des Landes anlocken.

Die Rechnung ist aufgegangen, wenn auch mit einigen Jahrzehnten Verspätung. Mehr als die Hälfte der Neubürger kam nach dem Zweiten Weltkrieg nicht aus Los Angeles oder Kalifornien, sondern aus dem Rest der Nation, besonders aus Staaten des Mittelwestens wie Kansas, Iowa, Oklahoma oder Missouri. Sie wurden im goldenen Westen Hauseigentümer und verwirklichten in gewisser Weise ihren amerikanischen Traum. Denn Orange County prosperierte. Die güldenen Sandstrände zogen im angebrochenen Zeitalter des Automobils massenhaft Touristen an, und der Kalte Krieg veranlasste Washington, großzügig in die Rüstungsindustrie zu investieren, die im County ein rasantes Wachstum erlebte.

Die persönliche Teilhabe am marktwirtschaftlichen Glück und die hochgradig individualisierte Lebensform in einer Gesellschaft von kürzlich Zugezogenen ohne gewachsene soziale Bindungen, bildete ein Substrat auf dem patriotische und zutiefst wertkonservative Weltvorstellungen prächtig gedeihen konnten. Orange County wurde zur republikanischen Hochburg, konservative Kandidaten erzielen bei Wahlen üblicherweise weit über 50 % der Stimmen. Als der spätere Präsident Ronald Reagan 1967 mit seiner Polemik gegen Abtreibung, Wohlfahrtsstaat und aufmüpfige Studenten zum kalifornischen Gouverneur gewählt wurde, kam er im County auf satte 72 %. Danach galt Orange auch als „Reagan County". Der Landkreis zählt auch heute noch zu den konservativsten Regionen der gesamten USA. Im linken oder dem studentischen Milieu wird er sogar als offen rassistisch betrachtet.

Zwar liegt der Anteil nichtweißer Amerikaner weit unter dem Landesdurchschnitt, doch zieht sich die Feindlichkeit gegenüber ethnischen Minderheiten wie ein roter Faden durch die Geschichte. Schon unter den Urvätern des Counties, die 1889 die Abspaltung von Los Angeles durchsetzten, befand sich eine Handvoll Politiker, die im Bürgerkrieg auf Seiten der Konföderierten gekämpft hatten und als Mitglieder des Ku Klux Klan galten.

Der Klan hatte seine Hochphase in der Region in den zwanziger Jahren. Er organisierte seine berüchtigten Aufmärsche im Kapuzenkostüm und brannte in aller Öffentlichkeit Holzkreuze ab. Eine Großdemonstration in Santa Ana zog 20.000 Anhänger aus ganz Kalifornien an.

Immerhin kam es in dieser Periode nur zu einem einzigen Fall von Lynchjustiz, die seinerzeit in den USA weit verbreitet war. Der mexikanische Landarbeiter Francisco Torres hatte sich 1892 mit seinem Vorarbeiter angelegt, weil der einen Teil des Wochenlohnes zurückhielt. Am nächsten Tag wurde der Vorarbeiter mit zertrümmertem Schädel gefunden, und Torres war angeblich verschwunden. Er wurde aber schnell ausgemacht und unter Tatverdacht eingekerkert.

Die lokalen Medien bauschten den Fall mächtig auf, Torres wurde zum gefährlichen Banditen stilisiert. Der San Francisco Chronicle spielte offen auf eine möglicherweise bevorstehende Lynchjustiz an. Am Morgen des 20. August drang eine Gruppe Vermummter ins Gefängnis von Santa Ana ein, schleifte den Verdächtigen auf die Straße und knüpfte ihn an der Ecke 4th und Sycamore an einem Telegrafenmasten auf.

Auf den Zitrusplantagen wurden seit jeher mexikanische Pflücker zu miesen Löhnen beschäftigt. Die soziale, ökonomische und kulturelle Distanz zur weißen Bevölkerungsmehrheit barg ein explosives Konfliktpotential, kombiniert mit unauflösbarer gegenseitiger Abhängigkeit. Tiefes gegenseitiges Misstrauen prägte das Verhältnis. 1936 entlud sich die aufgestaute Spannung in einer Explosion. Die Landarbeiter bestanden auf eine Lohnerhöhung von 27 auf 40 Cents die Stunde. Von einem Tag auf den anderen ließen 2.500 mexikanische „naranjeros" die reifen Früchte hängen und traten in den Ausstand. Der Streik wuchs zu bürgerkriegsähnlichen Gewaltakten heran und wurde schließlich mit aller denkbaren Brutalität niedergeschlagen. Die Plantagenbesitzer engagierten Weltkriegsveteranen, um die Streikenden aus ihren Häusern zu vertreiben.

Die Zitruspflanzer waren in der Kooperative namens Southern California Fruit Exchange organisiert, die ihre Früchte seit 1908 unter dem auch in Deutschland bekannten Markennamen „Sunkist" vertreibt. Das alte Versandzentrum im spanischen

Corona Beach, Newport Beach

Kolonialstil steht noch heute verlassen an der Ecke Anaheim Boulevard / Santa Ana Street in Anaheim. Kaum dreihundert Meter weiter westlich überleben an der gleichen Straße noch Reste des Orangenhains, an dem der Streik seinen Ausgang genommen hatte. 2008 wurden die uralten Bäume von einer Krankheit befallen, was befürchten lässt, dass die historischen Gehölze in Kürze einem Parkplatz oder einer Reihenhaussiedlung weichen müssen.

Auch Jahrzehnte später bewahrt Orange County seinen Ruf als konservativer und fremdenfeindlicher Hort. Die California Coalition for Immigration Reform mit vorgeblich 26.000 Mitgliedern hat ihren Sitz in Huntington Beach. 1994 mobilisierte die Bürgerbewegung ein staatsweites Referendum zur Reduzierung der Einwanderung. Der Volksbefragung wurde in allen Counties außer in der entschieden liberalen Gegend der San Francisco Bay zugestimmt, doch die föderalen Gesetze ließen die Umsetzung der Maßnahmen nicht zu. Man hatte gefordert, Einwanderern alle staatlichen Gesundheits- und Fürsorgeleistungen grundsätzlich zu verweigern. Die CCIR stellte an Kaliforniens Staatsgrenzen Plakatwände mit der Aufschrift „Willkommen in Kalifornien, dem Staat der illegalen Einwanderung" auf.

1994 ist Orange County aus dem schönen Traum der unbegrenzten Möglichkeiten für das weiße Amerika unsanft geweckt worden. Nachdem der Schatzmeister jahrelang mit risikoreichen Investmenttransaktionen reichlich Dollars für den Landkreis gescheffelt hatte, schlugen seine heiklen Spekulationen fehl. Plötzlich stand die Kreisregierung vor einem Schuldenberg von 1,7 Milliarden Dollar und musste sich bankrott erklären. Es war die größte Pleite, die je eine öffentliche Institution in den USA erlebt hatte. Schlagartig mussten dreitausend Angestellte der Kreisverwaltung entlassen und alle öffentlichen Dienstleistungen radikal beschnitten werden. Der verantwortliche Politiker, ein Demokrat namens Robert Citron, wurde zu einem Jahr Gefängnis verurteilt, das er allerdings niemals abgesessen hat.

Nach dem alten Gesetz von Bewegung und Gegenbewegung musste sich auch im Mittelstandsparadies Orange County Widerstand gegen den steinzeitlichen Konservatismus regen. Spätestens seit Ende der siebziger Jahre formierte sich die rebellierende weiße Jugendkultur gegen die alten Werte. Das Schlagwort „Punk" kam aus England, aber nahezu zeitgleich hatte sich an der Ostküste eine Erneuerung der Rock'n'Roll-Kultur mit Bands wie Ramones oder New York Dolls entwickelt. An die Westküste schwappte die Welle erst mit Verspätung, doch hier griff sie die weiße Jugend mit unerwarteter Radikalität auf. Während die Szene in Hollywood in stumpfer Urpunk-Attitüde verharrte, schlugen die gebildeten Mittelklasse-Kids der Vorstadt mit voller Wucht zurück. Auf einem Substrat aus Do-it-yourself- und Fuck-the-American Dream-Ideologie gedieh eine lebendige und wilde Hardcore-Szene, die die noch gar nicht mal alten Damen und Herren der Punkrebellion der ersten Stunde als lahme Gäule erscheinen ließ und Bands großen Kalibers wie Social Distortion, Adoloscents oder The Offspring hervorbrachte.

Sowieso wäre die Erfindung des Rock'n'Roll ohne den Beitrag des Gitarren- und Verstärkerbauers Leo Fender aus Anaheim kaum möglich gewesen. Eine Liste bedeutender Rockmusiker, die nicht auf Produkte der in Fullerton ansässigen Firma zurückgegriffen hat, würde vermutlich ausgesprochen kurz ausfallen.

Orange County ist die Heimat einer langen Liste einflussreicher Musiker, darunter beispielsweise der jung verstorbene Jeff Buckley oder der Surfheroe Dick Dale. Etliche Berühmtheiten haben sich in Strandnähe angesiedelt, von Schauspielern wie Steve Martin oder Kevin Costner zu Sportlern wie Tiger Woods, Dennis Rodman oder Jürgen Klinsmann.

Websites

- www.orangetourism.org
- www.visitorangecounty.net

🎵 Soundtrack Orange County

Künstler	Titel	Album	Jahr	Genre
The Shadows	Santa Ana	The Sound of the Shadows	1965	Rock
Frank Zappa	The Orange County Lumber Truck	Weasels ripped my Flesh	1970	Rock
Frank Zappa	Son of Orange County	Roxy & Elsewhere	1974	Rock
The Gourds	County Orange	Ghosts of Halleluja	1999	Alternative Country
Bruce Springsteen	Santa Ana	Tracks	1998	Rock
They might be giants	Anaheim	Venue Songs	2005	Alternativrock
Gwen Stefani	Orange County	The Sweet Escape	2006	PopRock
Necromanitx	Anaheim after Dark	Life is a grave and I dig it	2007	Psychobilly
The Doors	Orange County Suite	L.A. Woman (Wiederauflage)	2007	Rock
American Zeros	Orange County	Draw	2008	Rock
Rocket from the Crypt	Orange County	All Systems go 3	2008	Alternativrock
Zebrahead	Anaheim anthem	Phoenix	2008	Punk

🎬 Film

Nix wie raus aus Orange County

Originaltitel	Orange County
Jahr	2002
Regie	Jake Kasdan
Hauptdarsteller	Colin Hanks, Jack Black
Genre	Komödie

🌿 Durch das Orange County

Für die 41 mi/65 km lange Durchquerung des Orange County auf dem Highway 1 müssen je nach Wochentag und Tageszeit schon ein paar Stunden reine Fahrtzeit veranschlagt werden. Highway heißt nun mal nicht „Autobahn", sondern muss als „Bundesstraße" übersetzt werden. Dafür sieht man öfter mal das Meer und kann sich ein Bild davon machen, wie der gemeine Südkalifornier sein Leben gestaltet. Je nach persönlicher Interessenlage bieten sich eine Reihe von Attraktionen zum Besuch an. Die kulturelle Übermacht der Metropole Los Angeles lässt sich nicht leugnen, was aber keinesfalls heißen soll, dass Orange County als kulturelle Wüste zu bezeichnen sei.

Der Highway verläuft selten direkt am Strand, aber zumindest immer in unmittelbarer Nähe. Er durchquert die nahezu vollständig urbanisierte Küstenlinie. Der Übergang von einem Ort zum nächsten ist oft kaum zu bemerken, und individuellen Unterschiede zwischen den Städten lassen sich bei der Durchfahrt nur schwer erfassen. Unterbrochen wird die Stadtlandschaft nur da, wo keine Bebauung möglich ist: an den Flussmündungen und Lagunen. Viele sind als Naturschutzgebiete deklariert.

Die Einfahrt nach Orange County ist entlang der Küste nur auf dem Interstate 5 möglich, der einzigen Straße, die Camp Pendleton durchquert. In San Clemente verlässt man die Autobahn am Exit „El Camino Real" und biegt nach links auf den Highway 1, den man bis nach Los Angeles nicht mehr zu verlassen braucht.

Schneller aber ungleich anonymer durchquert man Orange County auf dem Interstate 5, wobei man bei Irvine auf den 405 wechseln sollte, um zumindest in der

Nähe der Küste zu bleiben. Dieser führt über 90 Kilometer praktisch bis nach Santa Monica.

▶ San Onofre

Das einzige Atomkraftwerk Südkaliforniens hört auch auf den musikalischen Namen SONGS, was für San Onofre Nuclear Generating Station steht. Außer diesem betreibt der bevölkerungsreichste Staat der USA nur noch ein weiteres Atomkraftwerk und hat obendrein einen Baustopp verhängt, bis das Problem der Endlagerung von Atommüll endgültig gelöst ist. Der Anteil von Atomstrom im kalifornischen Energiemix liegt bei nur 20 %. Die Hälfte der Elektrizität wird mit Erdgaskraftwerken produziert, Kohle spielt eine geringe Rolle, und der Anteil erneuerbarer Energien soll bald ebenfalls 20 % betragen.

San Onofre ging 1968 ans Netz, 1992 wurde Block 1 stillgelegt und durch zwei neue Druckwasserreaktoren ersetzt. Die aktuellen Lizenzen erlauben die Energieerzeugung bis 2022, doch die Betreiber wollen eine Genehmigung für weitere 60 Jahre erwirken. Sie erklären sich zwar mit Schwarzeneggers grünen Energieplänen einverstanden, bestehen aber auch darauf, dass die beiden Atomkraftwerke für die Aufrechterhaltung einer gleichmäßigen Spannung im Netz unverzichtbar sind.

Die Reaktoren 2 und 3 produzieren gemeinsam etwa 2.300 Megawatt. Meldungen von Störfällen gehen regelmäßig durch die Medien. 2001 kam es zu einem schweren Brand auf dem Gelände, 2009 wurde deutlich, dass das Sicherheitspersonal unter erheblichem Motivationsmangel leidet und Berichte von niemals durchgeführten Sicherheitskontrollen fälschte. Kritiker weisen auch auf die geographische Nähe der Christianitos-Verwerfung hin, die schwere Erdbeben verursachen könnte. Die Verwaltung verweist dagegen auf eine Konstruktionsweise, die Beben bis Stärke 7 widerstehen sollte.

Die beiden Reaktorkuppeln erwecken offensichtlich Assoziationen mit weiblichen biologischen Attributen. Leslie Nielsen musste in „Die nackte Kanone" bei ihrem Anblick unweigerlich an seine Frau denken, und der Volksmund witzelt vom „Dolly Parton Memorial".

Dass ein Atomkraftwerk direkt an einem Naturschutzgebiet steht, löst anderenorts vielleicht Kopfschütteln aus, hier erscheint das ganz normal. San Onofre State Beach umfasst beinahe sechs Kilometer feinsten Sandstrand am Fuß der Steilküste. Der Abschnitt namens Trestles Beach ist wegen seiner hohen und lang auslaufenden Wellen ein Fixpunkt in der Geschichte des Surfens. Obwohl nur nach einem Fußmarsch zu erreichen, versammeln sich bei südwestlicher Brise an Wochenenden hunderte von Surfern. Alljährlich werden Meisterschaften der Association of Surfing Professionals und der National Scholastic Surfing Association abgehalten.

Bedroht wird die Idylle durch Pläne, eine achtspurige Autobahn quer durch den Park zu schlagen. Surfer, Naturliebhaber und Ureinwohner schlagen Alarm. Bisher hat der Staat Kalifornien das Projekt noch nicht genehmigt.

⬜ Film

Die nackte Kanone		
Originaltitel	The Naked Gun	
Jahr	1988	
Regie	David Zucker	
Hauptdarsteller	Leslie Nielsen	
Genre	Komödie	

🏛 San Clemente (68.000 EW)

Die erste Stadt des Orange County erinnert an südspanische Seebäder. Etwa auf halber Strecke zwischen San Diego und Los Angeles gelegen lockt der Strand jährlich rund zwei Millionen Besucher an, in erster Linie Familien und Surfer. Von der Strandlinie erklimmen Reihenhäuser und Ferienwohnungen die Hügel, der Interstate 5 zerschneidet den Ort in zwei ungleiche

Hälften. Das bebaubare Terrain ist praktisch aufgebraucht, eine weitere Expansion des Ortes kaum noch möglich.

Das angenehme Klima und die schöne Umgebung brachten den ehemaligen Bürgermeister Seattles auf die Idee, dass ein Strandbad eine ideale Investition sein könnte. Nachdem sich der erzkonservative Ole Hansen damit brüstete, einen Generalstreik in Seattle niedergeschlagen zu haben, legte er sein Amt nieder und kaufte acht Quadratkilometer Land in Kalifornien. Er baute den Bootsanleger und einen Strandclub – und schon bald verkauften sich die Grundstücke wie von selbst an stressgeplagte Großstädter.

Website
⌨ www.scchamber.com

▶ La Casa Pacifica

1968 kaufte der damalige Präsident Richard Nixon eine der Strandvillen der ersten Generation und taufte sie „La Casa Pacifica" – „das friedliche Haus". Doch Nixons Amtszeit war bekanntermaßen alles andere als friedlich. Der Krieg in Vietnam, die Protestbewegung und schließlich der Watergate-Skandal machten dem Hausherrn das Leben schwer.

Vor dem Einzug musste das Anwesen zunächst präsidententauglich umgestaltet werden, in erster Linie wegen der Sicherheitsauflagen des CIA. Nixon empfing hier illustre Gäste wie den japanischen Premierminister oder Sowjetführer Breschnew, sodass die Villa im Volksmund bald „the Western White House" hieß, ein Begriff, der heute allgemein auf die Sommerresidenzen der Präsidenten angewandt wird.

Auch das berühmte Interview mit dem britischen Journalisten David Frost sollte ursprünglich hier stattfinden. Doch die Funkanlagen der Küstenwache störten die Aufnahmegeräte des Fernsehteams, sodass der Interviewort kurzfristig ein paar Kilometer verlegt werden musste.

Nach seinem Rücktritt zog sich Nixon nach San Clemente zurück, um seine Memoiren zu schreiben. 1980 verkaufte er

das Haus und zog nach New York. Heute ist das Anwesen in Privatbesitz und leider nicht zu besichtigen. Von der Straße aus gibt es nicht viel zu sehen, nur vom Strand kann man einen Blick auf das Gebäude erhaschen. Der Wert der Immobilie mit fünf Schlafzimmern wird auf etwa 2,5 Millionen Dollar geschätzt.

✉ 4100 Calle Isabella San Clemente CA 92672
⇨ *I5 Exit Christianitos, links, über die Autobahn, am Ende rechts in die Avenida del Presidente, nach 300 m links in die Av de la Palmeras, nach 400 m wieder links in die Calle Isabella, nach weiteren 600 m auf der rechten Seite*

🎞 Film

Frost/Nixon	
Originaltitel	Frost/Nixon
Jahr	2008
Regie	Ron Howard
Hauptdarsteller	Michael Sheen, Frank Langella, Kevin Bacon
Genre	Drama

🏛 Dana Point (36.000 EW)

Auch die nächste Stadt auf dem Weg nach Norden hat ihren Ursprung in Investitionen von Immobilienspekulanten. Ein Konsortium aus Los Angeles um den Herausgeber der Los Angeles Times, Harry Chandler, und die Maklerfirma, die den Hollywood-Schriftzug zur Vermarktung ihrer Immobilien aufgestellt hatte, kaufte Land an der Küste und begann 1926, Ferienresidenzen im spanischen Kolonialstil zu errichten. Dana Point war ab den 30er Jahren wegen der starken Brandung unter Surfern legendär. Vier Meter hohe Wellen rollten brachial vor den Strand zu und bekamen bald den Spitznamen „Killer Dana". Doch die kommerziellen Interessen des Ortes visierten eine andere Zielgruppe an. Ende der 60er wurde der neue Yachthafen gebaut und durch eine lange Reihe 10 Tonnen schwerer Felsbrocken vor der Brandung geschützt. Die Surf Community konnte nur niedergeschlagen zusehen, wie ihr Paradies ein für alle Mal kommerziellen Interessen geopfert wurde.

Im Hafen ankert eine originalgetreue Reproduktion des zweimastigen Seglers Pilgrim, einer Brigg, die in der ersten Hälfte des 19. Jahrhunderts im Pelzhandel eingesetzt wurde. Sie lief 1825 in Boston vom Stapel und pendelte zwischen Ost und Westküste. Da der Panamakanal erst Jahre später gebaut wurde, segelte sie jedes Mal durch die bewegten Wasser von Kap Horn. Das nur 30 Meter lange Schiff transportierte Felle von Kalifornien nach Neuengland und kehrte mit Industrieprodukten wie Schuhen und Werkzeugen beladen zurück. Der gegen die Sklaverei kämpfende Jurist und Politiker Richard Henry Dana heuerte als Matrose an und verewigte das Schiff in seinen Memoiren unter dem Titel „Zwei Jahre vor dem Mast". Steven Spielberg nutzte den Nachbau als Szenerie für sein Sklavereidrama „Amistad".

- ✉ 24200 Dana Point Harbor Dr, Dana Point, CA 92629
- ⇒ Vom IS5 Exit 79 auf den HW1 in Richtung Beach Cities oder vom Coast Highway nach dem Stand von Doheny rechts auf die CA1 N, nach 0,7 mi/1 km links in den Dana Point Harbor Dr, 1,3 mi/2 km geradeaus bis zum Parkplatz des Ocean Institute
- 🎦 Sa & So 10-15h
- ♻ Erwachsene: $ 6,50, Kinder 3-12 Jahre: $ 4,50
- ☎ 1-949 496 2274
- 🖥 www.ocean-institute.org

Website
🖥 www.danapointbeach.com

▢ Filme

Amistad	
Originaltitel	Amistad
Jahr	1997
Regie	Steven Spielberg
Hauptdarsteller	Morgan Freeman, Anthony Hopkins
Genre	Drama

Direkt südlich an die 2.500 Anleger des Yachthafens schließt sich der familienfreundliche Doheny State Beach an. In der Komödie „California Dreamin'" war er das Traumziel der Familie aus Omaha, Nebraska, doch menschliche und technische Unzulänglichkeiten verhinderten, dass die Urlauber jemals ihr Ziel erreichten.

California Dreaming	
Originaltitel	California Dreaming
Jahr	2007
Regie	Linda Vorhees
Hauptdarsteller	Lea Thompson, Dave Foley
Genre	Komödie

▶ San Juan Capistrano

Knapp fünf Kilometer weit im Hinterland von Dana Point liegt die spanische Missionssiedlung San Juan Capistrano, die auf eine weit spannendere Geschichte zurückblicken kann. 1775 von spanischen Franziskanern am Camino Real gegründet, benannte man die Mission nach dem katholischen (Schein-) Heiligen Johannes Capistranus, der vom humanistischen Standpunkt aus gesehen wenig Ruhm auf sein Haupt kleckerte. 1447 vom Papst zum Inquisitor ernannt, verfolgte er vermeintliche Ketzer in halb Europa. Von Sizilien über Moldawien, Böhmen, Mähren bis Polen initiierte er Hexenverbrennungen. Im polnischen Breslau erpresste er Geständnisse durch Folter und schickte 41 Juden auf den Scheiterhaufen.

Wenige Tage nach der feierlichen Gründung erreichte die spanischen Missionare die Nachricht der Indianerrebellion in San Diego, wodurch sie den Siedlungsversuch aus Furcht vor feindlichen Übergriffen wieder aufgaben. Sie vergruben die Kirchenglocken und verschanzten sich im Fort von San Diego. Ein Jahr später versuchten sie es erneut, allerdings ein paar Meilen weiter westlich vom ursprünglichen Standort. Schließlich wurde die Mission ein Erfolg: Innerhalb von vier Jahren zählte man bereits 700 bekehrte Indios.

San Juan Capistrano

Mit Hilfe der indianischen Arbeitskraft entstand schnell die erste Kapelle, die heute als das älteste stehende Gebäude in Kalifornien betrachtet wird. Bald darauf gesellte sich eine große Hauptkirche hinzu. Zumindest für das Abendmahl benötigten die Missionare natürlich auch Wein, den sie ab 1779 selbst anpflanzten. Vier Jahre später erzielten sie die erste Lese und produzierten Rot-, Weiß- und Likörweine und destillierten ihren eigenen Brandy.

Doch das Glück währte nicht allzu lange. Ausgerechnet mitten in der Sonntagsmesse erschütterte im Dezember 1812 ein schweres Erdbeben die Region. Dach und Glockenturm stürzten ein und begruben vierzig Gläubige unter den Trümmern.

Sechs Jahre später landete der unter argentinischer Flagge fahrende Pirat Hipólito Bouchard mit zwei Schiffen in Dana Point. Zwei Gesandte näherten sich der Mission und forderten Lebensmittel und Versorgungsgüter, die ihnen allerdings verwehrt wurden. Erbost über die mangelnde Gastfreundschaft der Mönche ordnete Seeräuberhauptmann Bouchard die Plünderung der Mission an. Hundertvierzig Mann fielen über die Siedlung her. Die Handvoll zum Schutz abgestellter Soldaten war im Handumdrehen überwältigt. Die Piraten plünderten die Lagerhäuser der Mission, brannten ein paar Gebäude nieder und waren längst verschwunden, als Verstärkung aus Los Angeles eintraf.

San Juan Capistrano war die erste Mission, die vom mexikanischen Staat in den 1830er Jahren enteignet wurde. Die Franziskaner packten alle Wertgegenstände zusammen und wanderten ab, danach plünderten die Nachbarn den Rest. Die Mission wurde jahrzehntelangem Verfall preisgegeben, bis sie als historisches Objekt und Touristenziel wiederentdeckt wurde. San Juan Capistrano gilt als die Perle unter den spanischen Missionen und zieht jährlich rund 80.000 Besucher an. Die Kapelle gilt als einziges noch stehendes Gebäude, in dem der Heilige Missionsvater Juníper Serra eine Messe abgehalten hat.

✉ *26801 Ortega Hwy, San Juan Capistrano, CA 92675*

⇨ *Vom IS5 von Süden kommend Exit Ortega Hwy / San Juan Capistrano, links, nach 0,3 mi/0,5 km auf der rechten Seite*

🕙 *Täglich 8.30-17h außer an Karfreitag, Thanksgiving und Weihnachten*

♾ *Besuch der Mission kostenlos. Museum: Er-wachsene: $ 9, Senioren: $ 8, Kinder 4-11 Jahre: $ 5, Audiotour inbegriffen*

☎ *1-949 234 1300*

🖥 *www.missionsjc.com*

▶ Los Rios

Die westliche Parallelstraße des Camino Capistrano ist die schmale Los Rios Rd, gesäumt von schnuckligen Wohnhäusern aus dem Ende des 19. Jahrhunderts. Das älteste ist das Montanez Adobe aus dem Jahre 1794. Nach der Enteignung der Mission durch den mexikanischen Staat wurden hier über mehrere Jahrzehnte die sonntäglichen Messen abgehalten. Insgesamt finden sich im Viertel noch rund vierzig Gebäude, die mit selbstgebrannten Lehmziegeln errichtet wurden.

✉ *31745 Los Rios St, San Juan Capistrano, CA 92675*

🖥 *www.sanjuanchamber.com/discover.aspx*

Um die Mitte des 19. Jahrhunderts wurde San Juan Capistrano von der Flores-Daniel-Gang heimgesucht. Unter den weißen Siedlern als gemeiner Dieb und hinterhältiger Mörder verschrien, genoss Flores unter der hispanischen Bevölkerung den Status eines Volkshelden, eines kalifornischen Jesse James. Die Latinos gewährten ihm Schutz und Unterschlupf, und so konnte er sich trotz ständiger Verfolgung praktisch frei im Staat bewegen.

Flores entstammte einer durchaus respektablen Familie aus Santa Barbara, doch der friedliche Lebensstil der Grundbesitzers langweilte ihn. 1856 saß er erstmals wegen Pferdediebstahls in Sant Quentin

ein, wo er im Steinbruch schuften musste. Das gewonnene Baumaterial wurde per Schiff nach San Francisco transportiert.

Eines Tages überwältigte eine Gruppe von Gefangenen die Mannschaft eines Schiffes. Die Sträflinge segelten unter heftigem Beschuss quer durch die Bucht von San Francisco. Flores war einer der 15 Männer, die durchkamen und fliehen konnten. Fortan führte er die Bande an, die sich „Las Manillas" - „Die Handschellen" nannte.

Im Januar 1857 fiel die Gang in San Juan Capistrano ein. Sie plünderte den Krämerladen von George Pfleughardt und tötete den deutschstämmigen Besitzer. Während ein Junge nach Los Angeles galoppierte, um Hilfe zu holen, raubte die Gang die restlichen Läden des Ortes aus und vernichtete die Alkoholvorräte.

Als Sheriff Barton mit sechs Männern aus LA anrückte, zog sich die Bande in die Berge zurück, um die Verfolger in eine Falle zu locken. Plötzlich standen sich Barton und der Bandit Andres Fontes gegenüber, den der Sheriff Jahre zuvor ins Gefängnis gesteckt hatte. Fontes hatte ewige Rache geschworen und schrie: „Jetzt habe ich dich!"

„Jetzt habe ich dich auch!", brüllte der Sheriff zurück, und sofort schwirrten Kugeln durch die Luft. Eine traf Barton mitten ins Herz. Drei der Verfolger konnten schließlich vor der Übermacht der Banditen fliehen, die übrigen ließen ihr Leben.

Ein Aufschrei ging durchs bürgerliche Kalifornien. Köpfe wurden gefordert. General Andres Pico machte sich mit 119 Deputies auf die Jagd. Indianische Scouts spürten das Camp der Banditen am Fuß des Modjeska Canyon 30 km nördlich von San Juan auf. Die Banditen sahen sich nahezu eingekreist und zogen sich weiter in die Tiefen des Canyon zurück. Die Gang verlor den Zusammenhalt, und nach und nach ergaben sich fast alle, die nicht von Kugeln getroffen wurden.

Während General Pico noch auf der Jagd nach vereinzelten, entwischten Bandenmitgliedern war, konnten sich Flores und der Compañero Pancho Daniel von den Fesseln befreien und fliehen. Als Pico von der Flucht des Anführers erfuhr, knüpfte er zwei seiner Gefangenen kurzerhand am nächsten Baum auf. Die beiden hingen dort sechs Monate lang, bevor sie endlich begraben wurden. Vier Tage später wurde der verwundete und halb verhungerte Flores erneut gefasst und im folgenden Jahr in Fort Hill vor den Augen von dreitausend Gaffern gehenkt.

Berühmt ist San Juan Capistrano aber nicht für seine Banditen, sondern für seine Vogelwelt. Genauer gesagt für eine Schwalbenkolonie, die in der Missionskirche nistete und angeblich pünktlich jedes Jahr am 23. Oktober nach Süden aufbrach und genauso fristgemäß am 23. März wieder zurückkehrten. Alljährlich erwartet San Juan die Rückkehrer mit einem Fest.

Das Phänomen schrie nach einer wissenschaftlichen Untersuchung, die schließlich zu Tage förderte, dass die Kliffschwalben knappe zehntausend Kilometer bis nach Corrientes im nördlichen Argentinien zurücklegen, wo sie überwintern. Bei einer Durchschnittsgeschwindigkeit von 30 km/h und 15 Flugstunden täglich sind die Schwalben etwa einen Monat unterwegs. Um günstige Luftströmungen zu nutzen, fliegen sie in bis zu zweitausend Metern Höhe. Allerdings förderte die Analyse auch zu Tage, dass es mit der Pünktlichkeit der Federviecher nicht so weit her war.

In den letzten Jahren werden sie fast gar nicht mehr gesichtet. Manche machen die Fassadenrestaurierung der Missionskirche dafür verantwortlich. Andere sprechen von der flächenhafte Zerstörung natürlicher Lebensräume. In San Juan Capistrano versucht man, die Schwalbenschwärme mit allen Mitteln zurückzulocken. Spezialisten wurden angeheuert, künstliche Keramiknester gebaut, süße Melodien aus Lautsprechern verbreitet. Doch die wenigen der kleinen Vielflieger, die sich in der Gegend blicken lassen, nisten lieber in Shopping Malls oder unter der Autobahn.

San Juan Capistrano

🎵 Song über die Mission San Juan Capistrano

Künstler	Titel	Album	Jahr	Genre
Pat Boone	When the Swallows Come Back to Capistrano	Pat Boone sings	1958	Rhythm 'n' Blues

🏛 Laguna Beach (24.000 EW)

Enge Canyons und grüne Hügel mit großartigen Panoramablicken auf den Ozean machten das einst kleine Nest Laguna Beach schon in den 1930er Jahren unter Künstlern beliebt. Charlie Chaplin, Bette Davis, Judy Garland oder Rudolph Valentino entspannten sich auf ihren hiesigen Landsitzen vom anstrengenden Leben in Hollywood. In den 60ern formierte sich eine ansehnliche Hippie- und Künstlerkolonie. Laguna war ein friedliches Dörfchen; noch verstreuten sich die wenigen Eigenheime an Hügeln und Canyons. Schicke Villen mischten sich mit preiswerten Wohnungen, Hare Krishna-Jünger pilgerten durch die Straßen, alte Beatnicks überlebten mit fast nichts und Hippies sangen am Strand zum Klang der Wandergitarre.

Doch auch im ursprünglich toleranten Laguna ging der zwanglose Trubel von freier Liebe und freien Drogen den aufrechten Bürgern und Geschäftsleuten zunehmend gegen den Strich. Die „Brotherhood of eternal love" – „Bruderschaft der ewigen Liebe", zunächst eine pazifistische und idealistische Freak-Vereinigung, transformierte sich allmählich zu einem weithin ungeliebten Drogenkartell. Auf ihrer Ranch in den Hügeln oberhalb von Laguna richteten sie ein produktives Labor ein, von wo aus sie die halben USA mit der hauseigenen LSD-Marke „Orange Sunshine" belieferten.

LSD zählt zu den psychoaktivsten aller auf Erden bekannten Substanzen. Die Dosierung für einen Trip liegt um die 50 Mikrogramm. Aus einem einzigen Gramm reinen LSD lassen sich also rund zwanzigtausend Trips herstellen. Bei einem Stückpreis von heutzutage rund 10 Euro kann man sich leicht ausrechnen, dass es sich

Laguna Beach, Forest Avenue

zumindest theoretisch um die wertvollste Substanz der Welt handelt, etwa 7.500mal so teuer wie Gold. Auf den ersten Blick ein vielversprechendes Geschäft, doch die Synthese ist hochkompliziert und der Absatzmarkt begrenzt, denn das Halluzinogen provoziert weder den unkontrollierten Konsum noch die Abhängigkeitssyndrome von Alkohol oder anderen populären Rauschmitteln.

Laguna Beach

Doch in der Welt der Hippies erreichte der Stoff trotz des Verbots im Jahre 1966 den Höhepunkt seiner Popularität. Entscheidenden Anteil daran hatte der LSD-Guru und Psychologieprofessor an der Universität Harvard Timoty Leary. Genau der nistete sich zwei Jahre lang in der Kommune der Brotherhood in Laguna Beach ein.

Auf dem Höhepunkt des Vietnam-Krieges verhärteten sich die Fronten zwischen guten Amerikanern und der überdrehten Jugendkultur. Die Regierung wurde beschuldigt, mit Hilfe der Drogengesetze ungeliebte Oppositionelle auszuschalten. Die Brotherhood sann auf Rache und plante einen Anschlag auf den regelmäßig im benachbarten San Clemente residierenden Präsidenten Nixon. Dem reaktionären Staatsoberhaupt sollte LSD ins Trinkwasser gemischt werden, ähnlich wie es Jefferson Airplane-Sängerin Grace Slick schon erfolglos im Weißen Haus versucht hatte. Die Idee war nicht neu, das CIA hatte schon jahrelang mit LSD als pyschotrope Geheimwaffe experimentiert. Der Anschlag mit unkalkulierbaren Folgen blieb jedoch aus.

In Laguna Beach bahnte sich schließlich die Konfrontation an. Razzien der Ortspolizei häuften sich, Laguna Canyon bekam wegen der häufigen Präsenz der Sheriffs den Spitzname „Dodge City" verpasst. Genau hier wurde Timothy Leary kurz nach Weihnachten 1968 wegen Besitzes geringer Mengen Marihuanas festgenommen. Der frisch rekrutierte Streifenpolizist Neil Percell erlangte schlagartig Berühmtheit, aber Leary standen schwere Zeiten bevor. Im folgenden Jahr später wurde er wegen wiederholter Drogendelikte zu vollen zehn Jahren Zuchthaus verurteilt.

Doch nach kaum drei Monaten hangelte er sich an einem Telefonkabel über den Gefängniszaun von San Luis Obispo. Auf der anderen Seite erwarteten ihn vier Mitglieder der linken Untergrundorganisation Weathermen, die ihn außer Landes schmuggelten. Das taten sie allerdings nicht aus Nächstenliebe oder politischer Solidarität, sondern weil die Brotherhood für die Aktion 20.000 Dollar hinblätterte. Leary fand Asyl in Algerien und der Schweiz, wurde aber letztendlich von Afghanistan an die USA ausgeliefert. Die Hippiebewegung hatte eine Ikone verloren und sah sich massiver Kriminalisierung ausgesetzt.

Wenige Tage nach Learys Festnahme fanden sich Hippies aus allen Ecken des Staates in Laguna Beach zu einem Festival zusammen. Die Angaben zur Größenordnung schwanken zwischen 15 000 und 100.000. Jimi Hendrix und Bob Dylan sollen sich auch unters Volk gemischt haben. Die Lokalpolizei sperrte Straßen und bereitete dem langhaarigen Spuk schließlich ein Ende. Laguna wurde langfristig von der Hippie-Kultur gesäubert und wuchs zu dem fröhlichen Konsumparadies, das die MTV-Serie „Laguna Beach – The real Orange County" als Hauptstadt der Schönen und der Schönheitsoperationen beschrieb.

Wenig ist geblieben aus den wilden alten Zeiten. Das jährliche Sawdust-Kunstfestival, heute ein Aushängeschild der Stadt, wurde vor über 40 Jahren von höchst suspekten Schattengestalten aus dem Umfeld der als „Hippie-Mafia" verschrienen Brotherhood ins Leben gerufen; das eine oder andere Hotel rühmt sich heute, einst Timothy Leary beherbergt zu haben, und der überregional bekannte Plattenladen Sound Spectrum (1264 S Coast Hwy) konnte bis heute überleben. Das ist alles. Aber immerhin bietet Laguna einige der saubersten Strände der USA. Hollywood drehte hier gern romantische Szenen am Meer, am bekanntesten ist wohl „Unter Piratenflagge" mit Errol Flynn. Die Beach Boys erwähnten die Strände in dem Song „California Feeling", der 1978 eines ihrer Alben betitelte, aber am Ende gar nicht auf der Scheibe zu hören war. Erst über 25 Jahre später wurde die Aufnahme veröffentlicht.

🗋 Film

Unter Piratenflagge	
Originaltitel	Captain Blood
Jahr	1935
Regie	Michael Curtiz
Hauptdarsteller	Errol Flynn, Olivia de Havilland
Genre	Piratenfilm

🏛 Newport Beach (86.000 EW)

Nach ein paar Kilometern Küstenstraße mit freiem Blick aufs Meer lassen wir die Laguna Hills hinter uns und tauchen in das große, flache Becken und die Metropolregion von Los Angeles ein. Die nächsten 80 Kilo-

Balboa Boardwalk, Newport Beach

Corona Beach, Newport Beach

meter bis ans Nordende von Santa Monica führen fast ausnahmslos durch Apartmentviertel, Reihenhaussiedlungen, Industriegebiete und Hafenanlagen. Der gefräßige urbane Krake Los Angeles hat sich jede nur verfügbare Freifläche einverleibt.

Newport Beach bildet das Südende der Metropole und gleichzeitig die Spitze der Gehaltspyramide. Das Einkommen der Newporter liegt gut dreimal höher als im kalifornischen Durchschnitt. Neuntausend Yachten liegen gut vertäut im Hafen, also eine auf zehn Einwohner. Balboa Island, die Halbinsel gegenüber des Hafens gilt als einer der teuersten Immobilienmärkte außerhalb Manhattans. Ein Ein-Zimmer-Apartment mit Meerblick wechselt nicht unter einer Million Dollar den Besitzer. Soviel Reichtum will beschützt werden. Das Auge des Gesetzes ist allgegenwärtig.

Die Liste illustrer Bewohner ist schier endlos und enthält Namen wie Nicholas Cage, Chuck Norris, Gwen Stefani oder Basketballstar Kobe Bryant. Der inzwischen in Pension gegangene Kollege Dennis Rodman ist 2004 wieder weggezogen, nachdem er innerhalb von sechs Jahren achtzig Besuche von der Polizei erhielt – wegen ruhestörender Partys. Schon in den goldenen Zeiten Hollywoods hatten sich Humphrey Bogart, James Cagney, Bette Davis oder Henry Mancini angesiedelt. John Wayne, Namensgeber des lokalen Flughafens, surfte hier schon vor seiner Schauspielerkarriere und liegt auf dem Pacific View Memorial Park begraben.

Der Erfinder der modernen Rasierklinge, King Camp Gillette, baute sein gemütliches Eigenheim im 2200er Block der Channel Road. Der Mann war nicht nur ein genialer Geschäftsmann, sondern kurioserweise auch ein sozialistischer Utopist. In seinem 1894 veröffentlichten Buch „The human drift" plädierte er dafür, dass alle Unternehmen in Volkseigentum verwandelt werden sollten. Dazu ist es in den USA bekanntermaßen nicht gekommen. Der Gilette Konzern, zu dem auch die Marken Braun, Oral-B und Duracell gehören, wurde 2005 für 57 Milliarden Dollar vom Konsumgütergiganten Procter & Gamble aus Cincinatti gekauft.

In Newport dreht sich alles um gepflegten Konsum. Golfplätze, Shopping-Zonen

🎵 Soundtrack Laguna und Newport Beach

Künstler	Titel	Album	Jahr	Genre
The Beach Boys	California Feeling	The best of	2002	Surf Rock
Dick Dale	The wedge	Checkered Flag	1963	Surf Rock
The Jaguars	Laguna Beach	Guitar Mania	2000	Surf
Legendary Pink Dots	Laguna Beach	Any Day now	1998	Alternativrock

und schicke Restaurants bilden das Zentrum des sozialen Lebens. Die enge Verbindung nach Hollywood wird in jedem Frühjahr mit einem Filmfestival zelebriert, und von Mai bis August gibt es jeden Freitag und Samstag Freiluftkino am Strand der Newport Dunes.

Der Gott der Surfgitarristen, Dick Dale, lebt seit Ewigkeiten in Newport. Dem lokalen Surfspot „The wedge" widmete er 1963 einen Instrumentaltitel. Dale, inzwischen weit über 70 Jahre alt, fällt aus dem üblichen Rahmen des Rockstar-Charakters. Er hat nie getrunken oder zu Drogen gegriffen, stattdessen widmet er sich mit Inbrunst asiatischem Kampfsport.

Auch „The endless Summer", ein Dokumentarfilm, der in den 60er Jahren die Jugend weltweit zum Surfen animierte, verweist in einer Sequenz auf „The wedge".

Website
🖥 www.newportbeach.com

🎬 Film

The endless Summer	
Originaltitel	The endless Summer
Jahr	1966
Regie	Bruce Brown
Genre	Dokumentarfilm

▶ Orange County Museum of Art
Die Sammlung des OCMA konzentriert sich auf kalifornische Künstler der letzten hundert Jahre, darunter keine Namen der ersten Kategorie, was aber keinesfalls als Kritik zu verstehen ist. Die wechselnden Ausstellungen dagegen präsentieren hin und wieder große internationale Namen.

✉ 850 San Clemente Drive, Newport Beach, CA 92660
⇒ Vom HW1 rechts in die Jamboree Rd, nach 1 mi/1,6 km rechts in die San Joaquin Hills Rd, nach 300 m wieder rechts in den Santa Cruz Dr, nach weiteren 200 m rechts in den San Clemente Dr
🕐 Mi-So 11-17h, Do 11-20h
💰 Erwachsene: $ 12, Senioren: $ 10, Kinder bis 12 Jahre: frei
☎ 1-949 759 1122
🖥 www.ocma.net

▶ Disneyland
Newport ist der optimale Ausgangspunkt für alle, die sich den Abstecher ins kinderfreundliche Vergnügen nicht verkneifen können. „Der glücklichste Ort auf Erden" ist seit 1955 weltweit Synonym für naive Lebensfreude. Selbst Sowjetführer Nikita Chruschtschow bestand auf einen Besuch.

Dabei ging der Eröffnungstag für das Unternehmen gründlich in die Hose. Die simplen Einladungskarten waren leicht zu fälschen, was den Park an den Rand der völligen Überfüllung brachte. Aufgrund eines Klempnerstreiks blieben die Wasserhähne trocken. Bei 38 Grad im Schatten interpretierten das die meisten Gäste als einen Trick, um mehr Süßgetränke des offiziellen Sponsors Pepsi abzusetzen.

1970 überkletterten mehrere hundert Hippies die Zäune des Vergnügungsparks, hissten die Flagge des Vietcong auf Tom Sawyer Island und rauchten Joints. Per Flugblatt wurden die Befreiung von Minnie Mouse und ein Überfall auf Disneylands Bank of America angekündigt.

Huntington Beach

Die fassungslose Parkverwaltung war völlig überfordert und kam auf keine andere Idee, als Hundertschaften Polizisten in voller Kampfmontur anzufordern. Der Park wurde geschlossen, die legalen Besucher nach draußen beordert und die Störenfriede durch den Park gejagt. Am Ende konnten nur 18 Spontis festgenommen werden.

Inzwischen ist Disneyland eine perfekt funktionierende Vergnügungsmaschinerie, die jährlich etwa 15 Millionen Besucher anlockt.

✉ *1313 S. Disneyland Dr, Anaheim, CA 92802*
⇨ *Vom Hafen Newport Beach auf dem Newport Blvd/ HW55 nach Norden, nach 8mi/ km auf den IS5 in Richtung Santa Ana, nach 6 mi/ 10 km Exit 109 und 2 mi/3 km der Beschilderung nach Disneyland folgen*
📷 *Variieren erheblich je nach Saison, aber generell täglich von morgens bis abends*
⚭ *Erwachsene: ab $ 76, Kinder bis 10 Jahre: ab $ 68*
☎ *1-714 781 4565*
🖥 *www.disneyland.com*

🏛 Huntington Beach (193.000 EW)

Nach all dem Überfluss in Laguna und Newport ist Huntington eine willkommene Rückkehr zur Normalität. Auf den ersten Blick ein durchschnittlicher Großstadtvorort, allerdings mit Strandlinie. Sie gilt als das von Surfern meistfrequentierte Ufer der gesamten Westküste, drum kann Huntington nicht umhin, sich als Surf City USA zu präsentieren. Und weil in den Staaten öfter clevere Geschäftsmänner im Bürgermeisteramt mitmischen, ließ man sich den Namen gleich patentieren. Innerhalb von kaum zehn Jahren konnte die umtriebige Stadtregierung den registrierten Markennamen dutzendfach untervermieten, sodass kleine und größere Unternehmen Surf City-Produkte von Softdrinks bis Autopolitur auf den Markt warfen. Die Monopolisierung des Titels als Surfstadt rief natürlich auch Neider auf den Plan, seitdem sind erhöhte Anwaltskosten ein fester Posten im städtischen Budget.

Die Idee zum Prädikat „Surf City" geht auf den ersten Hit der Surfmusik zurück. Jan and Dean hieß das Duo, das 1963 mit dem Titel die Nummer Eins der US-Charts erklomm und „Two girls for every boy" versprach.

Huntington Beach gelangte aber zumindest in Deutschland im Zusammenhang mit einer ganz anderen Sportart zu einer gewissen Berühmtheit: Hierher verzog sich nämlich Ex-Torjäger und Bundestrainer Jürgen Klinsmann, nachdem er 1998 den Profifußball aufgegeben hatte. Verheiratet mit einem Model aus San Jose genoss er die neugewonnene Freiheit als blonder Unbekannter auf den Straßen von Huntington.

Durch die Presse ging Klinsmann erst im Jahr 2003, als er unter dem Pseudonym Jay Goppingen, frei nach seinem schwäbischen Geburtsort, bei den Orange County Blue Star mitkickte. Klinsmann blieb lange Zeit unentdeckt, bis ein aufgeweckter Reporter von der San Diego Union Tribune hinter das Geheimnis des akzentbelasteten Torjägers kam. In acht Spielen schoss der Schwabe fünf Tore und half dem Club bis in die Playoffs. Wir sprechen allerdings von der vierten von fünf nationalen Ligen.

Die landesweite Amateurdivision PDL ist in einzelne Regionalsparten aufgeteilt, die Blue Stars spielen logischerweise in der Südwestabteilung. Damals kickte das Team im benachbarten Irvine, der Club pflegt aber seine Stadien regelmäßig zu wechseln. Folglich hält sich der Fanatismus der Lokalpatrioten in Grenzen, so-

dass der langjährige Zuschauerschnitt die 150er-Marke nicht übersteigt.

Richtig hoch schlugen die Wellen um Huntington Beach dann im Jahr 2004, als Klinsmann zum Nationaltrainer berufen wurde. Klinsmann beschloss nämlich, seinen Wohnsitz nicht ins kalte Deutschland zurückzuverlegen, sondern seiner neuen Anstellung als Pendler über den Atlantik nachzugehen und ansonsten per e-Mail und Telefonkonferenz mit der heimischen Fußballwelt zu kommunizieren. Die Bundesligaspiele kann man ja auch in Kalifornien bequem per Satellitenfernsehen verfolgen.

Der Klinsmann-Wohnsitz wurde über Monate zum Eckpunkt jeder politischen Diskussion in Deutschland. Uli Hoeneß, Udo Latteck und Rudi Assauer forderten die sofortige Zwangsumsiedlung des Fußballlehrers, der Letztgenannte mit gewohnt fabelhafter Rhetorik: „Es ist unmöglich, dass ein so hochbezahlter Trainer ... ein halbes Jahr in Kalifornien hängt. Wenn ich dann höre, ‚wir machen Telefonkonferenzen‘ – da werd‘ ich bekloppt in der Birne!"

Klinsmann beharrte auf dem Verfassungsrecht der freien Wohnsitzwahl,

Historical Huntington Beach

Historical Huntington Beach

musste dafür aber reichlich einstecken. Besonders als es in der Vorbereitung der Weltmeisterschaft 2006 sportlich alles andere als gut lief. Von dem Individualisten noch nie besonders angetan, zeterte die Bildzeitung mit hochkarätigen Wortschöpfungen wie „Grinsi-Klinsi" und „Krisen-Klinsi". Schließlich wollten sie ihn gar vor den Bundestag zitieren, um eine klare Aussage zu erhalten, wie er gedenke, den sportlichen Weltuntergang bei der WM zu verhindern.

Am Ende ging die Geschichte mit dem 3. Platz gar nicht so schlecht aus, des Trainers Ehre war gerettet. Fußballexperte und Chorleiter Gotthilf Fischer nannte Klinsmann gar einen „Wunderheiler". Der stellte seinen Posten trotzdem zur Verfügung und verhandelte mit dem US-Verband erfolglos über eine Anstellung als Nationaltrainer.

Dass Huntington Beach zu solcher Berühmtheit gelangen sollte, war lange Zeit nicht zu erwarten. Das Land gehörte ursprünglich zum riesigen Grundbesitz der Familie Nieto, deren Stammvater damit 1784 für seine soldatischen Leistungen im Namen des spanischen Kolonialreichs belohnt worden war. Die 1.200 Quadratkilometer große Ranch war bis 1900 ein extensiver Rinderzuchtbetrieb. Auf der heutigen Main Street wurde seinerzeit das Vieh zur Weide getrieben.

Ein Investoren-Konsortium kaufte schließlich die Hälfte des Bodens auf, um ein Strandstädtchen zu gründen. Noch waren die Grundstückspreise so niedrig, dass ein Verlag aus Los Angeles ein großes Stück Land erwarb und in Parzellen unterteilte. Beim Kauf einer vollständigen Enzyklopädie zum Preis von 126 Dollar bekam der wissensdurstige Leser als Bonus ein Baugrundstück in Huntington Beach geschenkt. Dass ein Lexikon und ein Lotterieschein viel gemeinsam haben können, wurde fünfzehn Jahre später klar, als just unter den Verlagsparzellen Erdöl entdeckt wurde. Der „Discovery Well" wurde von Standard Oil angebohrt und lieferte prompt zweitausend Barrel schwarzes Gold täglich. Heute erinnert nur noch eine Metalltafel nahe eines Kinderspielplatzes gleichen Namens an den unerwarteten Segen.

In Huntington wird bis heute Öl gefördert, entlang des Highway One reihen sich

Surfer Statue, Huntington Beach

Stadt die Räumlichkeiten mietfrei zur Verfügung. Die ständige Ausstellung zeigt historische Surfboards und klassische Filme zum Thema und widmet sich besonders Duke Kahanamoku, dem Mann, der das Surfen weltweit populär machte. Nebenbei gewann der braungebrannte Hawaiianer mehrere Goldmedaillen als Schwimmer bei den Olympischen Spielen 1912 und 1920. In Paris musste er sich 1924 gegen den späteren Tarzan-Darsteller Johnny Weissmuller geschlagen geben.

✉ *411 Olive Ave, Huntington Beach, CA 92648*
⇨ *Vom HW1 rechts in die Main St, die zweite links in die Olive Ave, nach 100 m auf der linken Seite*
🕐 *Mo-Fr 12-17h, Sa & So 11-18h*
🔗 *Frei*
☎ *1-714 960 3483*
💻 *www.surfingmuseum.org*

▶ Old World Village

Ein nachgebautes Schwarzwalddorf mit Lederhosen, Hirschgeweih und Oktoberfest kocht alle urdeutschen Klischees zu einem absurden Eintopf auf. Im Old World Restaurant stehen Spätzle, Rouladen und Sauerbraten auf der Karte, und an jedem dritten Sonntagnachmittag im Monat kann man sich an einem spektakulären Dackelrennen erfreuen, hier „Dachshund" genannt. Die Untermalung mit echter Dicke-Backen-Musik gibt es kostenlos dazu.

✉ *7561 Center Avenue, Huntington Beach CA 92647*
⇨ *Vom HW1 rechts in den Beach Blvd, nach 5,5 mi/9 km links in die Edinger Ave, die erste rechts in den Center Dr, am Ende links und sofort wieder rechts auf den Parkplatz*
🕐 *Mo-So 11-17h*
☎ *1-714 895 8020*
💻 *www.oldworld.ws*

Ölpumpen wie an einer Perlenschnur auf. Doch die Vorkommen sehen ihrer endgültigen Erschöpfung entgegen, der letzte große Fund datiert auf das Jahr 1953. Heute bedeutet die ehemalige Grundlage des städtischen Wachstums eher eine Last für die Stadt. Große Flächen sind mit Rückständen und Quecksilber verseucht und müssen für teures Geld saniert werden.

▶ International Surfing Museum

Die Surf City USA braucht natürlich ein Wellenreiter-Museum, darum stellt die

🎵 Soundtrack Huntington Beach

Künstler	Titel	Album	Jahr	Genre
Jan & Dean	Surf City	Single	1963	Surfrock

Huntington Beach Pier

▶ **Huntington Beach Disc Golf Course**

Frisbee Golf nennt sich diese kuriose Spiel-
art, die aus dem Basketball noch den Korb
adoptiert hat. Der „18-Loch-Kurs" beginnt
auf einer Anhöhe und wurde schon 1977
als einer der ersten in Amerika installiert.
Jeden Samstag kann man ab 10 Uhr morgens an einem Turnier teilnehmen.

✉ *18381 Goldenwest St,*
Huntington Beach CA 92647
⇨ *Nördlich des Zentrums von Huntington rechts*
in die Goledenwest St, nach 2,5 mi/4 km Park-
platz auf der linken Seite
🕸 *$ 2,50*
☎ *1-714 425 9931*
🖥 *www.stockteam.com/frisbee.html*

🏛 **Seal Beach** (24.000 EW)

Bevor man den letzten Ort des Orange
County erreicht, gilt es, eine weitere Mili-
täranlage zu durchqueren. In den weitläu-
figen Salzmarschen muss man allerdings
schon genauer hinsehen, um zu bemerken,
dass man sich mitten in einem der größten Munitionsdepots der amerikanischen
Armee befindet. Auf 21 Quadratkilometern
verteilen sich 128 bestens getarnte Bun-
ker, in denen der größte Teil der Waffen-
reserven der Pazifikflotte lagern. Neunzig
Kilometer Eisenbahntrassen erlauben
den reibungslosen Transport der explosi-
ven Ladung zum Anleger in der Anaheim
Bay, wo die Munition auf die Kriegsschiffe
verladen wird. Mit etwas Glück kann man
nach der Überquerung der Brücke in ein
paar hundert Metern Entfernung von der
Landstraße beobachten, wie ein Schlacht-
schiff manöver- oder kriegstauglich gemacht wird.

Seal Beach selbst ist ein unschein-
bares Örtchen, beansprucht aber seinen
Platz in der modernen Siedlungsgeschich-
te. „Leisure World" entstand gleichzeitig
mit Sun City 1960 als erste „retirement
community". Die komplett umzäunte und
von privaten Sicherheitskräften rund um
die Uhr bewachte Rentnerstadt ist ständiger Wohnsitz von neuntausend Senioren.
Private Investoren planen und bauen sol-

che Pensionärskommunen vorzugsweise in winterwarmen Gefilden und verkaufen die Eigenheime an solvente Kundschaft aus dem ganzen Land. Die Stadtplanung orientiert sich stringent an den Bedürfnissen der Zielgruppe. Mit Frei- und Hallenbad, Golfplatz, Kulturhäusern, Tanzsälen und Bowlingbahnen wurde die Infrastruktur ganz den spezifischen Freizeitinteressen der Bewohner angepasst. Ein lokales Gesundheitszentrum und Pflegedienste sind rund um die Uhr aktiv.

Voraussetzung für das Bleiberecht ist neben dem Kleingeld für das Eigenheim ein Mindestalter von 55 Jahren für das älteste Familienmitglied. Der Lebenspartner darf mit einziehen, wenn er auf wenigstens 45 Lebensjahre zurückblicken kann. Jüngeren Menschen wird der ständige Aufenthalt verweigert. Ein Besuchervisum für Leisure World wird nur auf Einladung eines Bewohners gewährt.

Die ersten geschlossenen Stadtviertel entstanden schon in den 30er Jahren, der Vorläufer von Leisure World war eine Siedlung für Weltkriegsveteranen. Inzwischen verteilen sich über 200 geschlossene Kolonien über den Süden Kaliforniens. Längst nicht alle sind auf Senioren beschränkt. Die meisten werden von „normalen" Menschen aller Altersklassen mit gesteigertem Sicherheitsbedürfnis bevölkert. Eigenheime in derartigen privaten Sicherheitszonen machen laut Statistik gut 20 % des Wohnungsmarktes in Orange County aus. Sozialwissenschaftler kritisieren diese Ghettos der Mittel- und Oberklassen als soziale Segregation, denn ehemals öffentlich zugängliche Räume werden dem Normalbürger und damit auch dem Reisenden plötzlich verschlossen.

Auf dem Weg in die Metropole – Los Angeles County

Mit der Überquerung des San Gabriel Rivers verlässt der Highway 1 Orange County und taucht in den Bezirk Los Angeles ein. Damit endet auch die Kette von Urlaubsorten am Pazifikstrand und überlässt das Feld endgültig den hochindustrialisierten Vorstädten der Metropole. Von nun an geht es durch Industriegebiete und endlose Vorortsiedlungen. Ob man dem Highway One treu bleibt, geradewegs nach Los Angeles durchbraust oder vielleicht eine Pause am Strand von Venice oder Santa Monica einlegt, hängt von der Zeitplanung und den Interessen jedes Einzelnen ab. Ein Blick auf die Containerburgen in den Häfen von Long Beach oder Los Angeles ist beeindruckend, allerdings auch nicht aufregender als das gleiche Spektakel in Hamburg. Long Beach bietet außerdem das spektakuläre neue Aquarium und die alte Dame Queen Mary.

Es stehen jedenfalls mindestens drei Optionen zur Auswahl. Wer direkt nach Los Angeles, Santa Monica oder Venice vorstoßen will, kann die folgenden Unterkapitel von Long Beach bis El Segundo getrost überspringen und nimmt die Interstate Highways. Die anderen beiden Routen auf dem Highway 1 oder auf der Küstenstraße durchqueren die lange Reihe von Küstenorten des Los Angeles County, wofür man mehrere Stunden einplanen muss.

1. Auf der Autobahn direkt nach Venice, Santa Monica, Downtown Los Angeles oder Hollywood

Um den Vorstadtmoloch schnell zu überwinden, begibt man sich auf dem direkten Wege auf den Interstate Highway 405.

Einen knappen Kilometer nach der Querung des San Gabriel Rivers biegt man nach der Mobil-Tankstelle vom Highway 1 rechts auf die Westminster Ave, nach einer halben Meile links in die N Studebaker Rd und nach knapp einer weiteren Meile rechts auf den HW22. Wenig später erreicht man die Auffahrt auf den IS405 North, der am Flughafen vorbei direkt nach Santa Monica führt. Für einen Besuch am Strand von Venice Beach, dem vielfach zitierten Inbegriff des „Californian Way of Life", biegt man nach 26 mi/42 km auf den HW90 W in Richtung Marina del Rey, folgt dem Pacific Coast Highway und biegt schließlich links auf den Venice Blvd ab.

Ist das Ziel Santa Monica, bekannt für sein liberales Flair und als Endstation der Route 66, folgt man dem Interstate einige Kilometer weiter und biegt auf den IS10, den Santa Monica Freeway bis zum Exit 4th St, von der man die zweite links auf den Broadway abknickt.

Nach Hollywood oder Downtown Los Angeles beginnt die Anfahrt genauso, aber statt des IS405 nimmt man den IS605. Nach 12 mi/19 km wechselt man auf den IS5 in nördliche Richtung. Nach weiteren 10 mi/16 km geht es halblinks weiter auf dem HW101, und zwar entweder bis zum Exit 20 Spring Street zum Zentrum von LA oder bis zum Exit 8A „Sunset Blvd", auf den man nach der Ausfahrt rechts einbiegt, um nach Hollywood zu gelangen.

2. Auf dem Highway One

Der alte Küstenhighway führt durch Long-, Redondo- und Manhattan Beach, El Se-

Sporthafen von Long Beach

gundo und an Venice vorbei geradewegs ins Zentrum von Santa Monica. Der Begriff „Highway" sollte aber keinesfalls die Idee einer Autobahn aufkommen lassen. Vielmehr muss man sich einen vierspurigen innerstädtischen Boulevard mit hoher Ampel- und Verkehrsdichte vorstellen. Eineinhalb Stunden reiner Fahrtzeit sollte man für die 35 mi/56 km mindestens einplanen. Die Route lohnt sich eigentlich nur, wenn man dem Highway One strikt treu bleiben oder die Attraktionen der Vorstädte besuchen will.

3. Am Strand entlang

Wenn man entscheidet, den Großraum Los Angeles nicht auf der Autobahn zu durchqueren, dann ist die Küstenroute die sehenswerteste Strecke. Dazu durchquert man Long Beach auf dem Highway 1 und biegt 14 mi/22 km nach dem Kreisel links in die Calle Mayor. Nach 1,3 mi/2 km rechts in den Palos Verde Blvd und nach etwa einem Kilometer wieder links in die Calle Miramar, die unter wechselnden Namen für gut zehn Meilen zumindest teilweise in Sichtweite des Strandes verläuft. Nachdem der Culver Blvd sich in Richtung Osten gewendet hat, kehrt man wieder auf den Highway 1 zurück und folgt ihm in Richtung Norden nach Venice oder Santa Monica.

Long Beach (493.000 EW)

Huntington und Long Beach trennen zwar gerade mal fünfzehn Meilen, doch atmet man in beiden Städten ein gänzlich unterschiedliches Flair. Die südlichste Stadt des Distrikts Los Angeles ist eine hochindustrialisierte Großstadt, nach Einwohnern die Nummer fünf in Kalifornien. Der Strand ist eine nette Beigabe, aber im wirklichen Leben dreht sich alles um Produktion und Transport. Nicht schön, aber produktiv heißt die Devise.

Der Tourismus beschränkt sich in Long Beach eher auf Kurzbesucher aus dem Großraum Los Angeles. Zwar soll hier ein Teil der kalifornischen Surfbewegung um 1911 ihren Ausgang genommen haben, doch Wellenreiter sieht man kaum noch, denn auch die Ozeanwellen erreichen den Strand nur selten. Sie werden von den Hafenanlagen und den dreizehn Kilometer langen Wellenbrechern ausgebremst.

Natürlich begeistern sich sowieso die wenigsten für Strände, die von Kaianlagen und Ölraffinerien eingerahmt werden. Vier künstliche Inseln, allesamt nach verstorbenen Apollo-Astronauten benannt, liegen ein paar hundert Meter vor dem Strand mitten in der San Pedro Bay und beherbergen Ölförderanlagen. Am Nordende des Strandes mündet der Los Angeles River in

Long Beach in Zahlen	Long Beach	Zum Vergleich: Nürnberg
Einwohner im Stadtgebiet	493.000	504.000
Fläche	171 km²	186 km²
Einwohner pro km²	3.772	2.702
Durchschnittstemperatur	17,8 °C	8,8 °C
Jährlicher Niederschlag	290 mm	646 mm
Höhe über NN	3 m	309 m
Partnerstädte	Insgesamt 9, davon keine in Europa	

die Bucht und sorgt für offiziell mittelmäßige Wasserqualität. Ein kritischer Geist mag da gewisse Zweifel anmelden, denn der ehemalige Trinkwasserspender ist fast auf kompletter Länge in ein Betonbett eingefasst. Er durchläuft auf 80 Kilometern die gesamte Metropole Los Angeles und bildet im unteren Abschnitt die Zentralachse eines Industriekorridors. Sein trostloses Zementkorsett diente in etlichen Filmen als Hintergrund für düstere Gewalt- und Endzeitszenarien, von Grease über Terminator 2 zu Flucht aus LA.

Saubere und naturnahe Strände findet man aber andernorts entlang der Pazifikküste. Long Beach war ursprünglich als Strandbad entstanden, die Ausflügler aus Los Angeles erreichten den langen Strand ab 1902 mit der Straßenbahn. Auch aus dem amerikanischen Mittelwesten zog es Urlauber und Neubürger an den blauen Pazifik, und Long Beach wurde als „Iowa by the Sea" verspottet.

1913 zog das erste Filmstudio aus New York an die Westküste und siedelte sich in Long Beach an. Innerhalb von nur ein paar

Downtown Long Beach

Skaterpark am Strand von Venice

Jahren wuchs Balboa Entertainment zum größten Arbeitgeber der mit inzwischen 56.000 Einwohnern recht ansehnlichen Stadt. Für 5 Dollar die Stunde verdingten sich viele als Statisten in Filmen wie Cleopatra. Die Studios belegten mehr als 4 Hektar an allen vier Seiten der Kreuzung 6th / Los Alamitos Street. Stummfilmgrößen wie W.C. Fields oder Buster Keaton gaben der Stadt einen Hauch von Glamour. Die junge Künstlergemeinde brachte auch das Laster in die bis dahin alkohol- und drogenfreie Stadt, was vielen konservativen Bewohnern ein Dorn im Auge war.

Doch die Geschichte bekam eine ganz neue Richtung, als 1921 Öl entdeckt wurde. Zwei Jahre später gingen die Balboa Studios pleite, nachdem sie bereits mehrfach den Besitzer gewechselt hatten. Innerhalb weniger Jahre erlangte das Long Beach Oil Field Ruhm als produktivste Erdölquelle der Welt. Hunderte von Bohrtürmen säumten den Signal Hill, im Volksmund als „Stachelschweinhügel" verspottet. Das schwarze Gold wollte natürlich veredelt und abtransportiert werden, und so explodierte Long Beach zu einem industriellen Schwergewicht.

Noch heute sieht man allenthalben Ölpumpen am Straßenrand, besonders in der Gegend von Signal Hill, auf der Walnut Ave, zwei Kilometer nördlich vom Highway 1. Im Jahr 2008 waren offiziell noch knapp dreihundert aktive Ölquellen registriert. Doch die Vorräte gehen zur Neige, die aktuelle Jahresförderung erreicht gerade mal zwei Prozent der Produktion von vor 80 Jahren.

Wichtigster Arbeitgeber ist somit heute der Hafen mit 30.000 Beschäftigten. Die Normalisierung der amerikanischen Beziehungen zu China in den 80er Jahren gaben dem Wachstum einen wichtigen Schub. Über den Interstate 710 donnert Tag und Nacht eine schier endlose LKW-Karawane und verfrachtet asiatische Container in ein riesiges Hinterland. Die Luftverschmutzung hat unerträgliche Ausmaße angenommen, Bürgerinitiativen kämpften mit gewissem Erfolg für sauberere Transportlösungen. Ein „Clean Trucks"-Programm wurde ins Leben gerufen, das die Luftverschmutzung innerhalb weniger Jahre um 80 Prozent verringern soll. Der Hafen darf nur noch von Lastern angefahren werden, die bestimmte Umweltnormen erfüllen. Ob die Hafenverwaltung nun eine neue Marketingstrategie entdeckte oder ob das schlechte Umweltgewissen geweckt wurde, ist umstritten, doch seit 2005 schreibt man sich den „grünen Hafen" auf die Fahnen und die Schilder, die die Zufahrtsstraßen der Kais zieren. Frachter, die ihre Geschwindigkeit auf den letzten zwanzig Seemeilen halbieren, werden mit einem Rabatt bei den Liegegebühren belohnt.

Neben dem Hafen erfreut sich Long Beach aber auch der Präsenz von Produktionsanlagen etlicher Großkonzerne. Boeing baute hier bis 2006 den Kurzstreckenflieger 717, dessen Produktion aufgrund mangelnder Nachfrage allerdings eingestellt wurde. Dem Militärtransporter C-17 droht das gleiche Schicksal. Folglich hat Boeing die Zahl der Angestellten in den letzten Jahren erheblich reduziert. Der Hangar der Boeing 717 soll nun in ein riesiges Filmstudio verwandelt werden. Der amerikanische Ableger des japanischen Elektronikgiganten Pioneer hat ebenfalls seinen Sitz in Long Beach. Verizon, einer der wichtigsten Mobilfunkanbieter der USA mit Sitz in New York, hat hier eine seiner wichtigsten Außenstellen aufgebaut.

Long Beach war im Zweiten Weltkrieg Schauplatz der sagenumwobenen Schlacht um Los Angeles. Der vielversprechende Titel hat allerdings wenig mit der Realität zu tun. Es gab weder eine Schlacht noch ein Scharmützel. Drei Monate nach dem japanischen Angriff auf Pearl Harbor – jedem Kinogänger und Fernsehsüchtigen als amerikanisches Trauma wohlbekannt – zitterte die amerikanische Westküste vor einem möglichen Angriff aus dem Land der aufgehenden Sonne. Am 23. Februar 1942 beschoss das japanische U-Boot I-17 die South Ellwood - Ölbohrplattform zwanzig Kilometer vor der Küste von Santa Barbara. Der Kapitän meldete seinen Vorgesetzten, Santa Barbara stehe in Flammen, doch in Wirklichkeit beschädigte der Angriff nur eine Pumpe und eine Treppe. Geschätzte Schadenssumme: fünfhundert bis tausend Dollar.

Doch die Nerven lagen blank an der amerikanischen Westküste. Am nächsten Tag meldeten panische Augenzeugen unbekannte Flugobjekte. Über Los Angeles wurde Luftalarm ausgelöst und die Luftabwehr bezog Stellung. Augenzeugen sprachen von einer Angriffsformation von 25 Flugzeugen, auf dem Radar der Air Force wurde nur ein einziges Objekt registriert. Los Angeles wurde absolute Dunkelheit verordnet, Scheinwerfer suchten den Himmel ab und beleuchteten tatsächlich ein langsam fliegendes Etwas, das sich von Redondo nach Long Beach bewegte. Die Luftabwehr schoss blind in die Luft, wohl in der Hoffnung, dass etwas Essbares herunterfiele. Mehrere Gebäude wurden beschädigt, drei Amerikaner starben als „victims of friendly fire", also als Opfer des eigenen Feuers. Unterschiedlichen Berichten zufolge waren außerdem ungefähr ein halbes Dutzend Leichen aufgrund von Herzattacken und Autounfällen zu beklagen.

Der wahre Charakter des Flugobjekts wurde nie (offiziell) geklärt. Die Navy sprach sofort von falschem Alarm, es folgten Spekulationen von amerikanischen Wetterballons und UFOs.

Leidtragende der Geschichte waren mehr als hunderttausend japanische Immigranten, mehr als 80 % davon besaßen bereits einen amerikanischen Pass. Der größte Teil wurde von der Pazifikküste in Internierungslager zwischen Utah, Montana und Idaho deportiert. Wie absurd improvisierte Kriegsführung sein kann, dokumentiert die Interpretation, dass es sich bei dem Flugobjekt um einen bombenbeladenen Heißluftballon gehandelt haben könnte. In Wirklichkeit hatte Japan diese vollkommen uneffektive Waffe erst ein Jahr später ersonnen. Offiziellen Schätzungen zufolge gingen elftausend davon auf dem amerikanischen Festland nieder. Die einzigen dokumentierten Opfer sind sechs Teilnehmer eines sonntäglichen Familienausflugs in Oregon. Ein 13-jähriges Mädchen soll die Reste eines solchen Ballons aus einem Baum gezogen haben, worauf die Sprengladung den Familienvater als Alleinerben hinterließ. Als die internierten Japaner nach Ende des Zweiten Weltkriegs nach Long Beach zurückkehrten, wurden sie nicht gerade freundlich empfangen, schließlich blickte die Stadt bereits auf eine lange Tradition rassischer Trennung.

In den 20er Jahren war eine lokale Abteilung des Ku Klux Klans aktiv, und die Behörden achteten auf ethnische Segregation der Stadtviertel.

Auch Jahrzehnte später, genauer 1992, griffen die Rassenunruhen von South Central Los Angeles auch auf Long Beach über. Man beklagte einen Toten, über 300 Verletzte und ebenso viele Geschäfte, die geplündert wurden oder in Flammen aufgingen. Die Stadt versuchte sich daraufhin an einer aktiven Integrationspolitik, doch weiterhin werden jährlich dutzende Straftaten mit rassistischem Hintergrund registriert. Integration ist überall auf der Welt ein langwieriger Prozess, erst recht in Long Beach, das nach einer Analyse von USA Today aus dem Jahr 2000 die amerikanische Großstadt mit der ausgeprägtesten ethnischen Vielfalt ist.

Long Beach ist auch die Heimat der Ska-Punk-Band Sublime, die sich in dem Song „April 29, 1992" mit den Aufrührern solidarisierte. Auch Snoop Dogg, Gangster-Rapper der ersten Garde, und Billie Jean King, die jahrelang die Tennis-Weltrangliste anführte, wurden in Long Beach geboren.

Website
🖳 www.visitlongbeach.com

▶ Queen Mary
Als der Norddeutsche Lloyd 1929 die Ozeandampfer Bremen und Europa auf die Transatlantiklinie nach New York setzte, konnte der englische Konkurrent Cunard aus Southhampton nicht zurückbleiben und gab die Queen Mary in Auftrag. Mit 310 Metern Länge übertraf sie die Titanic um satte 40 Meter und war für den Transport von 2.139 Passagieren ausgelegt. 1936 begann der Einsatz auf der Standardroute Southhampton – Cherbourg – New York. Im Zweiten Weltkrieg transportierte sie britische Truppen an die Pazifikfront nach Australien. Bei einem dieser Einsätze rammte sie ein Begleitschiff, das mit über 300 Besatzungsmitgliedern sofort in den Fluten versank. Nur 26 Seeleute konnten gerettet werden. 1967 wurde sie außer Dienst gestellt und als Hotel und Museumsschiff

von der Stadt Long Beach für damals rund 3 Millionen Dollar gekauft.

Der Ozeandampfer besticht durch edles Art Decó Interieur und bietet sich als erstklassige Filmkulisse an. Titanic wurde hier nicht gedreht, aber Sequenzen von „Being John Malkovich" und „Pearl Harbor". Eliza-

Die Queen Mary im
Hafen von Long Beach

beth Taylor posierte hier in Werbespots für „White Diamonds".

✉ 1126 Queen's Hwy, Long Beach, CA 90802
⇨ Vom HW1 direkt nach Überquerung des Los Angeles River auf den IS710 Richtung Süden, nach 2,7 mi/4 km rechts auf den Queens Way bis zum Exit Queen Mary/Cruise Terminal, nach 700 Metern links
🕙 Täglich 10-18h
⊘ Erwachsene: $ 24,95, Senioren: $ 21,95, Kinder bis 11 Jahre: $ 12,95
☎ 1-562 435 3511
🖥 www.queenmary.com

▶ Aquarium of the Pacific

Über 300 Angestellte und 600 Freiwillige pflegen die 12.500 Tiere in dem beeindruckenden Aquarium, das besonderen Wert auf pädagogische Aufklärung über die Bedrohung der Ozeane legt. Drei Ökotope werden besonders intensiv dargestellt, die Gewässer des kalifornischen Pazifik, der Halbinsel Baja California und der tropischen Karibik. Der „Streichelzoo" mit Haien und Mantarochen zieht jährlich 1,4 Millionen Besucher an.

✉ 100 Aquarium Way, Long Beach, CA 90802
⇨ Vom HW1 direkt nach Überquerung des Los Angeles River auf den IS710 Richtung Süden, nach 2,5 m/4 km rechts in den Aquarium Dr
🕙 Täglich 9-18h
⊘ Erwachsene: $ 24,95, Senioren: $ 21,95, Kinder bis 11 Jahre: $ 12,95
☎ 1-562 590 3100
🖥 www.aquariumofpacific.org

▶ Hafenrundfahrt

Die Hafenbehörden bieten eine kostenlose 90-minütige Hafenrundfahrt an, allerdings ist eine vorherige telefonische Reservierung unbedingt notwendig.

✉ 429 Shoreline Village Dr, Long Beach, CA 90802
⇨ Von Seal Beach auf dem HW1 Richtung Norden, nach 1 mi/1,6 km links auf die E 2nd St, nach knapp 2 mi/3 km links in den E Livingston Dr, nach 2,5 mi/4 km links in den E Shoreline Dr, nach 800 m die erste links in den Shoreline Village Dr, die Boote legen vom Dock 9 ab
🕙 unregelmäßig von Mai-September Di 14h & Sa 10h
⊘ Frei
☎ 1-562 590 4121
🖥 www.polb.com/cruises

🎵 Soundtrack Long Beach

Künstler	Titel	Album	Jahr	Genre
Thompson Twins	Long Beach Culture	Quick Step & Side Kick (Remix)	1983	Pop
Sublime	April 29, 1992	Sublime	1996	Ska-Punk
Snoop Dogg	From Long Beach 2 Brick City	Paid tha Cost to be da boss	2002	Rap

▶ Motorsports Walk of Fame

Der Motorsport hat in Long Beach eine lange Tradition. Seit 1975 lockt der Long Beach Grand Prix in jedem April 200.000 Zuschauer zu dem innerstädtischen Rennen im Stile der Rallye Monte Carlo. Von 1976 bis 1983 gehörte das Rennen sogar zum Formel 1 Zirkus und sah Gilles Villeneuve, Nelson Piquet und Niki Lauda das Siegertreppchen erklimmen. Inzwischen ist der Wettbewerb der Indy-Car Serie eingegliedert. Vor dem Long Beach Convention Center sind zu Ehren bekannter Persönlichkeiten des Rennsports Bronzetafeln in den Bürgersteig eingelassen.

✉ *300 East Ocean, Long Beach, CA*

📱 Filme

Being John Malkovich	
Originaltitel	Being John Malkovich
Jahr	1999
Regie	Spike Jonze
Hauptdarsteller	John Cusack, Cameron Diaz, John Malkovich
Genre	Komödie

Pearl Harbor	
Originaltitel	Pearl Harbor
Jahr	2001
Regie	Michael Bay
Hauptdarsteller	Ben Affleck, Josh Hartnett
Genre	Kriegsfilm

🏛 Palos Verdes (41.000 EW)

Der Highway One streift die Nordseite der hügeligen Halbinsel von Palos Verdes. Hier leben nicht die Gut- sondern die Bestbetuchten. Etliche Nachbarschaften sind eingezäunte „Gated Communities", die man nur mit Einladung eines Bewohners besuchen darf. Palos Verdes ist eine der wichtigsten Brutstätten des amerikanischen Tennis und hat Pete Sampras, Tracy Austin und Lindsay Davenport hervorgebracht. Multimilliardär Donald Trump betreibt einen edlen Golfplatz hoch oben über dem Ozean, „der schönste Golfplatz in Amerika und der teuerste auf dem Planeten", wie er selbst sagt.

Am steinigen Strand vor der Steilküste liegen bis heute die rostenden Überreste des griechischen Frachters SS Dominator. Bei dichtem Nebel verfehlte der Kapitän 1961 die Einfahrt in den Hafen von Long Beach, und das Schiff lief auf Grund. Im Lauf der Jahre brachen die 14.000 Tonnen Stahl auseinander, und die Fracht, 10.000 Tonnen Weizen auf dem Weg nach Algier, verschwanden im Meer. Gegenüber der Via Bandini kann man einen Fußweg die Steilküste hinabsteigen und in einem unbequemen halbstündigen Marsch über den steinigen Strand nach Norden die Reste des Wracks erreichen.

🏛 Redondo Beach (61.000 EW)

Die Küstenlinie der Bucht von Los Angeles ist gemeinhin das Aushängeschild dessen, was gern als „Californian way of life" verklärt wird. Zwischen Redondo und Santa Monica ist der Strand ein Laufsteg der Eitelkeiten. An jedem halbwegs schönen Tag – und davon gibt es viele im Jahr – werden die Promenaden von Rollschuhläufern, Skatern, Joggern, Diven, Fitnesssüchtigen,

Muskelprotzen und allen Arten und Abarten von Selbstdarstellern gesäumt. Schönheit und gesunde Bräune sind Pflicht. Das Phänomen ließ sich schon an der gesamten Küste seit San Diego beobachten, doch hier ändern sich gewisse Nuancen. Touristen finden sich kaum unter dem gefallssüchtigen Volk. Es handelt sich überwiegend um Ortsansässige, die ihren Alltag zwischen Beruf und Freizeit gestalten.

Wie sehr sich der suburbane Orange County und der urbane Los Angeles County in punkto Sozialgefüge und Lebenseinstellung unterscheiden, machen vielleicht am einfachsten die politischen Entscheidungen der Bewohner klar: Während Orange County landesweit als Hort der Konservativen gilt, kam Barack Obama bei den Präsidentschaftswahlen 2009 in Redondo Beach zu einem Bilderbuchsieg mit 59 zu 37 Prozent der Stimmen über seinen konservativen Widersacher McCain.

Die Bucht von Los Angeles ist liberal und weltoffen. Schicke Eigentumswohnungen in konsumfreudiger Umgebung dominieren, anstatt getünchter Eigenheime mit automatisch gesprenkelten Vorgärten. Das neudeutsche Wort „Yuppie" – Abkürzung für „young urban professional" – beschreibt perfekt die Einwohnerschaft, wenn man für derartige Verallgemeinerungen offen ist. Eine Drei-Zimmer-Wohnung mit Fußwegsentfernung zum Strand kostet mindestens eine Million Dollar, für ungehinderten Blick aufs Wasser wird eine weitere Million fällig.

Redondo Beach entstand Ende des 19. Jahrhunderts als schnell erreichbarer Stadtstrand von Los Angeles. Das luxuriöse Strandhotel Redondo mit 225 Zimmern bot ab 1889 ein Badezimmer mit fließendem Wasser in jedem Stockwerk, und ein komplettes Orchester spielte zum Mittagsmenü auf. Die Prohibition verstieß dem Wochenendvergnügen jedoch den Todesstoß, 1926 wurde das Gebäude abgerissen.

In der Zwischenzeit hatte Redondo sein Kapitel in der Surfgeschichte geschrieben. George Freeth, der „Mann, der auf dem Wasser ging", zog Tausende in seinen Bann, wenn er auf seinem fast hundert Kilo schweren Massivholzbrett über die Wellenkämme fegte. Der Sohn eines irischen Vaters und einer hawaiianischen Mutter gilt als der Vater des modernen Surfens. Er hatte Jack London am Strand von Waikiki Unterricht im Wellenreiten gegeben und bekam in Redondo eine Anstellung als Rettungsschwimmer. Wie sein Kollege Duke Kahanamoku wollte auch Freeth 1912 an den Olympischen Spielen in Stockholm teilnehmen, doch sein Gesuch wurde abgelehnt: Als Rettungsschwimmer mit festen Einnahmen wurde er als Profi angesehen, während Olympia sich als reine Amateurveranstaltung betrachtete. Seither haben sich die Kriterien des olympischen Komitees offensichtlich ein wenig verändert.

Freeth beaufsichtigte als erster offizieller Rettungsschwimmer der kalifornischen Küste etliche Kilometer Strand. Hin und wieder brauste er auf dem Motorrad zum nächsten Einsatzort. Er war auch der Erfinder der heute noch verwendeten Rettungsboje. Zu seinen Ehren stellte die Stadt eine bronzene Büste an der Strandpromenade auf, die 2008 spurlos verschwand.

Auch ein Mädchen namens Norma Kuzma aus Redondo Beach gelangte unter dem Künstlernamen Traci Lords zu zumindest nationalem Ruhm. Mit gefälschten Papieren hatte sie Ende der 70er schon vor dem 18. Geburtstag in über 70 Pornofilmen mitgewirkt. Der Betrug kam ans Licht, und Präsident Ronald Reagan nahm den Skandal zum willkommenen Aufhänger für seinen moralischen Kreuzzug gegen die moderne Obszönität. Er rief eine Untersuchungskommission ins Leben, die in einem zweitausendseitigen Bericht dokumentierte, wie die christliche Moral in Amerika unterwandert wird. Auch der Filmproduzent Bill Margold wurde vor das Tribunal zitiert, wo er zu Protokoll gab, dass in der drogen- und gewaltverseuchten Gesellschaft noch niemand an einer Überdosis Erotik zu Tode gekommen sei. Traci Lords stieg schließlich aus dem Geschäft mit der Fleischeslust aus und versuchte als ernstzunehmende Schauspielerin durchzukommen. Das alte Image wird sie aber scheinbar nur schwer los. 2009 war sie in der Komödie „Zack and Miri make a Porno" zu sehen, wenn auch weitestgehend bekleidet.

Walker, Texas Ranger Chuck Norris betrieb vor seiner Filmkarriere in Redondo ein Kampfsportstudio. Er hatte als Militärpolizist im Koreakrieg gedient und war dort mit asiatischer Kampfkunst in Berührung gekommen. 1968 erreichte er den Titel des Mittelgewichtsweltmeisters im Karate, und sein Schüler Steve McQueen überredete ihn zum Einstieg ins Filmbusiness. Während er bei den ersten Drehs noch reichlich Prügel von Konkurrent Bruce Lee bezog, wurde ihm bald die Rolle des unbesiegbaren Supermanns auf den Leib geschrieben. Unter dem Motto „meine Faust hat Recht" verteidigte der stramme Republikaner fortan das Justizverständnis des amerikanischen Durchschnittspatrioten.

Conan O'Brien, eher liberal gesinnter Talkmaster und Late Night-Star, begann ab 2005 regelmäßig Witze über Chuck Norris in seine Show einzustreuen und löste damit eine Lawine aus. Der harte Mann wurde zum Gespött rund um den Erdball. Jetzt weiß man, Chuck Norris war schon auf dem Mars, deshalb wird man dort kein Leben mehr finden.

Redondo war auch Schauplatz eines schweren Autounfalls, als Vince Neil, Sänger der Glam-Rock-Band Mötley Crüe mit 1,7 Promille im Blut geradewegs in den Gegenverkehr rauschte. Dabei kam der befreundete Trommler der schwedischen Band Hanoi Rocks, Nicholas Dingley alias Razzle, ums Leben. Neil wurde nach nur 15 Tagen Gefängnis wegen unerwartet guter Führung entlassen. Weit mehr geschmerzt haben dürften ihn die 2,6 Millionen Dollar Entschädigung an die Opfer.

Pattie Smith widmete Redondo Beach einen Song, und auch im Kino wurde der Stadt immerhin zweimal Tribut gezollt: Sie war das Ziel des Road Trips der Familie Hoover in Little Miss Sunshine und Kulisse für die Actionkomödie Men at Work.

Website
🖳 www.visitredondo.com

🎞 Filme

Men at Work	
Originaltitel	Men at Work
Jahr	1990
Regie	Emilio Estevez
Hauptdarsteller	Emilio Estevez, Charlie Sheen
Genre	Komödie

Little Miss Sunshine	
Originaltitel	Little Miss Sunshine
Jahr	2006
Regie	Jonathan Dayton & Valerie Faris
Hauptdarsteller	Abigail Breslin, Greg Kinnear, Toni Collette
Genre	Komödie

🏛 Hermosa Beach (19.000 EW)

Der Name klingt mehr als vielversprechend: „herrlicher Strand". Mehr oder weniger hält Hermosa sein Versprechen. CNN wählte die Kleinstadt 2009 zur landesweit zehntbesten Heimat für Singles. Überschaulich aber aktiv, hohe Einkommen, viele Freizeitmöglichkeiten, ausgeprägtes Umweltbewusstsein und satte 47 Prozent unverheiratete Einwohnerschaft. Die Zahl ist unschwer zu deuten, Hermosa ist ein

🎵 Soundtrack Redondo Beach

Künstler	Titel	Album	Jahr	Genre
Patti Smith	Redondo Beach	Horses	1975	Rock

Paradies für gutverdienende, alleinstehende Yuppies. Seit den 80er Jahren wurden Einfamilienhäuser konsequent durch schicke Apartmentgebäude ersetzt, und der Gentrifizierungsprozess vorangetrieben.

Natürlich heißt jung und reich auch schön und sportlich. Der breite flache Strand und die verkehrsfreie Promenade bilden die perfekte Umgebung für den damit verbundenen Hang zum Exhibitionismus, wenn auch weniger extravagant als im nahegelegenen Venice. Fitness und körperliche Betätigung stehen ganz oben auf der Liste der Selbstidentifikation von Hermosa Beach. Mit Vorliebe krönt sich die Stadt ohne jeden Anflug von Selbstüberschätzung als Welthauptstadt des Beach Volleyball. Alljährlich veranstaltet die AVP, der Verband der Strandvolleyball-Profis, ein großes Turnier in Hermosa. Als Hauptsponsor tritt die gute alte Nivea-Sonnencreme aus dem Hamburger Hause Beiersdorf auf. Die Nachbarn Manhattan Beach, Malibu und Santa Monica warten allerdings mit einem gleichartigen Ereignis auf und können Hermosas Hauptstadtanspruch höchstens belächeln.

Der 4. Juli, der nationale Unabhängigkeitstag, wird mit einem feucht-fröhlichen Iron-Man-Wettbewerb begangen: Die Teilnehmer müssen zuerst eine Meile über den Strand rennen, dann eine weitere Meile auf einem Surfboad paddeln und am Ende einen Sechserträger Bier leeren. Wer die letzte Flasche als erster geext und nicht gleich wieder ausspuckt hat, wird als eiserner Mann des Jahres gefeiert.

Das progressive Hermosa kämpft seit seiner Umstrukturierung hart um grünen Raum für die sportliche Freizeitgestaltung. Mitte der 80er Jahre setzte eine Bürgerinitiative per Volksabstimmung einen parkähnlichen Korridor quer durch die Stadt durch. Nach langen, erhitzten Diskussionen entstand zwischen Strandpromenade und Highway One der „Greenbelt". Der gerade mal 30 Meter breite aber immerhin sechs Kilometer lange Park folgt einer ausgedienten Eisenbahnlinie und zieht sich auch quer durch den nördlichen Nach-barn Manhattan Beach. An der südlichen Grenze zu Redondo Beach endet er jäh vor einer Ölraffinerie.

Mit der ungeliebten Petroindustrie steht Hermosa seit langem auf Kriegsfuß. 1992 hatte die Stadt eine Ölbohrlizenz an die MacPherson Oil Company aus Santa Monica vergeben, aber drei Jahre später nach einem Volksentscheid wieder zurückgezogen. Das gerade einmal einen halben Hektar große Gelände direkt am Greenbelt sollte 30 Ölquellen beherbergen. MacPherson kämpft seit mittlerweile 12 Jahren gerichtlich um 500 Millionen Dollar Entschädigung, die die Stadt zweifellos ruinieren würden. Ein Ende des Prozesses ist zum jetzigen Zeitpunkt nicht abzusehen.

Die Bewahrung städtischer Grünflächen hat einen ganz unerwarteten Bevölkerungszuwachs hervorgebracht: Ungezählte Papageien bevölkern die Bäume und Stromleitungen der South Bay. Urbane Legenden ranken sich um die Ursprünge der exotischen Population. Man spricht von gutherzigen Feuerwehrmännern, die die Vögel beim Brand einer Zoohandlung in die Freiheit entlassen haben sollen. Tatsächlich handelt es sich um in der Wildnis südamerikanischer Urwälder gefangene Papageien, die ihren Eigentümern entwischt sind und sich an die urbane Umgebung anpassen konnten.

Hermosa Beach ist angesichts des Wohlstands seiner Bewohner sehr um die öffentliche Sicherheit besorgt. Seit 1923 wird jeden Mittag die Sirene der Feuerwehrstation getestet. Nur die Sonntagsruhe wird eingehalten. Ursprünglich erschallte das Geheul abends um neun und sollte Kinder und Jugendliche anweisen, sich gefälligst ins elterliche Heim zurückzuziehen. Das Ritual wird beibehalten, obwohl inzwischen modernere Zeiten Einzug gehalten haben.

Die Stadt installierte als eine der ersten das Code Red Notfallsystem. Per Handy können in Sekundenschnelle hochgradig personalisierte Notfallmeldungen gleichzeitig an Tausende von Einwohnern versandt werden, um vor Tsunamis, Erdbeben oder entkommenen Straftätern zu warnen.

Im Schlaraffenland der Unverheirateten kann man natürlich auch hervorragend und teuer speisen und die Nacht zum Tag machen. Entlang der Pier Avenue bieten sich dazu reichlich Möglichkeiten, wobei ein paar Etablissements besondere Erwähnung verdienen:

Website
🖥 www.hbchamber.net

▶ The Lighthouse Café
Seit über 50 Jahren lebt der Nachtclub von seinem Ruf als erste Adresse der Jazzwelt. Chat Baker, Cannonball Adderley oder das Modern Jazz Quartet nahmen hier Live-Alben auf, und der Club blickte stolz auf eine hauseigene All-Star-Band, in deren ständig wechselnder Besetzung zeitweise auch Miles Davis die Trompete blies. Mittlerweile hat sich der Club allen Sparten der Populärmusik geöffnet und Jazz ist außer zum sonntäglichen Brunch eher zur Randerscheinung verkommen.

✉ 30 Pier Avenue Hermosa Beach, CA 90254
🕐 Mo-Fr 17-2h, Sa-So 11-2h
⚭ je nach Veranstaltung
☎ 1-310 376 983
🖥 www.thelighthousecafe.net

▶ The Comedy & Magic Club
Landesweit eine der ersten Adressen für One-Man-Kabarett zählt der Club mit Hausfreund Jay Leno auf ein extrem populäres Zugpferd. Seit 1992 erreicht der Talkmaster mit seiner Late-Night-Show bei NBC höchste Einschaltquoten und war vermutlich das Vorbild für Harald Schmidt. Der millionenschwere Leno, der eine stolze Sammlung von 200 Oldtimern sein Eigen nennt, ist kurioserweise Dyslexiker, hat also eine ausgeprägte Schreib- und Leseschwäche. Das tut seiner Redegewalt und Schlagfertigkeit allerdings keinen Abbruch. Für 30 Dollar Eintritt kann man sich davon im Comedy und Magic regelmäßig davon überzeugen. Rechtzeitige telefonische Kartenreservierung ist allerdings Pflicht.

✉ 1018 Hermosa Ave, Hermosa Beach, CA 90254
🕐 Di-Fr 20h, Sa 19 & 21.15h, So 19h
⚭ je nach Veranstaltung: $ 12-30
☎ 1-310 372 1193
🖥 www.comedyandmagicclub.com

▶ Cafe Boogaloo
Als Hort authentischer amerikanischer Musik- und Esskultur bietet der Club seit 1995 eine Speisekarte mit Burgern, Steaks und Südstaatenküche. Die Zutaten kommen frisch vom Farmers-Market in Santa Monica. Passend dazu bewegt sich die Live-Musik im Dunstkreis von Blues, Zydeco, Funk und Soul.

✉ 1238 Hermosa Ave, Hermosa Beach, CA 90254
🕐 Mo-Fr 11-2h, Sa & So 9-2h
⚭ je nach Veranstaltung
☎ 1-310 318 2324
🖥 www.boogaloo.com

▶ Historical Society
Hermosa ist nicht nur Königreich der guten Laune. Ähnlich wie das urkonservative Orange County ballte sich auch hier die Faust der unzufriedenen Jugend. Mit Black Flag und Pennywise hat die Kleinstadt zwei Punkbands hervorgebracht, die in ihrer jeweiligen Musikergeneration wegweisend waren. Descendents und Circle Jerks sind weitere Namen, die im weltweiten Untergrund wohlbekannt sind. Die progressive Heimatstadt der Rebellen steht dieser Vergangenheit aber keineswegs ablehnend gegenüber: Selbst die ehrwürdige Historical Society widmete sich der lokalen Punk-Bewegung Anfang 2010 eine Ausstellung. Das historische Museum beschäftigt sich ansonsten mit der Stadtgeschichte und dokumentiert die heimische Historie von Surfen, Beach Volleyball und Skateboarding.

✉ 710 Pier Ave, Hermosa Beach, CA 90254
🕐 Mi 10-12h, Sa & So 14-16h
⚭ Frei
☎ 1-310 318 9421
🖥 www.hermosabeachhistoricalsociety.org

🏛 Manhattan Beach (34.000 EW)

Allmählich fällt es schwer, die endlose Kette von Beach Cities seit San Diego zu unter-

Manhattan Beach Pier

scheiden. Architektonisch und atmosphärisch gleichen sich die meisten wie ein Ei dem anderen. Der Übergang von Hermosa nach Manhattan Beach kann auch dem aufmerksamen Beobachter leicht entgehen. In Südkalifornien dreht sich in Strandnähe alles um Geld, schicke Eigenheime und Shopping Malls. Manhattan Beach sticht aus diesem Schema weder positiv noch negativ hervor. Die einst kaum Reichtum versprechenden Hügel und Dünen südwestlich von Los Angeles sind hochgradig urbanisiert, kleine Einfamilienhäuser mussten inzwischen luxuriösen Eigenheimen weichen.

Die „Mansonization" wird zwar vielfach beklagt, und mitunter regte sich auch Protest der Alteingesessenen, doch der Lauf der Dinge konnte nicht aufgehalten werden.

Das scheinbar wertlose Territorium gehörte im 19. Jahrhundert zu einer riesigen Ranch. Zwei Visionäre kauften das Gelände billig auf. Einer davon war George Peck. Er hatte als Fahrscheinkontrolleur bei der Southern Pacific - Eisenbahn angefangen, erkannte, dass die Küstenländer nahe Los Angeles bald ein Vermögen wert sein würden und investierte seine Ersparnisse. Mit dem anderen Grundbesitzer, einem Mann

🔊 Soundtrack Manhattan Beach

Der amerikanische König der Marschmusik, John Philip Sousa, widmete der Stadt eine fröhliche Komposition für Blaskapellen, die später auch vom Halbgott der Filmmusik, Henry Mancini, interpretiert wurde.

Künstler	Titel	Album	Jahr	Genre
Henri Mancini	Manhattan Beach March	Sousa's greatest Marches	1962	Marschmusik

namens John Merrill, konnte er sich nicht auf den zukünftigen Namen der zu bauenden Ortschaft einigen, also musste der Zufall entscheiden: Die beiden warfen eine Münze und George Pecks Vorschlag „Manhattan Beach" gewann.

Parzellenweise wurde der Grundbesitz verhökert, das Geschäft lief allerdings nur langsam an. Einer der ersten neuen Grundstückseigner war ein mysteriöser Colonel aus Kentucky. Gegen Ende des Bürgerkriegs hatte ihn Südstaatenpräsident Jefferson Davis mit der Mission nach England geschickt, große Mengen Baumwolle zu verkaufen, um Finanzen für die Kriegsführung aufzutreiben. Als Colonel Duncan aus Europa zurückkehrte, war der Krieg zu Ende, die Südstaaten besiegt, und der Mann beschloss, sich mit dem Verkaufserlös aus purem Gold nach Kalifornien abzusetzen. Die wildesten Legenden ranken sich um den Kriegsgewinnler. Er soll seine afrikanischen und chinesischen Sklaven mitgebracht und versucht haben, eine Baumwollplantage nach Südstaatenvorbild aufzubauen. Andere behaupteten, er habe von seinem Haus einen Tunnel zum Strand gegraben und sich fortan dem Schmuggel gewidmet. Die Schmuggler sollen in seinem Hause reich bewirtet worden sein, bevor er ihre Leichen im Tunnel verscharrte. Das Wenigste davon dürfte wahr sein, tatsächlich lebte Duncan mit seiner Frau in einer Villa in Los Angeles und nutzte seinen Besitz an der Küste nur als Wochenendhäuschen.

Gleich nach der Jahrhundertwende wurden die ersten Piers als Touristenattraktion in den Ozean getrieben, eine davon mit zukunftsweisender Umwelttechnik ausgestattet: Ein Generator nutzte die Bewegung der Meereswellen, um die Elektrizität für die abendliche Promenadenbeleuchtung zu erzeugen, ein kleines Wellenkraftwerk also. Die Reste der Anlage sollen noch heute im Sand begraben liegen.

Sand war dann auch das Objekt anderer Geschäfte, die in Manhattan Beach betrieben wurden. In den 1920er Jahren glaubte eine Gruppe von Investoren an die große Zukunft von Waikiki Beach, dem Hausstrand der wachsenden hawaiianischen Hauptstadt Honolulu. Das Atoll war 1898 von den USA annektiert worden und versprach nun, ein gewinnträchtiges amerikanisches Urlaubsziel zu werden. Doch der Strand von Waikiki war zu schmal. Über zehn Jahre lang wurde tonnenweise feiner weißer Sand von Manhattan Beach über 4.000 Kilometer per Lastkahn nach Hawaii verfrachtet. Folglich ist von der ursprünglichen Dünenlandschaft in Manhattan kaum etwas übrig geblieben. Einziges Relikt der Naturlandschaft ist der kleine Sand Dune Park im Norden der Stadt.

Waikiki, der Vorzeigestrand von Honolulu, ist wegen der nagenden Erosion der See bis heute auf künstliche Sandzufuhr angewiesen. Bis in die 70er Jahre wurde das weiße Gold aus Australien, Polynesien und China importiert. Heute wird Sand vom Meeresboden auf den Strand gepumpt.

In der Stummfilmzeit dienten die Dünen von Manhattan Beach als Kulisse für Wüstenszenen, etwa in der ersten, nur 15-minütigen Version von „Ben Hur" aus dem Jahre 1907. In der Gegenwart rühmt sich die Stadt einer ganz anderen Rolle in der Filmgeschichte: Schauspieler, Regisseur und Drehbuchautor Quentin Tarantino machte hier seine Ausbildung. Nicht etwa an einer renommierten Cinematographenakademie, sondern als Verkäufer in einer Videothek. Während seines vierjährigen Angestelltenverhältnisses bei Video Archives in der 1822 Sepulveda Avenue fraß er sich durch die gesamte Filmgeschichte. In den 80er Jahren waren Videotheken noch eine Ausnahmeerscheinung und Video Archives galt als eine der bestbestückten im ganzen Land. Der Laden führte alles, von Hollywood-Kassenrennern über B-Movies zu Dokumentarfilmen und liegt rechter Hand direkt am Highway 1, kurz nach der Ecke 18th Street.

Echte Attraktionen hat Manhattan Beach für den Reisenden keine zu bieten. Für einen Kurzbesuch, einen Imbiss oder eine Erfrischung lässt sich die Haupteinkaufsstraße, der Manhattan Beach Boulevard empfehlen, der steil auf den Ozeanstrand und die heutige Pier hin abfällt.

🎬 Film

Ben Hur	
Originaltitel	Ben Hur
Jahr	1907
Regie	Sidney Olcott
Hauptdarsteller	Herman Rottger, William S. Hart
Genre	Stummfilm

Die Weiterfahrt nach Norden

Vom Manhattan Beach Boulevard bieten sich zwei Wege in Richtung Norden an: Die North Highland Avenue führt nach der Querung der riesigen Chevron-Raffinerie am Strand entlang, wo einem startende und landende Jumbo Jets in geringer Höhe über den Kopf fliegen. Oder man folgt zwei Kilometer weiter östlich dem Highway One, der hier Sepulveda Boulevard heißt und nördlich von El Segundo den internationalen Flughafen in einem 650 Meter langen Tunnel durchquert.

🏨 El Segundo (17.000 EW)

Seit über achtzig Kilometern der erste Ort, der nicht auf den Nachnamen „Beach" hört. Der Strand spielt in El Segundo auch keine Rolle, ist er doch vor der Siedlung durch eine gigantische Kläranlage von eineinhalb Kilometern Länge abgeriegelt. Im Norden und Süden bilden der internationale Flughafen von Los Angeles und die Chevron-Raffinerie ähnlich unüberwindliche Hindernisse. So ist El Segundo eine von der Außenwelt abgeschottete Enklave für Durchschnittsbürger und -einkommen, denn Fluglärm und Industriegerüche haben keinen Platz in der Welt der Betuchten.

El Segundo ist eine kleine Arbeiterstadt, die sich auf einem ganz anderen Weg der Umstrukturierung befindet. Die klassischen Industrien verschwinden allmählich,

der frei werdende Raum wird mit Vorliebe von Großunternehmen eingenommen, die in verkehrsstrategisch günstiger Lage neue Firmensitze und Verwaltungszentren aufbauen. Die Namen prominenter Einwohner schillern folglich nicht auf Kinoleinwänden, sondern brillieren im Who is who der Weltkonzerne. Boeing, Lockheed Martin, Sun Microsystems oder Time Warner Cable suchten die Flughafennähe logischerweise ebenso wie eine Unzahl von Serviceunternehmen, die die Airlines bedienen. Der Spielzeuggigant Mattel, Eigentümer von Marken wie Barbie, Matchbox oder Fisher Price, beschäftigt 1.800 Mitarbeiter in der Konzernzentrale. Dreihundert Meter entfernt trainieren die Los Angeles Lakers neben dem Eishockeyclub der Kings und dem weiblichen Basketballteam der Sparks im zur Jahrtausendwende eröffneten Toyota Sports Center.

Just im Zentrum des gerade mal 1,5 mal 2,5 Kilometer großen Wohngebiets beherbergt ein historisches Gebäude aus dem Jahre 1920 die El Segundo High School, die die Kulisse für etliche Film- und Fernsehproduktionen abgab. Darunter finden sich „War Games" aus der Zeit der Pershings und der Nachrüstungsdebatte und „Rock'n'Roll Highschool" – eine Ehrerbietung an die New Yorker Punkrockband „Ramones", obwohl der Film ursprünglich mit der seinerzeit populären Disco-Musik im Stile von „Saturday Night Fever" untermalt werden sollte.

Westlich von El Segundo liegt das weitaus größere Hawthorne. Ebenso wenig von Schönheit oder Atmosphäre erleuchtet, verdient die Stadt immerhin Erwähnung als Heimat von Marilyn Monroe und den Beach Boys. Norma Jeane Baker alias Marilyn Monroe verbrachte ihre ersten sieben Lebensjahre bei Pflegeeltern in einem bescheidenen Häuschen in der 4201 W 132nd Street in Hawthorne. Zum Andenken an die Beach Boys hat die Stadt an der Stelle ihres inzwischen abgerissenen Elternhauses der Wilsons in der 3701 W 119th Street ein ausgesprochen unansehnliches Denkmal errichtet. Das Häuschen der Familie Wilson musste dem Interstate Highway 105 weichen.

🖵 Filme

Rock 'n' Roll Highschool	
Originaltitel	Rock 'n' Roll Highschool
Jahr	1979
Regie	Allan Arkush
Hauptdarsteller	P.J. Soles, Clint Howard, Vince Van Patten
Genre	Teenager-Komödie

War Games – Kriegsspiele	
Originaltitel	War Games
Jahr	1983
Regie	John Badham
Hauptdarsteller	Matthew Broderick, Dabney Coleman
Genre	Anti-Kriegsfilm

Der Highway One unterquert die Start- und Landebahnen des internationalen Flughafens von Los Angeles in einem Tunnel. Die nicht deutlich mehr versprechende Alternative ist die Küstenstraße namens „Vista del Mar", wo man sich an minütlich startenden Boeings berauschen kann, die einem in wenigen Dutzend Metern Höhe geräuschvoll über den Kopf rauschen. Immerhin ist die Entfernung zwischen roten Ampeln deutlich größer.

▶ LAX – Los Angeles International Airport

Jährlich etwa 60 Millionen Passagiere machen LAX zum sechstgrößten Flughafen der Welt, hinter Atlanta, Chicago, London, Tokio und Paris. Neun in Hufeisenform angeordnete Terminals bedienen die vier parallelen Start- und Landebahnen. Von Los Angeles werden 69 internationale Ziele angeflogen, LAX ist Drehscheibe des Luftverkehrs über den Pazifik. 1928 wurde der Flughafen eingeweiht, aber erst 1949 löste er den Grand Central Airport in Glendale als wichtigstes Luftverkehrszentrum der Stadt ab und bekam seinen Namenszusatz „international". Anlässlich der Olympischen Spiele 1984 wurde er modernisiert und erweitert, derzeit befindet sich ein zehnter Terminal im Bau. Fast 60.000 Menschen sind direkt im oder am Flughafen beschäftigt, man schätzt, dass 400.000 Jobs direkt oder indirekt vom Airport abhängen.

🏛 Marina del Rey (8.000 EW)

Gerade mal vier Quadratkilometer groß ist die exklusive Gemeinde, und davon ist obendrein noch fast die Hälfte von Wasser bedeckt. Genau das erfrischende Nass ist aber, was den Reiz von Marina ausmacht: Die Mündung des Ballona Creek sollte ursprünglich in einen Frachthafen verwandelt werden, doch letztendlich wurde daraus einer der größten Sporthäfen der Welt. Über fünftausend Yachten schaukeln in den acht Hafenbecken, gesäumt von schicken Apartmenthäusern.

Das touristische und kommerzielle Zentrum des Ortes nennt sich Fisherman's Village. Einige bunt bemalte Holzhäuser und ein Leuchtturm sollen ein neuenglisches Fischerdorf darstellen und hungrige Mäuler in die Restaurants locken.

Niemand würde vermuten, dass in dieser Umgebung die Internet-Regierung residiert. Die ICANN – Internet Corporation for Assigned Names and Numbers – ist ein privates Selbstregulierungs-Organ, das im Namen internationaler Interessenver-

🎵 Soundtrack El Segundo

Künstler	Titel	Album	Jahr	Genre
A Tribe called Quest	I Left My Wallet in El Segundo	People's Instinctive Travels and the Paths of Rhythm	1990	HipHop

bände weltweit die Vergabe von Domain-Namen und IP Adressen im Internet regelt und kontrolliert.

Beach Boy Dennis Wilson ertrank im Dezember 1983 im Hafen von Marina del Rey. Er hatte vermutlich zu viel getrunken und tauchte übermütig im winterkalten Wasser.

✉ *4676Admiralty Way, Marina del Rey, CA 90292*

🏛 **Venice** (41.000 EW)

Straßenmusiker, Pantomimen, Freaks, Hippies und Exzentriker. Muskelprotze, Spinner und groteske Sonnenbrillen. Dank der vielen Exhibitionisten wird die Strandpromenade von Venice gern als Schaufenster des kalifornischen Lebensstils hingestellt. Dabei haben wir längst gemerkt, dass die wahre kalifornische Seele eher im patriotischen, wertkonservativen Orange County beheimatet ist. Venice ist die Ausnahme, nicht die Regel. Das Strandstädtchen blickt auf eine lange Geschichte dickköpfiger Andersartigkeit und brilliert erst seit wenigen Jahren als Aushängeschild des liberalen und optimistischen Kaliforniens.

Abbot Kinney, ein weltreisender, kulturbeflissener Tabakmillionär aus New Jersey mit Studium in Heidelberg, folgte der pädagogischen Vision, dem Durchschnittsamerikaner über Amüsement hohe Kultur zu vermitteln. Er kaufte die Marschländer südlich von Santa Monica, um sie in ein kulturelles Mekka zu verwandeln. Auf den künstlich angelegten Kanälen sollten venezianische Gondeln verkehren, umgeben von stolzen klassischen Villen. Ein Themenpark mit Tanz, Theater, Kunstgalerien und Dichterlesungen sollte die amerikanische Populärkultur auf ein neues Niveau heben. Vier Monate vor der großen Einweihung zerstörte ein schwerer Sturm die Pier und das Auditorium. Der starrköpfige Geschäftsmann und Kulturpädagoge heuerte sechshundert Arbeiter an, die rund um die Uhr schufteten. Kinney setzte seinen Dickschädel durch, und am Unabhängigkeitstag 1905 strömten 40.000 Besucher zur ersehnten Eröffnungszeremonie. Am selben Tag verkauften sich Bauparzellen im Wert von 400.000 Dollar. Venice, das zunächst noch Ocean Park hieß, boomte. Kein Wunder, damals erreichte man den Strand von Downtown Los Angeles mit der roten Eisenbahn in weniger als 30 Minuten, was heutzutage kaum denkbar ist.

Die Vollendung des Traumes schien in greifbarer Nähe, doch Kinney wurde von der Menschheit enttäuscht: Die Besucher kamen nicht zur Erweiterung ihres kulturellen Horizonts, sondern wegen der einfachen Unterhaltung. Während die Literaturveranstaltungen weitgehend publikumsfrei blieben, platzten Kasinos und Bingohallen aus allen Nähten. Die wahren Attraktionen waren die erste Achterbahn der Westküste und die „Freak Show", die einen zwei Meter vierzig großen Mann und eine achtzig Zentimeter kleine Frau präsentierten. Auch Hagenbecks Tierpark hat so begonnen.

Kinney versuchte, zumindest seine Investition zu retten, und gab dem Volk, was es forderte; kein Brot, aber jede Menge Spiele. Die frühen Hollywood-Stars gaben sich ein Stelldichein, Charlie Chaplin mietete sich in einer Suite im Waldorf Hotel direkt an der Strandpromenade ein. Aus der zweiten Renaissance Venedigs wurde ein „Coney Island am Pazifik". Doch dem visionären Kleinstadtprojekt lag von Anfang an die finanzielle Schlinge um den Hals. Eine dilettantische Planung mündete in immensen Instandhaltungskosten für die versandenden Kanäle, die nach totem Fisch rochen. Die Prohibition zog die Schlinge weiter zu, bis ein Feuer die hölzerne Pier und vier Blöcke des Zentrums auffraß. Siebenhundert Feuerwehrleute konnten immerhin die totale Verwüstung verhindern.

Natürlich stand der gefräßige Krake Los Angeles schon in den Startlöchern, um sich die potentiell lukrative Strandkommune einzuverleiben. 1925 verwandelte sich die bis dahin selbständige Kleinstadt in einen Vorort der wuchernden Metropole. Die verfolgte gänzlich andere Visionen als Stadtvater Kinney und beschloss als erstes, die venezianischen Kanäle zuzuschütten. Dass sechs der Kanäle bis heute unangetastet blieben, ist einzig und allein einem der beauftragten Bauunternehmer zu verdanken: Der sackte nämlich die Bezahlung im Voraus ein und verschwand spurlos. Die Stadtverwaltung wollte nicht doppelt zahlen und überließ die Kanäle ihrem Schicksal.

Venice verkam zu einem morbiden schmutzigen Amüsierviertel. Bill Harrah betrieb zusammen mit Vater John eine kleine Spielhalle, doch der verbotswütige Staat schloss per Verordnung alle Bingohallen. Bill blieb unbehelligt, indem er ein artverwandtes Spiel unter dem Namen „circle game" veranstaltete. Bei jeder neuen Verordnung suchte er ein legales Schlupfloch und änderte die Spielregeln. Dem Gesetz immer einen Schritt voraus, konnte der clevere Bill eine Spielhölle nach der anderen eröffnen, während die Konkurrenz ihre Pforten schließen musste. Doch 1937 war auch er von der ständigen Verfolgung so angenervt, dass er nach Reno in Nevada abwanderte. Er verband Spiel mit Unterhaltung, heuerte Entertainer wie Sammy Davis Jr. an und machte Harrah's zum weltgrößten Glücksspielunternehmen mit Milliardenumsatz. Zu Harrah's gehören mit Caesar's Palace, Flamingo, Paris, Planet Hollywood und Imperial Palace fünf der größten und berühmtesten Hotelkasinos von Las Vegas. 1971 ging das Unternehmen an die Börse, 1980 wurde es von der Holiday Inn-Kette übernommen.

Harrah's ging, Venice blieb zurück. Anfang der 30er wurde Erdöl entdeckt, innerhalb eines Jahres schossen 150 Bohrtürme aus dem Boden. Das brachte zwar Arbeitsplätze, zerstörte aber das Stadtbild und verschmutzte die Strände. Für viele verkam Venice zum „Slum am Meer", doch gleichzeitig war es ein idealer Nährboden für die Gegenkultur. In den 50ern wurde Venice bevorzugte Heimat der Außenseiter, der Beatnicks, die die dominierenden Werte von Arbeit, Erfolg und Familie ablehnten. Stattdessen florierten der „bohemian lifestyle", Kunst, Jazz und Poesie. Allen Ginsberg, Jack Kerouac, William S. Burroughs, die drei berühmtesten Poeten der Beat-Generation, strandeten in Venice.

Nach den Beats folgte direkt die Hippie-Generation. Schließlich war Venice der einzige Ort an Hunderten von Kilometern Küste, wo sich auch der arme Teil der Amerikaner ein Apartment leisten konnte. Jim Morrisson und Ray Manzarek gründeten hier die Doors und durchlebten manchen Drogenexzess, ebenso wie Iggy Pop, der zeitweise aus dem kalten Detroit übersiedelte, Bob Dylan und

Beach Boy Brian Wilson, der hier 1976 zum ersten Mal erfolgreich auf einem Surfbrett stand, nachdem er bereits 25 Millionen Dollar mit Surfmusik verdient hatte. Arnold Schwarzenegger stählte seine Muskeln am Muscle Beach, einem Freiluft-Fitnesscenter direkt am Strand.

Dennoch war Venice niemals eine Kommune von Freaks, sondern nur eine Arme-Leute-Gegend, in der weiterhin der bürgerliche Traum vom sozialen Aufstieg regierte. Außenseiter waren immer in der Minderheit, wenn auch weitgehend geduldet. Den Umschwung brachte die Olympiade von Los Angeles 1984. Die aus aller Herren Länder einfallende Horde von Reportern entdeckte die kuriose Kommune und projizierte sie weltweit auf die Fernsehschirme. Venice wurde berühmt, plötzlich war es hip. Schicke Apartments wurden gesucht und nach den Gesetzen von Angebot und Nachfrage gebaut. Einen Teil der „Alternativen" unter den Hollywood-Millionären wie Julia Roberts, Dennis Hopper oder Oliver Stone verschlug es zumindest zeitweise nach Venice. Auch die durchgedrehten Punker Butthole Surfers und die Alternativ-Metal Band Suicidal Tendencies gediehen im lokalen Humus.

Henry Rollins, wortgewaltiger Entertainer, Punkrocker und Menschenrechtsaktivist, erlebte 1991 in Venice den Alptraum seines Lebens. Mit seinem besten Freund Joe Cole teilte er ein Häuschen in der 809 Brooks Avenue. Auf dem Heimweg von einem Konzert im Whiskey A Go Go in West Hollywood liehen die beiden noch einen Film in einer Videothek aus und kauften Essbares in einem Gemüseladen. Keine zwanzig Meter vor der Haustür wurden sie von zwei bewaffneten Männern bedroht und ins Haus gezwungen. Plötzlich fiel ein Schuss, Joe Cole starb sofort. Rollins flüchtete durch den Hintereingang und rief von der nächsten Telefonzelle die Polizei, die ihn zunächst als Tatverdächtigen festnahm. Der Raubmord konnte nie aufgeklärt werden. Man vermutet, dass die Täter aus dem Nachbarviertel stammten, einer seinerzeit ziemlich finstieren Gegend, die im Volksmund „Ghost Town" genannt

wurde. Rollins hat den Tod seines Freundes in Büchern und bei vielen Auftritten in bewegender Weise verarbeitet.

Heute repräsentiert Venice ein von seiner Geschichte geprägtes Konglomerat aus Liberalität, Untergrund und Schickeria. Die Konflikte zwischen Wohnungslosen und -eigentümern, zwischen Straßenverkäufern und Ladenbesitzern, zwischen Kleinkriminellen und Millionären sind in ein neues Stadium getreten. Lustige Sonnenbrillen, zerschossene Skateboards, Piercings und verrückte Frisuren sind noch lange kein Statement alternativer Lebensweise, sondern markieren haarscharf die verschwommene Grenze zwischen Untergrund und inhaltsloser Massenkultur. Venice bleibt eine bunte Mischung aus Gegenkultur und Jetset. Bis San Francisco lässt sich nichts Vergleichbares finden.

▶ The Boardwalk

Die zweieinhalb Meilen Strandpromenade repräsentieren exakt das, was Reiseveranstalter als den kalifornischen Lebensstil missinterpretieren. Jogger und Rollerblader halten sich fit, Obdachlose betteln für ein Bier, Touristen erstehen Modeschmuck und aufsehenerregende T-Shirts. Die Straßencafés bieten die optimale Aussichtsterrasse.

⇨ *Vom HW1 in den Venice Blvd, bis zum Ende Richtung Strand und einen Parkplatz suchen. Kostenlose Parkplätze sind rar, aber die Parkgebühren sind vertretbar. Keine Wertgegenstände sichtbar im Wagen lassen!*

▶ Binoculars

Der schwedische Künstler Claes Oldenburg ist so etwas wie der Andy Warhol der Bildhauer. Seine überdimensionierten Alltagsgegenstände sind Pop Art; ob ein gigantischer Besen in Denver, eine Wäscheklammer in Philadelphia, eine umgestürzte Eistüte in Köln oder eine Spitzhacke in Kassel. Venice rühmt sich eines 15 Meter hohen Feldstechers als Eingang zum Bürogebäude einer Werbeagentur, das obendrein Frank Gehry entwarf.

✉ 340 Main St, 100 Meter südlich der Ecke Rose Ave

▶ **Jim Morrisson Mural**

Der Lokalheld und Sänger der Doors wurde im Stil eines Bravo-Starschnitts auf die Fassade eines ansonsten ausgesprochen unansehnlichen Apartmentblocks gepinselt. Inzwischen ist das Wandgemälde schon reichlich ausgebleicht.

✉ *Ecke Speedway / 18th Place*

▶ **Carruther's Guitars**

Der unscheinbare Gitarrenladen hat in den letzten 40 Jahren fast alles an Instrumenten und Spezialwissen bedient, was auf diesem Sektor Rang und Namen hat. Carruther verkauft nicht nur, sondern repariert, modifiziert und bastelt an allem, was mindestens eine Saite hat. Zur prominenten Kundschaft zähl(t)en beispielsweise Keith Richards, Frank Zappa, Ry Cooder, Ricky Lee Jones oder Metallica.

✉ *346 Sunset Avenue Venice, CA 90291*
⇒ *Vom HW1 links in die Sunset Ave,*
   nach der 4. Querstraße auf der linken Seite
🕗 *Di-Sa 10-18h*
☎ *1-310 392 3919*
🖥 *www.carruthersguitars.com*

🗎 **Filme**

Venice diente als Hintergrund für Dutzende von Hollywood Streifen, deren Aufzählung ein eigenes Kapitel einnehmen würde. Eine Bilderflut von Venice in den 60ern liefert Oliver Stones Portrait der Doors. Die Venice High School, 13000 Venice Blvd im benachbarten Del Mar, bildete die zentrale Location für das Teenager Musical „Grease". Außerdem wurde Venice von der geballten Schönheit der Rettungsschwimmerinnen in 25 Prozent der Serie „Baywatch" überschattet.

Im Zeichen des Bösen	
Originaltitel	Touch of Evil
Jahr	1958
Regie	Orson Welles
Hauptdarsteller	Charlton Heston, Janet Leigh, Orson Welles
Genre	Kriminaldrama

Inside Daisy Clover	
Originaltitel	Inside Daisy Clover
Jahr	1964
Regie	Robert Mulligan
Hauptdarsteller	Robert Redford, Natalie Wood
Genre	Drama

Die wilden Engel	
Originaltitel	The Wild Angels
Jahr	1964
Regie	Roger Corman
Hauptdarsteller	Peter Fonda, Nancy Sinatra
Genre	Bikerdrama

Grease	
Originaltitel	Grease
Jahr	1977
Regie	Randal Kleiser
Hauptdarsteller	John Travolta, Olivia Newton John
Genre	Musical

Atemlos	
Originaltitel	Breathless
Jahr	1983
Regie	Jim McBride
Hauptdarsteller	Richard Gere, Valerie Kaprisky
Genre	Thriller

The Doors	
Originaltitel	The Doors
Jahr	1991
Regie	Oliver Stone
Hauptdarsteller	Val Kilmer, Kyle MacLachlan
Genre	Drama

Falling Down – Ein ganz normaler Tag	
Originaltitel	Falling Down
Jahr	1993
Regie	Joel Schumacher
Hauptdarsteller	Michael Douglas, Robert Duvall
Genre	Thriller

American History X

Originaltitel	American History X
Jahr	1998
Regie	Tony Kaye
Hauptdarsteller	Edward Norton, Edward Furlong
Genre	Drama

The Doors: When You're Strange

Originaltitel	When You're Strange
Jahr	2009
Regie	Tom DiCillo
Genre	Dokumentarfilm

Soundtrack Venice

Künstler	Titel	Album	Jahr	Genre
Doors	Peace Frog	Morrisson Hotel	1970	Rock
Van Morrison	Venice U.S.A.	Wavelength	1978	Pop
Red Hot Chili Peppers	Venice Queen	By the way	2002	FunkRock

LOS ANGELES BIS
SAN FRANCISCO

Die Kapitale der Popkultur – Los Angeles

I love Los Angeles. I love Hollywood. They're beautiful. Everybody's plastic, but I love plastic.

Ich liebe Los Angeles. Ich liebe Hollywood. Sie sind schön. Alle sind aus Plastik, aber ich liebe Plastik.

Pop Art Künstler Andy Warhol über Los Angeles

LOS ANGELES

Nordamerika hat Kultur immer als Unterhaltung verstanden und höchst selten einen Widerspruch zwischen Kultur und Kommerz gesehen. Dieser pragmatische Ansatz und die tendenziell leichte inhaltliche Zugänglichkeit machen die amerikanische Popkultur weltweit so erfolgreich. Amerikanische Musik und Filme sind mit wenigen geographischen Ausnahmen weltweit omnipräsent.

Keine andere Stadt identifiziert sich so stark durch die Popkultur wie Los Angeles. Hollywood kennt jeder 10-Jährige. In Deutschland hat das amerikanische Kino einen Marktanteil von über 80 Prozent, und auch die Fernsehproduktionen sind überproportional stark vertreten. Mehr als ein Dutzend kapitalstarker Plattenfirmen haben ihren Sitz oder zumindest einen Ableger in L.A., darunter Giganten wie Atlantic, Geffen, Columbia oder Epic. Die Zahl der Independent Label aller möglichen und unmöglichen Stilrichtungen übersteigt locker die 200.

Zählt man noch die sechs Themen- und fünf Vergnügungsparks hinzu, so kann man sich in etwa ausmalen, welches wirtschaftliche Gewicht die Unterhaltungsindustrie im Südwesten Kaliforniens hat. Hollywoods Filmbranche setzt alljährlich über 30 Milliarden Dollar um. Hunderttausende finden Beschäftigung in der Vergnügungsmaschinerie. In Los Angeles entstand 1902 das erste richtige Kino der USA und 1977 die weltweit erste Videothek. Das Skateboard, Surfen und Aerobic wurden hier groß und traten ihren Siegeszug um die Welt an. Los Angeles ist immer an der Spitze des Vergnügungsbusiness.

Doch nicht nur die Unterhaltungsbranche macht den Großraum Los Angeles hinter Tokio und New York zur wirtschaftlich drittstärksten Metropolregion der Welt. Es ist auch die wichtigste Industrieregion der USA und hat die global größte Konzentration von Unternehmen der Luft- und Raumfahrtbranche. Die Liste der Großunternehmen ist endlos, der Flughafen der fünftgrößte der Welt und der Containerhafen der umschlagsstärkste des Kontinents. Soweit eine gekürzte Liste der Superlative.

Über Jahrzehnte galt Los Angeles als das amerikanische Paradies, das Zentrum des Landes, wo Milch und Honig fließen. Die Bevölkerung explodierte von 11.000 im Jahre 1890 auf aktuell 4 Millionen Einwohner. Doch diese letzte Zahl bezieht sich

Los Angeles in Zahlen	Los Angeles	Zum Vergleich: London
Einwohner im Stadtgebiet	4,05 Mio.	1,76 Mio.
Fläche	1.291 km²	1.579 km²
Einwohner im Ballungsraum	12,9 Mio.	7,35 Mio.
Einwohner pro km²	3.168	4.761
Durchschnittstemperatur	18 °C	9,7 °C
Jährlicher Niederschlag	385 mm	753 mm
Höhe über NN	100 m	24 m
Partnerstädte	Insgesamt 25, darunter Berlin, Bordeaux und St. Petersburg	

nur auf die administrativen Stadtgrenzen. Der urbane Großraum zählt knapp 13 Millionen Seelen und bedeckt ein Gebiet von 10.000 Quadratkilometern. Noch heute lassen sich jährlich etwa 50.000 Neuankömmlinge im engeren Stadtgebiet nieder.

Doch die Zuziehenden stellen vielfach nicht nur ein gravierendes soziales Problem dar, sondern bringen die Stadt an den Rand einer Identitätskrise. Während die weiße und schwarze Bevölkerungszahl seit Jahren stagniert, steigen der lateinamerikanische und asiatische Anteil rasant an. Los Angeles ist eine der größten mexikanischen Städte. Für 42 % der Schüler ist Englisch praktisch die erste Fremdsprache.

Billige Arbeitskräfte werden in der hyperaktiven Wirtschaftsmetropole immer gebraucht. Laut Los Angeles Times werden 40 % der Arbeiter im County in Cash bezahlt und entrichten keine Steuern. Solchen höchst unsicheren und möglicherweise weit übertriebenen Schätzungen kann man fast schon einen ausländerfeindlichen Hintergrund unterstellen. Und Rassenkonflikte haben in Los Angeles eine lange Tradition. Schon 1870 kam es zu schweren Übergriffen auf die chinesische Minderheit mit 20 Toten.

Im Laufe der Jahrzehnte folgten weitere, ähnliche Ereignisse, die 1992 ihren Höhepunkt fanden. Nachdem veröffentlichte Videoaufnahmen der Misshandlung des schwarzen Autofahrers Rodney King durch weiße Polizisten zu keiner Verurteilung führten, explodierte die Gewalt in den schwarzen Stadtvierteln und expandierte bis nach Hollywood. Vier Tage lang tobten die Unruhen, bis Polizei und Militär die Situation unter Kontrolle brachten. Die tragische Bilanz: 53 Tote, 2.400 Verletzte, über 10.000 Festnahmen und 1.100 ausgebrannte Gebäude. Um die traurige Erinnerung zu verwischen, benannte die Stadt das am schlimmsten betroffene Viertel South Central in South Los Angeles um, was geographisch nur bedingt korrekt ist.

Doch Gewalt und Kriminalität bringen Los Angeles immer wieder in die Schlagzeilen. Spektakuläre Verfolgungsjagden gehören zum Standardprogramm sensationshungriger Fernsehsender. Dass ein Großteil dieser Aufnahmen aus Los Angeles stammt, liegt aber nicht nur an hohen Kriminalitätsraten. Vielmehr lädt das weitverzweigte Netz städtischer Autobahnen die Vielzahl hochprofessioneller Medienunternehmen zur perfekten Dokumentation ein.

Los Angeles gilt als Hochburg der Jugendbanden. Je nach Quelle wird ihre Zahl auf zwischen 400 und 1.350 beziffert. Namen wie „Nothing but trouble" – „Nichts als Ärger" oder „Big Hazard" – „Große Gefahr" sprechen für sich. In fast allen Stadtgebieten stören Jugendgangs die schöne Ordnung und markieren ihr Territorium mit Graffitis. Besonders konzentriert treten sie in zentrumsnahen Stadtvierteln auf.

In den letzten Jahren konnte die Kriminalität in Wahrheit aber immer weiter zu-

Downtown L.A.

rückgedrängt werden. Unter den zwölf größten Städten der USA liegt LA nur knapp über dem Durchschnitt und wird von Philadelphia, Dallas und Chicago weit in den Schatten gestellt. Dem pragmatischen demokratischen Bürgermeister Antonio Villaraigosa, Sohn mexikanischer Einwanderer, werden in der Sozialpolitik und Kriminalitätsbekämpfung überwiegend gute Noten ausgestellt.

Doch die Liste der Probleme, mit denen er sich auseinanderzusetzen hat, ist lang. Los Angeles hat jahrzehntelang entschieden auf das Auto als bevorzugtes Transportmittel gesetzt. Niemand sollte weiter als vier Meilen von einer Autobahnauffahrt entfernt wohnen. Wie ein Spinnennetz überzieht das Freeway-System das Stadtgebiet. Folgerichtig blickt Los Angeles heute auf die größte Fahrzeugdichte der Welt. Staus und Verzögerungen gehören zum Alltag, während der öffentliche Nahverkehr völlig vernachlässigt wurde. Gerade mal 0,4 % aller täglichen Wege werden mit der U-Bahn zurückgelegt. Die Folgen sind offensichtlich: Los Angeles gehört trotz Küs-

tenlage zu den Städten mit der höchsten Luftverschmutzung.

Trost bietet das milde mediterrane Klima. Von Mai bis Oktober ist es fast immer sonnig, Niederschlag fällt kaum und die Temperaturen bewegen sich üblicherweise in den Zwanzigern. Bestimmte Wetterlagen können aber zu extremen Hitzewellen führen, dann steht Südkalifornien wieder mit Waldbränden und Buschfeuern im Mittelpunkt der Schlagzeilen.

Dies sind aber nicht die einzigen Naturkatastrophen, die Los Angeles bedrohen. Die Stadt steht mitten in einem Erdbebengebiet, in dem jährlich etwa 10.000 kleine und kleinste Erschütterungen registriert werden. In den letzten 200 Jahren wurde Los Angeles von neun größeren Beben getroffen. Inzwischen wird die Gefahr eines schweren Erdstoßes hier noch höher eingeschätzt als in San Francisco.

Lange Zeit erlaubte die Stadt daher keine höheren Gebäude. Erst in den letzten Jahrzehnten ist die so amerikatypische Skyline erdbebensicherer Hochhäuser gewachsen. Doch die fällt wesentlich kleiner aus als in vielen anderen Großstädten. LA zählt gerade mal 70 Gebäude über einhundert Meter, in Chicago sind es über 200.

Nicht wenige Besucher sind von Los Angeles auf den ersten Blick enttäuscht. Mit der grandiosen urbanen Ästhetik von New York oder Chicago kann die Stadt nicht mithalten. Los Angeles gliedert sich in viele Stadtviertel, wirkt unstrukturiert und zusammenhangslos.

Die historische Downtown, gleich unterhalb des modernen Business Districts, ist überwiegend in mexikanischer Hand und ein wenig heruntergekommen. Man fühlt sich eher nach Tijuana versetzt als in eine Weltmetropole. Je nach Geschmack kann man die alte Innenstadt aber auch ausgesprochen sympathisch finden, sie verströmt einen ganz eigenen Charme.

Für den Durchschnitts-Europäer ist das gut acht Kilometer nordwestlich gelegene Hollywood vermutlich interessanter. Nicht nur wegen des Medienrummels, sondern auch wegen der Einkaufsmöglichkeiten und des Nachtlebens. Wer den Spuren von Stars und Sternchen folgen will, wird hier und im benachbarten Beverly Hills reichlich bedient. Busladungsweise werden Touristen von einer Superstarvilla zur nächsten gekarrt, an fast jeder Straßenecke kann man entsprechende Stadtpläne erstehen. Inwieweit man auf deren Korrektheit und Aktualität vertrauen kann, wissen wahrscheinlich nur die Immobilienmakler der Gegend.

Die exhibitionistischen Tendenzen des kalifornischen Lifestyles kann man an den Stränden von Venice, Santa Monica und Malibu aufspüren. Für Freunde von Kunst und Kultur hält Los Angeles ebenfalls einiges bereit. Die Frage, was man sich für ein oder zwei Tage in Los Angeles vornimmt, wird nicht ganz leicht zu beantworten sein. Die touristischen Highlights sind teils großräumig verteilt, ohne eigenes Transportmittel bleibt die Bewegungsfreiheit weitgehend auf Downtown und Hollywood beschränkt. Das Taxi darf man als praktisches Transportmittel natürlich nicht unterschlagen. Aber das kann unter Umständen auf den Geldbeutel gehen, wenn die Entfernungen groß sind oder der Verkehr zusammenbricht.

Orientierung

Los Angeles und seine Vororte breiten sich an einer großen flachen Bucht im Küsten-

Downtown L.A.

gebirge aus. Der Highway One verläuft küstennah von Long Beach über Venice nach Santa Monica, etwa 20 Kilometer westlich von Hollywood und 25 von Downtown LA. Das Netz von Freeways ist ausgedehnt und überzieht, oder vielleicht besser gesagt durchschneidet das gesamte Stadtgebiet. Trotzdem ist die Orientierung nicht immer einfach, die Beschilderung für den Ortsfremden oft dürftig, in jedem Fall sollte man vor der Abfahrt genau die Karte studieren.

Der Verkehr fließt meist nur langsam, Staus sind an der Tagesordnung und entsprechende Meldungen werden von den meisten Radiostationen regelmäßig verbreitet. Ein ernsthaftes Problem im Verkehrsfluss, das man großräumig umfahren sollte, wird als „sig-alert" von den meisten Radiostationen kommuniziert. Im Volksmund wird „sig" als „stay in garage", also schlicht als „bleib zu Hause" übersetzt.

Wer kein GPS dabei hat, kann sich an jeder Tankstelle für runde 5 Dollar einen brauchbaren Stadtplan zulegen.

Der internationale Flughafen findet sich ebenfalls an der Küste, 10 Kilometer südlich von Santa Monica. Die Stationen der Mietwagenfirmen liegen in der Umgebung verstreut und werden von kostenlosen Shuttle-Bussen an den Flughafen angeschlossen. Der Flughafen ist auch über das U-Bahnsystem an Downtown und Hollywood angebunden.

Öffentlicher Nahverkehr

Los Angeles blickte zu Anfang des 20. Jahrhunderts stolz auf das größte Straßenbahnnetz der Welt. Doch die städtische Politik setzte auf das Auto. Ein Konsortium aus Auto- und Reifenherstellern kaufte die Straßenbahngesellschaft auf und ließ den Nahverkehr – ihrem ureigensten Interesse folgend – verhungern. Die fünf U-Bahnlinien nehmen sich angesichts der städtischen Dimensionen lächerlich aus. Immerhin verbinden sie Downtown mit Hollywood und dem Flughafen, sodass der Reisende durchaus bequem, preiswert und zeitsparend die beiden wichtigsten Viertel besuchen kann.

Zu den Pazifikstränden von Malibu, Santa Monica und Venice kommt man mit der U-Bahn nicht. Da bleibt nur der Sprung in den Bus. Buslinien gibt es zwar reichlich, doch man kommt im Getümmel und mit vielen Haltestellen nur im Schneckentempo vorwärts. Wer sich kein stressiges Besuchsprogramm auferlegt, kann eine Bustour aber auch als alternative Stadtrundfahrt interpretieren. Viele Stadtbusse tragen vorn ein Gestell für die Mitnahme von Fahrrädern und im Inneren einen Bildschirm, der den aktuellen Ausschnitt des Stadtplans anzeigt.

▶ Die Highlights

▶ Downtown

Die Innenstadt von Los Angeles gliedert sich in drei für den Besucher interessante, aber völlig unterschiedliche Bereiche: Den von Wolkenkratzern geprägten Business District, das lebendige und mexikanisch dominierte, alte Stadtzentrum rund um den Broadway und das kolonialspanische Dorf „el pueblo". Auf relativ engem Raum kann man also durch die drei historischen Hauptphasen der Stadt spazieren: Die spanisch-mexikanischen Ursprünge, den Boom der 20er Jahre und das moderne globalisierte Los Angeles.

▶ El pueblo

Das Dörfchen Los Angeles wurde erst gegen Ende der spanischen Kolonialzeit gegründet, aus dieser Epoche sind aber keine Gebäude erhalten. Das älteste noch existierende Haus stammt aus dem Jahr 1818, also aus der Zeit, als Kalifornien schon zu Mexiko gehörte. Der kleine Dorfkern ist heute als Geschichtspark denkmalgeschützt und beherbergt in erster Linie kleine Museen, mexikanische Restaurants, Souvenirläden und einen Markt mit Sombreros und Kunsthandwerk in der Olvera Street. Die kolonialen Ursprünge der Weltstadt liegen wenige hundert Meter östlich der Wolkenkratzer auf der anderen Seite des Hollywood Freeways.

✉ *500 N Main St, Los Angeles CA 90012*

Map image courtesy of Los Angeles Metro,
© 2010 LACMTA

▶ Union Station

Der 1939 erbaute Hauptbahnhof ist eine architektonisch kuriose Mischung aus spanischem Kolonialstil und Art Decó. Im Inneren bewahrt er eine dichte Atmosphäre der 30er Jahre. Man kann sich vor dem geistigen Auge tief in die Kriminalgeschichten von Raymond Chandlers Detektiv Philip Marlow zurückversetzen.

Heute dient die Union Station weiterhin als zentraler Knotenpunkt des öffentlichen Nahverkehrs. Fernverkehrszüge binden Los Angeles an den Rest des Landes an, bis nach Chicago, Seattle oder New Orleans.

✉ *800 N Alameda St, Los Angeles, CA 90012*

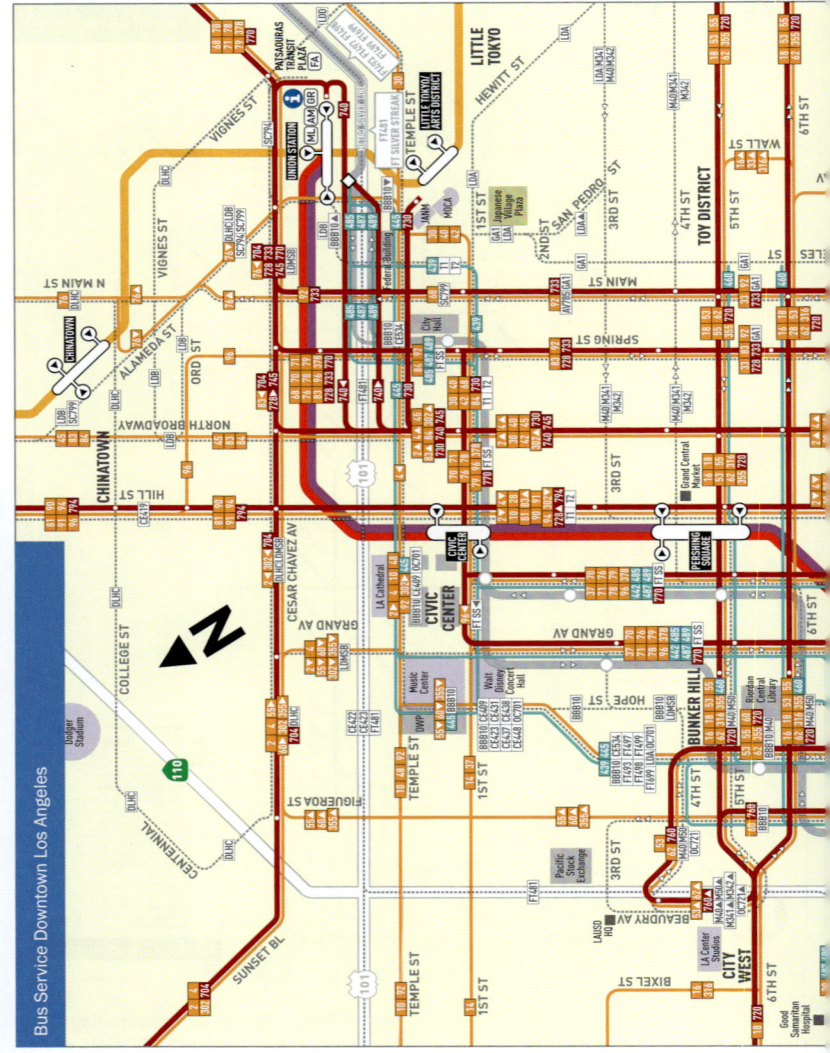

Bus Service Downtown Los Angeles

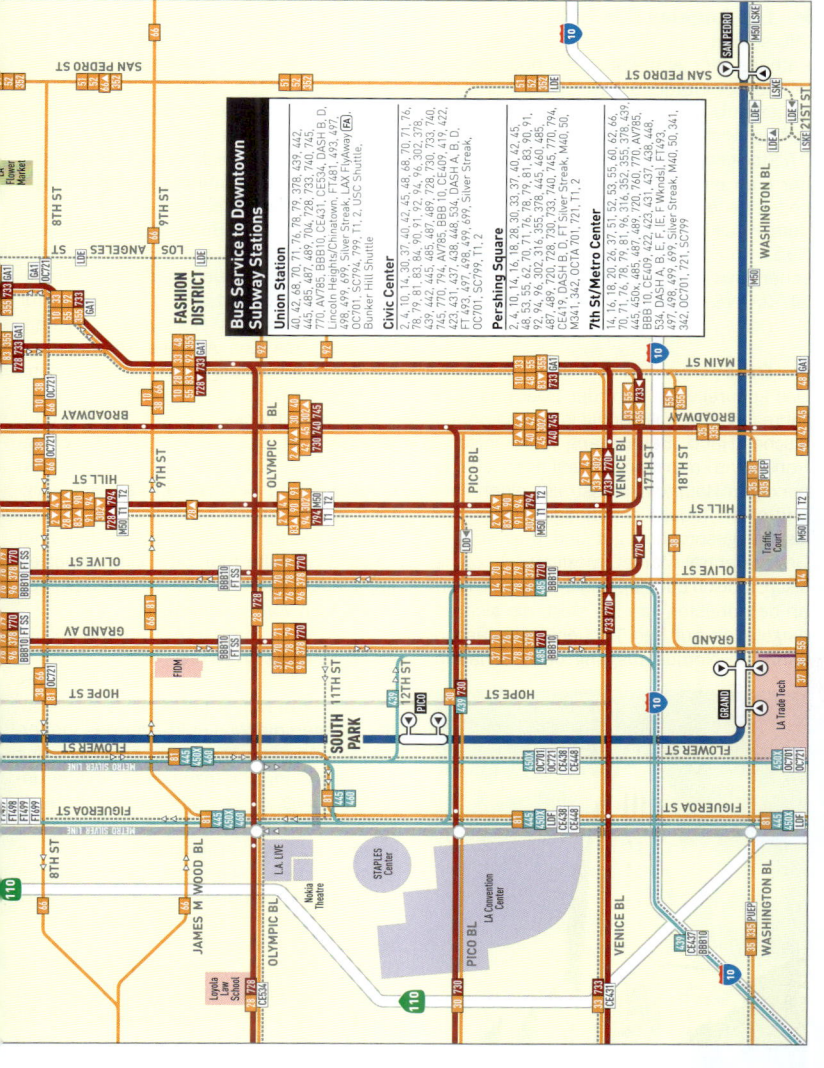

Bus Service to Downtown Subway Stations

Union Station
40, 42, 68, 70, 71, 76, 78, 79, 378, 439, 442, 445, 485, 487, 489, 704, 728, 733, 740, 745, 770, AV785, BBB10, CE431, CE534, DASH B, D, Lincoln Heights/Chinatown, FT481, 493, 497, 498, 499, 699, Silver Streak, LAX FlyAway, OC701, SC794, 799, T1, 2, USC Shuttle.

Civic Center
2, 4, 10, 14, 30, 37, 40, 42, 45, 48, 68, 70, 71, 76, 78, 79, 81, 83, 84, 90, 91, 92, 94, 96, 302, 378, 442, 445, 485, 489, 728, 730, 733, 740, 745, 770, 794, AV785, BBB10, LD, DASH B, D, 419, 422, 423, 431, 437, 438, 448, 534, DASH A, B, D, FT 493, 497, 498, 499, 699, Silver Streak, OC701, SC799, T1, 2

Pershing Square
2, 4, 10, 14, 16, 18, 28, 30, 33, 37, 40, 42, 45, 48, 53, 55, 62, 70, 71, 76, 78, 79, 81, 83, 90, 91, 92, 94, 96, 302, 316, 355, 378, 445, 446, 485, 487, 489, 720, 728, 730, 733, 740, 745, 770, 794, CE419, DASH B, D, FT Silver Streak, M40, 50, M341, 342, OCTA 701, 721, T1, 2

7th St/Metro Center
14, 16, 18, 20, 26, 37, 51, 52, 53, 55, 60, 62, 66, 70, 71, 76, 78, 79, 81, 316, 352, 355, 378, 439, 445, 450x, 485, 487, 489, 720, 760, 770, AV785, BBB 10, CE409, 422, 423, 431, 437, 438, 448, 534, DASH A, B, E, F, IE, F Wknds), FT493, 497, 498, 499, 699, Silver Streak, M40, 50, 341, 342, OC701, 721, SC799

▶ Los Angeles City Hall

Mit seinen 138 Metern Höhe war das Rathaus jahrzehntelang das höchste Gebäude der Stadt. Schon 1928 wurde es so gebaut, dass es Erdstößen bis zu 8,2 auf der Richter Skala standhalten soll. Im 27. Stock liegt eine Aussichtsplattform, von der man einen schönen Blick auf die nahegelegene Downtown genießen kann. In dem Kinoklassiker Krieg der Welten von 1953 wird die City Hall von den außerirdischen Invasoren zerstört.

✉ *200 N Spring St, Los Angeles CA 90012*
∞ *Frei*

▶ Broadway

Das kulturelle Zentrum der 20er und 30er Jahre ist heute vollständig in lateinamerikanischer Hand. Beim Klang mexikanischer Rancheras kann man sich auf der höchst lebendigen Haupteinkaufsstraße einen Taco und einen Tequila genehmigen. Oder man isst ausgesprochen gut und preiswert im Grand Central Market, mexikanisch, chinesisch, indisch oder japanisch. Wer sich nicht an den dreisten Tauben stört, die sich uneingeladen auf den Tischen niederlassen, kann am Nordostausgang unter schattenspendenden Bäumen sitzen und zusammen mit vielen anderen Nationalitäten die frisch zubereiteten Spezialitäten genießen. (Broadway zwischen 3rd und 4th Street). Der Broadway ist zwar kein schickes Einkaufszentrum, die finden sich anderswo in Los Angeles, aber einige Kuriositäten wird der mit offenen Augen umherschlendernde Besucher trotzdem erspähen.

Die kulturelle Blüte des Broadways lässt sich an den zahlreichen Theatern und Kinos nachvollziehen, die fast alle geschlossen sind und sich als Location für die Filmcrews aus Hollywood anbieten. Darunter das Los Angeles Theater, das mit der Uraufführung von Charlie Chaplins „Lichter der Großstadt" eröffnete.

Ein paar Blocks südöstlich des Broadways ändert sich das Ambiente schlagartig, von einer Straßenseite zur anderen beginnt South Central, ein vernachlässigtes, von Armut und Obdachlosigkeit geprägtes Viertel. Tagsüber nicht unbedingt gefährlich, sollte man sich einen Spaziergang nach Einbruch der Dunkelheit vielleicht doch vorher überlegen.

▶ Business District

Direkt nordwestlich des alten Zentrums um den Broadway erheben sich etwas höher gelegen die Wolkenkratzer des modernen Los Angeles. Hier dreht sich fast alles um Verwaltung, Finanzen und Versicherungen. In jüngster Zeit sind allerdings auch schicke neue Wohnungen gebaut worden, sodass auch nach Dienstschluss noch ein bisschen Leben herrscht. Zwischen den Hochhäusern gruppieren sich kleine geometrisch angelegte Plätze, alles ist blitzsauber und modern.

Für 25 Cents kann man die 20 Höhenmeter zum Business District mit dem Angel's Flight Railway überwinden. Mit 91 Metern Länge nennt sie sich die kürzeste Bahnlinie der Welt, was leider schlichtweg nicht richtig ist, es gibt tatsächlich noch kürzere. Die zweiminütige Fahrt beginnt direkt gegenüber des Hinterausgangs des Grand Central Markets. An der Endstation erwartet den Besucher ein kleiner Platz

City Hall

Walt Disney Concert Hall

mit Café und Auditorium. Die nächste Straße, die S Grand Avenue, führt einen Block nach rechts zum Museum of Contemporary Art und nach links in Richtung des höchsten Gebäudes der Stadt, dem 310 Meter hohen US Bank Tower. Im Film Independence Day wurde das Hochhaus von Aliens zerstört.

✉ 633 W Fifth St

Independence Day	
Originaltitel	Independence Day
Jahr	1996
Regie	Roland Emmerich
Hauptdarsteller	Will Smith, Jeff Goldblum
Genre	Science Fiction

▶ Museum of Contemporary Art

Das MOCA beherbergt eine der reichsten Sammlungen moderner Kunst der USA. Es konzentriert sich besonders auf amerikanische Künstler aus Pop Art, Minimalismus und abstraktem Expressionismus, darunter Jackson Pollock, Roy Lichtenstein, Robert Rauschenberg und Elizabeth Murray. Beeindruckend ist auch die umfangreiche Sammlung dokumentarischer Fotos.

✉ 250 S Grand Ave, Los Angeles CA 90012
🕐 Mo 11-17h, Do 11-20h, Fr 11-17h, Sa & So 11-18h
💰 Erwachsene: $ 10, Schüler, Studenten und Senioren: $ 5, Kinder: frei, Do 17-20h: Eintritt frei
☎ 1-213 621 1741
🖥 www.moca-la.org

▶ Walt Disney Concert Hall

Kaum hundert Meter vom MOCA glitzert das Music Center in der Sonne. Entworfen vom Stararchitekten Frank Gehry, der im gleichen Stil das Guggenheim Museum in Bilbao und eine Reihe von Gebäuden in Deutschland entwarf, beherbergt der Konzertsaal das Los Angeles Philharmonic Orchestra. Das Gebäude kann außerhalb von Konzertereignissen besichtigt werden, allerdings bleibt einem das Auditorium selbst wegen Orchesterprobe verschlossen.

✉ 135 N Grand Ave, Los Angeles, CA 90012
🕐 10-14h, je nach Veranstaltung aber unregelmäßig geschlossen
💰 Frei
☎ 1-213 972 4399
🖥 www.musiccenter.org

▶ Grammy Museum

Was der Oskar in der Filmwelt, ist der Grammy im Musikbusiness. Seit 1959 werden alljährlich herausragende Werke und Künstler in den vier Hauptkategorien „Bestes Album", „Bester Song", „Bester Newcomer" und „Bestes Produktionsteam" geehrt. Weniger beachtet werden die meisten der über 100 Spartenpreise. Das vierstöckige Museum versucht, die moderne amerikanische Musik in ihrer Vielfalt zu dokumentieren und musikalische Innovation in Beziehung zu sozialen Veränderungen zu setzen.

- ⊠ 800 W Olympic Blvd, Los Angeles CA 90015
- 🕐 Mo-Fr 11.30-19.30h, Sa & So 10-19.30h
- ⊘ Erwachsene: $ 12,95, Senioren: $ 11,95, Kinder 6-17 Jahre: $ 10,95
- ☎ 1-213 765 6800
- 🖳 www.grammymuseum.org

▶ Chinatown

Das Zentrum der chinesischen Community in L.A. ist bedeutend kleiner als die Chinatown San Franciscos, aber mit seinen kitschig anmutenden Pagoden, Läden, Restaurants und Galerien durchaus einen Spaziergang wert. Die Straßenschilder sind zweisprachig englisch und chinesisch.

Schon in den 1850er Jahren waren die ersten chinesischen Immigranten an die kalifornische Westküste gekommen. Um die Wende zum 20. Jahrhundert zählte Chinatown gut 3.000 Bewohner. Es gab damals sogar eine chinesische Oper.

- ⊠ 900 N Hill St, Los Angeles CA 90012
- ⇨ Das Zentrum bildet der Block zwischen N Hill St und N Broadway, oberhalb der W College St, etwa 500 m von El Pueblo. Chinatown hat auch eine eigene Metrostation an der Golden Line.
- 🖳 www.chinatownla.com

▶ Hollywood

Der Distrikt am Fuße der Hollywood Hills, die eigentlich Santa Monica Mountains heißen, ist natürlich der Besuchermagnet schlechthin in Los Angeles. Glamour und Reichtum ziehen Neugierige wie Karriereträumer magisch an. Hollywood bietet aber etwas für jeden Geschmack. Es gibt eine Fülle von Museen, (film-) historische Flecken, schicke Boutiquen, hochspezialisierte Läden und ein ausgeprägtes Nachtleben. Natürlich spekulieren viele Besucher darauf, einen Blick auf irgendeine Berühmtheit werfen zu

Chinatown

können, die Chance ist aber ohne Insiderinformationen eher gering. Die „Celebs" sind ein öffentlichkeitsscheues Völkchen und obendrein meist von einer Horde von Leibwächtern umgeben.

In jedem Fall dreht sich fast alles um die Filmindustrie, die allerdings eher zufällig nach Hollywood kam. Als die New Yorker Produktionsfirma Biograph 1910 ein Filmteam nach Los Angeles schickte, waren das Dörfchen Hollywood und die Stadt Los Angeles noch nicht miteinander verwachsen. Man drehte in Downtown, doch auf der Suche nach alternativen Kulissen stieß man auf das freundliche Hollywood. Das Team nistete sich monatelang ein und drehte gleich mehrere Filme.

1911 baute eine Firma aus New Jersey das erste Studio auf. Dann ging es Schlag auf Schlag, wenige Jahre später schon wurde die Mehrheit der amerikanischen Stummfilme am Fuße der Hollywood Hills gedreht.

Hollywood ist ein selbständiger Distrikt innerhalb der Stadt Los Angeles und zählt rund 200.000 Einwohner, entspricht also einer mittleren Großstadt. Zwar ist die Bevölkerungsdichte hoch, dennoch sind die Ausdehnungen und damit auch die Entfernungen ganz ansehnlich. Der Hollywood Boulevard beispielsweise ist sieben Kilometer lang.

▶ Hollywood Sign

Die riesigen Lettern hoch in den Hügeln Hollywoods kennt jeder. Der meistfotogra-fierte Star des Filmbusiness ist genauso abgeschirmt wie die zweibeinigen Berühmtheiten. Es ist strikt verboten, sich den 16 Meter hohen Buchstaben auch nur zu nähern, die meterhohen Sicherheitszäune werden von Kameras und uniformiertem Wachpersonal beschützt.

1923 wurden die gigantischen Zeichen als Werbegag für das Immobiliengeschäft in der aufblühenden Filmmetropole errichtet. Ursprünglich lautete der Schriftzug „Hollywoodland" und sollte nur ein Jahr stehenbleiben. Daraus wurden dann acht Jahrzehnte. 1949 fand eine umfangreiche Renovierung der zwischenzeitlich ziemlich heruntergekommenen Ikone statt, wobei das „land" endgültig entfernt wurde. 1973 erklommen unbekannte Vertreter der Hippiebewegung die Hügel und modifizierten die Lettern in „Hollyweed", um damit für eine Aufweichung des Verbots von Marihuana zu demonstrieren.

In der urbanen Landschaft ist es gar nicht so einfach, einen ungehinderten Blick auf das Symbol zu werfen, und in den Hauptstraßen Hollywoods ist man gut 3,5 Kilometer weit entfernt. Die beste Sicht kann man an folgenden Stellen erhaschen.

▶ Die beste Sicht

Hollywood & Highland Center

Der Shopping- und Vergnügungskomplex wurde von den Architekten so geplant,

dass sich für den Besucher multiple Foto-
möglichkeiten ergeben. Die Entfernung beträgt aber knapp 4 Kilometer.

✉ *Ecke Hollywood Blvd / Highland Ave*

Canyon Lake Drive
Auf der kleinen Bergstraße kommt man bis
auf etwa 700 Meter an das Kultobjekt heran, allerdings mit einem Blickwinkel von
schräg unten. Von einem Park an der Straße hat man ungehinderte Sicht.

North Beachwood Drive
Den besten Blickwinkel hat man zwischen
den kleinen Querstraßen Glen Holly und Glen
Oak. Distanz zu den Lettern: 1,7 Kilometer.

▶ Hollywood Walk of Fame
Abgesehen von den Lettern in den Hügeln,
ist die vielfach kopierte Spaziermeile mit
den Sternchen für die Stars bestimmt das
bekannteste Feature Hollywoods. Knapp
2.400 Sterne mit den eingravierten Namen
von Stars aus Musik- und Medienwelt sind
alle paar Meter in die Gehwegplatten eingelassen. Jährlich kommen zwei Dutzend
neuer Namen hinzu. Vier Sterne sind bisher gestohlen und natürlich schnell ersetzt
worden. Die Glücklichen waren James Ste-
wart, Kirk Douglas, Gene Autry und zuletzt
Gregory Peck.

Wer seinen persönlichen Liebling
sucht, muss entweder einige Meilen zu
Fuß zurücklegen oder sucht sich vorher im
Internet den genauen Standort.

✉ *Hollywood Blvd zwischen Gower St und La Brea
Avenue und Vine St zwischen Sunset Blvd und
Yucca St*
🖥 *www.hollywoodchamber.net/index.php?module=wof*

▶ Hollywood Boulevard
Die berühmte Ost-West-Achse war in den
90er Jahren ziemlich heruntergekommen, sodass die Stadt Los Angeles ein
Revitalisierungsprogramm ins Leben ru-
fen musste. Zentraler Bestandteil waren
das Kodak Theatre und das zugehörige
Shopping Center Hollywood and Highland. Inzwischen ist die Vergnügungsmeile wieder in. Der lebendigste Abschnitt
liegt westlich der Kreuzung mit der Vine
Street. Ein angenehmer Zufall, genau
hier liegt die Metrostation Hollywood and
Vine. Und hier knickt auch der Hollywood
Walk of Fame um 90 Grad in die Vine
Street ab.

▶ Capitol Records
Der Sitz der berühmten Plattenfirma war
beim Bau 1956 das erste runde Bürogebäude der Welt. Capitol Records gehört
dem Giganten EMI. Die Beach Boys, die
Beatles, Pink Floyd, Frank Sinatra und die
Beasty Boys wurden neben vielen anderen
von dem Label verlegt. Im Gebäude finden
sich auch die Capitol Studios, in denen
nicht nur Künstler des Labels ihre Platten
aufnehmen.

✉ *1750 N Vine St, Los Angeles CA 90028*
🖥 *www.capitolrecords.com*

▶ Grauman's Egyptian Theatre

Mit seiner neo-ägyptischen Dekoration ist das 1922 erbaute Kino eines der berühmtesten der Welt. Die Idee wurde von Filmtheatern in anderen Städten der USA kopiert. Mit dem Niedergang Hollywoods in den 80er und 90er Jahren, ging es auch mit dem Egyptian Theatre bergab. 1996 verkaufte es die Stadt Los Angeles für einen symbolischen Dollar an einen Investor, der in eine umfangreiche Renovierung investierte.

- ✉ 6712 Hollywood Boulevard, Los Angeles CA 90028
- 🕐 Abendvorstellung meist 19.30h oder 20.00h, seltener Nachmittags- und Nachtvorstellungen
- 💲 Erwachsene: $ 11, Studenten & Senioren: $ 9, Kinder: $ 7
- ☎ 1-323 466 3456
- 🖥 www.egyptiantheatre.com

▶ Hollywood Wax Museum

Ein Wachsfigurenkabinett mit den Stars des Films darf keinesfalls in Hollywood fehlen. Wenn man die Berühmtheiten schon nicht lebendig trifft, kann man sich wenigstens 180 lebensgroßen Modellen von Marilyn Monroe bis Angelina Jolie gegenüberstellen.

- ✉ 6767 Hollywood Blvd, Los Angeles CA 90028
- 🕐 Täglich 10-24h
- 💲 Erwachsene: $ 15,95, Senioren: $ 13,95, Kinder 5-12 Jahre: $ 8,95
- ☎ 1-323 462 5991
- 🖥 www.hollywoodwax.com

▶ Kodak Theatre

Das 3.400 Besucher fassende Theater wurde für die speziellen Bedürfnisse der Oscar-Verleihungen entworfen. Beispielsweise wurde ein besonderer Pressesaal eingegliedert, damit 1.500 Journalisten ihre Berichte in alle Welt leiten können. An den restlichen 364 Tagen im Jahr finden hier Konzerte, Musical- und Theateraufführungen oder auch Firmenkonferenzen statt. Außerhalb von Veranstaltungen kann das Theater auch besichtigt werden.

- ✉ 6801 Hollywood Blvd, Los Angeles CA 90028
- 🕐 Besichtigungstouren vom 1.6.-31.8 täglich 10.30-16.00h, sonst 10.30-14.30h
- 💲 Je nach Veranstaltung. Besichtigung: Erwachsene: $ 15, Senioren, Kinder & Jugendliche: $ 10, Kinder unter 3 Jahren: frei
- ☎ 1-323 308 6300
- 🖥 www.kodaktheatre.com

▶ Grauman's Chinese Theatre

Nach dem durchschlagenden Erfolg des nahegelegenen Egyptian Theatre wurde schnell noch die chinesische Variante nachgeschoben. Anlässlich der regelmäßig stattfindenden Filmpremieren versammeln sich Hunderte vor dem Eingang, um einen Blick auf die Darsteller werfen zu können. An anderen Tagen ist es ein normales, wenn auch weltberühmtes Filmtheater. Vor dem Chinese Theatre findet man Hand- und Fußabdrücke von 200 Persönlichkeiten von Harold Lloyd bis Johnny Depp. Auch die deutsche Sängerin und Schauspielerin Hildegard Knef, die knapp 20 Jahre in den USA aktiv war und amerikanische Staatsbürgerin wurde, hat sich hier verewigt, allerdings mit der amerikanisierten Version ihres Namens „Hildegarde Neff". Anstehende Filmpremieren werden auf der Website angekündigt.

- ✉ 6925 Hollywood Bvd, Los Angeles CA 90028
- 🎦 Etliche Filmvorführungen, täglich vom späten Vormittag bis zum späteren Abend
- ⊘ Normalerweise Erwachsene: $ 11,75, Senioren: $ 9, Kinder: $ 9
- ☎ 1-323 464 8111
- 🖥 www.manntheatres.com

▶ Roosevelt Hotel

Im historischen Roosevelt steigen seit Jahrzehnten Berühmtheiten ab oder ziehen gleich ganz ein. Marilyn Monroe verbrachte zu Anfang ihrer Karriere zwei Jahre in der Suite 1200 mit Blick auf den Pool. Eine Reihe von Leuten behauptet, ihren Geist im Ballsaal tanzen gesehen zu haben. Genau hier wurde 1929 der erste Oscar vergeben.

- ✉ 7000 Hollywood Boulevard, Los Angeles CA 90028
- ⊘ Doppelzimmer: ab ca. $ 300
- ☎ 1-800 950 7667
- 🖥 www.hollywoodroosevelt.com

▶ Hollywood Museum

Das unentbehrliche Museum für die Filmgeschichte zeigt eine riesige Sammlung von Objekten aus Filmen aller Epochen, so zum Beispiel Hannibal Lectors Zelle aus „Das Schweigen der Lämmer", Kleider von Marylin Monroe oder Indiana Jones' Peitsche.

- ✉ 1660 N Highland Ave, Los Angeles CA 90028
- 🎦 Mi-So 10-17h
- ⊘ Erwachsene: $ 15, Senioren & Kinder: $ 12
- ☎ 1-323 464 7776
- 🖥 www.thehollywoodmuseum.com

Grauman's Chinese Theatre

▶ Sunset Boulevard

Die zweite berühmte Straße Hollywoods ist noch wesentlich länger und erreicht zwischen Santa Monica und Malibu den Pazifikstrand. Der bekannteste und lebendigste Abschnitt ist der Sunset Strip in West Hollywood mit Läden, Restaurants und Nachtleben. Die Krimiserie 77 Sunset Strip aus den frühen 60ern war hier angesiedelt. Die Adresse existiert in Realität nicht, da die Straße offiziell Sunset Boulevard heißt. Interessant ist der Sunset Boulevard besonders für Musikfreunde, denn hier reihen sich Tonstudios, Plattenläden, Instrumentengeschäfte und Musikclubs auf.

▶ Amoeba Records

Der gigantische Plattenladen ist eine Fundgrube für neue und gebrauchte Schallplatten und CDs. Gelegentlich finden sogar Konzerte statt. Fabrikneue Artikel tragen weiße Preisschilder, gebrauchte farbige.

✉ *6400 Sunset Blvd, Los Angeles CA 90028*
🕐 *Mo-Sa 10.30-23h, So 11-21h*
💻 *www.amoeba.com*

▶ Sunset Sound Studios

Die in den 1962 gegründeten Studios haben fast alles aufgenommen, was in der Musikwelt Rang und Namen hat, von den Stones über Tom Waits zu den Dixie Chicks. Über 200 goldene Schallplatten sind hier eingespielt worden. Leider kann man das Studio nicht besuchen, denn es ist weiterhin als Produktionsstätte für Millionenhits aktiv.

✉ *6650 Sunset Boulevard, Los Angeles CA 90028*
💻 *www.sunsetsound.com*

▶ Book Soup

Einer der bestbestückten, unabhängigen Buchläden weit und breit veranstaltet regelmäßig Lesungen mit teils hochkarätigen Autoren. Auf dem amerikanischen Buchmarkt, fast vollständig in der Hand von einigen wenigen gigantischen Buchhandelsketten wie Barnes & Noble, lassen sich nur noch wenige solcher Perlen finden.

✉ *8818 Sunset Blvd, Los Angeles CA 90028*
🕐 *Mo-Sa 9-22h, So 9-21h*
💻 *www.booksoup.com*

▶ Hollywood Bowl

In dem berühmten Freilufttheater mit einer Kapazität von 17.000 Sitzplätzen finden im Sommer fast täglich Konzerte aller Musikrichtungen statt. In Europa ist die Bühne vor allem durch den Film vom Auftritt der britischen Komiker-Truppe Monty Python bekannt geworden.

Die Parkplatzkapazitäten sind bei Veranstaltungen äußerst begrenzt. An der Ecke Hollywood Blvd / Highland Ave fährt ab etwa zweieinhalb Stunden vor Konzert-

Griffith Observatory

beginn ein Shuttle Bus ab, der praktischste Anfahrtsweg.
- ✉ 2301 N Highland Ave, Los Angeles, CA 90068
- ⇨ HW101, Exit Highland Ave (9B)
- 💻 www.hollywoodbowl.com

Monty Python Live at the Hollywood Bowl	
Originaltitel	Monty Python Live at the Hollywood Bowl
Jahr	1982
Regie	Terry Hughes, Ian McNaughton
Hauptdarsteller	Graham Chapman, John Cleese, Terry Gilliam
Genre	Aufzeichnung eines Live-Auftritts

▶ Griffith Observatory

Die alte Sternwarte mit Planetarium bietet
außer Vorführungen und Ausstellungen
einen grandiosen Blick über den urbanen
Giganten Los Angeles. Hier wurde die berühmte Messerkampf-Szene von James
Deans „ ...denn sie wissen nicht, was sie
tun" gedreht. Die Hollywood-Ikone wird mit
einer Bronzebüste geehrt. Im Hintergrund
schillert weit entfernt das Hollywood-Sign.
Auch einige Prügelszenen des Terminators
wurden hier abgedreht.

Das Observatorium liegt im größten
städtischen Park von Los Angeles. Am
Nordende des Parkplatzes geht der populäre Charlie Turner Wanderweg ab, der auf
einer vier Kilometer langen Rundtour den
500 Meter hohen Gipfel des Mount Hollywood erklimmt. Von dort bieten sich großartige Blicke in die Bucht von Los Angeles,
das San Fernando Valley und auf die San
Gabriel Mountains.

- ✉ 2800 E Observatory Rd, Los Angeles, CA 90027
- ⇨ Vom Hollywood Boulevard auf der N Western
  Ave nach Norden, nach der Rechtskurve gleich
  die erste links in den Ferm Dell Dr,
  nach 2 mi/3 km rechts in die Observatory Rd
- 🕐 Mi-Fr 12-22h, Sa-So 10-22h
- ⊗ Planetariumsvorstellungen: Erwachsene: $ 7,
  Senioren: $ 5, Kinder: $ 3
- ☎ 1-213 473 0800
- 💻 www.griffithobservatory.org

...denn sie wissen nicht, was sie tun	
Originaltitel	Rebel Without a Cause
Jahr	1955
Regie	Nicholas Ray
Hauptdarsteller	James Dean, Natalie Wood
Genre	Pubertätsdrama

Terminator	
Originaltitel	The Terminator
Jahr	1984
Regie	James Cameron
Hauptdarsteller	Arnold Schwarzenegger
Genre	Science Fiction

Am Griffith Observatory vermöbelt der Terminator ein paar Punks und stiehlt ihre Klamotten. Auch die schönen Nachtaufnahmen der Stadt entstanden hier.

▶ Warner Bros Studio

Die 45 Hektar großen Studioanlagen beherbergen auch alle Werkstätten und die Einrichtungen für die Postproduktion. Hier wurden hunderte von Filmen für jeden Geschmack produziert, von Kung Fu bis zum Exorzisten, von Batman bis Jenseits von Eden. Der Filmliebhaber erfährt jede Menge Klatsch und Tratsch aus Hollywood. Zum Beispiel, dass einst das Gerücht gestreut wurde, der spätere Präsident Ronald Reagan sollte die Hauptrolle in Casablanca übernehmen und nicht Humphrey Bogart.

- ✉ 3400 Riverside Dr, Burbank CA 91505
- ⇨ Von Hollywood auf der Highland Ave nach Norden, nach 1 km rechts in die Odin St, nach 300 m links in den N Cahuenga Blvd, der Straße 2,5 km folgen, rechts in den Barham Blvd, dem Straßenverlauf 3 km folgen und rechts in den W Riverside Dr
- 🕐 Mo-Fr 8.20-16h
- 💲 Pro Person: $ 48
- ☎ 1-818 972 8687
- 💻 www2.warnerbros.com/vipstudiotour

▶ Universal Studios Hollywood

Einen Blick hinter die Kulissen des Filmgeschäfts verspricht auch der Themenpark der Universal Studios mit Originalkulissen von Psycho bis Jurassic Park. Dazu gibt's Achterbahnen und alle Arten amerikanischer Unterhaltung. Der Park gliedert sich in zwei Ebenen, die durch die weltgrößte Rolltreppe verbunden sind. Auf der oberen Ebene liegen die eigentlichen Studios. Mit einer Art Straßenbahn durchfährt man die Kulissen etlicher populärer Streifen und wird schließlich noch bei einem simulierten Erdbeben kräftig durchgeschüttelt.

- ✉ 100 Universal City Plaza, Los Angeles, CA 91602
- ⇨ Von Hollywood auf der Highland Ave nach Norden, nach 1 km rechts in die Odin St, nach 300 m links in den N Cahuenga Blvd, nach 3 km rechts in den Universal Studios Blvd.
- 🕐 Variieren von Monat zu Monat, im Sommer 9-20h, Sa-So 9-18h
- 💲 Erwachsene: $ 74, Kinder bis 1,22 Meter Größe: $ 64
- 💻 www.universalstudioshollywood.com

▶ Watts Towers

Das skurrile Architekturkunstwerk errichtete der italienische Einwanderer und unausgebildete Arbeiter Simon Rodia zwischen 1921 und 1954 in seiner Freizeit. Vorher hatte Rodia trinksüchtig und obdachlos in San Francisco gelebt. 1959 erging eine Abrissverfügung gegen die Türme aus Stahlrohren und die seltsamen Gebäude aus Zement, Flaschen, Schrottteilen, Muscheln und Porzellanscherben. Glücklicherweise blieben die Strukturen stehen und wurden 1990 unter Denkmalschutz gestellt. Der berühmte Jazzbassist Charles Mingus stammt aus Watts und wirkte bei der Gründung des Charles Mingus Youth Arts Center mit, das im Besuchszentrum der Watts Towers junge lokale Nachwuchskünstler unterstützt und ausstellt.

- ✉ 1765 East 107th Street, Los Angeles CA 90002
- 🕐 Di-Sa 10-16h, So 12-16h
- 💲 Erwachsene: $ 7, Jugendliche 13-17 Jahre: $ 3, Kinder: frei
- ☎ 1-213 847 4646
- 💻 www.wattstowers.us

▶ Getty Center

Der Öl-Milliardär Jean Paul Getty aus Minneapolis trug im Laufe seines Lebens eine riesige Kunstsammlung zusammen. Dabei konzentrierte er sich auf europäische Malerei vor dem 20. Jahrhundert und etruskische, griechische und römische Antiquitäten. Aus Italien und Griechenland kamen Klagen wegen Kunstdiebstahls. Die namhafte Sammlung ist im eigens errichteten Getty Center zu bewundern.

✉ 1200 Getty Center Drive, Los Angeles CA 90049

🕐 Di-Fr 10-17.30h, Sa 10-21h, So 10-17.30h

🅿 Frei, aber eine Parkgebühr von $ 15 wird fällig, nach 17h: frei

☎ 1-310 440 7300

🖥 www.getty.edu

Websites

🖥 www.discoverlosangeles.com

🖥 Website des öffentlichen Nahverkehrs mit Karten zum Ausdrucken: www.metro.net

🖥 Los Angeles Police Department, Kriminalstatistiken, Karten und eine beeindruckende Fotoserie der meistgesuchten Delinquenten: www.lapdonline.com

ℹ Visitor Information

🛈 Downtown Los Angeles Visitor Information Center

✉ 685 S Figueroa St, Los Angeles CA 90017

☎ 1-213 689 8822

🏛 Beverly Hills (35.000 EW)

Der teuerste Immobilienmarkt der USA ist weltweit ein Begriff und steht für meter-

Watts Towers

Beverly Hills City Hall

hoch ummauerte Luxusvillen, in denen sich Multimillionäre vor dem Rest der Welt verschanzen. Entgegen ihrem Ruf beherbergt die Stadt auch eine Menge Apartmentblocks, vor allem südlich des Wilshire Boulevard. Auch die große Zahl an Einwanderern, besonders aus Asien und dem Mittleren Osten mag überraschen. Nach dem Sturz des Schahs 1979 zogen viele gut betuchte Iraner in den Distrikt.

Doch der Hang zum Luxus ist unübersehbar und findet seinen Höhepunkt in den surrealistisch anmutenden Boutiquen des Rodeo Drive, der teuersten und exklusivsten Shoppingmeile von Los Angeles oder wahrscheinlich des ganzen Landes. In der romantischen Komödie „Pretty Woman" ging Julia Roberts mit Kreditkarten des Liebhabers ausgestattet auf dem Rodeo Drive auf Einkaufstour.

Pretty Woman	
Originaltitel	Pretty Woman
Jahr	1990
Regie	Gary Marshall
Hauptdarsteller	Richard Gere, Julia Roberts
Genre	Romantische Komödie

In einem Geschäftsdistrikt im südlichen Beverly Hills steht das 150 Meter hohe Nakatomi Plaza Bürohochhaus, in dem sich die Handlung von „Stirb langsam" abspielt. Das Gebäude heißt in Wirklichkeit Fox Plaza und erhebt sich an der ⊠ 2121 Avenue of the Stars.

Stirb langsam	
Originaltitel	Die hard
Jahr	1988
Regie	John McTiernan
Hauptdarsteller	Bruce Willis
Genre	Action

⛽ Soundtrack Los Angeles

Künstler	Titel	Album	Jahr	Genre
Charles Mingus	Smog L.A.	Charles Mingus	1956	Jazz
The Doors	L.A. Woman	L.A. Woman	1971	Rock
Booker T. & the MG's	L.A. Jazz Song	Melting Pot	1971	Soul
Neil Young	L.A.	Time fades away	1973	Folk
War	L.A. Sunshine	Platinum Jazz	1976	Funk
Slade	L.A. Jinx	Nobody's Fools	1976	Glamrock
The Adolescents	L.A. Girl	The Adolescents	1981	Punkrock
Frank Sinatra	L.A. is my Lady	L.A. is my Lady	1984	Swing
The Fall	L.A.	This Nation's Saving Grace	1985	Alternativ-rock
Frank Black	Los Angeles	Frank Black	1993	Alternativ-rock
Butthole Surfers	L.A.	Electric Larryland	1996	Punk
Sugarcult	Los Angeles	Lights Out	2006	Alternativ-rock
Amy MacDonald	L.A.	This Is the Life	2007	Songwriter
Counting Crows	Los Angeles	Saturday Nights & Sunday Mornings	2008	Rock
Snoop Dogg	Los Angeles	Revival	2008	HipHop
Peggy Lee	Los Angeles Blues	Blue Cross Country	1961	Swing
Arlo Guthrie	Coming into Los Angeles	Running down the Road	1969	Songwriter
Lightnin' Hopkins	Los Angeles Boogie	California Mudslide	1969	Blues
Al Stewart	Electric Los Angeles Sunset	Zero she flies	1970	Songwriter
Harpo	The Ballad of Los Angeles	The Hollywood Tapes	1977	Songwriter
Mötley Crüe	Saints of Los Angeles	Saints of Los Angeles	2008	Rock
Bad Religion	Los Angeles is burning	The Empire strikes first	2004	Punkrock
They might be Giants	Los Angeles	Venue Songs	2010	Rock

Farben der Gewalt – Gangland

If ya fuck with me, the police are gonna hafta come and get me.

Wenn du dich mit mir anlegst, wird die Polizei ausrücken müssen, um mich festzunehmen.

Die Rapper N.W.A. – Niggaz with Attitude in dem Stück „Straight outta Compton"

Firestone Boulevard, kurz vor der Kreuzung Atlantic Avenue in South Gate, neun Meilen südlich von Downtown Los Angeles. Ein warmer Novembertag, ein Möbelladen namens „Furniture Outlet" auf der nördlichen Straßenseite. Auf dem Parkstreifen hält ein vollbesetzter Wagen. Ein Elektromotor senkt das Fenster auf der Beifahrerseite. Der Lauf einer 9-Millimeterpistole lugt hervor und feuert den Magazininhalt durch die Schaufensterfront. Die Kugeln zersplittern die billigen Spanplatten von Wohnzimmertischen und Ehebetten. Zwei Projektile durchschlagen den Oberkörper von Hector Marroquin und treten nahe der Wirbelsäule wieder aus. Im vier Kilometer entfernten St. Francis Hospital ist die Ärzteschaft an derartige Patienten gewöhnt und kann in diesem Fall ein Leben retten.

Das Opfer war ein bulliger, über 50-jähriger, tätowierter Glatzkopf, bei dessen Anblick man normalerweise lieber unauffällig die Straßenseite wechselt. Hector Marroquin aber galt in Los Angeles zeitweise als Hoffnungsträger. Nach jahrelanger Mitgliedschaft in der 18th Street Gang

hatte er sich auf die Seite des Gesetzes geschlagen und eine Organisation namens „No Guns" gegründet, die mittels Glaubwürdigkeit im Ghetto den Frieden auf den Straßen wieder herstellen wollte. Die Stadt Los Angeles unterstützte Marroquins Organisation mit insgesamt 1,5 Millionen Dollar. Doch kaum war der Friedensengel wieder genesen, brachten Journalisten ans Tageslicht, dass Marroquin freiberuflich automatische Waffen an New Yorker Straßengangs verhökerte. Kaum drei Monate später wurde er zu acht Jahren Zuchthaus verurteilt.

Direkt südlich von South Gate liegt Compton, der Inbegriff des Gangsterviertels. Der Polizeipräsident von Los Angeles nannte Compton den gefährlichsten Ort der USA. Die Mordrate übersteigt den amerikanischen Durchschnitt um das achtfache.

Hollywoods Filmindustrie machte den Stadtteil um den Erdball bekannt. In den späten 90ern waren Baseballmützen mit dem Schriftzug Compton ein Verkaufsschlager unter Pubertierenden in Japan. Die Nachbarorte Gardena, Lawndale,

Hawthorne und Redondo Beach dagegen tilgten den Straßennamen Compton Avenue aus ihren Stadtplänen, weil sie nicht mit dem bluttriefenden Gangsternest identifiziert werden wollen.

Los Angeles gilt gemeinhin als „Gang Capital" der USA. Die Polizeistatistik registriert über 700 kriminelle Banden im Stadtgebiet, die gesamte Mitgliederzahl wird von verschiedenen Untersuchungen mal auf 60.000, mal auf 100.000 geschätzt. 2005 gingen 269 Morde auf ihr Konto. Daneben widmet man sich Raub, Einbruch, Erpressung, Drogen- und Waffenhandel. Etwa 80 % aller Verbrechen sollen von Gangs verübt werden.

Das Phänomen ist allerdings alles andere als neu: Schon 1850 wurden in New York über 200 Streetgangs gezählt. Los Angeles war zu dieser Zeit noch ein Nest mit weniger als zweitausend Einwohnern. Doch 1920, zur Halbmillionenstadt gewachsen, galten Straßengangs bereits als schwerwiegendes soziales und politisches Problem. Die heutige Bandenlandschaft von LA hat ihre Wurzeln aber in den 60er Jahren: Die Black Panther Party bildete den gewaltbereiten Flügel der schwarzen Bürgerrechtsbewegung. Der lokale Kopf, Bunchy Carter, wurde 1969 bei einem Feuergefecht auf dem Campus der University of California erschossen. Die Parteiorganisation zerbrach in viele Splittergruppen, die ihre politischen Ziele aus den Augen verloren und in die Kriminalität abdrifteten. Raymond Washington gründete als 16jähriger die Crips, die zu Anfang mit schwarzen Lederjacken und Sonnenbrillen die Ästhetik der Panther imitierten.

Die Kriminalität der Gangs beschränkt sich heute aber keineswegs auf LA oder die Metropolen New York, Detroit, Chicago, St. Louis. Zweieinhalbtausend amerikanische Städte registrieren Probleme mit Jugendbanden, denen insgesamt 800.000 bis eine Million Mitglieder zugerechnet

werden. In den vergangenen zwanzig Jahren fielen etwa 25.000 junge Menschen der Straßengewalt zum Opfer.

Die Politik steht dem Problem weitgehend ratlos gegenüber. Sozialwissenschaftler sehen das Phänomen als unausweichliche Konsequenz der amerikanischen Gesellschaft. Die Gangkultur blüht in den Vierteln der armen und nicht-weißen Bevölkerung. Man spricht inzwischen von einer Unterklasse und meint damit Familien, die seit Generationen in Armut leben. Unter den schwarzen Jugendlichen in South Los Angeles liegt die Arbeitslosenrate bei 72 %. Ein „normaler" und legaler Lebensweg scheint nahezu ausgeschlossen, der Sprung in die Kriminalität unausweichlich. Drei Viertel aller männlichen Schwarzen aus den südlichen Problemgegenden landen mindestens einmal im Leben ins Gefängnis.

Die Mitgliedschaft in einer Gang dagegen verspricht Schutz, Geld, Ansehen und Halt in einer starken Gemeinschaft. Denn die Gang ist viel mehr als nur eine kriminelle Interessenvereinigung. Sie bedeutet Identifikation und Orientierung und erreicht den Status eines religiösen Glaubensbekenntnisses. Die Mitglieder tätowieren sich die entsprechenden Symbole auf die Haut und tragen mit Stolz Insignien wie Kopftücher oder Kleidung bestimmter Farbe. Man begrüßt sich mit speziellen Handzeichen oder Ritualen.

Die Bloods, wegen ihrer inzwischen vierzig Jahre andauernden Todfeindschaft mit den Crips weltweit bekannt, formen mit den Fingern beider Hände die Buchstaben ihres Namens. Sie schwören auf Modeartikel und Unterhosen der Marke Calvin Klein, weil man die Buchstaben CK auch als Abkürzung für „Crip Killer" interpretieren kann.

Symbole und die Identifikation mit der „hood", der Nachbarschaft, spielen eine zentrale Rolle im Leben der Gang.

Der „turf", das eigene Territorium, wird mit kryptischen Graffitis markiert. Ein senkrechter Pfeil zum Boden, die Buchstaben des Bandennamens und nur Insidern verständliche Drohungen proklamieren den territorialen Anspruch. „K" beispielsweise heißt Killer, „187" steht für den Strafgesetzartikel für Mord. Die Crips unterlegen den Buchstaben „B" wegen der Assoziation mit dem ewigen Rivalen mit einem „X". Der gemeinsame Feind aller Gangs ist „LAPD", das Los Angeles Police Department.

Die Identifikation mit der Nachbarschaft hat vielfach nicht nur einen territorialen, sondern auch einen rassischen Hintergrund. Der einst fast ausschließlich schwarze Süden von Los Angeles hat in den letzten Jahrzehnten einen massiven Zuzug von Latinos erlebt. Fast drei Viertel der Bevölkerung von Watts und Compton werden heute von „Chicanos" gestellt. Die Rivalität um preiswerten Wohnraum, die wenigen Jobs, soziale Unterstützung, Schul- und Kindergartenplätze gesellt sich zu den auf beiden Seiten weit verbreiteten Stereotypen. In der Vergangenheit waren Gewaltverbrechen überwiegend auf die eigene Sozialgruppe beschränkt. Schwarze kämpften gegen Schwarze, weil sie aus einem anderen Viertel stammten oder der rivalisierenden Gang angehörten. Eine weitere kulturelle Grenze trennte die Schwarzen mit afrikanischem Hintergrund von denen mit karibischen Wurzeln.

Inzwischen spricht man vom unerklärten Krieg zwischen Schwarzen und Latinos. Die Lateinamerikaner machen Jagd auf „morenos", während die Schwarzen „amigo shopping" gehen. Doch demgegenüber steht auch ein normales nachbarschaftliches Verhältnis, man geht gemeinsam zur Schule und zur Kirche und allenthalben sieht man gemischtrassige Elternpaare.

Es besteht aber kein Zweifel, dass die Latinos ihre eigene, effizient organisierte, Ganglandschaft aufgebaut haben und nicht wenige Kleinkriege gegen schwarze Rivalen führen. Die Polizei von Los Angeles schätzt den Anteil von Latino-Gangs inzwischen auf 50 % gegenüber 30 % schwarzen.

Und schließlich zählt das multikulturelle Amerika noch weit mehr ethnische Minderheiten, die sich in ähnlicher Form organisieren, wie beispielsweise Filipinos und Vietnamesen. Gemischtrassige Gangs sind daneben auch keine Seltenheit.

Die staatliche Ordnungsmacht bemüht sich seit Jahrzehnten vergeblich, die Bandenkriminalität in den Griff zu bekommen. In den 80er und 90er Jahren, als Crack, rauchbares Kokain, die Ghettos überschwemmte, setzte man auf die Politik der eisernen Faust. Polizeichef Darryl Gates rief die Operation „Hammer" ins Leben, eine großangelegte Strategie zur Säuberung der Stadt. Über mehrere Jahre stürmten Polizeihundertschaften Wohnblocks und nahmen beim kleinsten Anhaltspunkt auf ein Vergehen jeden Verdächtigen fest. Allein im April 1988 wurden an einem einzigen Wochenende 1.453 Personen in South Central verhaftet.

Die Einsätze stießen auf harsche Kritik, denn die Sicherheitskräfte bedienten sich der gleichen Methoden wie die Gangs. Bei Razzien wurde mit brutaler Gewalt vorgegangen, Mobiliar zertrümmert und hin und wieder der Schriftzug „LAPD rules" an Wände gesprüht – hier regiert die Polizei. Nicht wenige Ordnungshüter wechselten die Seite des Gesetzes. Der „Rampart Skandal" brachte 1997 schwerste Verbrechen ans Licht: Siebzig Beamten wurden wegen Beweisfälschung, Körperverletzung, Meineid, Diebstahl und sogar Banküberfall angeklagt.

Die Stadtherren rühmten sich jedoch ihrer zumindest statistischen Erfolge. Die

Mord- und Verbrechensraten gingen tatsächlich zurück. Kein Wunder, denn die staatlichen Gefängnisse hatten 25.000 zusätzliche Insassen bekommen. Doch die langfristigen Konsequenzen der Operation fallen eher in die Kategorie „katastrophal". Die Abneigung großer Bevölkerungsteile gegen die Polizei steigerte sich in ohnmächtige Wut. Der Gangsta-Rap verherrlichte das Leben außerhalb der Gesetze, identifizierte die Polizei als Erzfeind und verwandelte die Wut in blinden Hass.

1992 überrollten die schwersten Rassenunruhen der amerikanischen Geschichte den gesamten Süden von Los Angeles und breiteten sich bis nach Hollywood aus. Alle Fernsehsender hatten Videoaufnahmen gezeigt, wie vier Polizisten den schwarzen Autofahrer Rodney King bei einer Verkehrskontrolle ebenso brutal wie grundlos verprügelten. Die rassistische Polizeigewalt wurde für die Minderheiten ebenso eindeutig entlarvt wie die rassistische Justiz, die die angeklagten Beamten freisprach.

Die Unruhen explodierten drei Stunden nach der Urteilsverkündung. An der Kreuzung Normandie Ave / Florence Ave hatten sich einige hundert Jugendliche versammelt. Sie begannen, wahllos weiße Autofahrer zu verprügeln, und plünderten Tankstellen und Läden der Umgebung. Die Rebellion verbreitete sich schneller als ein Präriefeuer. Fast überall in der Stadt wurden massenhaft Geschäfte geplündert und Gebäude in Brand gesteckt. Ladenbesitzer verteidigten ihr Eigentum mit Waffengewalt, das Militär wurde zu Hilfe gerufen, doch kein Aufruf zur Ruhe konnte den Gewaltausbruch bremsen. Erst am vierten Tag wurde die Stadt mit dem Einmarsch von 4.000 Soldaten unter Kontrolle gebracht. Die tragische Bilanz: 55 Tote, über 2.000 Verletzte, 54.000 Festnahmen, 4.000 abgebrannte Gebäude.

In den Riots hatte sich die aufgestaute Spannung wie ein Blitz entladen. Für einige Zeit beruhigte sich die Situation, zwischen den Banden herrschte so etwas wie ein unausgesprochener Waffenstillstand. An den Lebensumständen der Unterprivilegierten änderte sich nichts. Was bis heute bleibt, ist die tief verwurzelte Abneigung gegen die Polizei. Im März 2010 bohrten Unbekannte ein Loch in das Dach einer Polizeiwache im Zentrum von Los Angeles und leiteten Erdgas aus dem öffentlichen Versorgungsnetz in das Gebäude. Der Anschlagsversuch wurde entdeckt, die Katastrophe konnte verhindert werden. Der kalifornische Oberstaatsanwalt sprach von urbanem Terrorismus. Die Banden rauben und töten weiter. Sinkende Verbrechensraten sind statistische Makulatur an einem sozialen Problem, das keine Aussicht auf Lösung verspricht. Die eiserne Faust des Gesetzes erzieht keine Jugendlichen ohne Zukunft. Man kann einen Menschen nicht mit Terror zu gutem Benehmen zwingen.

▶ Schauplätze

▶ Der Tod des Black Panther Führers

Schwere interne Auseinandersetzungen kulminierten am 17. Januar 1969 in den Todesschüssen auf Bunchy Carter bei einer Konferenz in der University of California. Jahre später kam ans Licht, dass die Black Panther von FBI-Agenten infiltriert waren, die die internen Konflikte zusätzlich angefacht hatten.

✉ *Campbell Hall, Charles E. Young Dr W, Los Angeles, CA 90095*

▶ Die Gründung der Crips

Raymond Washington formierte die Gang, der heute bis zu 35.000 Mitglieder zugerechnet werden, an der Freemont High

School. Der Gründer lehnte Schusswaffen konsequent ab, verlor aber bald den Einfluss auf seine Bande.

✉ 7676 South San Pedro Street, Los Angeles, CA 90003

▶ **Der Beginn der Riots vom April 1992**
Die ersten Gewaltakte ereigneten sich an der Kreuzung Florence Ave / Normandie Ave.

▶ **Eine Bustour durch die Gang-Geschichte**
Jedes mögliche Thema wird konsequent kommerziell ausgeschlachtet. Ein paar ehemalige Gangmitglieder kutschieren Touristen durchs Ghetto und plaudern aus dem Nähkästchen.

✉ 2301 Bellevue Avenue, Los Angeles, CA 90026
💲 $ 100
🖥 www.lagangtours.com

📺 **Filme**

Colors – Farben der Gewalt	
Originaltitel	Colors
Jahr	1988
Regie	Dennis Hoppper
Hauptdarsteller	Sean Penn, Robert Duvall
Genre	Drama

Boyz n the Hood – Jungs im Viertel	
Originaltitel	Boyz n the Hood
Jahr	1991
Regie	John Singleton
Hauptdarsteller	Laurence Fishburne, Cuba Gooding Jr., Ice Cube
Genre	Drama

Menace II Society	
Originaltitel	Menace II Society
Jahr	1993
Regie	Allen Hughes, Albert Hughes
Hauptdarsteller	Tyrin Turner, Larenz Tate
Genre	Drama

Vom Wasser geht der Durst nicht weg – Charles Bukowski

Drinking is a form of suicide where you're allowed to return to life and begin all over the next day. It's like killing yourself, and then you're reborn.

Das Trinken ist eine Form von Selbstmord, die dir erlaubt, am nächsten Tag ins Leben zurückzukehren und von vorn anzufangen. Es ist wie dich umzubringen und dann wiedergeboren zu werden.

Charles Bukowski (16.08.1920 - 09.03.1994) über Alkohol

Offensichtlich gibt es einen Zusammenhang zwischen Selbstzerstörung und kreativer Schaffenskraft. Literaten sind dem Alkohol ähnlich zugetan wie Rockmusiker. Alkohol löst die Zunge, entklebt das Hirn, und die Weinseligkeit entfesselt einen kreativen Rausch. Der Trunk heizt Phantasie und Wortgewalt an.

Vielleicht gehört das Image vom verzweifelten, triebhaften Eremiten aber auch zum modernen Starkult der Literatur. Ernest Hemingway, Dylan Thomas, Edgar Allen Poe und William Faulkner waren große Literaten – und große Säufer. Goethe galt als Genusstrinker, und von Friedrich Schiller wird behauptet, er habe für alle Fälle ansehnliche Weinvorräte gehortet. Doch kein anderer Poet wird so direkt und ausschließlich mit dem Suff verbunden wie Charles Bukowski. Sein Name ist Synonym für menschliche Abgründe, für Sumpf und Schmutz, Laster und Trieb, Ekel und Abschaum.

Bukowski gilt als der Poet der Gosse. Er schrieb von Säufern und Huren, von Pennern und Schlampen, von Verlierern und Knastbrüdern. Also in erster Linie von sich selbst. Gedichte und Geschichten ohne happy end, ohne happy beginning und ohne happy moments. Bukowski nannte die Dinge beim Namen, er war der menschgewordene Alptraum jeder Schwiegermutter.

Kulturelle Feingeister verachteten Bukowski als Schmuddelkind. Jede political correctness lag ihm fern, drum war er bei der Frauenbewegung als Chauvinist und bei guten Christen als Prediger der Sünde verhasst. Doch seine unumwundenen Bekenntnisse zum Laster machen Bukowski wiederum moralisch, denn man kann ihm alles Mögliche anlasten, aber niemals mangelnde Ehrlich-

keit. Bukowski hob keinen moralischen Zeigefinger, niemals belehrte er seine Leser, und wenn er kritisierte, dann immer zuerst sich selbst. Das macht den alten Griesgram sympathisch.

Lange Jahre war Bukowskis Werk kaum mehr als eine Sozialisationshilfe für Pubertierende oder ein Aufputschmittel für Voyeure. Inzwischen hat sich das Blatt gewendet. Trotz rüder Sprache und schmutziger Phantasien ist Bukowski salonfähig geworden. Die Literaturwissenschaft hat ihn als Forschungsobjekt entdeckt.

Bukowski war eine gemarterte Seele. Seine Kindheit war grausam, sagt er. Und zu einer schaurigen Kindheit braucht es keinen prügelnden Vater, keine herrschsüchtige Mutter und keinen sadisti-

schen, großen Bruder. Die Bukowskis waren eine scheinbar normale Familie. Doch Vater Henry war ein eingebildeter Snob, der den Rest der Menschheit verachtete. Er wollte nicht, dass sich Little Charles mit den Kindern der Nachbarschaft einließ. Der Sohn hasste den Vater voller Inbrunst sein ganzes Leben lang und rechnete literarisch mit ihm ab. In „Ham on Rye" nannte er ihn einen „schicken, grauenhaften Bastard, der aus dem Rachen stank". Bukowski störte es auch nie, wenn andere seine Mutter beleidigten, er mochte sie schließlich selber nicht.

Charles erblickte 1920 in Andernach am Rhein das trübe Licht einer unfreundlichen Welt. Ein deutscher Dichter wurde er nicht. Die Wirtschaftskrise machte

Charles Bukowskis Bungalow in der De Longpre Avenue

das Überleben in Deutschland schwierig. 1923 schiffte die Familie in Bremerhaven ein und wanderte nach Baltimore aus. Wenige Jahre später zog sie nach Los Angeles weiter, wo die vaterseitigen Großeltern lebten. Der Vater war oft arbeitslos, aber irgendwie brachte er die Familie durch, wenn auch meist in direkter Nachbarschaft zur Armutsgrenze.

Zu Charles' ungeliebten Eltern gesellte sich die Ablehnung der Mitschüler. Ob seiner fremden Herkunft nannten sie ihn „Heini" und spotteten über den krautigen Akzent seiner Mutter. Regelmäßig setzte es Prügel von den größeren Jungs. In der Pubertät wurde er von schwerer Akne heimgesucht, was bei den Nachbarskindern alles andere als Mitleid auslöste. Charles Bukowski wurde früh zum Einzelgänger und überzeugten Verachter der Menschheit. Die vertrackte Kindheit hat mich kaputt gemacht, sagte er später.

Nach dem Schulabschluss schrieb er sich kurzfristig als Student für Journalismus ein. Erste literarische Versuche schlugen fehl, und Bukowski versackte. Er flüchtete in selbstzerstörerische Exzesse. Suff und Frauen. Jahrelang tingelte er ziellos durch die Staaten, von LA nach Philadelphia, von Philadelphia nach New Orleans. Er hauste in lausigen Absteigen und nahm billige Gelegenheitsjobs an, als Tankwart, Erntehelfer und angeblich auch als Leichenwäscher. Bukowski nannte diese Phase später einfach nur „zehn Jahre Trunkenheit". Mit 35 war er fast am Ende. Er sprang dem Tod im letzten Moment von der Schippe, als er mit einem blutenden Magengeschwür ins Krankenhaus eingeliefert wurde.

Ob die Schocktherapie half oder ob Bukowski dachte, es bliebe ihm nicht mehr viel Zeit, um seine Memoiren zu Papier zu bringen, ist nicht klar, aber er begann wieder zu schreiben. Er versuchte, sein Leben halbwegs in den Griff zu kriegen. Zurück in Los Angeles verdingte er sich als Briefträger und heiratete. Doch nicht einmal seine Frau glaubte an seine literarische Begabung. Die Ehe hielt nur zwei Jahre, danach fiel Bukowski erneut in ein tiefes Loch. 1961 unternahm er einen Selbstmordversuch. Je tiefer er in Depressionen verfiel, umso größer wurde sein literarischer Ausstoß. Wie besessen hackte er seine Wut, Frustration und Einsamkeit in die Tasten der Schreibmaschine. Das Schreiben wurde zum Zwang. Er musste sein ruiniertes Dasein verarbeiten. Renommierte Verlage lehnten seine schroffe Schreibe natürlich ab, doch immerhin fand er Absatz im literarischen Untergrund. Während er als Briefesortierer überlebte, gewann er allmählich die Herzen einer kleinen Fangemeinde.

1969, im Alter von 49 Jahren, kam die Wende in Bukowskis Leben. Sein Mentor, der Verleger John Martin, bewilligte ihm Konditionen, die ein Leben ohne Lohnarbeit erlaubten. Für Bukowski der größte denkbare Segen, der vom Himmel fallen konnte. Fast gleichzeitig erschien die erste Übersetzung von „Aufzeichnungen eines Außenseiters" auf dem deutschen Markt, wo er schnell Erfolge feierte. Seine Dichterlesungen waren sagenumwoben, denn er lebte das vor, was er schrieb. Er leerte zwei Flaschen Wein auf dem Podium, geizte nicht mit bösartigen Kommentaren und beleidigte hin und wieder das Publikum.

Nach Deutschland kam er nur ein einziges Mal. Um seinen Auftritt in der Hamburger Markthalle 1978 kursieren noch heute die wildesten Gerüchte. Bukowski wurde zum Star und er wusste sich zu inszenieren. Als „dirty old man" verstarb er 1990 in San Pedro, ein paar Meilen westlich von Long Beach.

▶ Schauplätze

Charles Bukowskis Werk ist zutiefst mit seiner Heimat Los Angeles verbunden. Kein Wunder, denn er ist innerhalb der Stadtgrenzen so oft umgezogen, dass er jede Straße, jede Bar und jeden Winkel kennen musste.

▶ Die Kindheit
Die Familie Bukowski lebte zunächst in der 4511 W 28th St, Los Angeles, CA 90016, ab 1931 in der 2122 Longwood Avenue.

▶ Der Schulabschluss
Die Los Angeles High School besuchten auch Komponist John Cage und Schauspieler Dustin Hoffman.
✉ *4650 West Olympic Blvd, Los Angeles, CA 90019*

▶ Das Apartment
Bukowski bewohnte in Los Angeles gut zwanzig verschiedene Apartments. Von 1965 bis 1972 hielt er es immerhin sieben Jahre lang in der De Longpre Avenue aus. Das Gebäude wurde posthum zum historischen Schauplatz deklariert.
✉ *5124 DeLongpre Ave, Los Angeles, CA 90027*

▶ Das Postamt
Seinen frustrierenden Job als Briefesortierer verarbeitet er in dem Roman „Der Mann mit der Ledertasche", im Original schlicht „Post Office".
✉ *900 N Alameda St, Los Angeles, CA 90012*

▭ Filme

Ganz normal verrückt	
Originaltitel	Storie di ordinaria follia
Jahr	1981
Regie	Marco Ferreri
Hauptdarsteller	Ben Gazzara, Ornella Muti
Genre	Drama

Barfly	
Originaltitel	Barfly
Jahr	1987
Regie	Barbet Schroeder
Hauptdarsteller	Mickey Rourke, Faye Dunaway
Genre	Drama

Crazy Love	
Originaltitel	Crazy Love
Jahr	1987
Regie	Dominique Deruddere
Hauptdarsteller	Josse De Pauw, Geert Hunaerts, Michael Pas
Genre	Drama

Bukowski: Born Into This	
Originaltitel	Bukowski: Born Into This
Jahr	2004
Regie	John Dullaghan
Genre	Dokumentarfilm

Factotum	
Originaltitel	Factotum
Jahr	2005
Regie	Bent Hamer
Hauptdarsteller	Matt Dillon, Lili Taylor
Genre	Drama

Der ewige Favorit – Die Lakers und die NBA

It's become clear that the Lakers-Celtics rivalry represents absolutely everything: race, religion, politics, mathematics, the reason I'm still not married...

Die Rivalität zwischen Lakers und Celtics repräsentiert absolut alles: Rasse, Religion, Politik, Mathematik, den Grund warum ich immer noch nicht verheiratet bin...

Chuck Klosterman, amerikanischer Journalist 2003

Sport ist Showbusiness. Nirgends gilt das mehr als in den USA. Es geht um Muskelpakete und Ehefrauen, schicke Autos und Skandale, Kokain und vor allem um Einschaltquoten und Millionen. Und nebenbei auch um Tore, Punkte und Sekunden. Football, Baseball und Basketball sind die drei großen Stars des amerikanischen Sports. Sie füllen Bars und Stadien, erregen quasi-religiöse Empfindungen und lassen Ehen zerbrechen. Die nationale Basketball-Liga flimmert in über 200 Ländern über heimische Bildschirme. Den Finalspielen wohnen jedes Jahr fast 2.000 Journalisten bei. Die gigantische Unterhaltungsmaschinerie ist von der Turnerbewegung so weit entfernt wie Raumschiff Enterprise von einem Dreirad.

Da mag es überraschen, dass sich die Liga selbst monetäre Grenzen auferlegt, wenn auch relativ weit gefasste: Das Jahresgehalt eines Einzelspielers darf 19 Millionen Dollar nicht übersteigen. Auch diese Regel dient nur dazu, die Gelddruckmaschine NBA am Laufen zu halten. Man will der absoluten Hegemonie der reicheren Clubs vorbeugen. Allerdings steigen die Maximalgrenzen von

Saison zu Saison. In 25 Jahren haben sie sich versechzehnfacht. Natürlich erfreuen sich nur einige wenige Stars solch großzügiger Einkünfte. Das Minimaleinkommen liegt bei knapp einer halben Million Dollar.

Damit das anspruchsvolle Personal auch bezahlt werden kann, ist die Liga wie ein Konzern organisiert. Sie ist eine geschlossene Veranstaltung, es gibt keine Auf- oder Absteiger und keine Kreisklasse. Peinlich genau wird auf die perfekte geographische Verteilung auf der Landkarte geachtet. Die moderne Standortpolitik siedelt die Unternehmen natürlich in Ballungsgebieten mit mindestens einer Million Einwohnern an. Wirtschaftliche Erwägungen können einen Ortswechsel des gesamten Teams nach sich ziehen, so zuletzt 2008 beim Umzug der Seattle Super Sonics nach Oklahoma City. Die Vereine sind reine Wirtschaftsunternehmen und werden konsequenterweise als „franchises" bezeichnet. Die meisten haben einen privaten Eigentümer.

Doch auch das Großunternehmen NBA hat seit der Gründung 1946 mit zyklischen Krisen zu kämpfen. Schon in den 70er Jahren sank die Popularität des Basketballs im Vergleich zu den Konkurrenzsportarten erheblich.

Die Rettung kam in Gestalt eines zwei Meter sechs großen Genies, sechstes von zehn Kindern eines Fließbandarbeiters aus Michigan: Magic Johnson gab dem Basketball mit seinem begnadeten Passspiel neuen Auftrieb. Die Rivalität der beiden großen Teams, der Boston Celtics und der Los Angeles Lakers, wurde von den Medien ebenso angeheizt wie ausgeschlachtet, und plötzlich war Basketball wieder ein nationales Spektakel. Es ging um weit mehr als Sport oder regionale Konkurrenz. Neben der ewigen Gegenpolen Ost- und Westküste trafen Hollywoods Glamour und die Arbeiterklasse aufeinander. Auch die Tatsache, dass die Spieler in Los Angeles überwiegend schwarz und in Boston vorrangig weiß waren, gab dem Zweikampf zusätzliche Brisanz. Die beiden Teams dominierten die Liga in den 80ern mit ihrer gegensätzlichen Philosophie und Spielweise. Die Lakers gewannen fünf, die Celtics drei Titel. Im Gesamtvergleich liegen die Celtics jedoch mit 17 Meisterschaften vorn, Los Angeles heimste 15 Ligen ein.

Nach dem goldenen Jahrzehnt ging es erst mal wieder abwärts mit der Popularität des Basketballs. Michael Jordan, der Superstar der 90er, zog sich aufs Altenteil zurück, und das bürgerliche, weiße Publikum wandte sich ab. Zu sehr war das Image der großmäuligen und arroganten jungen Millionäre mit der HipHop-Kultur verwoben. Die überwiegend schwarzen Spieler protzten mit Tattoos und Goldkettchen, einige versuchten sich sogar als Rapper, so etwa Shaquille O'Neil oder Kobe Bryant. Wilde Parties und Drogenskandale beschmutzten das Image eines fairen Spiels mit geringstem Körperkontakt. Die Einschaltquoten halbierten

sich, auch dank neuer Fernsehereignisse vom Schlage „Big Brother" oder „American Idol".

Immerhin hat der amerikanische Basketball mit Kobe Bryant von den Lakers inzwischen ein neues sportliches Wunderkind als Aushängeschild. In der Karrieredurchschnitt erzielte er 25 Punkte pro Spiel, im Februar 2009 brachte er es im Spiel gegen die New York Knicks gar auf 61. Doch Bryant ist eine höchst umstrittene Figur, seit er 2003 wegen Vergewaltigung einer Hotelangestellten angeklagt wurde. Das Verfahren wurde eingestellt, doch sein Ruf war ruiniert. Der Witz von den „Los Angeles Rapers" ging durchs Land und McDonald's kündigte Bryants millionenschweren Werbevertrag. Die Presse stürzte sich voller Wonne auf den Skandal, kein Artikel konnte auslassen, dass Bryant sich bei seiner Gattin mit einem vier Millionen Dollar teuren Diamantring entschuldigte.

Bryants sportlicher Karriere hat der Fall keinen Rückschlag versetzt. 2009 führte er die Lakers nach sieben Jahren wieder zum Titel. An seiner Seite stand dabei ein Spieler von einem ganz anderen Schlag, der nüchterne, zurückhaltende Pau Gasol. In seiner Heimat Katalonien ist er ein kleiner Nationalheld, die Ergebnisse der Lakers gehören zu allen Nachrichtensendungen wie die Wettervorhersage, seit er nach Amerika gegangen ist. Gasol ist einer der wenigen Ausländer, die sich in der harten Welt des amerikanischen Basketballs durchsetzen konnten.

Während europäische Mannschaftssportarten den Geographieunterricht in der Schule ersetzen, bleibt der amerikanische Basketball eine nationale Angelegenheit. Kaum ein Team zählt mehr als zwei Ausländer in seinen Reihen. Die meisten sind Lateinamerikaner oder stammen aus den starken europäischen Basketballnationen wie Frankreich, Italien, Serbien oder der Türkei. Der Leverkusener Detlef Schrempf ist inzwischen bereits Geschichte, derzeit tummeln sich nur zwei Deutsche und ein Schweizer in der stärksten Basketball-Liga der Welt. Christopher Kaman ist in den USA geboren und spricht gar kein Deutsch, doch seinen Traum einer Olympiateilnahme konnte er sich dank seiner deutschen Großeltern verwirklichen, indem er einen deutschen Pass beantragte. Thabo Sefolosha, Sohn eines südafrikanischen Musikers und einer Schweizer Künstlerin ist der erste Schweizer, der den Sprung in die NBA geschafft hat. Der ganz Große im Bunde der Fremdländer ist der Würzburger Dirk Nowitzki. Das „German Wunderkind" wurde als erster Europäer zum besten Spieler der NBA gewählt. Man schätzt, dass er im Laufe seiner Karriere bei den Dallas Mavericks bereits rund 100 Millionen Dollar verdient hat.

Europäische Spieler sind dank ihrer Nüchternheit und Disziplin gern gesehen, denn nur starke Charaktere halten der emotionalen Extremsituation zwischen Glamour, Dollarmillionen und extremem Erfolgsdruck stand. Nicht wenige junge Profis halten angesichts der multiplen Verführungen nur ein paar Jahre durch. Größenwahn und Maßlosigkeit beenden viele Karrieren vorzeitig.

In den ersten Jahren des neuen Jahrtausends durchlebten die Lakers eine tiefe sportliche Krise. 2005 fanden die Playoffs erstmals nach zehn Jahren wieder ohne die Mannschaft aus Los Angeles statt. Die fast triumphale Rückkehr erfolgte unter der Führung eines phänomenalen Kobe Bryant in der Saison 2007/2008. Seitdem stießen die Lakers dreimal hintereinander ins Finale vor, doch erst im dritten Jahr konnten sie die Meisterschaft gegen den Erzfeind aus Boston nach Los Angeles holen.

▶ Schauplätze

▶ Die Trainingshalle: Toyota Sports Center

✉ 555 N Nash St, El Segundo CA 90245
⇨ In El Segundo, etwa 1 km südlich der Flughafenunterführung rechts in die E Grand Ave, die zweite wieder rechts in die Nash St

▶ Die Spielstätte

Das Staples Center ist eine moderne Multifunktionshalle, die je nach anstehendem Ereignis umgestaltet wird. Hier finden Konzerte, Boxkämpfe, die Heimspiele der Lakers und sogar Eishockeyspiele statt. Je nach Veranstaltungstyp variiert das Fassungsvermögen zwischen 16.000 und 20.000 Zuschauern.

✉ 1111 S Figueroa Street, Los Angeles, CA 90015
⇨ Von Downtown LA auf dem Broadway nach Südwesten, nach etwa 1 km rechts in den W Olympic Blvd, nach 750 m links in die South Figueroa St, nach 300 m auf der rechten Seite

Flucht und erneute Verfolgung –
Das deutsche Literaturexil in Los Angeles

*Fast an keinem Ort war mir das Leben schwerer
als hier in diesem Schauhaus des easy going.*

Bertholt Brecht über Hollywood

Das Exil ist seit jeher ein großes menschliches Drama. Es trifft Menschen, die dem Totalitarismus entrinnen und ihrer Heimat den Rücken kehren müssen, die sich selbst als Feiglinge verachten, weil sie sich dem Regime nicht entgegengestellt haben, in der Fremde als Schmarotzer abgelehnt werden und vielleicht sogar einer offenen Feindschaft entgegenstehen. Die Bundesrepublik hatte nach den Erfahrungen der Nazidiktatur zweifellos guten Grund, ein Asylrecht in der Verfassung zu verankern.

Die Nationalsozialistische Bewegung hatte seit ihrer Entstehung unmissverständlich ihre Hauptfeinde identifiziert: Juden, Linke, Intellektuelle. Die Vernichtung des undeutschen Geistes war schon vor der Machtergreifung akribisch vorbereitet worden: Schwarze und Weiße Listen führten die Autoren auf, deren Bücher zwischen März und Oktober 1933 in siebzig deutschen Städten auf dem Scheiterhaufen der Geistesgeschichte verbrannt wurden.

Die jüdischen oder linken Schriftsteller waren sich der essentiellen Bedrohung ihres Lebens und ihrer Arbeit bewusst. Ein Teil zog sich ins „innere Exil" zurück, viele packten aber sofort nach Hitlers Machtübernahme ihre Koffer. Die Zahl der Literaten und Publizisten, die Nazideutschland verließen, wird auf gut dreitausend geschätzt. Zunächst fanden sie im nahen europäischen Ausland Zuflucht. Von Prag, Amsterdam, Stockholm und Paris aus agitierten sie gegen die barbarische Diktatur. Sie organisierten sich in Zirkeln und bauten mit eigenen Zeitschriften und Verlagen eine effiziente Infrastruktur auf.

Doch die Invasion Resteuropas durch Nazideutschland trieb sie ab 1939 wieder in die Flucht. Unter oft abenteuerlichen Umständen musste ein neuer Unterschlupf auf einem fremden Kontinent gesucht werden. Der Kampf um Einreisevisa, Schiffspassagen und Aufenthaltsgenehmigungen begann, denn ein deutscher Pass wies seinen Eigentümer als Feind der Welt aus. Es grassierte der Witz von dem Asylsuchenden, der in einem Laden einen Globus nach einem möglichen Refugium absuchte und schließlich den Verkäufer

Lion und Marta Feuchtwanger

fragt: „Haben Sie noch einen anderen Globus?"

Die Fluchtbewegung expandierte in alle Himmelsrichtungen und auf alle Kontinente. Das entschieden antifaschistische und fortschrittliche Mexiko nahm offenherzig viele Verfolgte auf. Andere fanden einen vermeintlich sicheren Hafen in Pa-

lästina, Argentinien, Australien oder Neuseeland. Viele wechselten ihr Zufluchtsland wie ihre Unterwäsche. Bert Brecht trieb es seit seinem Aufbruch am Tag nach dem Reichstagsbrand über Prag, Frankreich, Dänemark, Schweden, Finnland und die Sowjetunion bis in die USA. Dort hatten sich in New York und Los Angeles zwei bedeutende deutsche Exilzentren etabliert. Brechts Freund, der österreichische Komponist Hanns Eisler, verschaffte ihm einen Lehrauftrag an einer New Yorker Universität und damit die Aussicht auf eine Aufenthaltsgenehmigung.

Eisler selbst war lange zwischen Mexiko und den USA hin- und hergependelt, musste sich zeitweise illegal in den Staaten aufhalten und wurde per Haftbefehl gesucht. Er versuchte, seine Papiere gleichzeitig über mehrere amerikanische Konsulate zu ergattern. Schließlich gelang ihm der Coup beim Konsul der mexikanischen Grenzstadt Mexicali, der dafür später von den Sicherheitsbehörden als verschlafener Beamter gescholten wurde.

Brecht zog nach kurzem Aufenthalt in New York nach Los Angeles, wo sich die Crème de la Crème deutscher und österreichischer Intellektueller zusammengefunden hatte: Thomas und Heinrich Mann, Franz Werfel, Erich Maria Remarque, Alfred Döblin, Lion Feuchtwanger, Theodor Adorno, Max Horkheimer und andere illustre Namen. Während Europa von Krieg und Vernichtung heimgesucht wurde, gedieh die Metropole am Pazifik zum „Weimar unter Palmen".

Doch was zum „Think Tank" des Literaturexils hätte werden können, blieb eine unorganisierte, zersplitterte Gruppe einzelner Genies, die sich nur schwer auf eine gemeinsame Linie einigen konnten. Zu groß waren die persönlichen und politischen Differenzen, zu unterschiedlich die individuellen Lebensumstände in der Anpassung an die fremde Umgebung. Den bürgerlichen Thomas Mann und den revolutionären Bert Brecht trennte seit je her ein tiefer Graben gegensätzlicher Weltanschauungen. Mann fand auch keinen Weg der Übereinstimmung mit Bruder Heinrich, und eine alte Rivalität verband und trennte ihn von Alfred Döblin. Der

wiederum wurde von Brecht für seinen Übertritt zum Katholizismus verspottet, den Döblin an seinem 65. Geburtstag in einer feierlichen Rede verkündete.

Zu unterschiedlich auch die Exilsituation jedes Einzelnen. Einige konnten sich an den amerikanischen Kulturbetrieb anpassen und erzielten schnell Erfolge. Lion Feuchtwanger war einer der wenigen deutschen Exilliteraten, die in den USA eine breite Leserschaft erreichten. Die Verfilmung einiger Werke in Hollywood brachte ihm ein mehr als komfortables Einkommen, mit dem er die Villa Aurora erwarb, die er mit einer ansehnlichen Bibliothek, Orientteppichen und antiken Möbeln ausstatten konnte. Der Ruhm als Nobelpreisträger für den Roman „Die Buddenbrooks" sicherte auch Thomas Mann ansehnliche Verkaufszahlen.

Erich Maria Remarques in Los Angeles entstandener Roman „Arc de Triomphe" ging allein in den Staaten mehr als zwei Millionen Mal über den Ladentisch. Weit weniger bekannt als erfolgreich wurde die österreichische Drehbuchautorin Salka Viertel, die etliche Vorlagen für Filme ihrer engen Freundin Greta Garbo ablieferte. Charly Chaplin, Aldous Huxley oder Arthur Rubinstein gingen bei ihr ein und aus. Auch Vicki Baum traf den amerikanischen Geschmack besser als tiefschürfende Intellektuelle und verdiente mit ihren eher trivialen Romanen wie „Menschen im Hotel" ein ansehnliches Vermögen.

Andere kamen nur so einigermaßen über die Runden. Hanns Eisler musste zunächst auf ein Stipendium der verabscheuten Rockefeller-Stiftung zurückgreifen, um sein umfassendes Forschungsprojekt zur Filmmusik vorantreiben zu können. Nach und nach konnte er Aufträge für Filmmusiken ergattern, wie beispielsweise für Fragmente von John Fords „Früchte des Zorns". Alfred Döblin verdingte sich für hundert Dollar die Woche als Drehbuchschreiber bei MGM, während er nebenbei an seinen Romanen arbeitete.

Heinrich Mann dagegen lebte von der Hand in den Mund. Er war zeitweise auf die finanzielle Unterstützung des jüngeren Bruders Thomas angewiesen. Bert Brechts Versuche, sich als Drehbuchautor in Hollywood zu etablieren, schlugen fehl. Fritz Lang, der es zum preisgekrönten Regisseur gebracht hatte war, unterstützte ihn angeblich zeitweise mit achtzig Dollar monatlich.

Doch nicht nur die Sorge um die Existenzsicherung machte dem Literaturexil das Leben schwer. Von Anfang an wurde die Clique von staatlicher Seite misstrauisch beäugt. Trotz ihrer eindeutig antinazistischen Grundhaltung betrachtete sie das FBI als „alien enemies". Brecht und Eisler, der später die Nationalhymne der DDR verfasste, wurden direkt als Kommunisten eingestuft. Ab 1943 stand das deutsche Exil in Los Angeles unter ständiger Überwachung der Behörden. Das FBI hörte Telefone ab, beschattete die Verdächtigen, öffnete ihre Post und notierte akribisch jedes Detail, sei es auch noch so absurd. Ein anonymer Informant wurde zitiert, Brecht sei in Frauenkleidern die Flucht aus einem Konzentrationslager gelungen. Dabei hätte man ohne großen Aufwand feststellen können, dass Brecht Deutschland zum Zeitpunkt der Eröffnung des ersten KZs in Dachau längst verlassen hatte. Offensichtlich lag eine Verwechselung vor, denn nicht Brecht, sondern Lion Feuchtwanger war 1941 von Angestellten des amerikanischen Konsulats in Frauenkleidung aus einem Gefangenenlager beim südfranzösischen Nîmes geschmuggelt worden.

Hanns Eislers Akte umfasst 686 Seiten. Er wurde eines der ersten Opfer der Schwarzen Listen, die faktisch ein Berufsverbot in Hollywood bedeuteten. Schon lang vor Ende des Zweiten Weltkrieges kündigte sich die kommende Kommunistenhatz der McCarthy-Ära an. Man fürchtete eine marxistische Infiltration der mächtigen Bilderfabrik Hollywood.

Zunächst schienen die Zielobjekte nichts von ihrer lückenlosen Überwachung zu ahnen, doch allmählich bekamen sie den Druck der Verfolgung zu spüren und wurden zu Verhören geladen. Eisler wurde 1948 endgültig ausgewiesen und kehrte verbittert über die amerikanische Intoleranz nach Ostberlin zurück. Das öffentliche Eintreten von Persönlichkeiten wie Albert Einstein, Pablo Picasso oder Leonard Bernstein hatte keine Wirkung gezeigt.

Bert Brecht packte am Tag nach seiner ersten Vernehmung freiwillig die Koffer. Selbst Thomas Mann, der sich in Kalifornien wohlfühlte und bereits die amerikanische Staatsbürgerschaft angenommen hatte, kehrte Amerika den Rücken, nachdem er vor den Ausschuss für Unamerikanische Umtriebe zitiert worden war.

Andere kehrten nicht mehr nach Europa zurück. Franz Werfel, Lion Feuchtwanger, Erich Maria Remarque oder Vicki Baum wurden amerikanische Staatsbürger und blieben bis zum Lebensende in Los Angeles.

▶ Schauplätze

▶ Bert Brecht

Zunächst wohnten Brecht und Helene Weigel kurzzeitig in der 1954 Argyle Ave in Hollywood, wenig nördlich des Freeways. 1941 zogen sie nach Santa Monica, zunächst in die 817 25th St und im folgenden Jahr in die 1063 26th St. Sein Drama „Leben des Galilei" wurde 1945 in einer abgewandelten englischsprachigen Fassung am Coronet Theatre am 366 N La Cienega Blvd uraufgeführt.

Villa Aurora

▶ Thomas Mann

Das Ehepaar Mann bewohnte bis zum Herbst 1940 das Haus 441 North Rockingham Rd in Brentwood. Nach kurzem Zwischenspiel in Princeton kehrten Thomas und Katia Mann im April 1941 nach Los Angeles zurück und zogen in den 740 Amalfi Dr in Santa Monica.

▶ Lion Feuchtwanger

Marta und Lion Feuchtwanger zogen etliche Male um, bevor sie die Villa Aurora im 520 Paseo Miramar kauften. Die Villa beherbergt heute eine Künstlerkolonie und kann auf vorherige Anfrage besichtigt werden.

☎ 1-310 454 4231

🖳 www.villa-aurora.org

▶ Erich Maria Remarque

Der Autor von „Im Westen nichts Neues", einem der berühmtesten Anti-Kriegsromane, konnte auf seiner Visitenkarte die nobelste Adresse vermerken. Er lebte in einem Bungalow im Park des Hotels Beverly Wilshire, wo große Teile der Erfolgskomödie „Pretty Woman" mit Julia Roberts und Richard Gere gedreht wurden. Die Edelabsteige liegt am 9500 Wilshire Blvd, direkt an der Ecke zur High-Society-Einkaufsmeile Rodeo Drive.

▶ Hanns Eisler

Die Eislers lebten zunächst unweit von Thomas Mann am Amalfi Dr, zogen aber später in das kleine Häuschen 23868 W Pacific Coast Hwy, direkt am Strand von Malibu. Das erste Verhör des FBI fand im Millenium Biltmore Hotel, 506 South Grand Ave in Downtown Los Angeles statt. Anwesend war unter anderem der spätere US-Präsident Richard Nixon.

▶ Heinrich Mann

Auch Heinrich Mann war vielfach umgezogen. Die längste Zeit bewohnte er das Haus 301 S Swall Dr, wo sich seine Frau Nelly 1944 das Leben nahm. Seine letzten Lebensjahre verbrachte er in der 2145 Montana Ave in Santa Monica.

▶ Alfred Döblin

Die Döblins ließen sich nach mehreren Zwischenstationen in Hollywoods 1347 N Citrus Ave nieder.

▶ Vicki Baum

Vor ihrer zeitweisen Abwanderung ins östliche Pasadena lebte Vicki Baum im 1461 Amalfi Dr. Zu den späteren Eigentümern des Hauses zählten David Niven und Whoopi Goldberg.

Der Hippie-Satan – Charles Manson

Believe me, if I started murdering people... there'd be none of you left.

Glauben Sie mir, wenn ich angefangen hätte, Leute zu ermorden... dann wäre heute keiner mehr von euch übrig.

Charles Manson zu seiner Mordanklage

Officer Jerry DeRosa war der erste Polizeibeamte, der sich dem Tatort näherte. Mitten auf der Zufahrt stand ein weißer AMC Rambler, auf dem Fahrersitz lag blutüberströmt ein junger Mann. Leblos. Mit gezogener Waffe ging DeRosa weiter zum Haus. Auf dem perfekt gepflegten Rasen lagen zwei Tote, offensichtlich erstochen. Im Haus fand er drei weitere Leichen, darunter die hochschwangere Sharon Tate, Ehefrau des Regisseurs Roman Polanski. An der Haustür prangte, mit menschlichem Blut geschrieben, das Wort „pig" – „Schwein".

Während die Nachricht vom Ritualmord noch um die Welt jagte, war schon die nächste Bluttat im Gange. Fünfzehn Kilometer weiter westlich drang das Mordkommando am nächsten Abend in ein anderes Haus ein und erstach Geschäftsmann Leno LaBianca und dessen Ehefrau. Auch hier fand man mit Blut geschriebene Nachrichten.

Die Polizei ging zunächst von unterschiedlichen Tätern aus, doch die Wahrheit kam schnell ans Licht. Voller Abscheu hörte die Welt von einer Gruppe verstörter Hippies, die im Namen bizarrer Verschwörungstheorien Unschuldige auf brutalste Weise ermordete. Der vermeintliche Anführer, Charles Manson, wurde von den Medien zu einem sadistischen Satan stilisiert. Er wurde zur Metapher für den Teufel, der unschuldige junge Mädchen aus gutem Hause missbrauchte und zu willenlosen Sklaven seines kranken Hirns machte.

Vierzig Jahre später sitzt Manson noch immer im Gefängnis, das ursprüngliche Todesurteil wurde Anfang der 70er in lebenslänglich umgewandelt. Doch die Untersuchungen hatten nie eine direkte Beteiligung Mansons an den Morden ergeben. Er galt lediglich als Anstifter. Ein Todesurteil für Anstiftung?

Charles Manson konnte auf einen ansehnlichen Lebenslauf als Krimineller zurückblicken. Oder besser gesagt, in keinem Moment seines Lebens konnte er als Normalbürger betrachtet werden, er war immer ein Außenseiter, wenn nicht gar ein Feind der Gesellschaft gewesen.

Seine Mutter war 16, als Manson 1934 in Cincinnati unehelich geboren wurde. Sie war alkoholkrank, ihr wird nachgesagt, sie habe sich zwischenzeitlich als Prostituierte durchgeschlagen. Nach einem bewaffneten Raubüberfall auf eine Tankstelle in Charleston, West Virginia, ging sie für fünf Jahre ins Gefängnis. Der kleine Charles lebte zunächst bei seinem tiefreligiösen Onkel, dann ordnete ein Gericht die Einweisung in ein Kinderheim an. Als die Mutter entlassen wurde, wollte Charles zu ihr zurückkehren, doch er wurde verstoßen. Manson sagte später in einem Interview, dass er seit diesem Moment keinem Menschen mehr trauen konnte.

Als Jugendlicher knackte er Autos, klaute und überfiel Gemüseläden. Es begann eine kleinkriminelle Karriere, die ihn von einer Besserungsanstalt in die nächste führte. Volle achtzehn Mal büxte er vom Internat Indiana School for Boys aus. Später erklärte Manson, er sei dort geschlagen und sexuell missbraucht worden. Als Manson 1967 zum letzten Mal aus dem Gefängnis von Terminal Island in Los Angeles entlassen wurde, hatte er über die Hälfte seiner 32 Lebensjahre im Knast verbracht.

Er beschloss, nach San Francisco zu gehen. Die Hippie-Bewegung erreichte im Summer of Love gerade ihren Höhepunkt und Haight Ashbury war ihr Hauptquartier. Charles Manson sah sich nicht als Hippie. Er gehörte zu einer anderen Generation und identifizierte sich mit den Beatnicks. Für ihn waren die Hippies aber so etwas wie Nachkommen in der gleichen Evolutionslinie, so wie die Beatnicks aus den Bohemians der 20er Jahre hervorgegangen waren. Bei den unschuldigen und naiven Blumenkindern würde er Aufnahme finden. Manson war gut vorbereitet. Im Gefängnis hatte er Gitarre spielen gelernt und sich weitergebildet: Er las Bücher des Scientology–Gründers Ron L. Hubbard und einen Bestseller aus den 30er Jahren mit dem vielsagenden Titel „Wie man Freunde gewinnt und Menschen beeinflusst".

Tatsächlich scharte Manson in Haight Ashbury schnell neue Gefährten um sich, besonders junge Mädchen, denen er mit absoluter Ehrlichkeit und ungewöhnlichen Lebensphilosophien imponierte. Klar ist, dass er sich zum Anführer der „Manson Family" aufschwang. Inwieweit er sich dabei tatsächlich als Guru inszenierte und Hörigkeitsverhältnisse herstellte, wie es die Medien gern darstellen, ist nicht hundertprozentig durchschaubar. In jedem Fall war das Verhältnis der Gruppe zu Manson von absoluter Loyalität geprägt, die selbst während des Prozesses unter Androhung der Todesstrafe nicht ins Wanken geriet.

Eine zentrale Rolle im Gruppengefüge spielten zweifellos Drogen. Patricia Krenwinkel erinnerte sich später, wie die Family auf überwältigenden LSD-Trips im Wald Christus' Kreuzigung nachspielte. Allerdings gab sie auch zu Protokoll, dass sie selbst Manson nie auf Trip gesehen habe. Möglicherweise liegt hier einer der Schlüssel zum Verständnis von Mansons Dominanz.

Doch zunächst war die Familie nichts weiter als eine fröhliche Kommune mit bunten Klamotten, langen Haaren und freier Liebe. In einem umgebauten Schulbus reiste die fidele Gemeinschaft monatelang an der Pazifikküste entlang. Zunächst bis hoch in den Staat Washington, dann bis hinunter nach Los Angeles, wo sie schließlich hängenblieb.

Zwei Mädchen der Family lernten beim Trampen den Trommler der Beach Boys, Dennis Wilson, kennen. Manson hoffte, über den Kontakt zu einem Plattenvertrag zu kommen. Vielleicht die einzige Chance, sich ein halbwegs normales Leben aufzubauen, doch der Versuch schlug fehl. Terry Melcher, Sohn von Doris Day und Produzent von Stars wie den Byrds, Pat Boone oder The Mamas and the Papas lud Manson zu Probeaufnahmen ins Studio ein, kam aber zu dem Schluss, seine Musik sei „einfach nur Schrott". Die Family nistete sich derweil auf einem Grundstück im Simi Valley, 50 Kilometer nördlich von Hollywood ein. Auf der Spahn Ranch standen etliche Gebäude, die in der Frühzeit des Films als Kulisse für B-Movie Western gedient hatten. Verschiedene Sequenzen des Klassikers „Duell in der Sonne" mit Gregory Peck und einige Folgen von „Bonanza" waren hier gedreht worden.

Nun begann die Geschichte der Manson Family in eine andere Richtung zu driften. Die fröhliche Hippiekommune konvertierte zu einer Gruppe obsessiver und paranoider Sektierer. Charles Manson hatte sich nie von den romantischen Träumen der Blumenkindergeneration vereinnahmen lassen. Seine Lebensgeschichte ließ naive Phantasien einer gewaltfreien Gesellschaft nicht zu. Stattdessen steigerte er sich immer mehr in einen Wahn konspirativer Visionen. Unter dem Eindruck der politischen Unruhe der späten 60er Jahre, der Ermordung Martin Luther Kings und des sich radikalisierenden Flügels der schwarzen Bürgerrechtsbewegung um die Black Panther und Malcolm X prophezeite Manson einen Rassenkrieg der Schwarzen gegen die Weißen. Seinen wirren Fiktionen zufolge, würden die Afroamerikaner diesen Krieg gewinnen, aber nicht in der Lage sein, eine neue Gesellschaft zu organisieren. In diesem Moment würde Charles Manson höchstpersönlich als Herrscher über das neue Amerika auf den Plan treten. Frei nach den Beatles nannte er seine Wahnvorstellungen „helter skelter".

Manson und die Family nahmen die Hirngespinste so ernst, dass sie begannen, sich auf den Umsturz vorzubereiten. Sie rüsteten ihr Waffenarsenal auf und richteten ein Geheimversteck ein, die weit abgelegene Barker Ranch in der Wüste um Death Valley. Als Manson irrtümlich glaubte, einen Drogendealer erschossen

zu haben, der obendrein Mitglied der Black Panther war, wurden die Verstecke militärisch gesichert und rund um die Uhr bewacht. Doch der Rassenkrieg trat nicht ein und Manson schlussfolgerte, die Family sei aufgerufen, den Lauf der Geschichte zu beschleunigen.

Manson persönlich chauffierte vier Mitglieder seiner Family zum Cielo Drive in Beverly Hills. Er selbst hielt sich aus dem brutalen, fünffachen Mord geschickt heraus. Die Polizei tappte zunächst im Dunkeln, doch die Bande verriet sich selbst. Bei der Polizei waren sie wegen etlicher Vergehen längst keine Unbekannten mehr. Eine Woche nach den Morden wurde die Spahn Ranch im Zusammenhang mit Autodiebstählen durchsucht, im Oktober folgte eine Razzia der Barker Ranch. „Sadie" Susan Atkins kam in Untersuchungshaft, wo sie zwei Mitgefangenen die Morde gestand. Jetzt ging es Schlag auf Schlag, die Öffentlichkeit wartete schon lange ungeduldig auf Erfolge der Untersuchungsbehörden.

Fünf Mitglieder der Manson Family wurden des Mordes beschuldigt. Charles Manson, obwohl an keiner der Taten physisch beteiligt, wurde ebenfalls angeklagt. Nach geltendem Gesetz waren im Falle einer Konspiration alle Mitglieder für die Taten verantwortlich.

Der Prozess begann im Juni 1970 und wurde zum Medienspektakel. Die Family trug ihren Part dazu bei. Durch ihre bizarren Auftritte pendelte der Prozessverlauf zwischen dramatisch und grotesk. Mal versuchte Manson den Richter anzugreifen, mal betraten die Angeklagten den Gerichtssaal fröhlich singend. Die Mädchen rasierten sich den Kopf, Manson ritzte sich ein blutiges X in die Stirn, das er später zu einem Hakenkreuz erweiterte. Anwalt Ronald Hughes war ein völliger Neuling, die Verteidigung von Leslie van Houten war sein erster

Fall. Er kam noch während des Prozesses bei einem Campingausflug unter mysteriösen Umständen ums Leben. Selbst Präsident Nixon intervenierte mit dem taktisch ungeschickten Statement, dass er die Angeklagten für schuldig hielt. Staatsanwalt Vincent Bugliosi erreichte, dass Manson zunächst nicht vor der Jury aussagen durfte, da die „hypnotischen Kräfte des Angeklagten die Urteilskraft der Geschworenen beeinflussen könnten".

Am 19. April wurden die Angeklagten zum Tode verurteilt. Ein knappes Jahr später schaffte der Oberste kalifornische Gerichtshof die Todesstrafe ab. Die Urteile wurden in lebenslänglich umgewandelt. Keiner der Verurteilten hat das Gefängnis je wieder lebend verlassen. Mindestens zehn Gnadengesuche jedes einzelnen wurden abgelehnt.

Charles Manson bleibt für die bürgerliche Gesellschaft ein Todfeind, ein Perverser, ein gefährlicher Antichrist. In ihrer Vorstellung ist er zu Allem fähig. Obwohl kein Beweis dafür vorliegt, dass er jemals einen Menschen getötet hat, wird er unter der Kategorie „Massenmörder" geführt. Sensationsjournalisten und profilierungswütige Beamten sind auch vier Jahrzehnte später noch auf der Suche nach weiteren Leichen. 2008 grub die Polizei auf der Barker Ranch im Death Valley erfolglos nach möglichen Opfern.

In der Popkultur dagegen wird der Gesellschaftsgegner, der Außenseiter, der Ketzer, gern zur heroischen Figur stilisiert. Manson steht in einer Linie mit Billy the Kid oder Bonnie and Clyde. Die Popwelt erweist Manson weiterhin jede Menge Referenzen. Gruftie-Sänger Marylin Manson übernahm gleich seinen Familiennamen. Etliche Songs wurden Manson gewidmet, seine Lieder von Berühmtheiten gecovert, die sich gern mit dem Image des Häretikers schmücken. Kein Schwerverbrecher dieser Welt erhält solche Mengen Fanpost von Teenagern.

Doch das bunte Abziehbild vom modernen Teufel ist wenig mehr als das Ergebnis der sensationsgierigen Medienwelt. Charles Manson war von Kindheit an eine zum Scheitern verurteilte Existenz. Ein Kleinkrimineller, dem nie eine Chance gegeben wurde, der sein Leben lang nur einstecken musste, bis ihn seine Traumata und Rachegelüste zum Gegenschlag ausholen ließen. Roger Smith, nach Mansons Haftentlassung 1967 sein Bewährungshelfer, beschrieb ihn so: „Er war weder Jesus Christus noch Satan. Er war ein sehr seltsamer, bizarrer, energiegeladener kleiner Asozialer."

Das Schicksal der Beteiligten

Charles Manson wurde 1989 von San Quentin in den Hochsicherheitstrakt von Corcoran im kalifornischen Zentraltal verlegt. Im März 2009 gingen aktuelle Porträtfotos durch die Weltpresse, auf denen nach wie vor das Hakenkreuz auf der Stirn des inzwischen über 70jährigen deutlich zu sehen ist.

Susan Atkins verstarb im September 2009 im Frauengefängnis der zentralkalifornischen Stadt Chowchilla.

Patricia Krenwinkel und Leslie van Houten sitzen weiterhin im Frauengefängnis von Chino, westlich von Los Angeles ein. Beide haben inzwischen ihr tiefes Bedauern für die Opfer ausgedrückt. Krenwinkel arbeitet aktiv in Sozialprogrammen für die Mitgefangenen.

Tex Watson ist zum Christentum übergetreten und agiert als Laienpriester im Gefängnis von Ione in Nordkalifornien.

Staatsanwalt Vincent Bugliosi wurde durch den Prozess zum Star. Wenige Jahre später veröffentlichte er einen Bestseller über Charles Manson. Er trat immer wieder mit Kritik am amerikanischen Rechtssystem in Erscheinung, beispielsweise prangerte er Verfahrensfehler im Mordprozess gegen Baseballstar O. J. Simpson an oder brandmarkte Präsident Bush als Mörder wegen des Einmarsches in den Irak.

▶ Schauplätze

▶ Spahn Ranch

Ein Buschfeuer zerstörte 1970 alle Gebäude des Hauptquartiers der Manson Family. Das Gelände gehört heute zum Santa Susana Pass State Park, ist aber offiziell nicht zugänglich. Gouverneur Schwarzenegger plant den Naturpark im Zuge dringender Sparmaßnahmen zu schließen.

✉ 1200 Santa Susana Pass Road, Chatsworth, CA 91311

⇒ Auf dem IS5 aus Los Angeles in Richtung Norden, nach 19 mi/30 km auf den HW118 nach Westen, nach 9 mi/14 km Exit 34 und auf dem Topanga Blvd nach Süden, nach 600 m rechts auf die Santa Susana Pass Rd, nach etwa einem Kilometer liegt die verschlossene Einfahrt auf der linken Seite

▶ Sharon Tates Haus

Der Schauplatz der ersten Ritualmorde der Manson Family wurde in den 90er Jahren abgerissen und durch einen Neubau ersetzt. Auch die ursprüngliche Adresse, 10050 Cielo Dr, wurde nachträglich geändert.

✉ 10066 Cielo Dr, Beverly Hills, CA 90210

⇒ Vom Sunset Blvd in Beverly Hills auf dem Benedict Canyon Dr nach Norden, nach 1,4 mi/2,2 km links in den Cielo Dr, nach weiteren 0,4 mi/0,6 km zweigt links eine kleine Privatstraße ab. Einen guten Blick kann man erhaschen, wenn man direkt gegenüber den Bella Drive einige hundert Meter weit hinauffährt.

▶ Leon LaBiancas Haus

Der Doppelmord am folgenden Abend spielte sich im Haus des Unternehmers etwa 4 Meilen östlich von Hollywood ab.

✉ 3301 Waverly Dr, Los Angeles, CA 90027

⇒ Auf dem Hollywood Blvd nach Osten, links in die N Western Ave, dem Straßenverlauf 2 mi/ 3 km folgen, rechts in die Rowena Ave, links und rechts, um auf der Rowena Ave zu bleiben, nach 500 m links in die Waverly Avenue

🎬 Filme

Eine lange Reihe überwiegend reißerischer Fernsehdokumentationen wurde der Manson Family in den vergangenen Jahrzehnten gewidmet. Sehenswert aber schwer erhältlich sind folgende Werke:

Manson	
Originaltitel	Manson
Jahr	1973
Regie	Robert Hendrickson, Laurence Merrick
Genre	Dokumentarfilm

Helter Skelter	
Originaltitel	Helter Skelter
Jahr	1976
Regie	Tom Gries
Hauptdarsteller	Steve Railsback, George DiCenzo
Genre	Kriminaldrama

The Manson Family	
Originaltitel	The Manson Family
Jahr	2003
Regie	Jim Van Bebber
Hauptdarsteller	Marcelo Games, Marc Pitman, Maureen Allisse
Genre	Drama

🎵 Soundtrack Charles Manson

Lemonheads, Guns 'n' Roses und Beach Boys coverten Manson-Songs, die übrigen Stücke beschäftigen sich inhaltlich mit der Figur.

Künstler	Titel	Album	Jahr	Genre
Beach Boys	Never Learn Not To Love	20/20	1969	Surfrock
Ramones	Glad to See You Go	Leave Home	1977	Punk
Sonic Youth	Death Valley '69	Bad Moon Rising	1985	Alternativrock
Lemonheads	Clang Bang Clang	Creator	1988	Alternativrock
Guns 'n' Roses	Look at Your Game Girl	The Spaghetti Incident	1993	Rock
Killer Barbies	Charlie Manson	Dressed to kiss	1995	Punk
Discharge	Manson Child	Vision of war	1997	Punk

Santa Monica

Der konsonantenarme Name und die Assoziation mit güldenen Sonnenuntergängen über tiefblauem Ozean prädestinieren Santa Monica als Kulisse für romantische Schlagertexte. Der abendliche Blick auf die alte Pier vom rauchfreien Palisades Park, hoch über dem Strand und dem verkehrsreichen Highway 1, ist tatsächlich ein inspirierender Moment.

Santa Monica ist ein lebenswertes Städtchen. Modern und liberal, sauber und vergleichsweise sicher, zieht es seit langem Reisende wie Wohlbetuchte an. Kleidung und Umgangsformen sind leger, die gar nicht wenigen Touristen fallen im Stadtbild kaum ins Gewicht. Schicke Restaurants und eine lebendige Shoppingmeile tragen ihren Teil zur Attraktivität der Stadt bei. Die Obdachlosen im Park mit Panoramablick werden stillschweigend hingenommen und gehören einfach dazu.

Auch die Hollywoodgrößen, die den Kontakt zum einfachen Leben noch nicht ganz verloren haben, bewegen sich gern im vergleichsweise „normalen" Santa Monica. Sean Penn, Christina Ricci, Robert Redford und Suzanne Vega sind ihrer Heimat treu geblieben.

Wie alle südkalifornischen Strandgemeinden verweist Santa Monica auf seine prominente Rolle in der Geschichte des Surfens. Zwei entscheidende Impulse zum Fortschritt der Menschheitskultur eroberten aber nachweislich vom Strand am Fuß der Santa Monica Mountains die Welt: Die Frisbee-Scheibe und Beach Volleyball.

Die Geschichte der Frisbee verlief genau so, wie man sie sich vorstellt: Der 17jährige Fred Morrison aus Utah vergnügte sich am Erntedankfesttag mit seiner Freundin und warf den runden Deckel einer Popcornbüchse durch die Luft. Ein paar Jahre später verkaufte er die runden Plastikscheiben für 25 Cent am Strand von Santa Monica, verbesserte die Flugeigenschaften und meldete 1958 ein Patent an. Seitdem wurden mehr als 200 Millionen Frisbees auf der Welt verkauft.

Beach Volleyball wurde zwar zuerst auf

Santa Monica in Zahlen	Santa Monica	Zum Vergleich: Flensburg
Einwohner	87.600	88.800
Fläche	41 km²	56 km²
Einwohner pro km²	2.136	1.585
Durchschnittstemperatur	16,2 °C	8,2 °C
Jährlicher Niederschlag	337 mm	919 mm
Höhe über NN	32 m	12 m
Partnerstädte	Hamm	

Hawaii gespielt, doch Duke Kahanamoku, der auch das Surfen an die kalifornische Küste mitgebracht hatte, ließ als Sportdirektor des Beach Club die ersten Volleyballnetze am Strand von Santa Monica errichten. 1924 wurden die ersten Meisterschaften ausgerichtet.

Santa Monicas Geschichte war als am dichtesten an Los Angeles gelegener Strand natürlich vorherbestimmt. Zwei findige Geschäftsleute namens Jones und Baker kauften das landwirtschaftlich wertlose Land auf, priesen eine große Zukunft als Strandbad an und schlugen es parzellenweise wieder an erholungswillige Stadtbürger ab. 1875 veranstalteten sie eine Versteigerung. Bis aus San Francisco reisten hunderte entschlossene Käufer an, um 75 bis 500 Dollar für ein Stück Land anzulegen. Innerhalb von 2 Tagen setzte das Investorengespann 80.000 Dollar um. John P. Jones, republikanischer Senator aus Nevada, vergrößerte sein Vermögen weiter mit dem Bau der Eisenbahn von Los Angeles nach Santa Monica, die noch im gleichen Jahr ihre Jungfernfahrt machte.

Damit hätte Santa Monica auch noch zum städtischen Hafen von Los Angeles werden können, doch der US-Senat entschied sich für den endgültigen Standort im südlicheren San Pedro. Santa Monica musste sich also weiterhin auf die Freizeitindustrie konzentrieren. 1909 wurde die hölzerne Pier als Vergnügungspark errichtet, mondäne Hotels und schnieke kleine Wochenendhäuschen schossen aus dem sandigen Boden. Die hölzernen Ferienbungalows wurden „shotgun houses" genannt, angeblich, weil ein Pistolenschuss durch die Vordertür auf der Rückseite wieder austrat. In der 2712 2nd Street kann man das letzte, inzwischen denkmalgeschützte Beispiel bewundern.

Das erste große Hotel brannte schon zwei Jahre nach seinem Bau wieder ab. Es wurde durch das opulente Arcadia mit 125 Zimmern ersetzt. Hier stieg regelmäßig der walisische Bergbaumillionär Griffith J. Griffith ab. Der schwerreiche Mann vermachte der Stadt Los Angeles den

Santa Monica

Santa Monica Beach und Highway 1

gleichnamigen Park mit Observatorium als „Weihnachtsgeschenk". Doch Griffith war nicht nur erfolgreicher Unternehmer, sondern auch heimlicher Alkoholiker. In einem obsessiven Rausch schoss er seiner Frau bei einem Streit im Hotelzimmer aus nächster Nähe eine Kugel in den Kopf. Die Schwerverletzte überlebte wie durch ein Wunder und ließ sich konsequenterweise scheiden. Griffith wurde zu zwei Jahren Haft nach San Quentin verbannt und verstarb ebenso konsequent 1919 an Leberzirrhose.

In der wirtschaftlichen Blüte der 20er Jahre wurde Santa Monica ein bedeutender Industriestandort. Die Douglas Aircraft Company baute und verkaufte Passagierflugzeuge der Serie DC in die ganze Welt. Im Zweiten Weltkrieg beschäftigte das Unternehmen 44.000 Angestellte. Später konstruierte es auch die Triebwerke der Saturnraketen für die Apollo-Missionen. Doch die astronomischen Entwicklungskosten der DC-10 stürzten Douglas in wirtschaftliche Schwierigkeiten, die 1968 zur Fusion zu McDonnell Douglas und zur Schließung des Standorts Santa Monica zwangen. Die Stadt verlor ihren wichtigsten Arbeitgeber. Die letzte DC-10 wurde 1989 gebaut,

doch bis heute werden die Maschinen von Luftfrachtunternehmen eingesetzt. FedEx betreibt noch über achtzig Stück. 1997 fusionierte McDonnel Douglas mit dem Konkurrenten Boeing.

Santa Monica konnte sich angesichts seiner privilegierten geographischen Lage von dem Rückschlag erholen. Da sich die zwölf Meilen nach West Hollywood und die 16 Meilen bis Downtown Los Angeles meist zügig auf der Autobahn zurücklegen lassen, stehen Häuschen und Apartments in Strandnähe hoch im Kurs. Auch das liberale Image der Stadt zieht den modernen und gut verdienenden Teil der Menschheit an. Bürgermeister Bobby Shriver gilt als ökologisch und sozial bewusster Stadtvater. Zusammen mit U2-Sänger Paul Hewson alias Bono rief er die Hilfsorganisation DATA – Debt, AIDS, Trade in Africa ins Leben, die sich für Schuldenerlass und AIDS-Hilfe auf dem ärmsten Kontinent einsetzt. Nebenbei ist Shriver Schwager von Gouverneur Schwarzenegger und Spross der Kennedy-Familie: Seine Mutter war die Schwester des ermordeten Präsidenten. Shriver ist von Beruf Anwalt, doch nebenbei agierte er auch als Filmproduzent, zum Beispiel der James Bond Parodie

„Wahre Lügen", natürlich mit Schwager Arnold in der Hauptrolle. Zur Lokalpolitik kam er nach eigenen Aussagen durch einen Streit mit der Stadtverwaltung: Die drohte ihm nämlich mit 25.000 Dollar Strafe, wenn er die Verordnung aus dem Jahre 1948 nicht befolge, die Hecken um sein Eigenheim auf maximal 1,07 Meter Höhe zu trimmen.

Stadtpolitik wird aber in Amerika nicht nur vom Bürgermeister gemacht. In regelmäßigen Referenden stimmen die Bürger über wichtige oder unwichtige Fragen ab. 2006 entschied eine Mehrheit von 65 %, dass Santa Monica fortan eine marihuana-freundliche Stadt zu nennen sei. Was bedeutet, dass Konsum und Besitz von Gras praktisch nicht mehr verfolgt werden. So spart sich die Stadtkasse jährlich rund 600.000 Dollar, und die Polizei kann sich auf wichtigere Aufgaben konzentrieren. Der Anbau in großem Stil ist aber weiterhin illegal, und so muss die Nachfrage mit versteckten Plantagen gedeckt werden. 2009 spürten die Ordnungshüter zwei Pflanzungen im Malibu Creek State Park auf. Der Marktwert der 3.500 Pflanzen wurde auf zehn Millionen Dollar geschätzt. Um ihr Eigentum zu sichern, hatten die illegalen Landwirte ihre Felder mit automatischen Fallen geschützt.

Nicht nur durch den Wegfall der Missbrauchsfälle weicher Drogen liegen die Verbrechensraten niedrig in Santa Monica. Auch Banden- und Gewaltkriminalität sind eher von geringer Bedeutung. Dennoch ging ein Fall besonders in Deutschland groß durch die Presse: 1998 wurde Horst Fietze, Hausmeister des Geschwister-Scholl-Gymnasiums des sächsischen Löbau, von vier Jugendlichen am Strand erschossen. Sie hatten seine Brieftasche gefordert, was der deutsche Urlauber offenbar nicht verstand. Inzwischen sind alle Täter gefasst und zu lebenslänglicher Haft verurteilt.

Santa Monica befand sich zu dieser Zeit in einer Phase des Um- oder besser Aufbruchs. Vier Jahre zuvor war die Stadt vom Northridge Erdbeben schwer getroffen worden. Frühmorgens um halb fünf riss das Beben der Stärke 6,7 die Bewohner aus dem Schlaf. Innerhalb von kaum 2 Minuten wurden 2.300 Wohnungen unbewohnbar. Die beiden Krankenhäuser wurden schwer beschädigt, und der auf Stelzen stehende Freeway nach Los Angeles knickte in sich zusammen, was zügige Hilfe zusätzlich erschwerte. Wochenlang war eine Rückkehr zur Normalität undenkbar.

Langfristig blieb Santa Monica nur die Flucht nach vorn. Neue Bürogebäude entstanden, die Entertainment-Industrie verließ den alten Stammplatz Hollywood und zog nach Norden oder eben nach Westen. Produzierende Gewerbe verschwanden fast vollständig und wurden durch Verwaltungsjobs ersetzt. Zwar zog Metro Goldwyn Mayer sein Hauptquartier 2003 wieder ab und nahm über tausend Angestellte mit, doch ist der Trend zur „Gentrification" weit fortgeschritten. Santa Monica ist modern und fortschrittlich, setzt auf Recycling und grünes Bauen, Fahrradwege und erdgasbetriebene Busse. Doch aufs Fahrrad schwingt man sich nur in bunter Freizeitmontur. Den Weg zum Großraumbüro macht jeder hübsch für sich allein auf ebenso sportlichen vier Rädern.

Websites

🖥 *www.santamonica.com*
🖥 *www.smgov.net*

▶ Santa Monica Pier

Die 1909 gebaute Pier trug zunächst nur die Abwasserkanäle der Stadt, Fußgänger konnten aber vom westlichen Ende den Blick auf Stadt und Wellen genießen. Ab 1916 wurden die Attraktionen des Freizeitparks hinzugefügt. In den 60er Jahren sank das Interesse und die Pier begann zu verfallen. Die Stadt beschloss den Abriss des Wahrzeichens, der jedoch von einer Bürgerinitiative verhindert werden konnte.

Zwölf verschiedene Attraktionen für alle Altersgruppen locken zum Familienvergnügen, von Kinderkarussells bis zur Achterbahn. Das Riesenrad wird mit Solarenergie betrieben und bietet schöne Ausblicke aus 40 Metern Höhe über den Wellen. Natürlich gibt es auch reichlich Essbares wie Pizza, Tacos und Burger.

✉ *380 Santa Monica Pier*
⇨ *Vom HW1 nicht abbiegen, sondern dem Lincoln Blvd 300 m weiter geradeaus folgen, links in die Colorado Ave und bis zum Ende zu den gebührenpflichtigen Parkplätzen*

🕐 *Die Öffnungszeiten variieren und können in der Website nachgesehen werden. Im Sommer üblicherweise So-Do 11-23h, Fr & Sa 11-0.30h.*
∞ *Eintritt: frei. Die Attraktionen kosten $ 5 für Erwachsene und $ 3 für Kinder bis 8 Jahren. Unbegrenzten Fahrten bekommt man mit dem „Unlimited Ride Wristband" für $ 21,95 bzw. $ 15,95*
☎ *1-310 260 8744*
🖥 *www.pacpark.com*
🖥 *www.santamonicapier.org*

▶ Frank Gehry House

Die respektlosen und unorthodoxen Entwürfe des Stararchitekten Frank Gehry bieten weltweit Diskussionsstoff. Der Gehry Tower in Hannover, das Vitra Design Museum in Weil am Rhein, das MARTa in Herford, der Neue Zollhof im Medienhafen in Düsseldorf und die DZ Bank in Berlin sollten auch weniger Architekturinteressierten ein Begriff sein. Da fragt man sich natürlich, wie so ein über 80jähriger Nonkonformist wohl sein Eigenheim gestaltet.

Gehrys Frau kaufte in den 70er Jahren ein normales kleines Häuschen in Santa Monica. Der Meister selbst fand es „liebenswert aber langweilig". Drum machte er sich gleich an die Umgestaltung zu einer verschachtelten expressionistischen Struktur. Die konventionelle Nachbarschaft reagierte überwiegend mit Ablehnung auf den verwirrenden Eindringling. Angeblich ist das Haus mehrfach beschossen worden.

✉ *Ecke Washington Ave / 22nd St*
⇨ *Auf dem Santa Monica Boulevard nach Nordosten, nach 1,4 mi/2,2 km links in die 2nd St, nach 500 Metern wieder rechts in die Colorado Ave, nach 300 Metern auf der rechten Seite*

▶ McCabe's Guitar Shop

Der weltberühmte Laden für Musikinstrumente wirbt mit „der größten Auswahl besaiteter Dinger, mit denen man Musik machen kann". Tatsächlich findet man neben konventionellen Gitarren, Banjos und Mandolinen auch hochgradig kuriose Konstruktionen, die man als Saiteninstrument interpretieren könnte.

McCabe's veranstaltet auch Kurse, Workshops und Konzerte im Laden. Die Crème de la Crème der Musikwelt ist hier im Laufe der Jahre aufgetreten: Tom Waits, John Lee Hooker, Beck, Ginger Baker, Tom Verlaine, JJ Cale, PJ Harvey und so weiter und so weiter. Einige, wie der ehemalige Black Flag Sänger Henry Rollins, nahmen sogar Liveplatten im McCabe's auf.

✉ *3101 Pico Blvd*
⇒ *Vom HW1 auf den IS10 in Richtung Los Angeles, Exit 2 „Centinela Ave", scharf rechts auf den Pico Blvd, nach 250 m auf der rechten Seite*
🕐 *Mo-Do 10-20h, Fr & Sa 10-18h, So 12-17h*
☎ *1-310 828 4497*
💻 *www.mccabes.com*

▶ Shopping

Durch die Boutiquen schlendern kann man in Santa Monica's Main Street, ganze zwei Blocks vom Meerblick entfernt, oder in der Montana Avenue zwischen 7th und 17th St.

🖵 Filme

Rocky 3 – Das Auge des Tigers

Originaltitel	Rocky 3
Jahr	1982
Regie	Sylvester Stallone
Hauptdarsteller	Sylvester Stallone, Carl Weathers, Talia Shire
Genre	Boxerdrama

Beverly Hills Cop III

Originaltitel	Beverly Hills Cop III
Jahr	1994
Regie	John Landis
Hauptdarsteller	Eddie Murphy, Judge Reinhold, Hector Elizondo
Genre	Komödie

Forrest Gump

Originaltitel	Forrest Gump
Jahr	1994
Regie	Robert Zemeckis
Hauptdarsteller	Tom Hanks, Robin Wright Penn
Genre	Drama

KALIFORNIEN I SANTA MONICA

🎵 Soundtrack Santa Monica

Künstler	Titel	Album	Jahr	Genre
Sweet	Santa Monica Sunshine	Funny How Sweet Co-Co Can Be	1971	Glam Rock
The Nitty Gritty Dirt Band	Santa Monica Pier	Symphonion Dream	1975	Folk Rock
Die Amigos	Santa Monica	Liebe und Sehnsucht	1989	Schlager
Die Flippers	Die Nacht von Santa Monica	Träume vom Süden	1990	Schlager
Everclear	Santa Monica	Sparkle and Fade	1995	Alternativrock
David Hasselhoff	Santa Monica Feeling	B-Seite "Hooked on a Feeling	1999	Pop
Alice und Ellen Kessler	Komm zurück nach Santa Monica	Zwei blonde Señoritas	2003	Schlager

Malibu

🏠 MALIBU (13.000 EW)

Der Name zergeht wie Sahneeiscreme auf der Zunge. Malibu klingt nach Schönheit und Reichtum, nach Luxus und Sonnenbrillen, nach einem Leben wie ein Strandurlaub. Karibischer Rum, Sportboote und ein Kleinwagen aus dem Hause Chevrolet schmücken sich mit den klangvollen Lettern, weil der männliche Durchschnittskonsument all das gern mit Pamela Anderson, Madonna oder Cindy Crawford teilen würde. Deren Postadresse ziert das gleiche Wort, ebenso wie bei Dustin Hoffman, Bob Dylan oder Bruce Willis. Die Auswahl ist zufällig, man könnte ohne weiteres noch ein paar Dutzend Namen gleichen Kalibers hinzufügen. Thomas Gottschalk wäre auch darunter. Til Schweiger hat sich nach wenigen Jahren ins Niendorfer Gehege nach Hamburg verzogen, wohl weil er nach eigener Aussage neben Vollkornbrot auch den deutschen Wald vermisste. Ein anderer prominenter Bewohner blieb nur für eine einzige Party: 2009 mietet der Spielzeuggigant Mattel eine exklusive Strandvilla, ließ sie innerhalb weniger Wochen zum perfekten Barbie Dream Haus umdekorieren und feierte in pinkfarbenem Pop-Dekor den fünfzigsten Geburtstag der blonden Schönheit. Danach wurde das Interieur in Palm Casino Resort nach Las Vegas verfrachtet, wo man sich für 3.000 Dollar pro Nacht in die Barbie Suite einmieten kann.

Die Größen des Showbusiness kommen aber nicht nur nach Malibu, um ihre Millionen in Immobilien anzulegen. Sechzehn luxuriöse Rehabilitationszentren für Drogenabhängige haben schon Rockstars wie Kurt Cobain oder Schauspieler wie Robert Downey Jr. entgiftet. Mit unterschiedlichem Erfolg, wie man weiß.

Nicht alle in Malibu sind steinreich und berühmt. Glaubt man der Statistik, ist ein Zehntel aller männlichen Bewohner von Beruf Anwalt. Erfolgreich müssen sie allerdings sein, die Preise für ein Eigenheim überragen den kalifornischen Durchschnitt um das Fünffache.

Trotzdem ist der erste Eindruck eher ernüchternd. Die Häuserreihe entlang der Strandlinie hat sicher einen schönen Blick aufs Wasser, aber der dichte Verkehr auf dem Highway 1 muss an den Nerven zehren. Kein Vergleich zum grünen und blitzsauberen Beverly Hills.

Malibu zieht sich über 34 Kilometer an der Küstenlinie entlang, eine ununterbrochene Folge von Buchten, Stränden, State Parks und State Beaches. Die gesamte Bergregion im Rücken der Strandlinie steht unter Naturschutz. So etwas wie ein Zentrum sucht man in Malibu vergebens. Es scheint fast nur aus der vierspurigen Straße an der Wasserkante zu bestehen. Schöner und friedlicher wird es, wenn man eine der wenigen Abzweigungen in die Santa Monica Mountains nimmt. Doch hier ist der Frieden von anderer Seite bedroht. Nach schweren Regenfällen in den steilen Bergen stürzen Schlamm- und Gerölllawinen die engen Canyons hinunter. Noch bedrohlicher sind die Buschfeuer. Im Schnitt steht alle fünf Jahre ein Teil der Chaparrals genannten Hartlaubwälder in Flammen. Im Januar 2007 verteidigte Dallas-Akteu-

Malibu Beach

rin Victoria Principal höchstpersönlich ihr hölzernes Domizil mit Hilfe eines Gartenschlauchs gegen die Gefräßigkeit der Flammen.

Dem Besucher bleiben solche Ereignisse hoffentlich erspart. Ein kurzer Abstecher hinauf in die mediterrane Bergwelt belohnt mit atemberaubenden Panoramablicken übers Meer, etwa von der Encinal Canyon Road.

Von der Natur reich mit Schönheit gesegnet und dennoch nahe der Metropole Los Angeles war Malibu als Ausflugsziel oder Heimat der Vielbesserverdienenden prädestiniert. Doch im Gegensatz zu fast allen Orten der südkalifornischen Küste verweigerten sich die Eigentümer der Ausbeutung als Strandbad und Vergnügungsmeile. Das Ehepaar Rindge, das 1892 die 53 Quadratkilometer Land gekauft hatte,

wachte eifersüchtig über seinen Grundbesitz. Ein eigener Sicherheitsdienst wurde beschäftigt, um unerwünschte Eindringlinge fernzuhalten. Den Bau einer pazifischen Eisenbahnstecke durch ihr Territorium konnten sie verhindern, doch nach langjährigen Gerichtsverfahren gegen den Staat Kalifornien durfte der Highway 1 ab 1929 quer durch den immensen Grundbesitz schneiden.

Die Finanzkraft der inzwischen verwitweten Frau Rindge war nicht unerschöpflich, widerwillig musste sie beginnen, sich von den besten Grundstücken zu trennen. Es entstand die Malibu Colony, die bis heute edelste Strandmeile des Ortes. Seit den 30er Jahren ist die Kolonie eine „gated community" und beherbergt aktuell Sting, Bill Murray und Mel Brooks, sofern man sich auf offizielle und inoffizielle Quellen verlassen kann. Einen Teil der noblen Adressen kann man bewundern, wenn man kurz hinter der Lagune links in den Webb Way und kurz danach rechts in die Malibu Road biegt.

Nach und nach wuchs die Gemeinde, und die größtenteils exklusive Einwohnerschaft verteidigte ihren privilegierten Grundbesitz ähnlich verbissen gegen Eindringlinge wie die alte Frau Rindge. Die Stadt Los Angeles, die mit ganz anderen Problemen zu kämpfen hat, bedrohte die Idylle mit Ideen, ein Atomkraftwerk zu bauen oder den Küstenhighway auf Stelzen durchs Meer zu führen. Malibu floh in die Unabhängigkeit und ist seit 1991 eine selbstständige Kleinstadt. Seitdem soll der massenhafte Einfall von Strandbesuchern durch Parkplatzgebühren und Eintrittsgelder ferngehalten werden.

Ruhe und Beschaulichkeit wird in Malibu auch ständig von Dutzenden von Paparazzi gestört, die nach herzzerreißenden Romanzen oder brechenden Ehen jagen. Meist ergattern sie nur einen Schnappschuss von Britney Spears in Jogginghose, bevor sie genervt im Cabrio abrauscht. Taucht die Prominenz in einem griechischen Restaurant auf, bildet sich in Minutenschnelle eine Traube von hundert Fotografen vor dem Eingang. Die Prominenz wird in alle Himmelsrichtungen und mit allen Mitteln verfolgt, Verkehrsregeln bilden keinerlei Hindernis. Hundert Dollar Strafe für eine Rockford-Wende auf dem Highway werden unter laufenden Ausgaben verbucht, wenn es um ein Zehntausend-Dollar-Foto geht. 2009 rief die Bürgermeisterin eine Kommission ins Leben, die die legalen Möglichkeiten evaluieren soll, die Aktivitäten der Paparazzi zu unterbinden oder zumindest in die Schranken zu weisen.

Als weitere Gefahr für die öffentliche Ordnung werden die Skateboarder betrachtet, die im Höllentempo die steilen und kurvenreichen Canyon Roads hinunterbrausen. Berüchtigt sind die Longboards, auf denen die Adrenalinsüchtigen bis zu 80 Stundenkilometer erreichen. Die Stadt plant, Skateboarden auf den Bergstraßen

rundum zu verbieten und im Gegenzug einen neuen Skatepark zu bauen.

Man kann sich leicht vorstellen, dass Malibu außerhalb des Dienstleistungssektors wenige Arbeitsplätze bietet. Die Pepperdine University ist eine christliche Privatuniversität, die konservativ und religiös gesinnte Führungskräfte hervorbringt. Die knapp 8.000 Studenten können sich am vermutlich schönsten Campus der USA erfreuen. Die Uni ermöglicht ihren Schülern den Aufenthalt an renommierten Lehranstalten rund um den Globus. In Heidelberg werden sie in einem Pepperdine-eigenen Wohnheim untergebracht. Unerwarteterweise schrieb Malibu auch Technikgeschichte. In den Laboratorien des Flugzeugbauers Hughes Aircraft wurde 1960 der erste funktionsfähige Laser entwickelt.

Malibus eigentliche Attraktion ist seine landschaftliche Lage. Die spektakuläre Verbindung von Meer, Gebirge und wilden Canyons lässt sich am besten durch einen Abstecher in eine der Canyon Roads erleben. Und dann sind da natürlich die Strände, die an Sommerwochenenden von zehntausenden Sonnenhungrigen aus Los Angeles heimgesucht werden.

Zum Malibu Lagoon State Beach muss man zu Fuß die Feuchtgebiete der namensgebenden Lagune durchqueren und kann dabei die mitgliederstarke Pelikankolonie bewundern. Informationstafeln erklären die Ökologie der Lagune. Die Parkgebühren kann man sich sparen, indem man sein Gefährt direkt am Highway 1 abstellt.

Website
🖥 *www.ci.malibu.ca.us*

🗎 Filme
Berühmtester Fernsehbewohner Malibus war ohne Zweifel Detektiv Jim Rockford. Seine in fast jeder Episode dokumentierte sportliche 180-Grad-Wendung mit seinem Pontiac Firebird ist als Rockford-Wende in den deutschen Sprachgebrauch eingegangen. Die Amerikaner nennen sie J-Turn. Der Fernsehdetektiv lebte in einem

⬛ Soundtrack Malibu

Künstler	Titel	Album	Jahr	Genre
Hole	Malibu	Celebrity Skin	1998	Alternativrock
Sonic Youth	Malibu Gas Station	The Eternal	2009	Alternativrock
Rainhard Fendrich	Malibu	Alles was du willst	1986	Pop
Jan & Dean	Down at Malibu Beach	Ride the wild Surf	1964	Surf
Hanoi Rocks	Malibu Beach Nightmare	Back to Mystery City	1983	Punkrock
The Hushpuppies	Malibu	Someday soon	2008	Songwriter

Wohnwagen in der Paradise Cove Trailer Colony in der 29 Cove Road.

Die Malibu Pier ist in etlichen Episoden von Baywatch zu sehen. Die Serie wurde an den verschiedensten Locations entlang der Bucht von Los Angeles abgedreht.

Während die Wüstenlandschaften des Planeten der Affen in Arizona gefilmt wurden, entstanden die Aufnahmen des Affendorfes im Malibu Creek State Park. Althippie Jeffrey Lebowski widmete sein Leben in Malibu dem Bowling. Die eher flache Komödie „Malibu's most wanted" porträtiert den Lebensstil der High Society in Malibu.

Die eigentlich in New Mexico angesiedelte Hippie Kommune in Easy Rider wurde in den Santa Monica Mountains über dem Malibu Canyon nachgestellt.

Planet der Affen

Originaltitel	Planet of the Apes
Jahr	1968
Regie	Franklin J. Schaffner
Hauptdarsteller	Charlton Heston, Roddy McDowall
Genre	Science Fiction

Easy Rider

Originaltitel	Easy Rider
Jahr	1969
Regie	Dennis Hopper
Hauptdarsteller	Dennis Hopper, Peter Fonda
Genre	Road Movie

The Big Lebowski

Originaltitel	The Big Lebowski
Jahr	1998
Regie	Joel Coen
Hauptdarsteller	Jeff Bridges, John Goodman
Genre	Komödie

Malibu's Most Wanted

Originaltitel	Malibu's Most Wanted
Jahr	2003
Regie	John Whitesell
Hauptdarsteller	Jamie Kennedy, Taye Diggs
Genre	Teenager Komödie

Ein Funke genügt – Buschfeuer in Kalifornien

Wildfire is not a battle to be fought, it's a storm to be weathered.

Buschfeuer sind keine Schlacht, die gewonnen werden muss, sie sind ein Sturm, der durchfahren werden will.

Tom Scott, Assistenzprofessor und Waldbrandspezialist an der University of California

Über der Bucht von Los Angeles liegt eine gigantische Rauchfahne. Ascheregen geht nieder. Tausende Feuerwehrleute versuchen, mit Flugzeugen, Helikoptern und Löschzügen den Flammen Herr zu werden. Hauseigentümer wollen ihre Domizile mit dem Gartenschlauch vor der Gefräßigkeit des Feuers bewahren. Die Polizei evakuiert ganze Stadtteile. Wer nicht freiwillig geht, wird gezwungen. Etliche haben schon all ihren Besitz verloren, manche sogar ihr Leben. Der Gouverneur ruft den Notstand aus...

Alle paar Jahre wiederholt sich das Medienspektakel in nahezu identischer Weise. Nur die Zahlen, Namen und Daten ändern sich. Zwischen Juli und November 2009 wüteten insgesamt 63 Buschfeuer in Südkalifornien. Spektakuläre Fotos von Flammeninfernos zierten die Titelseiten rund um den Globus. Sechs Jahre zuvor waren Buschwälder auf einer Fläche von der Größe des Saarlands ein Raub der Flammen geworden.

Feuer ist eine Naturgewalt in Kalifornien. Die Frage ist nicht, ob ein Buschbrand ausbricht, sondern wann und wo.

Im Durchschnitt fackeln jedes Jahr Wälder von der Fläche Hamburgs ab. Feuer ist eine Bedrohung für Menschen und ökonomische Werte, doch im Ökosystem Südkaliforniens ist es nicht nur unvermeidlich, sondern spielt sogar eine wichtige Rolle für die Gesundheit der Wälder. Es dünnt den Vegetationsbestand aus, führt dem Boden Nährstoffe zurück und leitet einen neuen Zyklus im Leben eines Waldes ein.

Die jährliche Feuersaison dauert von August bis in den Winter. Hohe Temperaturen und ausbleibende Niederschläge lassen Gräser und niedere Vegetation absterben, die dann das perfekte Zündmaterial bilden. Ein Blitzschlag, eine Zigarettenkippe oder ein glimmendes Campingfeuer reichen aus, um die explosive Mischung in Brand zu setzen.

Doch für die Entstehung einer unhaltbaren Feuersbrunst fehlt noch ein entscheidendes Element: Die berüchtigten Santa Ana Winde. In jedem September formt sich im Great Basin, der Hochebene von Utah und Nevada, ein stabiles Hochdruckgebiet. Vom hohen Luftdruck angetrieben, wälzt sich die ursprünglich kühle Luft die Gebirgshänge nach Westen hinab. Nach dem physikalischen Gesetz der adiabatischen Erwärmung steigt ihre Temperatur mit sinkender Höhe. Bei der Durchquerung der Mojave Wüste gibt sie ihre Feuchtigkeit ab, und schließlich werden die Luftmassen durch die Canyons der Küstengebirge gedrückt und beschleunigt. Das Ergebnis ist ein periodisch wiederkehrendes Klimaphänomen, das jede Flamme in eine Feuerwalze verwandeln kann: bis zu hundert Stundenkilometer schnelle, extrem trockene, böige Winde.

Abgesehen von punktuellen Wetterphänomenen wie den Santa Ana Winden spielen auch längerfristige Klimaschwankungen eine Rolle. Seit 1999 erlebte Kalifornien eine Dekade besonderer Trockenheit, der allerdings keine eindeutigen Ursachen zuzuschreiben sind. Der gesamte Pazifik wird von unregelmäßig auftretenden Klimaanomalien heimgesucht: Alle zwei bis sieben Jahre tritt das El Niño Phänomen auf. Dabei verschiebt sich das gesamte Strömungssystem des pazifischen Ozeans für einen Zeitraum von vier bis vierundzwanzig Monaten. Die Winter in Südkalifornien fallen dann feuchter aus als normal, während der Effekt auf den pazifischen Nordwesten genau der gegenteilige ist.

Die Auswirkungen auf die Intensität der Feuersaison sind offensichtlich. Die Kombination Trockenheit, Hitze und Wind ist bekanntermaßen der perfekte Nährboden für großflächige Brände. Da diese drei Faktoren in jedem Jahr gemeinsam auftreten, sind Busch- und Waldbrände in Kalifornien ein vollkommen natürliches und seit langem bekanntes Phänomen.

Was sich verändert hat, ist das Verhältnis des Menschen zum Feuer. Seit den 70er Jahren hat sich die Bevölkerung explosionsartig in die zuvor unbewohnte Wildnis ausgebreitet. Praktische Probleme

wie Abgelegenheit oder schwierige Wasserversorgung lassen sich heute technisch lösen und sind kein Hinderungsgrund mehr. Weniger logische Faktoren wie der Blick von der Terrasse haben dagegen an Bedeutung gewonnen. Rund acht Millionen Menschen bevölkern jetzt die Hügelketten, die regelmäßig vom Feuer heimgesucht werden. Während der Brände im Jahr 2007 wurden in Südkalifornien mehr als eine halbe Million Menschen aus ihren Häusern evakuiert, mehr als zweitausend Eigenheime gingen in Flammen auf. Eigentlich kein Wunder, denn die Menschen bauen nicht nur am falschen Ort, sondern oft auch in völlig unangepasster Weise. Für den Außenstehenden ist schwer nachzuvollziehen, wie jemand in einem waldbrandgefährdeten Gebiet ein Holzhaus errichten kann. Seltsamerweise ist das der Normalfall. Die wenigsten Kommunen besitzen Bauvorschriften, die den Faktor Feuer mit einbeziehen. Freiheit bedeutet eben nicht nur, zu Reichtum gelangen zu können, sondern ihn auch leichtfertig aufs Spiel setzen zu dürfen.

Vielleicht ist es auch das Vertrauen in die mächtigen Feuerwehreinheiten. „Calfire" heißt die für Waldbrände zuständige staatliche Institution, die die größte fliegende Löschflotte der Welt ihr Eigen nennt. 23 Löschflugzeuge und 11 Helikopter rücken alljährlich gegen durchschnittlich 5.600 Waldbrände aus. Wenn Menschen und ihre Besitztümer nicht direkt gefährdet sind, lässt man die Feuer kontrolliert weiterbrennen. Bei Gefahr für Leib und Eigentum dagegen gleichen die Feuerwehreinsätze konventioneller Kriegsführung. Menschen und Material werden an strategischen Punkten eingesetzt, um dem Feind den Weg abzuschneiden. Rechenzentren verarbeiten Unmengen von klimatischen und topographischen Daten, um in Hochgeschwindigkeit mögliche Entwicklungsszenarien eines Feuers zu berechnen, auf deren Grundlage die Kampfstrategie entschieden wird. Doch Wetterbedingungen und Feuer lassen sich nie mit endgültiger Sicherheit voraussagen. So haben hunderte von Feuerwehrleuten in den vergangenen Jahrzehnten ihr Leben gelassen.

Noch ein weiterer Faktor spricht für die Theorie, dass der Mensch das Problem ist, nicht das Feuer. Der größte Teil der Brände geht nicht auf natürliche Zündung, etwa durch Blitzschläge, sondern auf menschliche Unachtsamkeit oder Brandstiftung zurück.

Die Besiedlung gefährdeter Regionen und menschliches Fehlverhalten sind allerdings ein Faktum, das kaum rückgängig gemacht werden kann. So stellt sich die Frage, welche Strategie die Politik einschlagen soll. Schließlich verschlingt die Brandbekämpfung alljährlich Unsummen aus dem Staatshaushalt. Unglücklicherweise wird eine rationale Diskussion von ökonomischen Interessen verzerrt. Nach jedem größeren Brand tritt

die Lobby der Holzindustrie auf den Plan und fordert, die Wälder müssten ausgedünnt werden, um möglichen Feuern Brennstoff zu entziehen. Logischerweise ist die Industrie aber an den großen Bäumen interessiert, die Bränden erstens den größten Widerstand entgegensetzen und zweitens als Schattenspender die gefährdeten niederen Regionen des Waldes am Austrocknen hindern. Die Regierung Bush folgte allerdings den Vorschlägen und Interessen der Holzindustrie und beschloss ein von vielen Seiten kritisiertes Gesetz unter dem schönen Namen „Initiative für gesunde Wälder". Umweltschützer verpassten ihm den Spitznamen „Kein Baum bleibt übrig".

Eine definitive Lösung wird sich niemals finden lassen. Die Menschheit muss lernen, sich dem Feuer anzupassen, das wie Wind und Regen zum Ökosystem Kaliforniens gehört. Auch auf die hochtechnisierte Brandbekämpfung kann man sich nicht verlassen. Es gibt schließlich auch keine Tornado-Wehr.

Ventura County & Oxnard

✿ VENTURA COUNTY

Der Highway One schlängelt sich im nördlichen Malibu wunderschön zwischen Strand und Gebirge entlang. Kurz hinter dem Point Mugu State Park wächst eine knapp 80 Meter hohe Düne, die Mugu Sand Bank, den Berghang hinauf, die sich Kinder mit Vorliebe rollend hinunterbewegen. Am Ende der Bucht türmt sich unübersehbar Mugu Rock auf. Der Felsen ist allerdings nichts anderes als der Gebirgsfuß, der beim Bau des Highways vom Mutterberg abgesägt wurde. Der unter Anglern populäre Aussichtspunkt hat allerdings seine Tücken. In diesem Küstenabschnitt treten hin und wieder „rogue waves", also Riesenwellen auf, die sich ohne ersichtlichen Grund und Vorwarnung plötzlich doppelt so hoch auftürmen wie die normale Brandung. Etliche Angler sind bei solchen Ereignissen schon ums Leben gekommen.

Nördlich des Mugu Rock treten die Berge zurück und es öffnet sich die Ebene von Oxnard. Es handelt sich um das Delta mehrerer Flüsse, die hier in den Ozean münden und mit ihren Sedimenten eine tischebene Landschaft von gut 28 km Nord-Süd- und 38 km West-Ost-Ausdehnung aufgeschwemmt haben.

Einer der Flüsse ist der Santa Clara River. Knapp neunzig Kilometer weit im Inland hatte der umtriebige Chef der Wasserbehörde von Los Angeles, William Mulholland, in den 20er Jahren einen Staudamm errichten lassen. Die rasant wachsende Metropole benötigte dringend Reserven für den steigenden Wasserbedarf. 1928, wenige Tage nachdem der neunte Staudamm gefüllt war, gab der überlastete Untergrund nach, und der Damm stürzte ein. Eine riesige Flutwelle wälzte sich durch das Flusstal und zerstörte alles, was sich ihr in den Weg stellte. Der Ort Santa Paula wurde unter einer sechs Meter hohen Schlammschicht begraben. Als die Flut fünfeinhalb Stunden nach dem Dammbruch die Küste erreichte, dehnte sie sich auf gute drei Kilometer Breite aus. Die Zahl der Todesopfer konnte nie genau festgestellt werden. Offiziell wurden innerhalb der ersten Monate 385 Opfer gezählt, verschiedene Schätzungen sprechen aber von bis zu 600. Mulholland, nach dem der berühmte Mulholland Drive benannt wurde, hatte den Damm am Tag der Katastrophe besucht und für sicher erklärt. Er übernahm die volle Verantwortung, trat von seinem Posten zurück und lebte fortan völlig von der Öffentlichkeit zurückgezogen. Er hatte den Damm zweimal um drei Meter erhöhen lassen, um seine Kapazität zu vergrößern.

🏠 Port Hueneme (22.000 EW)

Wie der Name vermuten lässt, handelt es sich bei dem ersten Ort im Ventura County um einen Hafen, den größten zwischen Los Angeles und San Francisco. Die Handelsverbindungen reichen bis auf die andere Seite des Pazifiks und nach Zentralamerika, von wo Bananen und Ananas eingeschifft werden. Gleichzeitig werden die Produkte der eigenen Landwirtschaft exportiert. Die Schwemmländer der Oxnard Plain zählen nämlich zu den fruchtbasten

Erdbeerfelder bei Oxnard

Böden der USA. Tomaten, Bohnen, Salat und Zitrusfrüchte werden angebaut, vor allem aber Erdbeeren. Aus Oxnard stammt mit 200.000 Tonnen fast ein Drittel der kalifornischen Produktion, die den US-Markt dominiert. Nach der Aussaat im Herbst werden bereits im Dezember die ersten Früchte geerntet. Der Höhepunkt der Saison liegt jedoch zwischen April und Juni. An jedem dritten Maiwochenende wird die Erdbeerernte mit einem großen Festival in Oxnard gefeiert, wo man die kuriosesten kulinarischen Kreationen auf Erdbeerbasis kosten kann.

Im Januar 2000 wollte der Kapitän des Flugs Alaska Air 261 vom mexikanischen Badeort Puerto Vallarta nach Seattle wegen technischer Probleme umkehren und in Los Angeles notlanden. Bei der 180°-Wende stürzte die MD-83 wenige Kilometer vor Port Hueneme mit hoher Geschwindigkeit ins Meer. Alle 83 Passagiere und die Crew kamen ums Leben. Am Strand von Port Hueneme, etwa 300 Meter süd-

lich der Fishing Pier, haben die Angehörigen den Opfern ein Denkmal in Form einer Sonnenuhr gesetzt.

🏛 Oxnard (200.000 EW)

An der Stadtgrenze verengt sich der vierspurige Highway zu einem breiten Boulevard, der Oxnard vollständig durchquert. Neubausiedlungen, Brachland, Felder und Industriegebäude mischen sich ohne offensichtliche Ordnung. Auch wenn man sich auf die Suche nach dem Stadtzentrum macht, bleibt der Eindruck der Zusammenhanglosigkeit. Die Stadt ist nur schwer greifbar und erscheint charakterlos. Und mit 200.000 Einwohnern ist Oxnard viel größer, als man annehmen würde.

Im Rathaus ist man sich dieses Problems durchaus bewusst. Auf der Suche nach einer Image-Aufwertung kontaktierte man eine Consulting-Firma aus Seattle, doch die blieb offenbar ebenso ratlos. Also

Oxnard in Zahlen	Santa Monica	Zum Vergleich: Rostock
Einwohner	200.000	201.000
Fläche	66 km²	181 km²
Einwohner pro km²	3.090	1.107
Durchschnittstemperatur	16 °C	8,4 °C
Jährlicher Niederschlag	396 mm	591 mm
Höhe über NN	16 m	13 m

rief man im Januar 2004 zu einer Bürgerversammlung, in der Hoffnung auf schlagfertige Ideen aus den eigenen Reihen.

Bisher nannte sich Oxnard „the city that cares", also „die Stadt, die sich sorgt". Der Slogan peilt offensichtlich die heimische Einwohnerschaft und keine touristische Zielgruppe an. Tatsächlich versucht man dem Leitspruch konsequent gerecht zu werden. Zwar entzieht sich Oxnard weitgehend dem liberalen oder gar progressiven Einfluss von Los Angeles und lebt auf einem eher konservativen Planeten, doch Anfang 2010 erlaubte die Stadtregierung überraschend die medizinisch kontrollierte Abgabe von Marihuana an Schwerkranke. Eine Maßnahme, die außerhalb der Metropolregionen Los Angeles und San Francisco ausgesprochen ungewöhnlich ist. Innerhalb weniger Tage öffneten mehrere Grow-Shops ihre Pforten, was die konservative Bevölkerung einigermaßen irritierte. Die Eigentümer der christlichen Buchhandlung gegenüber waren der neuen langhaarigen Kundschaft schnell überdrüssig, die nach einem Buch mit dem Titel „Jesus was a Hippie" verlangte. Seitdem ziert die Eingangstür ein Schild, das konstatiert: „Ein Buch mit diesem Titel existiert nicht".

Oxnard ist trotz seiner Größe und der Küstenlage eine ländliche Gemeinde und vom Geist eher mit den Agrarstädten des kalifornischen Zentraltals verwandt. Da die Ausnahmen üblicherweise die Regel bestätigen, kann Oxnard aber auch mit eher metropolitanen Phänomenen wie rivalisierenden Straßengangs und einer ausgeprägten radikalen Musikszene aus der Hardcore-Punk-

und Thrash-Metal-Richtung aufwarten. Das mag Tradition sein, denn die auf den ersten Eindruck friedfertige Stadt blickt auch auf eine konfliktreiche Historie zurück.

Den Startschuss für die städtische Entwicklung feuerte die Regierung in Washington ab, als sie 1897 hohe Einfuhrzölle auf ausländischen Zucker erhob. Plötzlich wurde der Zuckerrübenanbau profitabel, die Gebrüder Oxnard aus Chino, die nie selbst im Ort gelebt haben, bauten eine mächtige Zuckerraffinerie und wurden dafür ein städtischen Namen verewigt. Die boomende Landwirtschaft zog massenhaft mexikanische, chinesische und japanische Arbeitskräfte an. Doch Amerika war alles andere als der gepriesene Schmelztiegel der Nationen. In Wirklichkeit war Oxnard eine hochgradig segregierte Gesellschaft. Rasse und Klasse bestimmten und limitierten die Zukunftschancen jedes Einzelnen. Die Mexikaner lebten in einem Ghetto, die Japaner in einem anderen, und die Chinesen wurden wieder ausgewiesen. Grundbesitz, Fabriken und Unternehmen blieben im Besitz der reichen, weißen Oberschicht. Den Arbeitsmarkt dominierte eine Art Zeitarbeitsfirma, die die Landarbeiter an die Grundbesitzer auslieh und mit ihrer Quasi-Monopolstellung nach Belieben die Löhne drücken konnte.

Der dubiose Tod zweier mexikanischer Arbeiter bei einem Brand im städtischen Gefängnis heizte die Atmosphäre auf und gab der Geschichte eine völlig unerwartete Wendung: Anfang 1903 überwanden die mexikanischen und japanischen Landarbeiter die oberflächliche Konkurrenzsituation und ihre kulturellen Gegensätze und gründeten eine gemeinsame Gewerk-

© SORRA 2011

schaft. Einigkeit schafft Stärke. Im März traten die Landarbeiter in den Streik. Es kam zu brutalen Polizeieinsätzen. Die Landbesitzer karrten Horden von Streikbrechern an, die Protestierenden blockierten den Zugang zur Stadt und die wütenden Landbesitzer schossen in die demonstrierende Menge. Zwei Japaner und zwei Mexikaner wurden verwundet, einer erlag seiner Schussverletzung. Die Solidarität der Streikenden wurde weiter gefestigt, und am Ende mussten die Grundbesitzer den Forderungen der Streikenden nachgeben. Oxnard ging als der Ort der ersten kulturübergreifenden Gewerkschaftsbewegung Kaliforniens in die Sozialgeschichte ein.

Die ethnischen und kulturellen Grenzen wichen im Lauf der Zeit weiter auf. Von 1982 bis 1992 wurde die Stadt von einem allgemein hochgeschätzten Bürgermeister japanischen Ursprungs regiert. Die Eltern des Republikaners Nao Takasugi hatten 1907 einen Gemüseladen im Zentrum eröffnet. Nach dem japanischen Angriff auf Pearl Harbor wurde die Familie in Arizona interniert. Vor der Deportation übergab sie einem mexikanischen Angestellten den Schlüssel mit der Bitte, den Laden weiterzuführen. Die ganze Absurdität des Krieges demonstriert, dass Takasugis Cousin gleichen Nachnamens die Familie im Lager in Arizona besuchte, um sich vor dem Abmarsch an die Front in amerikanischer Uniform zu verabschieden. Er fiel 1945 im Kampf in Italien.

Oxnard ist heute weiterhin eine weitgehend landwirtschaftlich geprägte Kommune. Industrie und Tourismus konnten die Wirtschaftsgrundlage etwas diversifizieren.

ℹ️ Information California Welcome Center

- ✉️ *1000 Town Center Drive, Suite 135, Oxnard CA 93036*
- ➡️ *Am Nordende der Stadt nicht auf den HW1 sondern 200 m weiter, links in den Town Center Dr, nach 300 m auf der rechten Seite*
- 🕐 *Mo-Sa 9-17h, So 10-17h*
- ☎️ *1-805 988 0717*
- 💻 *www.visitoxnard.com*

▶ Carnegie Art Museum

Der Großindustrielle Andrew Carnegie, oft nach John Rockefeller als zweitreichster Mann der amerikanischen Geschichte betrachtet, investierte sein immenses Vermögen in die Bildung des Volkes. Er stiftete hunderte von Bibliotheken und Museen im ganzen Land, so auch in Oxnard. Das Museum dokumentiert alle Stilrichtungen und Bewegungen der kalifornischen Kunst, mit vierteljährlich wechselnden Ausstellungen.

- ✉️ *424 South C St, Oxnard, CA 93030*
- 🕐 *Do-Sa 10-17h, So 13-17h*
- 🎟️ *Erwachsene: $ 3, Senioren, Studenten, Schüler: $ 2, Kinder: $ 1, Kinder unter 6 Jahren: frei*
- ☎️ *1-805 385 8158*
- 💻 *www.carnegieam.org*

▶ Ventura County Maritime Museum

Das Hafenerlebnis wird abgerundet mit einem Schifffahrtsmuseum, das versucht, die letzten dreitausend Jahre Seefahrtsgeschichte anhand von Modellen zu erklären. Dabei wird besonderes Augenmerk auf die lokale Geschichte des Walfangs gerichtet.

- ✉️ *2731 Victoria Ave, Oxnard CA 93035*
- ➡️ *Vom HW1 links in den E Channel Islands Blvd, nach 3,5 mi/6 km links in die S Victoria Ave, nach 1 mi/1,6 km Parkplatz auf der linken Seite*
- 🕐 *Täglich 11-17h*
- ☎️ *1-805 984 6260*
- 💻 *www.vcmm.org*

▶ Bill of Rights

Der wunderschöne, zweimastige Schoner legt an jedem Wochenende zu einer dreistündigen Ozeankreuzfahrt ab. Mit Glück bekommt man ein paar Delphine zu Gesicht. Einmal pro Monat geht es für sechs Stunden zur unbewohnten Insel Anacapa.

- ✉️ *Channel Islands Harbor, 3600 S Harvor Blvd, Oxnard CA*
- ➡️ *Von Süden kommend den Exit 112 „S Rice Ave" nehmen, nach 1 mi/1,6 km links in den Channel Islands Blvd, nach 0,7 mi/1,1 km dem Blvd links und gleich wieder rechts folgen, nach 4 mi/6,5 km links auf den W Channel Islands Blvd, der Straße 0,7 mi/1,2 km folgen, Parkplatz auf der linken Seite*
- 🕐 *Abfahrt Sa & So 13h*

⊕ *3-stündige Kreuzfahrt: Erwachsene: $ 45,*
    Senioren: $ 40, Kinder 3-12 Jahre: $ 35
☎ *1-805 642 1393*
🖳 *www.islandpackers.com*

▶ Woolworth Museum

Der amerikanische Hang, allem und jedem ein Museum zu widmen, kombiniert sich mit der Nostalgie der prosperierenden 50er Jahre zu einer nicht ganz ernst zu nehmenden Rarität. Winfield Woolworth machte aus einem Einzelhandelsgeschäft einen Weltkonzern. Manche Großmutter deutschte den unaussprechlichen Namen als „Wullewutsch" ein. Von der ehemals größten Kaufhauskette der Welt ist heute nicht mehr viel übrig: Das Stammhaus in den USA ist längst pleite, 1997 wurde die letzte Filiale geschlossen. Das deutsche Tochterunternehmen musste hart um sein Überleben kämpfen, betreibt aber weiterhin über 300 Kaufhäuser in Deutschland und Österreich.

✉ *210 W 4ᵗʰ St, Oxnard CA 93030*
⇨ *Vom HW1 links in die 4ᵗʰ St,*
    an der nächsten Kreuzung
🕐 *Mo-Do 7.30-14.30h, Fr 7.30-21h, Sa 9-14.30h*
⊕ *Frei*
☎ *1-805 385 3605*
🖳 *www.thewoolworthbuilding.com*

🎞 Filme

Stummfilmstar Rudolph Valentino spielte einen edlen Wüstensohn in den Dünen von Oxnard. Die Schlusssequenz von „Zurück in die Zukunft III", in der die Zeitmaschine von einem heranrollenden Güterzug zerstört wird und Doc mit einer alten Dampflokomotive an- und wieder abraucht, ist in Port Hueneme, am Bahnübergang an der Ecke 4ᵗʰ / Shoreview Dr gedreht.

Der Scheich	
Originaltitel	The Sheik
Jahr	1921
Regie	George Melford
Hauptdarsteller	Rudolph Valentino, Agnes Ayres
Genre	Stummfilm

Zurück in die Zukunft III	
Originaltitel	Back to the Future Part III
Jahr	1990
Regie	Robert Zemeckis
Hauptdarsteller	Michael J. Fox, Christopher Lloyd
Genre	Komödie

The Californian Channel Islands

Nicht nur England hat seine Kanalinseln, auch Kalifornien. Die Kette von insgesamt acht Inseln liegt aber nicht im Kanal, sondern bildet dessen westliche Begrenzung. Der Santa Barbara Channel ist etwa 80 Meilen lang und im Schnitt 30 Meilen breit. Die fünf nördlichen Inseln bilden den Channel Island National Park. Unter den 58 amerikanischen Nationalparks ist er einer derjenigen, die die wenigsten Besucher anziehen. Zwar kann man die Inseln von der Küste aus sehen und Südkalifornien ist eine der am dichtesten bevölkerten Regionen der USA, doch kaum 250.000 Menschen setzen ihre beiden Füße jährlich auf die Eilande. Geradezu lächerlich im Vergleich zu den sechs Millionen, die pro Jahr über den weitaus abgelegeneren Grand Canyon herfallen.

Das Problem ist, dass es nicht ganz leicht ist, auf die Inseln zu gelangen und diese obendrein so gut wie keine Infrastruktur bieten. Kein Hotdogstand mit Blick in den Abgrund, kein Luxushotel mit Panoramaterrasse. Die Inseln sind praktisch unbewohnt, sieht man mal von dem einsamen Ranger, den der föderale Nationalparkservice auf jedem Eiland platziert, und dem Hilfspersonal ab, das sich zeitweise dort aufhält.

Die Behörden wachen eifersüchtig darüber, dass die Inseln nicht vom Tourismus überrollt werden. Stolz verweisen sie auf den Slogan vom „North American Galapagos". Der Vergleich ist allerdings etwas überzogen, denn es gibt weder Riesenschildkröten noch urzeitliche Monsterechsen. Doch auch hier haben die wenige Dutzend Kilometer Entfernung zum Festland über hundert endemische, also auf der Welt einzigartige Tier- und Pflanzenspezies hervorgebracht. Aufgrund der Isolation nahm die Evolution eine andere Richtung.

Als einziges Reptil bewohnt der „Island Night Lizard" die Insel Santa Barbara. Die possierliche kleine Echse ist ein ausgesprochen häuslicher Charakter, denn nachdem sie ihr Territorium definiert hat, begrenzt sie ihren Bewegungsradius für die restlichen bis zu zwanzig 20 Jahre ihres Lebens auf einen Umkreis von nicht mehr als drei Metern.

Die Inselfüchse sind die kleinste nordamerikanische Hundeart und werden nicht größer als eine Hauskatze. Auf Santa Cruz lebten im langjährigen Durchschnitt etwa 1.500 Exemplare. Zu Anfang des neuen Jahrtausends hatte sich die Population bis auf etwa hundert dezimiert. Der Grund lag in einem komplexen Zusammenhang in der Nahrungskette. Viele Meerestiere dieser Küstenzone wiesen einen hohen Gehalt von DDT auf. Die Population des fischfressenden Weißkopfseeadlers dezimierte sich. Den freiwerdenden Lebensraum nahmen fleischfressende Steinadler ein, die vom Festland zuwanderten. Die Inselfüchse waren eine leichte Beute und innerhalb kürzester Zeit vom Aussterben bedroht. Die Nationalparkverwaltung ließ Steinadler einfangen und aufs Festland zurückbringen, während sie gleichzeitig Weißkopfseeadler ansiedelte. Nach fünf Jahren hatte sich der Bestand der Füchse wieder auf 700 Exemplare regeneriert.

Zu den einmaligen Tierarten gehörte auch das Zwergmammut, das die Inseln bis vor etwa 12.000 Jahren bevölkerte. Mit einer Schulterhöhe von maximal einem Meter achtzig war es kaum halb so groß wie seine Festlandsverwandten. Den Paläontologen zufolge soll der kleine Elefant die Inseln schwimmend erreicht haben. Die vier nördlichen Eilande sollen damals noch eine einzige zusammenhängende Insel gebildet haben. Während der Eiszeit lag der Wasserspiegel des Pazifik etwa 120 Meter niedriger. Heute ragen nur die vier höchsten Bergspitzen aus dem Wasser.

Möglicherweise bildeten just die kleinen Mammuts einen Teil der Ernährungsgrundlage der ersten Menschen, die sich zu jener Zeit auf den Inseln niederließen. Sie gehörten zur Gruppe der Chumash-Indianer, die die Küstenzone zwischen Morro Bay und Malibu bewohnte. Ihre Sprache ist inzwischen ausgestorben, wird aber bis heute durch Ortsnamen wie Lompok, Pismo, Point Mugu oder eben Malibu reflektiert. Sie waren Jäger, Sammler und Fischer und in ein intensives regionales Handelsnetz verflochten. 1959 wurden auf der Insel Santa Rosa zwei menschliche Oberschenkelknochen gefunden. Wissenschaftler datierten sie auf ein Alter von etwa 13.000 Jahren. Zunächst sprach man vom „Arlington Springs Man", später wurde der ursprüngliche Eigentümer für eine Frau gehalten, was die Wissenschaft inzwischen wieder revidiert hat.

Bis zur Ankunft der Spanier lebten geschätzte zehntausend Chumash entlang des Küstenabschnitts und auf den Inseln. Doch europäische Infektionskrankheiten wie Grippe und Pocke rafften die Indianer dahin. Um 1900 wurden gerade noch zweihundert gezählt. Inzwischen ist die Zahl ihrer Nachkommen wieder auf etwa 5.000 gewachsen.

Das Haupthandelsprodukt der Chumash waren Muscheln, die im regionalen Austausch etwa die Funktion von heutigem Bargeld besaßen. Zwischen Inseln und Festland bewegten sie sich problemlos in „tomols" genannten Kanus hin und her, die sie aus vom Ozean angetriebenen Redwood-Baumstämmen fertigten. Die Planken dichteten sie mit einem Gemisch aus Baumharz und Erdölteer ab.

Santa Cruz Island, Blick nach Westen

Den Teer erhielten sie durch die Erdölfelder vor der Küste Santa Barbaras, aus denen seit Jahrtausenden Rohöl aus den Lagerstätten 1.500 Meter unter dem Meeresboden durch Spalten im geologisch instabilen Untergrund nach oben sickert. Als Teerklumpen treibt es auf der Wasseroberfläche und wird an die Strände gespült. Auf einer 18 Quadratkilometer großen Fläche blubbern heute noch täglich rund zweitausend Liter Erdöl an die Oberfläche, begleitet von 40 Tonnen Methangas. Die Zone höchster Intensität liegt am Zone Coal Oil Point bei Goleta, etwa 15 Kilometer westlich von Santa Barbara. Die Universität von Kalifornien hat genau dort eine Forschungsstation eingerichtet.

Man könnte meinen, die Bewohner der Counties von Ventura und Santa Barbara seien an den Ölschlamm an ihren Küsten gewöhnt. Doch dem ist beileibe nicht so. Seit Jahrzehnten kämpfen Initiativen mit so eindeutigen Namen wie „Get Oil Out!" gegen die Bohrtürme vor der Küste. Genauer gesagt, seit 1969. Das heute zum Chevron-Konzern gehörende Energieunternehmen Unocal aus Los Angeles hatte gerade fünf Ölbohrtürme errichtet, um das neu entdeckte Dos Quadras Ölfeld anzuzapfen. Einer der Bohrköpfe traf auf eine Zone besonders hohen Drucks. Große Mengen Rohöl traten aus, doch es gelang, das Bohrloch zu versiegeln. Die angrenzenden Gesteins- und Sedimentschichten hielten dem Druck allerdings nicht stand und gaben für damalige Verhältnisse riesige Mengen Rohöl frei. Im Vergleich zur Ölkatastrophe im Golf von Mexiko von 2010 nehmen sich die insgesamt 80 bis 100.000 Barrel eher lächerlich aus. Im Golf von Mexiko trat diese Menge über zwei Monate lang alle 48 Stunden aus.

Doch 35 Meilen verpesteter Küste und Inselwelt und über 10.000 verendete Seevögel lösten einen sozialen Aufschrei an der kalifornischen Küste aus. Der Staat Kalifornien vergab in seinen Gewässern fortan keine neuen Bohrlizenzen mehr. Die existierenden Plattformen dürfen bis heute weiter fördern, und der Arm des Staates reicht nur drei Meilen in den Ozean. Weiter entfernte Gebiete gelten als föderale Gewässer, die den Entscheidungen in Washington unterliegen. Präsident Bush lag nichts ferner als der Förderung von Ölmillionen Schranken aufzuerlegen. 23 Ölbohrtürme operieren aktuell in föderalen Gewässern vor der kalifornischen Küste. Glücklicherweise hat sich das Desaster von 1969 bisher nicht wiederholt und die weitgehend intakte Natur der Kanalinseln ist erhalten geblieben.

Gerade wegen der geringen Besucherzahlen sind sie ein Paradies für Wanderer, Naturliebhaber und alle Arten von Freiluftsportlern. Unter Tauchern ist die Inselwelt wegen seiner Schiffswracks besonders beliebt. Auf dem Weg von Panama nach San Francisco nahmen viele Kapitäne den kürzeren, aber auch gefährlicheren Kurs durch den Kanal von Santa Barbara. In der zweiten Hälfte des 19. Jahrhunderts gingen hier mindestens 33 Schiffe unter.

Praxis

Da keine der Inseln über eine Unterkunft verfügt, müsste man einen mehrtägigen Naturtrip am besten im Voraus planen. Das beinhaltet Überfahrt, das Mieten oder Mitbringen einer kompletten Campingausrüstung und den Einkauf aller notwendigen Lebensmittel.

Ein Tagesausflug ist dagegen wesentlich leichter in eine Reise entlang der Pazifikküste einzubauen. Nichtsdestotrotz wird eine vorherige Reservierung, besonders während der Urlaubszeiten, empfohlen. Nur ein einziges Unternehmen hält die Konzession des National Park Service für Ausflugsfahrten zu den Inseln. Die Schiffe von Islandpackers legen sowohl vom Hafen Oxnard als auch von Ventura ab, je nach Ziel. In jedem Fall sollte man sich vorher auf der Website oder per Telefon über Abfahrtszeiten und -ort kundig machen, wenn man einen Inselausflug plant.

☎ 1-805 642 1393

🖥 www.islandpackers.com

▶ Bootstouren

▶ Anacapa Island

Die am nächsten zur Küste gelegene Insel ist gleichzeitig eine der kleinsten. Mit drei Quadratkilometern ist sie immerhin größer als Helgoland, kann aber ebenso gut in wenigen Stunden vollständig erkundet werden. Es gibt sogar noch mehr Gemeinsamkeiten mit der deutschen Nordseeinsel: Anacapa besteht aus drei einzelnen Eilanden. Die Ausflugsdampfer legen am Fuß der Steilküste der östlichsten Insel an. Das Inselplateau muss man dann über eine 150stufige Treppe erklimmen. Außer einem kleinen Visitor-Center und dem noch aktiven historischen Leuchtturm gibt es keine Gebäude auf der Insel. Und auch keine schattenspendenden Bäume oder Trinkwasser.

Auch bei einem Tagesbesuch sollte man also für alle Fälle gerüstet sein: Das Wetter kann schnell umschlagen, Sonne, Regen und Nebel sind das ganze Jahr über möglich. Getränke und ein Imbiss gehören ebenfalls in den Rucksack. Der gesamte Ausflug nimmt mindestens fünf Stunden in Anspruch.

✉ *3600 S Harbor Blvd, Oxnard CA 93035*
⇨ *Vom HW1 links in den E Channel Islands Blvd, nach 4 mi/7 km links in Harbor Blvd, nach 1 km Parkplatz auf der linken Seite.*
🕐 *Die Abfahrtszeiten sind saisonabhängig, meist täglich 9.30 h, samstags im Sommer auch zweimal täglich. Einchecken 45 Minuten vor dem Ablegen. Abfahrtszeiten rechtzeitig telefonisch oder per Internet überprüfen!*
💰 *Erwachsene $ 56, Senioren $ 51, Kinder 3-12 $ 39*
☎ *1-805 642 1393*
💻 *www.islandpackers.com*

▶ Santa Cruz Island

Die größte der fünf Nationalparkinseln ist immerhin 32 Kilometer lang und bis zu 10 Kilometer breit. Zwei durch ein zentrales Tal getrennte Gebirgsketten ragen bis über 700 Meter Höhe auf. Angesichts dieser Dimensionen kann man bei einem Tagesausflug natürlich nur einen sehr kleinen Teil der Insel kennenlernen. Mindestens sechs Stunden sollte man für den Trip einplanen

✉ *1691 Spinnaker Drive, Ventura, CA 93001*
⇨ *Am Nordende von Oxnard auf den HW101, nach 5 mi/8 km Exit 64, links in die Victoria Ave, nach 0,6 mi/1 km rechts in den Olivas Park Dr, dem Straßenverlauf 3,5 mi/5,5 km folgen*

Santa Rosa Island, Skunk Point

Lompoc

246   154

Solvang   246

POINT
ARGUELLO

Tranquillon
Mountain
2159ft
658m

SANTA
YNEZ
MOUNTAINS

1

Gaviota Pass

SANTA   YNEZ

Santa Ynez Peak
4298ft
1310m

154

101

POINT CONCEPTION

101

Isla
Vista

GO
P

-300ft
-91m

SANTA   BARBARA   CHANNEL

-1578ft
-481m

-1998ft
-609m

SANTA BARBARA BASIN

-2460ft
-750m

-546ft
-166m

Richardson Rock   Wilson Rock

SAN MIGUEL
ISLAND

Harris
Point

CHANNEL   ISLANDS   NATI

West Point

Painted
Cave

Castle Rock

Cuyler Harbor

Prince Island

SANTA ROSA
ISLAND

Carrington
Point

San Miguel Hill
831ft
253m

Cabrillo Monument
Lester Ranch site

Point Bennett

Tyler
Bight

Vail and Vickers Ranch

SANTA CRUZ CHANNEL

Crook
Point

Sandy
Point

Bechers
Bay

Skunk Point

Morse Point

Torrey Pines

East Point

Ti

Gull I

SANTA   CRUZ

Soledad Peak
1574ft
480m

-6600ft
-2012m

Johnsons
Lee

South
Point

-394ft
-120m

PACIFIC   OCEAN

Authorized park
boundary
The Channel Islands National Park
boundary extends 1.8km (1 nautical mile)
from the shore of each island.

Authorized marine
sanctuary boundary
The Channel Islands National Marine
Sanctuary boundary extends 10.8km
(6 nautical miles) from the shore of each
island. For information on Marine Pro-
tected Areas see California Fish and
Game website at www.dfg.ca.gov.

Ranger station   Restrooms

Self-guiding trail   Campground

Data Sources
Depth tints and terrestrial relief derives
from Digital Elevation Models (DEMs)
produced by NOAA and the USGS.
Bathymetric relief shading was
manually produced.

North

RAFAEL MOUNTAINS

PINE MOUNTAIN
Reyes Peak •
7510ft
2290m

33

LOS PADRES NATIONAL FOREST

UNTAINS

TOPATOPA MOUNTAINS
6704ft
2044m

Santa
Barbara
Montecito Summerland
Ojai
Santa Barbara
Harbor
Carpinteria
150
OUTDOORS SANTA BARBARA
VISITOR CENTER

Oak View

SULFUR MOUNTAIN

150

OAK RIDGE

101

95ft
0m

150

33

Santa
Paula

126

Ventura

CHANNEL ISLANDS NATIONAL PARK
VISITOR CENTER
PARK HEADQUARTERS

Ventura
Harbor

El Rio

Camarillo

To
Los Angeles
48mi
77km

Channel Islands
Harbor

Oxnard

101

Newbury
Park

-390ft
-119m

1

La Jolla Peak
1567ft
478m

SANTA MONICA MOUNTAINS
NATIONAL RECREATION AREA

-780ft
-238m

PARK

POINT
MUGU

SANTA CRUZ
ISLAND

Scorpion Ranch

Prisoners Harbor

ount Diablo
450ft
47m

Main
Ranch

NPS PROPERTY

ERVANCY PROPERTY

San Pedro
Point

Smugglers
Cove

ANACAPA
ISLAND

Summit
Peak
936ft
284m

Light Station and museum

-1886ft
-575m

-918ft
-280m

-5248ft
-1600m

SANTA
MONICA
BASIN

-3109ft
-948m

SANTA CRUZ BASIN

-6448ft
-1966m

PILGRIM BANKS

-102ft
-31m

-420ft
-128m

-1722ft
-525m

SANTA BARBARA
ISLAND

Light beacon

Sutil Island

🕐 *Die Abfahrtszeiten sind saisonabhängig, normalerweise täglich zwischen 8 h und 9.30 h. Einchecken 45 Minuten vor dem Ablegen. Abfahrtszeiten rechtzeitig telefonisch oder per Internet überprüfen!*

∞ *Erwachsene $ 56, Senioren $ 51, Kinder 3-12 $ 39*

☎ *1-805 642 1393*

🖥 *www.islandpackers.com*

▶ Rundflug mit Landung

CIA ist keine Polizeibehörde, sondern steht für Channel Island Aviation. An Wochenenden bietet die Fluglinie einen Ausflug auf Santa Rosa Island an. In 25 Minuten werden Anapaca und Santa Cruz überflogen, bevor das Propellerflugzeug auf einer Rasenpiste landet. Santa Rosa wird kaum von kommerziellen Ausflugsdampfern angefahren, man hat den Strand also praktisch für sich allein. Für den Aufenthalt auf der Insel sind normalerweise drei Stunden vorgesehen.

✉ *305 Durley Ave, Camarillo CA 93010*

⇨ *Vom HW1 in Oxnard auf die 5th St in Richtung Osten, nach 4 mi/7 km halblinks auf die E Pleasant Valley Rd, nach 2 mi/3 km wider links in den Airport Way, am Ende links in die Durley Ave, das Büro ist im selben Gebäude wie das Flughafenrestaurant*

🕐 *Flüge unregelmäßig, meist an Wochenenden. Abflug 8 h und 12.30 h. In jedem Fall reservieren.*

∞ *Erwachsene $ 160, Kinder $ 135, jeweils plus Steuern*

☎ *1-805 987 1301*

🖥 *www.flycia.com*

▶ Überflug im Helikopter

Zu viel mehr als einem flüchtigen Blick auf die Insel Anacapa kommt man nicht bei einer 30-minütigen Rundtour. Die natürlich teurere Investition in die Kombination mit einem Überflug der Küste bis nach Malibu lohnt sich sicher.

✉ *1601 W 5th St, Oxnard, CA 93030*

⇨ *Vom HW nach Westen in die 5th St, nach 1 mi/1,5 km auf der rechten Seite*

🕐 *Nach Vereinbarung*

∞ *Anacapa Tour (30 min) $ 150 , Anacapa & Malibu Tour (45 min) $ 225*

☎ *1-805 512 1371*

🖥 *www.channelislandsheli.com*

Ventura

🏛 VENTURA (107.000 EW)

Auch Oxnards kleinerer Nachbar mit dem Status der Countyhauptstadt ist kein wirklich aufregender Charakter. Die Geschwisterstädte sind wie zwei unauffällige schüchterne Zwillinge. Ventura versucht ebenso, seinem urbanen Leben neue Energie einzuhauchen. Stadtplaner schütteln hier und da vielversprechende Projekte aus dem Ärmel, doch der provinzielle Dunst will sich nicht verziehen. Sicher bietet Ventura seinen Bewohnern Lebensqualität unter kalifornischer Sonne, doch für den Fremden schmeckt das Menü eher fade. Der Surfer Point am Ende der California Street, gern modern als C-Street abgekürzt, ist unter Surfern im Staat bekannt und beliebt, doch bei der Unmenge feiner Sandstrände entlang der Küste ist der Kiesstrand eine unbequeme Alternative. Ventura und Oxnard sind die Sprungbretter zu den Channel Islands, aber kein echter Wert an sich.

Ventura wurde 1782 als spanische Missionsstation San Buenaventura gegründet, die historischen Gebäude stehen dem Besucher natürlich offen. Der Camino Real, der die Kette der Missionen verband, ist heute die Main Street. Ventura blieb lange Zeit von den Hauptverkehrswegen abgeschnitten, wuchs nur langsam und verweilte in ruraler Abgelegenheit. Der Highway 1 erreichte die Stadt 1960, doch führte er ebenso an ihr vorbei. Ventura war zwar nun schneller erreichbar, die Mehrzahl der Durchreisenden brauste allerdings vorbei. So ist die Stadt bis heute ein friedliches Provinznest geblieben.

In der harmlosen Kleinstadtidylle wurde mit Perry Mason einer der berühmtesten amerikanischen Strafverteidiger zwar nicht geboren, aber zumindest erdacht. Krimiautor Erle Stanley Gardner praktizierte zehn Jahre lang als Rechtsanwalt und unternahm seine ersten Gehversuche als Schriftsteller im First National Bank Gebäude in der 494 E Main Street. Das Kanzleibüro seiner Anwaltsgemeinschaft saß in dem kleinen roten Häuschen in der 39 California St, einen halben Block unterhalb des Gerichtsgebäudes. Gardner war zwar Teilhaber, widmete sich jedoch bereits ganz dem Schreiben und zog bald aus Ventura nach Temecula, südwestlich von Los Angeles.

Websites
🖥 www.ventura-usa.com
🖥 www.fun-in-ventura.com

▶ The Olivas Adobe

Das im spanischen Kolonialstil 1847 errichtete Hauptgebäude des Landguts der wohlhabenden Familie Olivas gibt eine Vorstellung vom Leben auf einem kalifornischen Rancho in der zweiten Hälfte des 19. Jahrhunderts. Raymundo Olivas hatte in der mexikanischen Armee gedient und erhielt den Grundbesitz zum Dank für seine militärischen Verdienste. Die Familie veranstaltete üppige Feste, die mehrere Tage dauern konnten.

Die in Amerika weitverbreitete Passion fürs Übersinnliche glaubt an vielfältige Erscheinungen in dem alten Gemäuer, von einer „Lady in Black" über eine junge Frau in weißem Kleid ohne Augen bis zu kichernden Kindern im zweiten Stockwerk.

- ✉ *4200 Olivas Park Dr, Ventura, CA 93003*
- ⇨ *Vom HW1 Ausfahrt S Victoria Ave, Richtung Süden, nach 1 km rechts in den Olive Parks Dr, nach 2 km auf der linken Seite*
- ◎ *Sa & So 10-16h*
- ∞ *Erwachsene: $ 5, Senioren & Kinder ab 4 Jahre: $ 3*
- ☎ *1-805 658 4728*
- 🖳 *www.olivasadobe.org*

▶ Limoneira

Kalifornien gilt gemeinhin als High-Tech-Wunderland und Hort urbaner Modernität, in Wahrheit wird ein großer Teil des Sozialprodukts nach wie vor von der Landwirtschaft erwirtschaftet. Doch auch dieser Sektor gehört zur Speerspitze moderner Technologie. Mit einem Ausflug ins 20 km entfernte Santa Paula kann man sich eine Idee verschaffen, wie modernes Agrarbusiness betrieben wird. Die Limoneira Company ist einer der größten kalifornischen Produzenten von Avocados und Zitrusfrüchten. Weniger rentable Flächen werden stillgelegt und urbanisiert.

- ✉ *1141 Cummings Road, Santa Paula, CA 93060*
- ⇨ *Auf dem Santa Paula Freeway oder HW126 in Richtung Santa Paula, nach 9 mi/15 km Exit „Briggs Rd", links, nach 800 m wieder links in die Telegraph Rd und nach wiederum 800 m rechts in die Cummings Rd. Nach 1 mi/1,5 km auf der linken Seite.*
- ◎ *Auf telefonische Anfrage*
- ∞ *$ 15*
- ☎ *1-866 321 9995*
- 🖳 *www.limoneira.com*

🗋 Film

Der finale Schönheitswettbewerb von Little Miss Sunshine wurde im Crowne Plaza Ventura Hotel am 450 E Harbor Blvd gedreht. Das Gebäude erscheint im Hintergrund, als der gelbe VW-Bus die geschwungene Freeway Brücke überquert.

Little Miss Sunshine	
Originaltitel	Little Miss Sunshine
Jahr	2006
Regie	Jonathan Dayton & Valerie Faris
Hauptdarsteller	Abigail Breslin , Greg Kinnear, Toni Collette
Genre	Komödie

Ventura Pier

Santa Barbara

*Der Highway 1 verlässt Ventura als sechs-
spurige Autobahn 101, doch schon nach
kaum einem Kilometer trennen sich die
beiden Highways. Der 101 bringt den Reisenden auf dem schnellsten Wege weiter
nach Norden, etwas oberhalb der Küstenlinie, aber immer mit Blick aufs Meer. Die
Ausfahrt „State Beaches" führt auf den alten zweispurigen Highway 1, der die nächsten elf Kilometer direkt am Strand verläuft.
Bei gutem Wetter sind die elf Kilometer auf
dem alten Highway die empfehlenswertere
Alternative. Wenige Kilometer vor Carpinteria wird man dann sowieso wieder auf die
Autobahn gezwungen.*

🏛 SANTA BARBARA (90.000 EW)

Schon bei der Einfahrt nach Santa Barbara auf dem Highway 1 bemerkt man,
wie populär die Küstenstadt am Fuße der
Santa Ynes Mountains ist. Nicht nur an
Wochenenden bilden sich kilometerlange
Staus. Santa Barbara wirkt wie ein Magnet auf stressgeplagte Großstädter aus
Los Angeles – und das nicht ohne Grund.
Die palmenbeschatteten Straßen mit hübschen weiß getünchten Häusern gestehen
auch dem Fußgänger ein Existenzrecht
zu. Kein Hochhaus versperrt den Blick in
den meist blauen Himmel, stattdessen
verweist die Architektur auf die kolonial-
spanischen Wurzeln. Die Stadt schmückt
sich gern mit dem Titel der amerikanischen Riviera.

Tatsächlich ist der Vergleich mit Süd-
frankreich gar nicht so abwegig. In einem
Staat, der der Welt ständig die neuesten
Trends vorgeben muss, wirkt Santa Barbara wie der Hort des konservativen Frie-
dens der guten alten Zeit. Die Stadtherren
wachen eifersüchtig über das gepflegte
Erscheinungsbild der Perle am Palmen-
strand. Strikte Vorschriften regulieren das
Aufstellen von Werbetafeln am Straßenrand und der so amerika-typische Schil-
derwald glänzt durch Abwesenheit. Santa
Barbara ist die perfekte Mischung von
Küstenparadies und College-Town. Die
studentische Einwohnerschaft verleiht
der Stadt zusätzliche Vitalität und jugendlichen Charme.

Edle Restaurants und Shopping-Mei-
len der Oberklasse ziehen obendrein
den Geldadel an. Die Boutiquenzone im
Prominentenghetto Montecito heißt nicht
ohne Grund „Platinum Card District". Bill
Clintons Vizepräsident Al Gore bezog nach
seiner Scheidung im Frühjahr 2010 eine
knapp neun Millionen Dollar teure Villa.
Monty Python Komiker John Cleese traf
das Schicksal genau umgekehrt: Er musste sein sechs Hektar großes Anwesen am
Strand verkaufen, um seine Scheidung zu
finanzieren. Noch ein anderer englischer
Humorist wohnte bis zu seinem Ableben
2001 in Santa Barbara: Douglas Adams,
Autor der Science Fiction Parodie „Per
Anhalter durch die Galaxis". Die bestver-
dienenste Frau im amerikanischen Showbusiness, die Talkmasterin Oprah Winfrey,
haust ebenfalls in Montecito. 2007 veranstaltete sie im häuslichen Garten ein Wahl-
kampffest für den Präsidentschaftskandi-
daten Obama. Stevie Wonder persönlich
haute in die Tasten. Tausendfünfhundert

Butterfly Beach

Gäste berappten satte 2.300 Dollar für eine Eintrittskarte, darunter Sidney Poitier, Cindy Crawford und Linda Evans. Ex-Präsident Ronald Reagan verbrachte seinen Lebensabend auf dem Rancho El Cielo, weiter oben in den Santa Ynez Mountains, wo er Margaret Thatcher, Michail Gorbatschow und die englische Königin empfing. Auf einem Hügel neben der Ranch war rund um die Uhr ein Scharfschütze postiert, um die Sicherheit des Ex-Präsidenten zu garantieren.

Doch natürlich hat auch Santa Barbara seine Schattenseiten: An jedem Wochenende bricht der Verkehr unter der Flut der anrollenden Ausflügler zusammen, die Parkplatzsuche im Zentrum kann zum Albtraum auswachsen. Wohnraum ist so horrend teuer, dass tausende Pendler ein Domizil in der Umgebung vorziehen und die Straßen zur Rush Hour verstopfen. Im Sommer und ganz besonders an Wochenenden wird es schwierig bis unmöglich, eine Unterkunft zu finden. Wer eine Nacht in Santa Barbara verbringen will, sollte rechtzeitig reservieren oder seine Reiseplanung so anlegen, dass der Aufenthalt auf einen Wochentag fällt. Ganz besonders heikel sind verlängerte Wochenenden, an denen der Montag ein Feiertag ist, so wie beispielsweise der Memorial Day, jeweils am letzten Montag im Mai.

Santa Barbara war ebenfalls als spanische Missionsstation gegründet worden. Daneben bauten die Spanier den Presidio, eine Militärfestung, die den Besitzanspruch auf Kalifornien gegen die englischen und russischen Interessen verteidigen sollte. 1812 wurde das Dorf von einem Tsunami überrollt und zerstört. Die Wassermassen strömten zwei Kilometer weit ins Inland. Die Überlebenden bauten ihr Dorf hartnäckig wieder auf.

1849 brach der Goldrausch über Santa Barbara herein und tausende Glücksritter strömten in die Stadt. Santa Barbara wurde zu einem verruchten Nest voller Trunkenbolde, Spieler und Banditen. Die Räu-

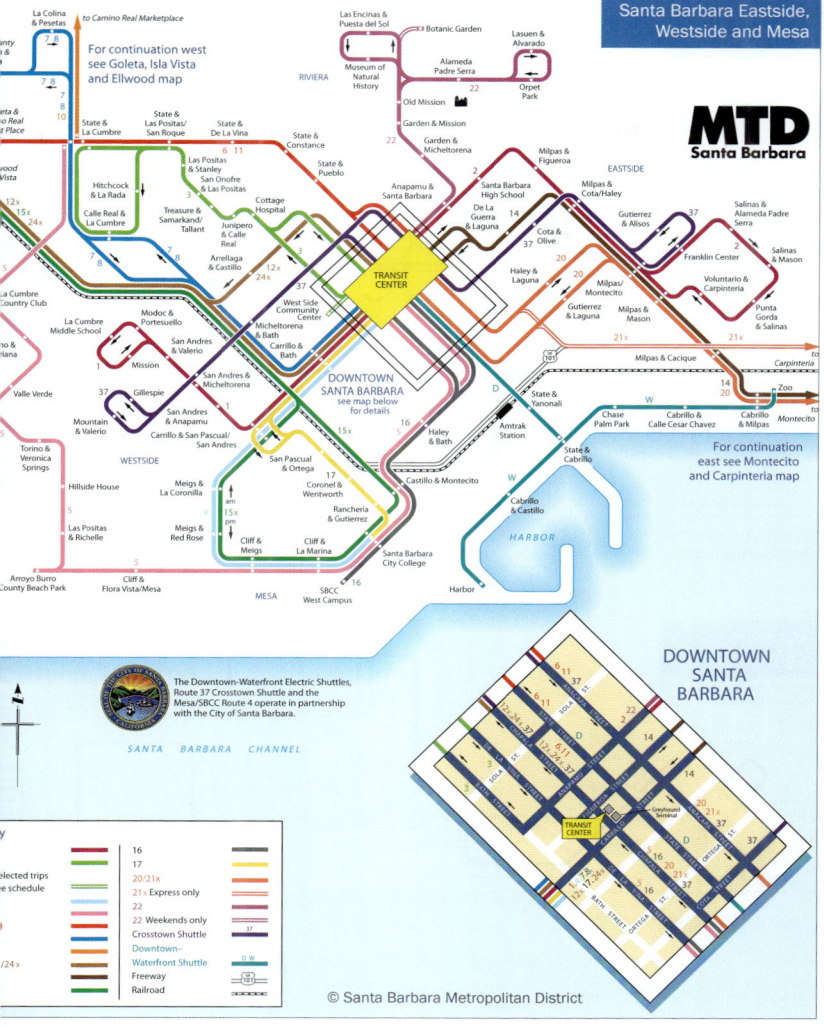

berbande des gebürtigen Iren Jack Powers überfiel regelmäßig die Postkutschen auf dem Camino Real. Die Strecke von Santa Barbara nach San Luis Obispo galt als die gefährlichste im ganzen Staat. Powers Bande übte praktisch die Herrschaft in Santa Barbara aus, bis sich die Bewohner gegen ihn erhoben. Er floh nach Mexiko, wo er im Streit um eine Frau getötet wurde. Sein Kadaver wurde den Schweinen zum Fraß vorgeworfen.

Um die Wende zum 19. Jahrhundert wurde Öl gefunden und in Santa Barbara weltweit erstmals aus untermeerischen Lagerstätten gefördert. Man baute allerdings noch keine freistehenden Bohrtür-

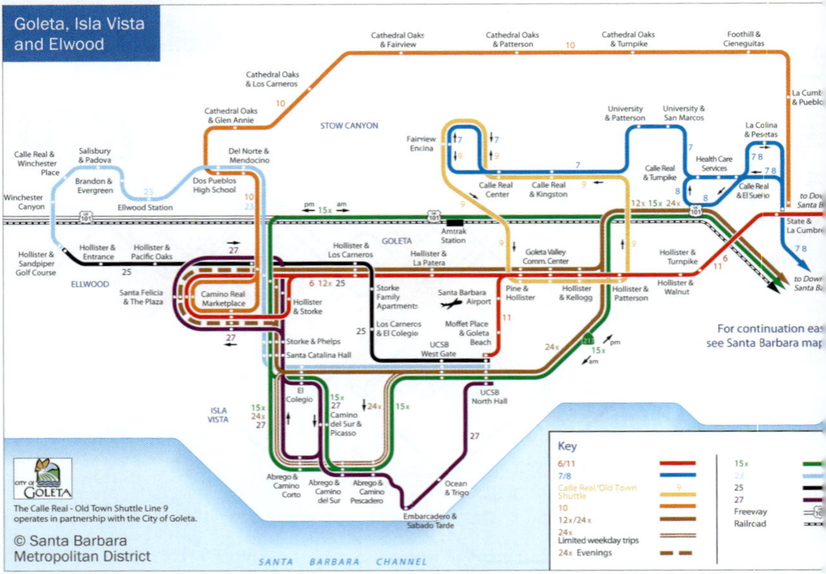

Goleta, Isla Vista and Elwood

The Calle Real – Old Town Shuttle Line 9 operates in partnership with the City of Goleta.

© Santa Barbara Metropolitan District

Montecito and Carpinteria

For further detail see Santa Barbara map

The electric Seaside Shuttle Route 36 operates in partnership with the City of Carpinteria.

© Santa Barbara Metropolitan District

me, sondern konstruierte hölzerne Piers ins Meer, an deren Ende die Förderanlage entstand.

1925 wurde Santa Barbara von einem schweren Erdbeben heimgesucht und zu großen Teilen zerstört. Wundersamerweise kamen nur 14 Menschen ums Leben. Doch ganz nach amerikanischer Lebens-

philosophie wurde aus der Not eine Tugend gemacht. Santa Barbara entstand neu in einem einheitlichen an der kolonialhispanischen Vergangenheit orientierten Stil, der heute den Charme der Stadt ausmacht. Im Zweiten Weltkrieg entging die Stadt erneuter Zerstörung. Ein japanisches U-Boot bombardierte die Ölfelder vor der Küste. Viele Bewohner flohen in Panik, doch die Stadt wurde nicht beschädigt. Es war der erste militärische Angriff auf das amerikanische Festland seit 130 Jahren.

In den folgenden Jahrzehnten wuchs die Stadt zur heutigen Größe heran, neue Industrien siedelten sich an und diversifizierten die lokale Wirtschaft. Die weisen Stadtväter beschlossen aber schon 1975, dem städtischen Wachstum Grenzen zu setzen, um die Lebensqualität zu erhalten. Eine Entscheidung, die langfristig Santa Barbaras Status als Touristenmagnet garantiert.

Website
🖳 www.santabarbara.com

▶ Stearns Wharf

Der älteste Pier Kaliforniens wurde 1872 als Passagier- und Frachtanleger konstruiert. Mehrfach in seiner Geschichte wurde der Pier nahezu zerstört, zuerst bei dem schweren Erdbeben 1925 und dann durch ein Feuer 1973. Zeitweise war Hollywood-Schauspieler James Cagney sein Eigentümer. Heute ist Stearns Wharf in erster Linie eine Touristenattraktion, doch auch Einheimische genießen die Sonnenuntergänge, speisen in den passablen Fischrestaurants oder werfen einfach nur ihre Angelhaken aus.

Man kann den Pier mit dem Auto befahren, am Ende befindet sich ein großer Parkplatz. Die ersten 90 Minuten sind frei, danach kostet jede angefangene Stunde 2 Dollar, wenn das Parkticket nicht von einem Restaurant oder einem der Geschäfte abgestempelt wird.

✉ 132A Harbor Drive
⇨ Vom HW1 Exit Garden St, die Garden St nach Südosten bis zum Cabrillo Blvd, rechts, nach 300 m links auf die Pier oder im Cabrillo Blvd parken
☎ 1-805 564 5530
🖳 www.stearnswharf.org

▶ Stadtrundfahrt

Die ganze Stadt erschließt man sich ohne Nervenverlust bei der Parkplatzsuche mit

dem Touristentrolley. In 90 Minuten klappert er 15 verschiedene Attraktionen ab, der Fahrer erzählt Geschichte und Geschichten. An jeder Station kann man aussteigen, sich umsehen und dann in den folgenden Bus einsteigen.

✉ *Die erste Station ist an der Stearns Wharf*
⇒ *Vom HW1 Exit Garden St, die Garden St nach Südosten bis zum Cabrillo Blvd, rechts, nach 300 m links. Parken kann man im Cabrillo Blvd, allerdings sind nur die ersten 90 Minuten kostenlos.*
🎦 *An der Stearns Wharf Abfahrt zu jeder vollen Stunde zwischen 10 und 16 h*
💰 *Erwachsene: $ 19, Kinder: $ 8, ein Kind pro Erwachsenem frei*
☎ 1-805 965 0353
🖥 www.sbtrolley.com

▶ Santa Barbara Mission

Die „Königin der spanischen Missionen", wie sie sich selbst mit Stolz nennt, ist zweifellos eine der größten, schönsten und am besten erhaltenen. Folglich ist sie auch eine der Top-Attraktionen in Santa Barbara. In der reich dekorierten Kapelle werden weiterhin Messen gehalten.

✉ *2201 Laguna St, Santa Barbara, CA 93105*
⇒ *Highway 1, Exit 99 „Mission St", der Mission St 1 Meile folgen, dann links in die Laguna St und geradeaus bis zu den Parkplätzen*
🎦 *Täglich 9-17h, außer an nationalen Feiertagen*
💰 *Erwachsene: $ 5, Senioren: $ 4, Kinder: $ 1*
☎ 1-805 682 4713
🖥 www.santabarbaramission.org

▶ Presidio of Santa Barbara

Die spanische Garnison in Santa Barbara bildete ein wichtiges Glied in der Kette von vierzig Militärstationen in Kalifornien, die die Aufgabe hatten, die spanischen Besitzungen gegen die europäischen Konkurrenzmächte, Piraten und aufständische Indianer zu verteidigen. In Santa Barbara residierte die Kommandantur eines Territoriums, das von San Luis Obispo bis nach Los Angeles reichte. Die Gebäude umschlossen den zentralen Exerzierplatz auf

allen vier Seiten, von denen nur noch zwei erhalten sind. Eines davon ist „El Cuartel", die Unterkunft der einfachen Soldaten. Die gesamte Struktur wurde von einer äußeren Verteidigungsmauer mit zwei Kanonen geschützt.

✉ *123 East Canon Perdido Street, Santa Barbara, CA 93101*
⇒ *Highway 1, Exit 98 „Carillo St", 0,5 mi/0,8 km nach Norden, rechts in die Anacapa St und erste wieder links in in die Canon Perdido St, nach 150 m auf der linken Seite*
🎦 *Täglich 10.30-16.30h, außer an nationalen Feiertagen*
💰 *Erwachsene: $ 5, Senioren: $ 4, Kinder & Jugendliche unter 16 Jahren: frei*
☎ 1-805 965 0093
🖥 www.sbthp.org

▶ Moreton Bay Fig Tree

Kaliforniens Baumgiganten erwartet man weiter im Norden, doch hier handelt es sich um ein ganz anderes Exemplar. Der Großblättrige Feigenbaum ist an der australischen Ostküste beheimatet. 1876 soll ein australischer Seemann einem kleinen Mädchen eine Samenkapsel geschenkt haben, woraus in mittlerweile beinahe 150 Jahren ein wahrer Baumriese heranwuchs. Bei einem Kronendurchmesser von 54 Metern beschattet er ein halbes Fußballfeld und gilt damit als der landesweit größte Vertreter seiner Art.

✉ *Ecke Montecito St / Chapala St*
⇒ *Highway 1, Exit 96B „Garden St", nach Süden biegen, die erste rechts in die Yanonali St, wieder die nächste rechts in die Santa Barbara St, die erste links in die Montecito St, nach 600 m auf der linken Seite*

▶ Santa Barbara Museum of Art

Das regionale Kunstmuseum zählt Werke namhafter Künstler, darunter Georgia O'Keefe, Pablo Picasso, Claude Monet oder Marc Chagall. Die Sammlung hat keinen eindeutigen Schwerpunkt, sondern präsentiert Einzelstücke von der Antike bis zur Moderne. Auch die Themen der wechselnden Ausstellungen können von der Renaissance bis zu aktuellen Tendenzen der koreanischen Fotographie reichen.

- ✉ 1130 State St, Santa Barbara CA 93101
- ⇨ HW1 Exit Garden St, nach Norden, nach 1 mi/1,5 km links in die Anapamu St, die zweite links in die Anacapa St, Parkhaus nach 100 m auf der rechten Seite
- 🕐 Di-So 11-17h
- ⊘ Erwachsene: $ 9, Senioren, Schüler, Studenten: $ 6
- ☎ 1-805 966 4364
- 🖥 www.sbmuseart.org

▶ The Santa Barbara Botanical Garden

Dank seiner geographischen Heterogenität glänzt Kalifornien durch außerordentliche Artenvielfalt in Flora und Fauna. Wissenschaftler haben 5.800 einheimische Pflanzenarten gezählt. Diese Biodiversität zu erhalten, hat sich der botanische Garten zum Ziel gesetzt. Mehr als tausend verschiedene Gewächse kann man auf über 5 Meilen Fußwegen durch den Park bewundern.

- ✉ 1212 Mission Canyon Road, Santa Barbara, CA 93105
- ⇨ HW1 Exit 99 „Mission St", dem Verlauf der Mission St nach Norden folgen, nach 1 mi/ 1,6 km links in die Laguna St, vor der Mission rechts in die Los Olivos St, nach knapp 1 km rechts in die Foothill Rd, die erste wieder links in die Mission Canyons Rd, Parkplatz nach einer halben Meile auf der linken Seite
- 🕐 März - Oktober 9-18h, November - Februar 9-17h
- ⊘ Erwachsene: $ 8, Senioren, Schüler, Studenten: $ 6, Kinder 2-12 Jahre: $ 4
- ☎ 1-805 682 4726
- 🖥 www.sbbg.org

▶ Cold Spring Tavern

Die beschwerliche Reise per Postkutsche über den San Marcos Pass ins Inland erforderte regelmäßige Verschnaufpausen für Mensch und Tier. Dafür wurde in den 1860er Jahren die Taverne gewissermaßen als Raststätte gebaut. Die originalen Blockhütten werden bis heute bewirtschaftet und sind ein beliebtes Ausflugsziel. An den Sommerwochenenden begleitet stilgerechte Live-Musik das Mittag- oder Abendessen.

- ✉ 5995 Stagecoach Road, Santa Barbara, CA 93105
- ⇨ HW1, Exit State St, nach 800 m rechts in die San Marcos Pass Rd, dem HW 154 9 mi/14 km folgen, links in die Stagecoach Rd, nach 1 km auf der linken Seite
- 🕐 Frühstück, Mittag- und Abendessen
- ☎ 1-805 967 0066
- 🖥 www.coldspringtavern.com

▶ Festivals

▶ Santa Barbara Film Festival

Angesichts der in Santa Barbara ansässigen Filmgrößen musste auch ein Filmfestival her, das jährlich Zehntausende anzieht.

- 🕐 Ende Januar bis Anfang Februar
- 🖥 www.sbiff.org

▶ Old Spanish Days

Schon seit den 20er Jahren werden die spanischen Wurzeln der Stadt mit einer Fiesta gefeiert.

- 🕐 Anfang August
- 🖥 www.oldspanishdays-fiesta.org

Unser Highway verlässt Santa Barbara als vierspurige Autobahn in Richtung Westen und durchquert die schmale Küstenebene zwischen dem Meer und den Santa Ynes Mountains. Mehrere State Beaches erlauben den Zugang zum Meer. Dreißig Kilometer westlich der urbanen Zone von Santa Barbara wendet sich die Straße unvermittelt von der Küste ab und führt in Richtung Norden. Dabei durchquert sie die schroffen Küstengebirgslandschaften des Gaviota State Park. In Nordrichtung verschwindet die Autobahn kurzfristig im 130 Meter langen Gaviota Tunnel, in dem laut Beschilderung auch Radfahrer erlaubt sind. Sicher kein ungefährliches Unterfangen, den Tunnel mit dem Rad zu durchqueren.

Guadalupe Beach

📖 Film

Dustin Hoffman brauste in „Die Reifeprüfung" mit seinem roten Alfa Romeo Spider durch den Tunnel, um die Hochzeit seiner Geliebten in Santa Barbara zu verhindern.

Die Reifeprüfung	
Originaltitel	The Graduate
Jahr	1967
Regie	Mike Nichols
Hauptdarsteller	Dustin Hoffman, Anne Bancroft
Genre	Drama-Komödie

Zwei Kilometer nach dem Tunnel trennen sich Highway 1 und 101 wieder. 101 führt auf schnellstem Wege nach Norden in Richtung San Luis Obispo, Highway 1 wendet sich wieder in Richtung Küste, allerdings ohne diese zu erreichen. Stattdessen ändert er scheinbar ziellos mehrfach die Richtung. Zunächst erreicht er die Stadt Lompoc, streift die Vandenberg Air Base, um in Pismo Beach kurzfristig wieder auf das Meer zu stoßen. Am Ortseingang von Lompoc knickt der Highway 1 90 Grad nach links ab und heißt dann Ocean Ave. Nach 1,5 mi/2,5 km geht es wieder nach rechts in die N H Street

🏛 LOMPOC (41.000 EW)

Einige Kilometer von der Küste entfernt liegt Lompoc in einer fruchtbaren Ebene mit reicher Sonnenbestrahlung und genügend Niederschlägen für Blumenzucht und eine intensive Landwirtschaft. Eine Gruppe von Unternehmern aus den Großstädten Kaliforniens empfand diese Lage als ideal für die Ansiedlung von Kleinbauern. Sie kauften 1874 in großem Umfang Ländereien auf, um diese zu parzellieren und an Siedler aus dem Osten zu verkaufen.

Das war an sich nichts ungewöhnliches, doch die Investoren hatten einen ganz besonderen, sozialen Anspruch im Hinterkopf: Die neue Siedlung sollte nämlich im Sinne der Abstinenzbewegung alkoholfrei bleiben. Ein derartiges Experiment hatte bereits im Jahrzehnt zuvor in New Jersey Erfolge gezeigt. In Lompoc herrschte folglich schon 50 Jahre vor der nationalen Einführung die Prohibition. Wer sich hier niederlassen wollte, musste sich gewissermaßen vertraglich zur Abstinenz verpflichten.

Es ist fast schon ein Naturgesetz, dass sich die Menschheit nicht an Verbote hält, schon gar nicht, wenn es ums Konsumieren geht. Auf halbem Wege zwischen den sündhaften Städten Santa Barbara und San Luis

Obispo gelegen, war der Nachschub an Alkohol immer gesichert. Etliche Siedler betrieben eine Schnapsbrennerei im Keller.

1875 wurde Green's Drugstore als heimlicher Schnapshändler identifiziert. Eine Gruppe von Frauen, fest entschlossen, die Lasterfreiheit ihrer Heimat zu verteidigen, stürmte den Laden und zertrümmerte alles, was nach Alkohol aussah. Eigentümer Green zog seine Pistole, traute sich aber nicht, über wüste Drohungen hinauszugehen.

Für einige Jahre schien Lompoc clean zu bleiben, doch 1881 musste die Bürgerwehr der guten Sitten erneut eingreifen. Das Gebäude von Walker's Saloon wurde per Bombenanschlag in einen Trümmerhaufen verwandelt.

Seitdem hat sich einiges verändert. Lompoc rühmt sich heute seiner Qualitätsweine und versucht per Weinprobe Besucher anzulocken. In jeder Broschüre wird das „Wine Ghetto" als Touristenattraktion angepriesen. Dabei handelt es sich allerdings nur um einen Winkel schmucklosen Industriegebietes, in dem sich drei Weinproduzenten konzentrieren und zur Geschmacksprobe einladen.

Lompoc braucht Besucher vielleicht mehr als jeder andere Ort entlang der kalifornischen Küste. Sein wirtschaftliches Fundament ist ausgesprochen dünn. Hauptarbeitgeber sind die Luftwaffenbasis Vandenberg und die föderale Strafanstalt auf dem Gelände der ehemaligen Militärbasis Camp Cooke. Im Volksmund wird sie „New Rock" genannt, weil sie den ursprünglichen Felsen („The Rock"), das Gefängnis von Alcatraz, ersetzte. 1.100 Straftäter mittlerer Sicherheitsstufe sitzen in Lompoc ein, seit im Jahr 2004 die Gefangenen des Hochsicherheitstrakts in andere Strafanstalten verlegt wurden.

Mitte der 80er erlebte Lompoc einen heftigen Bauboom. Vandenberg wurde von der NASA als potentielle Abschussrampe für Space Shuttle Missionen ausgewählt. In Lompoc schossen neue Hotels wie Pilze aus dem Boden, die den Touristenansturm auffangen sollten. Doch nach der Challenger Katastrophe 1986 wurde das West Coast Shuttle Programm eingestellt, und viele Träume von einer prosperierenden Zukunft in Lompoc zerplatzten. Ein großer Teil der Bewohner verdingt sich in Santa Barbara und profitiert von den bedeutend niedrigeren Immobilienpreisen in Lompoc.

Im Vergleich zu anderen Orten entlang der Küstenroute hat Lompoc das unsagbare Pech, nicht direkt am Strand zu liegen, sondern einige Kilometer weit im Inland. Die Militärbasen versperren den Zugang zu Teilen der Küste, die obendrein wenig familienfreundlich sondern ausgesprochen wild daherkommt. Die Steilküsten vor Lompoc sind ohne jeden Schutz Wind und Wellen ausgesetzt und werden oft von dichtem Nebel verhüllt. Viele Schiffe sind hier zerschellt, und viele Seeleute haben hier ihr Leben gelassen.

Vogelfelsen, Shell Beach

Am Honda Point erfuhr die amerikanische Marine ihre bislang größten Verluste in Friedenszeiten. Im Rahmen eines Manövers hatte ein Verband von sieben 96 Meter langen Zerstörern die Bucht von San Francisco verlassen und bewegte sich entlang der Küste nach Süden. Die Bewegung hatte unter Kriegsbedingungen stattzufinden, also mit der vollen Geschwindigkeit von 20 Knoten pro Stunde. Gegen 21 Uhr wurde am 8. September 1923 die Orientierung durch dichten Nebel erheblich erschwert. Die funkgestützte Navigation war noch nicht ausgereift, und so wurde die aktuelle Position auf der Kommandobrücke aus Geschwindigkeit und bisherigem Kurs ermittelt.

In jener finsteren Nacht wähnte man sich bereits am Eingang zum Santa Barbara Kanal, also dreißig Kilometer weiter südlich. Das Flaggschiff USS Delphy schwenkte nach Osten, die anderen Schiffe folgten. Fünf Minuten später lief die Delphy auf einen Felsen. Sechs weitere Schiffe krachten gegen die Steilküste. Innerhalb weniger Minuten verlor die Marine sieben Zerstörer und 23 Seeleute. Fünf Schiffe konnten der Katastrophe entgehen, zwei überstanden die Nacht mit leichten Schäden. Noch heute lassen sich unidentifizierbare Eisenteile der Schiffswracks an der Küste finden, doch ist die Zone als Teil des Luftwaffenstützpunkts für Touristen unzugänglich.

Lompoc ist vergleichsweise arm an Attraktionen, deshalb herrscht eine entspannte und ausgesprochen „normale" Atmosphäre. Der nächstgelegene zugängliche Strand, Jalama Beach, liegt volle 45 Autominuten von Lompoc entfernt. Dafür entschädigen Meilen einsamen Sandstrands vor der Steilküste.

Website
⌨ www.lompoc.com

▶ Return to Freedom Wild Horse Sanctuary

Das Pferd war von den spanischen Kolonisatoren nach Amerika eingeführt worden. Obwohl sie eifersüchtig darauf achteten, dass die Pferde nicht in die Hände der Ureinwohner vielen, flohen einige Tiere, verwilderten und verbreiteten sich in den dünn besiedelten Territorien. Das bekannteste verwilderte Pferd ist der amerikanische Mustang. Um 1900 gab es noch rund zwei Millionen Wildpferde. Seitdem haben sich die Bestände drastisch reduziert. Return to Freedom ist eine gemeinnützige Organisation, die auf einem 130 Hektar großen Gelände Wildpferde in ihrer natürlichen Umgebung erhält.

✉ 4115 Jalama Road, Lompoc, CA
⇒ Zwischen dem Abzweig HW1 und Lompoc, nach Westen in die Jalama Rd biegen, nach 1,5 mi/2,5 km auf der rechten Seite

▶ Wine Ghetto

Drei Kellereien laden dicht beieinander zur Weinprobe ein:

	La Vie Vineyards	Palmina	Fiddlehead Cellars
✉	308 N 9th Street	1520 East Chestnut Court	1597 E Chestnut Ave
🕐	Fr & Sa 11-17h	Do-So 11-16h	Sa 11-16h
∞	Frei	$ 10 mit Snacks	Frei
☎	1-805 291 2111	1-805 735 2030	1-800 251 1225
⌨	www.lavievineyards.com	www.palminawines.com	www.fiddleheadcellars.com

⊠ *Mai - September an jedem ersten und dritten*
Samstag im Monat, eineinhalbstündige Führungen
jeweils um 9h, die teurere dreistündige Tour um 15h
wird für Kinder unter 12 Jahren nicht empfohlen
∞ *Erwachsene: $ 20 ($ 50),*
Kinder unter 12 Jahren: $ 10
☎ *1-805 737 9246*
🖥 *www.returntofreedom.org*

▶ Flower Festival

Lompoc feiert alljährlich die Blumenernte
mit Karneval, Biergärten und Barbecue.
⊠ *Letztes Juniwochende*
🖥 *www.flowerfestival.org*

🗩 Film

Der mehrfach ausgezeichnete Indepen-
dent-Film Sideways ist größtenteils in den
Weinbaugebieten um Lompoc und dem
Santa Ynez Valley gedreht.

Sideways	
Originaltitel	Sideways
Jahr	2004
Regie	Alexander Payne
Hauptdarsteller	Paul Giamatti, Virginia Madsen
Genre	Independent-Drama

Vandenberg Air Force Base

Bob Jacobs diente in den 60er Jahren als Leutnant am Luftwaffenstützpunkt Vandenberg. Seine Hauptaufgabe war, alle Raketenstarts filmisch zu dokumentieren. Für den 15. September 1964 war der Testflug einer Atlas-Rakete vorgesehen. Um den Aufstieg aus einem seitlichen Winkel filmen zu können, packte Jacobs seine Kameraausrüstung mit gigantischem Teleobjektiv zusammen und fuhr 270 Kilometer weit nach Norden. Er postierte sich in 1.250 Metern Höhe auf dem Anderson Peak bei Big Sur und nahm den Raketenstart in perfekter Qualität auf.

Minuten nach dem Start, als die Rakete sich nur noch als kleiner weißer Pfeil vor dem schwarzen Himmel abbildete, tauchte plötzlich ein rundes, etwas größeres Objekt gleicher Farbe auf, das die Rakete umrundete und sie dreimal mit einem weißen Strahl beschoss, bevor es im Nichts verschwand.

Am nächsten Tag wurde Jacobs ins Büro seines Vorgesetzten zitiert, wo auch zwei CIA Agenten warteten. Der Film wurde konfisziert und Jacobs zum Schweigen verpflichtet. Erst im Juli 2008 bekam die Öffentlichkeit die Bilder zu Gesicht. Starmoderator Larry King widmete seine CNN-Late Night Show der Frage nach der Existenz von UFOs. Die anwesenden „Experten" bestätigten die Authentizität des Materials und Bob Jacobs berichtete live seine Erlebnisse. Wieder einmal stand die Luftwaffenbasis Vandenberg an vorderster Front im Konflikt mit obskuren Mächten des Bösen.

Die US-Army hatte das Gelände ursprünglich gekauft, um seine Truppen ab 1941 auf den bevorstehenden Krieg gegen die Achsenmächte vorzubereiten. Zwei Jahre darauf waren bereits 36.000 Soldaten auf dem damals noch „Camp Cooke" genannten Standort stationiert. Ab 1944 wurde ein Kriegsgefangenenlager für deutsche und italienische Soldaten und amerikanische Deserteure errichtet, die halfen, den Arbeitskräftemangel bei der Blumenernte in der Gegend auszugleichen.

Mit Ende des Zweiten Weltkriegs wurde die Basis erstmal geschlossen, doch schnell bahnten sich neue Konflikte an. Der aufziehende Korea-Krieg führte zur Reaktivierung als Truppenübungsplatz, worauf bald beschlossen wurde, einen strategischen Luftwaffenstützpunkt zu Ehren von General Hoyt Vandenberg zu installieren. Vandenberg war ein hochgradig populärer Militär, sein blendendes Aussehen und sprühender Charme brachten ihn auf die Titelseiten des Time und des Life Magazins. Wahrscheinlich war er Vorbild für viele Charaktere amerikanischer Kriegsfilme. Er liebte Western und Whiskey und hatte immer einen ironischen Kommentar auf den Lippen. Marylin Monroe sagte, sie würde drei Männer mit auf eine einsame Insel nehmen, Vandenberg, Albert Einstein und den Baseball-Star Joe DiMaggio.

Doch der Kalte Krieg stellte die Luftwaffenbasis Vandenberg bald vor ernsthafte Aufgaben. Der Standort erlaubte Satelliten in polare Umlaufbahnen zu schießen, ohne dass die Raketen besiedelte Gebiete überfliegen mussten. Im Februar 1958 brachte eine Thor-Agena-Rakete den ersten Satelliten der Geschichte auf einen polaren Orbit. Discoverer 1 war die zivile Tarnkappe für das Corona-Projekt, eine Serie von Spionagesatelliten, die zwischen 1958 und 1972 das gesamte Territorium der Sowjetunion und Chinas mit hochauflösenden Spezialkameras fotografierten. Die Satelliten warfen die vollen Filmpakete in einer Art Kapsel ab, die dann an einem Fallschirm zur Erdoberfläche glitt. Spezialflugzeuge der Air Force lokalisierten die Kapseln und fingen sie mit einem vollkommen improvisierten System in der Luft ab. Der Pilot näherte sich dem Fallschirm im Sichtflug, und ein Soldat versuchte, den Fallschirm mit einer Art Angelhaken einzufangen. Ein durchaus heikles Unterfangen. Doch der strategische Wert der Luftaufnahmen war beispiellos. Der US-Geheimdienst erhielt detaillierte Informationen über die sowjetischen Luft- und Marineflotten und konnte die Startrampen für Interkontinentalraketen und die Luftabwehrbatterien identifizieren. Insgesamt wurden in 13 Jahren über 640 Kilometer Film verschossen. Die Realität des Kalten Krieges war von James Bond-Phantasien also tatsächlich nicht allzu weit entfernt.

In den 60er Jahren versuchten die USA, ihr erstes Frühwarnsystem für Raketenangriffe aufzubauen. Fünf der zwölf Satelliten wurden von Vandenberg in ihre Umlaufbahn geschickt. Infrarotsensoren sollten Raketenstarts auf sowjetischem Territorium identifizieren und praktisch verzögerungsfrei übermitteln. Die Technologie funktionierte allerdings alles andere als fehlerlos. Regelmäßig wurden Reflektionen des Sonnenlichts in den Wolken fehlinterpretiert und falscher Alarm ausgelöst.

Gleichzeitig investierte das Verteidigungsministerium in Vandenberg bereits in eine Abschussrampe für neue weltraumgestützte Spionageaufträge. Als ziviles Raumfahrtprogramm getarnt, sollte eine bemannte Raumstation namens MOL flexibler auf den Informationshunger der Geheimdienste reagieren können. Zu dem für 1969 geplanten Start ist es letztendlich nie gekommen. Inzwischen hatten die veranschlagten Kosten eine Milliarde Dollar überstiegen. Verteidigungsminister Laird bließ das Programm schließlich ab. Man glaubte, unbemannte Satelliten könnten bei wesentlich geringeren Kosten vergleichbare Ergebnisse liefern. Das Projekt erwies sich als 300 Millionen Dollar-Grab.

Ein ähnliches Schicksal ereilte Vandenberg beim Space Shuttle Programm. 1972 wurde die Luftwaffenbasis zur alternativen Abschussbasis zu Cape Canaveral in Florida designiert. Zwischen 1979 und 1986 baute man Vandenberg für vier Milliarden Dollar zum Shuttle-tauglichen Weltraumbahnhof um. Im Oktober 1986 sollte endlich die Discovery unter dem Kommando vom Shuttle-Veteran Robert Crippen in Vandenberg abheben. Die Vorfreude auf den Start des ersten bemannten Raumflugs von der Westküste war riesig, doch eine Katastrophe zerschmetterte alle Träume.

Neun Monate vor dem geplanten Start war die Challenger 73 Sekunden nach dem Abheben von Cape Canaveral explodiert, wobei die siebenköpfige Besatzung um Leben kam. Zweieinhalb Jahre lang stieg kein Space Shuttle mehr in den Himmel, und 1989 wurde Vandenberg als mögliche Startrampe wegen hoher Kosten und möglicher Risiken endgültig ausgeschlossen. Präsident Bush verkündete schließlich das Auslaufen des Shuttle Programms, der letzte Start wurde auf das Frühjahr 2011 festgesetzt.

So wartet Vandenberg weiterhin auf den ersten bemannten Weltraumflug. Stattdessen spielt der Luftwaffenstützpunkt weiterhin eine zentrale Rolle in der nationalen Verteidigung. Die zweite Regierung Bush hatte ohne große Aufmerksamkeit der Öffentlichkeit ein neues Raketenabwehrprogramm ins Leben gerufen. In Vandenberg und in Fort Greely in Alaska entstanden neue unterirdische Raketensilos. Ein möglicher Angriff aus Nordkorea oder dem Iran soll mit ballistischen Raketen gestoppt werden, die keinerlei Explosivmaterial enthalten. Stattdessen rasen die Abwehrraketen bis in die obersten Schichten der Atmosphäre und beschleunigen auf 15.000 Meilen pro Stunde, bevor sie die feindlichen Projektile treffen. Das System ist allerdings höchst umstritten, denn die Bush-Regierung ging ausgesprochen unorthodox vor: Schon bevor ernsthafte Tests abgeschlossen waren, wurden die neuen Luftabwehrraketen installiert. Bis heute wird die Zuverlässigkeit des Systems in Frage gestellt. Philip Coyle, Spezialist des Center for Defense Information sagte: „Die nationale Raketenverteidigung wird jetzt von Theologie statt von Technologie bestimmt." Statt kritische Stimmen überhaupt wahrzunehmen, handelte Bush gleich noch einen Stationierungsvertrag mit Polen und der Tschechischen Republik aus. Nachfolger Obama hat inzwischen den Stopp des Programms angekündigt.

Von Vandenberg aus werden die amerikanischen Interkontinentalraketen getestet und auf das 7.800 km entfernte Kwajalein-Atoll im westlichen Pazifik gefeuert, wenn auch ohne Sprengladung. Daneben ist Vandenberg der einzige amerikanische Militärstützpunkt, von dem auch private und kommerzielle Satelliten ins All befördert werden. Im Juli 2010 wurde ein Spezialsatellit in All befördert, der die Ansammlung von technischem Weltraummüll in der Erdumlaufbahn erfassen soll, da inzwischen die Erde von Millionen Fragmenten, steuerlosen Satelliten und ausgebrannten Triebwerken umkreist wird. Mindestens zwei Satelliten sind bisher durch Kollisionen zerstört worden. 1996 krachte ein französischer Satellit gegen ein Raketenbruchstück, 2009 stieß ein amerikanischer Kommunikationssatellit mit einer ausrangierten russischen Sonde zusammen.

Website
🖳 www.vandenberg.af.mil

▶ Besuch des Stützpunkts

Zwar können amerikanische Staatsbürger nach vorheriger Anmeldung zweimal monatlich an einer Führung durch die Anlagen teilnehmen, doch für Ausländer ist der Zutritt nicht gestattet. Informationen kann man unter ☎ 1-805 606 3595 erfragen.

San Luis Obispo County

♣ SAN LUIS OBISPO COUNTY

Der Highway 1 verlässt Lompoc geradeaus in Richtung Norden, überquert den Santa Ynez River und schlängelt sich am Vandenberg Village vorbei bis zum Haupteingang des Luftwaffenstützpunktes. Hier biegt die Straße nach rechts ab und vereinigt sich nach wenigen Kilometern mit dem Highway 135. Er umrundet die nördlichen Hügel der Vandenberg Air Base, um wieder ins nächste Tal abzusteigen. Vorbei an Santa Maria, der agrarisch geprägten Hauptstadt des Tals, führt der Highway 1 in die Ortschaft Guadalupe. Hier windet sich der meist kaum Wasser führende Santa Maria River in Richtung Ozean und markiert die Grenze zwischen den Counties von Santa Barbara und San Luis Obispo.

🏛 Guadalupe (6.700 EW)

Der kleine, ausgestorben wirkende Ort zeigt dem Besucher das andere Kalifornien. 130 Kilometer nordwestlich vom schicken Santa Barbara taucht man in Guadalupe in die Tiefen des ländlichen und vergleichsweise bescheidenen Kaliforniens. Der weitaus größte Teil der aktiven Bevölkerung verdingt sich auf den Gemüsefeldern des weiten, tischebenen Tals. 85 % der Einwohner sind Latinos, das Bildungsniveau niedrig, der Hang zum Katholizismus ausgeprägt. Das Einkommen einer Familie erreicht gerade mal zwei Drittel des kalifornischen Durchschnitts. Laut Statistik leben 25 % der Bewohner unter der Armutsgrenze, 10 % erreichen sogar nur die Hälfte des Einkommens, das das US-Gesundheits- und Sozialministerium

San Louis Obispo

Rancho Guadalupe Dunes Preserve

alljährlich neu als Armutsgrenze definiert. Im Jahr 2009 waren das Jahresbezüge von 22.000 Dollar für eine vierköpfige Familie.

Auch wenn – oder vielleicht gerade weil Guadalupe keine Schönheit ist, sollte man hier ruhig ein bisschen genauer hinsehen. Zwar ist Guadalupe beileibe kein Slum, doch der Kontrast zum bisher erfahrenen Südkalifornien ist augenfällig. Die Reise entlang der Pazifikküste ist sicher eine der schönsten Routen, auf denen man die USA durchqueren kann. Doch man sollte sich vor Augen halten, dass die amerikanischen Ozeanküsten die wirtschaftlichen Aktivzonen des Landes sind und durch eben diese Schönheit magische Anziehungskraft auf Menschen mit Geld ausüben. Die krassen amerikanischen Gegensätze von arm und reich, modern und traditionell, zentral und peripher werden auf einer Küstenroute eher verschleiert als bei einer Kontinentaldurchquerung, etwa auf der Route 66.

⊞ Visitor Center

Das Besucherzentrum in Guadalupe erklärt die Ökologie der Dünen und ihrer Bewohner. Auch eine Reihe von Kurzfilmen wird gezeigt.

⊠ *1055 Guadalupe Street (HW1), Guadalupe, CA 93434*

⇨ *HW1, am nördlichen Ortsausgang auf der westlichen Seite der Straße, schräg gegenüber der Tankstelle*

▣ *Di-So 10-16h*

☎ *1-805 343 2455*

▣ *www.dunescenter.org*

▶ Guadalupe Nepomo Dunes

Nach Hunderten von Kilometern Steilküste präsentieren sich die achtzehn Meilen Küstenlinie vor der Ebene von Santa Maria als willkommene Abwechslung. Mit zwei bis fünf Meilen Breite und 9.000 Hektar ist Guadalupe der größte Dünenkomplex Kaliforniens. Die Mussel Rock-Düne türmt sich bis über 150 Meter Höhe auf und ist damit die höchste der gesamten Westküste. Ein großer Teil des Gebiets steht dank seiner ökologischen Vielfalt unter Naturschutz. Zwei Naturparks laden besonders zu einem Spaziergang ein:

Rancho Guadalupe Dunes Preserve

Der populärste Spaziergang führt vom Parkplatz am Strand entlang in Richtung Süden. Nach 2,5 Meilen erreicht man Mussel Rock, wo die Dünenzone endet und wieder die Felsküste regiert. Der Park kennt keine befestigten Wege, im Prinzip darf man querfeldein in die Dünen wandern. Einige

Bereiche sind jedoch zwischen März und Oktober gesperrt, damit der Seeregenpfeifer nicht beim Brüten gestört wird.

Direkt nördlich des Parkplatzes liegt die Mündung des Santa Maria River, die sich meist als vom Meer abgetrennte Lagune präsentiert. Nur nach starken Regenfällen kann der Fluss die vorgelagerte Sandbank überwinden.

⇨ *Am südlichen Ortseingang von Guadalupe auf der Main St 5 mi/8 km nach Westen, bis zum Parkplatz direkt am Strand*

🕒 *Sonnenauf- bis -untergang*

∞ *Frei*

Oso Flaco Lake

Der zwei Kilometer lange Fußweg führt zunächst durch ein schattiges Wäldchen, dann geht es rechts über einen Holzsteg quer über den See. Am dicht bewachsenen Ufer kann man mit etwas Glück Waschbären aus nächster Nähe beobachten. Auch Luchse und Kojoten treiben sich in den Wäldern herum, die sind allerdings deutlich schwieriger zu erwischen. Hinter dem See breiten sich die Dünen aus, die man nach zehn weiteren Minuten Fußweg erreicht.

Der Legende zufolge gaben die Seeleute einer spanischen Expedition unter Führung von Gaspar de Portola dem See den Namen Oso Flaco – magerer Bär. Einen solchen sollen sie nämlich hier am See erlegt und gegrillt verspeist haben. Am nächsten Morgen verendeten mehrere spanische Kolonisatoren. Angeblich sollen die Indianer den Bär vergiftet haben.

⇨ *Highway 1, 3 mi/5 km nördlich von Guadalupe in Oso Flaco Lake Rd, weitere 3 mi/5 km geradeaus bis zum Parkplatz*

🕒 *Sonnenauf- bis -untergang*

∞ *Parkgebühren: $ 5*

🎬 Film

Der Exodus des jüdischen Volkes aus Ägypten wurde 1923 in einem monumentalen Stummfilm in Szene gesetzt. Regisseur Cecil DeMille ließ in den Dünen von Guadalupe einen gigantischen ägyptischen Tempel von 230 Metern Länge und 40 Metern Höhe nachbauen. Zeitweise agierten bis zu

3.500 Schauspieler. Die Produktionskosten von 1,4 Millionen Dollar waren für damalige Verhältnisse nicht weniger gewaltig.

Die Zehn Gebote	
Originaltitel	The Ten Commandments
Jahr	1923
Regie	Cecil B. DeMille
Hauptdarsteller	Theodore Roberts, Charles de Rochefort
Genre	Monumentaler Stummfilm

Die Route schlängelt sich nördlich von Guadalupe durch Gemüsefelder und Eukalyptuswälder. Hier und da entdeckt man Ölpumpen mitten in den Feldern.

🏨 Pismo Beach (8.500 EW)

Das sympathische kleine Städtchen versteht sich als die Hauptstadt der Venusmuschel. In jedem Herbst werden die leckeren kleinen Schalentiere mit einem Festival gefeiert. Dummerweise ist die Küste hoffnungslos überfischt, und ein zehn Jahre gültiges Fangverbot soll die Population wieder regenerieren. Populärstes Gericht ist natürlich Clam Chowder, die sahnige Muschelsuppe von der Ostküste.

Pismo geizt nicht mit feinsandigen Stränden und bietet ansonsten wenige, aber dafür durchaus kuriose Attraktionen.

▶ The Pismo Beach Monarch Butterfly Grove

Nicht nur Zugvögel migrieren im Winter in wärmere Gefilde, sondern auch Schmetterlinge. Die orange-schwarz gezeichneten Monarchfalter flattern millionenfach im Herbst aus den Rocky Mountains an die Küste, um auf Eukalyptusbäumen und Monterey-Kiefern zu überwintern. Dabei hängen sie sich zu Hunderten übereinander in die Äste, um sich gegenseitig vor Wind und Wetter zu schützen. In Pismo werden jährlich etwa 25.000 gezählt.

✉ *im Bereich: 400 S Dolliver St, Pismo Beach CA 93449*

Pismo Beach

⇨ *Direkt am Highway 1, nach Westen abbiegen zum North Beach Campground, wo man kostenlos parken kann*
🕐 *Nov-Feb 10-16 h*
💲 *Frei*
☎ *1-800 443 7778*
💻 *www.monarchbutterfly.org*

▶ OHV Beach

Eventuell vorhandenen, jugendlichen Übermut kann man mit einem Quad oder einem Sandbuggy am OHV Strand austoben. Dünen und Strand dürfen mit Geländefahrzeugen in jeder sportlichen Form befahren werden. Dazu kann man sich entweder ein passendes Gefährt mieten oder sich von einem praxiserprobten Chauffeur durchs Gelände preschen lassen. Dabei wird man ordentlich durchgeschüttelt, und der Sand dringt in alle Ritzen. Den Sonntagsanzug sollte man folglich besser im Koffer lassen.

Xtreme Hummer Adventures

✉ *1210 Pike Lane, Oceano, CA 93445*
⇨ *Im südlichen Vorort Oceano vom Highway 1 in die 13th St nach Norden, nach 400 m auf der linken Seite an der Ecke Pike Ln*
💲 *Pro Person: $ 42*
☎ *1-866 543 6355*
💻 *www.xtremehummeradventures.net*

Pacific Adventure Tours

✉ *1300 Railroad Street, Oceano, CA 93445*
⇨ *In Oceano nach Westen in den Pershing Dr biegen und gleich wieder links in die Railroad St*
💲 *Pro Person: $ 42*
☎ *1-805 481 9330*
💻 *www.pacificadventuretours.com*

Wer selbst auf Rädern durch die Dünen preschen will, hat eine ganze Reihe von Vermietern für Quads und Sand Buggies zur Auswahl:

BJ's ATV Rentals

✉ *197 Grand Avenue, Grover Beach, CA 93433*
⇨ *Vom Highway 1 nach Osten in die Grand Ave, an der nächsten Kreuzung auf der linken Seite*
🕐 *Mo-Fr 9-17h, Sa & So 8-17h*
💲 *2 Stunden Quad: ab $ 45*
☎ *1-805 481 5411*
💻 *www.bjsatvrentals.com*

Arnie's ATV Rentals

✉ *171 North 2nd St, Grover Beach, CA 93433*
⇨ *Keine 100m von BJ's, vom Highway 1 nach Osten in die Grand Ave, an der nächsten Kreuzung links, nach 100m auf der linken Seite*
💲 *2 Stunden Quad: ab $ 45*
☎ *1-805 473 1610*
💻 *www.sunbuggiefunrentals.com*

Pismo Beach

▶ Festivals

The Annual Classic

In jedem Sommer versammeln sich Hunderte Oldtimer und klassische Vehikel in Pismo Beach.

🕐 *Jährlich am dritten Juliwochenende*
💻 *www.thepismobeachclassic.com*

Pismo Beach Clam Festival

Die hochverehrte Venusmuschel wird in jedem Herbst mit einem Fest geehrt, bei dem nicht nur Essbares geboten wird.

🕐 *Jährlich Mitte Oktober*
💻 *www.pismoevents.com*

🛈 Information

The California Welcome Center Pismo Beach

✉ *333 Five Cities Drive, Ste 100, Pismo Beach, CA 93449*
☎ *1-805 773 7924*

Pismo Beach Visitors Information Center

✉ *581 Dolliver Street, Pismo Beach, CA 93449*
🕐 *Mo-Sa 9-17h*
☎ *1-805 773 4382*
💻 *www.classiccalifornia.com*

Am nördlichen Ortsausgang von Pismo Beach mündet der Highway 1 in den großen Bruder 101, führt dann noch knappe 6 Kilometer in Sichtweite des Ozeans an der Küste entlang. Dann wendet er sich abrupt ins Inland und führt in nördlicher Richtung geradewegs nach San Luis Obispo.

🏛 San Luis Obispo (45.000 EW)

Eine College Town ist das amerikanische Gegenstück zur deutschen Universitätsstadt. Athens in Georgia; Boulder in Colorado oder Ann Arbor in Michigan sind die amerikanische Entsprechung von Göttingen, Marburg oder Tübingen. Keine Weltstädte, aber quirlige und sehr lebenswerte Gemeinden. Wie in Europa zeichnen sich auch die meisten amerikanischen Unistädte durch lebendige Kultur, größere Toleranz und fortschrittliche Politik aus. Subkulturen und unkonventionelle Lebensstile sind weit verbreitet.

San Luis Obispo, meist SLO abgekürzt, gehört in diese Kategorie. Fahrrad- und fußgängerfreundlich taucht es allenthalben weit oben in den beliebten Ranglisten der Städte mit der höchsten Lebensqualität auf. Die Mission Plaza bildet als idyllischer Park das Zentrum eines Städtchens mit südeuropäischem Flair. An den von Bäumen beschatteten Straßen mit breiten Bürgersteigen reihen sich kleine Läden und Cafés auf, niemand vermisst überdimensionierte Parkplätze und Supermarktketten. Jeden Donnerstagabend beansprucht der Farmers' Market vier Blocks der Higuera Street. Seit den 70er Jahren sind Drive-Through Restaurants auf städtischem Territorium verboten. Industrie gibt es praktisch keine, die Cal Poly, die Polytechnische Universität von Kalifornien, ist der größte Arbeitgeber. Bildung und Tourismus sind die Standbeine der lokalen Wirtschaft.

Studenten aus dem ganzen Land ziehen zum Studium nach SLO. Die Uni hat einen erstklassigen Ruf, das Meer ist nah, die Umgebung bietet tausende Möglichkeiten für fast alle Freizeitsportarten – das gute Wetter tut sein übriges. Und Papi und Mami, die das Studium finanzieren müssen, wissen ihre Sprösslinge lieber in einer überschaubaren Kleinstadt als in einem Großstadtmoloch.

Fast die Hälfte der Bewohner sind Studenten, darum gibt es auch ein für eine Stadt dieser Dimensionen ungewöhnlich reiches Nachtleben. Entlang der Higuera Street konzentrieren sich Cafés, Lounges und Kaschemmen. Ein cleverer Gastronom nannte sein Etablissement ganz studentisch „The Library". Wenn eine fürsorgliche Mutter die Studierfreude der Tochter per Handy kontrollieren will, kann die sich ohne schlechtes Gewissen mit einem einzigen Satz aus der Affäre ziehen: „Kannst du morgen nochmal anrufen, ich bin gerade in der Bücherei."

Doch die Stadtväter und das Auge des Gesetzes wachen beharrlich darüber, dass das Amüsement nicht gar zu ausschweifend wird. Seit den dreißiger Jahren feierten die angehenden Akademiker ausgelassen am Faschingsdienstag eine der größten Mardi Gras-Parties westlich des Mississippi. Über 100.000 Vergnügungssüchtige versammelten sich alljährlich in SLO. 2004 geriet das Fest jedoch aus den Fugen. Etwa 5.000 junge Menschen lieferten sich Straßenschlachten mit der Polizei, nachdem die Ordnungshüter gegen etliche private Partys eingeschritten war.

Seitdem hat die Stadt den Karneval in Ketten gelegt und versucht, jede spon-

San Luis Obispo

tane Feier unter freiem Himmel zu unterbinden. Die Polizei unterwirft Fußgänger Alkoholkontrollen, die Strafen für schlechtes Benehmen in der Öffentlichkeit werden während der Karnevalswoche kurzerhand verdreifacht.

Die polytechnische Universität kam aber nicht nur wegen überbordender Partys ins Gerede. Die chronisch rote Zahlen schreibende Bildungsinstitution verhandelte fast zwei Jahre lang über die Gründung einer Außenstelle in Saudi Arabien, die jährlich einige Millionen in die leeren Kassen gespült hätte. Der Haken an dem Deal war jedoch, dass Saudis ausschließlich männliche Hochschüler zulassen wollten. Das war der progressiven Studentenschaft in der Zentrale natürlich ein Dorn im Auge und es hagelte Proteste. Am Ende ist das Geschäft geplatzt.

Die Poly Cal hat nicht nur Ingenieure und Architekten hervorgebracht, sondern auch den spleenigen Musiker und Komödianten Weird Al Yankovich, der zunächst bei Unifesten und im Collegeradio Platten auflegte, bevor er selbst welche aufnahm. Mit skurrilen Parodien auf bekannte Hits wie Madonna's „Like a surgeon" oder Michael Jackson's „Eat it" gelang ihm der Durchbruch.

Neben der Universität ist die staatliche Strafanstalt mit dem wohlklingenden Namen „California Men's Colony" einer der wichtigsten Arbeitgeber im Ort. Wie fast alle der 33 staatlichen Gefängnisse ist auch CMC hoffnungslos überfüllt. Für 3.800 Insassen geplant, beherbergt es rund 7.000 Häftlinge. Bis 1996 saß Marlon Brando's Sohn Christian hier wegen Todschlags ein. Er hatte im Haus des Vaters in Los Angeles den Freund seiner Schwester erschossen. LSD-Papst Timothy Leary konnte 1970 über den Gefängniszaun fliehen und setzte sich nach Algerien ab. Ike Turner verbüßte eine eineinhalbjährige Gefängnisstrafe wegen Drogenmissbrauchs.

Tex Watson, Mitglied der Manson Family, verbrachte 23 Jahre im CMC, ließ sich zum Christentum bekehren und wurde schließlich Laienpriester. 1993 wurde er ins Staatsgefängnis nach Ione, 100 Meilen östlich von San Francisco verlegt.

Jim Gordon war in den 60er Jahren einer der Top-Schlagzeuger in den USA. Als Studio- und Sessionmusiker hatte er mit fast allen gespielt, die Rang und Namen hatten: Frank Zappa, Tom Waits, Tom Petty, Joan Baez, John Lennon, Neil Diamond, Donovan und Jackson Browne. Zusammen mit Eric Clapton komponierte er den Rock-Klassiker „Layla". Mitte der 70er verfiel er zunehmend dem Drogenkonsum und entwickelte eine paranoide Schizophrenie. Im Juni 1983 ermordete Gordon seine Mutter mit einem Hammer und einem Schlachtermesser und wurde zu 16 Jahren Zuchthaus verurteilt, die er im CMC verbrachte.

Attraktionen von Weltrang findet man in San Luis Obispo keine. Dennoch ist die Stadt ein erstklassiger Standort, um ein bis zwei Nächte zu verbringen. Eine angenehme Atmosphäre, nette Restaurants und ein vielfältiges Angebot an Unterkünften, darunter einige behagliche B&Bs, sind schlagkräftige Argumente. Doch ähnlich wie in Santa Barbara kann es in der Hochsaison und an Wochenenden schwierig sein, ein passendes Quartier zu finden.

🅷 San Luis Obispo Chamber of Commerce Visitor Center

- ✉ *1039 Chorro Street, an der Ecke Higuera Street*
- ⏰ *So-Mi 10-17h, Do-Sa 10-19h*
- ☎ *1-805 781 2777*

Website
- 🖥 *www.visitslo.com*

▶ Bubblegum Alley

So richtig scheint niemand zu wissen, wie es dazu kam, dass Teenager und Studenten begannen, ihre durchgewalkten Kaugummis an die Mauern einer zwanzig Meter langen Gasse im Zentrum zu kleben. Die Tradition begann irgendwann nach dem Zweiten Weltkrieg. Natürlich beschwerten sich die Ladenbesitzer zunächst über die unhygienische Schweinerei und die Wände wurden mehrfach gesäubert.

Mission San Luis Obispo de Tolosa

Doch als die nationalen Medien begannen, über das klebrige Graffiti zu berichten, wurde die Kaugummigasse zu einer Underground-Attraktion. Die örtliche Handelskammer tritt für ihre Erhaltung ein, denn sie bringt Besucher in die Stadt und damit in die Geschäfte. Konservative Gemüter betrachten das kollektive Kunstwerk weiterhin als Schandfleck. Ausgesprochen appetitlich ist der Anblick tatsächlich nicht, aber dafür ist Bubblegum Alley so gut wie einzigartig. Lediglich in Seattle entstand in den 90er Jahren eine Kopie.

✉ 733 Higuera Street
☏ Frei
⇨ Direkt im Zentrum von San Luis Obispo in der Haupteinkaufsstraße zwischen Broad St und Garden St

▶ Mission San Luis Obispo de Tolosa

SLO war die fünfte Missionsstation, die die Franziskaner entlang des Camino Real etablierten. Sie benannten ihre Gründung nach Bischof Louis von Toulouse. Der Sohn des neapolitanischen Königs war im Kindesalter sieben Jahre lang als Kriegsgeisel in Barcelona gefangen gehalten worden. Nach seiner Befreiung verzichtete er auf die Thronfolgerschaft und wurde mit dem Bischofsamt entschädigt. Ein 22jähriger Bischof ist heutzutage natürlich schwer vorstellbar. Louis kümmerte sich um die Armen und Bedürftigen, doch schon nach sechs Monaten raffte ihn eine Fiebererkrankung dahin. Zwanzig Jahre nach seinem Tod wurde er heiliggesprochen.

Bis heute ist die Mission das Zentrum der Stadt und in das urbane Leben integriert. Täglich werden mehrere Messen gehalten. Der Vater der Missionen, Júniper Serra, wacht als Bronzefigur direkt neben dem Eingang zur Missionskapelle.

✉ *751 Palm Street, San Luis Obispo, CA 93401*
⇨ *HW1 Exit 202 „Broad St", der Broad St vier Blocks bis zum Ende folgen, rechts in die Monterey St, Parkplätze mit Parkuhren. Die Mission befindet sich 100 Meter in entgegengesetzter Richtung im verkehrsberuhigten Teil der Monterey St*
⌀ *Frei*
☎ *1-805 781 8220*
🖥 *www.missionsanluisobispo.org*

▶ Stadtführungen

Weil SLO ein fußgängerfreundlicher Ort ist, kann ein geführter Rundgang eine durchaus unterhaltsame Angelegenheit sein, besonders wenn die Führer sich nicht auf die klassische Historie beschränken. SLO Walking Tours verspricht zu fairen Preisen Geschichten von Timothy Leary, Jack Kerouac und Tony Curtis. Am besten vereinbart man telefonisch einen Termin, das geht mit Glück sogar bis 30 Minuten vorher.

✉ *Ecke Monterrey St / Chorro St, vor der Mission*
🕐 *Täglich 9-18h*
⌀ *Pro Person: $ 10*
☎ *1-805 215 3228*
🖥 *www.slowalkingtours.com*

▶ Festivals

San Luis International Film Festival

Das kleine Filmfestival zeigt weniger bekannte aber qualitativ hochwertige Streifen aus aller Welt, Kurzfilme und Dokumentationen.

🕐 *Jährlich Anfang März*
🖥 *www.slofilmfest.org*

Concerts in the Plaza

Den ganzen Sommer über gibt es kostenlose Konzerte aller möglichen Musikstile auf der Mission Plaza.

🕐 *Jeden Freitag, Juni – August ab 17.30h*
🖥 *www.downtownslo.com*

Highway 1 verlässt San Luis Obispo auf der Santa Rosa Street in nordwestlicher Richtung und führt zur Küste zurück. Die 13 mi/21 km bis nach Morro Bay durchqueren das idyllisch grüne Chorro Valley.

Südlich der Straße reihen sich die „Nine Sisters" auf, eine schnurgerade Kette von unregelmäßig geformten Bergen vulkanischen Ursprungs. Schon vor über 20 Millionen Jahren rieben sich die nordamerikanische und die pazifische Platte in entgegengesetzten Bewegungsrichtungen. Dabei entstand eine Verwerfung oder Spalte, die den Aufstieg von flüssiger Lava aus dem Erdinneren erlaubte. Es formierte sich eine 26 Kilometer lange Reihe von Vulkanen.

Die „neun Schwestern" sind aber nicht die eigentlichen Vulkane, sondern nur geologische Relikte. Im Aufstiegskanal der Vulkaninneren erstarrte die Lava zu Dazit, einem basaltähnlichen Vulkangestein. Im Lauf der Jahrmillionen wurde das weniger resistente Material der Vulkankegel von den Kräften der Erosion abgetragen. Zurück blieb nur der Lavakern der Vulkane. Nach dem gleichen Prinzip entstand auch der berühmte Devils Tower in Wyoming.

Die Bergkette ist populär unter Wanderern und Kletterern. Der höchste Gipfel, Bishop Peak, reckt sich bis auf 475 Meter in die Höhe. Morro Rock, der emblematische Felsen vor Morro Bay, ist das westlichste Relikt der ehemaligen Vulkankette.

🏘 Morro Bay (10.200 EW)

Erst wenn man den Morro Bay Boulevard bis fast zum Hafen durchfahren hat, entdeckt man, was dieses kleine Städtchen ausmacht: Auf den stillen Wassern der Lagune lassen sich die Enten treiben, Pelikane segeln vorbei, und auf dem Bootsanleger wälzen sich fette Seeelefanten faul in der Sonne. Ein paar Fischkutter und Motoryachten tanzen auf den Wellen. Das Gekreische der Möwen ist die perfekte Geräuschunterlage. Auf der gegenüberliegenden Seite der Lagune ragt wie ein riesiger Turban Morro Rock aus dem Meer. Der halbkugelförmige

Morro Bay

Felsklotz schenkt Morro Bay seinen Namen und seine Einzigartigkeit.

Morro Bay erscheint Lichtjahre entfernt von Staus und Großstädten. Hier möchte man seinen Lebensabend verbringen. Natürlich ist Morro Bay voller Hotels, Restaurants und Souvenirshops, doch ihre Werbetafeln sind eher unaufdringlich. Die drei Schornsteine des Kraftwerks direkt neben dem Hafen sind beileibe keine Schönheit, aber sie geben dem Ort einen Hauch von angenehmer Normalität. Auch das Klima ist rauer als nur wenige Meilen weiter im Süden. Man wähnt sich eher an der Nordsee als am süßlichen Mittelmeer. Der liebe Gott hat Morro Bay nicht für Sonnenanbeter, sondern für Naturliebhaber erschaffen.

Morro Bay ist mehr als eine Bucht. Es wäre schon längst eine Lagune, würde nicht die je nach Tidenstand um die 150 Meter breite Zufahrt zum Ozean regelmäßig ausgebaggert. Die Bucht wird durch einen über sechs Kilometer langen und maximal 700 Meter breiten Dünenzug vom Ozean getrennt. Die Bucht ist unterschiedlich tief, teilweise verlandet oder von dichten Wassergräsern bewachsen. Die vielfältige ökologische Zonierung macht sie zu einem Paradies für Wasservögel. Entlang des „Pacific Flyway", dem Migrationskorridor der Zugvögel, stellt sie ein zentrales Etappenziel dar. Alljährlich liegt die Bucht unter den drei Orten der USA, wo die meisten Vögel gezählt werden.

Der zentrale Blickfang ist der Morro Rock. 176 Meter hoch, wird er wegen der augenfälligen Ähnlichkeit gern das Gibraltar des Pazifiks genannt. Über Jahrhunderte war er ein wichtiger Navigationspunkt der Küstenschifffahrt. Noch viel länger verehrten ihn die Salinan-Indianer als heiligen Ort. Ihre Sprache ist inzwischen ausgestorben, doch die wenigen überlebenden Stammesmitglieder genießen das Privileg, den Felsen für religiöse Rituale erklimmen zu dürfen. Für den Rest der Menschheit ist das Klettern am Berg verboten, zum einen aus Sicherheitsgründen, zum anderen, um die reiche Vogelwelt nicht zu belästigen.

Morro Bay

Der Wanderfalke gilt als die weltweit am weitesten verbreitete Vogelart. Er besiedelt Gebirgslandschaften und Steilküsten in allen Kontinenten außer der Antarktis. Dennoch sind seine Bestände stark gefährdet. Der Wanderfalke baut keine Nester, sondern nistet in Höhlen und Felsspalten. Er ernährt sich ausschließlich von kleineren Vögeln, die er in der Luft im Sturzflug attackiert. Dabei legt er die Flügel an, stürzt wie eine Rakete auf sein Opfer zu und erreicht Geschwindigkeiten bis zu 140 Stundenkilometern. Mit etwas Glück kann man einen solchen Luftangriff live beobachten.

Ursprünglich stand der Morro Rock vom Festland getrennt und auf allen Seiten von Wasser umspült. Das harte, basaltähnliche Gestein namens Dazit wurde über Jahrzehnte als Baumaterial abgebaut. Dazu wurde der Damm errichtet, auf dem man heute bis zum Felsen fahren oder laufen kann. In den 60er Jahren wurde der Abbau gestoppt und der Rock unter Naturschutz gestellt. Am Bergfuß tummeln sich Dutzen-de wohlgenährter Eichhörnchen, die wenig Scheu vor Menschen zeigen.

Was auf den ersten Blick beinahe unberührt und bukolisch wirkt, stellt den staatlichen Naturschutz vor knifflige Aufgaben. Um die Bucht als solche zu erhalten, muss der weiteren Verlandung Einhalt geboten werden. Die Kontaminierung mit Bakterien, die durch Abwässer eingetragen werden, hat solche Dimensionen angenommen, dass die Population der Schalentiere in der Bay erschreckend minimiert wurde. Umgekehrt führt der hohe Gehalt an Phosphaten und Nitraten aus der Landwirtschaft zu einem unerwünscht starken Algenwachstum, das den Sauerstoffgehalt der Bucht reduziert. Morro Bay hat die Wichtigkeit des Schutzes ihrer Haupteinnahmequelle erkannt und setzt auf die Rettung der Bucht.

Das ursprüngliche wirtschaftliche Standbein, die Fischerei, ist nicht weniger durch Umweltprobleme bedroht. Die Umsätze der Fischereiflotte sind in den letzten Jahrzehnten wegen der Überfischung der Küstengewässer dramatisch eingebrochen.

Die Fischer reagierten mit der Intensivierung ihrer Fangtechnik und setzten auf den Einsatz von Grundschleppnetzen. Das zerstört bekannterweise die Flora auf dem Meeresboden und produziert jede Menge unerwünschten Beifang: Kleintiere, die dann als Nahrung für die begehrten großen Raubfische wie den Thunfisch ausfallen. Ein Teufelskreis.

Normalerweise stehen sich Fischer und Umweltschützer als erklärte Feinde gegenüber. In Morro Bay dagegen wurde ein interessanter Ansatz zur Lösung der Interessengegensätze entwickelt: The Nature Conservancy, eine für ihre wissenschaftlichen und interessenausgleichenden Ansätze bekannte private Umweltorganisation, kaufte 2006 fünf der sechs Schleppnetzfischer von Morro Bay ihre Lizenzen ab. Dadurch entstand eine 15.000 km² großes Areal, das nicht befischt werden kann. TNC wäre bereit, diese Lizenzen an ökologisch angepasste Fischereiflotten abzugeben.

Die Idee ist sicher nicht schlecht, hat aber einen Haken: Irgendwoher muss das Geld kommen, um die Fischereilizenzen aufzukaufen und den ehemaligen Fischern den Einstieg in ein neues Leben zu finanzieren. Wenn die spendenfreundlichen und umweltbewussten Großunternehmen aus Silicon Valley irgendwann den Geldhahn zudrehen, ist dieser Ansatz am Ende.

Dennoch, Morro Bay ist ein herrliches Fleckchen, um die spröde Schönheit der kalifornischen Küste zu genießen. Am Hafen finden sich neben einer Unzahl Fischrestaurants etliche Anbieter für Land- und Seeausflüge auf den unterschiedlichsten Gefährten. Die Reisebranche ist mit Abstand der wichtigste Arbeitgeber der Stadt. Ursprünglich war der natürliche Hafen für den Transport von Wolle, Getreide, Kartoffeln und Milchprodukten in die großen Küstenstädte entstanden. Während der Prohibition wurde in großen Mengen illegaler Branntwein aus Kanada angelandet. Im Zweiten Weltkrieg wurde in diesem Küstenbereich die Landung in der Normandie geprobt. Heute ist das unübersehbare Gaskraftwerk einer der wenigen größeren Arbeitgeber außerhalb des Tourismus. Etwa 45 Angestellte helfen bei der Produktion von 1000 Megawatt Elektrizität, die eine Million Haushalte bis nach Fresno und Bakersfield im kalifornischen Zentraltal mit Strom versorgen. Die Zukunft des inzwischen veralteten Kraftwerks ist allerdings ungewiss.

Im Zentrum der Bucht kann man vom Ufer aus die Installationen der Morro Bay Oyster Company sehen. Mit gerademal einer Handvoll Angestellten werden auf knapp 1,5 Hektar pazifische Austern gezüchtet. Etwa 10.000 der begehrten Schalentiere gehen allwöchentlich an Märkte, Läden und Restaurants der näheren Umgebung. Vom Aussetzen der Saatauster bis zur Ernte vergehen mindestens zwölf Monate, große Austern benötigen zwei Jahre zum Heranwachsen. Im Hafen von Morro Bay kann man frische Austern ab etwa 1,25 Dollar pro Stück probieren.

Auch in Morro Bay kann man an Wochenenden im Sommerhalbjahr auf ein weitgehend ausgebuchtes Hotelangebot treffen. Die Preise für Spätankömmlinge gehen dann rasant in die Höhe. Man sollte also entweder rechtzeitig buchen oder versuchen, seinen Aufenthalt auf einen Wochentag zu legen. Die ruhige Bucht ist ein idealer Ort für eine Kanutour oder einen Bootsausflug.

Website

🖳 www.morrobay.org

▶ Morro Bay State Park Museum of Natural History

Das interaktive Museum erläutert naturwissenschaftliche Zusammenhänge der Morro Bay, von Geologie über Gezeiten, Erosion bis zum Naturschutz.

✉ 20 State Park Road, Morro Bay, CA 93442
⇒ Vom Morro Bay Blvd der Main St nach Süden 1,4 mi/2,3 km folgen, vor der Linkskurve rechts auf den Parkplatz
🕓 Täglich 10-17h, außer an nationalen Feiertagen
♾ Erwachsene: $ 3,
Kinder & Jugendliche unter 16 Jahren: frei
☎ 1-805 772 7129
🖳 www.ccnha.org

▶ Montaña de Oro State Park

Den spanischen Namen des „Goldbergs" wählten die iberischen Kolonisatoren überraschenderweise nicht, weil sie dort tonnenweise Edelmetall vermuteten, sondern wegen der güldenen Wildblumen, die im Frühjahr die Berghänge kolorieren. In einem der größten staatlichen Naturparks Kaliforniens lassen sich wilde Steilküsten, einsame Strände, tiefe Canyons, sanfte Küstenebenen und einsame Hügellandschaften entdecken.

⇨ *Vom Morro Bay der Main St nach Süden 2,5 mi/ 4 km folgen, rechts in den S Bay Blvd, nach 3 mi/5 km rechts in die Los Ossos Valley Rd und dem Straßenverlauf 4,5 mi/7 km bis zum Parkeingang folgen*
⊗ *Frei*
☎ *1-805 772 7434*
🖥 *www.slostateparks.com*

▶ Kayak Touren

Morro Bay ist der ideale Ort für einen Ausflug im Kanu. Die Bucht bietet einerseits Schutz vor Wind und Wellen, andererseits verschiedene Ökosysteme, die sich im Kanu erkunden lassen.

Sub Sea Tours and Kayaks

✉ *699 Embarcadero Rd, Morro Bay, CA 93442*
⇨ *Morro Bay Blvd in Richtung Hafen, links in die Main St, rechts in die Pacific St geradeaus auf den Parkplatz*
⊗ *Einer die erste Stunde: $ 9, jede weitere Stunde: $ 2, Zweier: $ 16 / $ 4, Vierer: $ 18 / $ 4*
☎ *1-805 772 9463*
🖥 *www.subseatours.com*

Kayak Horizons

✉ *551 Embarcadero Rd, Morro Bay, CA 93442*
⇨ *Morro Bay Blvd in Richtung Hafen, links in die Main St, rechts in die Marina St und links in die Embarcadero Rd, nach 100 m Parkplatz auf der rechten Seite*
🕐 *Täglich 9-17h*
⊗ *Einer die erste Stunde: $ 9, jede weitere Stunde: $ 6, Zweier: $ 13 / $ 8, Vierer: $ 18 / 8*
☎ *1-805 772 6444*
🖥 *www.kayakhorizons.com*

▶ Sportfischen

Hobbyangler können sich auch als Hochseefischer versuchen und einen Lachs oder Thunfisch an Land ziehen. Je nach Fangsaison variieren Angebot, Preise, Zeiten und Dauer einer Ausfahrt.

Virg's Fishing

✉ *1215 Embarcadero, Morro Bay, CA 93442*
⇨ *Vom Morro Bay Blvd nach Norden in die Main St, die 3. links in die Beach St, am Ende rechts und vor dem ersten Schornstein des Kraftwerks nach links auf den Parkplatz biegen*
⊗ *Ab $ 89. Preise variieren je nach Dauer, Jahreszeit und Fangziel einer Angeltour.*
☎ *1-805 772 1222*
🖥 *www.virgslanding.com*

▶ Elektroboote

Man kann die Bucht auf eigene Faust mit 6 Meter langen Elektrobooten erkunden, die leicht zu manövrieren sind. Dazu braucht man keinen Bootsschein.

At the Helm Boat Rentals

✉ *845 Embarcadero Blvd Morro Bay, CA 93442*
⇨ *Vom Morro Bay Blvd nach Norden in die Main St, die erste links in die Harbor St und wieder die erste links, nach 50 m auf der rechten Seite in dem gelben Gebäude namens „The Boatyard"*
🕐 *Täglich 11-16h*
⊗ *Erste Stunde: $ 60, jede weitere Stunde: $ 50*
☎ *1-805 771 9337*
🖥 *www.at-the-helm-boats.com*

▶ Festivals

Morro Bay Winter Bird Festival

Hunderte von Hobby-Ornithologen finden sich alljährlich in Morro Bay ein, um gemeinsam den Vogelreichtum der Bucht zu beobachten und Erfahrungen auszutauschen.

🕐 *Jeweils am Wochenende des 3. Montags im Januar*
🖥 *www.morrobaybirdfestival.org*

Big, Bad and Ugly Surf Contest

Der Monat Februar verspricht hohe Wellen und schmerzhaft niedrige Wassertemperaturen. Drum preist die Coalition of Surfing

Clubs den Wettbewerb als die größte Herausforderung ihres Jahresprogramms an.

📷 *Mitte Februar*
🖥 *www.surfclubs.org*

Morro Bay Kite Festival

Der windumtoste Strand nördlich des Morro Rock ist das ganze Jahr über ein idealer Ort, um Drachen steigen zu lassen. Im April flattern hunderte der kuriosesten Flugobjekte an straff gespannten Leinen in der Brise.

📷 *Ende April*
🖥 *www.morrobaykitefestival.com*

Auf dem Weg nach Norden entdeckt man, dass Morro Bay größer ist, als der Eindruck vom Zentrum vermuten lässt. Der Ort zieht sich noch gut vier Kilometer am Strand entlang. Es folgen noch eineinhalb Kilometer Landstraße, bevor schon das nächste Städtchen in Sicht kommt. Der Highway 1 rauscht vierspurig an Cayucos vorbei.

🏛 Cayucos (2.500 EW)

Das verschlafene Nest Cayucos liegt nahezu genau auf halber Strecke zwischen Los Angeles und San Francisco, jedenfalls wenn man dem Highway 1 treu bleibt. Überraschenderweise gibt es kein „Midpoint Café" und kein „Halfway Inn", die die geographische Position auszunutzen suchen. Dennoch hat Cayucos das gesunde Selbstvertrauen, sich „America's coolest small town" zu nennen. Dabei hat es nichts Außergewöhnliches zu bieten außer einem echten Saloon aus dem 19. Jahrhundert. „Vorn gibt's Schnaps, gepokert wird hinten, geprügelt wird überhaupt nicht" stellt der Barmann klar. Außerdem gibt es Billardtische, eine prall gefüllte Musicbox und Live-Musik am Wochenende.

Eine Partie Shuffle Board sollte man unbedingt ausprobieren, auch wenn man sich dem hämischen Grinsen der Einheimischen preisgibt. Normalerweise wird das „Tisch-Curling" zwei gegen zwei gespielt. Es geht darum, seine Pucks so nah wie möglich am Ende der gewachsten Spielbahn zu platzieren, ohne dass sie seitlich herunterfallen. Dabei darf man mit aller Böswilligkeit die Pucks des Gegners vom Tisch fegen. Nachdem alle Pucks gespielt sind, werden nach den aufgemalten Gewinnzonen die Punkte verteilt. Allerdings zählen nur die Punkte der Pucks, die vor dem bestplatzierten Stein des Gegners liegen. Es wird so lange wiederholt, bis die erste Mannschaft 21 Punkte erreicht hat.

▶ **Old Cayucos Tavern & Card Room**
✉ *130 N Ocean Ave, Cayucos, CA 93430*
➡ *HW1, Exit Cayucos Dr, auf dem Cayucos Dr nach Westen, nach 500 m links in die Ocean Ave, nach 150 m auf der linken Seite*
☎ *1-805 995 3209*
🖥 *www.oldcayucostavern.com*

Nordwestlich von Cayucos ereignete sich im Dezember 1987 einer der tragischsten Unfälle in der Geschichte der amerikanischen Luftfahrt. Flug 1771 der Pacific South West Airlines, einer der ersten Billigfluggesellschaften überhaupt, war auf dem Weg von Los Angeles nach San Francisco. Um 16.19 Uhr nachmittags krachte der Flieger zwischen Cayucos und Templeton mit voller Wucht gegen einen Berg. Unter den 38 Passagieren und 5 Besatzungsmitgliedern gab es keine Überlebenden. Die Maschine war aus 6.700 Metern Höhe abgestürzt. Beim Aufprall bewegte sie sich vermutlich mit mehr als Schallgeschwindigkeit. Die meisten Bruchstücke waren kaum größer als eine Hand. Die Untersuchungsbehörden waren zunächst ratlos, nichts deutete auf einen technischen Defekt hin. Dann fanden Sie die Black Box und einige weitere Indizien, die sich zu einem makaberen Puzzle zusammenfügten:

David Burke, Mitte 30, war gerade von der Fluggesellschaft gefeuert worden, weil er bei einem lächerlichen Diebstahl erwischt worden war. Am Morgen hatte sein ehemaliger Vorgesetzter Burkes Ersuchen um Wiedereinstellung abgelehnt. Burke wusste, dass sein alter Chef nachmittags nach San Francisco fliegen würde und kaufte ein Ticket für denselben Flug. Da er sich als Angestellter der Fluglinie ausweisen

Shuffleboard

amerikanische Version von Schloss Neu-schwanstein.

🏛 **Cambria** (6.500 EW)

Das entspannte Städtchen ist die letzte Station vor der praktisch unbesiedelten Strecke nach Big Sur und gewissermaßen das Basislager für den Besuch des Hearst Castle. Schon während der Bauzeit wohnten die meisten Arbeiter in Cambria, das als Logistikzentrale bei der Errichtung des Märchenschlosses fungierte. Man merkt Cambria kaum an, welche ungeheure Anziehungskraft der bombastische Palast des Zeitungsmagnaten auf die Amerikaner ausübt. Man findet eine Menge Hotels, die üblichen Kettenmotels und ein Zentrum, das sich im Wesentlichen auf die Bedürfnisse der Touristen eingestellt hat. Dennoch ist Cambria hübsch anzusehen und versprüht nicht das Gefühl eines Rummelplatzes.

Bei einem kurzen Spaziergang entlang der Main Street kann man niedliche alte Häuschen aus den amerikanischen Gründerzeiten bewundern und sich verblüffen lassen, was in den Staaten alles als Antiquität gehandelt wird. Wahre Attraktionen beschränken sich auf eine einzige: Als spleenige Alternative zum Hearst Castle präsentiert sich ein Phantasieschloss Marke Eigenbau. Arthur Harold Beal kaufte 1928 ein Baugrundstück nördlich des Zentrums. Während er bei der städtischen Müllabfuhr arbeitete, sammelte er alles ein, was sich er für den Bau des „Nitt Witt Ridge" genannten Eigenheims als verwendbar erachtete. Mit Flaschen, Bierdosen, Reifenfelgen, Wäschetrommeln, Flusssteinen und Zement zimmerte er über 50 Jahre ein Beispiel unkonventioneller und phantasievoller Architektur zusammen, an der sich die Geister scheiden. Obwohl inzwischen von staatlicher Seite in den Status eines historischen Monuments erhoben, diagnostizieren konservativ gestrickte Geister die vollkommene Abwesenheit rationeller Ordnung. „Das ist der Grund, warum es heutzutage Bauvorschriften gibt", entfährt es nicht wenigen.

konnte, überwand er die Sicherheitskontrollen problemlos mit einer 44er Magnum. Wenige Minuten nach dem Start erschoss er vermutlich zunächst seinen verhassten Vorgesetzten. Dann ging er ins Cockpit und tötete die Piloten. Das Flugzeug stürzte führungslos zur Erde und zerschellte.

Nördlich von Cayucos beginnt der einsamste und gleichzeitig berauschendste Teil des Highway 1 in Kalifornien. Die durchgehend zweispurigen 141 Kilometer bis Big Sur verlaufen fast immer in Sichtweite des Meeres, klettern das Küstengebirge in schwindelerregende Höhen, um nach dem folgenden Steilabstieg auf grandiosen Brücken gewaltige Canyons zu überwinden. Trotz der eindrucksvollen Umgebung ist die Strecke nahezu menschenleer. Der einzig erwähnenswerte Ort ist Cambria. Zuvor fährt man grinsend an dem Ortsschild von Harmony vorbei, das mit stolz geschwellter Brust seine Einwohnerzahl verkündet: „Population: 18".

Doch die Straße ist keineswegs menschenleer. Die überwältigende Schönheit der Küste und der kurvenreiche Highway ziehen Motoristen magisch an, ebenso wie eine der meistbesuchten Touristenattraktionen des Staates: das Hearst Castle, die

In jedem Fall war Beal ein respektloser Freigeist. Er selbst nannte sich „Captain Nitt Witt", also etwa „Captain Pille Palle". Das deutet den humorvollen und exzentrischen Esprit des Bauherrn an. In den 60ern kehrten gewohnheitsmäßig die Sprösse der Hippie-Bewegung bei ihm ein und bewunderten sein Werk als alternative Kunst.

Beal verstarb 1992 im Alter von 96 Jahren. Sein kreatives Konstrukt konnte vor dem Verfall bewahrt werden. Heute bewohnen Stacy und Michael O'Malley das Gesamtkunstwerk und führen Besucher nach vorheriger Verabredung mit Freude durch ihr Eigenheim.

Website

🖳 *www.cambriachamber.org*

▶ Nitt Witt Ridge

⊠ *881 Hillcrest Dr, Cambria CA*
⇨ *Vom HW1 in die Cambria Rd nach Norden,*
gleich wieder links in die Main St, nach 300 m
rechts in die Cornwall St, die zweite rechts in
den Hillcrest Dr, nach 150 m auf der linken Seite
🕗 *Nach telefonischer Vereinbarung*
🐾 *Erwachsene: $ 10, Kinder: $ 5*
☎ *1-805 927 2690*

In Cambria sollte man sich vorsichtshalber mit allem eindecken, was für die nächsten Reisestunden nach Norden notwendig sein wird: Wasser, Snacks und Benzin. In kaum einer Viertelstunde erreicht man nach 8 mi/13 km den Abzweig zum Hearst Castle. Der Besuch ist keineswegs ein Muss. Wer Spaß an ostentativer Zurschaustellung immensen Reichtums hat und von einem Leben in grenzenlosen Luxus träumt, sollte sich die Erfahrung nicht entgehen lassen, sich aber auf nervenaufreibende Menschenmassen einstellen. Bescheidenere Geister werden das Prunkschloss eher kopfschüttelnd verlassen.

Das amerikanische Neuschwanstein – Hearst Castle

Knapp 500 Meter über dem Ozean thront ein Palast, der in seinen Dimensionen und seiner verschwenderischen Pracht den Vergleich mit den sieben Weltwundern der Antike sucht. Das Märchenschloss des Medienmoguls William Randolph Hearst ist nach Disneyland die meistbesuchte Touristenattraktion in Kalifornien. Eine hinreißend schöne Umgebung, opulenter Prunk, der Glamour von Hollywood und ein skandalträchtiger, legendenumwobener Bauherr sind die Zutaten, die das amerikanische Neuschwanstein zum Besuchermagneten machen. Hohe Kunst oder elitäre Kultur zählen nur bedingt zu den Nuancen des pastellfarbenen Gemäldes. Vielmehr ist Hearst Castle Ausdruck überbordenden Reichtums und pathologischen Verlustes des Bezugs zur Realität. Ein Krankheitsbild, das zuletzt Michael Jackson an den Tag legte.

Angeheizt durch Orson Welles' Portrait von Randolph Hearst in „Citizen Kane" und eine Serie von Skandalen und Gerüchten ist morbide Neugier auf obszöne Details aus dem Leben der Superreichen das tragende Element der Anziehungskraft des Westküsten-Xanadu. Ein alternder Machtmensch und Multimillionär und eine 30 Jahre jüngere Geliebte aus dem Showbusiness sind die Zutaten zu einem anzüglichen Eintopf aus Phantasie und Glamour.

Satte 37 Millionen Dollar kostete der Bau, der sich über 30 Jahre hinzog und dennoch nie fertiggestellt wurde. Nochmal 50 Millionen gingen in die Inneneinrichtung, ein zusammenhangloses Potpourri von Kunstgegenständen aller Stile und Epochen. Hearst kaufte in den 20er und 30er Jahren alles, was ihm in irgendeiner Form historischen oder ästhetischen Wert versprach. Er schickte Agenten nach Europa, die in Italien, Frankreich, Deutschland, Spanien und Großbritannien komplette Klöster erstanden, um sie in Einzelteile zerlegt nach Kalifornien verschiffen zu lassen. Die Sammelwut war so grenzenlos, dass sich längst nicht alles unterbringen ließ. Kunsthistorische Objekte verstaubten containerweise und ungesehen in eigens angemieteten Lagerhäusern in New York, Los Angeles und San Simeon. Die Weltkriege und die Rezession in Europa hatten Kirchen und Institutionen finanziell so gebeutelt, dass sie Teile ihrer Besitzstände zum Schnäppchenpreis losschlagen mussten.

William Randolph Hearst entsprach keineswegs dem amerikanischen Prototypen des Tellerwäschers, der zum Millionär wurde. Sein Vater hatte seit dem Goldrausch als Teilhaber des größten amerikanischen Bergbauunternehmens bereits ein Vermögen angehäuft. Der Sohn begleitete die Eltern im Kindesalter auf Reisen durch Europa und soll bei einem Besuch in England geäußert haben, er wolle später im Schloss von Windsor leben. Schon in jüngsten Jahren hatte der kleine Randy sein Ziel offensichtlich klar vor Augen.

Er begann ein Journalismusstudium in Harvard, wurde jedoch von der Uni verwiesen, angeblich, weil er seinen Professoren Nachttöpfe mit deren im Inneren eingravierten Namen geschenkt hatte. Der humorvolle Bengel kam beim „Harvard Lampoon" unter, einem bis heute existierenden Satiremagazin, das zur Verlagsgruppe von Joseph Pulitzer gehörte. Der hatte die Pressewelt mit einem populistischen Zeitungsstil revolutioniert und zog seinen Schüler zum heftigsten Konkurrenten heran.

Hearst übernahm 1887 die Redaktion des San Francisco Examiner, den der Vater wenige Jahre zuvor gekauft hatte. Der war wenig begeister von den Ambitionen des Sohnes und hätte ihn lieber in der Familientradition als Direktor der Anaconda-Kupfermine in Montana gesehen. Doch der junge Randolph bewies sein Geschick als Pressemensch. Er gestaltete den Examiner ganz nach seinen Vorstellungen um, kontrahierte die talentiertesten Journalisten als freie Mitarbeiter, darunter Mark Twain und Jack London. Hearst machte als selbsterklärter Populist eine Zeitung für Gesellschaftsschichten, auf die bisher niemand gezielt hatte: Seine Kunden waren die Unterprivilegierten, die Arbeiter, die Armen, die Immigranten, Menschen, die beim Lesen die Lippen bewegten. Mit einer einfachen Sprache, schockierenden und bewegenden Nachrichten verbildlicht durch Zeichnungen und Karikaturen gewann der Examiner die Massen und dominierte bald den Markt in San Francisco.

Vier Jahre später starb der Vater und hinterließ ein Vermögen von 7,5 Millionen Dollar, mit denen Hearst Zeitungen im ganzen Land kaufte und sich eine millionenfache Leserschaft erschloss. Das neue Presseimperium trat in eine leidenschaftliche Konkurrenz mit dem ehemaligen Mentor Pulitzer. Hearst warb die besten Journalisten und Zeichner ab. Mit sensationslüsternen Schlagzeilen, manipulierten Interviews und künstlich aufgeblähten Stories wuchsen die Marktanteile.

Als Kuba gegen die spanische Kolonialmacht rebellierte, erreichte der Zweikampf um die höheren Auflagen seinen Höhepunkt. Die Hearst-Blätter solidarisierten sich mit dem Freiheitskampf der Kubaner, denn auch Amerika hatte sich gewaltsam von den Fesseln der europäischen Unterdrücker und Ausbeuter befreien müssen. Das Zeitungsimperium forderte vehement den amerikanischen Kriegseintritt. Hearst entsandte einen Korrespondenten nach Kuba. Doch der bat die Zentrale um Rückkehrerlaubnis, da auf der Insel nichts Berichtenswertes passiere. Hearst soll telegraphisch geantwortet haben „Du sorgst für die Bilder, ich sorge für den Krieg".

Tatsächlich heizte Hearsts Kampagne mit Berichten über Misshandlungen und Konzentrationslager die öffentliche Stimmung so weit an, dass der Kongress den Kriegseintritt auf Seiten Kubas beschloss. Hearsts Auflagen überstiegen erstmals die magische Marke von einer Million Exemplaren täglich.

Nach der erfolgreichen Befreiung Kubas und der Philippinen perfektionierte Hearst das Konzept des Boulevardjournalismus. Katastrophen und Tragödien sind bis heute ein zentrales Element des täglichen Nachrichtengewitters. Hearst ließ das verheerende Erdbeben von San Francisco 1906 in allen Details ausschlachten. Nach und nach entdeckte er neue Komponenten des Emotionsjournalismus. 1912 stieß er in die Mystik der Pseudowissenschaften vor, indem er Amerika mit einer frei erfundenen Geschichte von einem angeblichen Sohn des Archäologen Heinrich Schliemann mit dem Atlantis-Fieber infizierte. Auch das Privatleben der Protagonisten des populär gewordenen Stummfilmkinos wurde ins öffentliche Interesse gerückt.

Ein weiterer Impuls für die emotionale Erregung des Konsumenten war die klare Identifizierung der Person des Schuldigen. Die Vernichtung von Ehre, Ansehen und Gesundheit der vermeintlichen Sünder wurde bedenkenlos in Kauf genommen. Der Chefmanager der White Star Lines hatte sich beim Untergang der Titanic retten können, während 1.500 Menschen in den eisigen Fluten ertranken. Für die Sensationspresse eine unentschuldbare Schandtat. Dem Briten wurde unterstellt, er habe sich in Frauenkleidern auf eines der Rettungsboote geschlichen.

Wenige Jahre später zerstörte die Sensationspresse die Karriere des Stummfilmstars Roscoe Arbuckle und trieb ihn in den Alkoholismus. Bei einer privaten Party im St. Francis Hotel in San Francisco war die junge Schauspielerin Virginia Rappe unter ungeklärten Umständen ums Leben gekommen. Die Presse beschuldigte Arbuckle einer brutalen Vergewaltigung. Nach drei Prozessen wurde der Angeklagte freigesprochen, und das Gericht erklärte in beispielloser Klarheit, dass Arbuckle Opfer völlig haltloser Unterstellungen geworden war. Dem Beschuldigten indessen nützte das wenig. Der Mann, der Buster Keaton, Bob Hope und Charlie Chaplin

entdeckt hatte, durchlitt die Scheidung seiner Frau, und die Türen Hollywoods blieben fortan für ihn verschlossen.

Von seinen Freunden aus Hollywood gefragt, wie er eine derartige Schmierenkampagne rechtfertigen könne, antwortete Hearst nur lapidar, das dies eben das Geschäft sei, weiter nichts. Und das Geschäft florierte. Auf dem Höhepunkt der Expansion regierte Hearst über ein Imperium von fast 50 Tages- und Wochenzeitungen, einem Dutzend Radiostationen und einem Filmstudio. Dazu gesellten sich Unternehmen aller möglichen Branchen. Der Logik vertikaler Integration folgend, produzierte die Hearst-Gruppe auch ihr eigenes Zeitungspapier. Um seine Interessen in der Zellstoffindustrie zu verteidigen, verbündete er sich mit anderen Industriegiganten wie Du Pont, um die Konkurrenz der Papierproduktion aus Hanf auszuschalten. Das Vehikel dazu war eine breit angelegte Kampagne zur Verteufelung der Pflanze als dämonische Droge und Geißel der Menschheit, die zum endgültigen Verbot von Marihuana rund um den Globus führte.

Der unvergleichliche Erfolg seiner Unternehmungen stachelte Hearsts Größenwahn weiter an. Konsequent zu Ende gedacht, konnte sein Lebensziel nur heißen, Präsident der USA zu werden. Schon ab 1902 vertrat er die Demokraten im Repräsentantenhaus, doch trotz des begleitenden Medienorchesters gelang es ihm nicht, bis zur Nominierung als Präsidentschaftskandidat vorzustoßen. Auch bei den Wahlen zum Gouverneur des Staates New York und später zum Bürgermeister der Stadt scheiterte er.

Hearst gab seine politischen Ambitionen schließlich auf und widmete sich seinen Geschäften, Bauprojekten und dem Privatleben. 1915, im Alter von inzwischen 52 Jahren, sah Hearst die gerade 18jährige Marion Davies erstmals als Chorsängerin in einer Revue am Broadway. Angeblich war er so hingerissen, dass er sich für alle Shows der nächsten beiden Monate zwei Plätze reservierte. Einen für sich – und einen für seinen Hut. Er überhäufte Davies mit Blumensträußen und Geschenken und überzeugte sie, eine Rolle in einem Film seiner Produktionsfirma zu übernehmen. Hearst war seit langem verheiratet und mehrfacher Vater, doch spätestens ab 1919 lebte er offen mit Davies in Kalifornien zusammen.

Natürlich vermutete die Öffentlichkeit, dass es für die junge Schauspielerin nur um Geld und Kontakte ging, doch tatsächlich hielt die Beziehung über drei Jahrzehnte bis zu Hearsts Tod. Er überschüttete die Angebetete mit seinem Reichtum, baute ihr eine riesige Villa am Strand von Santa Monica, schickte ihr zehn Seiten lange Telegramme und förderte mit der Macht seines Medienimperiums ihre Karriere. Wie ein indischer Mogul mit dem Taj Mahal wollte er seiner Liebe mit dem Hearst Castle ein unvergängliches Denkmal setzen.

Marion Davies war aber ein Mensch mit einem ausgeprägten Bedürfnis nach Gesellschaft und Unterhaltung. Drum musste die Prunkresidenz mit allem ausgestattet werden, was die Hollywood-Schickeria zum Entertainment brauchte. Der größte Privatzoo der Welt mit Löwen, Elefanten und Giraffen und ein hauseigenes Kino mussten her, um Größen wie Gary Grant, Charlie Chaplin, Jean Harlow, Bette Davies und Gary Cooper zu amüsieren.

Für Orson Welles, seinerzeit als größtes vorstellbares Talent der Filmwelt gehandelt, bot das Konglomerat von Macht, Leidenschaft, Intrige und Reichtum shakespearianischer Dimensionen das perfekte Vorbild für sein Filmdebüt: „Citizen Kane" wird bis heute als einer der besten Streifen der Filmgeschichte gehandelt. Welles interpretierte die Figur des John Foster Kane als eiskalten Egozentriker bar jeder menschlichen Regung. Doch nicht die Darstellung seiner selbst brachte Hearst auf die Palme, sondern das Bild, das Welles von seiner Angebeteten entwarf. Es war das bis heute verhöhnte Klischee des blonden Dummchens, das sich mit Vorliebe in angeheitertem Zustand lächerlich macht. Es kam zum Kampf der Titanen.

Hearst, der sein Leben lang darauf beharrte, den Film nie gesehen zu haben, sandte seine Agenten aus, alle Kopien von Citizen Kane aufzukaufen und zu zerstören. Das Unterfangen war ein Ding der Unmöglichkeit, doch der Streifen erwies sich sowieso als kommerzielles Debakel. Beide Kolosse gingen lädiert aus dem Zweikampf hervor. Welles, dem bisher dank höchst kontroverser Werke nahezu alles gelungen war, hatte fortan einen schweren Stand in Hollywood. Hearst war angesichts der Wirtschaftskrise und seiner ungezügelten Ausgabenwut schon seit Jahren finanziell gebeutelt.

Ein Jahrzehnt später verstarb Randolph William Hearst im Greisenalter. Marion Davies begleitete ihn bis zur letzten Minute, was als Gegenbeweis zum allgemeinen Eindruck einer Zweckbeziehung erschien. Doch nur zehn Wochen nach Hearst Ableben heiratete sie völlig unerwartet. Ihre Persönlichkeit bleibt am Ende ebenso ungreifbar wie die von Randolph Hearst.

Die aktuellste Biographie Hearsts des Kanadiers Kenneth Whyte verteidigt ihn als normalen und sensiblen Menschen, der rein gar nichts mit dem herrschsüchtigen Monster zu tun hatte, das das Bild in der Öffentlichkeit dominiert. Nach Whytes Version der Dinge portraitierte Citizen Kane eher den Regisseur Orson Welles als Randolph Hearst.

▶ Ein Besuch im Hearst Castle

Die Hearst-Familie vermachte den Besitz dem kalifornischen Staat, damit der sich um die sündhaft teure Instandhaltung des Anwesens kümmert. Man merkt sofort, dass der Staat auf maximale Wertschöpfung setzen muss und versucht, dem Publikum auch den letzten Cent abzupressen. Jeder Besuch beginnt im Visitor Center, das mit Shopping Mall, Museum und IMAX-Kino einem Freizeitpark ähnelt.

🖩 Visitor Center
Das Besucherzentrum liegt Luftlinie satte vier Kilometer vom Schloss entfernt, gerade noch nahe genug, um einen flüchtigen Blick erhaschen zu können. Alle 45 Minuten läuft im fünfstöckigen IMAX-Kino ein in Hollywood-Manier bombastisch aufgeblähter Dokumentarfilm zur Geschichte des Märchenschlosses. Das kostenlose Museum liefert eine weniger emotions- statt faktenorientierte Historie mit Bezügen zu den Hollywood Stars, die bei Hearst zu Besuch waren. Eine kritische Auseinandersetzung mit Person und Leben des Multimillionärs findet auch hier nicht statt. Darüber hinaus kann man nach Herzenslust teure Souvenirs oder Fleisch von der zum Anwesen gehörenden Viehzucht erstehen.

⚲ *Filmtheater Erwachsene: $ 8, Jugendliche: $ 6, Rabatt von $ 2 bei der Teilnahme an Besichtigungstouren*

▶ Besichtigung
Der Besuch des Hearst Castle ist nur im Rahmen einer geführten Besichtigungstour möglich, die per Shuttle Bus vom Besucherzentrum ablegt. Es werden insgesamt fünf verschiedene Tour-Konzepte angeboten. Für den Erstbesucher ist Tour Nr. 1, das „Experience Ticket", zweifellos die interessanteste Option, denn innerhalb von etwa 100 Minuten kann man einen groben Überblick über die verschiedenen Bereiche des Schlosses gewinnen. Die Führung besucht sowohl Hearsts Privatwohnsitz, genannt „La Casa Grande", den „Neptune Pool", das luxuriöse Freibad im griechisch-römischen Stil, die gepflegten Gärten als auch „La Casa del Sol", wo die prominenten Gäste des Hausherren untergebracht wurden.

✉ 750 Hearst Castle Road, San Simeon, CA 93452
⇨ HW1, etwa 9 mi/14 km nördlich von Cambria nach Osten oder 65 mi/104 km südlich von Big Sur nach Osten in die Hearst Castle Road, etwa 500 Meter bis zum Parkplatz
🕐 März-September täglich 8-17h, Oktober-Februar wochentags 9-17h, an Wochenenden 9-15h
⚲ Erwachsene: $ 24, Jugendliche von 6-17 J.: $ 12
☎ 1-800 444 4445
🖥 www.hearstcastle.com

🎬 Filme
Citizen Kane wurde selbstverständlich nicht im Hearst Castle gedreht, dafür aber die römischen Orgien in Stanley Kubricks „Spartacus".

Citizen Kane	
Originaltitel	Citizen Kane
Jahr	1941
Regie	Orson Welles
Hauptdarsteller	Orson Welles, Dorothy Comingore
Genre	Drama

Spartacus	
Originaltitel	Spartacus
Jahr	1960
Regie	Stanley Kubrick
Hauptdarsteller	Kirk Douglas, Laurence Olivier
Genre	Historienfilm

Vom Opfer zum Täter zum Opfer –
Die Entführung der Patty Hearst

I finally figured out what my crime was. I lived. Big mistake.

Am Ende fand ich heraus, was meine Straftat war. Ich lebte. Ein großer Fehler.

Patty Hearst

Der 4. Februar 1974. Ein Montagabend, 21.30 Uhr. Es klopft an der Tür eines unauffälligen Apartments in Berkeleys Benvenue Avenue. Eine junge Frau fragt, ob sie kurz telefonieren dürfe, weil ihr Auto nicht anspringt. Als die 19jährige Studentin Patty Hearst öffnet, stürzen zwei bewaffnete Männer in die Wohnung, fallen über Hearsts Verlobten Steven Weed her und brüllen: „Halt die Klappe oder wir schießen dir den Kopf weg." Innerhalb von Sekunden sind die beiden überraschten Opfer überwältigt. Eine Aktion von militärischer Präzision. Die vier büffelnden Studenten in der Wohnung nebenan hören Schreie und stürzen zur Wohnungstür. Sie sehen, wie die gefesselte Patty in den Kofferraum eines weißen Wagens gestoßen wird, der Sekunden später abrauscht und im Dunkel der Nacht verschwindet.

So begann Amerikas spektakulärster Entführungsfall seit 1930 der Sohn von Atlantikflieger Charles Lindbergh gekidnappt wurde. Patty Hearsts Großvater sollte recht behalten: Die Realität ist aufregender als Fiktion. Hätte sich ein Drehbuchschreiber die Geschichte seiner Enkeltochter ausgedacht, wäre sie als haarsträubend überzogen und völlig unglaubwürdig abgetan worden.

Patty war gerade 19 Jahre alt. Ein unauffälliges, konservatives Mädchen, das wohlbehütet in San Franciscos reichem Vorort Hillsborough aufgewachsen war. Sie war klein, durchschnittlich attraktiv und lebte ein moderates Leben, wie es normaler nicht sein konnte. Sie wartete auf die Heirat und ihr Lebensplan kreiste um ein Haus, zwei Kinder und einen Hund. Doch der 4. Februar wirbelte das wohlgeordnete Leben völlig durcheinander.

Der weiße Wagen brachte sie zum kaum 25 Meilen entfernten Versteck in Daly City, keine zwei Kilometer vom Highway One in den südlichen Vororten von San Francisco. Patti wurde gefesselt und geknebelt im Badezimmer eines Einfamilienhauses gefangen gehalten. Am nächsten Tag bekannte sich eine obskure linke Guerillatruppe zur Entführung: Sie nannte sich „Symbionese Liberation Army".

Amerika befand sich in einer ähnlichen Phase wie die europäischen Demokratien. Große Teile der Studentenrebellion und der Hippiebewegung der späten 60er hatten die Motivation zum politischen Kampf verloren oder sich in Richtungskämpfen aufgerieben. Die Minderheit des radikalen Flügels ging zum bewaffneten Kampf über, sowie die RAF in der Bundesrepublik oder die Roten Brigaden in Italien. Amerika war obendrein vom Watergate Skandal und dem militärischen Debakel in Vietnam zutiefst verunsichert. Nach der Liberalisierungsbewegung der 60er Jahre begann das Pendel zurückzuschlagen und war schon fast auf halbem Wege zum Reagan-Konservatismus der 80er.

Die Symbionese Liberation Army war eine der gewaltbereiten Splittergruppen der radikalen Seite. Ohne klares politisches Konzept setzten die gerade mal elf Mitglieder auf blinden Aktionismus. Ihre Pamphlete und Bekennerschreiben sprachen in simpler Rhetorik von der Befreiung der Unterdrückten und dem Kampf gegen die Ausbeuter. Der revolutionäre Kampf glich einem kurzen aber intensiven Amoklauf.

Gerade mal drei Monate zuvor war die Öffentlichkeit erstmals auf die bewaffneten Kämpfer mit dem unverständlichen Namen aufmerksam geworden. In Oakland erschossen sie Marcus Foster, den weithin anerkannten, progressiven, talentierten und obendrein schwarzen Oberschulrat. Nur Extremisten konnten ihn als Teil des Unterdrückungsapparats und schwarzen Judas auffassen. Mike Bortin, damaliges Mitglied der SLA, verstand die Aktion Jahre später selbst nicht mehr. „In der Öffentlichkeit verstanden sie uns wohl als sowas wie weiße Farmer aus Rhodesien."

Zehn Wochen nach dem Mordanschlag gerieten zwei Kämpfer in eine Verkehrskontrolle, bei der die Beamten Waffen und Propagandamaterial entdeckten. Die beiden wurden festgenommenen und direkt in San Quentin eingebuchtet. Die Bande stand vor einer schwierigen Entscheidung: Aufgeben oder die volle Konfrontation suchen. Sie entschied sich für die Fortsetzung des Kampfes und kidnappte Patty Hearst, um die beiden Genossen freizupressen.

Die Verhandlungen um einen Gefangenenaustausch scheiterten, spontan änderte die SLA ihre Taktik und setzte auf eine Publicityaktion. Die Familie der Entführten sollte mit ihren Millionen einen Monat lang die Bedürftigen San Franciscos ernähren. Dreimal wöchentlich hatten Suppenküchen kostenlos Fleisch, Obst und Gemüse an Obdachlose zu verteilen. Die Hearst Familie organisierte tatsächlich die tausendfache Essensausgabe, wenn auch vielleicht etwas halbherzig. Die SLA kritisierte die niedrige Qualität der Lebensmittel und verweigerte die Freilassung der Entführten.

Inzwischen war Patricia Hearst seit zwei Monaten in der Hand ihrer Entführer. In regelmäßigen Abständen hatte die SLA lokalen Radiostationen Tonbänder zugespielt, in denen auch die Entführte zu Wort kam. Am 3. April schlug die neueste Propagandaaufnahme die Öffentlichkeit vor den Kopf. Patty Hearst verkündete eigenstimmig, sie sei aus freien Stücken der SLA beigetreten. Von nun an nannte sie sich Tania, nach einer im bolivianischen Dschungel gefallenen Mitkämpferin Che Guevaras. Die Medien witterten Gehirnwäsche sowjetischer Methodik und das Stockholm Syndrom, einen psychologischen Prozess, bei dem sich Entführte mit ihren Kidnappern solidarisieren.

Schon zwei Wochen später folgte der nächste, noch schwerere Schock: Die SLA überfiel eine Bank in San Francisco. Die Aufnahmen der Überwachungskameras ließen keinen Zweifel. Patty Hearst war mit voller Überzeugung dabei und schwang einen Karabiner der Marke Winchester. Das Blatt wendete sich schlagartig. Am 21. April klebte das FBI Fahndungsplakate mit dem Konterfei der entführten Millionärstochter.

Bis heute wird spekuliert, was Patty Hearst während ihrer zweimonatigen Gefangenschaft widerfuhr, dass sich das wohlbehütete Töchterchen in eine bewaffnete Revolutionärin verwandelte. Gehirnwäsche, sexuelle Gefügigkeit, reiner Überlebensinstinkt – selbst die Memoiren, die Patty Jahre später veröffentlichte, konnten nicht alle Zweifel ausräumen. Sie beschrieb, wie sie mehrere Phasen durchlebte. Zunächst von purer Todesangst geplagt, begriff sie ihre Entführer als Todfeinde. Tatsächlich wurde sie intensiv propagandistisch bearbeitet, die Jungrevolutionäre belehrten sie täglich über die Unterdrückung der Massen und den Befreiungskampf in Mosambik, in Lateinamerika und auf den Philippinen. Das meiste hielt sie für puren Nonsens. Bei einigen Themen jedoch, die ihrem persönlichen Erfahrungshorizont näher lagen, begann sie tatsächlich die Augen zu öffnen. Sie erkannte, dass sie sich nie wirklich mit der Rassenfrage oder der Stellung der Frau in den USA beschäftigt hatte. Ihre fragile ideologische Basis stürzte in sich zusammen wie ein Kartenhaus. Plötzlich sah sie ihr eigenes Dasein aus einem völlig neuen Blickwinkel. Patty begriff sich auf einmal als lebenslänglich Gefangene. Die sorgende Obhut ihrer dominanten Mutter war nichts weiter als die Unterdrückung ihrer persönlichen Freiheit. Schon als kleines Mädchen hatte sie sich wie eine Lady zu betragen, anstatt auf Bäume zu klettern und im schmutzigen Kleidchen über die Wiesen zu toben. Der zukünftige Bräutigam betrachtete sie

als persönliches Eigentum, das gehorsam zu folgen hatte.

Jetzt fand sie sich erneut als Gefangene, diesmal in der Hand einer revolutionären Guerilla, die ihr klar machte, dass ihr größter Feind das FBI war. Denn wenn die Behörden das Versteck der SLA entdeckten, würde sie das Haus wahrscheinlich unter einem Leichentuch verlassen. Diese Theorie erwies sich wenig später als ausgesprochen realistisch. Schließlich ging es für die Staatssicherheit jetzt nicht mehr um die Befreiung eines unschuldigen und missbrauchten Entführungsopfers, sondern um das Ausheben einer revolutionären Zelle. Ein anonymer Anruf brachte die Behörden auf die Spur der SLA, vierhundert Polizisten umstellten ein kleines Häuschen im südlichen Los Angeles. Nach der unbeantworteten Aufforderung, das Haus zu verlassen, feuerte die Polizei Tränengasgranaten durch die Fenster. Die Antwort kam in Form eines Kugelhagels. Nach zwei Stunden wilder Schießerei, bei der geschätzte 9.000 Patronen abgefeuert wurden, ging das Haus in Flammen auf. Sechs Mitglieder der SLA ließen ihr Leben, durch Schussverletzungen, Rauchvergiftung oder Selbstmord.

Patty Hearst verfolgte die Ereignisse live am Fernsehen in einem Hotelzimmer in Anaheim. Innerhalb weniger Wochen war aus der Bedrohung für das kapitalistische Amerika ein Rudel gejagter Hunde geworden, und die Schlinge zog sich immer weiter zu. Auch in den USA recherchierten die Behörden längst mit computergestützten Methoden, ähnlich der in den 70ern vieldiskutierten westdeutschen Rasterfahndung nach der RAF.

Kurz nach dem Shootout in Los Angeles wurden mit Bill und Emily Harris zwei weitere Revolutionäre beim Joggen in San Francisco dingfest gemacht. Im September 1975 schließlich erwischte es auch Patty Hearst. Eine illegal angezapfte Stromleitung brachte das FBI auf die Spur. Vier mit dem Fall beschäftigte Beamte statteten dem Haus einen Besuch ab. Sofort erkannten sie Patty Hearst, die zusammen mit Wendy Yoshimura am Küchentisch saß. Patty rannte in das vordere Zimmer, wo das Gewehr lag, das sie bei dem Überfall auf die Hibernia Bank benutzt hatte. Auf die Drohung der Beamten, dass es ihrer sofort überwältigten Genossin schlecht ergehen würde, kam Patty mit erhobenen Händen zurück und ließ sich widerstandslos festnehmen. Die Befreiungsarmee war damit am Ende. 2002, fast dreißig Jahre später, ergriff Interpol das letzte flüchtige Mitglied in Südafrika.

Alle Mitglieder der SLA wurden zu heftigen Haftstrafen verurteilt. Der Fall Patty Hearst erfuhr eine mediale Aufmerksamkeit wie sie nur Fällen von Präsident Clintons Praktikantin Monica Levinsky oder Baseball-Star O. J. Simpson zuteil wurde. Die Verteidigung führte natürlich die Argumente Gehirnwäsche, sexueller Missbrauch, Manipulation mit LSD und das Stockholm-Syndrom an. Das Gericht erkannte sie trotzdem für schuldig und verurteilte sie zu 35 Jahren Haft. Sie verbüßte kaum zwei Jahre, bis Präsident Jimmy Carter von seinem Verfassungsrecht zur Begnadigung Gebrauch machte.

Patricia Hearst kehrte daraufhin in ein normales Leben zurück. Sie heiratete ihren Bodyguard, gebar zwei Töchter und versuchte sich an einer Karriere als Schauspielerin. Sie drehte mehrere Filme mit dem ewigen Star-Regisseur des amerikanischen Underground-Kinos, John Waters, schrieb ihre Autobiographie und partizipierte in mehreren Büchern und Filmdokumentationen über einen der absurdesten und undurchschaubarsten Fälle der amerikanischen Kriminalgeschichte.

▶ Schauplätze

▶ Die Entführung
Patty Hearst lebte mit ihrem Verlobten in dem kleinen Häuschen auf der Ostseite der Straße mit der breiten Garageneinfahrt.
✉ *2603 Benvenue Avenue, Berkeley, CA 94704*

▶ Das Haus der Eltern
Vor dem Eingang der Villa hielt Patty Hearst Vater mehrere Pressekonferenzen ab.
✉ *233 Santa Inez Ave, Hillsborough, CA 94010*

▶ Der Banküberfall
Das Gebäude der Hibernia Bank beherbergt inzwischen eine Filiale der Bank of America.
✉ *1450 Noriega St, San Francisco, CA 94122*

▶ Der Shootout in Los Angeles
Bei der Schießerei brannte das Haus bis auf die Grundmauern nieder.
✉ *1466 East 54th Street, Los Angeles, CA 90011*

▶ Die Festnahme
Patty Hearst wurde im September 1975 vom FBI endgültig dingfest gemacht.
✉ *425 Morse Street, San Francisco, CA 94112*

▢ Filme

Robert Stone beschrieb den Entführungsfall Patty Hearst in einem modernen und mitreißenden Dokumentarfilm mit vielen Originalaufnahmen und Interviews mit Beteiligten. In mehreren Filmen von John Waters ist Patty in Nebenrollen zu sehen.

The taking of Patty Hearst	
Originaltitel	The taking of Patty Hearst
Jahr	2004
Regie	Robert Stone
Genre	Dokumentarfilm

Cry-Baby	
Originaltitel	Cry-Baby
Jahr	1990
Regie	John Waters
Hauptdarsteller	Johnny Depp, Iggy Pop, Patty Hearst
Genre	Musical-Parodie

Cecil B. Demented	
Originaltitel	Cecil B. Demented
Jahr	2000
Regie	John Waters
Hauptdarsteller	Melanie Griffith, Stephen Dorff, Patty Hearst
Genre	Komödie

Soundtrack Patty Hearst

Künstler	Titel	Album	Jahr	Genre
Hall & Oates	Rich girl	Bigger Than Both of Us	1976	Pop
Warren Zevon	Roland The Headless Thompson Gunner	Excitable Boy	1978	Songwriter
Misfits	She	Static Age	1997	Punkrock
Camper van Beethoven	Tania	Our Beloved Revolutionary Sweetheart	1988	Alternativrock
Hot Rod Circuit	Patty Hearst Machine Gun	Been There, Smoked That	2002	Emo-Punk
Stereo Total	Patty Hearst	Paris-Berlin	2007	Pop
Smoke or fire	The Patty Hearst Syndrome	This sinking ship	2007	Pop-Punk
The Indelicates	We love you Tania	Songs For Swinging Lovers	2010	Alternativrock

Big Sur

„Der große Süden" wird der Küstenabschnitt zwischen San Simeon und Carmel genannt, so wie man in Chile die gähnende Leere der Atacama-Wüste als „den großen Norden" bezeichnet. Big Sur ist weder ein Ort, noch hat es einen Bürgermeister oder administrative Grenzen. Big Sur ist ein geographisches Konzept. Schon die Spanier sprachen von „el sur grande" und meinten damit das schwer zugängliche, spärlich von Indianern besiedelte Gebiet der Santa Lucia Mountains, in dem die iberische Kolonialmacht gar nicht erst versuchte, Fuß zu fassen.

Die mexikanische Republik teilte das Land in riesige Ranchos auf und verschenkte die Besitztitel an verdiente Mexikaner, die aber nie ernsthaft versuchten, das Territorium in Wert zu setzen. Nach dem Heimstätten-Gesetz von 1862, das jedem Amerikaner erlaubte, freies Land in Besitz zu nehmen, kamen einige wenige furchtlose Pioniere in die Gegend. Doch abgesehen von Aussteigern, die sich den Rest der Welt so weit weg wie möglich wünschen, und einigen Reichen, die luxuriöse Sommerresidenzen bauten, lebt

Piedras Blancas

hier kaum jemand. Künstler, Schauspieler und Schriftsteller hat Big Sur immer angezogen, doch die meisten blieben nur kurzfristig. Henry Miller hielt es dreizehn Jahre lang. Er nannte die Region „das großartigste Aufeinandertreffen von Land und See auf dieser Erde". Angesichts der atemberaubenden natürlichen Schönheit der Gegend ist die dünne Besiedlung nur schwer nachzuvollziehen.

Der Highway One ist Hauptschlagader und Rückgrad des Big Sur. Er schlängelt sich an der Küstenlinie entlang, trifft hier und da auf den Strand, um kurz darauf wieder in ansehnliche Höhen zu klettern. Die Ausblicke von den vielen kleinen Haltebuchten und Parkplätzen auf die wilde Küste sind immer wieder gewaltig, ebenso wie die Brücken, die findige Ingenieure über die tief eingeschnittenen Canyons geschlagen haben. Der Highway durch Big Sur ist das, was plakativ so gern als „Traumstraße" identifiziert wird. Große Teile der grandiosen Landschaften sind Naturschutzgebiete; entlang der Küstenstraße reihen sich die State Parks wie an einer Perlenkette auf. Doch diese sind im Vergleich zu vielen anderen ausgesprochen unterentwickelt; man erwarte keine

Visitorcenter und Restaurants. Oft gibt es nicht einmal jemanden, der die Parkgebühr kassiert, sondern man wird darum gebeten, den Betrag abgezählt in eine große Sparbüchse zu werfen.

Drum ist der Tourismus auch die Haupteinnahmequelle des Teils der Bewohner, der hier sein Geld verdient. Trotzdem gibt es insgesamt kaum 300 Hotelzimmer in den stilvollen Lodges, darunter kein einziges Motel der nationalen Ketten. So wird Big Sur seinem Ruf mehr als gerecht: eine friedliche, abgelegene und herrliche Gegend.

Etwa 3 mi/5 km nördlich der Abzweigung zum Hearst Castle trifft man auf einen Aussichtspunkt, wo man sich von Winter bis Spätsommer bis auf wenige Meter einer beeindruckenden Kolonie See-Elefanten nähern kann.

▶ Piedras Blancas Sea Elephant Rookery

Der erste Blick in die Buchten von Piedras Blancas kann bei unbedarften Besuchern einen heftigen Überraschungseffekt auslösen: In Winter, Frühjahr und Sommer liegen sie zu Hunderten faul in der Sonne,

in Gruppen dicht aneinandergedrängt, verbreiten einen fauligen Geruch und veranstalten ein dröhnendes Konzert. In der Ferienzeit versammelt sich das menschliche Publikum je nach Tageszeit dutzendweise auf dem drei bis fünf Meter hohen Küstenhang, um das tierische Spektakel zu beobachten. Einige besonders Feinfühlige empfinden das Schauspiel allerdings als gänzlich unappetitlich.

See-Elefanten sind die größte Robbenart der Welt. Ausgewachsene Männchen können fünf Meter Länge erreichen und gut und gerne 2,5 Tonnen auf die Waage bringen. Man erkennt sie an der hammerartig verlängerten Nase, die der Spezies auch ihren Namen eingebracht hat, obwohl das gewaltige Riechorgan wahrlich nicht viel mit einem Elefantenrüssel gemein hat.

Das schönere Geschlecht dagegen ist nicht mit einem solchen monströsen Zinken gestraft, sondern erfreut sich des niedlichen Antlitzes eines „normalen" Seehunds, inklusive der treuherzig traurigen Augen. Ihre Länge übersteigt selten drei Meter, und das Gewicht liegt normalerweise unter einer Tonne.

See-Elefanten führen ein jahreszeitlich getrenntes Doppelleben. Vom Spätsommer bis zum späten Herbst sind sie als Einzelgänger auf Beutefang im 3.000 Kilometer entfernten Golf von Alaska unterwegs. In dieser Zeit lassen sich nur vereinzelt Tiere am Strand von Kalifornien beobachten. Sie jagen verschiedene Fischarten in Meerestiefen von 300 bis 600 Metern, können aber auch in Tiefen von bis zu 2.000 Metern vorstoßen und eine Stunde lang unter Wasser bleiben. Ihre Körperfülle mit einer dicken Speckschicht schützt die Tiere vor den eisigen Wassertemperaturen, und dank des immensen Blutvolumens können sie genügend Sauerstoff für die langen Tauchgänge speichern.

Während sie an Land wie pummelige und unbeholfene Klopse wirken, verwandeln sie sich im Wasser dank ihrer aerodynamischen Körperform zu rasanten und agilen Torpedos. Die hochsensiblen Augen sehen auch in großen Wassertiefen, und mit den feinfühligen Barthaaren können sie die Schwimmbewegungen ihrer Beute wahrnehmen.

Nachdem sich die See-Elefanten ordentliche Energiereserven angefressen haben, beginnen sie im November zu Tausenden nach Süden zu migrieren. Plötzlich verwandeln sie sich in soziale Zeitgenossen und bilden riesige Kolonien. In den folgenden Monaten müssen sie wichtige Aufgaben bewältigen: sich paaren, Nachwuchs bekommen und sich häuten. Von Dezember bis Februar gebären die Weibchen ihre Nachkommenschaft in den Buchten der amerikanischen Westküste, ein Spektakel, das man mit etwas Glück aus sicherer Entfernung beobachten kann. Die Kleinen werden etwa einen Monat lang gestillt, wobei sie täglich bis zu fünf Kilogramm zunehmen.

Währenddessen machen die Männchen unter sich ihre Rangordnung aus. Dabei kann es ausgesprochen gewalttätig zugehen. Die Weibchen werden nämlich nicht einfach im Verhältnis eins zu eins verteilt, sondern die stärksten Bullen scharen einen Harem von zehn bis zwanzig Weibchen um sich, mit denen sie sich paaren.

Während dieser Monate an Land fressen die Tiere praktisch nichts und liegen überwiegend regungslos am Strand, um Energie zu sparen. Vom Hunger getrieben stürzen sie sich nach Ende von Still- und Paarungszeit wieder in die Fluten. Die Jungtiere bleiben zurück und müssen von ihren Reserven zehren, bis sie nach acht bis zehn Wochen autodidaktisch schwim-

men gelernt haben und sich selbst ernähren können.

Im April kehren die ausgewachsenen Tiere wieder zur Kolonie zurück. Allerdings nicht, um sich mit ihrer Nachkommenschaft zu beschäftigen, sondern um die nächste wichtige Aufgabe anzugehen: die Häutung. Während Menschen Haut und Haar ständig erneuern oder Schlangen ihre Haut einfach komplett abstreifen, müssen sich See-Elefanten alljährlich mehrere Wochen der Erneuerung ihrer Körperoberfläche widmen. Dabei pellt sich die dunkle alte Haut stückchenweise ab und bringt die hellere, neue zum Vorschein. Das Ganze ist ästhetisch wenig ansprechend und löst bei den meisten ahnungslosen Besuchern die Vermutung einer Krankheit aus. Während der Häutung wälzen sich die Tiere am Strand oder bewerfen sich mit der Hinterflosse mit Sand, der die Funktion eines kühlenden Sonnenschutzes übernimmt.

Je nach Alter und Geschlecht beginnt die Häutung etwas früher oder etwas später. Danach ziehen die Tiere wieder an den gedeckten Tisch nach Norden, um sich die Kalorien für das nächste Lebensjahr anzufressen. Die lange Reise ist allerdings alles andere als ungefährlich, denn auf dem Weg lauern

die Todfeinde der See-Elefanten: Haie und Orcas. Nur 30 bis 50 Prozent der Neugeborenen überstehen das erste Lebensjahr.

Doch der größte Feind der See-Elefanten ist, wie bei vielen Wildtieren, der Mensch. Im 19. Jahrhundert wurden die Tiere massenhaft abgeschlachtet, um aus ihrem Tran Lampenöl, Schmierstoffe, Margarine oder Salben herzustellen. Ihr natürlicher Lebensraum erstreckte sich entlang der gesamten nordamerikanischen Pazifikküste, doch um die Wende zum 20. Jahrhundert galt die Tierart als ausgestorben. Wie durch ein Wunder hat eine kleine Kolonie von weniger als hundert Exemplaren auf der einsamen Insel Guadalupe, 260 Kilometer westlich der mexikanischen Halbinsel Baja California überlebt. Die Tiere wurden unter Schutz gestellt, wodurch sich die Population mit erstaunlicher Geschwindigkeit erholt hat. 1930 tauchten See-Elefanten erstmals wieder auf den kalifornischen Kanalinseln auf. Sechzig Jahre später formierte sich die Kolonie der Küstenzone von Piedras Blancas, zu der heute etwa 15.000 Tiere gehören. Allerdings sind niemals alle Tiere gleichzeitig vor Ort.

See-Elefanten sind weiterhin geschützt, auch wenn sie nicht als akut gefährdet gelten und die Population bei Piedras Blancas jährlich um zehn bis fünfzehn Prozent wächst. Doch die Beinahe-Ausrottung hat zu einer extremen Einheitlichkeit der Erbsubstanz geführt, da die heutigen Bestände auf wenige Dutzend Tiere zurückgehen. Der sogenannte „genetische Flaschenhals" kann das erhöhte Auftreten von Erbkrankheiten bedingen und eine evolutionäre Anpassung der Art an sich verändernde Umweltbedingungen erschweren.

Von den Klippen von Piedras Blancas kann man die See-Elefantenkolonie von Ende November bis August aus wenigen Metern Entfernung beobachten. Im Herbst dagegen verbleiben nur einige wenige Einzeltiere in der Gegend. Die am meisten bevölkerten Buchten sind durch Geländer abgeschirmt, an anderen Stellen hat man relativ ungehinderten Zugang zum Strand.

Dort sollte man immer einen vernünftigen Sicherheitsabstand zu den Tieren wahren. Angriffe auf Menschen sind zwar eher selten, doch unter bestimmten Umständen können die Tiere aggressiv und erstaunlich agil werden. Man kann sich vorstellen, dass der Biss eines kraftstrotzenden Bullen eine ausgesprochen schmerzhafte, wenn nicht lebensgefährliche Angelegenheit darstellen kann. Keinesfalls sollte man sich zwischen Mutter und Jungem aufbauen oder den Fluchtweg zum Wasser blockieren.

Die populärsten Aussichtspunkte bieten Informationstafeln mit Erklärungen zum Leben der kuriosen Spezies. Die blau bejackten Ranger stehen gerne Rede und Antwort.

⇨ *Etwa 3 mi/5 km nördlich von San Simeon findet sich auf der Strandseite des HW1 der erste Parkplatz, von dem man nach wenigen Schritten den Aussichtsbereich über die Bucht erreicht. Eine Meile nördlich folgen in kurzem Abstand zwei weitere Parkplätze, wobei der erste sowohl von Besuchern als auch von See-Elefanten am stärksten frequentiert wird.*

🕐 *Rund um die Uhr*

∞ *Frei*

🖥 *www.elephantseal.org*

Direkt nach dem dritten Aussichtspunkt der See-Elefantenkolonie erspäht man westlich des Highways den alten Leuchtturm Piedras Blancas. 1875 für die Sicherheit der Küstenschifffahrt und zur Orientierung der Walfänger gebaut, wurde er 1949 von einem Sturm schwer beschädigt und ist heute ein romantisches Relikt aus vergangenen abenteuerlichen Zeiten.

Der Highway One folgt weiter der hinreißend schönen Küstenlinie, nur gelegentlich lässt sich von der Straße aus ein Gebäude ausmachen. Nach der Querung eines engen Canyons klettert die Straße auf etwa hundert Meter Höhe über dem brausenden Ozean. Enge Kurven lassen einen nur langsam vorankommen. Obendrein sieht man sich immer wieder genötigt, an einem der vielen kleinen Parkplätze mit Panoramablick über den Ozean anzuhalten und

Fotos von der überwältigenden Aussicht zu schießen.

7 mi/12 km nördlich von Piedras Blancas stößt man auf das Ragged Point Inn, ein luxuriöses 30-Zimmer-Hotel mit Restaurant und Privatstrand. Außerhalb der Sommersaison kostet eine Übernachtung im Doppelzimmer ab $ 100, im Sommer und an Wochenenden kann man leicht das Doppelte veranschlagen. Für den Fall des Falles gibt es auch eine kleine Tankstelle.

Wenige Kilometer weiter führt die Straße in das Gebiet des Los Padres National Forest, ein Naturschutzgebiet gigantischen Ausmaßes, das Flora und Fauna der Gebirge von Santa Barbara bis Big Sur schützt. Country Star Johnny Cash durchfuhr die Wälder im Juni 1965 mit seinem Campingbus, als eine leckende Ölleitung und ein heißes Radlager den Wagen in Brand setzten. Cash stoppte, stieg aus und konnte nur hilflos zusehen, wie sein Vehikel abbrannte. Doch damit nicht genug: das Feuer setzte das sommertrockene Gras in Brand und schließlich den ganzen Wald. Vierhundert Feuerwehrmänner, acht Löschflugzeuge und vier Helikopter waren zwei Tage im Einsatz, um den Waldbrand zu löschen. Zweihundert Hektar Wald vielen dem Feuer zum Opfer. Johnny Cash wurde vom Staat Kalifornien wegen fahrlässiger Brandstiftung verklagt und zu einer Geldstrafe von 82.000 Dollar verdonnert, die er angeblich von seiner Versicherung zurückerstattet bekam. Der Country-Barde mit dem Outlaw-Image nahm die Angelegenheit zumindest in der Öffentlichkeit auf die leichte Schulter und gab vorwiegend ironische Kommentare ab. Als ihn ein Fernseh-Talkmaster fragte, ob er das Feuer ausgelöst habe, antwortete Cash: „Nein, das war mein Truck. Und der ist jetzt tot, den können Sie nicht mehr befragen."

13 mi/21 km nördlich des Ragged Point Inn stößt man auf das Gorda Springs Resort in vergleichbar gehobener Preislage und ebenfalls voll ausgestattet mit Restaurant, Café, Tankstelle und Souvenirshop. Einen Kilometer weiter wartet das Tree-

bones Resort mit dem Gimmick auf, dass man in behaglichen Jurten übernachten kann, die mit einem echten mongolischen Nomadenzelt allerdings kaum mehr als die Form gemeinsam haben. Auch hier kann man mit Preisen um die $ 200 pro Doppelübernachtung rechnen.

▶ New Camaldoli Heritage

Zwei italienische Eremiten gründeten 1958 ein kleines Kloster als spirituellen Rückzugsort hoch über dem Ozean. Heute bevölkern etwa zwanzig Benediktinermönche den Konvent. Für 70 Dollar pro Nacht kann man sich in eine Einbettkammer zur spirituellen Konzentration einmieten, allerdings ist eine langfristige Reservierung im Voraus notwendig. Über die Website des Klosters kann man die Mönche auch um ein persönliches Gebet bitten. Die Glaubensgemeinschaft finanziert sich durch die Zimmervermietung, Spenden und den Verkauf von Souvenirs und selbstgebackener Obsttorte.

- ✉ 62475 Coast Highway 1, Big Sur, CA 93920
- ⇨ 11 mi/18 km nördlich des Treebones Resort, an einem unscheinbaren Holzschild am Straßenrand 3 km nach Osten den Berg hinauf
- ⊙ Täglich 9-17h
- ∞ Frei
- ☎ 1-831 667 2456
- 🖳 www.contemplation.com

Knapp vier Meilen weiter in Richtung Norden passiert der Highway den unscheinbaren Abzweig zum Esalen Institute, einer philosophischen Denkfabrik. Von einem Freund John Steinbecks mit Unterstützung von Aldous Huxley gegründet, war das gemeinnützige Forschungs- und Diskussionszentrum in den 60er Jahren ein intellektueller Fixpunkt der Gegenkultur. Henry Miller, Joan Baez, Hunter S. Thompson und Timothy Leary zählten zu den oft gesehenen Teilnehmern von Workshops und Seminaren, die mit pazifistischen und psychologischen Ansätzen einen neuen Humanismus prägen wollten. Aber auch weniger mit dem kulturellen Untergrund assoziierte Persönlichkeiten wie Che-

mienobelpreisträger Linus Pauling oder Landschaftsfotograf Ansel Adams waren regelmäßig zu Besuch. Das Institut ist heute weiterhin aktiv, wenn auch mit weniger öffentlicher Aufmerksamkeit bedacht als in seinen frühen Jahren.

▶ Julia Pfeiffer Burns State Park

Ein kleiner Spaziergang von wenigen hundert Metern wird mit einem herrlichen Blick über die kleine McWay Bucht belohnt, deren herausragende Charakteristik ein 25 Meter hoher Wasserfall ist, der wie ein dünner Faden direkt ins Meer stürzt. Man folge nur dem Schild „Waterfall Trail" und unterquere den Highway bis zum Overlook Trail, der zum Aussichtspunkt führt. In den Monaten Dezember, Januar, März und April lassen sich von hier aus hervorragend die migrierenden Grauwale beobachten, die sich an diesem Punkt häufig der Küste nähern. Der Park erstreckt sich bis hoch in die Berge, die Wanderwege sind aber häufig geschlossen.

✉ *66480 Coast Highway 1, Big Sur, CA 93923*
🕐 *Täglich von Sonnenauf- bis -untergang*
♾ *Frei, aber eine geringe Parkgebühr*
☎ *831-667-2315*
🖥 *www.parks.ca.gov/?page_id=578*

Wiederum 9 mi/15 km nördlich kann man den Panoramablick über die Weiten des Ozeans bei saftigen Steaks genießen. Bevor die schnellere Autobahn 101 gebaut wurde, war das Nepenthe Restaurant ein beliebter Zwischenstopp auf der langen Reise zwischen San Francisco und Los Angeles. Kurz vor dem Ende des Zweiten Weltkriegs waren auch Orson Welles und Rita Hayworth frisch verliebt auf der Durchreise. Auf der Suche nach einem geeigneten Platz für ein Picknick stießen sie auf eine herrlich gelegene Holzhütte. In ihrem Überschwang machten sie sich auf die Suche nach dem Besitzer und kauften das Häuschen auf der Stelle für 167 Dollar in bar. Doch die Karriere und die wenige Jahre später folgende Scheidung er-

laubten dem Paar nicht, jemals zu seinem Zweitwohnsitz zurückzukehren.

Schriftsteller Henry Miller bezog 1940 ein kleines Blockhaus oberhalb des Restaurants, als er völlig mittellos an die kalifornische Küste kam. Ein Großteil seiner Werke war in den USA zu diesem Zeitpunkt noch wegen angeblicher Obszönität verboten und Millers Erfolg in Europa begann sich gerade erst abzuzeichnen.

🗨 Film

Mitte der 60er wurden auf der Terrasse des Nepenthe ausgelassene Tanzszenen für den Film „....die alles begehren" mit Richard Burton und Liz Taylor gedreht, in dem auch der junge Charles Bronson in einer Nebenrolle auftaucht.

...die alles begehren	
Originaltitel	The Sandpiper
Jahr	1965
Regie	Vincente Minnelli
Hauptdarsteller	Elizabeth Taylor, Richard Burton
Genre	Liebesdrama

🏛 Big Sur (1.000 EW)

Ganze drei Siedlungen mit zusammen tausend Einwohnern verlieren sich in dem riesigen Gebiet namens Big Sur, so groß wie das Saarland. Die nördlichste davon hört auf den gleichen Namen. Einen zusammenhängenden Dorfkern sucht man dennoch vergeblich, vielmehr handelt es sich schlicht um eine höhere Konzentration alleinstehender Gebäude mitten im Wald. Die Ortschaft ist, wenn man sie so nennen möchte, ein langgestrecktes bewaldetes Tal, das von dem Gebirgszug der Pfeiffer Ridge von der Küste getrennt wird. Immerhin gibt es so etwas wie eine Infrastruktur: ein Postamt, eine Bäckerei, etliche Übernachtungsmöglichkeiten und eine Handvoll Restaurants.

▶ Henry Miller in Big Sur

Die atemberaubende Naturlandschaft dieses abgelegenen Abschnitts der kalifornischen Küste, weit entfernt von den klassischen Konventionen des American Way of Life, zog im Laufe der letzten hundert Jahre konstant Künstler, Literaten und Aussteiger an. Robert Louis Stevenson, Ansel Adams, Jack London und Mary Austin lebten und arbeiteten zeitweise in Big Sur. 1944 blieb auch der rebellische Literat Henry Miller in Big Sur hängen. Er hatte ein Jahrzehnt in Frankreich verbracht und sich in Europa eine kleine aber treue Anhängerschaft erschrieben. Miller hegte einen tiefen Groll gegen die amerikanische Gesellschaft und ihre Werte, die er in Büchern wie „Wendekreis des Steinbocks" erbittert attackierte. Für ihn waren die Staaten eine spirituelle und kulturelle Wüste. Wegen detaillierter Beschreibungen sexueller Erfahrungen blieben etliche seiner Werke bis in die 60er Jahre in den USA verboten, wurden aber regelmäßig über die Grenzen

🎵 Soundtrack Big Sur

Künstler	Titel	Album	Jahr	Genre
Johnny Rivers	Going back to Big Sur	Realization	1968	Rock'n'Roll
Beach Boys	CaliforniaSaga: Big Sur	Holland	1973	Surf
Red House Painters	Revelation Big Sur	Songs for a blue guitar	1996	Alternativ-rock
Mason Jennings	Big Sur	Mason Jennings	1997	Folk
Buckethead	Big Sur Moon	Colma	1998	Elektronik
The Thrill	Big Sur	So much for the city	2003	PopRock
David Lanz	Big Sur	The good life	2004	Pop
Tangerine Dream	Big Sur and the oranges from Hieronymus Bosch	Booster	2007	Elektronik
Jay Farrar & Ben Gibbard	Big Sur	One fast move or I'm gone	2009	Folk

geschmuggelt. Für die sich nach dem Zweiten Weltkrieg formierende Beat Bewegung war Miller ein prägender Einfluss.

Als Henry Miller in Big Sur eintraf, hatte er seine frühe Sturm- und Drangphase beendet und erreichte ein Stadium der Reife eines lebenserfahrenen und weisen Mannes. Er zog der lauten und ungestümen Großstadt die kleine abgeschiedene Kommune vor. Miller verliebte sich in Big Sur. „Das Auto wird vielleicht irgendwann aussterben, aber Big Sur bleibt für immer... Und wer weiß, vielleicht wird es bis zum Jahr 2000 eine unabhängige Republik wie Andorra oder Monaco." Er nannte Big Sur sein erstes richtiges Zuhause in Amerika.

Schnell wurde Miller zentraler Bestandteil der Künstlerkolonie. Voller Liebe porträtierte er die Landschaft und ihre Menschen in „Big Sur und die Orangen des Hieronymus Bosch". Der skurrile Titel geht auf einen Orangenbaum in seinem Garten zurück, der niemals nur eine einzige Frucht getragen hat, für Miller aber dennoch das Paradies repräsentierte.

Einer von Millers engsten Freunden war der Pianist Gerhart Münch aus Dresden. Im Alter von nur 19 Jahren hatte das Wunderkind zusammen mit Paul Hindemith Stücke für mechanisches Klavier komponiert. Diese Werke waren aufgrund unmöglicher Tonfolgen und großer Intervallsprünge von Hand nicht spielbar und konnten nur auf einem mechanischen Reproduktionsklavier mit dem System einer Drehorgel wiedergegeben werden. Miller war ein großer Bewunderer Münchs.

Zunächst lebte Henry Miller am Anderson Creek, kaufte dann aber ein kleines Haus an der Partington Ridge Road, die etwa 14 Meilen südlich des Postamts hoch ins Küstengebirge klettert. In Ruhe und Abgeschiedenheit schrieb er jeden Tag, oft an mehreren Werken gleichzeitig. In Big Sur entstanden „Nexus" und „Plexus" und „Das Lächeln am Fuße der Leiter", das später von dem italienischen Komponisten Antonio Bibalo als Oper interpretiert wurde.

Miller verbrachte 19 Jahre in Big Sur, nur von größeren Reisen unterbrochen. In dieser Zeit heiratete er zwei seiner fünf Frauen. Keine davon war Marilyn Monroe, denn die war mit dem Namensvetter Arthur Miller liiert. 1963 zog Henry nach Pacific Palisades, zwischen Malibu und Santa Monica. Immer mehr neugierige

Touristen strömten nach Big Sur, Miller fürchtete den Ausverkauf des Paradieses: „Was in jungfräulicher Bescheidenheit begonnen worden war, droht als ein Bonanza zu enden." Ausgerechnet sein Freund und Privatsekretär Emil White hatte den ersten Reiseführer für Big Sur verfasst. Der gründete auch 1980 die Gedenkbibliothek, um Henry Millers Werk und Leben in Big Sur zu dokumentieren.

▶ Henry Miller Memorial Library

In erster Linie ein großer Buchladen fungiert die Gedenkbibliothek auch als Kulturzentrum, das regelmäßig Konzerte, Lesungen, Seminare und ein Filmfestival veranstaltet. Trotz der geringen Größe des Anwesens geben sich große Namen ein Stelldichein. Marianne Faithfull, Henry Rollins, Laurie Anderson oder Patti Smith haben mit Auftritten in der Vergangenheit Henry Miller ihre Verehrung bezeugt.

✉ *Highway One, Big Sur, CA 93920*
⇒ *Die Bibliothek findet sich an der Ostseite des Highway mitten im Wald, direkt nördlich einer scharfen Rechtskurve etwa 400 m nördlich des Nepenthe Restaurants*
🕓 *Mi-Mo 11-18h*
♾ *Frei*
☎ *1-831 667 2574*
🖥 *www.henrymiller.org*

▶ Coast Gallery Big Sur

Henry Miller war nicht nur Literat, sondern widmete sich mit zunehmendem Alter immer mehr der Malerei. Die große und erfolgreiche Kunstgalerie hat mehrere Ableger entlang der Küste und bietet unter vielem anderen eine Reihe originaler Siebdrucke Henry Millers zum Verkauf an. Das kuriose Hauptgebäude wurde aus zwei ausrangierten eisernen Trinkwassertanks zusammengeschweißt.

✉ *Highway One Abzweig Torres Canyon Rd, Big Sur, CA 93920*
⇒ *4 mi/6,5 km nördlich des Abzweigs zum Parkplatz des Julia Pfeiffer Burns State Park*
🕓 *Täglich 9-17h*
☎ *1-831 667 2301*
🖥 *www.coastgalleries.com*

▶ Bixby Creek Bridge

Seit den 60ern ist der Highway One ein Mekka für Motorradfahrer und die 218 Meter lange und 85 Meter hohe Brücke seine Ikone. Der amerikanische Traum von der Freiheit auf zwei oder vier Rädern findet hier seinen Kulminationspunkt. Für unzählige Werbespots diente die elegante Brückenkonstruktion vor der rauen Küste als spektakuläre Kulisse. Abgesehen vom Hearst Castle ist sie sicher das meistfotografierte Bauwerk zwischen Santa Barbara und San Francisco. Obwohl vollständig aus Beton konstruiert, passt sich die Konstruktion ästhetisch in die Umgebung ein. Beton wurde der damals noch weit verbreiteten Stahlkonstruktion nicht nur aus Kostengründen vorgezogen, sondern auch, weil die salzige Gischt des Ozeans und die regelmäßig auftretenden Küstennebel das Metall korrodieren würden. So sparte sich der Staat die immensen Kosten, die etwa die Instandhaltung der Golden Gate Bridge fordert.

Die Legende geht um, dass beim Bau der Brücke mitten in der Weltwirtschaftskrise der 30er Jahre ein chinesischer Arbeiter bei einem Unfall ums Leben kam. Um umständliche bürokratische Formalitäten zu vermeiden, wurde seine Leiche angeblich in den frisch angerührten Beton des nördlichen Stützpfeilers gebettet.

Jack Kerouac, die Leitfigur der Schriftsteller der Beat Generation, zog sich Anfang der 60er Jahre genervt von seiner Bekanntheit in ein Häuschen weiter oben im Bixby Creek Canyon zurück, wo er eine vom Alkohol begleitete Sinnkrise durchlebte. Zu Anfang des Romans „Big Sur", in dem er diese Phase verarbeitete, beschreibt er seine nächtliche Ankunft auf der Brücke. Die Indie-Rock-Band Death Cab for Cutie aus dem nordwestlichsten Bundesstaat Washington reflektierte diesen Lebensabschnitt Jack Kerouac's in dem Song „Bixby Canyon Bridge".

Highway One durchquert das Tal des Big Sur River und trifft nach wenigen Kilometern wieder auf die felsige Küste. Nach weiteren 28 mi/45 km erreicht die Straße Carmel, die erste größere Siedlung nach über einhundert Kilometern. Auf dem Weg durchquert der Highway mehrere State Parks und Naturschutzgebiete. Zwanzig Meilen Wanderwege erschließen die vielfältigen Ökosysteme des Andrew Molera State Park: Strände, Steilküsten, Wiesen und Eichenwälder. Im kleineren Garrapata State Park konzentrieren sich die Pfade vor allem auf das kleine Kap Soberanes Point.

Point Lobos ($ 10 pro Vehikel) ist zweifellos der bekannteste und vielleicht auch der sehenswerteste Park. Dreizehn Wanderpfade, die meisten weniger als eine Meile lang, führen durch die wilde Küstenlandschaft mit reichem Tierleben von Seelöwen über Seeotter zu einer vielfältigen Vogelwelt.

🎵 Soundtrack Bixby Creek Bridge

Künstler	Titel	Album	Jahr	Genre
Death Cab for Cutie	Bixby Canyon Bridge	Narrow Stairs	2008	Alternativrock

Die einzige Rebellion weit und breit –
The Beat Generation

They are talkers, loafers, passive little con men, lonely eccentrics, mom-haters, cop-haters, exhibitionists with abused smiles and second mortgages on a bongo drum – writers who cannot write, painters who cannot paint.

Sie sind Schwätzer, Faulpelze, passive kleine Schwindler, einsame Egozentriker, Mutterhasser, Bullenhasser, Exhibitionisten mit missbrauchtem Lächeln und zweimal verpfändeter Bongo Trommel – Schreiber, die nicht schreiben können, und Maler, die nicht malen können.

Paul O'Neil, Literaturkritiker des Life Magazine
1959 über die Beatgeneration

Steve Allen, der snobistische Erfinder der Late-Night-Show, begleitete sein Interview wie üblich mit leisem Geklimper auf den Tasten seines weißen Flügels. Am anderen Ende saß Jack Kerouac, der Protagonist der Beat Generation. Kerouac wollte als Schriftsteller ernst genommen werden und nutzte solche Auftritte, um seine Literatur zu erklären.

Süffisant lächelnd begann Allen das Gespräch: „Wie lange haben Sie gebraucht, um ‚On the road' zu schreiben"?

„Drei Wochen."

„Und wie lange waren Sie unterwegs?"

„Sieben Jahre."

„Ich war mal drei Wochen unterwegs und habe dann sieben Jahre gebraucht, um darüber zu schreiben."

Innerhalb von dreißig Sekunden hatte der Talkmaster den vermeintlichen Schriftsteller als Stümper entlarvt und vor den Augen des konservativen Amerika lächerlich gemacht. Zu einem Meisterstück braucht es schließlich nicht nur Inspiration, sondern auch Transpiration. Ein ernstzunehmendes Stück Literatur kann man nicht in Hochgeschwindigkeit herunterschreiben, vielmehr braucht es Überlegung, Planung, Studium, Korrektur und nochmals Korrektur. Kerouac dagegen berichtete, dass er keine normalen Papierbögen für das Manuskript verwandte, sondern eine endlos lange Papierrolle, um den kreativen Fluss nicht unterbrechen zu müssen.

Das Nachkriegsamerika betrachtete sich selbstgefällig als die reichste und mächtigste Nation des Erdballs, strebsam und ehrgeizig, diszipliniert und tatkräftig. Wer die puritanischen Werte von Fleiß und Perfektion in Frage stellte, war als Außenseiter geächtet. Doch nach dem Zeiten Weltkrieg wuchs vor den ungläubigen Augen des guten Amerika eine Generation undankbarer Jugendlicher heran, die die klassische Werteskala in Frage stellte. Halbstarke Jugendliche auf Motorrädern randalierten 1947 in dem kleinen kalifornischen Städtchen Hollister, 50 Kilometer westlich von Monterey. Die Musikindustrie entdeckte die Pubertierenden als zahlungsfreudige Zielgruppe und propagierte eine leicht unmoralische neue Musik namens Rock 'n' Roll mit offensichtlichen erotischen Anzüglichkeiten. Doch auch wenn der neue Stil mit bewährten Konventionen kollidierte, so stellte er doch kaum die amerikanischen Grundfeste in Frage. Elvis sang von ewiger Liebe und Zweisamkeit. In voller Übereinstimmung mit den materialistischen und familiären Grundwerten der amerikanischen Gesellschaft schenkte er seiner Mami von den ersten großen Tantiemen einen Cadillac, obwohl die gar kein Auto fahren konnte.

Die Beat-Generation war aus einem anderen Holz. Sie betrachtete die amerikanische Kultur als inhaltslos und banal. Beat war Gegenkultur, ein Eimer kaltes Wasser über den Kopf der Gesellschaft. Beat war antimaterialistisch und auf der Suche nach einem Sinn abseits von der glücklichen Familie mit gepflegtem Vorgarten. Beatniks waren gewissermaßen Steinzeithippies, die der Flower-Power-Bewegung der 60er schon die Philosophie ins Nest legte. Pazifismus, Gleichheit, Drogen, freie Liebe, Buddhismus, ökologisches Bewusstsein – die zentralen Elemente der Hippiewelt waren in den 50ern schon erfunden.

Die ganze Bewegung war tatsächlich den Köpfen einiger weniger Protagonisten entsprungen. Mitte der 40er Jahre formten die Außenseiter Jack Kerouac, Allen Ginsberg, Gregory Corso und William S. Burroughs an der New Yorker Columbia-Universität eine kleine Clique, die philosophierte, Jazz hörte, Drogen nahm und sich literarischen Experimenten widmete. Sie verstanden sich als Vertreter einer „beat generation" im Sinne einer wörtlich übersetzten „geschlagenen Generation". Burroughs und Kerouac schrieben gemeinsam von Kapitel zu Kapitel abwechselnd einen ersten Roman mit dem Titel „und die Nilpferde kochten in ihren Becken", der erst 2008 in Buchform veröffentlicht wurde. Die kreative Zusammenarbeit des Teams wurde jedoch jäh unterbrochen. Burroughs wurde morphiumabhängig, und schnell war ihm die Polizei auf den Fersen. Um einer drohenden Bestrafung zu entgehen, floh er mit seiner Freundin Joan Vollmer nach Mexico. Er spekulierte auf die Verjährung seiner Straftat nach fünf Jahren. Doch es sollte noch viel schlimmer kommen: Bei einer Party in Mexico City spielte er Wilhelm Tell und tötete seine Freundin durch einen Kopfschuss. Er verbrachte dreizehn Jahre in mexikanischen Gefängnissen, bis ihn sein Bruder durch Bestechung der Justizbeamten befreien konnte.

Der Rest der Gruppe um Kerouac und Ginsberg ging nach San Francisco, wo sich weitere Mitglieder zu dem Kern rebellierender Literaten hinzugesellten. Die Szene konzentrierte sich in North Beach, einem zentrumsnahen Stadtviertel voller Bohemians, Künstler und Anarchisten. Jack Kerouac wohnte in einem kleinen Häuschen in Russian Hill, etwa einen Kilometer weiter westlich.

Ruhelos und erlebnishungrig widmeten sie sich dem Schreiben und Dichten, aber auch wilden Partys und Exzessen. Ihre frühen Werke waren ein Spiegelbild dessen, was sich Jahrzehnte später im Punk als DIY-Bewegung manifestierte: Do it yourself. Zum Schreiben brauchten sie nichts mehr als Emotion, Leidenschaft und Liebe zum geschriebenen Wort. Einen einheitlichen Stil gab es nicht. Ginsberg war ein Poet mit ausgefeilter Sprache, Kerouac verfasste autobiographische Romane, Burroughs schrieb im mexikanischen Knast seine durchgedrehten Drogengeschichten. Sie experimentierten mit Sprache und Stil und verarbeiteten ihre exzessiven Lebenserfahrungen mit klaren Worten. Damit war es in den prüden 50er Jahren fast ausgeschlossen, einen seriösen Verleger zu finden. Die Rettung kam aus den eigenen

Reihen: Lawrence Ferlinghetti gründete 1953 den legendären Verlag und Buchladen „City Lights", benannt nach Charlie Chaplins Film „Lichter der Großstadt". Kurz darauf hörte Ferlinghetti Alan Ginsberg bei einer Dichterlesung in der Sixth Gallery und war begeistert. Er schrieb Ginsberg ein Telegramm: „Ich gratuliere zum Beginn einer großen Karriere. Wann bekomme ich das Manuskript?"

Plötzlich existierte die Infrastruktur, die den jungen Wilden bisher gefehlt hatte. City Lights veröffentlichte Allen Ginsbergs „Howl and other poems" in zunächst minimaler Auflage, doch dem Werk wurde Aufmerksamkeit von ganz unerwarteter Seite zuteil. Die zweite Lieferung von 520 Exemplaren von der Druckerei in England wurde vom amerikanischen Zoll beschlagnahmt. Nach einem Gesetz von 1873, das noch heute in Kraft ist, aber selten angewandt wird, deklarierte der Zoll die Bücher als obszön. Zwei Monate später erlaubte das Gericht von San Francisco ausdrücklich die Einfuhr, doch kurz darauf wurde Ferlinghetti wegen Verbreitung jugendgefährdender Schriften festgenommen. Es kam zum Prozess. Das Gericht zog etliche unabhängige Literaturexperten zu Rate und entschied schließlich, das Werk habe sozialen Wert und könne deshalb nicht als obszön verboten werden. Der Prozess zog nationale Aufmerksamkeit auf sich. Möglicherweise wäre Howl im Lager verschimmelt, doch die Zensur wirkte als erstklassige Werbung.

Trotz der Gerichtserfolge erwies sich die Zensur als ständige Bedrohung. Buchhändler und Verleger wurden verklagt, die Post weigerte sich, bestimmte Schriften zu versenden. Im Zentrum der Auseinandersetzungen stand immer wieder „Naked Lunch" von William S. Burroughs. Vielen Zeitgenossen erschien Burroughs Sprache schamlos und vulgär, und sein nicht-linearer Erzählstil forderte dem Leser einiges an Konzent-

ration ab. Der Autos selbst konnte nicht als Prozesszeuge auftreten, denn er saß ja noch in Mexiko im Gefängnis. Erst 1966 entschied der Oberste Gerichtshof von Massachusetts, dass das Buch nicht als obszön einzuschätzen sei, denn die Verletzung ethischer Gefühle war nicht das Hauptanliegen des Werks. Fast vierzig Jahre später nahm das Time Magazine Naked Lunch in die Liste der hundert bedeutendsten Werke englischsprachiger Literatur auf.

Jack Kerouac kämpfte auch in Italien mit der Zensur. In einem offenen Brief an den zuständigen Richter verwies er auf seine katholische Erziehung und die christliche Verpflichtung wirklich alles zu beichten. Er bekannte, dass sein Werk sicher nicht für alle Leser geeignet war. Man weiß nicht, welchen Einfluss das Schreiben hatte, doch auch in Italien konnten seine Bücher kurz darauf erscheinen.

Die Bewegung der Beat-Literaten umfasste einige Dutzend Autoren, zu Berühmtheit gelangten seltsamerweise nur die drei aus dem ursprünglichen New Yorker Kern. Fast gänzlich unbeachtet blieben die weiblichen Autorinnen, die einen noch höheren Preis für ihren Nonkonformismus zahlen mussten. Unverheiratete Künstlerinnen ohne Respekt für klassische Konventionen und mit unehelichen Kindern hatten einen schweren sozialen Stand. Sie waren radikale Feministinnen, bevor das Wort überhaupt geboren war. Diana Di Prima trieb die Selbstanklage, die die meisten Beatniks in ihren Schriften betrieben, auf die Spitze. Sie beschrieb in allen Details die psychischen Folgen einer Abtreibung bis zur vermutlich fiktiven Kulmination, dass sie den toten Fötus in einer Flasche per Post an den Vater schickte.

Heute sind der literarische Wert und das Erbe der Beat Generation unumstritten. Etliche große Autoren wie Charles Bukowski, Ken Kesey, Hunter S. Thompson,

Anthony Burgess, Tom Wolfe oder Norman Mailer gehörten zum Dunstkreis der Bewegung oder wurden zumindest maßgeblich von ihr beeinflusst.

Daneben ebneten die jungen Literaten den Weg für die folgenden Zyklen der Untergrundkultur, die letztendlich in der Massenkultur aufgingen, von Flower Power über Punk zum Hiphop. Ihre Ausdrucksweise lebt in dem fort, was heute Jugendsprache genannt wird. Sie halfen klassische Kleidungsvorschriften aufzuweichen. Vor allem aber spielten sie eine wichtige Rolle im Kampf für die individuelle geistige und sexuelle Freiheit und gegen die Zensur des Staates.

Auf der anderen Seite ist ihre Rebellion als sinnentleerte Ikone von der Popkultur aufgesogen worden. Beat ist keine literarische Richtung mehr, nicht einmal ein nachgeahmter Lebensstil, sondern dreht sich um modische Accessoires zur Imagepflege. Sportartikelhersteller Nike und die größte amerikanische Bekleidungskette Gap betrieben mit den Konterfeis von Kerouac und Burroughs Anzeigenkampagnen, um ihre Marken mit freidenkerischem Individualismus zu assoziieren. Nonkonformismus wird zum modernen Konformismus. Selbst der Staat Kalifornien hat die City Lights-Buchhandlung unter Denkmalschutz gestellt.

▶ Schauplätze

▶ Big Sur

Lawrence Ferlinghetti besaß eine kleine Hütte im Bixby Creek Canyon, in die sich Jack Kerouac 1960 eine Zeit lang zurückzog. Er war genervt von seiner Bekanntheit. Seine Ex-Freundin Joyce Johnson sagte: „Alle Frauen wollten mit ihm ins Bett und alle Männer wollten sich mit ihm prügeln." Kerouac stürzte in eine tiefe Sinnkrise, die er in Alkohol ertrank. Wenig später verarbeitete er die Tage im Refugium in seinem Roman „Big Sur", den er allerdings in Florida verfasste.

Der Abstieg in den Bixby Creek Canyon ist nur etwas für talentierte Kletterer. Mit einem geeigneten Vehikel kann man aber die Sandpiste Old Coast Road vom Norden de der Brücke nehmen und gewissermaßen von hinten in den Canyon eindringen.

▶ San Francisco

Jack Kerouacs Haus

Zusammen mit Neal Cassady, den Kerouac in „on the road" als Dean Moriarty porträtierte, bewohnte Jack das kleine Häuschen in Russian Hill.

✉ *29 Russell St, San Francisco, CA 94109*

Allan Ginsbergs Apartment

Ganze sieben Monate lebte Allen Ginsberg 1955 unter dieser Adresse. Doch es war just hier, wo er große Teile von „Howl" verfasste.

✉ *1010 Montgomery St, San Francisco, CA 94133*

City Lights Booksellers and Publishers

1953 gegründet war City Lights der erste Buchladen Amerikas, der sich auf Taschenbücher spezialisierte. Die seltene Kombination aus Laden und Verlag war für die Beat Autoren ein Glücksfall. City Lights hat auch Charles Bukowski, Paul Bowles und Noam Chomski verlegt. Der Buchladen ist auch heute noch einen Besuch wert. Die Gasse an der Südecke des Gebäudes ist nach Jack Kerouac benannt und das Vesuvio, die Eckkneipe wurde reichlich von den Beats frequentiert.

✉ *261 Columbus Ave, San Francisco, CA 94133*
🕙 *Täglich 10-24h*
☎ *1-415 362 8193*
🖥 *www.citylights.com*

🗋 Filme

Auch der Film hat sich ausgiebig der Beat Generation gewidmet, wobei überrascht, dass kein Versuch unternommen wurde, „on the road" zu verfilmen. Gus van Sant, der Regisseur von „Drugstore Cowboy", verkaufte die Rechte 1980 an Francis Ford Coppola, doch der hat bisher keinen Profit aus dem erfolgsträchtigen Stoff geschlagen. William S. Burroughs bekanntestes Buch, „Naked Lunch" wurde von David Kronenberg atmosphärisch überzeugend in Szene gesetzt. Allerdings greift die Filmversion nur einen Bruchteil des Werkes auf und fügt völlig neue Elemente hinzu. „Beat" interpretiert einen kurzen Lebensabschnitt des jungen Burroughs. Im Dokumentarfilm „Whatever happened to Kerouac?" kommen viele Zeitgenossen zu Wort, authentisches Bildmaterial ist offensichtlich wenig erhalten.

The Beat Generation

Originaltitel	The Beat Generation
Jahr	1959
Regie	Charles F. Haas
Hauptdarsteller	Steve Cochran, Mamie Van Doren
Genre	Drama

Whatever happened to Kerouac?

Originaltitel	Whatever happened to Kerouac?
Jahr	1986
Regie	Richard Lerner, Lewis MacAdams
Genre	Dokumentarfilm

Naked Lunch

Originaltitel	Naked Lunch
Jahr	1991
Regie	David Cronenberg
Hauptdarsteller	Peter Weller, Judy Davis
Genre	Drama

Beat

Originaltitel	Beat
Jahr	2000
Regie	Gary Walkow
Hauptdarsteller	Kiefer Sutherland, Courtney Love
Genre	Drama

Soundtrack Beat Generation

Die musikalischen Referenzen an die Beat Generation sind mehr als zahlreich. Mehr als eine Auswahl kann hier nicht aufgezählt werden. Herausragend zu nennen ist allerdings Kurt Cobains Versuch, Aufnahmen von William S. Burroughs mit seinen geräuschvollen Gitarrenklängen zu unterlegen. Die beiden haben sich trotz des Generationsunterschieds vermutlich gut verstanden.

Künstler	Titel	Album	Jahr	Genre
The Beat Farmers	The Beat Generation	Tales of the new west	1985	CowPunk
The Go-Betweens	The house that Jack Kerouac built	Tallulah	1987	PopRock
10000 Maniacs	Hey Jack Kerouac	In My Tribe	1987	PopRock
The The	The Beat(en) Generation	Mind Bomb	1989	Pop
William S. Burroughs & Kurt Cobain	The „priest" they called him	The „priest" they called him	1993	Experimental
Thelonius Monk	Keroauc	The immortal Charlie Christian	1993	Jazz
Morphine	Keroauc	B-sides and otherwise	1997	Alternativrock
Sonic Youth	Hits of Sunshine (for Allen Ginsberg)	A thousand leaves	2008	Alternativrock
The Dead 60s	Beat Generation	Time to take sides	2007	SkaPunk
Tom Waits	Home I'll never be (Jack Kerouac)	Orphans: Brawlers, Bawlers & Bastards	2008	Songwriter

Carmel & Monterey

🏛 CARMEL (4.000 EW)

Wenn man sich Carmel im Satellitenbild anschaut, hat man den Eindruck einer Lagunenstadt. Scheinbar natürlichen Ufern gehorchend, folgt die Anordnung der schnieken Eigenheime den Launen der Natur. Doch was da grünlich schimmert, sind keine stillen Wasser, sondern der wohlgepflegte Rasen von Golfplätzen. In Carmel kommt ein Golfplatz auf alle fünfhundert Einwohner. Im Großraum Hamburg ist das Verhältnis etwa eins zu 40.000.

Carmel ist das anmutige Töchterchen reicher Eltern, dem alle Mitschüler insgeheim wünschen, dass sie sich einen Teller Tomatensuppe über das makellose Kleidchen schüttet. Eine Barbie-Puppe, die gegen zerzauste Haare und verschmierte Schminke geimpft ist. Doch Carmel scheint auch so tolerant, dass gegensätzliche Lebensphilosophien friedlich nebeneinander existieren können. Hier und da flattern Friedens- und Regenbogenfahnen im Wind, Transparente fordern den Rückzug aus dem Irak. Scheinbar leben noch eine ganze Menge Hippies im Ort.

Carmel, Point Lobos

Carmel, Portabella Restaurant

Carmel strotzt vor Selbstsicherheit, denn bei 1,5 Millionen Besuchern pro Jahr entlarvt sich jede Kritik der Nachbarn automatisch als purer Neid. Carmel achtet auf ein gepflegtes Äußeres und eine makellose Erscheinung. Die Stadt verweigert sich aufdringlicher Neonwerbung, normierten Fast-Food-Restaurants oder Parkuhren. Sie nennt sich die haustierfreundlichste Stadt der Küste, doch Hunde gehören an die Leine.

Die meisten Straßen kennen keine Bürgersteige, denn Carmel möchte den dörflichen Charakter bewahren. Die widerspenstigen Wurzeln der Monterey-Kiefern heben allenthalben den Asphalt an. Um teuren Schadenersatzforderungen zu entgehen, verboten die Stadtherren 1920 der Weiblichkeit, die heimischen Straßen mit Stöckelschuhen zu begehen. Frau kann aber im Rathaus eine amtliche Erlaubnis einholen, wozu sie lediglich vertraglich versichern muss, dass sie im Falle eines Miss-

geschicks von jedweden Entschädigungsansprüchen zurücktritt. Selbst Verkauf und Genuss von Eiskrem auf öffentlichen Wegen war in Carmel jahrelang untersagt.

Es bedurfte des heldenhaften Einsatzes des Rächers der Gerechtigkeit, um mit der Normendiktatur der Stadtoberen aufzuräumen. Weil ihm eine Baugenehmigung verweigert wurde, stieg Clint Eastwood persönlich in die Lokalpolitik ein. Die 40.000 Dollar, die er in seine Wahlkampagne investierte, kamen vermutlich auch billiger als ein langwieriger Prozess. Da die Gegenkandidatin nur ein Zehntel dieser Summe für die Wahlpropaganda aufbringen konnte, blieb Frau Townsend chancenlos. Clint Eastwood überrollte sie mit 72 % und wurde Bürgermeister von Carmel. Ronald Reagan gratulierte persönlich per Telefon.

Bürgermeister Eastwood brachte Carmel für ein Salär von monatlich 200 Dollar wieder auf einen businessfreundlichen Weg. Eisessen wurde erlaubt, Baugenehmigungen erteilt. Nach zwei Jahren, in denen der Bürgermeister nebenbei zwei Hollywood-Filme dirigierte, war die Arbeit getan und Eastwood trat wieder ab.

Clint Eastwood ist seit Jahrzehnten mit Carmel verbunden. Während des Korea-kriegs leistete er im nahe gelegenen Fort Ord Militärdienst. Während seiner Schau-spielkarriere kam er oft zurück. 1972 kaufte er zusammen mit Partnern den Pub Hog's Breath Inn im Zentrum, den er einige Jahre später wieder abstieß. Zusammen mit Detektiv Rockford James Garner besaß Eastwood 145 Hektar Land weiter oben im Carmel Valley. Dann investierte er in das Restaurant der Mission Ranch, wenige Kilometer außerhalb des Zentrums.

Später kam seine Investitionsfreudig-keit allerdings ins Gerede. 1999 erwarb er zusammen mit dem Organisator der Olym-pischen Spiele von Los Angeles, Peter Ue-berroth, dem ehemaligen Profigolfer Arnold Palmer und einer Gruppe von kleineren In-vestoren das private Ferienparadies Pebble Beach für sage und schreibe 820 Millionen Dollar. Dort sollten 18.000 Bäume für einen neuen Golfplatz mit 160-Zimmer-Luxushotel und 60 Apartments fallen. Um die Erlaubnis für das Vorhaben zu erhalten, propagierte das Konsortium eine lokale Volksabstim-mung, die vordergründig den Schutz der hei-mischen Wälder im Sinn hatte. Eastwood gab sich als Zentralfigur für die eine Million Dollar teure Werbekampagne hin, die offensichtlich mehr Aufmerksamkeit auf sich zog als das Kleingedruckte des Gesetzesvorschlags. Die Bevölkerung stimmte für den Entwurf, doch die kalifornische Küstenschutzbehörde kipp-te das Projekt. „Während meiner 20jährigen Arbeit in der Küstenschutzkommission war das der dreisteste Versuch von Investoren, die Umweltgesetzgebung zu umgehen", kommentierte Kommissarin Sara Wan in der Los Angeles Times.

Dabei hatte Carmels Geschichte ganz beschaulich begonnen. Die Spanier grün-deten 1770 eine kleine Missionsstation, heute die einzige in Kalifornien, deren Glo-ckenturm noch original erhalten ist. Über Jahrzehnte tat sich wenig in dem kleinen

Weiler, doch nachdem das Erdbeben von 1906 San Francisco verwüstet hatte, such-ten hunderte von Künstlern und Literaten in Carmel Zuflucht. Der Ort konvertierte zu einer lebendigen Künstlergemeinde mit hochgradigen Mitgliedern wie Jack Lon-don, Ansel Adams oder Upton Sinclair.

In den 20ern heiratete ein junger Mann namens Hugh Comstock eine ortsansässige Künstlerin, die ihr Leben mit handgemach-ten Puppen aus der Welt der Elfen, Feen und Prinzessinnen bestritt. Diese bat ihren Ange-trauten, ihr ein stilgerechtes Ausstellungs-häuschen zu bauen. Comstock machte den Mangel einer formalen Ausbildung als Inge-nieur oder Architekt durch Phantasie und Improvisationsgabe wett und konstruierte ein märchenhaftes kleines Hexenhäuschen. Das Ergebnis erntete so viel Bewunderung, dass Comstock in den folgenden Jahren mit Bauaufträgen überhäuft wurde. Die nied-lichen kleinen Cottages kennen keine ge-raden Linien oder rechte Winkel und man denkt unweigerlich an Zeichnungen des eng-lischen Illustrators Arthur Rackham. Heute erinnern die durchaus niedlichen Bauwerke im Kontext des perfekt gestylten Shopping Paradieses leider ein wenig an Disneyland.

Aus der Bohemian-Kommune der 20er entwickelte sich im Lauf der Jahrzehnte ein Paradies der Ordnung. Die Anziehungskraft eines Hauchs edler Boheme blieb erhalten. Brad Pitt und Jennifer Aniston wohnten zeit-weise in Carmel. Doris Day ist Teilhaberin des Cypress Inn an der Ecke Lincoln und 7th Street. Tausende Hochzeiten und Flitter-wochen werden alljährlich im scheinbar un-gestörten Frieden von Carmel gefeiert. Doch auch hier schwelen Konflikte. Zwischen Carmelitern und Bewohnern von Nachbar-gemeinden. Zwischen Alteingesessenen und Zuwanderern. Zwischen Einzelhändlern und Investorenkonsortien. Nur ein Drittel der Wohnfläche wird von ganzjährig Residie-renden genutzt, der Rest sind Ferienhäus-chen und Zweitwohnsitze. Als logische Folge bricht der Verkehr auf bestimmten Straßen in und um Carmel regelmäßig zusammen.

Carmel hat etwas Unwirkliches an sich, eine seltsame Mischung aus Geisterstadt und Shopping Mall, ohne klar definierte Attraktionen. Carmel kann alle drei möglichen Reaktionen auslösen: begeisterte Zustimmung, angewiderte Ablehnung und unbeeindrucktes Schulterzucken. Lohnt also ein Besuch in Carmel? Die eindeutige Antwort lautet „Jein".

▶ Mission Ranch

Negative Kommentare hört man selten über Clint Eastwoods Steak- und Burgerrestaurant mit Pianobar und Sonntagsbrunch. Allerdings würde das Publikumsinteresse ohne den großen Namen sicherlich geringer ausfallen.

✉ *26270 Dolores Street, Carmel, CA 93923*
⇨ *Vom HW1 / Cabrillo Highway nach Westen in die Rio Rd, nach 1 km links in den Lasuen Dr, dem Verlauf etwa 300 m folgen, Parkplatz linker Hand*
🕗 *Kein Mittagessen, Abendessen ab 17 h, Sonntagsbrunch von 10-13.30h*
☎ *1-831 624 6436*
🖳 *www.missionranchcarmel.com*

▶ Festivals

▶ Carmel Bach Festival

Bruno Weil aus Hahnstätten zwischen Frankfurt und Koblenz ist ein international anerkannter Dirigent, der alle möglichen Orchester rund um den halben Erdball geleitet hat. Er war Generalmusikdirektor in Augsburg und Duisburg und Professor an der Hochschule für Musik und Theater in München. Seit Jahren fungiert er als Musikdirektor des alljährlichen Bach-Festivals in Carmel, das als eines der wichtigsten Ereignisse klassischer Musik in den USA gilt.

🕗 *Jeweils in den letzten beiden Juliwochen*
🖳 *www.bachfestival.org*

▶ 17 MILE DRIVE / PEBBLE BEACH

Wer Carmel schon als schickes Pflaster empfunden hat, wird in Pebble Beach lernen, was Niveau ist. In der eingezäunten Privatstadt im Besitz der Pebble Beach Community mit Clint Eastwood als Teilhaber ist ein normaler Millionär ein armer Schlucker. Die bombastischen Villen legen den Schluss nahe, dass dem Millionär mindestens ein Multi- vorangestellt werden muss.

Obwohl Pebble Beach eine geschlossene Lebensgemeinschaft der Schwerreichen ist, erlaubt sie dem Normalsterblichen, einen Blick in die Welt auf der Sonnenseite des Lebens zu werfen. Damit der massenhafte Einfall der Bewunderer nicht über-

Clint Eastwoods Mission Ranch

handnimmt, wird als regulierende Hürde eine Mautgebühr von 9,50 Dollar erhoben. So etwa also kaum jemand den Besuch wiederholen. Auch vom Marketingstandpunkt ist die Mautgebühr ein geschickter Schachzug, um die Reputation von Pebble Beach und damit auch die Immobilienpreise auf höchstem Niveau zu halten.

Auf dem 17 Mile Drive darf man dann mit Schrittgeschwindigkeit im Slalom zwischen mondänen Landsitzen, exklusiven Golfplätzen und dichten Kiefernwäldern bis zum Ozean tuckern. Alle den Reichtum der Eigentümer angemessen repräsentierenden historischen Architekturstile werden zitiert, ob englisches Herrschaftshaus oder römische Villa. Die Strecke ist bestens beschildert, rote Linien auf der schmalen Fahrbahn dienen zusätzlich der Orientierung. Die Touristenhorden sollen nicht vom Weg abweichen und auch noch anderswo nerven. Lärmenden Motorrädern ist die Einfahrt sowieso von vornherein untersagt.

Die mit der Eintrittskarte ausgehändigte Straßenkarte weist auf zwanzig interessante Haltepunkte hin, von denen eine Handvoll den Stopp wert ist. Zunächst geht es im Riesenslalom über die kiefernbestandenen Hügel, dann windet sich die Straße zur Küste hinunter. Vorher durchquert man den Pacific Grove Golf Link, wo im Juli 2010 die US Open ausgetragen wurden. Für dieses Event wurde der 17 Mile Drive einige Tage lang für Touristen geschlossen. Das Großereignis des grünen Sports wird den aktuellen Planungen zufolge allerdings erst 2019 nach Pebble Beach zurückkehren. Das Meer bekommt man dann an der Spanish Bay aus der Nähe zu Gesicht, wo vermutlich 1769 die Schiffe des spanischen Kapitäns Gaspar de Portolà ankerten. Der Parkplatz steht meist kurz vor der vollständigen Überfüllung, den romantischen Strandspaziergang muss man mit einigen hundert Gleichgesinnten teilen.

Danach geht es etliche Meilen zwischen Golfplätzen und Meeresbrandung entlang. Bird Rock, einen massenhaft von Seevögeln bewohnten Felsen im Meer, kann man im Detail mit dem Fernrohr beobachten. Lone Cypress, die einsame Kiefer,

steht seit 250 Jahren auf einem ins Meer hinausragenden Felsvorsprung und hält trotzig dem Wind stand. Bestimmt einer der meistfotografierten Bäume Kaliforniens. Die Pebble Beach Company erklärte 1990, sie habe sich das Copyright auf alle Abbildungen des Baumes gesichert, womit theoretisch jede kommerzielle Nutzung eines Fotos einen Verstoß gegen das Urheberrecht darstellen würde. Allerdings ist die Rechtslage keineswegs klar. Kann man einem Zeitungsjournalisten verbieten, das Foto eines alten Baums zu veröffentlichen, auch wenn er auf Privatbesitz steht?

Danach folgt die Straße noch ein wenig der Küstenlinie, um schließlich wieder die Hügel zum Ein- und Ausgang am Highway One hinaufzuklettern. Vorher kann man bereits eine Ausfahrt direkt nach Carmel benutzen.

17 Mile Drive ist zu einiger Berühmtheit gelangt, aber die meisten Besucher werden die Mautstraße als maßlos überbewertet empfinden. Bei großem Andrang kann die Rundtour zu einer Geduldsprobe werden, denn einmal drin, kommt man so schnell nicht wieder raus. Schönes Wetter ist Voraussetzung, um die Tour zu genießen. Im Sommer liegt die Halbinsel Monterey oft in dichtem Nebel, wenn das kühle Ozeanwasser wegen der aufgeheizten Luft über Land kondensiert. Meistens löst sich dieser zum frühen Nachmittag hin auf. Wenn nicht, bleiben die schönen Blicke auf Strände und Felsenküste verhüllt. Dafür verwandeln sich die windschiefen Kiefern im Nebel in skurrile Gestalten aus einem Fantasyfilm.

⇨ HW1 aus beiden Richtungen, Exit 39A, „Pebble Beach", an der folgenden Kreuzung die Straße nach Süden nehmen, Mautstelle direkt hinter der nächsten Kurve

∞ $ 9,50 pro Vehikel, Motorräder dürfen nicht einfahren

☎ 1-831 647 7500

🖳 www.pebblebeach.com

🏛 MONTEREY (30.000 EW)

Der Klang des Namens Monterey weckt sofort entfernte Assoziationen mit Ölsardinen, John Steinbeck und Hippies. Dennoch weiß man nicht so genau, was man von diesem Ort erwarten soll. Die Hauptstadt der Ölsardine ist aufs engste mit dem Meer und seinen Ressourcen verbunden, doch wenn Steinbeck einen seiner Romane hier angesiedelt hat, ahnt man schon, dass man kein beschauliches Fischerdorf mehr erwarten sollte.

Die Natur hatte Monterey von vornherein für seine Zukunft prädestiniert. Mitten in der vierzig Kilometer durchmessenden Bucht beginnt ein 150 Kilometer langes, unterseeisches Canyonsystem, in seiner Tiefe etwa vergleichbar mit dem Grand Canyon in Arizona. Monterey Canyon ist die größte untermeerische Schlucht entlang der nordamerikanischen Küsten. Umgeben von einem flachen Schelfmeer formt sich so eine Zone außerordentlich vielfältiger Lebensräume. Obendrein wird nährstoffreiches, kaltes Tiefenwasser an die Oberfläche getrieben. Von der Sonne erwärmt, wächst massenhaft Plankton, das die Grundlage der Nahrungskette bildet. Die Folge sind ungeheurer Fischreichtum und eine Menge großer Meeressäuger, die sowohl die tiefen als auch die seichteren Gewässer nutzen können.

In den 1850er Jahren gründeten chinesische Immigranten am Ufer von Monterey ein kleines Fischerdorf. Sie kamen direkt aus San Francisco oder kehrten aus den Bergen zurück, nachdem der Goldrausch in Hochgeschwindigkeit die reichsten Adern ausgebeutet hatte. Täglich transportierten sie hunderte Kilo frischen oder getrockneten Fisch nach San Francisco oder exportierten ihn sogar bis nach Ostasien. Der Erfolg des chinesischen Geschäftssinns erregte schnell die Eifersucht derjenigen, die sich als die wahren Kalifornier verstanden. Sie rotteten sich zusammen und brannten das Fischerdorf nieder. Die reichen Fischgründe wurden fortan von europäisch-stämmigen Amerikanern übernommen. Unter den Seeleuten waren viele Italiener und Portugiesen. Man konzentrierte sich auf Lachs und Thunfisch, bis heute neben Krabben das erfolgreichste Meeresgetier auf amerikanischen Speisekarten. Aber auch Walfang wurde in Monterey betrieben.

Ein phantasievoller Geschäftsmann hatte 1895 die glänzende Idee, in Speiseöl eingelegte Sardinen in Blechdosen zu konservieren. Zwar war die Konservendose schon fast neunzig Jahre zuvor und vierzig Jahre später auch der Dosenöffner erfunden worden, doch Ölsardinen hatte noch keiner in Blech eingeschweißt. Die Idee hatte Erfolg und wurde sofort von anderen Unternehmern kopiert. Die amerikanische Armee kaufte im Ersten Weltkrieg riesige Mengen des nahrhaften und lange haltbaren Meeresgetiers, um ihre Truppen in Übersee zu versorgen. In Monterey entstand entlang der Ocean View Avenue eine Fischfabrik neben der anderen.

Die frisch angelandeten Fische wurden zunächst von Hand sortiert, in passende Stücke geschnitten und in Dosen gefüllt. Unverschlossen wurden sie einmal in Wasserdampf gekocht. Dann kam das Speiseöl hinzu, die Dosen wurden verschlossen und nochmals gekocht. Zunächst war der Prozess außerordentlich arbeitsaufwendig, doch der norwegische Unternehmer Knut Hovden wusste die Produktion mit etlichen Erfindungen zu automatisieren. Weil für die Konserven nur Sardinen einer bestimmten Mindestgröße tauglich waren, ersannen die innovativen Unternehmer von Monterey die Fischmehlfabrik. Dazu konnten alle Fische und praktisch der gesamte Beifang verwandt werden. Den Tieren wurden Öl und Wasser herausgepresst und die organische Substanz gemahlen. Das Endprodukt diente in erster Linie als Viehfutter, konnte aber auch als Dünger oder Nahrung in der Aquakultur genutzt werden.

Auf einer Länge von beinahe einer Meile reihte sich am Ocean View Boulevard eine Fischfabrik an die andere. Die „Canneries" beschäftigten zu Hochzeiten gut 5.000 Angestellte.

Man kann sich vorstellen, dass die Arbeit in der Dosenfischproduktion nicht die angenehmste war. Die Depression der 30er Jahre machte den Arbeitern das Leben be-

Legend

2X	Pebble Beach *Express*	
20	Monterey - Salinas	
21	Monterey - Salinas	
22	Big Sur	
23	Salinas - King City	Saturdays & Sundays only
24	Carmel Valley - Grapevine *Express*	
27	Watsonville - Marina	
28	Watsonville - Salinas	Evening service
29	Watsonville - Salinas	
55	Monterey - San Jose *Express*	
68	Presidio - Salinas *Express*	
79	Presidio - San Jose *Express*	
82	Salinas - Fort Hunter Liggett *Express*	
83	Fort Hunter Liggett - Paso Robles *Express*	

THIS MAP IS NOT TO SCALE
El mapa no está dibujado a escala

© Monterey-Salinas Transit, www.mst.org

Timepoints — O
Park & Ride Lot — P+R
Railroad and station
Point of Interest — ■

sonders schwer. Diese Zeit beschrieb John Steinbeck in seinem Roman „Cannery Row", zu Deutsch „Die Straße der Ölsardinen". Dank des Erfolgs des Buches tauften die Stadtväter von Monterey später den Ocean View Boulevard in Cannery Row um.

Doch der große Erfolg der Fischindustrie bedeutete zugleich ihr Todesurteil. Die Fischmehlfabriken multiplizierten die Fangmengen in der Bucht von Monterey, mit dem Zweiten Weltkrieg schoss die Nachfrage nochmals in die Höhe, doch plötzlich waren keine Sardinen mehr da, die Bucht war hoffnungslos leergefischt. Innerhalb von nur drei Jahren schrumpfte die Produktion auf ein Fünfzehntel. Die letzte Sardinendose lief 1964 vom Band. In der Hoffnung, dass sich die Sardinenpopulation innerhalb weniger Jahre wieder erholen könne, versuchte die Industrie kurzfristig auf andere Produkte wie Kalamare umzusteigen. Mit mehr als mäßigem Erfolg. Die Sardine jedenfalls kam nicht zurück. 1973 schloss die letzte Fabrik der Cannery Row ihre Pforten.

Heute werden in der Bucht von Monterey wieder geringe Mengen Sardinen gefangen. Die Verarbeitung findet 30 Kilometer weiter nördlich in Moss Landing statt. Neunzig Prozent des Fangs werden in Form von Fischmehl nach Australien exportiert. Die Straße der Ölsardinen dagegen wurde in eine Touristenattraktion, ein Shopping- und Entertainment-Center umfunktioniert, das die wenigen romantischen Aspekte der Historie herausstellt und nach allen Regeln der Kunst ausschlachtet. Immerhin haben die alten Industriegebäude neue Nutzer gefunden und es gibt Arbeit. Monterey kann seinem Lebensretter John Steinbeck mehr als dankbar sein. Ohne den Buchtitel „Cannery Row" wäre die Stadt heute eine andere. Den zweiten Platz unter den heroischen Rettern kann der Computerveteran David Packard für sich beanspruchen. Er spendierte der Stadt 1984 das moderne und familienfreundliche Aquarium als Touristenattraktion nationaler Bedeutung, just auf dem Gelände der ehemaligen Fabrik von Knut Hovden.

Cannery Row und das Aquarium lenken die Besucherströme vom Zentrum Montereys ab. Das ist zwar unspektakulär, aber durchaus sympathisch und einen Spaziergang wert. Leider sind die Fassaden von einigen der fast zweihundert Jahre alten Adobe-Häuser so dilettantisch restauriert worden, dass man sie kaum von den gesichtslosen modernen Durchschnittsgebäuden unterscheiden kann. Aufgrund des Artenreichtums der Bucht ist Monterey ein idealer Ort zur Walbeobachtung, da auch außerhalb der Migrationszeit der Grauwale andere Spezies in der Region anzutreffen sind. Verschiedene Delphinarten können das ganze Jahr über in teilweise großen Gruppen beobachtet werden.

Monterey bekam durch ein einzelnes Ereignis auch seinen Platz in der Geschichte der Popmusik. 1967 leitete das Monterey Pop Festival den Höhepunkt der Flower Power Bewegung, den „Summer of Love", ein. An einem Juni-Wochenende zog es insgesamt etwa 200.000 Besucher an und wurde zum Vorbild für alle folgenden musikalischen Großveranstaltungen unter freiem Himmel. Jefferson Airplane, The Byrds und The Mamas and the Papas, die auch zu den Organisatoren gehörten, prangten ganz oben auf den Plakaten.

Für einige noch relativ unbekannte Künstler bedeutete Monterey den Absprung zur großen Karriere, in den USA und weltweit. Für Janis Joplin war es der erste wirklich große Auftritt überhaupt, für The Who zumindest der erste in den Staaten und Otis Redding stieß nun auch in weiße Hörerschichten vor. Jimi Hendrix ließ am Ende des Auftritts seine Gitarre für einige Sekunden in Flammen aufgehen, um sie dann endgültig zu zertrümmern. Daraufhin war er in aller Munde. Zweifellos ein geplantes Publicity-Spektakel, Feuerzeugbenzin und Streichhölzer standen schon am Bühnenrand bereit. Den englischen Kinks und dem Folk Sänger Donovan verweigerten die Einreisebehörden allerdings das Visum.

Monterey war die erste große Popfestival überhaupt, obwohl sich maximal 90.000 Menschen gleichzeitig auf dem Gelände aufhielten. Zwei Jahre später kopierte Woodstock das Konzept. Die Ereignisse von Monterey wurde genau wie die Festivals von Altamont und Woodstock in einem Dokumentarfilm festgehalten.

✉ *Monterey County Fairgrounds,*
  2004 Fairgrounds Rd, Monterey, CA 93940
⇨ *HW1, Exit N Freemont St, die Freemont St*
  Richtung Nordosten, nach 300 m rechts in den
  Casa Verde Way, der gerade auf das stadion-
  ähnliche Gelände zuführt

Monterey Canning Company

Website
💻 *www.seemonterey.com*

📁 Film

Monterey Pop	
Originaltitel	Monterey Pop

Monterey Pop	
Jahr	1968
Regie	D. A. Pennebaker
Hauptdarsteller	The Who, Jimi Hendrix, The Mamas & the Papas
Genre	Konzertfilm

🎵 Soundtrack Monterey

Country Sänger John Denver kam 1997 beim Absturz seines Sportflugzeugs vor der Küste Montereys ums Leben. Unfallursache war vermutlich ein technischer Defekt der Maschine.

Künstler	Titel	Album	Jahr	Genre
Frank Sinatra	It happened in Monterey	Songs for Swinging Lovers	1956	Swing
Eric Burdon & The Animals	Monterey	The Twain Shall Meet	1968	Rock
Tim Buckley	Monterey	Starsailor	1970	FolkRock
Joe Sample	A rainy day in Monterey	Carmel	1979	Jazz
Danny Gottlieb	Monterey	Aquamarine	1990	JazzRock
Fourplay	Monterey	Between the Sheets	1993	Jazz

▶ Cannery Row

Allzu viel ist nicht übrig von der industriellen Tradition des wirtschaftlichen Herzes von Monterey. Die Gebäude, ein paar rostige alte Öfen und drei winzige hölzerne Arbeiterhäuschen, wo spanische, japanische und philippinische Angestellte unterkamen. Kein Museum dokumentiert die Vergangenheit, aber die Wände der Restaurants werden mit Vorliebe mit schwarz-weiß-Aufnahmen alter Zeiten dekoriert. Spaß und Shopping stehen San Franciscos Fisherman's Wharf in nichts nach. Es gibt ein Wachsmuseum, ein IMAX-Theater, Kunstgalerien, Juweliere und jede Menge Restaurants, Bars und Schnickschnackläden.

✉ Cannery Row, Monterey, CA 93940
➯ HW1 Exit 401 „Monterrey", die Aguajito Rd nach Norden nehmen, nach 700 m links in die Del Monte Ave, dem Straßenverlauf knapp 2 km folgen, nach der Linskurve oberhalb des Yachthafens der Beschilderung nach rechts in die Foam St folgen. Nach 1 km rechter Hand zwei kostenpflichtige Parkplätze. Kein kostenloses Parken in der näheren Umgebung des Aquariums.
∞ Frei
🖥 www.canneryrow.com

▶ Monterey Bay Aquarium

David Packard, Firmengründer von Hewlett Packard, spendierte der Stadt Monterey auf dem Gelände einer der ehemals größten Fischkonservenfabriken der Stadt 1984 das riesige Aquarium. Seine Tochter Julie setzte er ganz und gar uneigennützig als Direktorin ein. Das Aquarium dokumentiert eindrucksvoll das marine Leben an der kalifornischen Küste. Die größten und eindrucksvollsten Tanks demonstrieren die verschiedenen Lebensräume der Monterey Bay. Haie und Quallen dürfen als Gruselattraktion natürlich nicht fehlen. Mindestens zweimal täglich kann man der Fütterung von Pinguinen und Seeottern beiwohnen.

✉ 886 Cannery Row, Monterey, CA 93940
🕐 Täglich 10-18h, im Sommer 9.30-18h, Sa & So bis 20h
∞ Erwachsene: $ 29,95, Senioren und Schüler ab 13 Jahren: $ 27,95, Kinder: $ 17,95

☎ 1-831 648 4888
🖥 www.montereybayaquarium.org

▶ Robert Louis Stevenson House

Der Autor der Schatzinsel kam wegen einer 11 Jahre älteren Frau nach Monterey. 1876 hatte er die unglücklich verheiratete Amerikanerin Fanny Vandergrift in der Nähe von Paris kennengelernt. Der junge Stevenson war zu allem entschlossen, doch seine Eltern sprachen sich strikt gegen die Verbindung aus und lehnten es ab, Geld für die Reise über den Ozean vorzuschießen. Stevenson sparte drei Jahre lang und machte sich schließlich auf den Weg nach Monterey. Fanny ließ sich zuerst überreden und dann scheiden. Im Mai 1880 heirateten die beiden in San Francisco.

Das um 1830 gebaute, zweistöckige Adobe-Haus, in dem Stevenson einige Monate lebte, beherbergt Originalmöbel und Gegenstände aus Stevensons Privatbesitz. In Monterey verweist man immer wieder gern darauf, die Spaziergänge an der Pazifikküste hätten Stevenson zu Schatzinsel inspiriert. Er selbst verwies jedoch darauf, dass die Idee beim Spiel mit seinem Stiefsohn im heimischen Edinburgh entstand.

✉ 530 Houston St, Monterey, CA 93940
➯ Von Cannery Row auf der Lighthouse Ave zurück in Richtung HW1, nach 1,3 mi/2 km rechts in die Tyler St, nach 500 m links in die Pearl St, und gleich die erste rechts in die Houston St
🕐 Nur samstags 13-16h, Garten täglich 9-17
☎ 1-831 649 7118

▶ Festivals

▶ Monterey Jazz Festival

Seit über 50 Jahren gehört das Festival von Monterey zu den renommiertesten Ereignissen der amerikanischen Musikwelt. Hier sind schon Dizzy Gillespie, Louis Armstrong, Miles Davis, Thelonious Monk oder Billie Holiday aufgetreten.

🕐 Jährlich etwa Mitte September
🖥 www.montereyjazzfestival.org

Monterey Jazz Festival

▶ Monterey Bay Blues Festival

Nicht ganz so alt ist das örtliche Jazzfestival konnte es 2010 immerhin sein 25. Jubiläum feiern. Im Lauf der Jahre betraten etliche internationale Größen wie Charlie Musselwhite, Al Green oder Buddy Guy die Bühne des Monterey Fairground.

◻ Jährlich Ende Juni

💻 www.montereyblues.com

▢ Filme

Wie Cannery Row in den 50er Jahren aussah, kann man in mehreren Szenen von „Vor dem neuen Tag", einem der unbekannteren Filme von Marilyn Monroe sehen.

Vor dem neuen Tag	
Originaltitel	Clash by night
Jahr	1952
Regie	Fritz Lang
Hauptdarsteller	Barbara Stanwyck, Paul Douglas, Marilyn Monroe
Genre	Drama

Cannery Row	
Originaltitel	Cannery Row
Jahr	1982
Regie	David S. Ward
Hauptdarsteller	Nick Nolte, Debra Winger
Genre	Drama

Der Highway One verlässt Monterey als vierspurige Autobahn und durchquert die Bucht von Monterey dicht am Strand, der aber nicht immer zu sehen ist. Auch dass das Mündungsgebiet des Pajaro River dicht besiedelt und stark industrialisiert ist, bekommt man vom Highway aus kaum mit. Die intensiv betriebene Landwirtschaft hingegen ist unübersehbar. Bei mildem Klima werden auf den fruchtbaren Böden über 60 verschiedene Obst- und Gemüsesorten gezogen, von Erdbeeren über Artischocken zu Blumenkohl. In der Kleinstadt Watsonville, an der der Highway One vorbeiführt, wird ein großer Teil der Produktion tiefgekühlt und dann in fast alle Winkel des Landes exportiert. Am Fuß der Santa Cruz Mountains durchquert der Highway die Vororte der namensgebenden Stadt.

Zwischen Monterey und Santa Cruz kann man sich zu einer netten, wenn auch unspektakulären Exkursion ins Landesinnere entscheiden. Von Castroville am Highway One sind es gerade mal vierzehn Kilometer bis Salinas, wo man das Haus von John Steinbeck und ein hochinteressantes Museum besuchen kann, das dem Autor gewidmet wurde. Das agrarisch geprägte Landesinnere wartet mit einer gänzlich anderen Atmosphäre als die Küste auf. Die Gegend um Salinas bildete die Kulisse für Steinbecks Buch- und Filmklassiker „Jenseits von Eden". Dreißig Kilometer weiter liegt die Missionsstation San Juan Bautista keinen Steinwurf vom Verlauf der San Andreas - Verwerfung. Viel zu sehen gibt es nicht davon, aber das morbide Gefühl, auf einer der erdbebenträchtigsten Plattengrenze zu stehen, ist für den einen oder anderen vielleicht attraktiv.

Jenseits von Eden	
Originaltitel	East of Eden
Jahr	1955
Regie	Elia Kazan
Hauptdarsteller	James Dean, Julie Harris
Genre	Drama

▶ MISSION SAN JUAN BAUTISTA

Die Grenze der tektonischen Platten der San Andreas Verwerfung ist praktisch der Abhang direkt nördlich der Mission. Geht man einen der Fußwege ins Tal hinunter, wechselt man von der pazifischen auf die nordamerikanische Platte. Die Missionsgebäude selbst wurden bei etlichen Erdbeben in Mitleidenschaft gezogen. Alfred Hitchcock nutzte die Mission als Kulisse für den Film „Vertigo".

✉ *406 Second Street, San Juan Bautista, CA 95045*

⇨ *Von Monterey bei Castroville nicht dem HW1, sondern dem HW101 ins Landesinnere folgen. Nach 14km die Ausfahrt San Juan Bautista / Hollister nehmen und auf dem HW156 bis San Juan Bautista fahren, links in die „Alameda" biegen. Nach 500m rechts in die Washington St bis zur Mission*

Vertigo – Aus dem Reich der Toten	
Originaltitel	Vertigo
Jahr	1958
Regie	Alfred Hitchcock
Hauptdarsteller	James Stewart, Kim Novak
Genre	Thriller

▶ HOLLISTER

Nochmal dreizehn Kilometer weiter liegt der Ort Hollister, ein verschlafenes kleines Westernstädtchen, das 1947 nationale Berühmtheit als Geburtsort der Bewegung der Motorradrocker erlangte. Viertausend Biker fielen über das Nest her, betranken sich, veranstalteten improvisierte Motorradrennen und warfen mit leeren Bierflaschen um sich. Ein paar verdurstende übermütige

Mission San Juan Bautista

Jugendliche fuhren direkt auf dem Motorrad in die Bars. Sechzig Verletzte wurden gezählt, 50 wurden festgenommen. Die überforderte Lokalpolizei verhängte den Ausnahmezustand. Die nationale Öffentlichkeit war bestürzt über das schlechte Benehmen ihrer Jugend, hatte man doch gerade die amerikanischen Werte im Zweiten Weltkrieg erfolgreich verteidigt.

Hollister

Was vor 60 Jahren ein Skandal war, ist inzwischen zu einer Touristenattraktion geworden. Hollister veranstaltet seit 1997 ein Bikertreffen zu Ehren der Rowdies von damals, allerdings wurde das Festival 2009 wieder ausgesetzt. Trotzdem fallen an jedem 4. Juli, dem Independence Day, jede Menge Motorradfahrer über die Stadt her. An der Ecke Wentz Alley / San Benito Street erinnert ein Wandgemälde mit dem Konterfei von Marlon Brando an die Ereignisse. Die Whiskey Creek Bar an der Ecke 5th Street / East Creek ziert ebenfalls eine Fassade, die den Rockern die Ehre erweist.

Der Wilde	
Originaltitel	The wild one
Jahr	1953
Regie	László Benedek
Hauptdarsteller	Marlon Brando, Mary Murphy
Genre	Drama

Früchte des Zorns – John Steinbeck in Monterey

I believe: That the free, exploring mind of the individual human is the most valuable thing in the world. And this I would fight for: the freedom of the mind to take any direction it wishes, undirected. And this I must fight against: any idea, religion, or government which limits or destroys the individual.

Ich glaube, dass der freie, forschende Geist des Individuums die wertvollste Sache der Welt ist. Und dafür würde ich kämpfen: die Freiheit des Geistes, sich ziellos in jede gewünschte Richtung zu wenden. Und dies ist, wogegen ich kämpfen muss: jede Idee, Religion oder Regierung, die das Individuum begrenzt oder zerstört.

John Steinbeck

„Die Straße der Ölsardinen" ist kein sehr vielversprechender Titel für ein Buch, doch wahrscheinlich haben sich Verlag und Übersetzer längere Zeit den Kopf zerbrochen, wie man „Cannery Row" am besten ins Deutsche überträgt. „Konservenfabrikreihe" wäre sicherlich exakter, wenn auch noch weit weniger klangvoll.

In der Cannery Row schlug das Herz von Monterey. Tonnenweise wurden Ölsardinen in den tiefen Gewässern des Monterey Canyon gefischt, direkt an den Konservenfarbiken angelandet, geschnitten, gekocht, eingelegt, in Dosen gepackt, nochmals gekocht und schließlich verlötet. In Monterey wurde die Ölsardine erfunden und von hier trat sie ihren Siegeszug um die Welt an. Die Armee benötigte kalorienreiche und haltbare Kost und wurde schnell zum Großabnehmer. An der Ocean View Avenue reihte sich auf einer Strecke von einer Meile eine Fabrik neben die andere. Etwa 5.000 Arbeiter schufteten hier. Die Straße war „ein Gestank und ein Gedicht". Steinbeck gab ihr den Namen, der sie berühmt machte: Cannery Row.

Unter diesem Namen wird sie heute natürlich auch vermarktet. Eine Shopping-Meile für Touristen, laut und aufdringlich, voller Souvenirs und Nepp. Die meisten Gebäude sind äußerlich noch die gleichen wie vor 80 Jahren, im Inneren wurden nur ein paar besonders augenfällige Einzelobjekte erhalten. Einige der gigantischen, inzwischen verrosteten Sardinen-Kocher stehen noch herum, drei ehemalige Arbeiterhäuschen spanischer oder philippinischer Familien sind auch noch zu bewundern.

Das war die Cannery Row, ein Industrieghetto mit Arbeiterwohnviertel und zwielichtigen Vergnügungsstätten. Hier trieb sich allerlei Gesindel herum, Malocher, Außenseiter und Tagediebe. Steinbeck setzte ihnen aus seiner unparteiischen Beobachterposition ein Denkmal. Doch auch wenn er die Konflikte der modernen Welt scheinbar objektiv beschrieb, so galt seine Sympathie immer den Schwächeren, den Ausgebeuteten, den Unterdrückten.

Der Großvater Johann Adolf Großsteinbeck war in Heiligenhaus im Kreis Mettmann aufgewachsen, wo heute der

John Steinbeck

USA 15c

im Englischunterricht. Innerhalb weniger Jahre gelang dem Studienabbrecher eine beispiellose literarische Karriere.

Zu Anfang der 30er Jahre noch ein völlig unbeschriebenes Blatt, gelang Steinbeck mit „Früchte des Zorns" der große Wurf. Die höchst realistische Geschichte der Familie Toad, die die Staubschüssel Oklahoma verlassen muss und deren Hoffnungen auf einen neuen Anfang in Kalifornien bitter enttäuscht werden, wurde kurz nach ihrem Erscheinen von John Ford mit Henry Fonda verfilmt. Trotz zeitweiser Verbote und Zensur wurden Buch wie Film große Publikumserfolge beschieden. Mit Preisen überhäuft, reiste er in den 30er Jahren dreimal in die Sowjetunion. Jedes Mal kehrte er mit zunehmenden Aversionen gegen die sowjetische Unterdrückung der Individualität zurück. Steinbeck sympathisierte immer mit den Ausgebeuteten und Unterdrückten, doch Kommunist wurde er letztendlich nie. Zu sehr glaubte er an die Freiheit des Einzelnen.

Im Lauf der Jahre entfernte er sich von der Auseinandersetzung mit sozialen Konflikten und beschäftigte sich mit zunehmend mit dem individuellen Dasein und zwischenmenschlichen Beziehungen. Lange Zeit bereitete er sein zweites großes Opus „Jenseits von Eden" vor. Nicht mehr Kollektive trafen aufeinander, sondern Einzelpersonen mit freiem Willen und all ihren menschlichen Unzulänglichkeiten. Steinbeck übertrug die biblische Geschichte der feindlichen Brüder Kain und Abel auf damalige Verhältnisse im Tal von Salinas, auf Werte und Denkweisen. Kritiker fanden das Buch zu moralisch, die dramatische Verfilmung machte den epischen Roman dennoch zum Welterfolg. Die Rolle des zu jung gestorbenen Rebellen machte James Dean unsterblich. Denn wer jung stirbt, wird niemals alt. Steinbeck wurde später für sein Werk mit dem Literaturnobelpreis ausgezeichnet.

John Steinbeck Park als grüne Lunge der Kleinstadt fungiert. Einmal in die Staaten übergesiedelt, verkürzte er seinen Nachnamen auf Steinbeck. Zwei Jahre nach dem Eintritt ins zwanzigste Jahrhundert kam Enkel John in Pacific Grove zur Welt und wuchs in Salinas auf. Bürgerliche Verhältnisse führten ihn schon in frühester Jugend zur Literatur, seine ältere Schwester sagte, „dass das Haus mit Büchern vollgestopft war".

Steinbeck machte zwei Anläufe, um in Stanford englische Sprache und Literatur zu studieren. Nach fünf Jahren schmiss er die Brocken hin und verdingte sich als Gelegenheitsarbeiter auf den Feldern seiner Heimat, im Tal von Salinas. Steinbeck drang in alle sozialen Schichten des „Tals des Himmels" ein, analysierte ihre Persönlichkeiten und Handlungsweisen, ihre Träume, Mythen und Frustrationen. Heraus kam eine ganze Serie von Werken, die das Leben im agrarischen Kalifornien porträtierten. „Von Mäusen und Männern" gehört heute zur Standardliteratur

John Steinbeck Haus in Salinas

▶ Schauplätze

▶ Die Jugend

Der Autor verbrachte seine Jugend in diesem wunderschönen bürgerlichen Holzhaus, nur ein paar hundert Meter von Salinas' Main Street entfernt. Geführte Touren werden nur selten angeboten, die exakten Daten werden auf der Website veröffentlicht. Der Souvenirshop dagegen ist fünf Tage pro Woche geöffnet.

- ✉ *132 Central Ave, Salinas, CA 93901*
- ⇨ *Knapp 14 mi/26 km nördlich von Monterey den HW1 bei Castroville auf die CA156 wechseln, nach 1 mi/1,6 km rechts auf die CA183, nach 8 mi/13 km rechts in die Stone St. Das Steinbeck Haus ist das letzte Gebäude auf der rechten Seite*
- ⌚ *Di-Sa 11-15h*
- ⚭ *Erwachsene: $ 5, Senioren & Schüler: $ 3, Kinder: frei*
- ☎ *1-831 424 2735*
- 🖳 *www.steinbeckhouse.com*

▶ National Steinbeck Center

Das moderne und höchst ansehnlich aufgemachte Museum illustriert Leben und Werk John Steinbecks und beleuchtet die sozialen Hintergründe seiner Romanschauplätze.

- ✉ *1 Main Street, Salinas, CA 93901*

- ⇨ *Drei Blocks östlich von Steinbecks Haus an der Ecke Central Ave / Main St*
- ⌚ *Täglich 10-17 h*
- ⚭ *Erwachsene: $ 10,95, Senioren: $ 8,95, Jugendliche 13-17 J.: $ 7,95, Kinder: $ 6,95*
- ☎ *1-831 775 4726*
- 🖳 *www.steinbeck.org*

▶ Die Statue

Salinas setzte seinem berühmtesten Sohn ein lebensgroßes Denkmal. Die Bronzestatue wurde von dem Künstler Tom Fitzwater entworfen und steht vor der nach Steinbeck benannten Stadtbücherei.

- ✉ *350 Lincoln Ave, Salinas, CA 93901*
- ⇨ *Vom Steinbeck Haus einen Block auf der Central Ave einen Block nach Osten, dann rechts in die Lincoln Ave, nach 500 m auf der rechten Seite*

▶ Die Grabstätte

John Steinbeck liegt auf dem Memories Cemetery begraben.

- ✉ *768 Abbott St, Salinas, CA 93901*
- ⇨ *Vom Steinbeck Haus zwei Blocks nach Osten, rechts in die Salinas St, nach 0,4 mi/0,7 km links in die John St, nach 0,5 mi/0,8 km rechts in die Abbot St, nach weiteren 0,8 mi/1,3 km auf der rechten Seite. Das Grab befindet sich im Block N5*

Santa Cruz

🏛 SANTA CRUZ (59.000 EW)

Der Charme von College-Towns ist uns schon in Santa Barbara und San Luis Obispo begegnet. Santa Cruz gehört im Prinzip zum gleichen Schlag, ist allerdings weniger ansehnlich und vielleicht auch einen Hauch unfreundlicher. Während die Studentenschaft in Santa Barbara tendenziell eher einer Management-Karriere nachjagt und die Kommilitonen in San Luis Obispo partyfreudige, aber ansonsten angepasste und nette Jugendliche darstellen, ist die Uni von Santa Cruz ein Magnet für die, die sich den verschiedensten Sub- und Gegenkulturen zugehörig fühlen. Mit stolzgeschwellter Brust trägt die Jugend ihre Überzeugungen auf T-Shirts und ins Gesicht gepierct durch die Straßen. Dabei gehört es zum guten Ton, dem Spaziergänger mit dem Skateboard nicht auszuweichen, sondern auf sein ureigenes Vorfahrtsrecht zu bestehen.

Lange war Santa Cruz eine Hochburg der Hippies, die inzwischen jedoch weitgehend aus dem Stadtbild verschwunden sind. Die Natur musste bei der Gentrifizierung von Santa Cruz ein wenig nachhelfen. Das schwere Erdbeben von 1989 zerstörte viel preiswerten Wohnraum, der in den folgenden Jahren mit schicken und dementsprechend teuren Immobilien ersetzt wurde. Eine Bürgerinitiative mit dem Namen „Keep Santa Cruz weird" („Santa Cruz soll seltsam bleiben") kämpft dagegen, dass aus der Stadt ein durchschnittliches und charakterloses Pflaster wird.

Santa Cruz ist heute so etwas wie ein Vorort von Silicon Valley. Im Dunstkreis der Universität entstehen kleine Unternehmen mit großen Ideen im High-Tech- und Telekommunikationssektor. Der Musikprofessor David Cope beschäftigt sich seit zwei Jahrzehnten mit der Idee, künstliche Intelligenz und Musik miteinander zu verschweißen. Das Ergebnis ist eine Komponistin mit Namen Emily Howell, die allerdings schlicht ein Computerprogramm ist. 2010 veröffentlichte Cope Emily Howells erste CD mit drei Werken für Kammerorchester und mehrere Klaviere. Eine große Chance für die Plattenindustrie, die Musik endgültig und vollständig zu entmenschlichen.

Anfang der 70er Jahre geisterte Santa Cruz als Welthauptstadt der Massenmörder durch die Medien. Zwei offensichtlich geistesgestörte, fast genau gleichalte junge Männer aus Santa Cruz agierten gleichzeitig aber völlig unabhängig voneinander. Der 24jährige Edmund Kemper ermordete zuerst seine Großeltern, bei denen er lebte, danach sechs Tramperinnen und zuletzt seine Mutter und deren beste Freundin mit einem Hammer. Herbert Mullin tötete wahllos Obdachlose, Anhalter, einen Priester nach der Beichte und schließlich vier jugendliche Camper im Henry Cowells Redwood State Park. Die Öffentlichkeit war geschockt und die Polizei mangels jeglicher Logik in der Mordserie vollkommen überfordert. Kemper und Mullin wurden schließlich nach insgesamt 23 Morden gefasst, saßen zeitweise als Zellennachbarn im Untersuchungsgefängnis und sind bis heute nicht von ihren lebenslänglichen Freiheitsstrafen begnadigt worden. Beide wären vermutlich auf dem elektrischen

🎵 Soundtrack Santa Cruz

Künstler	Titel	Album	Jahr	Genre
Franz Josef Degenhardt	Angela Davis	Mutter Mathilde	1972	Liedermacher
Emily Howell	From Darkness, Light	From Darkness, Light	2010	Klassik

Stuhl geendet, hätte nicht der Oberste Gerichtshof 1972 die Vollstreckung der Todesstrafe für vier Jahre untersagt.

In Santa Cruz lebt einer der schillernsten Figuren der amerikanischen Bürgerrechtsbewegung. Angela Davis wuchs in einem Brennpunkt des Rassenkonflikts der 60er Jahre auf, einem „Dynamite Hill" genannten Stadtviertel von Birmingham, Alabama. Bürgerrechtler und Ku Klux Klan trafen dort mit voller Wucht aufeinander. Zwischen 1945 und 1962 kam es in der Stadt zu rund 50 rassistisch motivierten Bombenanschlägen auf schwarze Kirchen, Geschäfte und Wohnhäuser. Angela Davis war ein intelligentes und strebsames Mädchen. Sie studierte zunächst bei Herbert Marcuse in Massachusetts und dann zwei Jahre bei Max Horkheimer und Theodor Adorno in Frankfurt am Main. Dort nahm sie an der westdeutschen Studentenbewegung teil, wurde Mitglied im Sozialistischen Deutschen Studentenbund und demons-

trierte gegen den Vietnamkrieg. Nach dem Mord an Martin Luther King kehrte sie in die USA zurück und radikalisierte ihre politischen Ansichten. Sie trat den Black Panthern und der Kommunistischen Partei der USA bei. Gouverneur Ronald Reagan persönlich sorgte für Davis' Rauswurf als Lehrkraft von der Universität von Kalifornien in Los Angeles. Wenig später ergaben Ermittlungen, dass die Tatwaffe des Mordes an Richter Harold Haley auf Angela Davis Namen gekauft worden war. Plötzlich wurde sie als Terroristin gehandelt und zierte die Liste der zehn meistgesuchten Verbrecher der USA. Nach zweimonatiger Flucht wurde sie in New York verhaftet, aber schließlich freigesprochen. Sie ging für einige Zeit nach Kuba, wurde 1972 von Erich Honecker und Walter Ulbricht in Ost-Berlin empfangen und Ehrenbürgerin der Stadt Magdeburg. Ein Jahr später kam sie als Ehrengast der Weltfestspiele der Jugend und Studenten in die DDR-Hauptstadt zurück. Seither ha-

Santa Cruz Beach & Boardwalk

ben sich die weltpolitischen Vorzeichen verändert und Angela Davis ist „nur noch" eine weithin anerkannte Feministin und Menschenrechtsaktivistin.

Im Jahr 2002 konnte ein mysteriöses Phänomen entlarvt werden, von dem die Küste der Halbinsel San Francisco heimgesucht wurde. In regelmäßigen Abständen trieben größere Öllachen auf der Wasseroberfläche, und asphaltartiger Schlamm wurde an die Strände gespült. Hunderte Seevögel verendeten mit verklebten Flügeln an der Küste. Jahrelang konnte kein Schuldiger für die wiederkehrende Ölpest ausgemacht werden. Mit der Analyse von Satellitenaufnahmen konnte die Ursprungszone eingekreist und der Übeltäter schließlich identifiziert werden: 1953 war der Öltanker SS Luckenbach auf dem Weg von San Francisco nach Korea in dichtem Nebel mit einem Frachtschiff aus Hawaii kollidiert. Die Luckenbach sank innerhalb einer halben Stunde. In 60 Meter Tiefe hat sich das Wrack seitdem in ein künstliches Riff verwandelt, bewohnt von Seeanemonen und Tintenfischen. Die Küstenwache schickte zunächst ein ferngesteuertes U-Boot und dann Taucher auf den Meeresgrund, um das Totenschiff zu inspizieren. Geschätzte 50.000 Liter Rohöl lagern weiterhin in den Tanks des Frachters. Bei Wassertemperaturen von 8 °C Celsius hat das Öl in etwa die Konsistenz von Erdnussbutter. Mit riesigem Aufwand müsste die zähe Masse mit Wasserdampf erhitzt und verflüssigt werden, damit sie mit einem riesigen Staubsauger an die Oberfläche gesogen und in einem Tanker abtransportiert werden könnte. Der damit verbundene Aufwand wäre immens, was die Behörden bisher von einer Bergung abgehalten hat. Insgesamt liegen etwa 140 Schiffswracks vor der Küste der Halbinsel San Francisco auf dem Meeresboden. Glücklicherweise scheint nur die Luckenbach eine derart heikle Fracht zu bergen.

Website
🖳 www.santacruzca.org

▶ The Beach Boardwalk

Der historische Freizeitpark ist ein kitschig-nostalgischer Rücksturz in alte Zeiten. Eine Strandpromenade mit Kinderkarussells, Zuckerwatte und der ältesten funktionierenden Achterbahn der USA, naturgemäß eine Holzkonstruktion. Wer nach derartigen Sehnsüchten kein intensives Verlangen hat, macht einen großen Bogen um den Boardwalk.

✉ *400 Beach Street, Santa Cruz, CA 95060*
⇨ *HW1 nach SO in die Bay St, der Straße bis zum Ende folgen und links in den W Cliff Dr, der in die Beach St übergeht, nach 800 m Parkplatz auf der linken Seite*
🕓 *Mai - September ab 11h bis später abends, im Winter unregelmäßig*
💰 *Frei, Attraktionen: ab $ 3, Tageskarten und sonstige Paketangebote verfügbar*
☏ *1-831 423 5590*
🖳 *www.beachboardwalk.com*

▶ Salsa by the Sea

Das ganze Jahr über versammeln sich an jedem Sonntagnachmittag eingefleischte Salsa-Tänzer am Beach Boardwalk, um ihrem Hobby zu frönen. Sofern schlechtes Wetter das muntere Vergnügen nicht verbietet, kann jeder Mutige unter freiem Himmel das Tanzbein schwingen.

▶ Santa Cruz Surfing Museum

Im Jahr 1986 eröffnete das weltweit erste Surfmuseum im alten Leuchtturm am Lighthouse Point, der den populären Surfspot „Steamer Lane" überblickt. Die kleine Ausstellung dokumentiert alle Epochen des Sports mit historischen Fotos und den zugehörigen Brettern, von den Redwood-Planken aus den 30er Jahren über die ersten Schaum- und Fiberglass-Modelle bis zu den jüngsten Entwicklungen.

✉ *701 W Cliff Dr, Santa Cruz, CA 95060*
⇨ *Vom HW1 nach SO in die Bay St, der Straße bis zum Ende folgen und rechts in den W Cliff Dr, nach 1 km Parkplatz auf der linken Seite*
🕓 *Anfang Juli bis Mitte September Mi–Mo 10-17h, Rest des Jahres Do–Mo 12-16h*

⚲ *Frei. Spenden willkommen.*
☎ *1-831 420 6289*
🖳 *www.santacruzsurfingmuseum.org*

▶ Henry Cowell Redwoods State Park

Wer dem Highway One nicht weiter als San Francisco nach Norden folgen will, sollte hier unbedingt einen Abstecher in die Welt der Baumgiganten einlegen. Zwar streichen die Höhen der wenigsten Redwood-Bäume die 90-Meter-Marke, doch der Unterschied lässt sich aus der Ameisenperspektive sowieso nicht ausmachen. Das Gefühl der Zwergenwüchsigkeit gegenüber den bis zu 1.800 Jahre alten Wurzelmonstern ist das gleiche wie im Norden Kaliforniens. Die zehn Kilometer Distanz vom Highway 1 sind sofort überwunden, der ebene, gerade mal einen Kilometer lange „Redwood Grove Trail" führt mitten hinein. Zur Verlängerung des Ausflugs gibt es jede Menge weiterführender Wanderwege.

✉ *101 North Big Trees Park Rd, Felton, CA 95018*
⇒ *Vom HW1 auf die River St, dem HW9 nach Norden 6 mi/10 km folgen, rechts in die N Big Trees Park Rd bis zum Visitor Center und Parkplatz*
◎ *Täglich 10-17h*
⚲ *Parkgebühr: $ 10*
☎ *1-831 335 0782*
🖳 *www.santacruzstateparks.org/parks/henrycowell*

▶ Mystery Spot

Tief in den dunklen Wäldern um Santa Cruz versteckt sich ein geheimnisvoller Ort, an dem die Gesetze der Physik ihre Gültigkeit verlieren. Kugeln rollen aufwärts, Menschen verlieren den Gleichgewichtssinn. Ein Klassiker unter den amerikanischen Touristenfallen. Eine Attraktion für Liebhaber von skurrilem Kitsch. Ein echtes Mysterium sollte man nicht erwarten, höchstens eine Handvoll optischer Täuschungen. Die Führung dauert kaum mehr als eine halbe Stunde.

✉ *465 Mystery Spot Road, Santa Cruz, CA 95065*
⇒ *HW1 Exit Ocean St, der Ocean St etwa 1 km nach Süden folgen, links in die Water St, die zweite links in die Market St, dem Straßenverlauf 3 mi/5 km folgen bis zum angezeigten Abzweig links zum Mystery Spot. Auf den letzten 500 Metern zwängt sich die enge Straße zwischen den Bäumen hindurch.*
◎ *Sommer Mo-Fr 9-18h, Sa & So 9-19h, Winter 9-17h*
⚲ *Pro Person: $ 5, Parkplatz: $ 5*
☎ *1-831 423 8897*
🖳 *www.mysteryspot.com*

▶ Natural Bridges State Beach

Der Name ist insofern irreführend, als dass der Plural nach dem Einsturz von zwei der ursprünglich drei natürlichen Felsbrücken bei einem Februarsturm 1992 nicht mehr korrekt ist. Ein etwa 90 Meter langer Felsen setzt sich vom Strand ins Meer hinein fort. Im Lauf der Jahrtausende wurde er vom nagenden Zahn der Fluten an mehreren Stellen ausgehöhlt, bis drei natürliche Brücken entstanden waren. Ein Schauspiel das entlang der Pazifikküste gar nicht so selten zu beobachten ist. Wer der Route bis zum nördlichen Ende folgt, kann getrost weiterfahren und auf größere und schönere Exemplare in Oregon warten. Wer in San Francisco aussteigt, kann einen Blick wagen.

✉ *2531 West Cliff Dr, Santa Cruz, CA 95060*
⇒ *Vom HW1 nach Süden in die Swift St, am Ende rechts in den W Cliff Dr, nach einer halben Meile Parkplatz auf der linken Seite*
◎ *Täglich 8h bis Sonnenuntergang*
⚲ *Frei, Parkgebühr: $ 10*
☎ *1-831 423 4609*
🖳 *www.santacruzstateparks.org/parks/natbridges*

▶ Blauwalskelett

Ein paar Kilometer weiter kann man an einer Außenstelle der Universität von Santa Cruz ein authentisches Blauwalskelett bewundern, das unter freiem Himmel ausgestellt wird. Das Monster ist knapp 28 Meter lang und gibt einen Eindruck, in welchen Dimensionen man sich einen Wal vorzustellen hat. Ein paar Meter weiter kann man einen Spaziergang zur Younger Lagune unternehmen, einem Y-förmigen Feuchtgebiet, das Kaninchen, Füchse, Schildkröten und Stinktiere beherbergt.

- ✉ *Mc Callister Way, Santa Cruz, CA 95060*
- ⇒ *HW1 westlich von Santa Cruz, nach Süden in die Swift Street, rechts in die Delaware Ave, dem Straßenverlauf etwa 2 km bis zum Ende folgen*
- ∞ *Frei*

▶ Santa Cruz Blues Festival

Seit fast 20 Jahren präsentiert Santa Cruz alljährlich im Aptos Village Park einige der hochkarätigsten Bluesbarden des Landes. John Lee Hooker, B.B. King, Albert King, Buddy Guy und Otis Rush sind hier in den letzten Jahren aufgetreten.

- 🕐 *Jeweils am Memorial Day, dem letzten Mai-Wochenende*
- 💻 *www.santacruzbluesfestival.com*

▶ VON SANTA CRUZ NACH SAN FRANCISCO

Mit der Stadt Santa Cruz verlässt der Highway One die Bucht von Monterey und folgt der Küstenlinie der Halbinsel von San Francisco. Bis zur Golden Gate Bridge sind aber noch fast achtzig Meilen zu überwinden. Der Highway führt zweispurig aus Santa Cruz zunächst nach Westen, um sich nach wenigen Kilometern in nordwestliche Richtung zu wenden. Die Halbinsel ist erstaunlich dünn besiedelt, wenn man die Schönheit der Küste und die Nähe zu San Francisco bedenkt. Auf den 75 Kilometern bis zur nächsten größeren Siedlung, namentlich Half Moon Bay, gibt es nur ein paar Weiler mit weniger als hundert Einwohnern.

Der Highway folgt der Küsten durch eine friedliche, grüne, wenn auch weitgehend unspektakuläre Landschaft. Von der nahen Metropole San Francisco ist noch nichts zu spüren, denn diese wucherte nicht entlang des Pazifikstrands nach Süden, sondern entlang der San Francisco Bay. Die Vororte Palo Alto, Stanford und Sunnyvale bilden das Herz von Silicon Valley, dem berühmten Zentrum der amerikanischen High-Tech-Industrie.

Ein Besuch im Silicon Valley gleicht einer Reise durch das Who-is-who der Computerwelt. Im Umkreis von kaum 20 Kilometern finden sich die Firmenzentralen von fast allem, was in der Welt der Informatik Rang und Namen hat. Besichtigen kann man die Zentralen im Allgemeinen nicht, sondern nur einen Blick von außen auf die Herzen und Hirne der Computergiganten werfen. Dazu muss man den Highway One links liegen lassen und sich von Santa Cruz auf dem Highway 17 über dichtbewaldete Hügel etwa 55 Kilometer nach Norden wenden.

Entscheidet man sich für die Küstenroute, erreicht man im Örtchen Pacifica die Peripherie der Metropolregion. Die zweispurige Landstraße verwandelt sich in eine Autobahn, der Verkehr nimmt zu, ebenso seine Geschwindigkeit, die Fahrweise wird aggressiver. Wenig später erreicht man die Vororte von San Francisco, von denen man allerdings wenig zu sehen bekommt.

Der Highway One wendet sich schließlich von der Küste ab und zielt direkt ins Herz der Metropole. Die sehenswertere aber auch längere Alternative ist, am Exit 54 auf den Highway 35 umzusteigen, der der Strandlinie weiter nach Norden folgt. Am Point Lobos knickt er rechtwinklig nach Osten ab und führt ebenfalls geradewegs ins Zentrum.

Das High Tech Paradies – Ein Ausflug ins Silicon Valley

I think it's very difficult to be a successful Internet company that isn't based in Silicon Valley.

Ich glaube es ist sehr schwierig, eine erfolgreiche Internetfirma zu sein, ohne seine Basis im Silicon Valley zu haben.

Joe Kraus, Gründer des Internet-Portals Excite

Silicon Valley, das ist der mythische Ort, wo sich Schnapsideen in Weltkonzerne und Hinterhofgaragen in „Corporate Headquarters" verwandeln, wo Jungunternehmen von 20jährigen Schulabbrechern an der Wall Street gehandelt werden und wo bunthaarige Programmierer ihren Hund mit zur Arbeit nehmen. Wann immer von Zukunftstechnologien die Rede ist, fällt der Name des riesigen Industriestandorts, der sich über mindestens ein Dutzend unabhängiger Städte erstreckt. Aus der ganzen Welt reisen Delegationen an, in der Hoffnung, das Entwicklungsmodell nach Europa oder Asien exportieren zu können. Im Sommer 2010 inspizierte Russlands Präsident Medwedew persönlich das High-Tech-Mekka. Im Valley werden iPads, Smartphones und Laptops entwickelt, gebaut werden die meisten dann in Ostasien. Logischerweise will China nicht nur in Auftragsarbeit montieren, sondern die cleveren neuen Apparate gleich selbst erfinden.

Hochtechnologiestandorte gibt es viele in den USA und im Rest der Welt, doch das Wunder der San Francisco Bay scheint immer einen Schritt voraus zu sein. Das Tal zieht weiterhin ein Drittel des gesamten Risikokapitals der Vereinigten Staaten an. Allwöchentlich geistern die Meldungen von Millionenumsätzen und -aufkäufen von Google, Apple, Facebook, eBay und wie sie alle heißen durch die Wirtschaftsseiten der Weltpresse.

Dabei hat Silicon Valley alles andere als einen kontinuierlichen jahrzehntelangen Goldrausch erlebt, wie es oft gern dargestellt wird, sondern wird genauso von zyklischen Krisen geschüttelt wie der Rest der Wirtschaftswelt. Die Wurzeln des Aufstiegs an die Weltspitze der Technik-Liga liegen irgendwo in den 40er Jahren. An der renommierten Stanford Universität wurde schon immer ernsthaft und ergebnisorientiert geforscht. Frederick Terman, der visionäre Dekan der Ingenieurs-Fakultät, kreierte 1951 einen Industriepark auf dem Gelände der Uni, wo die Hochschulabsolventen ihren Erfindungsreichtum in eigene kleine Unternehmen verwandeln konnten.

Der Schlüssel zum Erfolg lag in der geographischen Nähe zur Uni und im studentischen Ambiente. Kommunikation und soziale Netzwerke waren schon lange vor Twitter und Facebook von entscheidender Bedeutung. Bei Kaffee und Bier wurden Ideen ausgetauscht, Lösungen ertüftelt und Kontakte geknüpft. Die legere Umgangsweise im Universitätsmilieu war dafür ein bedeutend fruchtbarer Nährboden als die formalen Hierarchien etablierter Unternehmen. Die wurden jedoch schnell auf die Ideenschmiede aufmerksam und begannen, mit den kreativen Köpfen zusammenzuarbeiten. Renommierte Konzerne wie IBM, Eastman Kodak oder General Electric gründeten Niederlassungen im Industriepark von Stanford. Auch die NASA kam wenig später hinzu.

Mit dem Kapital der Großen im Rücken gelangen den Kleinen bedeutende Erfindungen. 1956 wurde im Valley der Halbleitertransistor erfunden, um die klobigen und unzuverlässigen Vakuumröhren zu ersetzen. Es folgten integrierte Schaltkreise, die Computermaus und das Rechnernetzwerk. Zwischen 1960 und 1980 entstanden bei über zweitausend High-Tech-Unternehmen sage und schreibe 400.000 Jobs im Süden der Halbinsel von San Francisco. Hochtechnologie klingt natürlich nach hochbegabten und -gebildeten Ingenieuren, doch die Realität sah etwas anders aus. Die Industrie benötigte natürlich auch massenhaft einfache Fabrikarbeiter und griff mit Vorliebe auf lateinamerikanische Einwanderinnen zurück. Die arbeiteten viele Stunden für niedrige Löhne und zeigten kaum Tendenzen, sich gewerkschaftlich zu organisieren. Ebenso brauchte die Industrie Dienstleister und Serviceunternehmen aller Art, von der Anwaltskanzlei für die Patentabsicherung bis zur Reinigungsfirma.

Im Laufe der Zeit hat Silicon Valley mehrere Technologieschübe durchlebt.

Während es zunächst eher um elektrische Anwendungen im Bereich der Radiotechnik ging, kam in den 70ern der Boom der Halbleiterindustrie, der in die Blüte der Personalcomputer mündete. Die Rechner brauchten natürlich Programme, wodurch ab Ende der 80er Software-Firmen aus dem Boden schossen. Direkt darauf folgte der Internet-Boom. Das neue Massenmedium bot ungeheure Gewinnperspektiven. Kleinanleger und Investmentfonts freuten sich auf schnelle Profite, die Börsenkurse stiegen in rasantem Tempo und versprachen zweistellige Prozentzuwächse. Doch viele Unternehmen waren völlig überbewertet und hatten keinerlei kurzfristige Gewinnerwartungen. Im März 2000 platzte die Spekulationsblase des Dot-Com-Booms, ähnlich der amerikanischen oder spanischen Immobilienblase im Jahr 2008. Nur die stärksten Unternehmen überlebten die natürliche Selektion der Krise. Arbeitsplätze gingen massenhaft und mittelfristig unwiederbringlich verloren. Noch vor dem Beginn der neuen großen Wirtschaftskrise 2008 lag die Gesamtzahl der Beschäftigten um 17 % niedriger als acht Jahre zuvor. Auch scheinbar unbesiegbare Giganten wie Google sind weltwirtschaftlichen Rahmenbedingungen unterworfen und schreiben zumindest kleinere Zahlen. Mit Beginn der jüngsten Krise wurde vor allem Investitionskapital knapp. Auch fordern Lobbyisten seit Jahren, die Einwanderungsgesetze für fremdländische Spezialisten und Unternehmer zu lockern.

Dennoch geht im Silicon Valley der Optimismus nie verloren. Man glaubt leidenschaftlich an die eigene Kreativität und Kraft zur Selbsterneuerung. Mit neuen Technologien im Umweltsektor wird bereits der nächste Boom beschworen. Der Erfolg des Silicon Valley ist abgesehen von der notwendigen Infrastruktur vor allem eine Mentalitätsfrage. Allein das Ergebnis zählt. Man setzt auf Kreativität und Motivation statt tradierte Umgangsformen. Viele Unternehmen imitieren architektonisch die Struktur einer Universität und nennen ihre Einrichtungen folgerichtig Campus. Zur Anregung kreativer Höchstleistungen bekommen die Mitarbeiter Delikatessen in der Google-Kantine, können zwischendurch eine Partie Billard spielen oder eventuell aufgestaute Aggressionen an der Carrera-Rennbahn abbauen. Außerdem bietet der Arbeitgeber Yoga-, Salsa- und Meditationskurse an, kostenlos versteht sich. Die Mitarbeiter sollen motiviert werden, schon morgens im Bus mit kabellosem Internet-Zugang ein Stündchen vorzuarbeiten.

Doch der Alltag der Gehaltsempfänger im Valley ist nicht ganz so idyllisch, wie man meinen möchte: Stress, Erfolgsdruck und Angst um den Arbeitsplatz regieren auch hier. Anfang 2010 geisterte die Meldung durch die Medien, dass nervenstrapazierte Ingenieure nach dem Vorbild des Kinofilms einen „Fight Club" gegründet haben. Zum Ausleben angestauter Aggressionen treffen sie sich regelmässig in einer Garage, um sich gegenseitig genussvoll zu verprügeln.

▶ Apple

In die Zentrale der Marke mit dem Apfel kann man nicht eindringen, sondern nur einen speziellen Apple-Shop besuchen. Computer oder Telefone sind Nebensache, in erster Linie wird Apple-Merchandising vom T-Shirt bis zur Baseballkappe verkauft.

✉ 1 Infinite Loop, Cupertino, CA 95014
⇨ Von Santa Cruz auf dem HW17 nach Norden, nach 21 mi/34 km auf den HW85 nach Westen in Richtung Mountain View, nach 4 mi/7 km Exit „De Anza Blvd", dem De Anza Blvd nach Norden folgen, nach 2 mi/3 km rechts in den Infinite Loop
🕐 Mo-Sa 9.30-18h, So 11-17h
☎ 1-408 743 5650

▶ Intel Museum

Das hochinteressante Museum des weltgrößten Chipherstellers gibt tiefe Einblicke in die ultrasterilen und hochautomatisierten Produktionsanlagen, die Unternehmenskultur und Businesspraxis. Kaum einen Steinwurf entfernt befindet sich ein weiteres Gebäude von Yahoo.

✉ 2200 Mission College Blvd, Santa Clara, CA 95054
⇨ Von der Apple Zentrale wieder auf dem De Anza Blvd nach Norden, nach 600 Metern rechts in die E Homestead Rd, nach 2 mi/3 km links auf den Lawrence Expy, nach weiteren 3 mi/5 km rechts in die E Arques Ave und dem Straßenverlauf 2 mi/3 km folgen, dann links in die Bowers Ave, und nach 600 Metern rechts in den Mission College Blvd, Museum und Firmenzentrale befinden sich nach etwa 1km auf der rechten Seite.
🕐 Mo-Fr 9-18h, Sa 10-17h
♾ Frei
☎ 1-408 765 0503
🖥 www.intel.com/museum

▶ Yahoo

In die Firmenzentrale von Yahoo kommt man nur als registrierter Besucher auf Einladung eines Mitarbeiters. Viel mehr als einen Blick auf den Campus gibt es nicht zu sehen, nicht einmal einen Laden mit Merchandising-Artikeln.

✉ 701 First Ave, Sunnyvale, CA 94089
⇨ Das Intel Museum verlässt man auf dem Mission College Blvd in Richtung Osten und biegt gleich die erste Straße nach rechts auf den Montague Expy, 300 Meter weiter fährt man auf den HW101 in Richtung San Francisco, nach 2 mi/3 km Exit Lawrence Expy, dem Verlauf 3 mi/5 km nach Norden folgen, nach einer Linkskurve rechts in die First Ave

▶ Computer History Museum

Die rasante Entwicklung der Technologie vom ersten Silikon-Transistor in den 50er Jahren bis zum modernen Mikrochip mit Millionen von Transistoren wird anschaulich und eindrucksvoll erklärt. Daneben werden Detailaspekte wie die Historie des Schachcomputers und des Internets beleuchtet.

✉ *1401 N Shoreline Blvd, Mountain View, CA 94043*

⇨ *Von der Yahoo Zentrale zurück und rechts auf die N Mathilda Ave, nach 1 mi/1,6 km rechts auf den HW237, sofort auf den HW 101 in Richtung San Francisco wechseln, nach 2 mi/ 3 km Exit N Shoreline Blvd, rechts und gleich die zweite wieder rechts in die Pear Ave, wo sich die Einfahrt zum Parkplatz befindet.*

🕐 *Mi-So 12-16h, Sa bis 17h*

✆ *Frei*

☎ *1-650 810 1010*

💻 *www.computerhistory.org*

▶ Googleplex

Google ist bekannt für seine Geheimniskrämerei, folglich gibt es auch keinen Zutritt zum Hauptquartier. Maximal kann man vom Straßenrand aus ein paar Fotos vom architektonisch wenig beeindruckenden Google-Campus schießen.

✉ *1600 Amphitheatre Parkway, Mountain View, CA 94043*

⇨ *Vom Computer History Museum zurück zum N Shoreline Blvd in den man nach rechts einbiegt, nach 700 Metern links in den Amphitheatre Parkway, der gesamte Block auf der linken Seite gehört zum Google Campus*

▶ Hewlett Packard Garage

Die Ursprünge der Computerrevolution finden sich in einer kleinen Hinterhofgarage in Palo Alto. Mit einer Anfangsinvestition von 538 Dollar gründeten Bill Hewlett und Dave Packard 1939 eines der heute weltgrößten Computerunternehmen. Zunächst bastelten die beiden Namensgeber alle möglichen elektrischen Apparate, von Thermometern bis zu Oszilloskopen. Die Garage steht im Hinterhof eines Privathauses und kann von der Straße aus gesehen und fotografiert, aber nicht betreten werden. Bei einem Kurzbesuch sollte man

Hewlett Packard Garage (hinten links)

besondere Rücksicht auf die Ruhe und Privatsphäre der Nachbarschaft nehmen.

- ⊠ *367 Addison Ave, Palo Alto, CA 94301*
- ⇒ *Von der Google Zentrale folgt man dem Amphitheatre Parkway nach Westen, gleich nach der Linkskurve nach rechts auf den HW101 in Richtung San Francisco, nach 2 mi/3 km Exit 402 „Embarcadero Rd", direkt nach der Unterquerung der Autobahnbrücke rechts die Ausfahrt „Embarcadero Rd West" nehmen, der Embarcadero Rd 2 mi/3 km nach Westen folgen, rechts in die Waverley St und die fünfte links in die Addison Ave, die Garage befindet sich zurückgesetzt hinter der Toreinfahrt des zweiten Hauses auf der rechten Seite.*

▶ Stanford University

Der Campus der renommierten Universität von Stanford hat die Dimensionen eines Stadtviertels. Der Palm Drive führt einmal quer durch das riesige Gelände, vorbei an Instituten, Grünanlagen und Studentenwohnheimen.

- ⊠ *Campus Drive*
- ⇒ *Der Addison Ave nach Südwesten folgen, die erste rechts in die Bryan St, die fünfte links in die University Ave, die nach einer halben Meile den Namen in Palm Drive ändert und quer durch das Unigelände führt.*

Vom Campus der Stanford Uni nimmt man die University Ave in entgegengesetzter Richtung, also nach Nordosten, um nach 3 mi/5 km auf den HW101 zu treffen, der geradewegs ins immer noch 30 Meilen entfernte Zentrum von San Francisco führt.

Stadt der Außenseiter – San Francisco

*If you're alive, you can't
be bored in San Francisco.
If you're not alive, San Francisco
will bring you to life.*

*Wenn du am Leben bist, kannst du dich in
San Francisco nicht langweilen. Wenn du
nicht am Leben bist, dann wird dich
San Francisco zum Leben erwecken.*

William Saroyan, amerikanischer Dramatiker und Pulitzer-Preisträger, der
innerhalb von acht Jahren zweimal mit der gleichen Frau verheiratet war.

Die wilden Verfolgungsjagden der FBI-Kommissare Stone und Heller durch die Straßen von San Francisco waren in den 70er Jahren ein Straßenfeger im ZDF. Deutschland lernte, was ein echter amerikanischer Großstadtdschungel ist. Wolkenkratzer, Drogen, Straßengangs, Gewalt und düstere Spelunken. Die rasante Bilderfolge des Vorspanns, unterlegt mit der ebenso schwungvollen funky Jazz-Rock Nummer von Patrick Williams, dokumentierte emotionsgeladen das moderne Großstadtleben: Verkehrschaos, individualisierte Menschenmassen, grandiose Bauwerke, Hektik, Armut, und finstere Gestalten.

Eine Stadt wurde zum Star. Vor ästhetischer Kulisse muss der Mann hart aber humorvoll sein und eisern seinen ethischen Gesetzen gehorchen. Halb (West-) Deutschland träumte davon, nach Amerika auszuwandern und seinen Mann zu stehen.

San Francisco stand dabei für alles Gute an Amerika: Pioniergeist, Toleranz, Fortschrittlichkeit. Drei Eckpunkte, die das Leben der Stadt von Anfang an geprägt haben und sie bis heute charakterisieren. Das heißt aber keinesfalls, dass San Francisco nicht eine beinharte Ellenbogengesellschaft wäre. Auf dem Arbeits- wie auf dem Wohnungsmarkt herrscht ein eiserner Verdrängungswettbewerb, auf dem mit allen Bandagen gekämpft wird. Die Yuppies gegen die Arbeiter, die Weißen gegen die Latinos, wie in allen großen Städte der USA ist der vielbeschworene Schmelztiegel ein Flickenteppich. Jede Minderheit hat ihre Stadtviertel, die Japaner, die Chinesen, die Schwarzen, die Finanzwelt, die Hippies und die Homosexuellen. Das Zusammenleben ist eher ein Neben- als ein Miteinander. Auf der anderen Seite können die Kulturen und Subkulturen so ihre Eigenheiten und ihren Charakter zumindest teilweise bewahren, ohne in einem großen amerikanischen Püree aufgelöst zu werden.

Trotzdem ist San Francisco eine besondere Stadt. Auf den ersten Blick erkennt man europäische Züge. Es gibt ein akzeptables Nahverkehrssystem, eine Kaffeehauskultur, über 15.000 alte viktorianische Häuser, Parks und Grünflächen, die nicht nur von Obdachlosen frequentiert werden. San Francisco ist fahrrad- und fußgängerfreundlich, schon allein, weil die Bebauung der Stadtviertel konzentrierter ist und man nicht ständig fußballfeldgroße Parkplätze queren muss.

Die Hügellandschaft um die Bucht von San Francisco ist eine der schönsten Kulis-

Blick auf Downtown

sen für eine Stadt, die man sich vorstellen kann. Mit dem Bau der Golden Gate Bridge, vermutlich die bekannteste Brücke der Welt, wurde dieser Umgebung eine ästhetische Huldigung hinzugefügt. Von Fotos mit immer blauem Himmel in die Irre geführt, stellen viele Besucher überrascht fest, dass es in San Francisco ausgesprochen frisch sein kann. Mark Twain soll gesagt haben, „der kälteste Winter, den ich erlebt habe, war ein Sommer in San Francisco", doch in Wahrheit haben Twain-Forscher niemals

einen Nachweis für diesen Ausspruch gefunden. Dennoch, tendenziell muss man sich in Frisco warm anziehen. Im Sommer steigen die Maximaltemperaturen selten über 25 °C, es kann aber auch zehn Grad kühler sein. Dafür regnet es im Sommer äußerst selten. Allmorgendlich ziehen Nebelschwaden vom Pazifik in die Bucht. Ein phantastisches Fotomotiv, wenn nur die beiden Brückenpfeiler aus dem schneeweißen Nebelmeer des Golden Gate in den blauen Himmel ragen. Doch der Klima-

San Francisco in Zahlen	San Francisco	Zum Vergleich: Frankfurt / Main
Einwohner im Stadtgebiet	809.000	671.000
Fläche	121 km²	248 km²
Einwohner im Ballungsraum	4,2 Mio.	5,5 Mio.
Einwohner pro km²	6.688	2.706
Durchschnittstemperatur	14 °C	9,7 °C
Jährlicher Niederschlag	566 mm	658 mm
Höhe über NN	16 m	112 m
Partnerstädte	Insgesamt 17, darunter Zürich und Paris	

wandel hat den Küstennebel bereits um ein Drittel reduziert, wie Wissenschaftler festgestellt haben. Das beeinträchtigt aber mehr als nur die Schnappschüsse der Besucher. Der Nebel ist ein entscheidender Faktor im Ökosystem der Küste, denn er konserviert die Feuchtigkeit der Böden. Die nahe gelegenen Wälder der Muir Redwoods könnten mittelfristig austrocknen.

Verblüffend können auch die erheblichen Temperaturdifferenzen zwischen verschiedenen Stadtvierteln sein, je nachdem, wie gerade der Wind weht. Der Mission District gilt als die wärmste Gegend San Franciscos. Am Pazifikstrand und dem Golden Gate, gerade mal sieben Kilometer entfernt, kann es zum gleichen Zeitpunkt fünfzehn Grad kühler sein.

Überraschenderweise ist San Francisco nur die viertgrößte Stadt Kaliforniens und landesweit nur die Nummer zwölf.

San Jose, die siebzig Kilometer südlich gelegene Hauptstadt des Silicon Valley zählt gut 150.000 Einwohner mehr. Auf drei Seiten von Wasser umgeben, kann die Stadt höchstens in die Vertikale oder in ihre Grünflächen expandieren. Zweiteres ist völlig ausgeschlossen und würde am entschlossenen Widerstand der Bewohner scheitern. Beim Wachstum in die Wolken gehen die Meinungen weiter auseinander. Nachdem in den 70er Jahren die „Manhattanization" der Downtown beklagt wurde, erlegte sich die Stadt strikte Wachstumsbeschränkungen auf. Doch gerade in den letzten Jahren durften wieder neue Wohn- und Bürotürme in den Himmel schießen. Ein 78 m^2-Appartment in den grün schimmernden Infinity Towers kostet über 600.000 Dollar, die großen Luxussuites fast das Zehnfache.

Wie die namentliche Ehrerbietung an Franz von Assisi vermuten lässt, ist auch San Francisco Spross der spanischen Missionsbewegung des ausklingenden 18. Jahrhunderts. Der großartige natürliche Hafen der San Francisco Bay sollte gegen ein hinterlistiges Eindringen der russischen und englischen Konkurrenzmächte gesichert werden. Der britische Freibeuter Sir Francis Drake persönlich war schon 1579 an der Südseite der 30 Meilen nördlich gelegenen Halbinsel Point Reyes gelandet und hatte den Landstrich förmlich als „Nova Albion" in Besitz genommen, was allerdings für niemanden irgendwelche Konsequenzen bedeutete und letztendlich nicht mehr als ein Akt kolonialistischer Selbstüberschätzung war. Die Einfahrt zur San Francisco Bay entdeckte er nicht. Wahrscheinlich war sie wie so oft in dichten Nebel gehüllt. Spanien war vorgewarnt, brauchte aber dennoch über hundert Jahre, um die Mission Dolores und den Presidio, das Fort an der Einfahrt zum Golden Gate zu gründen.

Für die nächsten fünfzig Jahre war die Siedlung kaum mehr als ein Außenposten am Ende der Welt. Eine Handvoll amerikanischer Pioniere siedelte sich an, die Hudson Bay Handelskompanie aus Toron-

to gründete einen weitgehend wertlosen Handelsstützpunkt, den sie später wieder abstieß. Doch 1848 wendete sich das Blatt ebenso schlagartig wie unerwartet. Zweihundert Kilometer nordöstlich entdeckte der Vorarbeiter einer Sägemühle ein paar schmutzige Klumpen puren Goldes im American River. Die Nachricht verbreitete sich mit der Geschwindigkeit eines Präriefeuers, und innerhalb von drei Jahren strömten gut 300.000 Glücksritter aus dem Osten der USA und dem Rest der Welt nach Kalifornien, auf der Jagd nach einer goldenen Zukunft. Viele kamen auf dem ebenso gefährlichen wie beschwerlichen Landweg, der Rest fiel per Schiff in San Francisco ein. Das 900-Seelen Kaff am Allerwertesten der Welt schwoll innerhalb eines Jahres zu einer Stadt mit 25.000 Einwohnern. San Francisco wurde zur logistischen Basis des kalifornischen Goldrauschs. Einigen wenigen Abenteurern gelang der große Wurf, die meisten mussten feststellen, dass das Gold eben doch nicht auf der Straße liegt.

In San Francisco, wo es keine halbe Unze zu finden gab, ließen sich die cleveren Geschäftsleute nieder, die Zelte und Spitzhacken zu horrenden Preisen an die Goldgierigen verhökerten. Wenn die Abenteurer mit einem Beutel voll Nuggets aus den Bergen zurückkamen, bot San Francisco all das, auf das sie monatelang verzichten mussten: Whiskey, Glücksspiel, Prostituierte. Das Dreieck, das heute Jackson Square, Chinatown und der Financial District bilden, hieß bezeichnenderweise „Barbary Coast" – die Küste der Barbaren.

Die Vereinigten Staaten beeilten sich, das Reichtum versprechende Kalifornien nach dem Krieg gegen Mexiko in die Union aufzunehmen. Verständlicherweise. Doch San Francisco war Lichtjahre entfernt von der prüden und rationalen Regentschaft der Häusle-Bauer-Mentalität der puritanischen Ostküstler. Im fernen Westen regierte das Faustrecht. Eine der schillerndsten Figuren der Weltgeschichte, ein aus Südafrika eingewanderter Engländer namens Joshua Norton, ernannte sich in San Francisco zum Kaiser von Amerika, publizierte seine Erlässe per Leserbrief in den Tageszeitungen und verspottete die Unionsregierung in Washington als Rebellen. Über zwanzig Jahre lang erließ er zur Erheiterung der Öffentlichkeit „kaiserliche Edikte", die natürlich genauso wenig ernst genommen wurden wie die Gesetze aus dem Wochenreisen entfernten Washington. In San Francisco herrschte wahre Anarchie, das Recht des Stärkeren. San Francisco wuchs schlagartig zur einzigen Metropole des Westens und wurde zum Magnet für Utopisten, Egoisten, Individualisten, Quer- und Freidenker aller Art. Eine Mentalität, die sich in gewisser Weise bis heute erhalten hat. Man spricht weiterhin von einer Inselmentalität, einer „Offshore

Province", 4.500 geographische und nochmal 20.000 mentale Kilometer von Washington entfernt.

Inzwischen aber wurde die Stadt verkehrsinfrastrukturell per Eisenbahntrasse an Amerika angeschlossen. Der 1904 fertiggestellte Panamakanal gab dem Handel weitere Wachstumsimpulse. In San Francisco regierten allmählich Normalität und Optimismus. Doch das fand eine jähe Unterbrechung, als klar wurde, dass die San Andreas Verwerfung dummerweise quer durch die Stadt verläuft. Die Bucht von San Francisco wird von einer ungemein komplizierten Geologie geprägt. Der Untergrund ist praktisch konstant in Bewegung, das Gestein wird gequetscht und gehoben, Spannungen bauen sich auf und entladen sich schlagartig. Das verheerende Erdbeben von 1906 legte die Stadt in Schutt und Asche. Erste Nachrichten sprachen von 375 Todesopfern, im Nachhinein tippt man auf das Zehnfache. Fakt ist aber, dass mindestens die Hälfte der rund 400.000 Bewohner ihr Heim verlor. Im Nachhinein wurde das Beben auf Stärken zwischen 7,7 und 8,3 geschätzt.

Des einen Freud, des anderen Leid, das aufstrebende Los Angeles profitierte und ließ San Francisco fortan hinter sich. Doch eine echte Goldgräberstadt weiß auch solche Schicksalsschläge wegzustecken. In Windeseile wurde die Stadt wieder aufgebaut. Die große Depression der 30er Jahre

traf San Francisco weniger hart als den Rest des Landes. Stattdessen wurde die Spitze der Halbinsel mit zwei gigantischen Brückenschlägen ans Festland angebunden: der Golden Gate- und der Oakland Bay-Brücke. Die Kriegswirtschaft ließ die Stadt florieren und mündete direkt in die Wohlstandsphase der 50er Jahre. Von den Beatnicks als Hauptstadt auserkoren, breitete sich die jugendliche Subkultur aus und präparierte das Terrain für die Invasion der Hippies. 1967 vibrierte Haight Ashbury im Summer of Love, Scott McKenzie's Song „If you're going to San Francisco" manifestierte den Anspruch als Welthauptstadt der Flower-Power-Bewegung. Fortan fungierte San Francisco als Kristallisationspunkt verschiedenster Subkulturen und Untergrund-Bewegungen, von den Mobilisationen gegen den Vietnamkrieg über die Homosexuellen zum Punk und obskuren Elementen wie der Church of Satan oder der Guyana-Sekte, die 1978 in der ehemaligen holländischen Kolonie einen Massenselbstmord von über 900 Menschen inszenierte.

Die subkulturelle Blüte beeinträchtige aber in keinster Weise die Konjunktur. San Francisco blieb weiterhin eines der Finanzzentren der USA, in der Downtown schossen neue Wolkenkratzer in den Himmel, und die Touristen kamen in Scharen.

Gänzlich konfliktfrei konnte das Wachstum der kulturellen Gegenpole Kapital und Subkultur freilich nicht verlaufen. Die

Alternativen setzten sich zähnefletschend gegen die Yuppisierung ihrer Viertel zur Wehr. Wie fast überall auf der Welt ein weitgehend aussichtsloses Unterfangen, eine Schlacht, die wohl immer zu achtzig Prozent von der Macht des Geldes gewonnen wird und der Alternativkultur nur kleine Rückzugsnischen zubilligt. Diese existieren jedoch weiter in San Francisco und machen am Ende einen wichtigen Teil des Reizes der Stadt aus.

Dennoch atmet man in San Francisco überall eine tolerante und liberale Atmosphäre. Die Hippies und die Homosexuellen haben dazu einen wichtigen Beitrag geleistet. Vor allem Letztere haben sich in die städtische Politik eingemischt und nicht nur ihre eigenen Interessen, sondern auch die anderer Minderheiten vertreten. Und sie sind ein konstanter, die Identität der Stadt prägender Faktor, keine kurzlebige Modeerscheinung. Kaum eine Straße, in

der nicht irgendwo die Regenbogenflagge an einem Balkon weht. Homosexualität hat eine lange Tradition in San Francisco. Zu Zeiten des Goldrauschs waren 90 Prozent der Bewohner Männer. Die Prostitution florierte, doch es gab auch Männer, die bereit waren, die weibliche Rolle zu übernehmen. Eine ähnliche Situation ergab sich mit dem Ende des Zweiten Weltkriegs. Die Stadt war prall gefüllt mit frisch aus dem Wehrdienst entlassenen Soldaten aus allen Teilen der USA. Die meisten mit nicht mehrheitsfähiger sexueller Orientierung blieben im liberalen San Francisco, anstatt in ihre konservativen Heimatorte zurückzukehren, wo sie sich verleugnen mussten, um offener Diskriminierung zu entgehen.

Seitdem sind Homosexuelle überall in der Stadt präsent, aber nirgends auf der Welt so konzentriert wie in Castro. Der Stadtteil ist das Schwulenmekka schlechthin, kein homosexueller Europäer würde auf die Idee kommen, in die USA zu reisen, ohne in Castro vorbeizuschauen. Insofern trägt Castro auch Züge einer Touristenfalle. Während Homosexualität anderswo im harmlosesten Fall verspottet wird, wird sie hier ohne den geringsten Selbstzweifel offen zur Schau getragen.

Doch auch in San Francisco musste diese Freiheit erst hart erkämpft werden. Auch hier gab es Gesetze, die auf puritanischen Moralvorstellungen basierten. Homosexuelle wurden unterschiedlichster Vergehen beschuldigt, verhaftet und bestraft. Die 60er Jahre waren das Jahrzehnt des großen Aufbruchs, des Kampfes der Minderheiten für ihre Rechte. Die Stonewall-Unruhen in New York markierten 1969 den Wendepunkt in der Geschichte der Unterdrückung. In San Francisco hatte sich Castro bereits als schwules Zentrum etabliert. Harvey Milk, aus New York zugezogen, sah die Zukunft für die Befreiung der Homosexuellen nicht nur im klassischen außerparlamentarischen Kampf, sondern beschloss, in die Politik einzusteigen. Zweimal scheiterte seine Kandidatur bei den Wahlen der Stadträte, im dritten Anlauf 1977 schaffte er es. Milks Amtseid ging durch die nationale Presse, er wurde der erste offen schwule Politiker der Vereinigten Staaten. Voller Energie setzte er ein umfassendes Diskriminierungsverbot in San Francisco durch. Im November 1978 wurde seinem politischen Kampf ein tragisches Ende gesetzt. Bürgermeister George Moscone lehnte auf Anraten von Harvey Milk das Gesuch des ehemaligen Stadtrats Dan White ab, wieder in sein Amt eingesetzt zu werden. Eine halbe Stunde vor der angekündigten Pressekonferenz zu diesem Thema drang White voller Rage durch ein Fenster ins Rathaus ein, um den Metalldetektoren zu entgehen. Er stürmte ins Büro des Bürgermeisters. Nach kurzer heftiger Diskussion zog White eine Waffe und schoss Moscone zweimal in den Kopf. Danach suchte er Harvey Milk und erschoss ihn ebenfalls. San Francisco stürzte in einen tiefen Schockzustand. Die Presse titelte,

White könnte der Todesstrafe entgegensehen, doch am Ende lautete die Anklage auf Totschlag. White wurde zu nur sieben Jahren Haft verurteilt. Voller Zorn rotteten sich 3.000 Demonstranten zusammen, zogen zum Rathaus und lieferten sich Straßenschlachten mit der Polizei. Dan White musste nur fünf Jahre seiner Strafe in Soledad, 50 Kilometer südlich von Salinas, absitzen. Ein Jahr später beging er Selbstmord.

Politik wird in San Francisco offensichtlich mit mindestens ebenso harten Bandagen ausgefochten wie anderswo, doch die öffentliche Meinung treibt sie in eine fortschrittlichere Richtung als in vergleichbaren Städten. Absolut niemand war überrascht, als San Francisco 2009 den Titel der „Least wasteful city", der abfallärmsten Stadt Amerikas erhielt und hinter Portland, Oregon den zweiten Platz bei der Wahl der grünsten Stadt belegte. Das 5.500 Quadratmeter umfassende Dach des Convention Centers ist komplett mit Solarzellen bedeckt, viele Taxis und Busse fahren mit Hybridmotoren, umweltfreundliche Gebäude und Geschäftsideen werden gefördert oder zumindest geringer besteuert, Hausmüll muss unter Strafandrohung getrennt werden. Am internationalen Flughafen warten drei Kioske, an denen man seinen Kohlendioxyd-Ausstoß beim bevorstehenden Flug kalkulieren und sich von der Umweltverschmutzung freikaufen kann, sprich die Dollar einzahlen, die notwendig sind, um seinen Fußabdruck durch Umweltprojekte wieder wettzumachen.

Die Politik wird erwartungsgemäß von den Demokraten dominiert, wobei beim Kampf um den Bürgermeisterposten eher die Grünen als die Republikaner eine Konkurrenz darstellen. Der letzte republikanische Bürgermeister verließ sein Amt 1964.

Als prominenter Kandidat der noch jungen Grünen stieg 1979 Jello Biafra, Sänger der Punkband Dead Kennedys in den Ring. Damals waren die amerikanischen Grünen genau wie in Deutschland noch ein bunter anarchistischer Haufen. Biafras Programm war wie seine öffentlichen Auftritte eine Mischung aus Clownereien und wenigen ernsthaften politischen Forderungen. Das vollständige Verbot des Autoverkehrs in San Francisco lag wohl irgendwo dazwischen. Ernstgemeint war zweifellos die Legalisierung von Hausbesetzungen, weniger wohl der Vorschlag, die Stadt möge in öffentlichen Parks die Wurfgeschosse für Eier- und Tomatenschlachten zum Verkauf anbieten. Viel mehr als ein Publicity-Stunt war Biafras Kandidatur am Ende kaum, denn er heimste keine vier Prozent der Wählerstimmen ein. 1996 wählte die Stadt mit Willie Brown den ersten schwarzen Bürgermeister. Seit 2004 ist der junge und smarte Gavin Newsom am Ruder, der weiter versucht, den Spagat von sozialer, grüner und businessfreundlicher Politik zu meistern.

San Francisco ist ohne den Hauch eines Zweifels die schönste, aufregendste und interessanteste Großstadt der amerikanischen Pazifikküste. Einen ganzen Tag, besser aber zwei oder drei sollte man bei einer Reise entlang der Küstenroute unbedingt einplanen.

ℹ Visitor Information Center

- ✉ 900 Market St, San Francisco, CA 94102
- ⇒ Drei Blocks südlich des Union Square an der Straßenbahnstation Ecke Powell / Market St
- 🕙 Wochentags 9-17h, Sa & So 9-15h, im Winterhalbjahr sonntags geschlossen
- ☎ 1-415 391 2004 (deutsch) und 1-415 391 2001 (englisch)

San Francisco im Internet

- 🖥 www.onlyinsanfrancisco.com
- 🖥 www.ci.sf.ca.us

Orientierung

San Francisco liegt an der Nordspitze der gleichnamigen Halbinsel. Auf drei Seiten von Wasser umgeben liegt im Westen der Pazifische Ozean, im Norden die Einfahrt zur Bucht mit der Golden Gate Bridge und im Osten die Bucht selbst. Die Stadt ist ein Flickenteppich atmosphärisch klar unterscheidbarer Stadtviertel, von denen etliche einen Besuch wert sind.

Als zentraler Orientierungspunkt dient die 260 Meter hohe Transamerica Pyramid. Das eigentliche Zentrum um den Union Square befindet sich einen knappen Kilometer südwestlich. Nördlich der Downtown gruppieren sich die touristischen Fixpunkte wie Fisherman's Wharf, Chinatown, der Coit Tower, das Cable Car Museum und die berühmten Serpentinen der Lombard Street.

Trotz des hügeligen Terrains ist dieser Teil der Stadt in einem rigiden Gitternetz-System angelegt, das zumindest grob den vier Himmelsrichtungen folgt. Südöstlich der Market Street wird das Raster um 45° gedreht, was dem Viertel den Namen „Soma", kurz für „South of Market" einbrachte.

Knapp drei Kilometer nordwestlich des Union Square liegen die Pacific Heights. Die nordwestliche Spitze der Halbinsel nimmt der Presidio ein, das parkartige Stadtviertel mit der Golden Gate Bridge. Haight Ashbury und Castro finden sich im Südwesten der Downtown. Im äußersten Westen befindet sich der Golden Gate Park, aber nicht etwa an der gleichnamigen Brücke, wie man vielleicht vermuten möchte.

Öffentliche Verkehrsmittel

Die gesamte Bay Area lässt sich hervorragend mit öffentlichen Verkehrsmitteln erkunden. Chronische Verkehrsdichte, horrende Parkplatzpreise oder die Unmöglichkeit, einen legalen, kostenlosen Parkplatz zu finden, machen den öffentlichen Nahverkehr zur besten Option. Abgesehen davon bewegt man sich mit dem Fluss der Stadt und ihrer Bewohner. Leider ist die Orientierung zwischen der Vielzahl der Linien und Verkehrsmittel alles andere als eine leichte Aufgabe.

Größere Distanzen überwindet man mit der U-Bahn namens BART, dem Bay Area Rapid Transit. Neun Metro-Linien binden die Außenbezirke und Nachbarstädte wie Oakland oder Berkeley an San Francisco an. Bei einem Aufenthalt von wenigen Tagen ist aber wahrscheinlich höchstens der Transport zum internationalen Flughafen von Interesse. Die Ticketpreise variieren je nach Entfernung des angepeilten Ziels zwischen $ 1,75 und $ 10,90.

⌨ www.bart.gov

Innerhalb der Stadt bewegt man sich am schnellsten mit der Straßenbahn, die wie die Cable Cars, die Stadtbusse und etliche Fährlinien zur MUNI, dem Municipal Railway, gehören. Sechs mit Buchstaben gekennzeichnete Straßenbahnlinien verbinden die verschiedenen Stadtviertel mit dem Zentrum. Alle Linien durchfahren die Downtown und halten an den gleichen fünf Stationen entlang der Market Street. Der einfache Fahrschein kostet $ 2 und erlaubt freies Umsteigen bei einer maximalen Reisedauer von 90 Minuten. Je nach Aufenthaltsdauer kann man mit einer einzigen Fahrkarte also auch hin und zurück fahren. Wer sich die Stadt komplett erschließen will, setzt aus Bequemlichkeitsgründen auf ein Tagesticket („MUNI Passport") zum Preis von $ 13 oder einen Drei-Tages-Pass zu $ 20. Die entsprechenden Dollars sollte man immer passend bereithalten. Die drei kurzen Cable Car-Linien verbinden unterschiedliche Zonen des Zentrums und sind eher als Touristenattraktion denn als echtes Transportmittel aufzufassen.

Die richtige Buslinie zu identifizieren und auch noch die zugehörige Haltestelle zu finden, ist ein Glücksspiel, die Erfolgschancen steigen und sinken mit der individuellen Intuition. Am besten hilft immer: fragen. Busse und Bahnen verkehren üblicherweise zwischen 6 und 24 Uhr, zu später Stunde ist sowieso eine Fahrt im Taxi vorzuziehen. Zur besseren Orientierung lohnt die Anschaffung einer Metro-Karte zum Preis von $ 3 an den Kiosken der Haltestellen. Oder man druckt die Karten der San Francisco Municipal Transportation Agency aus, die man bei ⌨ www.sfmta.com unter „system maps" findet.

Übernachten

Es ist immer ratsam, einigermaßen im Blick zu haben, wo man übernachten möchte, bevor man in eine Großstadt einfällt. Ob man sein Hotel vorher bucht und sich vom Navigationssystem direkt vor die Eingangstür dirigieren lässt oder lieber ein bisschen improvisiert, bleibt den persönlichen Vorlieben überlassen. Im Falle San Franciscos sollte man sich aber wenigstens entscheiden, in welchem Stadtteil man absteigen möchte. Mindestens ebenso wichtig wie die Ausstattung einer Unterkunft ist ihre Lage und die Anbindung an den öffentlichen Nahverkehr, um die Stadt zu erkunden.

Der geschickteste Kompromiss zwischen maximaler Freiheit und perfekter Organisation ist möglicherweise, sich ein oder zwei Tage vor der Ankunft in der Stadt im Hotel oder einem Internet Café eine halbe Stunde lang an den Computer zu setzen und über eines der vielen Online-Reisebüros ein Zimmer zu reservieren. So verliert man keine Zeit mit einer nervenaufreibenden Hotelsuche vor Ort, muss seine Reise aber auch nicht am Ankunftsdatum in San Francisco ausrichten. Die einschlägigen Reise-Websites zeigen detailliert, wo sich die freien Hotelzimmer befinden und erlauben einen schnellen Preis- und Qualitätsvergleich. Im Anhang finden sich im Übrigen einige empfehlenswerte Hotels, die man direkt kontaktieren kann.

Die Übernachtung in San Francisco ist naturgemäß nicht unbedingt preiswert, doch die Idee, außerhalb unterzukommen und täglich in die Stadt zu reisen impliziert einiges an Zeitverlust. Die zusätzlichen Ausgaben fürs Parken können die Kostenersparnis beinahe schon wieder wettmachen. Eine Anreise mit öffentlichen Verkehrsmitteln macht da schon eher Sinn.

So entscheidet sich die Mehrzahl der Reisenden für einen Standort in der Downtown. Von hier aus kann man einen Großteil der Attraktionen der Stadt zu Fuß oder mit Bus und Straßenbahn erreichen. Hotels der Oberklasse verlangen teils horrende Summen für eine Übernachtung, die kleineren Etablissements um den Union Square sind eher bescheiden ausgestattet und die Zimmer oft winzig. Trotzdem muss man auch hier etwa 80 bis 100 Dollar pro Nacht veranschlagen. Hinzu kommen fast immer gesalzene Parkgebühren von meist rund 20 Dollar pro Tag. Dennoch sollte man bei der Reservierung unbedingt darauf achten, dass das Hotel über einen Parkplatz verfügt, denn öffentliche Parkplätze kommen noch teurer. Spekulationen auf kostenlosen Parkraum im Zentrum sollte man sich besser nicht hingeben.

Fisherman's Wharf an der Nordostspitze der Halbinsel konzentriert viele der klassischen Touristenattraktionen und dementsprechend auch die Hotels der großen nationalen Ketten vom Schlage Radisson und Holiday Inn. Das Preisniveau ist generell hoch, für ein Mittelklassehotel kann man durchaus knappe 200 Dollar veranschlagen.

Etwas günstiger kommt man üblicherweise in den berühmten Hügeln von San Francisco, Russian Hill und Nob Hill unter. Die blitzsaubere Umgebung erfordert allerdings einige steile, wenn auch kurze Aufstiege, wenn man sich zu Fuß bewegen möchte.

Eine andere bedenkenswerte Alternative zur Downtown ist SOMA, das Viertel südlich der Market Street. Tags wie nachts bietet der lebendige Stadtteil vielfältige Möglichkeiten zum Shoppen und Ausgehen, ist aber vergleichsweise sicher und wohlgeordnet.

Die preiswertesten zentral gelegenen Unterkünfte findet man im „Tenderloin", der verruchten Gegend südwestlich des Union Square. Morbider Charme kombiniert mit anrüchigen Etablissements und hohen Armuts- und Kriminalitätsraten machen das St. Pauli San Franciscos aber nicht unbedingt für jedermann attraktiv.

Wer San Francisco vor allem mit der Hippie- oder Homosexuellenkultur verbindet, sollte sich seine Unterkunft in Haight Ashbury oder Castro suchen. Das Preisniveau liegt allerdings nicht wesentlich unter dem vergleichbarer Hotels der Downtown.

Stadtteile

Der Besuch in San Francisco wird höchstwahrscheinlich im Zentrum beginnen, wo sich die bekanntesten Attraktionen befinden. Die Fahrt über die Golden Gate Bridge kann als obligatorisch betrachtet werden. Hinzu kommt vermutlich der Be-

Fisherman's Wharf

© Peter Fritzgerald, OpenStreetMap, CC-BY-SA

Map labels:
Golden Gate NRA · Alcatraz · San Francisco · Treasure Island · Golden Gate Bridge · Fisherman's Wharf · Bay Bridge · South Bay · Fort Mason · Lombard St · Chinatown-North Beach · The Presidio · Golden Gate · Nob Hill-Russian Hill · Union Square-Financial District · Divisadero St · Webster St · Van Ness St · California St · Western Addition · Civic Center-Tenderloin · SoMa · San Francisco Bay · Lincoln Park · Geary Blvd · Fulton St · Golden Gate Park · Fell St · Haight · Market St · Lincoln Way · Mission St · Dolores St · Great Hwy · The Avenues · Sunset Blvd · 19th Ave · Castro-Noe Valley · Mission-Bernal Heights · Portola Dr · Sloat Blvd · Twin Peaks-Lake Merced · Southern Fwy · Alemany Blvd · Southeast · Lake Merced · Skyline Blvd · Bernt's Knoll · Geneva Ave · Mission St · 2 Kilometers · 2 Miles

such auf der Gefängnisinsel Alcatraz und je nach Interessenlage ein Abstecher ins Hippie-Viertel Haight Ashbury und die Homosexuellen-Community in Castro. Im Folgenden stellen wir die einzelnen Stadtteile vor und grasen die interessantesten Punkte ab, sodass jeder seinen individuellen Besuchsplan zusammenstellen kann.

▶ Downtown

Das Zentrum gliedert sich in mehrere kleine Unterbezirke, wobei vor allem zwischen dem hochhausbestandenen Financial District und dem historischen Stadtzentrum um den Union Square mit seinen Shopping Meilen zu unterscheiden ist.

▶ Union Square

Das Herz des Shopping-Zentrums der Innenstadt ist der Union Square, der die Größe eines gesamten Häuserblocks einnimmt. Der Platz ist gleichzeitig kulturelles und soziales Zentrum, wo Freiluftkonzerte stattfinden und die Abschlusskundgebungen politischer Demonstrationen abgehalten werden. Auf dem geometrischen Mittelpunkt des Platzes steht das Dewey Monument, eine Art Siegessäule, die an die entscheidende Schlacht von Manila im Krieg gegen Spanien erinnert.

Neben einigen noblen historischen Hotels konzentrieren sich hier große Kaufhäuser wie Macy's oder Bloomingdale's und schicke Boutiquen exklusiver

Markennamen. Der Union Square und seine Nebenstraßen sind prall gefüllt mit Restaurants und Geschäften. Die meisten gehören zu großen Handelsketten oder konzentrieren sich auf einzelne große Marken, so wie der Levi's Store oder Niketown.

▶ Fisherman's Wharf

Der alte Anleger der Fischereiflotte ist das touristische Herz San Franciscos. Von den Bewohnern weitgehend als Touristenfalle ignoriert, zieht es massenhaft Besucher aus aller Welt zum Fototermin mit den fetten Seelöwen an. Ein buntes Sammelsurium aus Souvenirläden und Restaurants, Wachsmuseum, Aquarium und einem U-Boot aus dem Zweiten Weltkrieg. Auch verschiedene Ausflugsdampfer legen hier ab. Das Zentrum der Fisherman's Wharf befindet sich auf Pier 39.

- ✉ Pier 39, The Embarcadero, San Francisco, CA 94133
- 🕙 Wochentags von 10-22h, an Wochenenden bis 23h
- ⚲ Frei
- 🖳 www.pier39.com

▶ Aquarium of the Bay

Zwanzigtausend Meerestiere tummeln sich in San Franciscos Aquarium und wohl auch alltäglich genauso viele Besucher. Hundert Meter lange gläserne Tunnel führen quer durch die riesigen Becken. Lieblingstiere aller Altersklassen sind natürlich die Haie.

- ✉ Pier 39, The Embarcadero, San Francisco, CA 94133
- 🕙 Im Sommer 9-20h, im Winter wochentags 10-18h, Fr-So 10-19h
- ⚲ Erwachsene: $ 16,95, Senioren & Kinder bis 11 Jahren: $ 8
- ☎ 1-415 623 5300
- 🖳 www.aquariumofthebay.org

▶ Transamerica Pyramid

San Franciscos Wolkenkratzerwald erreicht bei weitem nicht die ästhetische Klasse von New York oder gar Chicago. Die Transamerica Pyramid sticht als einziges Hochhaus unter eher simplen und langweiligen architektonischen Leistungen hervor. Mit 260 Metern Höhe und 48 Stockwerken reckt sie sich auch am höchsten in den Himmel. Drei Jahre dauerte der 1972 vollendete Bau, der ursprünglich dem Fi-

Lombard Street

nanzkonzern Transamerica als Firmensitz diente, inzwischen aber Büroflächen aller möglicher Unternehmen beherbergt und im Besitz der niederländischen Investmentfirma AEGON ist. Im Januar 1995 war der Büroturm vermutlich Ziel der Operation Bojinka, einer geplanten und von den philippinischen Behörden vereitelten Anschlagsserie einer islamistischen Terrorzelle. Auf den zweifellos großartigen Panoramablick von den obersten Stockwerken der Pyramide wird man allerdings verzichten müssen, denn Touristen können den Turm nicht besuchen.

✉ *600 Montgomery Street, San Francisco, CA 94111*

▶ Cable Cars

Die von zwischen den Schienen verlegten Stahlseilen gezogenen historischen Straßenbahnen gehören zu den meistfrequentierten Touristenattraktionen San Franciscos. Je nach Route und Tageszeit können sie dementsprechend brechend voll sein. 1873 wurde die erste Linie eingeweiht, es folgten etliche weitere, die das gesamte Innenstadtgebiet erschlossen. Schon vor Ende des 19. Jahrhunderts trat

die übermächtige Konkurrenz der elektrischen Straßenbahnen auf den Plan, doch die waren nicht in der Lage, die steilsten Aufstiege zu meistern. So blieben bis heute immerhin drei der nostalgischen Linien erhalten. Die spektakulärste und folglich meistfrequentierte ist die Powell Hyde Line mit der Nummer 60. Sie führt vom Süden de der Powell Street nach Norden bis zur Waterfront und erklimmt eine ordentliche Steigung bis zur California St.

Die Haltestellen sind mit braunen Schildern gekennzeichnet. Wie in alten Zeiten darf man auch heute noch außen auf der Plattform stehen, wenn man sich gut festhält und den Anweisungen des Personals Beachtung schenkt.

∞ *Die einfache Fahrt kostet $ 5, die Fahrt im Cable Car ist im Tagespass der MUMI inbegriffen.*

⌨ *www.sfcablecar.com*

▶ Cable Car Museum

Ein ehemaliger Schuppen der Cable Car Company dient seit 1974 als Museum und dokumentiert Geschichte und Technik der Bahnlinien. Drei uralte Bahnen aus der Zeit vor 1870 sind im Museum zu bewundern.

✉ *1201 Mason St, San Francisco, CA 94108*

🕐 Im Sommerhalbjahr 10-18h, im Winter 10-17h
⚲ Frei
☎ 1-415 474 1887
🖳 www.cablecarmuseum.org

▶ Lombard Street

Die steilen Serpentinen der blumengeschmückten Lombard Street sind ebenfalls ein Bild, das in keinem Reiseprospekt fehlen darf. Auf 130 Metern Länge werden 33 Höhenmeter überwunden, also ein Gefälle von rund 25 Prozent. Die Anwohner sind bestimmt reichlich angenervt von den touristenbesetzten Mietwagen, die sich Tag und Nacht das fotogene Sträßchen hinunterquälen. Trotzdem gehört die Adresse zu den teuersten Flecken der ganzen Stadt.

✉ Lombard St Ecke Hyde St, San Francisco, CA 94109
⇨ Auf irgendeiner Straße aus dem Zentrum nach Westen, links in die Hyde St, dann rechts in die Lombard St

▶ Wells Fargo Museum

Die Postkutschen des 1852 gegründeten Bankunternehmens wurden in jedem zweiten Hollywood-Western von Banditen überfallen und ausgeraubt. Dennoch hat sich Wells Fargo zum viertgrößten Finanzkonzern der USA entwickeln können und ist weltweit tätig. Das Unternehmen war mehrfach Gegenstand öffentlicher Diskussionen, sowohl positiv als auch negativ: Einerseits, weil die Bank offen Homosexuellen-Vereinigungen finanziell unterstützte, andererseits, weil sie einer der Hauptinvestoren des privaten Gefängnisunternehmens GEO ist, das vielfach der unmenschlichen Behandlung von Häftlingen und insbesondere illegalen Immigranten beschuldigt wurde. Das Museum verliert über solche Themen natürlich kein Wort, sondern feiert die lange Unternehmensgeschichte.

✉ 420 Montgomery St, San Francisco, CA 94163
🕐 Mo-Fr 9-17
⚲ Frei
☎ 1-415 396 2619
🖳 wellsfargohistory.com

▶ SOMA

South of Market war früher ein hafennahes Lagerhausviertel mit heruntergekommenen Wohnblocks und kleinen Häuschen. Es galt als kriminelles Pflaster und für viele als „no go Area". In den 70ern ließen sich die Alternativ- und Homosexuellenkultur im Viertel nieder, die Avantgarde zog wie so oft den Mainstream nach sich. Aus verrottenden Schuppen wurden schicke Lofts, Museen zogen ein, schummrige Kaschemmen verwandelten sich in Cocktail Bars. Und schließlich entstand auch noch ein grandioses Hochhaus mit dem Namen Millenium Tower.

▶ Contemporary Jewish Museum

Was einen im Museum für jüdische Kunst, Kultur und Geschichte erwartet, weiß man vorher nie ganz genau, denn es verfügt über keine eigene Sammlung, sondern zeigt kontinuierlich wechselnde Ausstellungen. Ob ein Besuch von Interesse ist, kann man nur anhand aktueller Informationen auf der Website des Museums entscheiden.

✉ 736 Mission St, San Francisco, CA 94103
🕐 Fr-Di 10-17h, Do 10-20h, Mi geschlossen
⚲ Erwachsene: $ 10, Senioren & Studenten: $ 8, unter 18 Jahren: frei
☎ 1-415 655 7800
🖳 www.thecjm.org

▶ San Francisco Museum of Modern Art

Der Schweizer Architekt Mario Botta entwarf das Gebäude des Museums für moderne Kunst, das unter anderem mit Arbeiten von Henri Matisse, Georges Braque, Frieda Kahlo, Jackson Pollock und Andy Warhol aufwartet. Neben Malerei, Bildhauerei und Fotografie wird besonderes Gewicht auf Medieninstallationen gelegt.

✉ 151 Third St, San Francisco, CA 94103
🕐 Fr-Di 10-17.45h, Do 10-20.45h, Mi geschlossen, im Winterhalbjahr jeweils ab 11h
⚲ Erwachsene $ 18, Senioren & Studenten $ 9, Kinder unter 12 Jahren frei
☎ 1-415 357 4000
🖳 www.sfmoma.org

▶ Japantown

Das Nihonmachi genannte japanische Gegenstück zur Chinatown ist das ehemals größte und älteste Stadtviertel seiner Art in den USA. Bei weitem nicht so aufdringlich und vielbesucht wie San Franciscos Chinatown würde es sich um ein ganz normales innenstadtnahes Quartier handeln, wäre es nicht fast vollständig von japanischen Restaurants und Läden bevölkert. Nach dem Erdbeben von 1906 begann sich die japanische Community in der Gegend zu konzentrieren. Anlässlich des Angriffs auf Pearl Harbour fiel ein wütender amerikanischer Mob im Viertel ein und plünderte die Läden. Große Teile der japan-stämmigen Bevölkerung wurden im Zweiten Weltkrieg interniert.

Das Zentrum der japanischen Kommune bildet die Peace Pagoda neben der Nihonmachi Shopping Mall.

✉ *22 Peace Plaza, San Francisco, CA 94115*
⇨ *Aus dem Zentrum auf der Geary St knappe zwei Kilometer nach Westen. Die Pagode ist rechter Hand unübersehbar.*
🖳 *www.sfjapantown.org*

▶ Mission District

Die Gegend um die spanischen Ursprünge San Franciscos war traditionell in der Hand von deutschen, irischen und osteuropäischen Immigranten. Ab den 40er Jahren strömten Latinos ins Viertel, die meisten waren ehemalige Tagelöhner der kalifornischen Landwirtschaft. Innerhalb von zwei Jahrzehnten änderte der Stadtteil sein Gesicht vollständig. Die weiße Mittelschicht wanderte in die Vororte ab, wo sie sich ein Haus im Grünen leisten konnte. Mit dem neuen Massenartikel Auto konnten sie über die ebenso neuen Stadtautobahnen schnell und bequem ihre Arbeitsplätze im Zentrum erreichen. Seit den 60er Jahren war Mission vollständig in der Hand der Latinos, doch der Yuppie-Boom der 90er brachte zahlungskräftige Weiße zurück ins Viertel, um Teile der Arbeiterbevölkerung zu verdrängen.

▶ Mission Dolores

Die alte spanische Mission ist verständlicherweise das älteste Gebäude der Stadt. 1776 gegründet, fungiert sie noch heute als das spirituelle Zentrum der Katholiken von San Francisco. Täglich werden mehrere Messen gelesen. Direkt gegenüber findet sich eine progressive jüdische Synagoge, die sich offiziell dazu bekennt, dass alle sexuellen Orientierungen in der Gemeinde akzeptiert werden.

✉ *3321 16th St, San Francisco, CA 94114*
⇨ *Aus dem Stadtzentrum auf der Geary St nach Westen, links in die Van Ness Ave, nach 1,5 mi/ 2,3 km rechts in die 16th St, nach 800 m auf der linken Seite. Mit der Straßenbahnlinie J zur Haltestelle Church St & 16th St, dann zwei Minuten zu Fuß auf der 16th nach Osten.*
🕐 *Sommerhalbjahr 9-16.30h, Winter 9-16h*
∞ *Vorgeschlagene freiwillige Spende Erwachsene: $ 5, Senioren & Studenten: $ 3*
☎ *1-415 621 8203*
🖳 *www.missiondolores.org*

▶ Haight Ashbury

Der einstige Fixpunkt der Hippie-Bewegung versteckt keine großen Attraktionen, das Stadtviertel selbst ist die Attraktion. Trotz der vielen Veränderungen der vergangenen vierzig Jahre lebt die Atmosphäre von Untergrundkultur und utopischem Liberalismus trotz horrender Mieten zumindest an der Oberfläche weiter. Die zentrale Anlaufstelle für den Neugierigen ist der Abschnitt der Haight Street zwischen Central Avenue und dem Golden Gate Park. Hier reihen sich Cafés und Bars, Hippie- und Schnickschnack-Läden für alle persönlichen Vorlieben aneinander. Man kann nach Herzenslust Kuriositäten shoppen gehen, internationale oder vegetarische Snacks zu sich nehmen und vor allem die menschliche Fauna beobachten, die fast alle subkulturellen Kleidungs- und Lebensstile zur Schau stellt. „People watching" ist in den USA ein feststehender Begriff der Tourismus-Branche.

Die Seitenstraßen führen in ein ruhiges aber lebenswertes Milieu, prall gefüllt mit

Haight Ashbury

schnieken viktorianischen Wohnhäusern, aber wie gesagt, ohne eindeutig definierte Attraktionen, die man gesehen haben müsste. Der Musikfreund wird einen Besuch bei Amoeba Records in der 597 Haight Street kurz vor dem westlichen Ende auf der Südseite der Straße möglicherweise als einen der Höhepunkte der Reise empfinden und voll beladen mit gebrauchten CDs oder Vinyl-Schallplatten den Heimweg antreten. Man kann problemlos einen halben Tag damit verbringen, die prall gefüllten Regale des turnhallengrossen Plattenladens zu durchstöbern, sollte aber die möglicherweise anfallenden Gebühren für Übergepäck beim Rückflug im Hinterkopf behalten.

▶ The Castro

Das weltweit größte und bekannteste homosexuelle Stadtviertel zählt etwa 12.000 Einwohner, wobei sich die schwule Bewohnerschaft bis weit in die benachbarten Stadtteile ausgebreitet hat. Das neuralgische Zentrum bildet der Abschnitt der Castro Street zwischen Market und 19th Street. Die lebendige Straße ist dicht bepackt mit Läden und Kneipen, die kei-

neswegs erst nach Einbruch der Dunkelheit zum Leben erwachen. Doch auch in Neben- und Parallelstraßen kann man ausgelassen shoppen und feiern.

Aktuelle Veranstaltungskalender findet man in folgenden Websites:

🖳 *www.castrosf.org*
🖳 *www.mycastro.com*

▶ GLBT Historical Society

Die kryptische Abkürzung steht für „Schwul-lesbische, bi- und transsexuelle historische Gesellschaft", die in einem modernen Museum der eigenen Geschichte auf den Grund geht. Dabei geht es natürlich besonders um die Kämpfe zur sozialen Gleichstellung, aber auch um viele kulturelle Detailaspekte, die besonders in wechselnden Ausstellungen unter die Lupe genommen werden.

✉ *4127 18th St, San Francisco, CA 94114*
⇨ *Im Herzen von Castro kaum 50 m westlich der Kreuzung Castro St / 18th St*
🕐 *Mi-Sa 11-19, So 12-17h*
∞ *Erwachsene: $ 5, jeden ersten Mittwoch im Monat: frei*
☎ *1-415 621 1107*
🖳 *www.glbthistory.org*

▶ Harvey Milk Plaza

Dem Symbol und Vorkämpfer der homosexuellen Befreiung wurde 20 Jahre nach seiner Ermordung ein kleiner, nicht außerordentlich ansehnlicher Platz am Eingang einer Metrostation gewidmet.

✉ *Ecke Castro St und Market St*

▶ Castro Theatre

Das 1922 erbaute historische Kino mit der spanischen Barockfassade bildet eines der kulturellen Zentren des Distrikts und zeigt ein großes Spektrum neuer und alter Filme aller Genres.

✉ *429 Castro St, San Francisco, CA 94114*

▶ Castro Camera

Kurz nachdem Harvey Milk von New York nach San Francisco gezogen war, eröffnete der Hobbyfotograph einen kleinen Fotoladen in der Castro Street, der sich aber schnell zu einem sozialen Treffpunkt entwickelte. Eine Bronzetafel erinnert an den ehemaligen Inhaber des Ladens, der heute ein Geschenkartikelgeschäft beherbergt.

✉ *575 Castro St, San Francisco, CA 94114*

▶ Festivals

Frameline Film Festival

Das weltgrößte und älteste schwul-lesbische Filmfestival dauert knapp zwei Wochen und verteilt sich über ein halbes Dutzend Kinos.

🕐 *Etwa in den letzten beiden Wochen im Juni*

San Francisco Pride

Die spektakuläre homosexuelle Straßenparade lockt alljährlich bis zu eine Million Menschen auf die Straße.

🕐 *Am letzten Sonntag im Juni*

Castro Street Fair

Harvey Milk persönlich rief das alljährliche Straßenfest mit Live Musik auf mehreren Bühnen 1974 ins Leben. Die damalige Besucherzahl von 5.000 Menschen wird heute um ein Vielfaches übertroffen.

🕐 *Am ersten Sonntag im Oktober*

🖥 *www.castrostreetfair.org*

Halloween in the Castro

Die feier- und kostümierfreudige Einwohnerschaft des Viertels nimmt den Feiertag der Kinder zum willkommenen Anlass, zu zehntausenden die lokalen Straßen zu bevölkern.

🕐 *Jeweils am 31. Oktober*

▶ Presidio

Der Namensgeber war das spanische Fort, das die Kolonisatoren 1776 zum Schutz der Bucht errichteten. Später übernahm die US-Armee das Gelände. In allen militärischen Operationen im Pazifik spielte der Standort eine wichtige Rolle. 1994 wurde er endgültig geschlossen und das Territorium der Verwaltung durch den Nationalparkservice übergeben.

Die riesige Parklandschaft an der Nordwestspitze der Halbinsel von San Francisco ist der ideale Ort für einen friedlichen Spaziergang, eine Radtour oder ein Picknick. Einen schönen Panoramablick über die urbane Skyline und die Bucht genießt man vom Crissy Field Overlook. Ein neuer Aussichtspunkt auf die Golden Gate Bridge befindet sich derzeit noch im Bau.

✉ *Visitor Center und Parkplätze in der 50 Moraga Ave, San Francisco, CA 94129*

⇨ *Aus dem Zentrum auf irgendeiner Straße Richtung Norden, dann links in die Lombard St, die in den Presidio Blvd übergeht, links in die Funston Ave und gleich wieder rechts in die Moraga Ave*

🕐 *Täglich 9-15h*

💰 *frei*

☎ *1-415 561 4323*

🖥 *www.presidio.gov*

▶ The Walt Disney Family Museum

Wer ein zweites Disneyland erwartet, wird je nach Erwartungshaltung positiv oder negativ überrascht. Es handelt sich tatsächlich um ein Museum, das die Biographie Walt Disneys von der Geburt bis zum Tode verfolgt. Kinder dürfte ein Großteil der Ausstellung kaum interessieren.

✉ *104 Montgomery St, San Francisco, CA 94129*

🕐 *Mi-Mo 10-18h*

⚯ Erwachsene: $ 20, Senioren: $ 15 ,
  Kinder von 6 bis 17 Jahren: $ 12

☎ 1-415 345 6800

🖳 www.disney.go.com

▶ Golden Gate Park

San Franciscos größter Park ist mit fünf Kilometern Länge und 800 Metern Breite etwa doppelt so groß wie Berlins Tiergarten. Um sich den Park vollständig zu erschließen, mietet man angesichts seiner Dimensionen am besten ein Fahrrad oder auch ein Paar Rollschuhe. Fast schon eine Stadt für sich bietet er eine Fülle von Attraktionen: ein Kunst- und ein Naturkundemuseum, einen botanischen Garten, einen japanischen Teegarten, hundert Jahre alte Windmühlen, eine kleine Bisonherde und mehrere Sportstadien. Unter den vielen Denkmälern finden sich auch Goethe, Schiller und Beethoven. Ein städtischer Park dieser Größe in einer liberalen Stadt wie San Francisco ist prädestiniert als Zufluchtsstätte hunderter Obdachloser. Die Stadt versucht in regelmäßigen Abständen, die unerwünschten Bewohner zu vertreiben, was natürlich völlig sinnlos ist, weil dadurch kein preiswerter Wohnraum geschaffen wird, sondern die Obdachlosen nur zur zeitweisen Abwanderung in andere Gebiete der Stadt gezwungen werden.

⇒ Aus dem Zentrum auf der Geary Blvd in Richtung Westen, nach etwa 4 mi/6 km links in die 25th Ave. Parkplätze sind rar und teuer. Mit der Straßenbahnlinie N dauert die Reise aus dem Zentrum etwa eine halbe Stunde bis zur Haltestelle Judah & 9th Ave, dann zwei Blocks zu Fuß auf der 19th nach Norden bis zum Parkeingang.

🖳 www.golden-gate-park.com

▶ Golden Gate Park Bike & Skate

✉ 3038 Fulton St, San Francisco, CA 94118

⇒ Mit dem Bus Nr. 5 von der Ecke Union Square / Grant Ave in Richtung Cabrillo / La Playa. Nach einer halben Stunde an der Ecke Fulton St / 6th St aussteigen, der Laden befindet sich 50 m weiter stadtauswärts. Mit dem eigenen Gefährt vom Union Square der Geary St nach Westen folgen, nach 2 km links in die Webster

St, 500 m weiter wieder rechts in den Turk Blvd, nach 1,5 mi/2,5 km links in den Arguello Blvd, 300 m weiter rechts in die Fulton St, nach 500 m auf der rechten Seite

🕐 Sommer Mo-Fr 10-18h, Sa & So 10-17h, Winter Mo-Fr 10-17h, Sa & So 10-18h

⚯ Inline Skates: $ 6 pro Stunde, $ 24 für einen ganzen Tag, Mountain Bike: S 5 / $ 25, Tandem: $ 15 / $ 75

☎ 1-415 668 1117

🖳 www.goldengateparkbikeandskate.com

▶ De Young Museum

Auch das Museum für die schönen Künste wurde von dem Erdbeben so stark in Mitleidenschaft gezogen, dass ein Neubau erforderlich wurde. Es zeigt Kunst und Kunsthandwerk der vergangenen fünf Jahrhunderte vom gesamten amerikanischen Kontinent, Afrika und der Pazifikregion.

✉ 50 Hagiwara Tea Garden Dr, San Francisco, CA 94118

⇒ Im östlichen Drittel des Parks südlich des John F. Kennedy Dr

🕐 Di-So 9.30-17.15h, Mitte Januar – November Fr bis 20.45

⚯ Erwachsene: $ 10, Senioren: $ 7, Schüler & Studenten: $ 6, Kinder unter 12 Jahren: frei

☎ 1-415 750 3600

🖳 http://deyoung.famsf.org

▶ Academy of Science

Eines der größten Naturkundemuseen der Welt beherbergt ein Aquarium und ein Planetarium und deckt praktisch alle Themenbereiche von der Geologie über Botanik und Zoologie bis zur Anthropologie ab. Auch ein neun Meter hohes Foucaultsches Pendel zum Nachweis der Erdrotation kann hier bewundert werden. Nachdem viele Einrichtungen beim Loma Prieta Erdbeben 1989 schwer beschädigt wurden, entschloss man sich zu einem fast vollständigen Neubau zu Kosten von 500 Millionen Dollar, der 2008 eingeweiht wurde.

✉ 55 Music Concourse Dr, San Francisco, CA 94118

⇒ Im östlichen Drittel des Parks südlich des John F. Kennedy Dr, unterhalb des De Young Museums

📷 Mo-Sa 9.30-17h, So 11-17h

💰 Erwachsene: $ 29,95,
Jugendliche, Studenten & Senioren: $ 24,95,
Kinder 4-11 Jahre: $ 19,95

☎ 1-888 670 4433

🖥 www.calacademy.org

▶ Japanese Tea Garden

Der etwa zwei Hektar große japanische Garten besticht durch seine perfekte Anlage und Instandhaltung. Exotische Gewächse, kleine Bäche und Wasserfälle, Brücken und Pagoden kreieren ein friedliches Paradies. Im Teehaus kann man ostasiatische Aufgussgetränke und Snacks zu sich nehmen.

✉ 7 Hagiwara Tea Garden Dr, San Francisco, CA 94118

⇨ Etwa 300 m südwestlich des De Young Museums

📷 1.3. - 31.10. 9-18h, 1.11. - 28.2. 9-16.45h

💰 Erwachsene: $ 7, Senioren & Jugendliche von 12-17 Jahren: $ 5, Kinder von 5-11 Jahren: $ 2; Mo, Mi & Fr: frei bei Ankunft vor 10h

☎ 1-415 752 1171

🖥 www.japaneseteagardensf.com

▶ Buffalo Paddock

In riesigen Herden durchstreiften die amerikanischen Büffel, die korrekt als Bisons bezeichnet werden müssten, die Prärien Nordamerikas und bildeten die Lebensgrundlage der dort beheimateten Indianervölker. Bevor die Ureinwohner etwa im 17. Jahrhundert in den Besitz von Pferden kamen, die die Spanier nach Amerika eingeführt hatten, wandten sie eine ebenso simple wie gefährliche Jagdmethode an: Sie näherten sich in großen Gruppen einer grasenden Herde, auf ein Zeichen stürmten sie laut schreiend auf die Tiere zu, um eine Panik auszulösen, die die flüchtenden Tiere direkt auf eine Klippe treiben sollte. Die abgestürzten Bisons waren dann leichte Beute für im Abgrund wartende Jäger.

Doch innerhalb weniger Jahrzehnte beraubte der Weiße Mann die Prärieindianer ihrer Lebensgrundlage. Beim Bau der transkontinentalen Eisenbahnen wollten die Arbeiter mit Fleisch versorgt werden, außerdem waren die Büffelherden eine Gefahr für den Bahnbetrieb. Die Bisonjagd wurde zum Volkssport. Die fast vollständige Ausrottung der Spezies war obendrein die effizienteste Waffe, den Widerstand der Ureinwohner zu brechen. Nur wenige Dutzend Exemplare überlebten den Massenmord. Inzwischen wird der Bison wieder für die Fleischproduktion gezüchtet.

Im westlichen Viertel des Golden Gate Parks kann man direkt am John F. Kennedy Drive einige Dutzend Bisons in einem großen Gehege beobachten.

▶ Aussichtspunkte

▶ Telegraph Hill & Coit Tower

Der Name des Telegraphenhügels geht auf ein manuelles Signalsystem zurück, mit dem im 19. Jahrhundert vom Eingang der Bucht die einfahrenden Schiffe gemeldet wurden. Heute ist der Hügel ein ruhiges Wohnviertel. Vom 64 Meter hohen Coit Tower im Pionier Park genießt man phantastische Blicke auf die Downtown und die Bucht, die man keinesfalls verpassen sollte. Den Fuß des Turmes zieren etliche Wandgemälde aus den 30er Jahren.

✉ 1 Telegraph Hill Blvd, San Francisco, CA 94133

⇨ Der Lombard Street bis zum Parkplatz am westlichen Ende folgen. Der Verkehr an Parkplatz und Zufahrt kann bei großem Andrang völlig zusammenbrechen. Besser ist es, den Hügel zu Fuß zu erklimmen.

📷 10-17h

💰 Erwachsene: $ 4,50, Senioren: $ 3,50, Kinder von 6-12 Jahren: $ 2

▶ Alamo Square & Painted Ladies

Das Bild von den niedlichen, bunt gepinselten viktorianischen Häusern vor der Kulisse der Wolkenkratzer der Downtown hat jeder schon gesehen. Wer das gleiche Foto schießen will, wird allerdings feststellen, dass man das vergleichsweise scheußliche, sechsstöckige Eckgebäude irgendwie aus dem Sucher eliminieren muss. Alamo Square ist übrigens kein Platz, sondern ein kleiner Park, der geradezu nach einem Picknick schreit.

Twin Peaks

✉ *Alamo Square, San Francisco, CA*
⇨ *Auf dem Geary Blvd aus dem Stadtzentrum nach Westen, links in die Webster St, nach einem Kilometer auf der rechten Seite*

▶ Twin Peaks

Die Zwillingshügel haben nicht mehr als den Namen mit David Lynchs Fernsehserie gemeinsam, sondern sind zwei etwa 280 Meter hohe Erhebungen, von denen man einen grandiosen Blick über die Stadt und die Bucht genießt. Das Zentrum ist allerdings fünf Kilometer Luftlinie entfernt.

⇨ *Der Market St aus dem Zentrum heraus etwa 3 mi/5 km folgen, rechts in die 17th St, nach 1 km links in die Clayton St, sofort wieder halbrechts auf den Twin Peaks Blvd, nach 300 m wieder links dem Twin Peaks Blvd folgen, nach 1 km links in die Christmas Tree Point Rd bis zum Aussichtspunkt mit Parkplatz*

▶ 49 Mile Scenic Drive

Wer es eilig hat und an einem einzigen Tag möglichst viele Highlights der Stadt abklappern will, kann im eigenen Vehikel einer beschilderten Rundtour folgen, die schon anlässlich der Weltausstellung 1939 ins Leben gerufen wurde. Seitdem ist die Route mehrfach modifiziert worden. Ausgehend vom Rathaus an der Civic Center Plaza schlängelt sie sich durch die Downtown zur Fisherman's Wharf, wendet sich nach Westen zum Presidio und der Golden Gate Bridge, folgt der Küstenlinie nach Süden, umrundet den Lake Merced, durchquert den Golden Gate Park, erklimmt die Twin Peaks und kehrt durch den Mission District ins Zentrum zurück.

Reich an Aussichtspunkten umreißt die Strecke die natürliche Schönheit der Stadtlandschaft, lässt aber hochinteressante Stadtviertel wie Haight Ashbury und Castro aus.

Je nach Wochentag kann man mit drei bis vier Stunden reiner Fahrtdauer rechnen. Mit Stopps und Besichtigungen ist man leicht den ganzen Tag unterwegs. In jedem Fall sollte man sich bei der Touristeninformation die Streckenkarte besorgen oder sie bei unten angebener Website downloaden und ausdrucken, denn die Schilder sind nicht immer leicht zu entdecken. Eine weitere Falle ist, dass der Kennedy-Drive durch den Golden Gate Park am Wochenende meist gesperrt ist. Knappe 80 Kilometer durch den Stadtverkehr können für den Fahrer eine reichlich ermüdende Angelegenheit sein. Glücklicherweise haben amerikanische Autos ein Automatikgetriebe.

🖥 *www.onlyinsanfrancisco.com/maps/ 49miledrive.asp*

▶ Stadtführungen

Hochinteressante kostenlose Rundgänge führen den Besucher in fast alle Winkel der Stadt. Die Touren dauern üblicherweise eineinhalb bis zwei Stunden und werden von Freiwilligen geführt. Eine kleine unaufgeforderte Spende ist allerdings gern gesehen und sicher auch verdient. Uhrzeiten und Treffpunkte erfährt man telefonisch oder auf der Website.

🐾 Frei
☎ 1-415 557 4266
🖥 www.sfcityguides.org

▶ Radtouren

San Francisco ist eine für amerikanische Verhältnisse großartige Fahrradstadt. Neben Radwegen und einem weit verbreiteten Respekt der Autofahrer für Zweiräder laden die prächtigen Landschaften um die Bay zum Radfahren ein. Auch die Golden Gate Bridge darf man mit dem Rad überqueren. Extreme Steigungen und starker Wind können allerdings ein Wermutstropfen beim Spaß auf zwei Rädern darstellen.

Je nach Modell kostet ein Rad pro Tag ab $ 32 aufwärts. Ab $ 60 werden auch geführte Touren angeboten. Vermieter gibt es mehr als reichlich, einige davon haben gleich mehrere Ableger in der Stadt, sodass man sich den nächstgelegenen aussuchen kann. Die meisten finden sich in nächster Umgebung der Fisherman's Wharf.

Die populärste Radtour führt entlang der Bay nach Westen zur Golden Gate Bridge. Die kann man überqueren, und dem gegenüberliegenden Ufer bis Sausalito folgen, um per Fähre zur Fisherman's Wharf zurückzukehren, alles in allem etwa 14 Kilometer. Eine Alternative ist, an der Golden Gate Bridge vorbei der Küstenlinie zu folgen und durch den Golden Gate Park in die Stadt zurückzukehren. Die Mietstationen halten natürlich detaillierte Straßenkarten und Routenvorschläge bereit.

▶ Blazing Saddles
✉ 2715 Hyde St, 465 Jefferson St & 2555 Powell St (alle in der Nähe der Fisherman's Wharf); 433 Mason St (Union Square)
☎ 1-415 202 8888
🖥 www.blazingsaddles.com

▶ Bike and Roll
✉ 353 Jefferson St (Fisherman's Wharf) & 5 Embarcadero Center (Embarcadero)
☎ 1-415 229 2000
🖥 www.bicyclerental.com

▶ Bay City Bike
✉ 2661 Taylor St, 1325 Columbus Ave & 501 Bay St (alle nahe Fisherman's Wharf)
☎ 1-415 346 2453
🖥 www.baycitybike.com

▶ Festivals

▶ Cherry Blossom Festival
Die Bewohner von Japantown feiern alljährlich ihr traditionelles Kirschblütenfest.
📅 Jeweils Mitte April

▶ Lesbian, Gay, Bisexual And Transgender Parade
Die schwul-lesbische Gemeinde veranstaltet das weltweit größte Event seiner Art.
📅 Ende Juni

▶ San Francisco Waterfront Festival
Im Hafen wird der Unabhängigkeitstag gefeiert und mit bombastischen Feuerwerken über der Bucht untermalt.
📅 Anfang Juli

▶ San Francisco Jewish Film Festival
Das weltgrößte Festival des jüdischen Films dauert jeweils gut zwei Wochen.
📅 Ende Juli / Anfang August
🖥 www.sfjff.org

▶ Oktoberfest By The Bay
San Francisco verwandelt sich in ein pazifisches München und feiert deutsche Traditionen.
📅 Ende September
🖥 www.oktoberfestbythebay.com

🎵 Soundtrack San Francisco

San Francisco ist eine der meistbesungenen Städte überhaupt. Scott McKenzies Folk-Song wird als Hymne der Hippie-Bewegung zur Untermalung bei fast allen Fernsehreportagen zum Thema eingespielt. Der Jazz-Klassiker „I left my heart in San Francisco" wurde von vielen Größen des Genres interpretiert, von Louis Armstrong über Duke Ellington und Frank Sinatra bis Frank Zappa.

Künstler	Titel	Album	Jahr	Genre
Tommy Dorsey & His Orchestra	San Francisco	1936	1936	Swing
John Lee Hooker	San Francisco	The Big Soul of John Lee Hooker	1964	Blues
Scott McKenzie	San Francisco (Be Sure to Wear Flowers in Your Hair)	The Voice of Scott McKenzie	1967	Folk
Richie Havens	San Francisco Blues	Mixed Bag	1967	Folk
The Shadows	San Francisco	From Hank, Bruce, Brian, and John	1967	Pop
The Ventures	Streets of San Francisco	TV Themes	1977	JazzRock
King Crimson	San Francisco	The Champaign-Urbana Sessions	1983	Rock
Joan Baez	San Francisco	The Contemporary Ballad Book	1987	Folk
Chris Isaak	San Francisco Days	San Francisco Days	1993	Pop
Alkaline Trio	San Francisco	Goddamnit!	1998	Punk
Paul McCartney	San Francisco Bay	Back in the U.S.	2002	Pop
NOFX	San Francisco Fat	45 or 46 Songs That Weren't Good Enough to Go on Our Other Records	2002	Punk

🎬 San Francisco im Film

San Francisco diente als Kulisse für unzählige Kinofilme, darunter eine ganze Reihe von Klassikern.

Dirty Harry	
Originaltitel	Dirty Harry
Jahr	1971
Regie	Don Siegel
Hauptdarsteller	Clint Eastwood, Harry Guardino
Genre	Thriller

Harold und Maude	
Originaltitel	Harold and Maude
Jahr	1971
Regie	Hal Ashby
Hauptdarsteller	Ruth Gordon, Bud Cort
Genre	Drama

Ein Rabbi im Wilden Westen	
Originaltitel	The Frisco Kid
Jahr	1979
Regie	Robert Aldrich
Hauptdarsteller	Gene Wilder, Harrison Ford
Genre	Komödie

Presidio

Originaltitel	The Presidio
Jahr	1988
Regie	Peter Hyams
Hauptdarsteller	Sean Connery, Mark Harmon, Meg Ryan
Genre	Thriller

Basic Instinct

Originaltitel	Basic Instinct
Jahr	1992
Regie	Paul Verhoeven
Hauptdarsteller	Michael Douglas, Sharon Stone
Genre	Thriller

Mrs. Doubtfire – Das stachelige Kindermädchen

Originaltitel	Mrs. Doubtfire
Jahr	1993
Regie	Chris Columbus
Hauptdarsteller	Robin Williams, Sally Field, Pierce Brosnan
Genre	Komödie

The Game

Originaltitel	The Game
Jahr	1997
Regie	David Fincher
Hauptdarsteller	Michael Douglas, Sean Penn
Genre	Thriller

Milk

Originaltitel	Milk
Jahr	2008
Regie	Gus Van Sant
Hauptdarsteller	Sean Penn, Josh Brolin, Victor Garber
Genre	Drama

Der Felsen am Ende der Welt – Alcatraz

Alcatraz was built to keep all the rotten eggs in one basket, and I was specially chosen to make sure that the stink from the basket does not escape.

Alcatraz ist gebaut worden, um alle verrotteten Eier in einem Korb zu halten, und ich wurde ausgesucht, dafür zu sorgen, dass der Gestank nicht aus dem Korb entweicht.

Ein Wachmann im Film „Flucht aus Alcatraz"

Der Name klingt spröde wie rostender Stacheldraht. Alcatraz, das war das Ende der Welt, das Ende des Lebens, der Ort ewiger Verdammnis. Wer auf die Gefängnisinsel verbannt wurde, wusste warum. Alcatraz war kein normaler Knast, kein Häftling wurde von einem Gericht hierher geschickt. Nur wer sich in einer anderen Anstalt extrem daneben benommen oder sich als besonders gefährlich erwiesen hatte, wurde von der Justizverwaltung auf den einsamen Felsen verlegt. Es versammelte sich die Crême de la Crême der amerikanischen Unterwelt.

In den Jahren der Prohibition florierte die Kriminalität. Mafiabanden terrorisierten die Großstädte und massakrierten sich gegenseitig, Amerika geriet aus den Fugen. J. Edgar Hoover, der erste FBI-Chef, war in seinen Methoden nicht wesentlich wählerischer. Er ließ Politiker und vermeintlich Subversive überwachen und deckte alle möglichen illegalen und wenig ethischen Methoden seiner Ermittler. Hoover plädierte für die Errichtung eines Elite-Gefängnisses zur öffentlichen Abschreckung vor Straftaten.

Alcatraz kam gerade recht. Seit dem amerikanischen Bürgerkrieg hatte die Insel als Militärgefängnis gedient. Hier saßen vornehmlich Deserteure, Spione und Saboteure – abgesehen von einigen zivilen Häftlingen, die nach dem Erdbeben von 1906 aus Kapazitätsgründen hierher verlegt werden mussten.

Der erhoffte Abschreckungseffekt hätte kaum besser in Szene gesetzt werden können. Von fast überall in der Millionenstadt San Francisco sichtbar, lag der Felsen inmitten des eisigen Wassers der Bucht, wie ein düsteres Vampirschloss, umschwommen von gierigen Haien. Hinter dicken Mauern wurde die Ausgeburt des Bösen im Zaum gehalten. 1934 ging die Insel in den Besitz des Justizministeriums über und Hoover bekam seinen Super-Knast.

Dieser wurde mit allem ausgestattet, was an moderner Sicherheitstechnologie zur Verfügung stand. Die Zellen konnten jederzeit durchsucht werden, und bis zu zwölf Mal am Tag wurden die Insassen durchgezählt. Auf jeden Aufseher kamen nur drei Gefangene. Wachbeamte, die di-

rekt mit den Gefangenen in Kontakt kamen, waren unbewaffnet, damit sie nicht
überwältigt und entwaffnet werden konnten. Stattdessen wurden „gun galleries"
eingerichtet. Von diesen abgeschotteten
Balkonen, die den gesamten Zellentrakt
überblickten, konnten bewaffnete Aufseher im Fall des Falles jeden aufsässigen
Insassen gezielt erschießen.

Doch Gewaltandrohung war nicht
die zentrale Methode zur Zähmung der
kriminellen Elite, sondern Arbeit und
eiserne Disziplin. „Der Gefangene hat ein
Recht auf Essen, Unterbringung, Kleidung und medizinische Versorgung. Alles
andere ist ein Privileg. Privilegien erwirbt
man sich durch gutes Betragen", lautete
eine der Grundregeln. Der Tagesablauf
wurde rigoros eingehalten, Pünktlichkeit war absolute Pflicht, genauso wie die
Sauberkeit der Zellen. Durch Arbeit in
den gefängniseigenen Werkstätten sollte
von destruktiven Gedanken abgelenkt
werden, militärischer Drill machte täglich klar, wer der Schwächere war.

Abgesehen davon war Alcatraz viel
besser als sein Ruf. Es hatte nichts gemein mit den in Kerkern vermodern-
den Untoten der Geschichte des Grafen
Monte Christo. Jeder Insasse hatte eine
Einzelzelle, und Alcatraz galt als eines
der saubersten Gefängnisse der Welt.
Die Maximalkapazität von 336 Insassen wurde nie erreicht, heutzutage in
kaum einem amerikanischen Gefängnis
denkbar. Die Mehrzahl der Häftlinge
jedenfalls ordnete sich der rigorosen
Disziplin unter. Chicagos Mafiaboss Al
Capone galt während seiner viereinhalb
Jahre in Alcatraz als Vorbild an gutem
Betragen.

Dennoch, unter den 1.545 Schwer-
verbrechern, die jemals in Alcatraz einsa-
ßen, waren 36, die sich mit ihrem Schicksal nicht abfanden und für die Freiheit
ihr Leben riskierten. Zwei wagten sogar,
einen gescheiterten Ausbruchsversuch zu
wiederholen. Die meisten wurden gefasst,
bevor sie das Wasser erreichten, sechs
wurden erschossen.

Die Legende besagte, jeder Fluchtversuch von der Insel sei aussichtslos, niemand könne die starken Strömungen der eisigen Fluten schwimmend durchqueren. Doch das war völliger Quatsch. In der Zeit, als Alcatraz noch ein weniger gesichertes Militärgefängnis war, gelang Dutzenden die Flucht. Etliche wurden von Komplizen per Boot abgeholt. Aus reinem Spaß durchschwamm die 17jährige Tochter eines Aufsehers die Bucht, ohne mit der Wimper zu zucken, und landete nach einer dreiviertel Stunde unversehrt an der Pier des Dolphin Schwimmvereins.

Doch der offiziellen Version folgend, ist keinem Insassen nachweislich die Flucht gelungen. Die meisten Versuche scheiterten kläglich, denn sie waren spontane und dilettantische geplante Einzelaktionen. 1946 wurde es erstmals wirklich ernst. Sechs Häftlinge konnten einen Aufseher überwältigen, auf eine „gun gallery" vordringen und Schlüssel und Waffen erbeuten. Doch weit kamen sie nicht, die moderne Technik hielt eine Falle bereit. Nach mehreren Versuchen, einen falschen Schlüssel zu benutzen, blockierte das Schließsystem automatisch, und die hoffnungsvollen Flüchtlinge wurden samt Geiseln in einem Trakt eingepfercht. Drei Tage versuchten sie, sich mit den Geiseln als Druckmittel freizupressen, am Ende wurden sie von den Sicherheitskräften überwältigt. Drei Rebellen wurden erschossen, zwei später exekutiert, einer kam mit einmal lebenslänglich zusätzlich davon. In der Folge der „Schlacht von Alcatraz" wurden die Sicherheitsmaßnahmen erneut verstärkt und zehn Jahre lang keine weiteren Fluchtversuche registriert.

Doch dann kam die große Flucht von Alcatraz, der im Film mit Clint Eastwood ein Denkmal gesetzt wurde. Drei Bankräuber verschwanden von der Insel mittels eines lang vorbereiteten Flucht-

plans von einer Kühnheit, wie ihn Hollywood kaum hätte erfinden können. Ein Kunstwerk der Improvisation. Auf Frank Morris' Karteikarte prangten schon seit langem zwei Daten, die er 1962 mit Bravour bestätigte: „Fluchtexperte" und ein Intelligenzquotient von 133. Zusammen mit den Brüdern Anglin überwand er alle Barrieren und ward nie mehr gesehen.

Vermutlich hatten die drei monatelang mit in der Kantine geklauten Löffeln ein Loch in die Betonwände ihrer Zellen gekratzt. Dahinter befand sich ein unbewachter Gang, in dem die Rohre der Wasserinstallation verliefen. Von hier konnten sie durch einen Lüftungsschacht auf das Gefängnisdach gelangen. Niemand weiß, wie oft sie das taten, denn da oben bereiteten sie vermutlich über Monate den Rest ihres Fluchtplans vor. Aus etwa 50 gestohlenen Regenmänteln kleb-

Wachturm

„The Broadway"

ten sie ein funktionsfähiges Schlauchboot zusammen, das sie in der Fluchtnacht mit einem manipulierten Akkordeon aufblasen würden. Auch selbstgebastelte Ruder aus Holzresten waren vorbereitet.

Am 11. Juni 1962, einem Montag, wurden wie jeden Tag pünktlich um 21.30h die Lichter gelöscht. Jede Stunde patrouillierte ein Wachmann durch den Zellentrakt und kontrollierte mit einem kurzen Blick in die halbdunklen vergitterten Zellen die Anwesenheit jedes schlafenden Insassen. Doch Morris, John und Clarence Anglin hatten ihre Betten mit Kissen ausgestopft, unter den Decken lugte nur ein lebensecht erscheinender Kopf aus Pappmaché mit echten, angeklebten Haaren hervor. Kein Wachmann schöpfte Verdacht. Erst zum Morgenappell um 7.30h, als sich die Gefangenen aufrecht stehend an der Zellentür präsentieren mussten, wurde der Trick entdeckt. Die drei Flüchtlinge hatten volle zehn Stunden Vorsprung.

Zehn Stunden, von denen nur die Fantasie erzählen kann, was passierte. Die drei

waren durch das Loch in der Zelle, den engen Gang und die Luftschächte aufs Gefängnisdach entwischt, in voller Sicherheitsbeleuchtung an einer Regenrinne 18 Meter in die Tiefe geklettert und durch die Büsche unter dem Wasserturm hindurch bis zur Stromturbine vorgedrungen. Dort bliesen sie mit dem Akkordeon ihr improvisiertes Schlauchboot auf und verschwanden in der dunklen Nacht.

Am folgenden Morgen wurde Großalarm ausgelöst. Zweihundert Soldaten und dreihundert FBI Agenten durchkämmten alle Winkel der Bucht von San Francisco, Hubschrauber fahndeten nach den Ausbrechern. Ohne jede ernstzunehmende Spur.

Bei einem vierten Gefangenen wurde ebenfalls ein Loch in der Zelle entdeckt, doch dieser erklärte, im letzten Moment einen Rückzieher gemacht zu haben. Wahrscheinlicher ist, dass er nicht schnell genug durch das Loch schlüpfen konnte und allein zurück blieb. Dem zurückgebliebenen Allen West zufolge war der Fluchtplan, zum drei Kilometer entfernten Angel Island rüberzurudern. Die kleine Insel wurde von oben bis unten durchkämmt, nur vage Indizienfunde konnten dort mit dem Ausbruch in Verbindung gebracht werden. Die drei Ausbrecher blieben für immer verschwunden. Offiziell wurde erklärt, sie seien ertrunken. Doch etliche Zeugen gaben an, die Männer in den Tagen und Wochen danach gesehen zu haben. Vier Jahre später berichtete der San Francisco Chronicle, sie lebten unbehelligt in Südamerika.

Noch Jahrzehnte danach ist das Schicksal der Ausbrecher ein Mysterium. Journalisten machten sich daran, die Flucht zu rekapitulieren, bauten ein Schlauchboot aus Regenmänteln und legten unter gleichen Bedingungen von Alcatraz ab. Sie stellten fest, dass es praktisch unmöglich war, so nach Angel Island zu gelangen. Vielmehr trieb sie die Strömung mit rasanter Geschwindigkeit zur Golden Gate Bridge. Inzwischen erscheint folglich am wahrscheinlichsten, dass sie irgendwo am Nordende der Brücke in den Marine Headlands an Land gingen.

Noch im selben Jahr versuchten zwei weitere Insassen, das Festland schwimmend zu erreichen. Einer wurde ganz in der Nähe der Insel an einem Felsen klammernd aufgegriffen, den zweiten fischten Passanten schwerverletzt am Südende der Golden Gate Bridge aus dem Wasser. Die Brandung hatte ihn mit voller Wucht gegen die Felsen geschlagen.

Das war der letzte Fluchtversuch von der Insel. Vier Monate später, im März 1963, wurde das Gefängnis geschlossen. Der Unterhalt der Gefangenen auf Alcatraz war dreimal so teuer wie in anderen Haftanstalten, und bedeutende Investitionen wären notwendig gewesen, um den Betrieb aufrecht zu erhalten. Zum einen hatte die salzhaltige Luft die Gemäuer stark angegriffen, zum anderen wäre der Bau einer Kläranlage fällig gewesen, denn 250 Insassen und ihre Bewacher produzieren einiges an Abwässern. Alcatraz wurde durch das Hochsicherheitsgefängnis in Marion, Illinois, 120 Meilen südöstlich von Saint Louis ersetzt.

Zunächst wusste man nicht, was man mit dem alten Gemäuer anfangen sollte und es rottete jahrelang vor sich hin. Im November 1969 besetzten indianische Aktivisten die Insel und erklärten sie symbolisch zum zurückeroberten Land der Ureinwohner. Die Nachricht von der Publicity-Aktion ging um die Welt, doch das öffentliche Interesse verebbte schnell wieder. Nach 18 Monaten wurden die letzten Indianerfamilien von der Bundespolizei von der Insel vertrieben. Schließlich wurde Alcatraz als historisches Monument von der Nationalparkverwaltung übernommen und für den Publikumsverkehr geöffnet.

▶ Der Ausflug nach Alcatraz

Die Gefängnisinsel ist eine der populärsten Besucherattraktionen Kaliforniens. Man sollte Tickets für die Überfahrt unbedingt im Voraus kaufen. Das geht per Internet, Telefon oder direkt an den Ticketschaltern. Normalerweise muss man per Reisepass oder Führerschein seine Identität nachweisen. Frühmorgens ist am wenigsten los. Die Fähren legen von der Pier 33 bei Fisherman's Wharf ab. Taschen, deren Größe etwa 50 x 40 cm überschreiten, dürfen nicht mitgenommen werden.

Alcatraz ist ein relativ steiler Felsen. Für Menschen, die den 40 Meter Höhenunterschied zum Gefängnis nicht aus eigener Kraft überwinden können, steht ein Transportservice zur Verfügung.

✉ *Pier 33, The Embarcadero, San Francisco, CA 94124*
⇒ *Aus dem Stadtzentrum auf irgendeiner Straße nach Osten bis zum Embarcadero und dann in Richtung Norden. Kostenpflichtige öffentliche Parkplätze schräg gegenüber an der Ecke*

The Embarcadero / Bay St. Oder mit der Straßenbahnlinie F von der Market St

🎫 *Abfahrten zwischen 9h & 15.55h, Abendtouren legen um 18.10h und 18.45h ab*

♾ *Erwachsene: $ 26, Senioren: $ 24,50, Kinder von 5-11 Jahren: $ 16, Nachtausflüge: 33/30,50/19,50*

☎ *1-415 981 7625*

🖥 *www.alcatrazcruises.com*

🗋 Filme

Hollywood hat das Gefängnis von Alcatraz zum Mythos stilisiert und eine Reihe wirklich sehenswerter Filme zum Thema produziert. Der bekannteste ist zweifellos „Flucht von Alcatraz" mit Clint Eastwood, der auf dem Fluchtversuch von 1962 basiert.

Zelle R17

Originaltitel	Brute Force
Jahr	1947
Regie	William H. Daniels
Hauptdarsteller	Burt Lancaster, Hume Cronyn, Charles Bickford
Genre	Drama

Der Gefangene von Alcatraz

Originaltitel	Birdman of Alcatraz
Jahr	1962
Regie	John Frankenheimer
Hauptdarsteller	Burt Lancaster, Karl Malden
Genre	Drama

Dirty Harry III – Der Unerbittliche

Originaltitel	The Enforcer
Jahr	1976
Regie	James Fargo
Hauptdarsteller	Clint Eastwood, Tyne Daly
Genre	Krimi

Flucht von Alcatraz

Originaltitel	Escape from Alcatraz
Jahr	1979
Regie	Don Siegel
Hauptdarsteller	Clint Eastwood, Jack Thiebeau, Fred Ward
Genre	Drama

Murder in the First

Originaltitel	Murder in the First
Jahr	1994
Regie	Marc Rocco
Hauptdarsteller	Christian Slater, Kevin Bacon, Gary Oldman
Genre	Drama

The Rock – Fels der Entscheidung

Originaltitel	The Rock
Jahr	1996
Regie	Michael Bay
Hauptdarsteller	Sean Connery, Nicholas Cage
Genre	Actionfilm

🎵 Soundtrack Alcatraz

Künstler	Titel	Album	Jahr	Genre
Leon Russell	Alcatraz	Leon Russell & The Shelter People	1971	Songwriter
Tom Fogerty	The Legend of Alcatraz	Tom Fogerty	1972	Rock
Nazareth	Alcatraz	Razamanaz	1973	Rock
Rick Wakeman	Birdman of Alcatraz	Criminal Record	1977	Classic Rock
12 Twelve	Alcatraz	Speritsmo	2003	Rock
June Carter Cash	Alcatraz	Wildwood Flower	2003	Country
Mac Martin & His Dixie Travellers	Alcatraz Blues	Dark Starless Night	2005	Country
Capital Lights	Frank Morris	This Is an Outrage!	2008	Rock
The Dixie Travellers	Alcatraz Blues	A dark starless Night	2005	Bluegrass
Caleb Aronson	Birdman of Alcatraz	Livengood	2006	Songwriter
Dieter Thomas Heck	Alcatraz	Es ist Mitternacht, John	2006	Schlager

Federleichtes Schwergewicht – Die Golden Gate Bridge

Zahlen können erschlagen. Unvorstellbarkeit ist eine alltägliche Faszination der Menschheit, seit sie ein gewisses Maß an Vorstellungskraft entwickelt hat. Wenn man in irgendeinem Astronomie-Buch schmökert, kann man nur zu einer Schlussfolgerung gelangen: Die Götter müssen verrückt sein. Wenn die vielfach potenzierte Zahl der Lichtjahre auch noch mit überwältigender Ästhetik gekoppelt ist, kommen schnell religiöse Gefühle ins Spiel. Ähnlich ergeht es einem bei Meisterwerken der Ingenieurskunst.

Die Golden Gate Bridge ist vermutlich die bekannteste und meistfotografierte Brücke der Welt, ein ästhetisches und technisches Meisterwerk. Die scheinbar simple Geometrie lässt sie wie von Geisterhand gehalten siebzig Meter über der Wasseroberfläche schweben. Wenn sich die Nebelwände vom Pazifik tonnenschwer in die Bucht wälzen und alles Leben unter ihrem Gewicht begraben, steht die Brücke ungerührt da, stark wie die Faust Gottes. Ohne sie wäre die Einfahrt in die Bucht von San Francisco nicht halb so schön. Golden Gate ist ein Kunstwerk. Bei einem Gemälde von Picasso drängt sich nicht die Frage auf, wie viel Farbe der Künstler verbraucht hat. Im Fall der Brücke ist die Quantifizierung unausweichlich.

Um bei astronomischen Dimensionen zu bleiben: Die Brücke wird von 1,2 Millionen Nieten zusammengehalten. Die beiden Stahlseile sind fast einen Meter dick. Rechnet man ihre 27.000 einzelnen

Die Golden Gate Bridge in Zahlen	
Länge	2.737 m
Breite	27 m
Höhe der Pylone	227 m
Gewicht jedes einzelnen Pylons	40.200 t
Tiefe der Fundamente	34 m
Gesamtgewicht der Brücke	804.700 t
Höhe der Fahrbahn über der Wasseroberfläche	67 m
Länge der Kabel	2.332 m
Gewicht der Kabel	22.200 t

Stahlkabel zusammen, summiert sich eine Länge von 129.000 Kilometern, beinahe die halbe Entfernung zum Mond. Trotz dieser gigantischen Zahlen ist die Golden Gate Bridge nur die neuntgrößte Hängebrücke der Welt. In den USA war sie 27 Jahre lang die Nummer eins, bis sie 1964 von der New Yorker Verrazano Narrows Brücke, die Brooklyn und Staten Island verbindet, verdrängt wurde. Die ist nämlich 19 Meter länger.

Ein kurzer Blick auf das umgebende Terrain genügt, um sich vorzustellen, welche technische Herausforderung der Bau der Brücke darstellte. Das Wasser ist im Zentrum des Goldenen Tors 150 Meter tief und wird ständig von Ebbe und Flut in starken Strömungen hin und her bewegt. Hinzu kommen die harschen Wetterbedingungen mit über 200 Nebeltagen pro Jahr, Wind, Sturm und Kälte. Doch San Francisco brauchte eine bessere Anbindung ans Festland. Zu Anfang des 20. Jahrhunderts konnte man Oakland und das nördliche Marin County nur per Schiff erreichen. Auf dem Landweg müsste man die komplette

Bucht umrunden, eine Strecke von über 200 Kilometern. Die fehlende Brückenanbindung begann für San Francisco ein ernstes Problem darzustellen, die Wachstumsraten blieben deutlich hinter denen anderer amerikanischer Städte zurück. Die Idee einer Brücke stand schon lange im Raum, doch der städtische Chef der Bauverwaltung kalkulierte Baukosten von 100 Millionen Dollar – ein Ding der Unmöglichkeit. So rief er Architekten und Ingenieure des Landes auf, preiswertere Projekte zu entwerfen. Der ehrgeizige Ingenieur Joseph Strauss, der als Abschlussarbeit seines Studiums eine 89 Kilometer lange Brücke über die Behringstraße von Alaska nach Russland entworfen hatte, entwickelte einen Vorschlag, der für nur 17 Millionen Dollar zu realisieren sei. Die Stadt San Francisco stellte Strauss trotz völliger Unerfahrenheit als Projektleiter an. Am Ende lagen die Kosten sogar über eine Million Dollar niedriger als ursprünglich veranschlagt. Später hat man errechnet, dass die Konstruktion der gleichen Brücke heute etwa 1,3 Milliarden Dollar kosten würde.

Doch es regte sich auch Widerstand gegen das Großprojekt. Viele Experten zweifelten die technische Machbarkeit an, und das Kriegsministerium befürchtete, die Brücke könne den freien Zugang zu den Häfen der Bucht beeinträchtigen. Auch die Frage nach der Einsturzgefahr bei einem Erdbeben oder einem schweren Sturm war ein ernstzunehmender Einwand. Schließlich klagte auch noch die größte kalifornische Fährgesellschaft in Erwartung riesiger Umsatzeinbußen gegen das Projekt. Doch es gab kein Zurück. Im Januar 1933 wurde der Grundstein gelegt. Die immensen Mengen Stahlteile wurden in fünf Hüttenwerken im schwerindustriellen Osten des Landes hergestellt und von Philadelphia durch den Panamakanal nach San Francisco verschifft.

Wie viele Arbeiter am Bau beteiligt waren, konnten die Historiker im Nachhinein nicht mehr feststellen.

Dafür wird mit Stolz auf die vergleichsweise wenigen Arbeitsunfälle verwiesen. Bis kurz vor Abschluss der Bauarbeiten war nur ein einziger Arbeiter ums Leben gekommen. Unterhalb der Arbeitsbereiche wurde ein Stahlnetz gespannt, das neunzehn Arbeitern den tödlichen Sturz in die Tiefe ersparte. Die Gestürzten vereinigten sich später in einem Club mit dem Namen „Halfway to Hell" – auf halbem Weg zur Hölle. Doch nur drei Monate vor der feierlichen Einweihung der Brücke stürzte ein Gerüst ein. Das Netz hielt den fünf Tonnen Gewicht nicht stand. Zehn Arbeiter stürzten in den Tod, nur zwei überlebten.

Bis heute sucht man nach Wegen, tödliche Stürze zu verhindern. An keinem anderen Ort der Welt werden so viele Selbstmorde verübt. Mehr als dreitausend Menschen haben sich bisher über die Brüstung geworfen, im Schnitt einer alle zwei Wochen. Exakte Zahlen existieren nicht, denn viele Suizide bleiben unbeobachtet und nicht alle Leichen werden geborgen. Der Sprung von der Brücke ist in 98 % der Fälle tödlich, nur 26 Menschen sollen den Aufprall auf die Wasseroberfläche mit 120 Stundenkilometern überlebt haben. Einer davon, Kevin Hines, litt unter schweren Depressionen. Er berichtet, er habe im freien Fall erkannt, dass er noch nicht sterben wolle. Er versuchte, senkrecht einzutauchen und überlebte den Aufprall. Im eiskalten Wasser schwimmend wurde er von einem Tier umkreist. Hines hielt es für einen Hai und dachte „Das ist doch lächerlich. Ich überlebe den Sprung von der Golden Gate Bridge und werde dann von einem Hai gefressen." Der Hai entpuppte sich als Seelöwe – und Hines erreichte das rettende Ufer.

Heute kämpft er für die Installation eines Fallnetzes unter der Brücke. Die zuständige Verwaltung hat dem Plan bereits zugestimmt, aber niemand weiß, woher die 50 notwendigen Millionen Dollar kommen sollen. Denn obwohl für die Benutzung der Brücke eine Mautgebühr erhoben wird, fährt sie alljährlich ein Defizit ein. Zweihundert Angestellte sind notwendig, um die Funktion der Brücke zu garantieren, darunter 38 Maler, die das ganze Jahr über damit beschäftigt sind, die Eisenteile neu zu streichen. Regelmäßig müssen Fragmente ausgetauscht werden, denn in der salzhaltigen Luft nagt die Korrosion. Tatsächlich sind in den vergangenen Jahrzehnten fast alle Einzelteile der Brücke ausgetauscht worden. Von der Originalkonstruktion ist praktisch nichts übrig geblieben.

Seit Geologen vor wenigen Jahren ein schweres Erdbeben für die Region voraussagten, herrscht Nervosität bei der Brückenverwaltung. Ein 2-Milliarden-Dollar Programm wurde verabschiedet, das die Brücke innerhalb von 20 Jahren auf ein gewaltiges Beben der Stärke 8,3 vorbereiten soll. Eine Hängebrücke ist bedeutend weniger erdbebengefährdet als eine starre Betonkonstruktion, denn die Erdstöße können durch Vibration und Bewegung kompensiert werden. Schon die ursprüngliche Konstruktion sah vor, dass die Fahrbahn bis zu neun Meter weit seitlich ausschlagen kann. Tatsächlich ist die

Brücke immer in Bewegung. Mit etwa zweistündiger Verspätung reagiert sie auf die alltäglichen Temperaturschwankungen der Umgebungsluft. Aufgrund der Wärmeausdehnung der Stahlseile kann die Fahrbahn um fast vier Meter vom Normalniveau absinken. Ein entscheidender Teil des Renovierungsprogramms zur Erdbebensicherung besteht darin, die Stahlseile wie Klaviersaiten zu stimmen, also so zu spannen, dass sie Erdstöße maximal und gleichmäßig absorbieren können. Völlig neu ist die Installation von gigantischen Stoßdämpfern.

Um die immensen Kosten aufzufangen, hat man darüber nachgedacht, einen privaten Sponsor für die Brücke zu suchen, der dann mit seinem Engagement Werbung treiben darf. Jedoch wurde klargestellt, dass keine Reklame an der Brücke angebracht werden wird und dass eine Umbenennung in „Nike-" oder „Wal Mart Bridge" nicht in Frage kommt.

Mehr als 10 Millionen Spaziergänger überqueren alljährlich die Brücke, zusammen mit etwa 40 Millionen Fahrzeugen. Sechs Spuren stehen dem Verkehr zur Verfügung, die je nach Verkehrsaufkommen unterschiedlich auf die Fahrtrichtungen verteilt werden. Vormittags führen vier Spuren nach Süden, nachmittags meist drei in beide Richtungen. Nachts und bei schlechtem Wetter wird eine Pufferspur in der Mitte freigelassen. Die Trennung erfolgt mit 50 Zentimeter hohen Kunststoffstangen, die manuell gesetzt werden. Ab Ende 2011 soll für 25 Millionen Dollar ein automatisches Leitsystem installiert werden.

LKWs und Wohnmobile müssen die äußerste rechte Spur benutzen, die etwas breiter ist. Die Höchstgeschwindigkeit ist auf 45 Meilen pro Stunde, also auf 72 Stundenkilometer begrenzt. Dadurch sind die Unfallzahlen erheblich gesunken. Die Mautgebühr wird nur bei

der Brückenquerung in Richtung Süden kassiert und beträgt sechs Dollar für ein zweiachsiges Fahrzeug. Radfahrer müssen den Fußgängerweg benutzen. Skateboards und Rollschuhe sind dagegen nicht erlaubt.

▶ Ein Spaziergang auf der Brücke

Für den Fußweg auf oder über die Brücke sollte man sich auf eine frische Brise und niedrige Temperaturen vorbereiten. Wer nur kurze Zeit in San Francisco bleibt, sollte den Besuch sofort machen, wenn die Brücke nebelfrei ist. Wenn man auf den nächsten Tag wartet und die Brücke in einen dichten weißen Schleier gehüllt ist, wird die Enttäuschung groß sein.

Auf der Südseite kann man am Fort Point die Golden Gate Bridge von unten bewundern, dort, wo sich Kim Novak in Hitchcocks „Vertigo" ins Wasser stürzte. Dazu fährt man auf der Lombard Street in Richtung Westen, die später in Richardson Avenue und Doyle Drive übergeht. Kurz vor der Auffahrt auf die Brücke nimmt man die Ausfahrt zum „View Area". Dort befindet sich ein Parkplatz, wo man sein Fahrzeug für den Spaziergang auf der Brücke abstellt. Biegt man aber nach rechts in den Lincoln Blvd und gleich wieder links in die Long Ave kommt man bis direkt unter die Brücke.

Auf der Nordseite gibt es mehrere Punkte, wo man herrliche Ausblicke auf Brücke und Stadt genießen kann: Die erste Ausfahrt auf der Nordseite führt direkt zum Vista Point, einem meist dem Kollaps nahen Parkplatz mit Panoramablick. Höher in die Berge des Golden Gate kommt man über den Exit „Alexander Avenue". Direkt nach der Ausfahrt biegt man links, unterquert die Autobahn und folgt der Straße halb rechts die Berge hinauf. An etlichen Stellen hat man herrliche Blicke über das Goldene Tor. Die wenigen Parkbuchten sind oft prall gefüllt.

🎵 Soundtrack Golden Gate Bridge

Künstler	Titel	Album	Jahr	Genre
Henry Mancini	Golden Gate Twist	Experiment in Terror	1962	Filmmusik
Art Pepper	The Golden Gate Bridge	A night in Tunisia	1977	Jazz
John Mellencamp	The Golden Gates	Uh-Huh	1983	Songwriter
Die Haut	Golden Gate	Sweat	1993	Alternativrock
Rancid	Golden Gate Fields	Rancid	2000	Punk
Ocean Colour Scene	Golden Gate Bridge	North Atlantic Drift	2003	Poprock
Sleater Kinney	Jumpers	The Woods	2005	Alternativrock
Cold War Kids	Golden Gate Jumpers	Loyalty to Loyalty	2008	Alternativrock

💬 Filme

Die Golden Gate Bridge ist in unzähligen Filmen und Fernsehserien aus allen Blickwinkeln zu bewundern. Die große Zahl von Suiziden hinterfragte Eric Steel in einer bewegenden, aber viel diskutierten, Dokumentation. Authentische Aufnahmen von Selbstmördern in den letzten Momenten vor dem Sturz in die Tiefe bewegen sich zweifellos mehr als hart im ethischen Grenzbereich.

The Bridge	
Originaltitel	The Bridge
Jahr	2006
Regie	Eric Steel
Genre	Dokumentation

Love and Haight –
Der Hippie-Himmel in San Francisco

A hippie is someone who looks like Tarzan, walks like Jane, and smells like Cheetah.

Ein Hippie ist jemand der aussieht wie Tarzan, geht wie Jane und riecht wie Cheetah.

Ronald Reagan, ehemaliger
republikanischer US-Präsident

Über Hippies machen sich alle gern lustig, Punker wie Spießbürger. Hippies sind einfach zu karikieren, drum machten und machen sich auch deutsche Komödianten von Diether Krebs bis Mario Barth mit Vorliebe über die leichten Opfer her. Von friedfertigen, dauerbekifften Laumännern ohne erkennbaren Hang zur Selbstverteidigung ist schließlich keine Gegenwehr zu erwarten. Bei Skinheads oder Hooligans beißt man sich schon eher auf die Zunge, bevor man einen spontanen körperlichen Verweis riskiert. Der Grund für die allgemeine Verhöhnung der Hippie-Bewegung liegt vor allem auch in ihrem Scheitern. Sie träumten, die Menschheit zu verändern – und bei dem Traum ist es geblieben. Vietnam heißt heute Irak und morgen wieder anders. Der gutgemeinte Vorschlag zur spirituellen Befreiung hat wenige Früchte getragen, stattdessen wird der hemmungslose Materialismus weiterhin nur durch den Inhalt der Geldbörse begrenzt.

Und doch hat die Hippie-Kultur den heutigen westlichen Gesellschaften ihren Stempel aufgedrückt. NGOs und Umweltbewusstsein gehören zum sozialen Alltag wie Esoterik und Sandalen. Man hat nichts gegen lange Haare, nur gepflegt müssen sie sein.

San Francisco war Ende der 60er Jahre die unbestrittene Welthauptstadt der Hippies. Die Generation der Beatnicks hatte das Terrain gepflügt und die inhaltlichen Ideale vorgegeben: Individualismus, Rauschmittelkonsum, freie Liebe, Ablehnung von Gewalt und Materialismus. Doch die Beats waren zu intellektuell, um eine Lawine loszutreten. Ihr Medium war die Schrift. Eine Massenbewegung brauchte einen leichter konsumierbaren Kommunikationsträger, den man in der Musik fand. Simple Botschaften wurden in emotional anregendem Liedgut verpackt und optisch in Szene gesetzt. Die Massenmedien übertrugen das neue Lebensgefühl mit einer Mischung aus Faszination und Abscheu in alle Haushalte.

Obendrein war Amerika reif für eine Erneuerung von unten. John F. Kennedy, der bürgerliche Erneuerer, war ermordet worden, die Konflikte und Widersprüche der amerikanischen Gesellschaft wurden immer offensichtlicher, die Bürgerrechts-

Haight Ashbury heute

bewegung radikalisierte sich und der Vietnamkrieg trieb die Ungerechtigkeit auf die Spitze. Bürgerliche puritanische Werte schmeckten schal und abgestanden, die Jugend zog mit zügelloser Experimentierfreudigkeit zur Selbstfindung aus.

Das Ganze begann natürlich als Untergrund-Bewegung. Notorischer Finanzmangel trieb die ersten Rebellen in eher heruntergekommene preiswerte Quartiere wie Haight Ashbury. Angesichts der Wohnungsknappheit des Zweiten Weltkriegs waren die hübschen viktorianischen Häuser in kleine Apartments unterteilt worden, doch der neue Wohlstand erlaubte es den Mittelklassefamilien, aus der engen Stadt in grüne Vororte zu ziehen. Haight Asbury stand halb leer, drum waren die Mieten niedrig. Ab 1964 zeichnete sich eine Konzentration alternativer Lebensformen im Viertel ab. Eine eigene Infrastruktur aus Kneipen, Läden, Veranstaltungszentren und Untergrundpresse begann sich zu formieren. Junge Idealisten gründeten eine freie Klinik, in der Überzeugung, dass Gesundheit kein Privileg, sondern ein Grundrecht war. Andere organisierten kostenlose Suppenküchen für Obdachlose und Unterprivilegierte.

Das gewachsene Selbstbewusstsein wuchs zum Sendungsbewusstsein heran. Ken Kesey, der Autor von „Einer flog über das Kuckucksnest", formierte auf seiner Farm in Oregon eine Kommune, die sich neben der freien Liebe vor allem psychedelischen Experimenten widmete. Die sagenhafte Bewusstseinsöffnung durch LSD war eine Erfahrung, die die Menschheit verändern könnte, drum musste die Botschaft in die Welt getragen werden. Kesey kaufte für 1.500 Dollar einen 25 Jahre alten Schulbus, der in Hippieformen und -farben umgestaltet wurde. „Merry-Pranksters", die wohlgelaunten Spaßvögel, nannte sich die 13-köpfige Truppe, die mit der alten Karre quer durch die Staaten knatterte, um kostenlos LSD zu verteilen. Am Steuer saß Neal Cassady, der Freund Jack Kerouacs und Leitfigur der Beat Generation. Irgendwer erzählte später, „Cassady war der beste Fahrer der Welt. Während er den Bus rückwärts an der Kante des

Haight Ashbury heute

Grand Canyon parkte, dreht er mit der linken Hand einen Joint."

Zurück in San Francisco organisierten die Pranksters ihre „Acid Test" genannten LSD-Feldzüge in großem Stil. Mitten auf der Tanzfläche des Fillmore Auditorium füllten sie eine Badewanne mit Trips, an der sich jeder bedienen konnte. Kurz darauf lockten sie knapp 10.000 Besucher zum dreitägigen Trips Festival in die Longshore Hall am Hafen. Stroboskoplichter, Schwarzlicht und Diaprojektoren untermalten den musikalischen Rausch der psychedelischen Rockbands wie Jefferson Airplane und Grateful Dead. Die Geduld der Öffentlichkeit näherte sich ihrem Ende und ein halbes Jahr später wurde LSD vom Staat Kalifornien verboten.

Inzwischen beherbergte Haight Ashbury etwa 15.000 Hippies und platzte aus allen Nähten. Das Viertel war zum Fixpunkt der medialen Aufmerksamkeit und zum Heiligen Gral der freien Liebe und psychedelischen Bewusstseinserweiterung geworden. Die Hippie-Bewegung raste ihrem Höhepunkt und ihrem Absturz entgegen. Der Summer of Love 1967, allgemein als der große kollektive Traum von Friede, Freude, Haschkuchen dargestellt, war zweifellos der Höhepunkt der Popularität der Flower Power-Kultur. Doch mit der Romantik war es eigentlich schon vorbei. Geschätzte hunderttausend Menschen fielen in den Sommermonaten über San Francisco her, Studenten, Sympathisanten und neugierige Gaffer. Schon im April bot die Gray Lines Company eine Bustour durch den menschlichen Zoo von Haight Ashbury an. Die Haight Street war so überfüllt, dass die städtische Busgesellschaft ihre Fahrtrouten änderte und die Polizei die Straße sonntags komplett sperrte. Plötzlich brach auch der Rauschmittelmarkt zusammen. Nirgends war LSD aufzutreiben, selbst Marihuana wurde knapp. Heroin und Speed tauchten auf den Straßen auf, Drogen, deren Wirkung wenig zu friedlicher Bewusstseinserweiterung beiträgt. Die Umgangsformen wurden rauer, Gewalt und Obdachlosigkeit breiteten sich aus, mit der ausgelassenen Fröhlichkeit war es vorbei. Hinzu kamen sensationssüchtige Reporter, verdeckte FBI-Agenten und Kriminelle jeder Couleur. Am 6. Oktober 1967 trugen die Hippies ihre eigene Kultur mit einer Trauerzeremonie durchs Viertel zu Grabe.

Die nähere Zukunft für Haight Ashbury war besiegelt. Der Stadtteil verkam zu einer schmuddeligen Absteige und einem kriminellen Pflaster. Die Hippie-Bewegung zerbrach an ihrer Kriminalisierung und ihren eigenen Wider-

sprüchen. Der radikale politische Flügel ging in den Untergrund, die Morde der Manson Family und ein von Ordnern erstochener Jugendlicher beim Rockfestival von Altamont lieferten Staat und Medien ideale Argumente zur Verdammung der Bewegung.

Haight Ashbury erholte sich erst in den 90ern. Die Rückkehr zahlungskräftiger Yuppies in die Stadtzentren machte den Stadtteil wieder schick. Seitdem schlachten clevere Geschäftsleute die Legende vom Summer of Love kommerziell aus und machen Haight Ashbury zur Touristenattraktion. Räucherstäbchen und Batikhemden gibt es in jedem zweiten Laden zu kaufen. Das Viertel ist wieder bunt und lebendig, kein Zweifel, aber mit dem Idealismus der 60er hat es wenig gemein.

Haight Ashbury heute

▶ Schauplätze

Zu den Hochzeiten der Bewegung lebten fast alle gefeierten Musiker in Haight Ashbury. Heute werden die Häuser von „normalen" Menschen bewohnt, die ihre Privatsphäre respektiert wissen möchten.

Jimi Hendrix	1524A Haight St
Janis Joplin	635 Ashbury St
Country Joe McDonald	638-640 Ashbury St
Jerry Garcia & Grateful Dead	710 Ashbury St
Graham Nash	731 W Buena Vista St
Charles Manson	635 Cole St

▶ Hippie Hill

Wenn San Francisco die liberalste Stadt der USA darstellt, dann ist Hippie Hill ihr Sahnehäubchen. Wenige hundert Meter vom Westende der Haight Street erhebt sich im Golden Gate Park ein flacher Hügel, der seit Ende der 60er Jahre der Freiluft-Treffpunkt für die alternative Jugend schlechthin ist. Alle möglichen und unmöglichen Credos und Lebenseinstellungen respektieren sich hier in friedlicher Gemeinschaft. An jedem sonnigen Nachmittag und besonders an den Wochenenden versammeln sich hunderte zum Kiffen, Lachen und faul auf dem Rasen liegen. Selbsternannte Jongleure, Musiker und Frisbee-Enthusiasten unterhalten das bunte Volk. An jedem 20. April strömen Tausende zum Hippie Hill und feiern den inoffiziellen National Marijuana Day. Die Polizei schreitet gegen den Missbrauch verbotener Substanzen auf dem Hügel nur in äußerst seltenen Fällen ein.

▶ Rundgänge

Stadtteilführungen zu den Schauplätzen der Hippie-Historie organisieren mehrere Veranstalter. Uhrzeiten und Treffpunkte erfährt man auf den Internetseiten oder telefonisch.

▶ Haight Ashbury Tour
- ∞ $ 20
- ☏ 1-415 863 1621
- 🖳 www.haightashburytour.com

▶ Foottours
- ∞ $ 25
- ☏ 1-212 209 3370
- 🖳 www.foottours.com

▶ Haight Ashbury Street Fair-Festival

Ein Teil der Haight Street wird für den Verkehr gesperrt, an beiden Enden werden Bühnen aufgebaut.
- 📅 Alljährlich am zweiten Sonntag im Juni
- 🖳 www.haightashburystreetfair.org

Der Goldene Drachen – Chinatown

The Chinese laborer is a curse to our land, is degrading to our morals, is a menace to our lives, and should be ... forever abolished. The Chinese must go.

Die chinesischen Arbeiter sind ein Fluch für unser Land, sie untergraben unsere Moral, sind eine Bedrohung für unser Leben und sollten für immer vertrieben werden. Die Chinesen müssen gehen.

Programm der Workingmen's Party of California, der kalifornischen Arbeiterpartei 1877

Im Jahr 1877 befand sich Amerika in einer tiefen Rezession. Die Eisenbahngesellschaften hatten die Löhne um 10 Prozent gesenkt, die Bahnarbeiter in Pittsburgh rebellierten, eilig herangeholte Truppen erschossen 40 Demonstranten. San Franciscos Arbeiterschaft erklärte sich solidarisch. Tausende formierten einen Demonstrationszug zum Hafen. Plötzlich stürmte ein wilder Mob die Docks der Reedereien, die chinesische Immigranten nach Amerika brachten. Die Polizei schritt ein, es kam zu wüsten Straßenschlachten. Es erschallte der Ruf „Nach Chinatown!". Schon rannten mehrere hundert Menschen die Leavenworth Street hinauf. Die ersten chinesischen Wäschereien wurden verwüstet und geplündert. In der folgenden Nacht gingen weitere 25 chinesische Läden in Flammen auf.

Die Immigranten aus Ostasien hatten im 19. Jahrhundert einen schweren Stand in Kalifornien: von den Arbeitgebern ausgebeutet, vom Staat diskriminiert und von der weißen Bevölkerung angefeindet. Dabei waren sie als eifrige Handlanger zu Beginn des Goldrauschs in den Minen noch sehr geschätzt gewesen. Von Armut und Hunger geplagt, verließen Tausende ihre Dörfer im Süden Chinas, um nach Amerika einzuschiffen. Fast alle landeten im Hafen von San Francisco an, wo sie für die harte Arbeit in den Goldminen angeworben wurden.

Doch das Blatt begann sich schnell zu wenden. Zu Zehntausenden strömten Amerikaner aus dem Osten in die kalifornischen Sierras auf der Suche nach schnellem Reichtum. Die reichsten Goldadern waren in kürzester Zeit ausgebeutet, die Spätankömmlinge bekamen vom Kuchen nichts ab und sahen ihre Hoffnungen enttäuscht. Ihre Eifersucht richtete sich schnell gegen französische, mexikanische und chilenische Immigranten. „Kalifornien den Amerikanern!" Aber keine andere ethnische Gruppe bekam den Hass so zu spüren wie die Chinesen. Problemlos auf den ersten Blick zu identifizieren und immer in getrennten Camps oder Stadtvierteln konzentriert, waren sie besonders leichte Opfer. Ab 1854 wurden ihre Viertel und Geschäfte regelmäßig überfallen und ausgeplündert.

Zunächst für ihren Fleiß bewundert, galten sie bald als minderwertige Rasse, die eine soziale, moralische und ökonomische Gefahr für Amerika darstellte. Mit Hilfe der Chinesen konnten die Kapitalisten die Löhne drücken, die Chinesen nahmen den Amerikanern ihre Arbeitsplätze weg, sie waren unfähig zur Assimilation, mangels Beachtung hygienischer Grundregeln ein potentieller Seuchenherd und frönten üblen Lastern wie Opiumrausch und Glücksspiel. Argumente, die einem auch 150 Jahre später noch erschreckend bekannt vorkommen.

Der kalifornische Staat beeilte sich, der feindlichen Grundstimmung Gesetzeskraft zu verleihen. Chinesen durften keine weiße Frau heiraten, vor Gericht nicht gegen Weiße aussagen, nicht wählen, keine Amerikaner werden und nicht vom Staat angestellt werden. Letzteres beschloss eine Volksabstimmung mit einer Mehrheit von 99,4 %. Staat und Gesellschaft

griffen gern auf die Chinesen als Sündenbock zurück. Bei einer Pockenepidemie im Jahr 1875 wurde Chinatown kurzerhand als Krankheitsherd identifiziert und komplett begast. Die Epidemie breitete sich trotz der radikalen Maßnahme weiter aus, forderte über 400 Tote unter der weißen Bevölkerung und bewies die rassistische Grundhaltung der Stadtväter. Bei einem Ausbruch der Beulenpest fünfundzwanzig Jahre später stellten sie Chinatown kurzerhand unter Quarantäne und ließen das Viertel einzäunen.

Kalifornien machte die Assimilation wahrhaft nicht leicht. Die chinesische Bevölkerung blieb unter sich. Mit dem Ende des Goldrausches zogen viele nach San Francisco. Chinatown wuchs zu einer ethnisch nahezu homogenen Kommune von über 30.000 Einwohnern heran. In ihrem Viertel waren sie weitgehend sicher vor rassistischen Übergriffen. Die geographische Konzentration und der enge soziale Zusammenhalt verhinderten weitgehend ein Aufweichen der kulturellen Tradition. Die Chinesen blieben mental so eng mit ihrer Heimat verbunden, dass sie nicht einmal in fremdem Boden begraben werden wollten. Jahrzehntelang segelten „Todesschiffe" nach Ostasien, um die leblosen Körper verstorbener Chinesen zum Begräbnis in vaterländischer Erde zu transportieren.

Die spärliche Freizeit widmeten viele Chinesen tatsächlich den angeprangerten Lastern. Um 1880 gab es schätzungsweise 300 Opiumhöhlen in Chinatown. Handel und Konsum von Opium wurden von den Behörden nie ernsthaft verfolgt. Die wenigen konsequenten Zugriffe der Ordnungsmacht waren eher Publicity-Stunts der Lokalpolitik. Strikt verboten war nur, Opium in Anwesenheit von Weißen zu rauchen. Doch so seltsam wie die Geschichte klingt, ist sie gar nicht. Auch in Hamburg St. Pauli existierte zur gleichen Zeit eine kleine Chinatown mit Opiumhöhlen in dunklen Kellern.

Spielen gehörte ebenfalls zu den liebsten Beschäftigungen. Amerikanische Freizeitangebote in der Umgebung nahm keiner wahr, schließlich hielt ja auch die Sprachbarriere von einem Theaterbesuch ab.

Und natürlich florierte die Prostitution. Das demographische Geschlechterverhältnis lag in Chinatown bei schätzungsweise hundert Männern pro Frau. Die amerikanischen Gesetze verboten nämlich den Familiennachzug, und legale Einwanderung war ab 1882 extrem schwierig. Ein höchst lukrativer Geschäftsbereich, wie man sich vorstellen kann. Schlepperbanden schifften Frauen aus China nach Mexiko ein und schleusten sie über die grüne Grenze nach Kalifornien. In San Francisco wurden sie dann als Ehefrauen, Liebhaberinnen oder Prostituierte meistbietend verkauft. Die ersten weißen Feministinnen fanden solche Praktiken zutiefst verabscheuens-

wert und bauten in der 920 Sacramento Street ein Refugium für entlaufene chinesische Prostituierte. Unter den Aktivistinnen war auch die Mutter des Medienzaren Randolph Hearst.

Opium, Glücksspiel und Prostitution sind natürlich klassische Tätigkeitsbereiche krimineller Banden und Mafias, die bis heute mit den Chinatowns der Welt assoziiert werden. Neuankömmlinge traten meist sofort einer „Tong", einer Art Brüderschaft zu gegenseitigen Schutz und persönlicher Unterstützung bei. Die Tongs waren keineswegs von vornherein kriminelle Vereinigungen, doch etliche widmeten sich tatsächlich illegalen Machenschaften. Bis heute agieren Tongs und Triaden im kriminellen Untergrund

und fechten ihre Konkurrenzsituation mitunter mit harten Bandagen aus.

Der schwerwiegendste Zwischenfall ereignete sich 1977 und ging als „Golden Dragon Massacre" in die Stadtgeschichte ein. Zwei chinesische Gangs rivalisierten im lukrativen Geschäft mit illegalen Feuerwerkskörpern. Zum nationalen Unabhängigkeitstag strömen regelmäßig massenhaft Fremde nach Chinatown, um den Tag mit Böllern und Raketen gebührend zu feiern. Die Rivalität zweier Gangs im Straßenverkauf kulminierte zunächst in einer wilden Schießerei auf der Pacific Avenue, bei der ein Mitglied der Joe Boys getötet und vier weitere verletzt wurden. Die Rache ließ nicht lang auf sich warten: Am Morgen des 4. September stürmten drei Maskierte ins Golden Dragon Restaurant und schossen gnadenlos auf frühstückende Anhänger der Wah Ching Gang. Fünf Menschen wurden getötet, darunter zwei Touristen. Elf weitere kamen mit Schussverletzungen davon. Inzwischen wurde das Restaurant in der 818 Washington St in Imperial Palace umbenannt.

Ein Aufschrei ging durch die Stadt, und die Polizei setzte ein Sonderkommando, die Asian Gang Task Force ein. Doch es erwies sich als höchst schwierige Aufgabe, den Gang- und Mafiasumpf trocken zu legen. Chinesische Gangs sind bekannt für ihre Ehrenkodizes und teilen nur ungern interne Informationen mit der Polizei. Immerhin konnten die Schuldigen des Massakers dingfest gemacht werden. Einer davon veröffentlichte kurz nach dem Absitzen einer langjährigen Haftstrafe seine Memoiren.

Seitdem ist es in Chinatown etwas ruhiger geworden. Die negative Publicity für eine der wichtigsten Touristenattraktionen der Stadt musste unterbunden werden. Kaum ein Reisender verzichtet auf den Besuch im Viertel, das mit über 100.000 Einwohnern als größte chinesische Stadt außerhalb Chinas und Taiwans gilt. Auf einer Fläche von wenig mehr als drei Quadratkilometern errechnet sich eine Bevölkerungsdichte von fast 30.000 Einwohnern pro Quadratkilometer, eine der höchsten im ganzen Land.

Chinatown genießt den zweifelhaften Ruf einer Touristenfalle. In gewissem Grade kann man dem beipflichten, was die Grant Avenue betrifft. Hinter dem Drachentor an der Ecke Bush Street dreht sich alles um Restaurants und billige Souvenirs.

Doch abseits der Haupteinkaufsstraße öffnet sich ein authentisches und lebendiges Viertel. Die westlich parallel verlaufende Stockton Street wird weniger von Touristen überrollt und vor allem von Einheimischen frequentiert. Hier kann man sich weit stressfreier der Souvenir- und Schnäppchenjagd widmen. Ein anderer Fixpunkt der chinesischen Gemeinschaft ist der Portsmouth Square, wo man sich allabendlich zum Tai Chi oder Schachspielen versammelt. Ein paar Blocks weiter südlich, auf dem St. Mary's Square, steht eine Statue von Sun Yat Sen, dem Revolutionär und Gründer der chinesischen Republik. Er hatte die Chinatown persönlich besucht, um für Unterstützung beim Sturz der Quing Dynastie zu werben, der 1911 tatsächlich gelang. Seine Partei betrieb auch ein Büro in Chinatown.

Am besten erfasst man das chinesische Viertel auf einem ziellosen Spaziergang durch die Seitenstraßen. Viele Gassen sind so eng, dass die Stadtverwaltung San Franciscos die Verantwortung für ihre Säuberung ablehnt. Die chinesische Community muss die Reinigung selbst organisieren. Die bekannteste der winzigen Gassen ist sicher Ross Alley, die 100 Meter westlich der Grant Avenue von der Washington zur Jackson Street führt. Hier findet man eine Bäckerei für chinesische Glückskekse und den kleinen Barbier Old Yee, wo sich angeblich schon Frank Sinatra, Peter Ustinov, Tom Waits und Michael Douglas rasieren ließen. Die Gasse diente als Kulisse für Szenen von Big Trouble in Little China und Indiana Jones.

🎵 Soundtrack Chinatown

Künstler	Titel	Album	Jahr	Genre
Louis Armstrong	Chinatown, my Chinatown	1931-1932	1990	Jazz
The Doobie Brothers	Chinatown	Livin' on the Fault Line	1977	Rock
Chet Atkins	Chinatown, my Chinatown	Legendary Performer	1978	Country
Thin Lizzy	Chinatown	Chinatown	1980	Rock
Joe Jackson	Chinatown	Night and Day	1982	Rock
Chaka Khan	Chinatown	I Feel for You	1984	Pop
Naked City	Chinatown	Naked City	1989	Jazz
The Devil Dogs	Chinatown	30 Sizzling Slabs	1995	Rock'n'Roll
Jets to Brazil	Chinatown	Orange Rhyming Dictionary	1998	Alternativrock
Leadbelly	Chinatown	Last Sessions	2005	Blues
Doom	Chinatown Wars	Doom!	2009	HipHop

▶ Festivals

▶ Neujahr

Das chinesische Neujahrsfest wird in Chinatown natürlich ausgiebig und spektakulär gefeiert. Das genaue Datum ändert sich alljährlich.

🕐 *2012: 23. Januar, 2013: 10. Februar, 2014: 31. Januar, 2015: 19. Februar, 2016: 8. Februar, 2017: 28. Januar, 2018: 16. Februar.*

▶ Asian American Film Festival

Das größte Festival für asiatischen Film in Amerika präsentiert alljährlich etwa 120 Filme in San Francisco, Berkeley und San Jose.

🕐 *Jeweils im Monat März*
🖥 *www.caamedia.org*

🎞 Filme

Indiana Jones und der Tempel des Todes

Originaltitel	Indiana Jones and the Temple of Doom
Jahr	1984
Regie	Steven Spielberg
Hauptdarsteller	Harrison Ford, Kate Capshaw
Genre	Abenteuer

Big Trouble in Little China

Originaltitel	Big Trouble in Little China
Jahr	1986
Regie	John Carpenter
Hauptdarsteller	Kurt Russel, James Hong
Genre	Fantasy

NORDKALIFORNIEN

Marin & Sonoma County

⚜ MARIN UND SONOMA COUNTY

Nachdem man die Golden Gate Bridge überfahren und bewundert hat, folgt man dem achtspurigen Highway 101 in den Marin County. Es geht durch teilweise bewaldete Hügel und einen Tunnel, während man hin und wieder noch einen letzten Blick auf die San Francisco Bay werfen kann. Die Autobahn führt an Sausalito vorbei und trifft im direkt angrenzenden Marin City nochmal auf die Wasser der Bucht. Die vier Meilen sind schnell überwunden, und es kündigt sich der Abzweig Richtung Highway 1 / Mill Valley an.

Einmal auf dem Shoreline Highway in Richtung Muir Beach ändert sich das Bild schlagartig. Ohne die geringste Gemeinsamkeit mit dem, was man sich unter einem Highway vorstellt, schlängelt sich die enge, zweispurige Landstraße kurvenreich durch das Örtchen Kentfort, das in vielen Karten noch als „Tamalpais" verzeichnet ist, obwohl es schon 1905 umbenannt wurde. Nach ein paar Kilometern geht es steil die Marin Hills hinauf, bis auf knappe 200 Meter Höhe. Je nach Jahreszeit und Wochentag, kann es auf der Straße ebenso einsam wie mit Wochenendausflüglern überfüllt zugehen. Einmal über den Pass hinweg geht es wieder bergab in Richtung Küste.

Sechs Meilen nach dem Abzweig erreicht man den 300-Seelen-Ort Muir Beach. Bei gutem Wetter mag man kaum glauben, dass es Privilegierte gibt, die an einer so schönen Küste und so dicht an San Francisco leben dürfen. Genauso gut kann man aber in dichtem Nebel versinken und höchstens ahnen, in welcher Richtung der Ozean liegt.

In jedem Fall bietet dieser erste Streckenabschnitt einen Vorgeschmack, was einen auf den folgenden 1.700 Kilometern bis Seattle erwartet: Nebel, Natur, eine überwältigende Kulisse und vor allem Einsamkeit. In immer größeren Abständen trifft man auf verschlafene Nester. Bis nach Fort Bragg, der nächsten stadtähnlichen Siedlung mit ganzen 7.000 Einwohnern zählt der Tacho 260 Kilometer.

Zunächst verläuft der Highway direkt in der San Andreas Verwerfung, die in der Bolinas Lagune und der Bucht von Inverness deutlich wahrnehmbar ist. Noch vor dem Nordende der Bucht wendet sich der Highway für einige Kilometer ins Inland, um in Bodega Bay, das Dorf aus Hitchcocks „Die Vögel", wieder auf den Ozean zu treffen.

🏛 Sausalito (7.000 EW)

Die malerische Lage an der Bucht von San Francisco und die geringe Entfernung zur Golden Gate Bridge prädestinieren Sausalito als Ausflugsziel. Von den Einwohnern der nahen Großstadt eher gemieden, lohnt sich ein kurzer Abstecher aber für einige durchaus ungewöhnliche Attraktionen: Der Hafen von Sausalito beherbergt eine ansehnliche Hausbootkolonie und das 6.000 Quadratmeter große Bay Model ist eine wissenschaftlich exakte Nachbildung der Bucht von San Francisco. Sie ist nicht nur Touristenattraktion, sondern tatsächlich ein Laboratorium für Wissenschaftler und Stadtplaner.

Sausalito

Die Wasserbewegungen der Bucht können weitgehend exakt unter verschiedensten Bedingungen simuliert werden, was für die Stadt- und Umweltplanung erstklassige Entscheidungshilfen bietet. Etwa 14 Kilometer weiter kann man zumindest von außen eine weitere schaurige Attraktion bewundern: das berühmt-berüchtigte Staatsgefängnis von San Quentin.

Sausalito beherbergt ansonsten die größte Konzentration von Freizeitkapitänen in Nordkalifornien und ist folglich mit schicken Boutiquen und Restaurants an der Wasserkante gesegnet. Ursprünglich ein kleines Fischerdorf wurde es 1870 mit dem Bau der North Pacific Coast Eisenbahnlinie das nördliche Einfallstor nach San Francisco. Die Bahnreisenden stiegen auf die Fähre um und landeten direkt im Hafen der Großstadt. In den 1920er Jahren gesellte sich zur Bahnlinie der Highway 101, die Hauptverkehrsachse der Nordwestküste, hinzu. Bis zum Bau der Golden Gate Bridge hatte Sausalito eine wichtige Bedeutung im Verkehrssystem Nordkaliforniens. Die Oberschicht Kaliforniens baute sich hübsche Landsitze und gab

dem Ort schon früh sein mondänes Flair. Neben der Fischerei war der Bootsbau lange Zeit die einzige Industrie, doch der Zweite Weltkrieg brachte eine ebenso abrupte wie kurze Wendung. Die Regierung verwandelte Sausalito in eine Schiffswerft. 20.000 Arbeiter schweißten und nieteten rund um die Uhr an insgesamt 93 Marinebooten, die hier vom Stapel liefen.

So plötzlich, wie der Spuk begonnen hatte, war er auch wieder zu Ende. Nach dem Krieg wurden die Werften dicht gemacht. In den 50ern begannen sich Maler, Bildhauer und Schriftsteller in den verwaisten Anlagen breit zu machen. Sie vertäuten günstig erstandene, ausgemusterte Dampfer als Hausboote an den Docks. Den wohlhabenden Bürgern der Kommune waren die Aussteiger natürlich ein Dorn im Auge, und Immobilienspekulanten hätten allzu gern teure Eigenheime und Restaurants an den stillen Wassern der Bucht errichtet. Die Rechtslage war verworren, und es entfachte sich ein Kleinkrieg zwischen den beiden so unterschiedlichen sozialen Lagern, der gut zwei Jahrzehnte andauerte. Letztendlich konnten die Wasserbewohner nicht vertrieben werden, wodurch Sausalito heute noch drei Hausbootkolonien mit gut 400 schwimmenden Eigenheimen beherbergt. Die ehemals improvisierten und an Hausbesetzer erinnerten Communities haben sich seither in malerische gepflegte Dörfer verwandelt.

Sausalito beherbergt auch eines der renommiertesten Tonstudios der USA. Kaum eine Plattensammlung, in der nicht irgendeine Scheibe gehortet wird, die in den Record Plant Studios entstanden ist, jedenfalls wenn die Kollektion Rock und Pop seit den 70er Jahren umfasst. Ursprünglich in New York beheimatet, gründete Record Plant zunächst einen Ableger in Los Angeles und 1972 einen dritten in Sausalito. So waren die drei Musikhauptstädte der USA abgedeckt, wenn man mal von Nashville als Country-Kapitale absieht. Prince, Fleetwood Mac, Santana, Eminem, Mariah Carey und Metallica spielten hier unter vielen anderen einige Scheiben ein und residierten währenddessen im studioeigenen Hausboot. Besuchen kann man das Studio am Bridgeway natürlich nicht.

▶ Bay Model Visitor Center

Gerade frisch renoviert, ist das dreidimensionale hydraulische Modell der Bucht von San Francisco wieder der Öffentlichkeit zugänglich. Nach einem viertelstündigen Einführungsvideo kann man das Modell besichtigen und per Audiotour auf Deutsch verstehen lernen. An Wochenenden finden auch Führungen statt.

✉ 2100 Bridgeway, Sausalito, CA 94965
⇨ Vom HW101 Exit Alexander Ave, der Straße quer durch Sausalito folgen, etwa 2mi /3 km hinter dem Ortseingang an der Ampel halb rechts in den Marinship Way. Die kleinen braun-weißen Hinweisschilder sind leicht zu übersehen.
◉ Di-Sa 9-16h, im August auch Sa & So 10-17h
∞ Frei
☎ 1-415 332 3871
🖥 www.spn.usace.army.mil/bmvc/index.html

▶ Hausboot Kolonie

Die meisten Hausboote erscheinen wie normale, wenn auch schwimmende Einfamilienhäuser, die hübsch aufgereiht an den langen Holzstegen vertäut sind. Ein nettes Fotomotiv geben sie aber allemal ab.

✉ Gate 6 Rd, Sausalito, CA 94965
⇨ Vom HW101 Exit Alexander Ave, der Straße quer durch Sausalito folgen, etwa 3 mi/5 km nach dem Ortseingang rechts in die Gate 6 Rd

▶ San Quentin State Prison

Nur wenige Menschen hegen den dringenden Wunsch, San Quentin von innen zu sehen. Vielleicht möchte aber der eine oder andere mal einen Blick von außen auf Kaliforniens zweitberühmtestes Gefängnis werfen. Es ist nicht nur das größte, sondern auch der älteste Knast im Staat. Schon 1852 öffnete der heute 111 Hektar umfassende Komplex seine Pforten für Kriminelle aller Art. Neben Charles Manson saß hier unter vielen anderen auch Country Star Merle Haggard drei Jahre lang wegen Autodiebstahls und bewaffnetem Raubüberfall ein.

San Quentin beherbergt bei einer Überbelegung von 170 Prozent über 5.000 Insassen. Rund 700 davon sitzen im Todestrakt. Nur in San Quentin dürfen kalifornische Todesurteile vollstreckt werden. Zwischen 1978 und 2009 insgesamt dreizehn Mal. Viel mehr als den Eingang und entfernte Wachtürme gibt es allerdings nicht zu sehen. Um San Quentin zu erreichen, muss man sich 11 Kilometer vom Küstenhighway entfernen, die man danach wieder zurückfahren muss.

⇨ Dem HW101 nach Norden folgen, nach 8 mi/ 13 km Exit 450B „Richmond Bridge", dem Sir Francis Drake Blvd 1,2 mi/2 km folgen und auf den IS580 in Richtung Osten auffahren, San Quentin ist gleich die nächste Abfahrt, rechts in die Main St bis zum Parkplatz

🏛 Muir Beach (300 EW)

Nördlich der kleinen Bucht gleichen Namens ist das Dorf die Hügel hinaufgewachsen. Gleich bei den ersten Häusern am Ortseingang kann man links vor dem „Pelican Inn" links abbiegen und erreicht nach ein paar Metern einen Parkplatz. Von hier führt ein Fußweg zum Strand hinunter, wo es auch einen hübschen Picknickplatz gibt.

Nachdem man den Ort in Schlangenlinien umfahren hat, weist ein kleines braunes Schild nach links zum „Scenic Overlook" mit Panoramablick von der 150 Meter hohen Steilküste. Allerdings ist eine gewisse Vorsicht auf dem unbefestigten Weg zum äußersten Aussichtspunkt geboten.

🏔 Stinson Beach (700 EW)

Zehn Kilometer nördlich von Muir Beach stößt der Highway auf den drei Meilen langen Sandstrand der halbmondförmigen Bolinas Bay. Möglicherweise ist der englische Freibeuter Sir Francis Drake hier 1579 an Land gegangen. Sicher identifizieren kann man seine Landestandort aber nicht, möglicherweise lag er auch in der wenige Kilometer nördlich gelegenen und nach ihm benannten Drakes Bay.

Am Stinson Beach lädt feinster Sand zum Baden ein, was man sich allerdings vielleicht nochmal überlegt, nachdem man die Wassertemperatur überprüft hat. Wegen der Menge großer Säuger wie Robben und See-Elefanten an den Küsten des Großraums San Francisco, lebt hier obendrein eine ansehnliche Haifischpopulation. In den letzten 60 Jahren wurden im Marin County 13 Haiangriffe auf Menschen registriert, der letzte davon im Jahr 2002. Trotzdem ist der Strand äußerst populär unter San Franciscos Wochenendausflüglern. Im Sommer sind Ruhe und Einsamkeit keinesfalls garantiert. Angeblich wurde die Asche von Janis Joplin am Strand von Stinson Beach ins Meer gestreut.

Von Stinson Beach verläuft der Highway One weitgehend geradlinig an der Bolinas Lagune vorbei durch ein breites Tal, das nichts anderes ist als die berüchtigte San Andreas Verwerfung. Über 1.300 Kilometer zieht sie sich quer durch Kalifornien und bildet die Grenze zweier tektonischer

Platten, die in entgegengesetzter Richtung aneinander vorbeigleiten. Die scheinbar lächerliche Geschwindigkeit von 3,5 Zentimetern pro Jahr reicht aus, um gewaltige Spannungen aufzustauen, die sich in teils heftigen Erdbeben entladen.

Kurz vor der langgestreckten Tamales Bay wendet sich der Highway leicht nach Osten. Hier kann man aber auch nach links in die Einsamkeit von Point Reyes abbiegen.

🔷 Point Reyes

Auf der rund 300 Quadratkilometer großen Halbinsel steht kaum ein Baum, denn sie ist den Launen des pazifischen Wetters ungeschützt ausgesetzt. Vom Abzweig folgt man dem Sir Francis Drake Boulevard für 30 Kilometer. Die meisten Besucher versammeln sich am Leuchtturm an der Westspitze oder stärken sich in Drake's Beach Cafe. Point Reyes ist einer der größten weitgehend natürlich gebliebenen Lebensräume für Wildtiere entlang der kalifornischen Küste. Dennoch gehört einiges Glück dazu, einen Elch, einen Luchs oder einen Koyoten zu erspähen. Die Halbinsel vereinigt ein ganzes Mosaik verschiedener Ökosysteme, von Grasländern über Feuchtgebiete zu Steilküsten. Im Winter ist die westliche Landspitze ein idealer Ort, um die vorbeiziehenden Grauwale zu beobachten, allerdings muss man sich warm anziehen.

Das Besucherhighlight ist der Leuchtturm am Ende der Welt, das Point Reyes Lighthouse an der Westspitze der Halbinsel. In mehreren Szenen von John Carpenters „The Fog" wurde das alte Gemäuer effektvoll in Szene gesetzt, genauso wie die meisten Einstellungen des ins Land ziehenden Nebels auf Point Reyes gedreht wurden.

⇨ *Von HW1 links nach Inverness, dem Sir Francis Drake Blvd bis zum Ende folgen*

🕐 *Do-Mo 10-16.30h*

⊘ *Frei*

☎ *1-415 669 1534*

🖥 *www.nps.gov/pore*

🖵 Film

The Fog – Nebel des Grauens	
Originaltitel	The Fog
Jahr	1980
Regie	John Carpenter
Hauptdarsteller	Jamie Lee Curtis, Adrienne Barbeau
Genre	Horrorfilm

Highway One folgt der Ostseite der Tomales Bay. Die langgestreckte Bucht ist ein Anglerparadies, und entlang des Ufers reihen sich Fisch- und Austernrestaurants auf. In den Wassern der Bucht werden Austern gezüchtet. Bevor man den Ausgang der Bucht zum Ozean erreicht, biegt der Highway nach Osten ins Inland ab. Die Straße ist gerade so breit, dass zwei Autos aneinander vorbeipassen, glücklicherweise sind hier selten LKWs unterwegs.

Das niedliche Örtchen Tomales mit alten Westernhäusern ist vollständig auf Touristen eingestellt. Nette Restaurants, kleine Souvenirläden und lauschige Bed and Breakfasts laden zum Verweilen ein. Außer Frieden und Natur gibt allerdings nicht viel zu erleben. Von Tomales geht es einige Kilometer weiter ins Inland, am Stoppschild biegt man links in Richtung Jenner. Es geht durch Valley Ford mit offiziell sechzig Einwohnern, zwei Restaurants und einem Lebensmittelladen.

🏠 Bodega Bay (1.400 EW)

Tausende Filmfans strömen jährlich ins ansonsten beschauliche Bodega Bay, um die Szenerie von Alfred Hitchcocks „Die Vögel" zu bewundern. Fünfzig Jahre nach den Dreharbeiten braucht man das Gespür eines Archäologen, um die Schauplätze ausfindig zu machen, denn viel hat sich seitdem verändert in Bodega Bay. Obendrein wurden viele vermeintliche Außenaufnahmen in Studiokulissen nachgestellt. Am leichtesten zu finden ist das alte Schulhaus auf dem Hügel. Doch das steht nicht in Bodega Bay, sondern in Bodega, neun Kilometer weiter im Landesinneren, direkt oberhalb der katholischen Kirche.

Anlaufpunkt aller Hitchcock-Verehrer in Bodega Bay ist das Tides Wharf Restaurant. Äußerlich nach etlichen Umbauten zwar nur schwer wiederzuerkennen, hat man einen herrlichen Blick über die Bucht und bekommt zu jeder Tageszeit etwas zu essen. Im September 2010 kehrte Tippi Hedren für ein Wochenende nach Bodega Bay zurück, um im Tides Wharf zwei Autogrammstunden zu geben.

Für die Erteilung der Drehgenehmigung soll der damalige Besitzer des Restaurants angeblich drei Bedingungen gestellt haben: Die Hauptfigur im Film müsse wie er selbst „Mitch" heißen und der Ort solle korrekt Bodega Bay genannt werden. Obendrein verlangte er eine Nebenrolle. Hitchcocks Team erfüllte alle Forderungen.

Bodega Bay hat sich seitdem vom abgeschiedenen Fischerdorf zum Reiseziel der Oberklasse gemausert. Der Ort konnte seinen Charme bewahren, die Kasse klingelt inzwischen aber in feinen Restaurants, teuren Hotels und bezaubernden Bed and Breakfasts statt auf der Fischauktion.

🖵 Film

Die Vögel	
Originaltitel	The Birds
Jahr	1963
Regie	Alfred Hitchcock
Hauptdarsteller	Tippi Hedren, Rod Taylor
Genre	Thriller

Der Highway zieht sich vorbei an weidenden Rindern zehn Meilen weiter die Küste hinauf, sandige Buchten wechseln sich mit felsiger, wenn auch nicht sonderlich hoher Steilküste ab. Plötzlich wendet er sich nach Osten auf der Suche nach einem geeigneten Übergang über den Russian River, dem Grenzfluss zwischen den Sonoma und Mendocino Counties. Der entpuppt sich nämlich als weit größer, als man es in dieser Gegend erwarten würde. In einem breiten Tal mäandert er sich durch die grünen Hügel dem Meer entgegen.

Seinen Namen bekam er für die russischen Trapper, die die Gegend im frühen 19. Jahrhundert erkundeten. Die nannten ihn „Slavianka", nach der slawischen Frau, von der sie am anderen Ende der Welt wohl träumten. Die Spanier, die vorher hier vorbeikamen, waren weniger fantasiereich und nannten den Fluss wie viele andere einfach nur Río Grande. Weiter im Osten hinter dem Küstengebirge formte der Fluss ein breites Tal, in dem heute intensiv Weinbau betrieben wird. Eines der Zentren der Region ist die Kleinstadt mit dem bezeichnenden Namen Sebastopol, benannt nach der ukrainischen Hafenstadt auf der Krim. Auf den nächsten Streckenabschnitten werden wir noch weiteren russischen Reminiszenzen begegnen. Der Einfluss der spanischen oder mexikanischen Herrschaft hatte trotz territorialem Anspruch nicht bis in diese fernen Gegenden gereicht. So konnten sich kurzfristig russische Siedlungen gründen. In der zweiten Hälfte des 19. Jahrhunderts wurde die Gegend praktisch als Niemandsland betrachtet. In blinder Gier rissen sich amerikanische Siedler in Goldrauschmanier das Land unter den Nagel. Die Indianer leisteten Gegenwehr und stahlen regelmäßig das Vieh der Neuankömmlinge. Die reagierten ungehalten und vertrieben oder massakrierten die einheimische Bevölkerung. So gingen die 1860er Jahre als Mendocino War in die Geschichte ein.

🏛 Jenner (250 EW)

Kaum ein Mensch hatte je von der Existenz des Weilers gehört, doch ein Ereignis des Jahres 2004 rückte das Dorf ins Zentrum des Scheinwerferlichts der medialen Aufmerksamkeit: Der Doppelmord von Jenner. Mitten im Sommer hatte ein junges Pärchen auf der Durchreise eine Unterkunft gesucht, nichts gefunden und kurz entschlossen sein Zelt auf dem wenig nördlich gelegenen Fishhead Beach aufgestellt.

Vier Tage später fand man die beiden Mittzwanziger tot in ihren Schlafsäcken. Das Motiv des Täters gibt den Beamten bis heute ein Rätsel auf: Die Opfer schliefen offensichtlich und nichts wurde entwendet. Der Fall bleibt ungeklärt. Nur der Vater des weiblichen Opfers, ein Priester aus Ohio, beschuldigte den Teufel persönlich. Seitdem ist in Jenner allmählich wieder Ruhe eingekehrt.

Baden ist im Norden Kaliforniens ein Thema für Hartgesottene, denn die Wassertemperaturen des Ozeans bewegen sich zwischen kalt und eisig. Wer etwas angenehmere Temperaturen bevorzugt, kann 15 Kilometer im Inland ein Bad im Russian River nehmen. Im Örtchen Monte Rio wartet ein kleiner Badestrand. Laut Distriktverwaltung soll die Wasserqualität zum Baden geeignet sein.

⇨ *Direkt nördlich der Brücke auf dem HW 116 nach Osten, nach 8 mi/12 km rechts in die Church St, sofort rechts auf den Parkplatz. Der Badestrand befindet sich zu beiden Seiten der Brücke.*

Von Jenner schlängelt sich der Highway zweispurig an der Steilküste entlang Richtung Norden. Dabei muss er einige Male scharf ins Inland einbiegen, um die tiefen Canyons zu überwinden, die die Flüsse ins Küstengebirge gefressen haben. Immer wieder kann man von den Haltebuchten am Straßenrand großartige Blicke über die einsame Küstenlinie genießen. Nach 12 mi/19 km erreicht man die ehemalige russische Siedlung Fort Ross.

▶ Wine Country

Die USA sind traditionell eher ein Biertrinkerland, obwohl vor allem deutsche, französische und italienische Einwanderer im 19. Jahrhundert die europäische Weinbautradition auf der anderen Seite des Ozeans fortsetzten. Die spanischen Missionare in Kalifornien waren auch keine Kostverächter und hatten Wein für den Eigenbedarf rings um ihre Missionsstationen angebaut. Doch in den 1860er Jahren machte die Reblaus der

Weinkultur den Garaus. Von den USA wurde sie über England nach Frankreich eingeschleppt, wo sie den Weinbau komplett verwüstete. Die Prohibition der 1920er Jahre bedeutete für die amerikanische Weinkultur einen weiteren herben Rückschlag.

Trotzdem wird heute Wein in praktisch allen amerikanischen Bundesstaaten kultiviert. Der bekannteste und kommerziell erfolgreichste ist natürlich kalifornischer Wein, der in alle Teile der Welt exportiert wird und in keinem deutschen Supermarktregal fehlt. Kalifornischer Wein stammt im Großen und Ganzen aus drei Großregionen: der Küste zwischen San Diego und Mendocino, unterbrochen von der Stadtregion Los Angeles, dem Zentraltal, das die größten Mengen produziert, und schließlich der östlichen Sierra, nahe der Grenze zu Nevada. Der Nordabschnitt der Küstenregion verteilt sich über die Countys von Napa, Lake, Sonoma und Mendocino, wo insgesamt über 400 Weinproduzenten sitzen. Seit Mitte der siebziger Jahre hat der Weinbau in dieser Region einen riesigen Boom erlebt. Besonders das Napa Valley wird an Wochenenden von Ausflüglern regelrecht überrollt. Direkt am Küstenhighway finden sich zwar jede Menge Restaurants, die lokale Weine auf der Karte haben, doch die Mehrzahl der Weingüter liegt in den Tälern des Inlands, vor allem entlang der Linie Santa Rosa, Windsor, Healdsburg, Cloverdale. In nächster Entfernung zum Highway One finden sich nur:

▶ Pacific Star Winery

Eine Weinprobe direkt auf der Steilküste ist natürlich ein besonderes Erlebnis, mehr als 200 Meter muss man sich nicht vom Highway entfernen. Allerdings findet der Anbau auf Gütern im Inland statt. Flaschenpreis ab $ 12.

✉ 33000 North Highway 1, Fort Bragg, CA 95437
⇨ 12 mi/20 km nördlich von Fort Bragg links
◎ Täglich 11-17h
☎ 1-707 964 1155
🖥 www.pacificstarwinery.com

▶ Annapolis Winery

Etwa 11 Kilometer vom Highway durchquert man schon bei der Anfahrt die Weinberge des Guts. Der Preis pro Flasche liegt ab etwa $ 25 aufwärts.

✉ 26055 Soda Springs Rd, Annapolis, CA 95412
⇨ Etwa 19 mi/30 km nördlich von Fort Ross rechts in die Annapolis Rd, nach 7 mi/11 km links in die Soda Springs Rd und die erste wieder rechts
◎ Täglich 12-17h
☎ 1-707 886 5460
🖥 www.annapoliswinery.com

Russland in Amerika – Die Kolonie Fort Ross

Vielleicht kann man sich noch ganz dunkel entsinnen, schon mal gehört zu haben, dass Alaska einst russische Kolonie gewesen war und für 7,2 Millionen Dollar 1867 den Besitzer wechselte. Trotz des geradezu lächerlichen Quadratkilometerpreises von 0,0004 Cent waren viele Amerikaner wenig begeistert von dem Deal. Was sollte man mit dem „Eisbärengehege" schon anfangen? Wenige Jahre später belehrte der Goldrausch am Klondike und in Regionen Alaskas die Skeptiker eines Besseren. Doch von der Südgrenze Alaskas ist die nördliche kalifornische Küste immer noch 1.900 Kilometer Luftlinie entfernt, von der Hauptstadt Anchorage sogar 3.100. Was also hatte Russland in Kalifornien zu suchen?

Zu Anfang des 19. Jahrhunderts erhoben viele europäische Kolonialmächte Anspruch auf Kalifornien. Englische Karten verzeichneten die Grenzen der Kolonie New Albion von Kanada bis nach San Diego, obwohl kaum ein Engländer je einen Fuß auf den fernen Boden gesetzt hatte. Spanien reklamiert fast die Hälfte der heutigen USA für sich, von Florida über Colorado bis nach Kalifornien.

Über zwei Jahrhunderte hatte die Krone die riesige Peripherie des Imperiums jedoch völlig vernachlässigt. Außer ein paar Expeditionen und einer Handvoll Missionare hatte sich kaum ein Spanier blicken lassen.

Auch im russischen Zarenreich hatte die Handelswelt Interesse an den Naturschätzen Amerikas. 1732 sichtete der erste russische Kapitän die Küste Alaskas, allerdings ohne sie zu betreten. Neun Jahre später tat das der dänische Marineoffizier Vitus Bering, im Auftrage des Zaren unterwegs, um herauszufinden, ob eine Landverbindung zwischen Russland und Alaska existierte. Die Antwort fiel negativ aus, dafür trägt die Meerenge zwischen der Halbinsel Tschuktschen und Alaska heute seinen Namen.

Fortan segelten russische Pelzhändler regelmäßig durch die eisigen Gewässer zur Inselgruppe der Aleuten, um mit Fellen beladen nach Russland zurückzukehren. Diese Expeditionen waren nicht nur hart und gefährlich, sondern konnten auch mehrere Jahre dauern. Zur besseren Versorgung und sicheren Überwinterung gründete die Russisch-Amerikanische Handelskompanie Versorgungsposten, die sich allmählich zu permanenten Siedlungen entwickelten; insgesamt knapp zwanzig entlang der Küsten Alaskas. Zur Jagd auf einträgliche Meeressäuger bedienten sich die Russen der Ureinwohner, den Aleuten. In ihren wendigen Kanus setzten sie den Tieren nach und erlegten sie mit einem Speerwurf. Vielfach wurden die Eskimos zur Arbeit gezwungen.

Die russische Kolonisation hinterließ ihre Spuren in Alaska. Noch heute existieren 19 russisch-orthodoxe Gemeinden mit über 20.000 Mitgliedern, die Mehrzahl sind Nachkommen der konvertierten Ureinwohner.

Russische Expeditionen folgten dem Küstenverlauf immer weiter nach Süden bis nach Kalifornien und der heute mexikanischen Halbinsel Baja California. Hier fanden sie reiche Seeotterpopulationen, deren Felle im Handel mit China besonders hohe Gewinne einbrachten. Sogar auf der hawaiianischen Insel Kaua'i unterhielt Russland kurzfristig eine Niederlassung. Der Arzt Georg Anton Schäffer aus Münnerstadt bei Bad Kissingen leitete die russische Zweigstelle und plante, die gesamte Inselgruppe militärisch in Besitz zu nehmen. Doch der Zar stand nicht hinter Schäffers Ideen, nach drei Jahren musste das russische Fort aufgegeben werden. Später, in den 1820er Jahren, rekrutierte Schäffer in Deutschland Auswanderer für die Besiedlung Südbrasiliens.

Den Ausschlag für die Gründung eines fernen südlichen Ablegers in Fort Ross gaben mehrere Gründe: Die improvisierten Siedlungen in Alaska waren nicht in der Lage, sich selbst zu ernähren, Fisch und Meeresfrüchte gab es zuhauf, aber Getreide, Obst und Gemüse waren Mangelware. Im Winter 1805 durchlitten die wenigen Bewohner von Nowo Archangelsk eine akute Hungerkrise, einige starben an Skorbut.

Eine Versorgungsbasis im Süden musste her, und einige Jahre später errichtete Ivan Kuskov einen ersten Handelsposten namens „Port Rumiantsev" an der Mündung des Salmon Creek, eine Meile nördlich des heutigen Bodega Bay. Von hier aus suchte man den perfekten Stützpunkt, den man schließlich fand: Fort Ross. Der Name hat keine simplere Bedeutung als „russisches Fort".

Der Standort versprach frisches Trinkwasser, Weiden für die Nutztiere, nahe Wälder für das nötige Bauholz und hoch auf den Klippen eine günstige strategische Lage für den Verteidigungsfall. Das 1812 errichtete Fort sieht fast genauso aus, wie man so eine Anlage aus unzähligen Western kennt, nur mit leichtem osteuropäischen Einschlag. 95 mal 84 Meter lange hölzerne Palisaden mit fast quadratischem Grundriss wurden von vier Wachtürmen an den Eckpunkten geschützt. Im Zentrum thront das Haus des Kommandanten, die Offiziere wohnten in Baracken, und in der südöstlichen Ecke steht stolz und aufrecht die orthodoxe Kapelle. Zwei Kanonen stehen für den Verteidigungsfall bereit, ein Brunnen sichert auch im Belagerungszustand die Trinkwasserversorgung. Das Fort musste sich soweit wie möglich selbst versorgen, also gab es auch Werkstätten für Schmiede, Tischler und Gerber, die allerdings nicht erhalten sind.

Im Fort selbst lebten nur die knapp zwei Dutzend privilegierten Mitglieder der Russisch-Amerikanischen Kompanie. Einfache Angestellte und die etwa 80 aus Alaska mitgebrachten Aleuten hausten in kleinen Hüttendörfern im Westen des Forts. Die Russen unterhielten freundschaftliche Beziehungen zu den Kashaya Pomo Indianern, die in der Gegend lebten. Die Jäger- und Sammlergesellschaft verbrachte den Sommer an der Küste und zog sich im Winter in den Schutz der Wälder zurück. Mit den russischen Zuwanderern betrieben sie Handel, einige wurden mit Mehl und Kleidung für bestimmte Arbeiten entlohnt. Da die Russen und Eskimos im Fort fast ausschließlich Männer waren, entwickelten sich bald intensivere persönliche Beziehungen zum weiblichen Bevölkerungsanteil der Indianer. Viele erlernten die russische Sprache, eine Reihe slawischer Worte floss in den indianischen Sprachgebrauch ein.

Die Versorgung des südlichsten russischen Außenpostens funktionierte halbwegs. Fisch und das Fleisch gezüchteter Rinder und Hühner boten eine akzeptable Ernährungsgrundlage, doch das harsche Klima und die mangelnde Er-

fahrung ließen die landwirtschaftlichen Experimente weitgehend scheitern. Zur Versorgungsbasis für die Kolonien in Alaska konnte Fort Ross jedenfalls nicht aufsteigen. Dagegen funktionierte die Jagd nach den begehrten Seeottern zunächst großartig, was jedoch binnen weniger Jahre zur beinahen Ausrottung der Population führte. Die Handelskompanie sah sich gezwungen, ein Jagdmoratorium auszusprechen, was in gewisser Weise das erste Tierschutzgesetz des amerikanischen Westens darstellte. Bis heute finden sich jedoch praktisch keine Seeotter an diesem Küstenabschnitt, nur in der Gegend von Monterey hat sich die Population erholt.

Standortkommandant Nikolai Rezanov, ehemals russischer Botschafter in Japan, suchte nach Auswegen aus der schwierigen Versorgunglage und reiste nach San Francisco, um mit den Spaniern Handel zu treiben, wohlwissend, dass dies von der spanischen Krone strikt untersagt war. Rezanov war 42 Jahre alt und eine stattliche und attraktive Erscheinung. Die 15jährige Tochter des Gouverneurs von Oberkalifornien war hingerissen und ver-

liebte sich unsterblich in den russischen Kommandanten. Dieser nutzte die Gunst der jungen Frau wohl zunächst für praktische Ziele, am Ende verfiel auch er der Liebe zu der jugendlichen Schönheit. Nikolai begab sich auf den Weg zum Zaren, um die Erlaubnis für die Heirat zu erbitten. Auf der langen Reise nach Moskau erkrankte er an einer Lungenentzündung, stürzte vom Pferd und segnete das Zeitliche. Im sibirischen Krasnoyarsk wurde er begraben. Maria Argüello wartete in ewiger Treue den Rest ihres noch langen Lebens auf die Rückkehr ihres Märchenprinzen. Als sie die Hoffnung aufgab, ging sie ins Kloster und wurde Nonne. Ob sie jemals vom Schicksal des Angebetenen erfuhr ist umstritten. Einige Historiker vertreten die Ansicht, Maria wurde mit 36 Jahren Verspätung über Nikolais Tod informiert.

Für das russische Imperium waren die Kolonien in Amerika kein großes Geschäft. Zu groß waren die Entfernungen und zu schwierig war die Versorgungslage. Zudem begann die britische Expansion in Kanada, eine ernste Bedrohung darzustellen. Der Zar befürchtete, Alaska ohne jede Kompensation zu verlieren, und schickte seine Diplomaten aus, einen Deal mit den Vereinigten Staaten auszuhandeln. Das Geschäft kam zustande und Alaska wechselte für besagte 7,2 Millionen Dollar den Besitzer. Der Vertrag sprach zwar eindeutig von einem Kauf, doch sowjetische und russische Massenmedien verlauteten in regelmäßigen Abständen, dass es sich um eine zeitlich begrenzte Verpachtung gehandelt habe und Alaska im Jahr 2017 an Russland zurückgegeben werden müsse.

Fort Ross wurde schon vorher an den Schweizer Einwanderer Johann August Sutter aus dem deutschen Kandern am Fuß des Schwarzwalds verkauft. Der ließ alle brauchbaren und beweglichen Gegenstände abtransportieren und überließ das Fort seinem Schicksal. Sutter besaß eine Farm gigantischer Ausmaße im Tal von Sacramento. Er vertrieb die Ureinwohner und plante, eine agrarische Vorzeigekolonie namens Neu Helvetien aufzubauen. Dummerweise wurden just auf seinem Land 1848 die ersten Goldkrümel gefunden, der Goldrausch machte folglich alle Pläne zunichte, der ehemalige Multimillionär verlor seinen gesamten Besitz. Sutters Sohn wusste sich besser an die veränderte Situation anzupassen und gründete Sacramento, heute die Hauptstaat von Kalifornien. Sutters Schicksal verarbeitete Luis Trenker 1936 in dem von den Nationalsozialisten wohlwollend aufgenommenen Film „Der Kaiser von Kalifornien", der auf der Biennale von Venedig auch noch mit dem Mussolini-Preis ausgezeichnet wurde.

Das Fort verfiel, doch glücklicherweise sprang der Staat Kalifornien ein, um das Monument der eigenen kuriosen Geschichte zu retten. Die verfallenen Strukturen wurden wieder aufgebaut und schon 1903 zum State Park erklärt. Ein Visitor Center erklärt die Geschichte und offeriert originale Ausstellungsstücke.

▶ Fort Ross

- ✉ 19005 Coast Highway One, Jenner, CA 95450
- ⇒ 12mi/19km nördlich von Jenner direkt westlich des HW1
- 🕐 Täglich 10-16h
- ∞ Pro Vehikel: $ 8
- ☎ 1-707 847 3286
- 🖥 www.parks.ca.gov/?page_id=449

🖵 Film

Der Kaiser von Kalifornien	
Jahr	1936
Regie	Luis Trenker
Hauptdarsteller	Luis Trenker, Viktoria von Ballasko, August Eichhorn
Genre	Drama

Mendocino County

Der Streckenabschnitt von Fort Ross nach Norden verläuft zu größeren Teilen etwas abseits der Küste durch tiefe Wälder, die allerdings nur einen kleinen Vorgeschmack auf die Baumriesen liefern, die weiter nördlich zu bewundern sind. Die gut asphaltierte Landstraße zieht sich zweispurig durch die Einsamkeit der nordkalifornischen Küste. Auf den 120 Kilometern von Fort Ross bis Mendocino findet sich kaum eine Handvoll nennenswerter Siedlungen.

🏛 Gualala (1.900 EW)

Das Territorium des Städtchens mit dem indianischen Namen gehörte zeitweise ebenfalls zum Einflussbereich des Schweizer Großgrundbesitzers Johann August Sutter. Einer seiner wichtigsten Angestellten namens Ernst Rufus erhielt den Besitztitel 1846 vom zuständigen mexikanischen Gouverneur. Dem urdeutschen Helden Hermann zu Ehren nannte er das Gut Rancho Hermann, woraus die mexikanische Verwaltung Rancho German machte. Die waldreiche Umgebung legte den Bau einer Sägemühle nahe, und Gualala wuchs zu einer kleinen Holzfällerstadt heran. Aufgrund der Zerstörung San Franciscos durch das Erdbeben von 1906 schoss der Holzbedarf rasant in die Höhe und Gualala profitierte. Heute sind die Sä-

Bowling Ball Beach

Point Arena Lighthouse

🕐 8h - Sonnenuntergang
⊘ Frei
🖥 www.thesearanchchapel.org

🏛 Point Arena (500 EW)

Die kleine Landspitze, die ein paar Kilometer weit in den Ozean ragt, ist in mehrfacher Hinsicht ein Endpunkt: Hier verschwindet die San Andreas Verwerfung endgültig unter den Fluten des Pazifik, hier ist der geographisch nächste Punkt der kontinentalen USA an Hawaii und hier tauchen die Telekommunikationskabel unter das Meer, die Amerika mit Japan und dem asiatischen Festland verbinden. Die kleine Pier in der Bucht ist bei Anglern beliebt, die sich hier mit Althippies vermischen und dem Örtchen eine sympathische und entspannte Atmosphäre verleihen.

▶ Point Arena Lighthouse

Eine Landspitze braucht natürlich auch einen Leuchtturm. Der 35 Meter hohe Turm kann besichtigt und bestiegen werden. 1870 war ein erstes Leuchtfeuer errichtet worden, das dem Erdbeben von 1906 leider nicht standhielt. Zwei Jahre später nahm der neue Turm den Betrieb auf, allerdings noch ohne elektrischen Strom. Das Licht wurde von einer Öllampe erzeugt. Es war Aufgabe des Leuchtturmwärters, für die Rotation zu sorgen. Ein Räderwerk wurde von einem 80 Kilogramm schweren Gewicht angetrieben, das der Angestellte alle 75 Minuten per Seilwinde nach oben hieven musste. Die vier Häuser des inzwischen eingesparten Leuchtturmpersonals kann man auch ab 175 Dollar pro Nacht mieten. Vorherige Reservierung über die Website ist allerdings angezeigt.

✉ 45500 Lighthouse Rd, Point Arena, CA 95468
⇨ 2 mi/3 km nördlich von Point Arena links in die Lighthouse Rd, dann 2,5 mi/4 km geradeaus bis zum Turm
🕐 10-15.30h
⊘ Erwachsene: $ 7,50, Kinder: $ 1
☎ 1-877 725 4448
🖥 www.pointarenalighthouse.com

---

gewerke geschlossen und der Ort lebt fast ausschließlich vom Fremdenverkehr.

▶ Sea Ranch Chapel

Mitten im endlosen Zusammenspiel von Küste und Wald, von Sonne und Nebel ist das kleine pilzförmige Gebäude abseits der Straße eine seltsame aber ebenso willkommene Überraschung. Kaum 30 Personen fasst die christliche aber unkonfessionelle Kapelle in einem kuriosen architektonischen Stil, einer Mischung aus Hexenhäuschen und Gaudí. Auch wenn man das Gebäude dreimal umrundet, scheint die Geometrie nur schwer nachvollziehbar. Genauso verspielt ist das Interieur im Art-Decó-Stil. Der Künstler James Hubbel aus San Diego setze 1984 einen privaten Bauauftrag kreativ um und verband religiösen Ernst mit liebenswerter Leichtigkeit.

⇨ 4 mi/6 km nördlich des Abzweigs Annapolis Rd, etwa 100 m entfernt von der rechten Straßenseite

Von Point Arena setzt sich der Weg nach Norden in unveränderter Form fort. Manchester klingt zwar vielversprechend, besteht aber nur aus einigen versprengten Häusern. Das niedliche Örtchen Elk ist mit 200 Einwohnern auch keine Weltstadt, bietet aber einige sehr einladende Bed & Breakfasts.

▶ Festivals

Harbor & Seafood Festival

Im Mittelpunkt des kleinen Heimat- und Hafenfestes stehen essbares Meeresgetier in allen Zubereitungsformen und lokale Biermarken.

🕐 *Jeweils Anfang September*
🖥 *www.harborfest.net*

🏛 Albion (1.000 EW)

Die Hauptattraktion von Albion ist die Brücke, die den gleichnamigen Fluss überspannt. Die ist nämlich ein Unikat, die letzte größtenteils hölzerne Highwaybrücke Kaliforniens. Zwei Pylone aus Beton und zehn Pfeiler aus dem Holz heimischer Douglasien halten die 295 Meter lange Konstruktion

aus dem Jahre 1944 zusammen. Lange wird man das ungewöhnliche Bauwerk nicht mehr bewundern können. Das kalifornische Verkehrsministerium treibt bereits die Planungen für den Abriss der inzwischen veralteten Brücke voran. Für eine ungehinderte Sicht auf den eleganten Bau biegt man direkt nach dem Nordende rechts in die Albion Little River Road und folgt der Straße etwa 400 Meter bis hinunter ins Flusstal.

🏛 Mendocino

Nach Überquerung der ungleichen Brüder Little River und Big River erreicht der Highway One Mendocino. Der 800-Seelen-Ort wäre sicher kaum jemandem im deutschen Sprachraum ein Begriff, hätte nicht Michael Holm, Schlagerstar der 70er Jahre, von dem hübschen Mädchen „auf der Straße nach Mendocino" gesungen. Seitdem sind Tramper nicht nur von kalifornischen Straßen weitgehend verschwunden. In Michael Holms Karriere war der unverfängliche Titel aber ein Meilenstein, ohne den der Sänger vielleicht gänzlich untergetaucht wäre. Kurz vor den Aufnahmen hatte er sich bei einem Reitunfall auf Sylt einen Arm und ein Bein

Mendocino

gebrochen. Die Originalversion vom Sir Douglas Quintet spiegelte den herrschenden Zeitgeist der ausgehenden Hippie-Ära bedeutend klarer wieder als Holms jugendfreie Interpretation und sprach vom Liebesnest am Fluss und Typen mit seltsam geröteten Augen, die dem Mädchen Flausen in den Kopf gesetzt hätten.

In den USA ist Mendocino als architektonisches Kleinod und tendenziell teures und exklusives Touristenpflaster bekannt. Ein Großteil der Gebäude wurde im 19. Jahrhundert aus Redwood errichtet und weiß getüncht. Dies gibt dem Ort das Flair der Küstendörfer Neuenglands. Die meisten Wohnhäuser besaßen einen eigenen kleinen Wasserturm, der mit der Kraft von Windmühlen gefüllt wurde. Einige davon beherbergen heute schicke kleine Bed and Breakfast-Herbergen, in denen man sogar im inzwischen trockengelegten Wasserbehälter selbst übernachten kann.

Zu bewundern gibt es auch einen der ältesten taoistischen Tempel auf amerikanischem Boden. Ohne die chinesische Inschrift am Portal des mindestens 130 Jahre alten Häuschens würde kein Mensch vermuten, dass hier dem Kriegsgott Kwan Dai die Ehre erwiesen wird.

Mendocino ist überraschenderweise nicht die Hauptstadt des gleichnamigen Countys. Die Funktion übernimmt das 70 Kilometer östlich gelegene und wesentlich größere Ukiah.

▶ Kwan Dai Temple

✉ 45160 Albion Street, Mendocino, CA 95460
⇨ Nach Überquerung des Big River die erste links in Mendocinos Main St, nach etwa 800 m rechts in die Kasten St und gleich wieder links in die Albion St, nach 100 m auf der rechten Seite
🕐 Führung nach vorheriger Vereinbarung per e-mail: lheechorley@sbcglobal.net
🖥 www.kwantaitemple.org

Mendocino und Humboldt, die beiden großen der drei nördlichen Küstencounties Kaliforniens sind seit Jahrzehnten ein Bollwerk der Hippie-Bewegung. Die dünne Be-

siedlung und riesige ungenutzte Flächen prädestinieren die Gegend obendrein für den illegalen Anbau von Marihuana. Die DEA, die föderale Rauschmittelbehörde, versucht den Kleinbauern mit modernsten Mitteln auf die Spur zu kommen und setzt Hubschrauber zur Identifizierung illegaler Plantagen ein. Doch seit 1996 per Volksabstimmung der Marihuanakonsum für Kranke in Kalifornien legalisiert wurde, herrscht eine konfuse Situation, die allen Beteiligten Kopfschmerzen bereitet. Marihuana darf in Kalifornien, ähnlich wie in 14 anderen Bundesstaaten, von speziellen Apotheken auf ärztliche Empfehlung an bisher etwa 40.000 registrierte Nutzer abgegeben werden. Die „Empfehlung" hat dabei nicht einmal den Status eines Rezepts. In der Praxis heißt das, dass sich jeder Erwachsene bei einem geneigten Arzt für einen Niednagel problemlos seine offizielle Erlaubnis zum Kiffen besorgen kann.

Doch viele Konsumenten misstrauen dem Staat und möchten sich nicht offiziell als Kiffer registrieren. Sie ziehen vor, sich bei illegalen Dealern zu versorgen, wo der Stoff auch weiterhin preiswerter ist. Obendrein unterliegen die Gesetze kontinuierlichen Modifikationen und lokalen Auslegungen. So beschloss die Bezirksregierung von Mendocino im März 2010, dass ein Nutzerkollektiv bis zu 99 Pflanzen selbst anbauen darf. Für die offizielle Erlaubnis sind allerdings 23 bürokratische Hürden zu überwinden. Am Ende wissen weder staatliche Behörden noch Konsumenten genau, was nun eigentlich erlaubt ist und was nicht.

In den letzten Jahren treten wachsende Teile der politisch denkenden Gesellschaft für eine Drogenfreigabe ein. Die Beweggründe dazu sind ganz unterschiedlich. Während die einen auf die verfassungsrechtlichen Garantien zur Selbstverwirklichung pochen, verweisen Pragmatiker auf überlastete Gerichte, überfüllte Gefängnisse und die immensen Kosten für den Steuerzahler. Gerade die ständigen Schlagzeilen vom gescheiterten mexikanischen Drogenkrieg mit zehntausenden von Toten trugen und tragen zur Verbreitung der Idee bei.

🎵 Soundtrack Mendocino

Künstler	Titel	Album	Jahr	Genre
Sir Douglas Quintet	Mendocino	Mendocino	1969	Pop
Michael Holm	Mendocino	-	1969	Schlager
Billy Cobham	Oh Mendocino	B.C.	1979	Jazz Rock
Linda Ronstad	Talk to me of Mendocino	Get Closer	1982	Folk
Willie Nelson	Mendocino County Line	Lost Highway	2009	Country

Website
🖳 www.visitmendocino.com

▶ Festivals

Mendocino Film Festival
Auch das kleine aber feine Mendocino feiert in jedem Frühsommer ein kleines Filmfestival, das anspruchsvollen Dokumentationen besonders viel Gewicht einräumt.
📷 Anfang Juni
🖳 www.mendocinofilmfestival.org

Mendocino Music Festival
Da Mendocino offensichtlich in die kommerziellsten und populärsten Konsumsparten stechen muss, veranstaltet es auch ein alljährliches Musikfestival. Dabei wird von Kammermusik über Jazz bis zur Weltmusik kaum eine Sparte ausgelassen.
📷 Jeweils Mitte Juli
🖳 www.mendocinomusic.com

🏛 Fort Bragg (7.000 EW)

Zehn Meilen nördlich von Mendocino trifft der plötzlich überraschend geradlinig verlaufende Highway One auf die größte Küstenstadt des Mendocino County. Ein hübsches Zentrum im Western-Stil mit einer Vielzahl Boutiquen. Die nach wie vor wunderschöne Küste und eine historische Touristen-Eisenbahn machen Fort Bragg zu einem beliebten aber dennoch durchaus authentisch wirkenden Urlaubsort. Letzteres liegt zweifellos daran, dass die Stadt durch das bis zu 700 Meter breite, verwaiste Gelände des ehemaligen Georgia-Pacific-Sägewerks vom Meer getrennt

wird. Die Anlagen wurden 2002 endgültig aufgegeben und stehen zum Verkauf.

Die Stadt sieht hier natürlich ihre Zukunft. Derzeit stehen noch alle möglichen Nutzungspläne zur Diskussion, wobei bisher scheinbar keine wirklich kreativen Ideen auf den Tisch gekommen sind. Stattdessen plädiert man, der Küste einen weiteren Golfplatz, ein Konferenzzentrum oder ein Aquarium hinzuzufügen. Ganz einfach ist die Entscheidung angesichts der Dimensionen des Geländes sicher nicht: Es nimmt etwa ein Drittel der gesamten Stadtfläche ein.

▶ Glass Beach
Schwer zu glauben, aber eine historische Umweltschweinerei kann sich in eine Attraktion verwandeln: Seit 1949 wurde der gesammelte städtische Hausmüll einfacherweise direkt in den Ozean gekippt. Dass das nicht die rechte Art sein kann, wurde den Stadtherren Anfang der 60er Jahre klar, was zunächst zum einem Verbot der marinen Entsorgung toxischer Abfälle führte. Erst ein paar Jahre später wurde eine inländische Müllkippe eingerichtet. Die Unmengen an Altglas wurden im Lauf der Jahre von der stetigen Arbeit der Gezeiten zerkleinert, geschliffen und auf den Strand gespült. So kommt es, dass der Küstenabschnitt heute von unzähligen kleinen Glasscherben übersät ist, die im Sonnenlicht farbenfroh und fröhlich glitzern. Inzwischen ist es sogar verboten, die bunten Fragmente einzusammeln. Allerdings können auch mal scharfe Metallgegenstände inmitten der vielfarbigen Strandwelt lauern.

⇨ *Etwa 800 m nördlich des Zentrum links in die Elm St, bis zum Parkplatz durchfahren und dann zu Fuß geradewegs zum Strand. Halbwegs beständiges Schuhwerk ist angeraten.*

▶ Skunk Train

Ursprünglich schleppte die Northwestern Pacific Railroad gefällte Bäume von Willits im Osten und Glenela im Süden nach Fort Bragg, wo sie von der großen Sägemühle verarbeitet wurden. Heute ist die Bahnlinie eine Touristenattraktion. Durch die tiefen dunklen Redwoods und sanfte Hügellandschaften dampft die alte Bahn heute noch nach Willits. Hin- und Rückfahrt dauern etwa vier Stunden. Es gibt eine Reihe unterschiedlicher Modalitäten, manche schließen ein Essen mit ein. Dementsprechend gestalten sich die Preise.

✉ *Laurel St, Fort Bragg, CA 95437*
⇨ *Im Zentrum von Fort Bragg vom HW1 links in die Laurel St und bis zum Ende durchfahren*
🕐 *Die Abfahrtszeiten der verschiedenen Züge sieht man in der Website nach. Im Sommer herrscht fast täglich Verkehr, im Winter legen nur wenige Bahnen ab.*
🚲 *Erwachsene: ab $ 47, Kinder: ab $ 22*
☎ *1-866 457 5865*
💻 *www.skunktrain.com*

▶ Triangle Tattoo & Museum

Wer sich von dem kleinen privaten Museum inspirieren lässt, kann sich gleich danach im zugehörigen Laden sein Wunschmotiv stechen lassen. Arbeitsgerät aus der Zeit vor der Elektrifizierung und Bilder von Zwangstätowierungen aus Deutschland, Russland oder China wirken allerdings eher abstoßend.

✉ *356 B North Main St, Fort Bragg, CA 95437*
⇨ *Direkt am HW1 im Zentrum von Fort Bragg kurz vor der Ecke Laurel St auf der rechten Seite*
🕐 *Täglich 12-18h*
🚲 *Frei*
☎ *1-707 964 8814*
💻 *www.triangletattoo.com*

Der Highway windet sich weiter an der Küstenlinie entlang nach Norden, durch Wälder und Wiesen, aber nur abschnittsweise

in Sichtweite der Brandung. Die einzig nennenswerte Siedlung ist Westport, etwa 20 Kilometer nördlich von Fort Bragg. Weitere 25 Kilometer nördlich knickt die Straße unvermittelt nach Osten ab und vereinigt sich wenig später mit dem Highway 101, der wichtigsten küstennahen Nord-Süd-Verkehrsachse. Das Asphaltband klettert bis auf über 450 Höhenmeter. Die Zone der Redwoods ist endgültig erreicht. Auf den nächsten 300 Kilometern sind die Baumriesen auch die Hauptattraktion. Die dunklen Wälder wirken stellenweise regelrecht einschüchternd. Kein Wunder, dass Naturliebhaber zu Begeisterungsstürmen hingerissen werden und sich Hippies auf Baumhäusern in erschreckenden Höhen eingenistet haben.

Skunk Train

An vielen Stellen werden die Wälder aber auch mit reichlich kitschigen Touristenatttraktionen im Stil der 50er Jahre kommerziell ausgeschlachtet. Das Kuriositätenkabinett reicht von Bäumen, die man mit dem Auto durchfahren kann, bis zu einem Einbaumhaus. Allenthalben kann man riesenhafte Figuren aller Art erstehen, deren Bildhauer hauptsächlich mit der Motorsäge zu Werke gegangen sind. Für Kinder, die die langen Fahrstrecken ertragen müssen, willkommene Abwechslungen; Erwachsene dagegen werden je nach Gemütslage eher mit einem müden Lächeln reagieren.

Giganten – Die kalifornischen Redwoods

If you've seen one redwood tree, you've seen them all.

Wenn du einen Redwoodbaum gesehen hast, hast du sie alle gesehen.

Ronald Reagan, Ex-Präsident der USA

He is the kind of politician who would cut down a redwood tree, then mount the stump and make a speech for conservation.

Er ist der Typ von Politiker, der einen Redwoodbaum fällen würde, um sich dann auf den Stumpf zu stellen und eine Rede für den Umweltschutz zu halten.

Adlai Stevenson, ehemaliger demokratischer Präsidentschaftskandidat über Ronald Reagan

Der Mensch ist ein Staubkorn im Universum, das weiß jeder. Des Öfteren spürt man die eigene Winzigkeit und Vergänglichkeit angesichts der enormen Dimensionen der Schöpfung. Die kalifornischen Wälder sind ein solcher mystischer Ort, der religiöse Gefühle entfesselt, eine Kathedrale der Natur. Ein entgegenkommender LKW auf den schmalen Straßen durch die Wälder wirkt wie eine Termite neben den Baumgiganten, die sich senkrecht in den Himmel und darüber hinaus recken. Zu Fuß in der Stille unterwegs, beginnt man zu zweifeln, ob die Mythen von Hexen und Elfen tatsächlich Humbug sind. Diese Bäume haben eine Seele, soviel scheint klar.

Über 115 Meter hoch reckt sich der größte bekannte Baum des Planeten, der Hyperion im Redwood Nationalpark. Damit überragt er locker eine Saturn V-Rakete oder die spitzen Türme des Lübecker Doms. Eine Boeing 747 würde sich daneben als Winzling ausnehmen. Aus Angst vor einem zerstörerischen Touristenansturm veröffentlicht die Leitung des Redwood Nationalparks den genauen Standort nicht.

Doch es tut gar nicht Not, das Exemplar der Superlative zu suchen. Die Spitze bekommt man vom Boden sowieso nicht zu sehen. Es ist die Magie des Gesamtbildes, der grazile Stolz der schweigenden Riesen, was den Besuch in den Nadelwäldern so eindrucksvoll macht. Die meisten Bäume erreichen Höhen von etwa 80 Metern. Ihre Stämme sind mit Durchmessern von fünf bis sieben Metern relativ schlank. Das unterscheidet die Küstenredwoods von den gedrungenen Verwandten der Gebirge, z. B. des Sequoia Nationalparks, mit denen sie aufgrund der Namensgleichheit leicht zu verwechseln sind. Der deutsche Sprachgebrauch ist da eindeutiger, denn er differenziert die Küstenmammutbäume von den Riesenmammuts. Den wissenschaftlichen Namen „Sequoia Sempervirens" gab ihnen der österreichische Botaniker und Direktor des Wiener botanischen

Gartens Stephan Endlicher in der ersten Hälfte des 19. Jahrhunderts.

Die Redwood-Wälder erscheinen zunächst erstaunlich licht, denn der Unterbewuchs ist relativ spärlich, und die niedrigsten Äste ausgewachsener Bäume schweben in 30 Metern Höhe. Die konische Form der Baumspitzen kann man nur erahnen. Dafür fällt sofort die knorrige und bis zu 30 Zentimeter dicke Borke ins Auge. Ihr Aussehen scheint das Alter der Riesenbäume zu bestätigen: Viele stehen schon seit fünf- oder sechshundert Jahren an der gleichen Stelle, beim ältesten bekannten Exemplar wurden 2.200 Jahresringe gezählt. Um ein solches Lebensalter zu erreichen, bedarf es schon einer außerordentlichen Anpassung an die Umgebung. Borke und Holz sind reich an Polyphenolen, was sie für schädliche Käfer und Pilze zu einem wenig geliebten Opfer macht. Der geringe Harzgehalt der dicken Rinde senkt die Gefahr eines tödlichen Feuers. Hin und wieder sieht man zwar von Flammen geschwärzte Stämme, doch die Riesen sind ausgesprochen resistent und haben große Chancen, einen Brand zu überleben. Jungbäume dagegen werden häufiger ein Raub der Flammen.

Die nahezu perfekte Assimilation an die natürlichen Bedingungen bewirkt aber umgekehrt, dass die räumliche Verbreitung der Redwood-Wälder ausgesprochen begrenzt ist. Ihr ursprünglicher Lebensraum erstreckt sich über etwa 850 Kilometer von Big Sur bis kurz hinter die Grenze von Oregon. Die mit 10 bis 75 Kilometer vergleichsweise geringe Breite des Wachstumsstreifens weist schon darauf hin, dass die Redwoods auf ganz bestimmte klimatische Bedingungen angewiesen sind. Sie brauchen die kühle Luft der Küste und ganzjährige Feuchtigkeit, die in trockenen Sommern von den häufigen Küstennebeln zugeführt wird. Die Nadeln können Wassertröpfchen direkt aus der Luft aufnehmen. Dass Stürme für die Bäume eine gewisse Gefahr darstellen, dürfte angesichts ihrer Größe einleuchten. Dabei werden sie allerdings selten umgeworfen, viel öfter bricht einfach nur die Krone ab und stürzt dann 30 Stockwerke in die Tiefe.

Die wahre Gefahr für das Überleben der Redwoods ist aber, wie fast immer auf diesem Planeten, der Mensch. Über die potentiellen Effekte des Klimawandels streiten sich die Experten derzeit noch. Dafür hat die Holzindustrie die Bestände schon auf fünf Prozent des ursprünglichen Volumens reduziert. Redwood ist ein hervorragendes Nutzholz. Es ist dauerhaft und gut zu bearbeiten. Mit dem Goldrausch begann auch der Raubbau der Wälder. In einem Staat, der im 19. Jahrhundert seine Bevölkerungszahl alle zehn Jahre verdoppelte, war der Holzbedarf immens. Die Wälder um San Francisco fielen als erste. Abgesehen von kleinen Naturparks existiert in der Bay Area kein natürlicher Wald mehr. Zu Anfang des 20. Jahrhunderts formierten sich die ersten Bewegungen zum Schutz der Redwoods. Die „Save the Redwoods League" begann, natürliche Wälder aufzukaufen und damit den Grundstein für die nationalen und staatlichen Parks zu legen. Gleichzeitig wurde die Holzindustrie aber mit modernen Maschinen immer effizienter.

Die Zerstörung geht bis heute weiter. 34 Prozent der noch existierenden Wälder gehören drei großen Holzunternehmen, 45 Prozent entfallen auf kleine Eigentümer. Vor allem nördlich von San Francisco war die Holzindustrie lange Zeit eine der wenigen Einnahmequellen. Noch heute prägt das Gewerbe die Kultur der Walddörfer. Kein Heimatfest geht ohne Holzfällerwettbewerbe über die Bühne. Man witzelt, dass das Leben von Anfang bis Ende vom Holz begleitet

wird: Als Baby schlummerte man in einer Rotholzwiege, und am Ende wird man in einem Sarg aus dem gleichen Material im Erdboden verscharrt.

Die Restbestände der grandiosen Wälder ziehen aber nicht nur Holzfäller und Touristen an, sondern auch Umweltschützer. Und die liefern sich mit der Industrie einen erbitterten Grabenkrieg. Seit Mitte der 80er werden Bäume besetzt, um den Kahlschlag zu verhindern. In schwindelnden Höhen errichten mutige Aktivisten Plattformen und Baumhäuser mit erstaunlicher Kreativität und ausgetüftelter Logistik. Dabei werden mehrere Baumwipfel über selbstgebaute Hängebrücken verbunden, wodurch ein regelrechtes Dorf entsteht, in dem man sich frei von Baum zu Baum bewegen kann, ohne den Boden zu berühren. In über 50 Metern Höhe montieren die Baumbesetzer Solarzellen und Regenauffangbecken, um so autark wie möglich zu sein. Auf Lebensmittelversorgung vom Boden sind sie natürlich weiter angewiesen. Ein junger Mann namens Willow soll 18 Monate am Stück in einem Baumdorf verbracht haben, ohne auch nur ein einziges Mal zur Erde hinabgeklettert zu sein.

Beim Staat und den Holzfirmen sind solche Aktivitäten natürlich höchst unerwünscht. Eine Baumbesetzung kann mit bis zu sechs Monaten Gefängnis bestraft werden. Doch die Industrie verlässt sich nicht allein auf die Polizei, sondern heuert Spezialunternehmen an, um die Besetzer von den Bäumen zu holen. Dabei wird zunächst die Logistik zerstört, in einigen Fällen sind Aktivisten gewaltsam aus den Wipfeln geholt worden. Wie das in der Praxis funktioniert, ist schwer vorstellbar. Glücklicherweise ist dabei bisher niemand ums Leben gekommen.

Dennoch war 1998 das erste Todesopfer im Krieg um die Wälder zu beklagen: Ein Holzfällertrupp fällte einen Baum

bei der Explosion einer Rohrbombe in ihrem Auto schwer verletzt. Die Bombe glich von der Bauart einer anderen, die auf dem Gelände einer Holzfirma in Cloverdale am Highway 101 entdeckt wurde. Das FBI beschuldigte Bari, die Bomben gebaut zu haben. Die hielt dagegen, dass die Holzindustrie beide Sprengsätze deponiert habe, um sie selbst zu beseitigen und den Verdacht abzulenken. Bari hatte zuvor mehrfach Morddrohungen erhalten. 2002, fünf Jahre nach ihrem Krebstod, wurde die Aktivistin freigesprochen. Sieben Polizeibeamten wurden wegen falscher Festnahme und Rufschädigung zu Geldstrafen verurteilt. Die Verantwortlichen des Anschlags wurden niemals ermittelt.

2009 unterhielt die Organisation „Earth First!" noch drei Baumdörfer im Humboldt County, konzentrierte sich dann aber aus logistischen Gründen auf ein einziges, das über 30 Bäume umfasst. Wie viele Menschen dort leben, bleibt ein strategisches Geheimnis. Der Kampf gilt vor allem der Firma Green Diamond, die hier 1.700 Quadratkilometer Wald besitzt.

Natürlich hat auch der Staat Gesetze zum Schutz der Wälder erlassen. Ein vollständiger Kahlschlag ist nur noch auf einer zusammenhängenden Fläche von maximal 16 Hektar erlaubt. Diese Praxis wird aber immer weniger angewandt, denn auch dem Durchschnittskalifornier schmerzt eine radikale Rodung in den Augen, was langfristig zu schärferen Gesetzen führen könnte. Stattdessen wird meist selektiv gefällt, wobei die größten und ältesten Bäume natürlich den größten Profit versprechen. Eine intelligente Kompromisslösung im Konflikt von Naturschutz und einer lukrativen Holzwirtschaft ist bisweilen nicht in Sicht. Ökologische Waldwirtschaft wird nur von wenigen Kleinunternehmern betrieben.

möglicherweise absichtlich so, dass er in Richtung einer Gruppe von Umweltschützern stürzte. Der 24jährige David Chain wurde erschlagen. Ein anderer umstrittener Fall ist der der prominenten Aktivistin Judi Bari. Sie wurde 1990

Dem Reisenden bleibt immerhin der Genuss, die Kette von Parks zu besuchen, die der Highway One durchquert. Besonders empfehlenswert und reich an Attraktionen ist die Avenue of the Giants, die auch den Humboldt Redwoods State Park durchquert, der von vielen als der schönste bezeichnet wird. Neben den Wäldern selbst, wartet die Gegend mit einer Menge skurriler Touristenattraktionen auf, die man allerdings mit einer guten Portion Humor zu nehmen wissen muss. Am Beginn der Reise durch die Redwoods steht das Örtchen Legget. Hier erwartet den Besucher gleich die erste groteske Attraktion:

▶ Drive-Thru-Tree

Der erste und bekannteste von mehreren durchfahrbaren Bäumen im Land der Redwoods ist satte 96 Meter hoch und geschätzte 2.400 Jahre alt. Die 1,83 Meter breite und 2,10 Meter hohe Durchfahrt wurde in den 30er Jahren aus dem Stamm geschlagen. Das geschah allerdings nicht, wie man gern suggeriert, als reguläre Straßenführung. Vielmehr war die Idee von Anfang an, eine Touristenattraktion zu schaffen. Beim Durchquerungsversuch sollte man höchst vorsichtig sein, die Kratzspuren in Höhe der Außenspiegel weisen darauf hin, dass sich höchstens Kleinwagen durch den Stamm quetschen können.

✉ *67402 Drive Thru Tree Road*
🕖 *Juni-August 8-20h, September – Mai 8-17h*
☎ *1-707 925 6363*
💻 *www.drivethrutree.com*

▶ Confusion Hill / Gravity House

Dass es sich bei den scheinbar den Gesetzen von Schwerkraft und Geometrie widersprechenden Eindrücken um optische Täuschungen handelt, ist eine relativ leicht zu ziehende Schlussfolgerung. Mit viel Humor oder der halbwüchsigen Nachfolgeschaft im Schlepptau kann die Analyse leicht getäuschter Sinneswahrnehmungen immerhin zu anregenden Diskussionen führen.

Wer den Mystery Spot in Santa Cruz besucht hat, kann auf das zweite Vergnügen dieser Art sicher getrost verzichten.

✉ 75001 N HW 101, Piercy, CA 95587
➡ 8 mi/13 km nördlich von Legget am HW101 rechts
◉ Mai-September 9-18h, Oktober – April 9-17h
⊙ Erwachsene: $ 5, Kinder: $ 4
☎ 1-707 925 6456
🖥 www.confusionhill.com

▶ The One Log House

1946 kam jemand auf die Idee, ein zehn Meter langes Segment eines 2.100 Jahre alten Redwood-Baums auszuhöhlen und zu einem Café umzubauen. Angeblich waren zwei Männer acht Monate lang beschäftigt, das Innere des 42 Tonnen schweren Stammes freizuhacken. Die ursprüngliche Idee war, das Gebilde mit Rädern auszustatten und quer durchs Land zu kutschieren, was sich letztendlich technisch nicht umsetzen ließ. So blieb das „Stammhaus" in seiner Heimat, wo es allerdings mehrfach den Standort wechselte.

✉ 705 US Hwy 101, Garberville, CA 95542
➡ 4,5 mi/7 km nördlich von Piercy direkt am HW101
◉ Im Sommer täglich 8-19h, im Winter 8-17h
☎ 1-707 247 3717
🖥 www.oneloghouse.com

▶ Richardson Grove State Park

Hitzige Diskussionen drehen sich um den acht Quadratkilometer großen Park: Der Highway 101 zwängt sich zwischen den Baumriesen hindurch und hat hier die engste Stelle auf dem gesamten Streckenverlauf von 2.478 Kilometern Länge. Das Verkehrsministerium plant, 87 Bäume zu fällen und die Straße so weit auszubauen, dass sie auch von großen LKWs passiert werden kann. Dagegen regt sich natürlich lokaler Widerstand.

Im Park kann man schöne Spaziergänge unternehmen. Im Sommer ist ein erfrischendes Bad im Eel River ein populäres Vergnügen.

✉ 1600 US Highway 101, Garberville, CA 95440
➡ 5 mi/8 km nördlich von Piercy
☎ 1-707 247 3318
🖥 www.parks.ca.gov/?page_id=422

▶ Avenue of the Giants

Auf der 31 Meilen langen Nebenstraße des Highway One kann man gemütlich von Dorf zu Dorf tuckern und die Baumgiganten in drei Dimensionen genießen. Die Strecke beginnt im Örtchen Phillipsville und führt parallel zum Highway 101 bis nach Pepperwood. Sie durchquert den Humboldt Redwoods State Park auf der Westseite und führt direkt zum Besucherzentrum. Auf die Avenue of the Giants kommt man, indem man kurz vor Phillipsville vom Highway 101 abbiegt und dem Highway 254 nach Norden folgt.

▶ Humboldt Redwoods State Park

Von vielen als der schönste Redwood Park eingeschätzt, ist er in jedem Fall mindestens einen längeren Spaziergang wert. Über 100 Meilen Wanderwege durchqueren das 214 Quadratkilometer große Areal. Auf einem langen Roadtrip entlang der Pazifikküste wird man kaum Zeit haben, diese eingehend zu erleben. Für einen schnellen aber bleibenden Eindruck wird ein Besuch im informativen Visitor Center und ein halbstündiger Spaziergang durch Founder's Grove empfohlen. Über längere Wanderrouten informiert man sich im Besucherzentrum.

🛈 Visitor Center

Das Besucherzentrum bietet eine interessante Ausstellung zu den Redwoods und beantwortet bereitwillig alle Fragen. Natürlich gibt es auch Karten und Informationsbroschüren, und man kann an geführten Wanderungen durch die Wälder teilnehmen.

◉ April-Oktober 9-17h, November - März 10-16h
⊙ Frei
☎ 1-707 946 2263
🖥 www.humboldtredwoods.org

Humboldt Logging Company, Scotia

▶ Founder's Grove Loop Trail

Auf dem einen Kilometer langen Rundweg bekommt man neben vielen lebendigen großen und kleinen Redwoods auch den ehemals größten bekannten Baum des Planeten zu sehen: Der fast 113 Meter hohe Dyerville Giant stürzte 1991 und wird allmählich von der Natur zersetzt. Founder's Grove ist ein populärer Wanderweg. Um die Ruhe des Waldes zu genießen, muss man sich eventuell ein wenig entfernen. Allerdings nur soweit, dass man wieder den Weg zurück zum Parkplatz findet. Dort bekommt man auch eine kostenlose Informationsbroschüre, die interessante Details an verschiedenen markierten Punkten des Wanderwegs erklärt. Viel länger als eine halbe Stunde ist man nicht unterwegs.

⇨ *4 mi/6 km nördlich des Besucherzentrums beim Meilenstein 20,5*

🏛 Scotia (1.000 EW)

Nachdem die Avenue of the Giants nördlich von Pepperwood wieder in den Highway 101 mündet, folgt die Holzfällerstadt Scotia. Das riesige Sägewerk ist offensichtlich noch höchst aktiv. Die Humboldt Redwood Company erklärt zumindest, auf ihren 850 Quadratkilometern Wald eine nachhaltige Holzwirtschaft zu betreiben. Bäume, deren Alter auf mehr als 200 Jahre geschätzt wird oder die mit einem Stammdurchmesser von mehr als 1,20 Meter aufwarten, werden nicht mehr angetastet.

Scotia ist eine Company Town, das heißt, der Ort wurde gewissermaßen um das Sägewerk herum gebaut. Alle Gebäude gehören dem Unternehmen und 80 % der Einwohner arbeiten dort. Die Vorgängerfirma PALCO stand 2006 kurz vor der Pleite und bot den Bewohnern ihre Häuser zum Kauf an, fand dann aber Investoren und wurde in HRC umbenannt. Das kleine Shopping Center an der Main St wurde selbstverständlich aus firmeneigenem Holz gebaut. Über Geschmack lässt sich streiten ...

▶ Scotia Museum

Die Geschichte der lokalen Holzindustrie kann man anhand von Fotos und historischen Werkzeugen nacherleben. Durchaus eine interessante Angelegenheit zu erfahren, wie im vormaschinellen Zeitalter gigantische Bäume gefällt, geteilt und abtransportiert wurden.

⇨ *HW101 Exit Scotia, links über die Brücke, links auf die Main St und einen halben km nach Süden, direkt an der nächsten Straßenkreuzung auf der linken Seite*

🕐 *Ende Mai bis Oktober Fr-Mo 8.30-12h & 12.30-17h*

♾ *Frei*

🖵 Filme

Die Redwoods bieten natürlich eine beeindruckende Szenerie für etliche Filme, doch beschäftigen sich nur wenige mit dem Leben in und um die Wälder selbst. Halloween III wurde zu großen Teilen in der Loleta Cheese Factory in Loleta, nördlich von Fortuna gedreht. In „Die Rückkehr der Jedi Ritter" stellten die Wälder die Kulissen für den Planeten Endor.

Für eine Handvoll Geld

Originaltitel	The big Trees
Jahr	1952
Regie	Felix Feist
Hauptdarsteller	Kirk Douglas, Eve Miller
Genre	Western

Valley of the Redwoods

Originaltitel	Valley of the Redwoods
Jahr	1960
Regie	William Witney
Hauptdarsteller	John Hudson, Lynette Bernay
Genre	Drama

Die Rückkehr der Jedi-Ritter

Originaltitel	Return of the Jedi
Jahr	1981
Regie	Richard Marquand
Hauptdarsteller	Harrison Ford, Mark Hamill
Genre	Science Fiction

Halloween III

Originaltitel	Halloween III: Season of the Witch
Jahr	1982
Regie	Tommy Lee Wallace
Hauptdarsteller	Tom Atkins, Stacey Nelkin
Genre	Horrorfilm

Humboldt County

Nördlich von Weott trifft der Highway One auf das Tal des Eel River, dem er die nächsten dreißig Kilometer folgt, bis er die Berge verlässt und in die flache Küstenebene mündet. Kurz darauf erreicht die Straße wieder eine erste größere Ortschaft:

Fortuna (10.500 EW)

Wenige Kilometer von der Mündung des Eel River in den Pazifik entfernt, aber von den häufigen Stürmen und Nebeln der Küste geschützt, betrachteten sich die Einwohner des Örtchens als vom Glück geküsst und gaben ihrer Stadt den Namen Fortuna. Die fruchtbare flache Schwemmebene bot günstige Bedingungen für die Landwirtschaft, und so ließen sich nach dem Goldrausch die ersten Siedler nieder, um in ein „normales" Leben als Farmer zurückzukehren. Am Eingang zur gebirgigen Zone der Redwoods gelegen, war Fortuna als Standort für Sägemühlen und einen Hafen zur Verschiffung der Holzproduktion geradezu prädestiniert, bis gegen Ende des 19. Jahrhunderts die Eisenbahn die Transportfunktion zu den holzgierigen Abnehmern in San Francisco erfüllte.

Die positive Lebenseinstellung der Einwohner scheint bis heute fortzuleben. Fortuna ist eine lebensfreudige Stadt, nennt sich „friendly city" und lädt allsommerlich zu etlichen Festivitäten ein.

▶ Festivals

Annual Fortuna Rodeo
Bei sommerlichen Temperaturen beschränkt sich Fortuna nicht auf Reiterspiele mit jungen Bullen und ungezähmten Pferden, sondern feiert seine Existenz gleich eine ganze Woche lang mit Straßenparaden, Konzerten und Karneval. Das Rodeo selbst findet am Sonntagnachmittag in der Arena statt.

🕙 *Die Woche des dritten Juliwochenendes*
🖥 *www.fortunarodeo.com*

AutoXpo
Schon eine Woche nach dem Rodeo lädt Fortuna zur Feier aller Arten motorisierter Mobile. Traktorenrennen, Burn Out Contests und Oldtimershow gehören natürlich dazu.

🕙 *Normalerweise am vierten Juliwochenende*
🖥 *www.redwoodautoxpo.com*

Apple Harvest Festival
Sein landwirtschaftliches Erbe zelebriert Fortuna mit der jährlichen Feier der Apfelernte. Eines der zentralen Ereignisse ist eine Rundfahrt im Heuwagen durch die Stadt, die an deutsche Vatertagsgepflogenheiten erinnert.

🕙 *Alljährlich gegen Ende Oktober*
🖥 *www.sunnyfortuna.com/festivals/apple*

▶ Loleta Cheese Factory
Beim Besuch der kleinen Käserei kann man der Produktion 34 verschiedener Käsesorten zusehen, das eine oder andere Stückchen probieren und natürlich auch kaufen. 1982 bildete der Familienbetrieb die Kulisse für den Horrorfilm „Halloween III".

✉ *252 Loleta Drive, Loleta, CA 95551*
⇨ *4 mi/7 km nördlich von Fortuna Exit „Loleta", links, dem Loleta Dr nach Westen folgen, nach 1 mi/1,6 km auf der linken Seite*

📷 **Film**

Halloween III	
Originaltitel	Halloween III – Season of the Witch
Jahr	1982
Regie	Tommy Lee Wallace
Hauptdarsteller	Tom Atkins, Stacey Nelkin
Genre	Horror

🏛 Eureka (26.000 EW)

Archimedes, der große griechische Naturforscher, stand vor einem echten Problem, als ihn König Hieron von Syrakus beauftragte, den Reinheitsgrad seiner goldenen Krone zu bestimmen – natürlich ohne sie zu zerstören. In der Badewanne sitzend, erkannte er schlagartig den Zusammenhang von Volumen, Gewicht und Wasserverdrängung eines Körpers. Er hatte das archimedische Prinzip entdeckt, sprang aus der Wanne, rannte unbekleidet durch die Stadt und jubelte „Heureka!" – „Ich hab's gefunden!" Der König war weniger begeistert, denn Archimedes wies nach, dass seine geliebte Krone nicht aus purem Gold bestand.

„Eureka!" riefen einige wenige Glückliche auch im amerikanischen Westen, als sie während des Goldrauschs auf reiche Erzadern stießen. Kalifornien erhob „Eureka!" denn auch zum staatlichen Motto. Die gleichnamige Stadt entstand ebenfalls während des Goldrauschs im nördlichen Kalifornien. Die Landroute von Sacramento in die Gebirge war eine beschwerliche Reise, also schifften die Glücksritter in San Francisco ein und segelten an der Pazifikküste entlang nach Norden. Die nach dem Berliner Naturwissenschaftler Alexander von Humboldt benannte Humboldt Bay stellte einen idealen natürlichen Hafen dar, und Eureka wurde zum Logistikzentrum der Goldsucher. Alexander von Humboldt hat allerdings nie einen Fuß in diese Gegend des amerikanischen Kontinentes gesetzt.

Der Goldrausch war ebenso schnell zu Ende, wie er begonnen hatte, und Eurekas Rolle beschränkte sich fortan auf die eines abgelegenen Hafens im hohen Norden Kaliforniens, einer Region, die außer Holzreichtum wenige natürliche Lebensgrundlagen bot. Immerhin umgaben Eureka eine fruchtbare Ebene und fischreiche Gewässer, die einige Tausend Siedler anlockten. Doch in Nordkalifornien lebte eine große Zahl kleiner und kleinster Indianer-

stämme. Konflikte um die natürlichen Ressourcen waren vorprogrammiert. Der etwa 3.000-köpfige Stamm der Wiyot-Indianer bewohnte etwa zwanzig Siedlungen in der Umgebung der Humboldt Bay. Die Nachbarschaft mit den weißen Neuankömmlingen gestaltete sich zunächst vergleichsweise friedlich. Umso schwieriger ist nachzuvollziehen, was die weißen Siedler dazu bewegte, sich zusammenzurotten und die Ureinwohner der Gegend in koordinierten Massakern nahezu auszurotten.

Mit Knüppeln, Messern und Pistolen bewaffnet, fiel ein blutrünstiger Mob 1860 über die Siedlung auf Gunter Island, der größten der drei Inseln der Bucht, her und hinterließ nur wenige Überlebende. Der Stamm bereitete gerade eine religiöse Zeremonie vor, nur wenige Männer befanden sich im Dorf. Die Opfer des Massakers waren demnach fast ausschließlich Frauen, Kinder und Alte. Gunter Island, später Besitz des deutschen Einwanderers Robert Gunter, wurde im Volksmund in „Bloody Island" umbenannt.

Die folgenden Nächte brachten weitere Angriffe auf indianische Siedlungen, innerhalb nur einer Woche waren mehrere Hundert Tote zu beklagen. Die scheinbar unmotivierten Massaker provozierten einen Aufschrei der Entrüstung in den Tageszeitungen von San Francisco bis New York. Für lange Zeit galten die Wiyot als

praktisch ausgerottet. 1953 wurde den wenigen Nachkommen die Anerkennung als indianische Nation verweigert, erst knapp 40 Jahre später erlangten sie den offiziellen Status und bekamen das kleine Reservat Table Bluff südlich von Eureka, in dem heute etwa 450 Mitglieder des Stammes leben. Die Stammessprache ist ausgelöscht, der letzte Sprecher starb 1962. Frank Black von den Pixies widmete den tragischen Ereignissen den Song „Humboldt County Massacre".

Die rassistische Tradition erreichte nach 1880 einen neuen Höhepunkt. Diesmal bildeten die chinesischen Einwanderer die Zielscheibe. Bei einer Schießerei zwischen rivalisierenden chinesischen Gangs wurde ein unbeteiligter Stadtrat von einer verirrten Kugel getroffen und erlag seinen Verletzungen. Die Wut der ehrwürdigen weißen Städter kochte hoch. 600 Männer fielen über die Chinatown her und schlugen alles kurz und klein. Die 500 Chinesen wurden per Ratsbeschluss aus Eureka verbannt. Die Verordnung galt offiziell bis 1959.

Eureka blieb fortan eine friedliche weiße Kleinstadt und dennoch das politische, ökonomische und kulturelle Herz des hohen Nordens. Ungezügeltes Wachstum und Immobilienspekulation gingen an Eureka vorbei. Mit dem erfreulichen Ergebnis, dass große Teile der Bausubstanz aus dem 19. Jahrhundert erhalten blieben. Hunderte viktorianische Holzhäuser stehen heute unter Denkmalschutz, die dreistöckige Carson Mansion gilt als eines der beeindruckendsten Beispiele des gesamten Landes.

Heute befindet sich die Holzindustrie auch in Eureka in der Krise, die Haupteinnahmequelle der Stadt liegt im Tourismus. Das historische Zentrum mit den vielen alten Holzhäusern lohnt einen Spaziergang, auch wenn das Stadtbild uneinheitlich ist und immer wieder von Parkplätzen und geschmacklich verfehlten modernen Gebäuden entstellt wird.

Website
💻 www.ci.eureka.ca.gov

▶ Carson Mansion
William Carson kam als Goldsucher nach Eureka, sein Vermögen machte er jedoch mit einer Sägemühle und dem Holztransport per Schiff und Eisenbahn nach San Francisco. Die 1886 erbaute Villa mit 1.500 Quadratmetern Wohnfläche stand Ende der 1940er Jahre kurz vor dem Abriss, als der letzte Erbe der Familie nach San Francisco abwanderte und keinen Käufer für die Immobilie fand. Letztendlich wurde das Gebäude von einem Bürgerverband gekauft und gerettet. Leider kann das Interieur nicht besichtigt werden.
✉ 143 M Street, Eureka, CA 95501
⇨ Nach Durchquerung des Stadtzentrums auf dem Highway One links in die M-Street, nach 300 m auf der rechten Seite
💻 www.ingomar.org

▶ Fort Humboldt State Historic Park
Um den strategisch günstigen Hafen zu schützen, errichtete die US-Armee 1853 eine Garnison in Eureka. Die Truppen mussten immer wieder einschreiten, um den Frieden zwischen weißen Siedlern und den Ureinwohnern halbwegs zu bewahren. Als große Teile der stationierten Einheiten in den amerikanischen Bürgerkrieg abgezogen wurden, waren die Indianer dem weißen Zorn weitgehend schutzlos ausgeliefert. Nach den Massakern von 1860 bot der Militärposten Hunderten von Indianern eine sichere Zuflucht. Viele starben jedoch an Mangelernährung und Durchfall, denn die Armee verpflegte sie mit einer ungewohnten Diät auf Basis von Zwieback und Bohnen. Der spätere Bürgerkriegsheld und US-Präsident Ulysses S. Grant kommandierte die Garnison 1854.

Das Fort wurde liebevoll restauriert und beherbergt auch ein Holzfällermuseum.
✉ 3431 Fort Ave, Eureka, CA 95503
⇨ Südlich des Stadtzentrums vom Highway One direkt nach der Texaco Tankstelle rechts in die Highland Ave, die erste links in die Fort Ave, am Ende der Straße Parkplatz und Visitor Center.
🕐 Täglich 8-17h
☎ 1-707 488 2041
💻 www.parks.ca.gov/?page_id=665

▶ Festivals

Redwood Coast Jazz Festival
Alle Spielarten des Jazz, vom Dixieland bis zu modernen Fusionen, werden dem geneigten Hörer beim alljährlichen Jazzfestival geboten.
🕐 Ende März
💻 www.redwoodjazz.org

Kinetic Grand Championship
Eine Festivität der humoristischen Art ist diese Variante des Seifenkistenrennens. Ein 42 Meilen langer Kurs zwischen Eureka und Arcata über Straßen, Strand und Schlamm muss auf einer per Fahrrad angetriebenen, selbstgebauten Skulptur zurückgelegt werden.
🕐 Memorial Day Wochenende vor dem letzten Montag im Mai
💻 www.kineticgrandchampionship.com

Redwood Coast Blues Festival
Alljährlich zieht Eureka große Namen des Blues zum Open Air Festival an die Pazifikküste, auch wenn das Wetter unvorhersehbar ist.

🎵 Soundtrack Eureka

Künstler	Titel	Album	Jahr	Genre
Dieselhed	Life beyond Eureka	Elephant Rest Home	1999	Folk
Frank Black & The Catholics	Humboldt County Massacre	Sunday Sunny Mill Valley Groove Day	2000	Alternativrock
Virgil Shaw	Back to Eureka	Quad Cities	2000	Songwriter
Al Roc	Humboldt County High	Humboldt County High	2001	HipHop
Pete Murray	Summer at Eureka	Summer at Eureka	2008	Songwriter

🕐 *Anfang September*
🖥 *www.bluesbythebay.org*

🏛 Arcata (17.000 EW)

Kaum zehn Kilometer von der Schwesterstadt entfernt, atmet Arcata ein ganz anderes Flair als das eher konservative Eureka. Auf 17.000 Einwohner entfallen 7.500 Studenten der Humboldt State University. Folglich regiert das schon bekannte Flair der amerikanischen College-Towns mit einem besonders großen Anteil von Neo-Hippies. Allenthalben finden sich vegetarische Restaurants, Yoga-Zentren und Läden für ökologische Kleidung. Die studentische Jugend trifft sich auf der zentralen Plaza und in den umliegenden Pubs und Kneipen. Wer auf ausschweifendes Nachtleben spekuliert, sieht sich allerdings enttäuscht. Arcata ist ein liberales aber ausgesprochen friedliches Pflaster.

Das Zentrum der Plaza ziert eine Statue des Präsidenten McKinley. Die Amtszeit des Siegers im Krieg gegen Spanien bescherte den USA eine beträchtliche territoriale Vergrößerung durch die Aufnahme von Puerto Rico, Guam und Hawaii. Zeitweise waren Kuba und die Philippinen amerikanisches Protektorat. Die progressive Studentenschaft bringt dem imperialistischen Präsidenten wenig Sympathie entgegen. 2003 verschwand der Daumen von McKinleys Bronzestatue. Die Stadt setzte 500 Dollar

Holzwirtschaft im Humboldt County

McKinley Statue, Arcata

etliche Bäume auf „Mount Trashmore" und enthüllte, dass die Bäume buchstäblich im Müll gewachsen waren.

Die Stadt beschloss die Renaturierung und bezog die Feuchtgebiete aktiv in die Abwasserentsorgung mit ein. Nach dem Durchlaufen der städtischen Kläranlage fließt das städtische Abwasser durch die Marschländer und erreicht schließlich die Humboldt Bay in Trinkwasserqualität. Gleichzeitig sind die Feuchtgebiete Naherholungszonen, Naturschutzgebiet und zumindest saisonale Heimat von 270 gezählten Vogelarten.

▶ Arcata Marsh Interpretive Center

⊠ *569 South G St, Arcata, CA 95521*
⇒ *Von der Westseite der Plaza auf der H Street 0,5 mi/0,8 km nach Süden, rechts in die G Street, nach 500 m auf der rechten Seite*
🕐 *Di-So 9-17h, Mo 13.17h, Vogelbeobachtung jeden Sa um 8.30h*
🅾 *Frei*
☎ *1-707 826 2359*
🖥 *www.arcatamarshfriends.org*

▶ Redwood Canopy Tours

In dreißig Metern Höhe an ein Stahlseil gehakt durch die Baumkronen zu schweben, ist nicht nur ein aufregendes Erlebnis für Menschen in guter physischer Verfassung, sondern bietet eine ganz andere Perspektive auf die Giganten der Redwoods. Geschulte Führer helfen, das Abenteuer in luftigen Höhen der Arcata Redwoods sicher zu überstehen. Für die Anmeldung sollte man sich rechtzeitig mit dem Veranstalter NCAC in Verbindung setzen.

⊠ *1065 K Street Suite C, Arcata, CA 95521*
⇒ *Von der Acata Plaza zwei Blocks nach Norden, links in die 11th St und nach 300 m wieder links in die K Street*
🅾 *ab $ 50*
☎ *1-800 808 2836*
🖥 *www.northcoastadventurecenters.com*

▶ Humboldt Film Festival

Seit 1967 ist das studentisch organisierte Kurzfilmfest eine kulturelle Institution im Norden Kaliforniens.

🕐 *Während der Monate April und Mai*

Belohnung auf das fehlende Körperteil aus, worauf der Daumen unter mysteriösen Umständen wieder auftauchte.

Die Umweltbewegung ist unter Arcatas Studenten in allen Facetten fest verankert, was natürlich auch Einfluss auf die städtische Politik hat. 1989 erklärte sich Arcata zur atomwaffenfreien Zone, später verbot die Stadt den Anbau genmanipulierter Pflanzen. Arcata war auch die erste Stadt der USA, die die medizinische Nutzung von Marihuana erlaubte. 2001 boykottierte sie den Patriot Act, das Sicherheitsgesetz des Präsidenten George Bush. Überhaupt haben republikanische Kandidaten in Arcata keine Chance. Bei den Präsidentschaftswahlen 2008 fuhr Barrack Obama 85 % der Stimmen ein.

Arcata steckte sich hohe Ziele bei der Reduzierung von Treibhausgasen, setzt auf Energieeinsparung und alternative Energiequellen. Ein außergewöhnliches Beispiel für kreative lokale Umweltpolitik sind die Marschländer am Rand der Humboldt Bay. Die natürliche Umgebung wurde über Jahrzehnte als Müllhalde missbraucht, und die angesiedelte Holzindustrie ging auch nicht gerade schonend mit den Feuchtgebieten um. Ein schwerer Sturm entwurzelte 2006

🎵 Soundtrack Arcata

Künstler	Titel	Album	Jahr	Genre
Judith Edelman	Arcata Love Song	Perfect World	1996	Folk
The Delegates	Arcata	Diary of Hamilton Fish	2006	Ska Punk

Mal als vierspurige Autobahn, mal als zweispurige Landstraße führt der Highway One meist durch dichte Nadelwälder weiter nach Norden. Der Blick aufs Meer wird von der grünen Wand nur sporadisch freigegeben. Nach der Querung der Big Lagoon führt die Straße als Redwood Highway quer durch eine ganze Reihe von Naturparks, der größte und bekannteste darunter der Redwood National Park. Nach der Querung des Klamath River erreicht man den gleichnamigen Ort mit weniger als 700 Einwohnern.

🏛 Crescent City (7.300 EW)

Die letzte größere Ortschaft vor der Grenze nach Oregon bekam ihren Namen nach der halbmondförmigen Bucht, die den Hafen umschließt. Im Gegensatz zu den südlichen Nachbarn kann das Städtchen keine Touristen mit hinreißenden viktorianischen Wohnhäusern locken. Und das hat seinen Grund. Am Karfreitag 1964 überrollte ein Tsunami die damals 3.000 Einwohner zählende Stadt und machte sie dem Erdboden gleich.

Nachmittags um halb sechs erschütterte mit der Stärke 9,3 eines der drei schwersten jemals registrierten Erdbeben den Prince William Sound im südlichen Alaska, 120 Meilen östlich von Anchorage und sage und schreibe 2.600 Kilometer nördlich von Crescent City. Mit über 600 Stundenkilometern breiteten sich die Flutwellen radial aus und erreichten in kaum zwei Stunden die Nordküste Kaliforniens. Das Crescent City vorgelagerte Riff beschleunigte die vier Wellen, die die Stadt überrannten und 289 Gebäude niederwalzten. Die dritte Welle war mit etwa sieben Metern die höchste und ergoss sich zwei Meilen weit ins Inland. Das Wasser riss komplette Baumstämme der damals noch florierenden Sägewerke mit sich, die die Schäden maximierten. Trotz der bereits angelaufenen Evakuierung kamen mindestens 12 Menschen in den Fluten ums Leben. Während im gesamten Restkalifornien Schäden von 2,6 Millionen Dollar statistisch erfasst wurden, beliefen sie sich allein in Crescent City auf 11 Millionen. Die Stärke des Bebens war in etwa die Gleiche wie die des verheerenden Tsunami im Indischen Ozean vom 2. Weihnachtstag 2004. Doch die gänzlich andere Topographie und Siedlungsstruktur der amerikanischen Westküste forderten vergleichsweise wenige Opfer von insgesamt etwa 130, auch wenn die Flutwellen bis Los Angeles, Hawaii und Japan registriert wurden. Als Antwort auf die Katastrophe bauten die USA ein Tsunami-Warnsystem an der Pazifikküste auf, denn die Ereignisse waren kein Einzelfall: Im Schnitt wird alle drei Jahre eine Tsunami-Warnung ausgelöst. Nach einem schweren Seebeben im Juni 2005 wurde die Stadt innerhalb von 20 Minuten evakuiert. Die große Welle blieb glücklicherweise aus.

Crescent City erholte sich nur langsam von dem schweren Schicksalsschlag. Schenkt man offiziellen Zahlen Glauben, hat sich die Einwohnerzahl seit 1964 allerdings immerhin mehr als verdoppelt. Der Schein trügt: Die Statistik registriert nicht nur unbescholtene Bürger, sondern auch 3.300 Insassen des Hochsicherheitsgefängnisses Pelican Bay. Hinter dem idyllischen Namen verbirgt sich einer der zweifellos unangenehmsten Orte Nordamerikas. Über tausend Kilometer von den urbanen Zentren entfernt, landen im Staatsgefängnis die schwersten Fälle des Strafvollzugs. Häftlinge, die in anderen Gefängnissen die strengen Regeln missachteten oder gewalttätig geworden sind, werden von Staatsbediensteten nach Pelican Bay beordert, unabhängig von der Schwere der ursprünglichen Straftat.

Die Insassen verbringen 22 Stunden täglich isoliert in Einzelzellen. Radios und Fernseher sind erlaubt, aber keine Poster an den Wänden. Jeweils eine Stunde dürfen die Gefangenen gemeinsam auf einem Innenhof verbringen. Von Menschenrechtsgruppen und Anwälten wird die Vollzugspraxis als unmenschlich und grausam verdammt. Psychiater haben schwere seelische Störungen als SHU-Syndrom, also als Hochsicherheitstrakt-Syndrom identifiziert.

Unter den Insassen befinden sich viele Mitglieder von Straßengangs. Rivalisierende Gruppen werden aber vom kalifornischen Strafvollzug scheinbar nicht voneinander getrennt. Im Februar 2000 brach auf dem Innenhof eine Massenschlägerei zwischen zweihundert Mitgliedern mexikanischer und schwarzer Gangs aus. Offensichtlich war der Bandenkrieg geplant gewesen, im Nachhinein wurden über 50 selbstgebastelte Hieb- und Stichwaffen sichergestellt. 120 Sicherheitsbeamte setzten Tränengas und Gummigeschosse ein, die Lage konnte jedoch nicht unter Kontrolle gebracht werden. Schließlich griffen sie zu scharfen Waffen. Ein Gefangener wurde erschossen, fünfzehn weitere erlitten Schussverletzungen. Laut der offiziellen Version konnten die Unruhen erst nach einer halben Stunde beendet werden.

▶ Battery Point Lighthouse

Das älteste Gebäude in Crescent City ist der 1856 erbaute Leuchtturm auf einem Felsen am westlichen Ende der Bucht. Der Leuchtturmwärter beobachtete 1964 wie die Wellen des Tsunami den Turm umspülten und über die Stadt herfielen. Der Turm beherbergt ein kleines Museum und angeblich auch einen Geist. Der Besuch ist nur bei Ebbe möglich, bei Flut stehen die 70 Meter zwischen Insel und Festland unter Wasser.

⇨ *Vom HW101 links in die Front St, am Ende wieder links in die A Street bis zum Parkplatz*

▣ *April-September Mi-So 10-16h*

☎ *1-707 464 3089*

▤ *www.delnortehistory.org*

OREGON

The great outdoors – Oregon

In europäischen Gefilden zählt Oregon zu den Dutzenden amerikanischer Staaten, deren Namen zwar bekannt vorkommen, denen aber kein klares Profil zuzuordnen ist und die kaum jemand auf einer Landkarte zu lokalisieren weiß. Das stellt sich innerhalb der USA schon ein wenig anders dar. Oregon gehört zu den zehn größten Flächenstaaten des Landes, es spielte als Siedlungsziel eine wichtige Rolle bei der Eroberung des Westens und wird als Reiseziel in die Kategorie „Besonders wertvoll" eingestuft. Oregon kann mit Stolz auf einige der schönsten Nationalparks des Landes verweisen, wie etwa Crater Lake oder Hell's Canyon. Auf der anderen Seite identifizieren die Amerikaner Oregon mit durchaus widersprüchlichen Klischees, die just die inneren Gegensätze des Staates widerspiegeln: Zum Einen ist da die liberale, umweltbewusste, intellektuelle und hochtechnologische Vorhut des Großraums Portland. Auf der anderen Seite assoziiert man bodenständige, ländliche und etwas rückständige Menschen mit Oregon. Es wird gewitzelt, dass Leute nur in Oregon gleichzeitig Sandalen, Shorts und einen Parka tragen. Oder

dass nur in Oregon jemand auf die Idee kommen könne, mit einem Mountainbike tatsächlich einen Berg zu erklimmen.

Oregons Widersprüchlichkeit lässt sich leicht mit seiner natürlichen Vielfalt erklären. Die feuchte und raue Küste wird vom fruchtbaren und klimatisch günstigen Inland getrennt. Hinter einer weiteren Gebirgskette verstecken sich im Osten des Staates fast wüstenartige Landschaften. Die Bevölkerung konzentriert sich auf das Willamette Valley um das wirtschaftliche und kulturelle Zentrum Portland. Zieht man die über zwei Millionen Bewohner des Großraums Portland von der Gesamtbevölkerung ab, ergibt sich eine Einwohnerdichte von weniger als sechs Menschen pro Quadratkilometer, was dem Niveau eines Wüstenstaates wie Libyen nahekommt.

Portland ist eine moderne und fortschrittliche Metropole. Der Sportartikelgigant Nike hat hier seinen Hauptsitz, Adidas seine amerikanische Zentrale. Chiphersteller Intel ist der größte private Arbeitgeber des Staates und beschäftigt über 14.000 Angestellte. Portland gilt als eines der wichtigsten Hoch-

Oregon in Zahlen	Oregon	Zum Vergleich: Großbritannien
Einwohner	3,8 Mio.	61 Mio.
Fläche	255.000 km²	244.800 km²
Einwohner pro km²	14	246
Höchste Erhebung	Mount Hood, 3.425 m	Ben Nevis, 1.344 m
Hauptstadt	Salem	London

technologiezentren der USA. Mit einem Augenzwinkern spricht man vom „Silicon Forest". Zusammen mit dem kaum 300 Kilometer entfernten Seattle bildet Portland eine Achse modernen, liberalen und umweltbewussten Denkens. So war Oregon der erste Bundesstaat, der ein Gesetz zur ärztlich kontrollierten Sterbehilfe erließ. Der Genuss von Cannabis ist zumindest teilweise legalisiert, und auch die Umweltgesetzgebung gehört zu den fortschrittlichsten der USA. Seit Jahrzehnten dominieren die Demokraten die staatliche Politik.

Doch der Metropole gegenüber steht das ländliche Oregon. Von der Weltanschauung der Siedler geprägt, die sich über den beschwerlichen und gefährlichen Oregon Trail vom Mississippi nach Westen durchbissen, bestehen die bodenständigen Farmer auf Tradition, Religion und ur-amerikanischen Werten. Nur sind sie im Staat zahlenmäßig unterlegen. Analysten nennen Oregon den politisch am stärksten polarisierten Staat der USA.

Der Beitrag Oregons zur nationalen Popkultur nimmt sich auf den ersten Blick eher bescheiden aus. Trotz der Vielfalt seiner Landschaften wird der Staat von den Film-

teams aus Hollywood eher selten frequentiert. Die einzige Ausnahme bilden Portland und die geographisch günstig gelegene nördliche Küste. Dennoch wird es höchst selten zu dem „Aha"-Effekt kommen, wenn man einen Ort schon aus dem Kino kennt. Portland erfreut sich einer umtriebigen und höchst lebendigen Musikszene, die sich schon fast traditionell eher im Independent-Bereich bewegt. Große Namen hat die Stadt nicht hervorgebracht, dafür weniger bekannte doch durchaus einflussreiche Bands. In den 60ern landete Paul Revere and the Raiders eine ganze Reihe von Hits, visuell unterstützt durch den Gag, in Uniformen aus dem amerikanischen Bürgerkrieg aufzutreten. The Kingsman komponierten mit „Louie Louie" einen Klassiker, der wohl zu den meistgecoverten Songs der Rockgeschichte gehört. Iggy Pop, Frank Zappa, Motörhead, The Clash oder Black Flag nahmen sich des Stückes an.

In den 80ern brachte Portland mit den Wipers eine wichtige Referenz der Punkhistorie hervor, die großen Einfluss auf die spätere Grunge-Bewegung hatte. Bis heute ist kruder Gitarrenrock die dominierende Musikrichtung der Szene in Portland. Bands wie Sleater Kinney, The Dandy Warhols oder die spektakulären Dead Moon sind auch auf der anderen Seite des großen Teichs ein Begriff.

Letztendlich begeistert Oregon den Besucher weit weniger mit urbaner Kultur als vielmehr mit wilder Natur und der Vielfalt der Landschaften, von der überwältigend schönen, rauen Pazifikküste über die tiefen Wälder der Gebirge, ungezähmte Flüsse, Wasserfälle und Vulkane bis zu den Steppen des Ostens. Wölfe haben sich in den letzten Jahren wieder ausgebreitet, in den Blue Mountains wurde der größte bekannte Pilz der Erde entdeckt, dessen Hyphengeflecht sich über eine Fläche von fast neun Quadratkilometern ausbreitet.

Die Küstenroute ist nicht weniger aufregend, zumindest wenn das oft harsche Wetter mitspielt. Cape Foulweather, zu Deutsch „Kap Dreckswetter", hat seinen Namen nicht umsonst bekommen. Spielt

🎵 Soundtrack Oregon

Künstler	Titel	Album	Jahr	Genre
Woody Guthrie	The Oregon Trail	Woody Guthrie sings Folk Songs	1962	Folk
The Kingsmen	Louie Louie	-	1963	Rock
Tex Ritter	The Oregon Trail	Blood on the saddle	1999	Country
Cowboy Junkies	Oregon Hill	Black eyed Man	1992	Folkrock
Dead Moon	54/40 or fight	Liveevil	2003	Garagenrock
Someone still loves you Boris Yeltsin	Oregon girl	Broom	2006	Poprock

das Klima mit, kann man auf den 550 Kilometern zwischen Brookings und Astoria eine der spektakulärsten Küsten des Landes genießen. Mit dem dicht bewaldeten Küstengebirge im Rücken garantiert Oregons Wasserkante ein aufregendes Wechselspiel sandiger Strände und dramatischer Steilküsten. Von der stetigen Erosion der Natur abgesprengt, liegen riesige Felsbrocken auf dem Strand oder werden vom Wasser umspült. Einige wurden von den stetigen Fluten ausgehöhlt und bilden natürliche Brücken oder Bögen. Im zentralen Küstenabschnitt Oregons türmen sich bis zu 180 Meter hohe Dünen auf.

Dazwischen liegen versprengt kleine Städte, Fischerorte und natürlich auch einige Touristenzentren. Der nördliche Teil von Oregons Küste wird im Sommer und an Wochenenden von Besucherströmen aus der Metropole Portland heimgesucht. Der Süden ist bedeutend ruhiger und mit seiner wilden Felsküste obendrein der schönste Abschnitt. Monströse Monolithen und kleine Inseln bilden eine ideale und sichere Heimat für Unmengen von Seevögel, dazwischen tummeln sich Robben und Seelöwen. Hirsche und Rehe sieht man abends häufig auf den Wiesen grasen, im Winter und Frühjahr lassen sich die vorbeiziehenden Grauwale von der Küste aus beobachten.

Über achtzig Naturschutzgebiete säumen den Küstenverlauf, die unmöglich alle erwähnt oder besucht werden können. Viele State Parks verlangen allerdings eine, wenn auch meist geringe Eintrittsgebühr. Wer die Küste ausgiebig genießen und erkunden will, kann beim ersten Besuch für $ 10 einen fünf Tage gültigen „Oregon Pacific Coast Passport" erwerben, der freien Zutritt zu siebzehn verschiedenen Parks und Aussichtspunkten erlaubt.

Oregon ist ein Staat, der eine Menge Überraschungen bereithält. Beim ersten Boxenstopp an einer Tankstelle wird man mit Verblüffung feststellen, dass im Staat keine Mehrwertsteuer erhoben wird und dass man immer von einem Tankwart bedient wird.

Im Jahr 2008 ging die kuriose Meldung vom ersten schwangeren Mann durch die Weltpresse. Der transsexuelle Thomas Beattie aus Bend, Oregon, war als Mädchen geboren worden, unterzog sich jedoch im Alter von 25 Jahren einer Geschlechtsumwandlung. Während er danach äußerlich eindeutig als Mann zu identifizieren war und ihn seine Papiere auch als solchen auswiesen, behielt er jedoch seine Gebärfähigkeit. Fünf Jahre später heiratete er. Als seine Frau trotz des Kinderwunsches nicht schwanger wurde, entschloss sich Beattie zu einer künstlichen Befruchtung und brachte mit Drei-Tage-Bart ein gesundes Kind zur Welt.

Websites
- 🖥 www.oregontravel.com
- 🖥 www.traveloregon.de

Durch Oregon I

Die Grenzquerung von Kalifornien nach Oregon gestaltet sich ausgesprochen unspektakulär. Keine majestätische Brücke oder gar ein landschaftlicher Bruch, sondern nur ein nicht sonderlich schönes Willkommensschild definieren den Übergang. Nach fast 1.600 Kilometern Durchquerung des Riesenstaates Kalifornien hätte man sich vielleicht einen feierlicheren Abschied gewünscht. „Curry County" ist der südwestlichste Landkreis des Staates Oregon. Der hat seinen Namen allerdings nicht für einen exotischen Speiseplan der Bewohner bekommen, sondern für den letzten Gouverneur des Territoriums Oregon, das bis 1858 die späteren Staaten Oregon, Washington, Idaho und Teile von Montana und Wyoming umfasste, bevor es in vollwertige Einzelstaaten aufgeteilt wurde. Der Highway führt außerhalb der Sichtweite des Meeres geradewegs in die Vororte der ersten Kleinstadt des zweiten der drei Staaten der Pazifikküste.

🏛 Brookings (6.500 EW)

Das unscheinbare Städtchen ist bevorzugter Rückzugsort von Pensionären aus dem nördlichen Kalifornien. Nicht allzuweit der Heimat gewinnt ihre Rente im mehrwertsteuerfreien Oregon an Kaufkraft. Im fischreichen Chetco River angeln viele Lachs und Forellen für das Abendessen, und das lokale Klima ist für diesen Küstenabschnitt

Oregon Miner Creek

ausgesprochen mild. Man spricht sogar vom Bananengürtel Oregons, auch wenn es höchstens ein paar vereinzelte Palmen zu entdecken gibt. Mitunter stellt sich der sogenannte Brookings-Effekt ein, ein warmer Wind, der ähnlich den kalifornischen Santa Anna Winden aus dem Küstengebirge Richtung Meer weht. Im Winter werden unter diesen Wetterbedingungen hin und wieder frühlingshafte 20 Grad gemessen, im Sommer 2008 kletterte das Thermometer sogar bis auf den Rekordstand von 42 Grad.

Der Chetco River erlebte sogar gleich zweimal einen kleinen Goldrausch. Zuerst 1879, nachdem ein namenloser Wanderer einen hochwasserführenden Zufluss nicht überqueren konnte und sich die Wartezeit auf den Rückgang des Wasserstands mit Goldsuchen vertrieb. Er wurde tatsächlich fündig, baute sich eine Holzhütte und siebte noch jahrelang nach Goldkrümeln. Fünfzig Jahre später, auf dem Höhepunkt der großen Wirtschaftskrise, zogen Hunderte von Arbeitslosen die Flusstäler hinauf, in der Hoffnung auf ein Auskommen. Ein alter Herr aus Brookings soll bis zu seinem Tod Gold im Wert von 100.000 Dollar im Schließfach einer örtlichen Bank gehortet haben.

Brookings war im Zweiten Weltkrieg Schauplatz eines der wenigen japanischen Angriffe auf das amerikanische Festland. Ein Kampfjet warf mehrere Brandbomben über dem nahegelegenen Mount Emily ab. Waldbrände sollten Panik unter der Bevölkerung schüren. Der Effekt war lächerlich gering und wäre keiner Erwähnung wert, hätte die Geschichte nicht noch einen erfreulichen Epilog: Der Bomberpilot Nobuo Fujita kam 1962 nach Brookings, um sich persönlich für den Angriff zu entschuldigen. Er vermachte der Stadt das 400 Jahre alte Samuraischwert seiner Familie, spendete 8.000 Dollar für die Schulbibliothek, lud Schüler nach Japan ein und wurde 1997 schließlich Ehrenbürger der Stadt.

▶ Redwood Nature Trail
In der Gegend von Brookings endet die Zone der Redwoods. Der Naturpfad zehn Meilen östlich ist auf dem Weg nach Norden die letzte Möglichkeit, die Baumgiganten zu bewundern.
⇨ *Direkt nördlich der Brücke über den Chetco River rechts in den Constitution Way, wieder rechts auf die N Bank Chetco River Rd, und der Straße etwa 8 mi/13 km vorbei am Alfred Loeb State Park folgen*

▶ Brandy Peak Distillery
Der kleine Familienbetrieb destilliert Brandies und Grappas in vergleichsweise kleinen Mengen. Brandy ist nichts anderes als Weinbrand und wird in den USA vor allem in Kalifornien produziert.
✉ *18526 Tetley Rd, Brookings, Oregon*
⇨ *2 mi/3,5 km nördlich von Brookings vom HW101 rechts in die Carpenterville Rd, nach 4 mi/7 km rechts in die Tetley Rd*
🕐 *März-Dezember Di-Sa 13-15h*
☎ *1-541 469 0194*
🖥 *www.brandypeak.com*

▶ Azalea State Park
Der kleine Stadtpark verwandelt sich in jedem Frühjahr in ein Farbenmeer, wenn die an der amerikanischen Westküste heimischen Azaleen blühen. Es handelt sich um eine in Europa als Zierstrauch populäre Rhododendronart.
⇨ *Direkt nördlich der Brücke über den Chetco River rechts in den Constitution Way*

Website
🖥 *www.brookingsor.com*

Die folgenden dreißig Meilen gehören zu dem Schönsten, was die amerikanische Westküste zu bieten hat. Man kann die Strecke in einer Dreiviertelstunde abreißen oder sich einen ganzen Tag lang von den vielen Aussichtspunkten, Wanderwegen, Stränden und Picknickzonen verführen lassen. Strände und Steilküste wechseln sich immer wieder ab, gewaltige Monolithe säumen Buchten und Kaps und verleihen der Szenerie eine einzigartige Dramatik. Vom Arch Rock und dem Natural Bridge Viewpoint wird der Blick magisch auf die vom Meer ausgehöhlten Felsen gezogen, die natürliche Bögen oder Brücken bilden.

Cape Sebastian ragt als fast 250 Meter hohe Felsnase in den Pazifik und bietet einen der schönsten Spaziergänge, wenn man sich eine Stunde dafür erlauben kann. Der zwei Meilen lange Weg führt vom Parkplatz zum Aussichtspunkt auf dem Kap, der zwischen Dezember und März ein hervorragender Ort für Walbeobachtung ist. Der Pfad führt weiter bis hinunter zum Strand von Hunter's Cove.

🏛 Gold Beach (2.000 EW)

Der Name des quirligen kleinen Städtchens lässt keinen Zweifel an den Intentionen der ersten Siedler. Wenige Jahre nach dem großen Goldrausch in Kalifornien wurde das glitzernde Metall am Strand an der Mündung des Rogue River gefunden. Die ersten Glücksritter nannten ihre Siedlung Ellensburg, doch alle Welt nannte das Nest nur Gold Beach, bis der Name schließlich offiziell wurde. Das Edelmetall war schnell ausgebeutet, und Gold Beach widmete sich dem Fischfang, der Landwirtschaft und der Holzindustrie. Der kleine Pioneer Cemetery an der Hillcrest Street, fünfzig Meter vom Highway One entfernt und versteckt hinter einem Supermarkt, zeugt vom harten Leben der Siedler, fernab der städtischen Zentren. Die Namen auf den Grabsteinen sind fast alle angelsächsischen Ursprungs. Zwar verweist die Mehrzahl der Einwohner Oregons auf deutsche Vorfahren, doch die ließen sich vor allem in den Agrargebieten des Zentrums und im Osten des Staates nieder.

Auch das Tal des Rogue River wurde allmählich besiedelt. Der Fluss entspringt 350 Kilometer weiter im Osten, nahe des hinreißend schönen Crater Lake. Dazwischen liegt nichts als Wildnis. Das Verhältnis der Siedler zu den einheimischen Indianern war zunächst friedlich, doch mit der Etablierung des Oregon Trails durch Nebraska, Wyoming und Idaho wurde der Bevölkerungsdruck immer größer, und der Konflikt um die natürlichen Ressourcen eskalierte in den Rogue River Kriegen zwischen selbstorganisierten Siedlertruppen und den Indianern. Immer wieder griff das Militär ein, um die Ureinwohner zu schützen, letztendlich wurden die wenigen Überlebenden in Reservate verbannt.

Bis zum Ende des 19. Jahrhunderts waren die Siedler nahezu völlig isoliert. 1895 wurde eine Bootslinie auf dem Fluss etabliert, die den Farmern die Post zustellte und Personen, Vieh und Fracht transportierte. Das Postboot verkehrt bis heute. Zusammen mit einer Linie auf dem Snake River im Osten Oregons bildet sie die letzte aktive Postlinie auf einem Fluss der gesamten USA. Inzwischen werden jetgetriebene Motorboote mit geringstem Tiefgang eingesetzt, die zur Besucherattraktion geworden sind. Bis zu 75 Passagiere können für 90 Dollar mit dem Postboot bis zu 52 Meilen weit durch wilde Schluchten ins Inland reisen. Ein beeindruckender und absolut empfehlenswerter Ausflug. Drei verschieden lange Linien werden zu natürlich unterschiedlichen Preisen bedient.

- ✉ *Harbor Way, Gold Beach, OR 97444*
- ⇨ *Vom HW1 links in den Harbor Way, nach 100 m auf den Parkplatz*
- 🕐 *Mai-September, täglich mehrere Abfahrten ab 8h*
- ⚓ *Bis Agness (64 Meilen hin und zurück) Erwachsene: $ 45, Kinder: $ 20, bis Watson Creek (80mi): $ 65/30; bis Paradise Lodge (104mi): $ 90/40*
- ☎ *1-541 247 4571*
- 🖥 *www.roguejets.com*

Websites
- 🖥 *www.goldbeachoregon.com*
- 🖥 *www.goldbeach.org*

▶ The Rogue River Myrtlewood Shop

Aus dem Holz des kalifornischen Lorbeerbaums werden traditionell Küchengegenstände und heute auch alle möglichen Kunstgegenstände gefertigt. Ein besonders populäres Souvenir sind kleine hölzerne Leuchttürme. Das Material ist sehr hart, fein gemasert und so schwer, dass es nicht schwimmt. Mit ein wenig Pflanzenöl kann man die Oberfläche polieren und den Glanz erhalten.

- ✉ *29750 Ellensburg Ave, Gold Beach, OR 97444*

⇒ Direkt am HW1 an der Ecke Strahan St auf der linken Seite
☎ 1-541 247 2332
🖥 www.roguerivermyrtlewoodshop.com

Der Weg ins 28 Meilen nördlich gelegene Port Orford führt über die schmale Küstenebene und durch Nadelwälder hindurch. Die Strecke wird von etlichen Naturparks gesäumt. Der Highway umrundet den 536 Meter hohen Humbug Mountain und führt am Geisel State Monument vorbei. Es handelt sich um die Grabstätten der Siedlerfamilie Geisel. Vater John und seine drei Söhne wurden hier 1856 im Zuge der Feindseligkeiten des Rogue River Krieges von Indianern getötet. Die Mutter und die Töchter wurden von den Indianern gefangengenommen und später freigelassen.

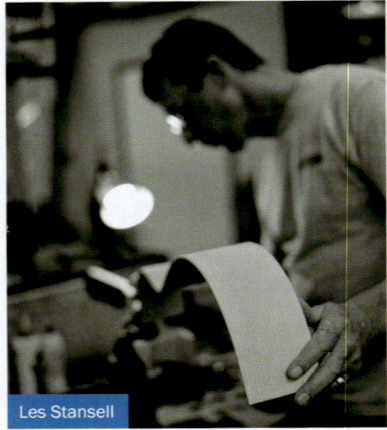
Les Stansell

▶ Les Stansell Guitars

Les Stansell baut in seiner Werkstatt edle spanische Gitarren aus einheimischen Hölzern wie Zypresse oder dem kalifornischen Lorbeerbaum. Nach telefonischer Voranmeldung erklärt er gerne seine Arbeitsweise und führt durch den Arbeitsprozess. Die Handwerkskunst hat ihren Preis, eine Gitarre kostet ab etwa 5.000 Dollar.

✉ 95100 S Pistol River Rd
⇒ In Pistol River 17 mi/28 km nördlich von Brookings rechts in die Frontage Rd und gleich wieder rechts auf die South Bank Pistol River Rd
🕐 Nach telefonischer Vereinbarung
☎ 1-541 247 7636
🖥 www.stansellguitars.com

🏛 Port Orford (1.150 EW)

Kapitän George Vancouver erkundete im ausgehenden 18. Jahrhundert im Auftrag der britischen Krone den Pazifik. 1791 segelte er mit zwei Schiffen und 153 Mann Besatzung um das Kap der Guten Hoffnung nach Australien, Tahiti, China und Hawaii, um schließlich zur amerikanischen Westküste zu gelangen. Nach der berühmten Meuterei auf der Bounty sandte England vorsichtshalber immer zwei Schiffe gemeinsam auf Entdeckungsreise. Nach

einjähriger Reise landete Vancouver in einem natürlichen Hafen an der Küste Oregons und benannte den Ankerplatz nach seinem Freund Lord Orford. Der Hafen unterhalb des Cape Blanco, der westlichsten Landspitze Oregons, ist vor den Unbilden der Natur allerdings nicht wirklich gut geschützt, und so werden die Boote der Fischereiflotte heute noch allabendlich per Kran an Land gehievt.

Die ersten Siedler waren neun Männer eines anderen englischen Schiffes, die hier 1851 warten sollten, bis das Schiff Proviant geladen hatte. Sie campierten auf dem Battle Rock, einem ins Wasser ragenden Felsen wenige hundert Meter östlich des Hafens. Kurz darauf wurden die fremden Eindringlinge von hundert Indianern angegriffen, konnten sich dank der Überlegenheit ihrer Waffen jedoch verteidigen und töteten 23 Angreifer. Ein 14-tägiger Waffenstillstand wurde ausgehandelt, doch nach Verstreichen der Frist wurden die Männer erneut attackiert. Nach der tödlichen Verwundung des Häuptlings zogen sich die Indianer zurück. Aus dem Camp der englischen Seeleute wuchs die friedliche kleine Stadt heran, die heute besonders unter Freizeitanglern beliebt ist.

Schwer vorstellbar, dass Port Orford in den 40er Jahren das Zentrum einer kuriosen Rebellion war. Die südliche Küste Oregons und das nördliche Kalifornien bildeten damals eine weitgehend isolierte Peripherie, die nur von kleinen unasphaltierten Straßen erschlossen wurde. Die Bewohner fühlten sich von ihren Staatsregierungen so vernachlässigt, dass Port Orfords Bürgermeister Gilbert Gable eine Sezessionsbewegung anführte. Er forderte, dass sich die neun küstennahen Grenzcounties von Oregon und Kalifornien abspalten und einen eigenen Staat gründen sollten. Im November 1941 wurden Straßenblockaden errichtet und eine Unabhängigkeitserklärung verkündet. Die Bewegung hatte allerdings nur zum Teil eine ernsthafte Sezession zum Ziel und wurde häufig eher als Publicity-Stunt betrachtet, um auf die mangelhafte Infrastruktur der wirtschaftlich zurückgebliebenen Region aufmerksam zu machen. Der japanische Angriff vor Pearl Harbor lenkte die Augen der Öffentlichkeit auf andere Probleme, die Unabhängigkeitsbewegung verlief im Sande. Bis heute ist Highway 101 die wichtigste Verkehrsachse, das Hinterland bleibt weitgehend unerschlossen.

Website
🖥 www.discoverportorford.com

▶ **Cape Blanco Lighthouse**
Die westlichste Spitze Oregons wird seit 1870 von einem Leuchtfeuer markiert. Dennoch sind vor der wilden Küste etliche Schiffe auf unterseeische Felsen aufgelaufen und gesunken. Das schwerste Unglück ereignete sich im Dezember 1919, als der Öltanker J.S. Chansler auf dem Weg von Portland nach San Francisco auf ein Riff auflief und in zwei Teile zerbrach. Von den 39 Besatzungsmitgliedern konnten sich nur drei an Land retten, darunter der Kapitän.

Weniger tragisch waren Ereignisse, die sich 1990 auf offener See, etwa 1.000 Kilometer westlich von Vancouver Island abspielten. Schwere See spülte 21 Container vom Deck des Frachters Hansa Carrier auf dem Weg von Korea in die USA. Fünf

der Container enthielten zusammen etwa 30.000 Paar Sportschuhe aus dem Hause Nike. Mehrere Container öffneten sich, was dazu führte, dass in den folgenden Monaten etwa 1.300 Schuhe zwischen Vancouver Island und Nordkalifornien an den Strand gespült wurden, davon über hundert bei Cape Blanco – allerdings nicht in zusammengehörenden Paaren.

✉ Cape Blanco Rd
⇒ 4 mi/7 km nördlich von Port Orford links in die Cape Blanco Rd und der Straße etwa 5 mi/8 km bis zum Ende folgen
📅 April-Oktober Di-So 10-15.30h
💰 Erwachsene: $ 2, Kinder: $ 1
📞 1-541 332 0248
🖥 www.capeblanco.org

🏛 **Bandon** (3.200 EW)

Das charmante kleine Städtchen lohnt einen Stopp und einen kleinen Rundgang um die Blocks der 1st und 2nd Street, wo sich viele Läden, Galerien und gute Restaurants angesiedelt haben. Die einstöckigen Gebäude im Stil des Wilden Westens verbreiten eine angenehm entspannte Atmosphäre, doch sind sie keineswegs so alt, wie man annehmen möchte. Das gesamte Zentrum fiel 1936 einem Brand zum Opfer, bei dem elf Tote zu beklagen waren.

Bandon widmete sich wie praktisch alle Städte der Küste der Fischerei und der Holzindustrie, die im Lauf des 20. Jahrhunderts einen rasanten Niedergang erlebten. Der Tourismus hat diese Industriezweige ersetzt. Auf der langgestreckten Küstenebene werden gut 95 Prozent der Staatsproduktion von Cranberries, den in den Vereinigten Staaten sehr populären Moos- oder auch Kranbeeren angebaut. Diese Gattung kommt zwar auch in Europa vor, ist aber in erster Linie wegen der gleichnamigen Rockband bekannt. Die leuchtend roten Früchte sind mit Preisel- und Heidelbeeren verwandt, schmecken aber wesentlich saurer.

Über hundert Bauern ernten alljährlich etwa 15.000 Tonnen der Früchte in den feuchten Marschländern in der Umgebung

Bandon Rocks

von Bandon. Dabei kommt eine simple aber höchst ungewöhnliche Erntemethode zum Einsatz: Zwischen Ende September und Mitte Oktober werden die Felder geflutet, bis sie etwa 20 Zentimeter unter Wasser stehen. Eine Erntemaschine schlägt auf die Büsche ein, die Beeren fallen ab und schwimmen an der Wasseroberfläche. Sie werden zusammengetrieben und in Netzen eingefangen oder mit modernen Maschinen abgepumpt.

Nur ein geringer Teil der Ernte wird frisch verkauft, für die meisten Gaumen ist der Geschmack der Cranberries eindeutig zu sauer und zu bitter. Der weit größte Teil wird industriell zu Säften, Yoghurts und Marmeladen verarbeitet. In der zweiten Septemberwoche jeden Jahres wird die Ernte mit einem Cranberry-Festival gefeiert, bei dem man allerlei kuriose kulinarische Kreationen um die rote Frucht probieren kann.

Jules Vernes weniger bekannter Roman „Die 500 Millionen der Begum" ist an einem frei erfundenen Schauplatz in der Nähe von Bandon angesiedelt. Die Geschichte dreht sich um einen deutschen und einen französischen Millionenerben, die in die Gegend ziehen, um nach der jeweils eigenen Lebensphilosophie ganz unterschiedliche Projekte aufzubauen: Der Franzose gründet eine humane utopische Stadt, während der deutsche Professor Schultze einen schwerindustriellen Rüstungsindustriekomplex aus dem Boden stampft. Verne charakterisierte den Deutschen als größenwahnsinnigen Rassisten, der sich ausschließlich von Bratwurst und Sauerkraut ernährt. Dabei verfällt seine Kritik an rassistischen Gedankenmustern leider selbst in simple Stereotypen.

Website
⌨ *www.bandon.com*

▶ Bandon Glass Art Studio
Die Glasbläserei hat zwar keine lange Tradition an der Küste Oregons, doch die Galerie bietet eine breite Palette gläserner Objekte unterschiedlichster Stile von vielen verschiedenen Künstlern.

✉ *240 Hwy 101, Bandon, OR 97411*

⇨ *In der langgezogenen Rechtskurve des HW101*
   auf der rechten Seite, etwa 600 m nach der
   Ampelkreuzung 11th St
☎ *1-541 347 9241*
🖳 *www.bandonglassart.com*

🏨 Coos Bay (16.200 EW)

Die größte Stadt an Oregons Küste ist keine Schönheit, sondern Heimat hartgesottener Arbeiter, die mit existenziellen Problemen zu kämpfen haben. Einst der wichtigste Hafen zwischen San Francisco und der Grenze der Bundesstaaten Oregon und Washington, wurde die Stadt hart vom industriellen Niedergang getroffen. In der ersten Hälfte des 20. Jahrhunderts erlebte Coos Bay einen wirtschaftlichen Boom, der die Einwohnerzahl rasant anwachsen ließ. Die größten nationalen Vertreter der Holzindustrie siedelten sich an, und die Produktion der riesigen Sägewerke wurde entlang der gesamten Pazifikküste verschifft. In den Docks von Coos Bay wurden Frachter und Boote der amerikanischen Marine zusammengeschweißt.

Von der industriellen Blüte ist wenig geblieben. Die Stadt hat nicht ganz erfolglos alles daran gesetzt, einen Strukturwandel zum Touristenziel zu vollziehen. Immerhin befindet sich Coos Bay in geographisch günstiger Lage zu dem populären Ausflugsziel der Oregon Dunes.

Politiker und Bewohner plädierten dafür, das Wrack des panamischen Frachters MS New Clarissa als Touristenattraktion zu erhalten. Das 195 Meter lange Schiff musste 1999 außerhalb der Bucht vor Anker gehen, da ein Sturm das Einlaufen in den Hafen verbot. Das Schiff riss sich los und lief 4 Kilometer nördlich auf den Strand. Etwa 70.000 Liter Treibstoff ergossen sich ins Meer, was mindestens 3.000 Seevögel das Leben kostete. Um die Umweltschäden zu begrenzen, wurden die verbleibenden 200.000 Liter in einer spektakulären Aktion kurzentschlossen in Brand gesetzt und im Schiff abgefackelt. Die entstehende Hitze brach das Schiff in zwei Teile. Der Bug wurde im Meer versenkt, das Heck, das sich inzwischen sechs Meter tief in den Sand eingegraben hatte, wurde erst neun Jahre später gegen lokalen Widerstand demontiert.

Im Jahre 2008 verstarb Armin D. Lehmann in Coos Bay, der wohl letzte überlebende Augenzeuge der letzten Tage im Führerbunker. In der Hitlerjugend war er zum glühenden Verehrer Adolf Hitlers herangezogen worden. Als 16jähriger diente er als Botenjunge im Führerbunker in Berlin, den er am 1. Mai 1945, einen Tag nach Hitlers Selbstmord, verlassen konnte. Er zog in die USA, wo er mit seiner Vergangenheit abrechnete und sich als entschiedener Demokrat und Pazifist engagierte. Seine Erinnerungen an die letzten Kriegstage veröffentlichte er detailliert unter dem Titel „Der letzte Befehl". Trotzdem bekam er die Vorurteile einiger amerikanischer Nachbarn zu spüren, die ihn weiterhin als „Nazi" und „Kriegsverbrecher" diffamierten.

Auch eine Tochter des letzten rumänischen Königs Michael I. lebt in Coos Bay. Sie musste allerdings weder den Zweiten Weltkrieg noch die Absetzung ihres Vaters miterleben, denn sie wurde erst 1953 im Schweizer Exil geboren.

Websites
🖳 *www.oregonsadventurecoast.com*
🖳 *www.coosbay.org*

▶ Oregon Dunes

Das größte zusammenhängende Dünengebiet Nordamerikas erstreckt sich über fünfzig Meilen Länge in Nord-Süd-Richtung und bildet ein ebenso atemberaubendes wie komplexes Landschaftsgebilde. Stellenweise fühlt man sich in die Sandmeere der Sahara versetzt, doch dazwischen mischen sich Flüsse, Seen und Wälder. Der Dünenstreifen ist stellenweise bis zu vier Kilometer breit. Einige der höchsten Exemplare recken sich bis zu 160 Meter in den Himmel.

Nun konzentriert sich die amerikanische Idee eines Naturparks nicht nur auf den Schutz, sondern genauso auf die Er-

Oregon Dunes

schließung einer Naturlandschaft. Man geht davon aus, dass nur die Schaffung eines öffentlichen Bewusstseins für den Wert der Natur langfristig ihre Erhaltung sichern kann. Folglich wird die Natur für die Öffentlichkeit zugänglich gemacht, anstatt sie abzuschotten. Einem europäischen Geist mag es höchst widersprüchlich erscheinen, dass Teile der großartigen Dünenlandschaften für Geländevehikel geöffnet sind. Alljährlich strömen Tausende zum Naturschutzgebiet, um sich per Geländewagen, Quad oder Motorrad auszutoben und die Landschaft nach allen Regeln der Kunst umzupflügen.

Geformt wurden die Dünen erst in relativ jungen geologischen Zeitabschnitten. Vor 12 Millionen Jahren begann sich das Küstengebirge zu heben. Flüsse gruben sich ihre Täler in das Plateau und transportierten über Tausende von Jahren das von Wind und Wetter erodierte Gesteinsmaterial zur Küste, wo es sich als Sand in den stillen Wassern der Flussmündungen ablagerte. Der Wind blies die Gesteinskörnchen schließlich zu Dünen auf, die die ursprüngliche Landschaft inklusive der Vegetation unter sich begruben. Die Dünen lenkten Flussläufe um und isolierten einzelne Gewässerteile zu den vielen

Frischwasserseen. Vegetation stabilisierte die Dünen gegen den Druck der stetigen Winde.

Website
🖳 www.stateparks.com/oregon_dunes.html

Besucherzentrum – Oregon Dunes NRA Visitor Center
✉ 855 Highway Ave, Reedsport, Oregon 97467
🕐 Winter Mo-Fr, Sommer täglich 8-16.30h
☎ 1-541 271 6034

Wanderwege
Das riesige Gebiet der Oregon Dunes bietet ein nahezu unerschöpfliches Angebot an Wanderwegen unterschiedlicher Länge. Schon ein kurzer Spaziergang kann einen umfassenden Eindruck von der Schönheit und Vielfalt des Naturparks vermitteln. Den ungestörten Genuss der Natur will man sich natürlich nicht von kreischenden Motoren verderben lassen, also sollte man tunlichst Abstand von den Zonen halten, die für Geländevehikel freigegeben sind. Die folgenden Vorschläge sind entlang der Fahrtrichtung von Süden nach Norden geordnet:

John Dellenback Dunes Trail
Der fünf Kilometer lange Rundwanderweg führt in ein regelrechtes Dünenmeer von 18 Quadratkilometern Ausdehnung. Eigentlich fehlen nur ein paar wilde Kamele.
⇨ 13 mi/20 km nördlich der zweiten Brücke über die Coos Bay

Tahkenitch Creek Trails
Ein ganzes Netz von Wege unterschiedlicher Längen und Schwierigkeitsgrade erschließt die Zone um den Tahkenitch Creek und führt durch Dünen, Marschen, Wiesen und Wälder.
⇨ 10 mi/16 km nördlich von Reedsport links in die Tahkenitch Creek Trailhead Rd, Parkplatz nach 200 m

Oregon Dunes Overlook
Der Aussichtspunkt erlaubt einen großartigen Panoramablick über die Küstenlandschaft in all ihrer Vielfalt. Auf dem Overlook Beach Trail erreicht man in 30 Minuten den Strand.
⇨ 11 mi/18 km nördlich von Reedsport links in den Oregon Dunes Overlook Drive, Parkplatz nach 200 m

Ausflüge mit dem Quad
Das größte Gebiet, das mit Geländefahrzeugen befahren werden darf, liegt im Süden der Dünenzone, wenige Kilometer nördlich von Coos Bay. Man kann sich ein Vehikel mieten und auf eigene Faust auf Erkundungstour gehen oder an einem geführten Ausflug in einer Gruppe teilnehmen. Mehrere Unternehmen bieten Quads, Motorräder und Geländefahrzeuge zur Vermietung:

DuneRiders ATV
✉ 68766 Hauser Depot Rd, North Bend, OR 97459
⇨ 3 mi/5 km nördlich der zweiten Brücke über die Coos Bay links in den Sandy Way
🚲 Quad: ab $ 35 pro Stunde
☎ 1-541 680 1605
🖳 www.duneridersatv.com

Spinreel Dune Buggy Rentals
✉ 67045 Spinreel Rd, North Bend, OR 97459
⇨ 8 mi/13 km nördlich der zweiten Brücke über die Coos Bay links in den Spin Wheel Dr, nach 500 m auf der rechten Seite
🚲 Quad: ab $ 40 pro Stunde, Buggy: ab $ 85, Einstündige Jeeptour m. Fahrer: $ 45 pro Person
☎ 1-541 759 3313
🖳 www.ridetheoregondunes.com

Steve's ATV Rental
✉ 68512 Highway One, North Bend, OR9 7459
⇨ 3 mi/5 km nördlich der zweiten Brücke über die Coos Bay links in den Hauser Dr und etwa 600 m zurück nach Süden, am Ende der Straße
🚲 Quad: ab $ 40 pro Stunde
☎ 1-541 751 1800
🖳 www.stevesatvrentals.com

Sandboarding
Sandboarding ist nichts anderes, als auf einem Snowboard die Dünen hinunter-

zugleiten. Ein 40 Hektar großes Dünengebiet steht für dieses in Europa recht ungewöhnliche Vergnügen bereit. Spezielle Rampen für Anfänger oder Sprungschanzen für Profis stehen ebenfalls zur Verfügung.

- ⊠ 87542 Hwy 101 North, Florence, OR 97439
- ⇨ Am HW1, 2 mi/3 km nördlich des Zentrums von Florence auf der linken Seite
- 🕙 1. Juni bis 10. September täglich 9-18.30h, März-Mai & 10. September bis Dezember 11-17h
- 💰 Sandboard-Miete: ab $ 16 pro Tag, Unterricht: ab $ 45 pro Stunde, bei mehreren Teilnehmern günstiger
- ☎ 1-541 902 8501
- 🖥 www.sandmasterpark.com

Umpaqua Discovery Center

Das Museum bietet einen umfassenden Überblick über die ökologischen Zusammenhänge zwischen Dünen, Tiden, Flüssen und Seen und setzt dazu die Lebensweisen der Ureinwohner wie der weißen Siedler in Beziehung.

- ⊠ 409 Riverfront Way, Reedsport, OR, 97467
- ⇨ In Reedsport rechts auf die Myrtle Avem, die zweite rechts auf die Umpaqua Ave, nach 900 m links in den River Front Way, nach 250 m auf der rechten Seite
- 🕙 Juni-September 9-17h, Oktober-Mai 10-16h
- 💰 Erwachsene: $ 8, Senioren: $ 7, Kinder 6-15 Jahre: $ 4
- ☎ 1-541 271 4816
- 🖥 www.umpquadiscoverycenter.com

🏛 Florence (8.300 EW)

Florence ist einer der Küstenorte, die sich am besten an die neuen Zeiten angepasst haben. Die goldene Ära von Holzindustrie und Fischfang ist längst vorbei, die scheinbar einzige Ressource für die Zukunft sind Tourismus und Freizeitindustrie. Drum hat man die Altstadt herausgeputzt, alte Holz- und Backsteinhäuser renoviert, in denen sich Galerien, Restaurants und Läden ansiedeln konnten. Die Bay Street gleich unterhalb der Brücke über den Siuslaw River stellt das städtische Shopping Center dar, das komplett mit kosten- und drahtlosem Internet-Zugang für jedermann abgedeckt ist. Florence hat rechtzeitig auf die richtige Karte gesetzt. In 30 Jahren hat sich die Zahl der Häuser im Ort beinahe versechsfacht. Fast vierzig Prozent der Bewohner sind Pensionäre, die sich vom Charme des Städtchens haben bezirzen lassen. Das Durchschnittsalter liegt inzwischen bei 56 Jahren und steigt weiter.

Florence war Schauplatz einer bizarren Geschichte, die seit Jahren im Internet kursiert, oft als urbane Legende angezweifelt wurde, sich aber tatsächlich ereignet hat: Im November 1970 wurde ein 14 Meter langer und 8 Tonnen schwerer toter Pottwal an den Strand von Florence getrieben. Der verwesende Kadaver würde einen bestialischen Gestank über der Stadt verbreiten, das war klar. Irgendwie musste man das Monster loswerden. Die verantwortliche Behörde beschloss kurzerhand, den Wal mit einer Sprengladung zu beseitigen. Die Seevögel würden die kleinen Bröckchen mit Wonne fressen und beseitigen. Eine halbe Tonne Dynamit wurde einseitig unter dem Walkörper verteilt, damit die Fragmente überwiegend ins Meer geschleudert würden. Dummerweise besaß man keinerlei Erfahrung mit der Sprengung toter Wale. Die mächtige Explosion zerriss den Körper in viele, aber gar nicht so kleine Stücke. Ein Regen aus Fettmasse ging über die 75 Zuschauern nieder, ein größerer Brocken krachte in einem halben Kilometer Entfernung in einen nagelneuen Cadillac und provozierte einen Totalschaden. Niemand wurde ernsthaft verletzt, doch Strand, Dünen und einige Straßen und Gebäude in Florence waren mit Walspeck übersät. Fortan wurden in Oregon keine Wale mehr gesprengt, sondern verbrannt oder vergraben.

Website
🖳 www.florencechamber.com

▶ Sea Lion Caves
Die Meeresgrotte mit ihrer Seelöwenkolonie ist eines der populärsten Ausflugsziele entlang der Küste Oregons. Über Treppen und mit einem Fahrstuhl gelangt man in die über 8.000m² große Haupthöhle, deren Decke sich in 38 Meter Höhe erhebt. Ein 300 Meter langer, natürlicher Tunnel verbindet sie mit dem offenen Meer. Eine Kolonie von etwa zweihundert Stellerschen Seelöwen lebt permanent in der Gegend. Im Herbst ziehen sie sich in die Höhle zurück, Frühjahr und Sommer verbringen sie draußen auf den Felsen. Der Besuch ist natürlich am aufregendsten, wenn sich die Tiere in der Höhle tummeln.

Stellersche Seelöwen bewohnen Küsten des Nordpazifiks, von den kalifornischen Kanalinseln bis nach Kamtschatka. Die warmblütigen Säugetiere können drei Meter lang und über eine Tonne schwer werden.

✉ 91560 HW101 N, Florence, OR 97439
⇨ 10 mi/16 km nördlich auf der linken Seite direkt am HW1
🕙 Täglich 9-17.30h, außer Thanksgiving und Weihnachten
⊘ Erwachsene: $ 12, Senioren: $ 11, Kinder bis 11 Jahre: $ 8
☎ 1-541 547 3111
🖳 www.sealioncaves.com

▶ Heceta Head Lighthouse
Der angeblich meistfotografierte Leuchtturm an der Küste Oregons ist eigentlich auch nicht spektakulärer als andere. Trotz der geringen Turmhöhe von nur 17 Metern schwebt das Leuchtfeuer über 60 Meter hoch über der Wasseroberfläche und strahlt bis zu 34 Kilometer weit auf die offene See hinaus. Die Geschichte des 1894 eingeweihten Leuchtturms erlitt zwei einschneidende Zäsuren: die Elektrifizierung 1934 und die Automatisierung 1963. Die Häuser der Leuchtturmwärter werden heute als Bed and Breakfast angeboten, für eine Nacht am Leuchtturm muss man aber pro Doppelzimmer in der Sommersaison mindestens 230 Dollar berappen, im Winter kommt man immerhin mit 130 Dollar weg. Besonders beliebt ist der Leuchtturm als Kulisse für Hochzeitsfeiern und -fotos.

✉ 92072 HW101 S, Yachats, OR 97498
⇨ 12 mi/19 km nördlich von Florence oder 1 m/1,6 km nördlich der Sea Lions Cave nach links der Beschilderung folgen

- 🕐 März-Oktober 11-17h
- ♾ Parkgebühr: $ 5
- ☎ 1-866 547 3696
- 🖥 www.hecetalighthouse.com

▶ Cape Perpetua

Heceta Lighthouse

Das auf der Landkarte gar nicht so herausragende Kap ist ein idealer Ort, um die natürlichen Eigenarten der Küste eingehender zu erkunden. Trotz seiner geographischen Nähe zu dem beliebten Ferienort Yachats beschränken sich die meisten Besucher auf den Fototermin am Aussichtspunkt. Der Panoramablick ist zweifellos überwältigend, doch kann oder sollte man mindestens einen halben Tag am „ewigen Kap" einplanen.

Das informative Besucherzentrum bietet interessante Dokumentarfilme und geführte Wanderungen, die eine Unmenge Details eröffnen. Weniger als eine Meile unterhalb des Visitor Center kann man sich von der Gewalt des Meeres beeindrucken lassen. „Devil's Churn", „des Teufels Busenfreund", ist eine vor langer Zeit eingestürzte Höhle, die heute in Form eines natürlichen Kanals im Lavagestein die anrollenden Wellen beschleunigt, mit voller Wucht gegen die Felswand klatschen lässt und dabei etliche Meter hohe Gischtfontanen produziert. Je höher der Wellengang, umso mächtiger die Fontänen. Die Gewalt des Meeres ist unberechenbar, eine Handvoll argloser Besucher ist schon am Kap ertrunken. Das Visitor Center weist ausdrücklich darauf hin, dass man dem Meer niemals mehr als einige Sekunden den Rücken zukehren sollte ... Man kann nur hoffen, dass sich die Parkverwaltung nicht durch weitere Unfälle dazu hinreißen lässt, Devil's Churn einzuzäunen.

Bei Niedrigwasser ist die Macht des Ozeans weniger spürbar, dafür gibt er dann mehr von seinem Leben im Untergrund preis. In den „Tide pools", den bei Ebbe zurückbleibenden Wasserbecken im Fels, kann man farbenfrohe Seesterne, Anemonen und Muscheln aus nächster Nähe bewundern. Seit mindestens 6.000 Jahren nutzten die Ureinwohner das Niedrigwasser, um Muscheln, Krabben und allerlei Meeresgetier zu ernten, wovon noch heute die Muschelhaufen in der Nähe des Besucherzentrums zeugen.

Zu Fuß oder motorisiert über die Overlook Road kann man den grandiosen Aussichtspunkt in 250 Metern Höhe über dem Meer erklimmen, der bei guter Sicht unvergessliche Blicke über die Küstenlinie erlaubt. Nach Süden schweift der Blick 110 Kilometer weit zurück zum Kap Arago bei Coos Bay.

🛈 Cape Perpetua Visitor Center

- ✉ 2400 Highway 101, Yachats, Oregon 97498
- ⇒ 22 mi/36 km nördlich von Florence rechts, 300 m geradeaus zum Visitor Center
- 🕐 Juni-August 10-17.30h, September-Mai 10-16h
- ☎ 1-541 547 3289

🏛 Yachats (700 EW)

Abseits des Medienhypes macht gelegentlich auch Mund-zu-Mund-Propaganda einen ungeschliffenen Juwel zum Star.

Dann rennen die verblüfften Medienmenschen dem neuen Messias die Bude ein. Das geschieht in der Musikwelt öfter als im Reisesektor, doch Yachats ist eines der Beispiele aus Letzterem. Wenn die Branche das Brandzeichen „Geheimtipp" verteilt, ist es normalerweise schon (fast) zu spät. Yachats brilliert inzwischen allenthalben in Top-Ten-Listen als „coolste Kleinstadt", „freundlichstes Fischerdorf" oder „vielversprechendstes Reiseziel".

Wahrscheinlich trauten sich die wenigsten Amerikaner, die seltsame Buchstabenkombination auf der Landkarte in den Mund zunehmen, weil schlichtweg niemand wusste, wie "Yachats" wohl ausgesprochen wird. „Jaahats" verkünden die Bewohner geduldig auf die gewohnte Frage. Der Name geht auf den Stamm der Siletz-Indianer zurück. Meist wird behauptet, er solle so viel wie „dunkle Wasser am Fuß der Berge" bedeuten, doch die Sprachwissenschaftler sind sich keineswegs einig. Die letzten Sprecher des Salish-Dialektes sind längst vom Erdboden verschwunden.

Obwohl als Geheimtipp gehandelt, kommen die Einkünfte im Rathaus seit Jahrzehnten zum größten Teil aus der Übernachtungssteuer. Yachats ist ein nettes Fleckchen, aber auch nicht wirklich anders als die übrigen liebenswerten Nester an Oregons Küste.

Website
⌨ www.yachats.org

▶ Village Mushroom Festival
In jedem Herbst treffen sich Pilz-Experten und Gourmets in Yachats, nicht nur, um Delikatessen zu verspeisen, sondern auch, um sich auf wissenschaftlichem Niveau auszutauschen.
📷 Alljährlich Mitte Oktober

🏛 Waldport (2.000 EW)

Der Highway 101 überquert die Feuchtgebiete des Alsea River auf einer grazilen Brücke und belohnt mit herrlicher Aussicht auf die an anderer Stelle bis zu 1.700 Meter breite Alsea Bay. Ansonsten mangelt es Waldport aber dem Charme anderer Küstenorte.

Waldport hat den einzigen Bürgermeister Oregons, der Mitglied der Independent Party ist. Herman Welsh trat 2009 aus der Republikanischen Partei aus und wechselte die Seite. Während die USA oberflächlich betrachtet als geschlossenes Zwei-Parteien-System erscheinen, gibt es hier wie in vielen anderen Ländern jede Menge kleine und kleinste politische Gruppen, die für teils skurrile Ziele und um Wählerstimmen kämpfen. In Oregon treten Grüne, Libertäre, Sozialisten und Progressive, eine Verfassungspartei und eine Partei der arbeitenden Familien zum Wahlkampf an. Oft als Splittergruppen oder Wirrköpfe belächelt, spielen die kleinen Parteien zumindest auf lokaler Ebene durchaus eine Rolle. Seit der Jahrtausendwende sind mindestens sechzehn Mikroparteien zu staatsweiten Wahlen in den USA angetreten. Für die Independent Party sitzt sogar ein Vertreter im Senat. Parteilose Kandidaten haben sich immer wieder den Präsidentschaftswahlen gestellt, man erinnere sich an den texanischen Multimillionär Ross Perot, der 1992 gegen Bill Clinton und George Bush Senior mit fast 19 % ein beachtliches Ergebnis erzielte. George Washington wurde als unabhängiger Kandidat sogar Präsident. Seit 2009 hört man immer wieder von den Aktionen der konservativen Tea Party, die allerdings keine formelle Partei, sondern eine Protestbewegung darstellt.

Website
⌨ www.waldport-chamber.com

🏛 Newport (10.200 EW)

Wer der gesamten Pazifikküste bis Newport gefolgt ist, kann sich kaum erinnern, dass es auf der Welt Großstädte gibt. San Francisco liegt inzwischen ziemlich genau tausend Kilometer zurück. Nach den ungezählten kleinen Nestern entlang des Pacific Highways erscheint das lebendige Newport schon fast als Metropole.

Es gibt einen Flughafen, ein Symphonie-orchester und sogar eine Buslinie, die das Stadtgebiet erschließt. Kein Wunder, denn Newport ist Oregons Strandreiseziel Nummer Eins.

Die Zielgruppe ist klar definiert, Newport setzt auf Familien mit Kindern. Das Aquarium zählt zu den besten des Landes, doch etliche Attraktionen fallen eher in die Kategorie Touristenfalle. Ripley's believe it or not Museum hat in den USA 35 Ableger, von Hollywood bis Atlantic City. Gleich daneben kann man auf den Meeresgrund hinabsteigen und in den Undersea Gardens Algen, Anemonen und Tintenfische beobachten. Kaum drei Schritte weiter warten schon Frankenstein und Marilyn Monroe im Wachsfigurenkabinett The Wax Works. An der Bayfront reihen sich Restaurants und Souvenirshops auf. Kinder begeistern sich für die Seelöwen, die sich an der Pier in der Sonne räkeln.

Newport ist ganz und gar auf Touristen eingestellt, doch im Vergleich zu anderen Strandmetropolen nimmt es sich immer noch angenehm normal aus. Es gibt keine Bettenburgen, und die Fischer, die am Hafen ihren Fang ausladen, sind keine Schauspieler. Solche werden aber in jedem Frühjahr beim Murder Mystery Week-end eingesetzt: Die Teilnehmer haben die Aufgabe, bei der kriminologischen Schnitzeljagd einen fiktiven Mord aufzuklären.

Eine Touristenattraktion hat Newport jedoch verloren: Vor der Küste stand bis 1916 ein Felsentor mit dem ungewöhnlichen Namen Jumpoff Joe. Damals stürzte der natürliche Bogen ein, im Lauf der Jahre löschten die Kräfte der Erosion alle Reste aus. Der nördliche Vorort Agate Beach erhielt seinen Namen nicht für eine Frau, sondern für die Achate, die man mit viel Glück am Strand finden kann.

Websites
- www.discovernewport.com
- www.newportchamber.org

▶ Oregon Coast Aquarium

Das Aquarium gilt als meistbesuchte Touristenattraktion der Küste Oregons. Es konzentriert sich besonders auf das marine Leben in heimischen Gewässern, der gläserne Tunnel durch das Haifischbecken darf natürlich nicht fehlen.

- ✉ 2820 SE Ferry Slip Rd, Newport, Oregon 97365
- ⇒ *Kurz nach dem Ortseingang rechts in die SE Ferry Slip Rd und gleich wieder links, nach 500 m auf der rechten Seite*
- ◷ *Sommer 9-18h, Winter 10-17h*

Newport

- ∞ *Erwachsene: $ 15,45, Senioren: $ 13,45,*
  Jugendliche: $ 12,75, Kinder: $ 9,95
- ☎ *1-541 867 3474*
- 🖥 *www.aquarium.org*

▶ Hatfield Marine Science Center

Die Oregon State University unterhält diese Außenstelle für Meeresforschung, die sich mit Besucherzentrum und Aquarium der Öffentlichkeit präsentiert. Die verschiedensten Forschungsbereiche werden vorgestellt, vom Meeresklima über die Gezeiten zum Management von Meeresressourcen.

- ✉ *2030 SE Marine Science Drive, Newport,*
  OR 97365
- ⇒ *Kurz nach dem Ortseingang rechts in die SE*
  Ferry Slip Rd und gleich wieder links, nach
  1 km rechts in die SE 25th St und gleich wieder
  links und bis zum Parkplatz
- 🕐 *Sommer täglich 10-17h, Winter Do-Mo 10-16h*
- ∞ *Freiwillige Spende: $ 5 pro Person*
- ☎ *1-541 867 0226*
- 🖥 *www.hmsc.oregonstate.edu*

▶ Mariner Square

Ripley's believe it or not, The Wax Works und die Oregon Undersea Gardens bilden ein Dreigestirn touristischer Unterhaltung auf durchschnittlichem Niveau. Man kann auch gleich eine kombinierte Eintrittskarte für alle drei „Attraktionen" erstehen.

- ✉ *250 SW Bay Blvd, Newport, OR 97365*
- ⇒ *Gleich nach der Brücke die erste Ausfahrt,*
  rechts in den Naterlin Dr, der Straße nach links
  folgen, nach 300 m rechts und dem Bay Blvd
  600 m folgen
- 🕐 *Oktober-Mai 10-17h, Juni & September 10-18h,*
  Juli & August 9-20h
- ∞ *Für jede einzelne Attraktion Erwachsene:*
  $ 10,95, Kinder: $ 5,95, das Dreierpaket kostet
  Erwachsene: $ 23,90, Kinder: $ 13,90
- ☎ *1-541 265 2206*
- 🖥 *www.marinersquare.com*

▶ Oregon Coast History Center

Das Museum bietet Ausstellungen zu unterschiedlichen Themen der Geschichte an den Küsten Oregons, von den heimischen Indianer zu Schiffskatastrophen.

Der Nachbau eines typischen Blockhauses veranschaulicht das Leben der ersten weißen Siedler.

- ✉ *545 SW Ninth Street, Newport, Oregon 97365*
- ⇒ *Etwa 400 m nach der Brücke rechts in die SW*
  9th St, nach 500 m auf der rechten Seite
- 🕐 *Di-Sa 11-16h*
- ∞ *Freiwillige Spende: $ 2 pro Person*
- ☎ *1-541 265 7509*
- 🖥 *www.oregoncoasthistory.org*

▶ Made in Oregon

Die kleine Ladenkette bietet ausgesuchte Lebensmittel ausschließlich aus heimischer Produktion, vor allem Wein, Marmelade, Schokolade und Käse. Daneben findet man auch Kunsthandwerk und alle möglichen Gebrauchsartikel, alles Made in Oregon.

- ✉ *342 SW Bay Blvd Suite, Newport, OR 97365*
- ⇒ *Gleich nach der Brücke die erste Ausfahrt,*
  rechts in den Naterlin Dr, der Straße nach links
  folgen, nach 300 m rechts und dem Bay Blvd
  600 m folgen
- 🕐 *So-Do 10-17h, Fr & Sa 10-18h*
- ☎ *1-541 574 9020*
- 🖥 *www.madeinoregon.com*

▶ Yaquina Head

Der Strand von Newport endet an der Landspitze von Yaquina Head, die von einem schönen weißen Leuchtturm gekrönt wird. Mit 31 Metern ist er der höchste an Oregons Küste.

- ✉ *750 NW Lighthouse Dr, Newport,*
  Oregon 97365
- ⇒ *HW101 von Newport nach Norden,*
  nach 4 km links in den Lighthouse Dr
- 🕐 *Sommer 9-16h, Frühling & Herbst 10-16h*
  Winter 12-16h
- ∞ *Pro Fahrzeug: $ 7*
- ☎ *1-541 574 3100*
- 🖥 *www.yaquinalights.org*

▶ Newport Seafood & Wine Festival

Beim alljährlichen Heimatfest dreht sich fast alles um Fisch, Schalentiere und Wein.

- 🕐 *Ende Februar*
- 🖥 *www.seafoodandwine.com*

🗨 Film

Sometimes a Great Notion	
Originaltitel	Sometimes a Great Notion
Jahr	1970
Regie	Paul Newman
Hauptdarsteller	Paul Newman, Henry Fonda
Genre	Drama

Teils im Wald, teils in Sichtweite des Meeres geht es weiter Richtung Norden. Die Straße verläuft im Vergleich zu anderen Küstenabschnitten relativ geradlinig. Nach acht Kilometern folgt der Abzweig zum Otter Crest Scenic Loop, einer Nebenstraße, die man bei gutem Wetter und genügend Zeit unbedingt nehmen sollte. Sie führt in eine Siedlung namens Otter Rock. Dort biegt man links in die 1st Street und fährt bis zum Parkplatz am Ende durch. Vom Aussichtspunkt blickt man direkt in „Devil's Punchbowl", des Teufels Punschterrine. Ähnlich wie am Cape Perpetua handelt es sich um eine eingestürzte Höhle, aus der mächtige Fontänen emporsteigen, wenn hohe Wellen hineinkrachen. Am eindrucksvollsten ist das Spektakel natürlich bei starkem Wind und schlechtem Wetter, aber die Chancen stehen gut, immerhin nähern wir uns Cape Foulweather. Das bekam seinen Namen aus offensichtlichen Gründen vom britischen Entdecker und Weltumsegler Captain James Cook im März 1778.

Auf dem Rückweg von Devil's Punchbowl kann man sich mit einem Gläschen Wein in der Flying Dutch Winery stärken. Der Otter Creek Loop mündet nach weiteren fünf Kilometern wieder in den Highway 101, der nach weiteren drei Kilometern ins nächste Örtchen führt.

🏛 Depoe Bay (1.350 EW)

Die Brücke des Highways versperrt dem Ortskern von Depoe Bay die Sicht aufs Meer. Dennoch ist das kleine Städtchen durchaus niedlich und pocht lautstark auf den Titel des kleinsten Hafens der Welt. Just hier drehte Miloš Forman eine zentrale Szene seines preisgekrönten Films „Einer flog über das Kuckucksnest". Die aus der Psychiatrie ausgebrochenen Patienten chartern ein Fischerboot und stellen sich begrenzt glaubwürdig als Doktoren jener Anstalt vor. Danach tuckerten sie durch den engen Kanal unter der Highwaybrücke hinaus aufs Meer. Die Einfahrt in den Hafen ist so schmal, dass sie bei schwerer See unpassierbar ist.

William Least Heat-Moon beschrieb Depoe Bay in seinem Bestseller „Blue Highways" folgendermaßen: „Depoe Bay war früher ein malerisches Fischerdorf; heute ist es nur noch malerisch. Die Fischlagerhäuser sind bis auf ein zeitweise operierendes Unternehmen verschwunden, die Flotte ist weg und an ihre Stelle sind Sportfischerboote und Souveniraschenbecher- und T-Shirt-Läden getreten." Gleiches gilt gleichwohl für die meisten Orte der nördlichen Pazifikküste. Least beschrieb tiefschürfend eine 13.000 Meilen lange Reise durch die USA, wobei er Großstädte, Autobahnen und Schnellrestaurants so weit als möglich umging.

▶ Whale Watching Center

Nicht nur der Zug der berühmten Grauwale lässt sich vor der Küste Oregons beobachten, sondern auch eine Reihe anderer Arten wie Blau-, Finn-, Pott- und Buckelwale. Darum kann man mit etwas Glück zu allen Jahreszeiten einen Blick auf die riesigen Säuger erhaschen. Das Walbeobachtungszentrum wird vom Staat Oregon betrieben und von der Naturparkbehörde verwaltet. Ziel der Institution ist, Verständnis über Wale zu verbreiten und Bewusstsein für den Schutz der Meere zu wecken.

- ✉ *119 SW Highway 101, Depoe Bay, OR 97341*
- ⇨ *Direkt am nördlichen Ende der Brücke auf der linken Seite*
- 🕐 *Im Sommer täglich 9-17h, September-Mai Mi-So 10-16h*
- ♻ *Frei*
- ☎ *1-541 765 3304*
- 🖳 *www.whalespoken.org*

Film

Einer flog über das Kuckucksnest	
Originaltitel	One Flew Over the Cuckoo's Nest
Jahr	1975
Regie	Miloš Forman
Hauptdarsteller	Jack Nicholson, Louise Fletcher
Genre	Drama

Elend und neues Selbstbewusstsein
– Die amerikanischen Indianer

The two principles on which our conduct towards the Indians should be founded, are justice and fear. After the injuries we have done them, they cannot love us.

Die beiden Prinzipien, auf denen unser Verhalten gegenüber den Indianern basieren sollte, sind Justiz und Furcht. Nach den Wunden, die wir ihnen zugefügt haben, können sie uns nicht lieben.

Thomas Jefferson, dritter US-Präsident
von 1801 bis 1809

Als Kinder spielten wir Cowboy und Indianer. Kaum ein Konflikt der Weltgeschichte hat sich über die modernen Medien so tief in unserem kollektiven Wissen eingenistet, wie der zwischen amerikanischen Ureinwohnern und europäischen Zuwanderern. Das bedeutet aber keineswegs, dass intimere Kenntnis der Historie weit verbreitet sei. Ganz zu schweigen vom Wissen über die Lebensbedingungen der heute in den USA lebenden Nachkommen.

Auf einer Reise entlang der Pazifikküste muss man die Augen schon sehr weit aufreißen, um überhaupt irgendwelche Hinweise auf die Existenz von Indianern wahrzunehmen. Erst in den Redwoods im Norden Kaliforniens wird man hölzerne Totempfähle vor Souvenirläden entdecken. Weiter nördlich zollen etliche Küstengemeinden dem indianischen Erbe mit einem dörflichen Totempfahl Tribut. Die Strecke durchquert sogar eine Handvoll kleiner Indianerreservate. Viel mehr als ein Hinweisschild wird man auf Anhieb aber kaum entdecken.

Auffälliger sind da schon die Spielkasinos. Seit die Indianerreservate in den 80er Jahren diese lukrative Einkommensquelle entdeckten, schossen Kasinos im typischen Las Vegas-Stil wie Pilze aus dem Boden. Das Geschäft ist seitdem zu einem Industriezweig angewachsen. 360 von Reservaten betriebene Spielkasinos setzen inzwischen alljährlich 22 Milliarden Dollar um. Sie schaffen Arbeitsplätze in benachteiligten Regionen, die Gewinne werden in soziale Dienste, Infrastrukturprojekte und die Ausbildung der Jugend investiert. Doch manchmal verschwinden Teile der Einnahmen auch in dunklen Kanälen der Vetternwirtschaft. Insgesamt reihen sich acht indianische Gambling-Hallen mehr oder weniger direkt am Highway 101 auf, drei davon in Oregon.

Den im Hollywood-Western zu Ruhm gekommenen Sioux, Cheyenne oder Apachen wird man an der Pazifikküste nicht begegnen. Stattdessen hört man zum ersten Mal von den Siletz, den Willapa und den Chinook. Trotzdem gehörte der extreme amerikanische Westen einst zu den von Ureinwohnern am dichtesten besiedelten Regionen Nordamerikas. Es wird geschätzt, dass zu

Zeiten von Christoph Columbus allein in Kalifornien bis zu einem Drittel der Ureinwohner des US-amerikanischen Territoriums lebten. Die tiefen Wälder und das Meer boten vielfältige Ressourcen. Es entwickelten sich hochgradig strukturierte Gesellschaften, die jedoch weder eine Schrift kannten noch sich in stadtartigen Siedlungen konzentrierten. Dafür unterhielten sie ein ausgedehntes Handelsnetz, das bis in die Prärien jenseits der Rocky Mountains reichte.

Zentraler Ausdruck der Indianerkultur des Nordwestens war der Totempfahl, dessen Funktion und Bedeutung in der modernen Medienkultur weitestgehend fehlinterpretiert wird. Die bis über fünfzig Meter hohen, meist aus dem Stamm des Riesen-Lebensbaumes geschnitzten Skulpturen waren niemals Objekt religiöser Verehrung. Christliche Missionare hatten diese Idee in die Welt gesetzt, um den heidnischen Indianern Götzenanbetung und okkulte Praktiken zu unterstellen. Tatsächlich dienten die Totempfähle in erster Linie der Darstellung historischer Ereignisse oder bezeugten den Stammbaum einer Familie. In einigen Fällen markierten sie den Standort von Grabstätten, in anderen zielten sie darauf, einen Feind oder einen Schuldner der Lächerlichkeit preiszugeben.

Man weiß nicht, mit welchen Werkzeugen die Skulpturen ursprünglich bearbeitet wurden. Höchstwahrscheinlich hatten die Indianer schon lange vor dem intensiveren Kontakt mit den Weißen über ihr Handelsnetz Zugang zu metallenen Werkzeugen.

Mit der Invasion der weißen Siedler erlebte die Kultur des Totems einen dramatischen Niedergang, zum einen wegen der fortschreitenden kulturellen Anpassung, zum anderen, weil sich die Indianer mit existenzielleren Problemen auseinandersetzen mussten. Erst um die Mitte des

20. Jahrhunderts erfasste die indianische Handwerkskunst eine Renaissance.

In der Realität entsprachen die Indianer keinem der gängigen Klischees. Weder waren sie blutrünstige Wilde noch die edlen unverdorbenen Kreaturen, die in heiliger Harmonie mit der Natur lebten.

Sie hatten sich nahezu perfekt an ihre Umgebung angepasst, doch sie führten Kriege gegeneinander – genau wie die Europäer. Kriegsgefangene wurden versklavt.

Für die europäischen Kolonialmächte blieb der pazifische Nordwesten über 250 Jahre eine uninteressante ferne Peripherie. Zwar war zu Anfang des 16. Jahrhunderts schon ein spanisches Schiff bis zum Rogue River in Oregon und 50 Jahre später Francis Drake bis zur Küste bei San Francisco vorgedrungen, doch erst um die Mitte des 18. Jahrhunderts ließen sich die Europäer regelmäßiger blicken. Russen und Briten, amerikanische und kanadische Handelsunternehmen interessierte der Pelzreichtum. Besonders die Felle von Seeottern waren begehrt und brachten hohe Gewinne. Die Indianer verkauften ihre Jagdbeute an die weißen Kaufleute, was eine neue Prosperität in die Dörfer brachte und das gesamte Handelsnetz aktivierte. Auch gewannen sie verstärkten Zugang zu hilfreichen technischen Errungenschaften wie Werkzeugen aus Metall.

Die Verständigung fand dabei im Chinook-Jargon statt. Aus der Stammessprache der Chinook hatte sich eine Lingua Franca entwickelt, mit der sich die verschiedenen Stämme im Nordwesten auch über Kultur- und Sprachgrenzen hinweg verständigen konnten, ähnlich wie heute Swahili in Ostafrika genutzt wird. Die Sprache war sehr einfach zu erlernen, die Grammatik simpel und der Wortschatz begrenzt. Der wachsende Kontakt mit den Europäern führte zur Integration englischer und französischer Worte. Ortsnamen mit Ursprung in Chinook finden sich noch heute von Kalifornien bis Alaska und im Osten bis weit in die Great Plains hinein. Zu Hochzeiten sollen etwa 100.000 Menschen Chinook zumindest als Zweitsprache gesprochen haben. Heute gibt es noch einige Dutzend Sprecher. Von staatlicher Seite werden Versuche unternommen, die Sprache am Aussterben zu hindern.

Doch im Gegenzug intensivierten sich auch die intertribalen Konflikte, und die Europäer schleppten die Krankheiten ein, die die native Bevölkerung in Lateinamerika schon um 90 Prozent dezimiert hatten. In mehreren Wellen breiteten sich

Pockenepidemien aus, auch Syphilis und Tuberkulose rafften weite Teile der indianischen Bevölkerung dahin.

Ab 1830 setzte in Oregon und Washington allmählich der Zustrom von Siedlern aus dem Osten ein. Für die Indianer des Nordwestens die größte denkbare Katastrophe. Die Siedler vertrieben sie zunächst aus den fruchtbaren Tälern und scherten sich wenig um ihre heiligen Stätten oder die Gräber ihrer Ahnen. Der Konflikt um die besten Siedlungsgebiete war aber kein kontinuierlicher Krieg. Vielmehr lebten beide Gruppen zeitweise durchaus friedlich mit den wenig geliebten Nachbarn zusammen. Es gab persönlichen und kommerziellen Austausch. Doch in regelmäßigen Abständen eskalierte die Situation. Ein Viehdiebstahl konnte eine zornige und überzogene Reaktion der weißen Siedler provozieren. Tatsächlich waren sie es, die sich in bewaffneten Trupps organisierten und in kleinen Scharmützeln die Indianer immer

weiter zurückdrängten. Reguläre Truppen waren weit seltener verwickelt und traten in vielen Fällen gar als Beschützer vor dem weißen Zorn auf.

Doch die Siedler schufen Fakten, die dann nachträglich durch Vertragsabschlüsse mit den Indianern bestätigt wurden. Wenig später wurden die Abkommen von den Neuankömmlingen gebrochen, um den Ureinwohnern einen neuen Vertrag aufzuzwingen. Um die Mitte des 19. Jahrhunderts wurde das erste Reservat für den Stamm der Siletz an der Küste Oregons geschaffen. Es erstreckte sich in Nord-Süd-Richtung über gut 160 Kilometer. Nach einer Serie neuer Abkommen umfasst das Gebiet heute noch ganze 16 nicht zusammenhängende Quadratkilometer.

Die Zahl der Indianer dezimierte sich kontinuierlich weiter, um gegen Ende des 19. Jahrhunderts ihren Tiefpunkt zu erreichen. Wissenschaftler schätzen, dass vor Ankunft der Europäer etwa 20 Millionen Menschen das Territorium der USA bevölkerten. Im Jahr 1900 waren es noch etwa 250.000. Seitdem hat sich ihre Zahl wieder erholt und inzwischen verzehnfacht. Dennoch sehen sich die Nachfahren der Ureinwohner nicht als Opfer, sondern betrachten sich als „Überlebende". Die große Katastrophe liegt neben ihrer demographischen Dezimierung vor allem im Verlust ihrer Kultur und ihrer traditionellen Lebensweise. Viele uralte Sprachen und Dialekte sind endgültig erloschen, einige werden nur noch von extrem wenigen Sprechern beherrscht und vermutlich in Kürze ebenfalls verschwinden. Für die Nachfahren der Indianer wiegt die Frage nach der eigenen Identität weit schwerer, als man sich das als Außenstehender vorstellen vermag. Der Rest der Gesellschaft macht die Beantwortung auch nicht einfacher. Erst seit 1924 sind die Indianer Oregons offiziell amerikanische Staatsbürger. Dennoch fühlen sie sich oft als Bürger zweiter Klasse behandelt. Den Reisenden mag es daher befremden, dass viele ausgerechnet ein Cowboy-Outfit tragen.

Dass die USA und ihre europäisch-stämmigen Bewohner kein sonderlich schlechtes Gewissen plagt, ist weithin bekannt. Erst im Mai 2010 entschuldigte sich die Regierung formell für die „unangemessene Politik und die Gewaltakte" gegen Indianer. Ein republikanischer Senator aus Kansas hatte seit 2004 für eine solche Resolution gekämpft. Das Echo in den Medien war ausgesprochen gering. In den meisten Zeitungen erschien nur eine kurze Meldung unter ferner liefen.

Die heutige Lebenssituation in Indianerreservaten stellt sich äußerst unterschiedlich dar. Besonders die, deren Territorium für Touristen attraktiv ist, schaffen es, mit den Einkünften aus dem Fremdenverkehr ganz passabel zu überleben. Beispiele sind etwa die Navajo oder die Hualapai in Arizona, gesegnet mit dem Grand Canyon und Monument Valley. Neben Gastronomie und Hotelerie ist der Handel mit indianischem Kunsthandwerk ein Millionenbusiness, wobei Teile der Produktion des Silber- und Federschmucks längst in Billiglohnländer ausgelagert worden sind. Der Stempel „Indian made" kann durchaus geschickt verschleiern, dass scheinbar authentische Objekte unter fragwürdigen Arbeitsbedingungen auf dem südasiatischen Subkontinent hergestellt wurden.

Abgelegene Reservate in Wyoming oder den Dakotas dagegen gehören zu den ärmsten Regionen der USA. Es gibt keine Ausbildung und keine Arbeit, höchstens einen monatlichen Scheck vom Sozialamt. Viele Reservate haben Konsum und Verkauf von Alkohol verboten. Folglich hockt in der ersten Kneipe hinter der Reservatsgrenze fast immer ein Häufchen niedergeschlagener Reservats-

bewohner und spült den Frust mit Feuerwasser hinunter.

In Oregon leben heute geschätzte 50.000 Nachkommen der Ureinwohner, was 1,6 % der Bevölkerung entspricht. Indianer leben in allen 36 Counties des Staates und konzentrieren sich keineswegs ausschließlich auf die acht existierenden Reservate.

Reservat bedeutet sowieso keineswegs ein geschlossenes Territorium mit indianischer Mehrheit, wie man sich das vorstellen würde. Vielmehr handelt es sich um einen komplizierten administrativen Begriff, der einem gewissen Territorium eine weitergehende Selbstverwaltung zugesteht. Die indianische Bevölkerung kann dabei durchaus eine ethnische Minderheit darstellen.

Die Siletz südwestlich von Lincoln City zählen heute etwa 4.600 Mitglieder. Um offiziell zum Stamm zu gehören, muss man nachweisen, dass mindestens ein Teil der Urgroßeltern Stammesmitglied gewesen war. Die Gemeinschaft ist ausgespro-

Totempfahl in South Bend

chen aktiv und betreibt etliche Unternehmen. Neben dem Chinook-Winds-Casino in Lincoln City sind das beispielsweise zwei Trailer-Parks, eine Tankstelle und ein Golfplatz. Die Einkünfte werden für soziale Dienste und für die Rettung des kulturellen Erbes verwandt. Zentraler Aspekt ist dabei die athabaskische Sprache. Auf der Basis eines 12.000 Einträge umfassenden Wörterbuchs, das in jahrzehntelanger Arbeit zusammengetragen wurde, können Stammesmitglieder inzwischen in Abendkursen die Sprache ihrer Ahnen erlernen. Die Stammesverwaltung hat ihren Sitz in dem Örtchen Siletz, 22 Kilometer nordwestlich von Newport. Dort findet sich auch das Kulturzentrum, in dem Kunsthandwerk und historische Fotos ausgestellt werden.

▶ Annual Nesika Illahee Pow-Wow Festival

In jedem Sommer laden die Siletz zu ihrem Stammestreffen mit Feier und Tanz. Angesichts des relativ kleinen Stammes ist das Pow-Wow kein Großereignis.

🕙 Alljährlich am mittleren Augustwochenende
⇨ In Newport OR, auf den HW20 nach Osten, nach 5 mi/8 km links auf den HW229, nach 7 mi/ 12 km erreicht man die kleine Ortschaft Siletz

▶ Indianische Casinos in Oregon

▶ The Mill Casino

✉ 3201 Tremont Ave, North Bend, OR 97459
⇨ Drei Kilometer nördlich von Coos Bay direkt am HW101 auf der rechten Seite
🕙 Täglich 0-24h
🅿 Frei
☎ 1-541 756 8800
🖥 www.themillcasino.com

▶ Three Rivers Casino & Hotel

✉ 5647 Highway 126, Florence, OR 97439
⇨ Einen km nach der Überquerung der Brücke bei der Einfahrt nach Florence rechts in den HW126, nach 1,3 km links auf den Parkplatz
🕙 Täglich 0-24h
🅿 Frei
☎ 1-541 997 7529
🖥 www.threeriverscasino.com

▶ Chinook Winds Casino

✉ 1777 NW 44th St, Lincoln City, OR 97367
⇨ Im nördlichen Teil von Lincoln City hinter der Shell Tankstelle links, nach 600 m auf der linken Seite
🕙 Täglich 0-24h
🅿 Frei
☎ 1-541 996 5825
🖥 www.chinookwindscasino.com

Durch Oregon II

🏨 Lincoln City (8.000 EW)

Sieben Meilen zusammenhängender weißer Sandstrand und eine vergleichsweise gute Verkehrsanbindung an das Bevölkerungszentrum Portland machen Lincoln City zu Oregons populärstem Strandbad. Wer hier sein Zelt aufschlagen will, sollte entweder außerhalb der Saison kommen oder zumindest die Sommerwochenenden meiden. Der Straßenverkehr steht häufig kurz vor dem Zusammenbruch, die Unterkünfte sind prall gefüllt und das Preis-Leistungsverhältnis ist nicht immer überzeugend. Am schlimmsten ist es im Herbst zum alljährlichen Drachenflug-Festival, wenn sich die Einwohnerzahl für einige Tage vervierfacht. Sowieso wagt sich kaum ein normaler Mensch in die eisigen Fluten des Pazifiks, und die beinahe ununterbrochen wehende Brise prädestiniert den Strand eben eher dazu, bunte Drachen steigen zu lassen.

Auch kann niemand behaupten, Lincoln City sei ein besonders schönes Städtchen. Weil es aus fünf ehemals unabhängigen Kommunen besteht, gibt es auch kein Zentrum. Die Ortschaften schlossen sich 1965 zusammen. Damit sich keine Nachbarschaft benachteiligt fühlte, wurde ein Schülerwettbewerb veranstaltet, um Ideen für einen neuen Stadtnamen zu sammeln. Letztlich fiel die Wahl auf den Namen des Präsidenten, der im Bürgerkrieg die Einheit bewahrte und als Held verehrt wird. Eine Bronzestatue am Community Center darf natürlich nicht fehlen.

Die verschiedenen Stadtteile ziehen sich wie ein Kaugummi an der Küste entlang. Im Rücken liegt der Devil's Lake, der See des Teufels. Der Name geht auf eine indianische Legende zurück, nach der einige Krieger des Stammes der Siletz in einer Vollmondacht über den See paddelten. Plötzlich schoss neben ihrem Kanu ein riesiges, krakenartiges Monster aus den tiefschwarzen Fluten, packte die Männer und zog sie unter Wasser. Man sagt, dass jeder, der im Zentrum des Sees durch den Schimmer des Mondes rudert, das gleiche Schicksal erleiden wird.

Der See entwässert über einen kurzen natürlichen Abfluss ins Meer. Doch für die Lincolnstädter ist er eine ganz große Sache: Jahrelang brillierte er mit 130 Metern Länge als kürzester Fluss der Welt im Guinness Buch der Rekorde. Früher nannte man ihn nur „den Kanal" oder „die Mündung" des Devils Lake. Doch die umtriebige Handelskammer griff auf das bewährte Mittel des öffentlichen Wettbewerbs zurück und entschied sich für D-River. Offensichtlich liegt die Würze in der Kürze. Das Hinweisschild auf den Rekordfluss wurde zum obligatorischen Foto-Spot der Touristenscharen.

Doch ein Grundschullehrer aus Montana machte zusammen mit seinen naseweisen Fünftklässlern den guten Ruf zunichte: Sie wandten sich an die Guinness-Redakteure und wiesen darauf hin, dass ihr Roe River in Great Falls noch kürzer sei. Der Kinderkreuzzug ging bis ins nationale Fernsehen, und die irischen Bierfreunde ließen sich überzeugen. Dem D-River wurde der Meistertitel aberkannt. Doch Lincoln City war zum Kampf bereit: Ein wohlwollendes staatliches Gutachten bestimmte die Länge auf nur 37 Meter; wenn auch nur bei Springflut. Damit war er genauso lang wie die Konkurrenz. Die Rekordredakteure sahen sich letztendlich überfordert und strichen den Titel gänzlich aus ihrem Werk. Lincolns starrköpfige Stadtherren denken dennoch nicht daran, das Hinweisschild auf „world's shortest" von der Brücke zu entfernen.

Website
🖳 www.oregoncoast.org
🖳 www.lincolncity.org

▶ Drift Creek Falls
Oregon ist Land der Wälder, Gebirge und Wasserfälle. Zumindest an Letzteren fährt man auf der Küstenroute aber gnadenlos vorbei. Die Drift Creek Falls lohnen einen knapp zwanzig Kilometer weiten Abstecher ins Landesinnere, denn es handelt sich dabei nicht einfach nur um einen 25 Meter hohen Wasserfall mitten im Wald. Er wird von einer spektakulären 75 Meter langen Hängebrücke überspannt. Die Fälle selbst gehören nicht zum Drift Creek, sondern zu einem namenlosen Zufluss.
⇨ *Etwa 5 km nördlich von Lincoln City auf den HW 18 in Richtung Salem biegen, nach 5 mi/ 8 km bei dem braunen Schild „Drift Creek Falls" rechts abbiegen und der Straße weitere 9 mi/ 13 km folgen. Dort beginnt ein etwa 2,5 km langer Fußweg zu Wasserfall und Hängebrücke.*
∞ *Pro Vehikel: $ 5*

🏠 Neskowin (170 EW)

Zwanzig Kilometer nördlich von Lincoln City liegt das verschlafene Neskowin. Ein paar Läden, einige schicke Rentnerwohnsitze, zwei Golfplätze; viel scheint hier nicht los zu sein. Und doch beherbergt das Nest ein ganz und gar außergewöhnliches Naturschauspiel: Bei Niedrigwasser – je niedriger desto besser – ragen aus dem nassen Sand südlich des Proposal Rock bis zu hundert uralte versteinerte Baumstümpfe. Dicht mit Muscheln bedeckt sind sie Fossilien eines vor ein- bis zweitausend Jahren versunkenen Waldes. Wissenschaftler spekulieren, dass ein Erdbeben den Boden bis zu acht Meter tief absinken ließ. Vom salzigen Meerwasser umspült, starb die Vegetation ab und wurde vom Sand begraben. Auch ein Tsunami könnte ähnliche Effekte ausgelöst haben. Bei schweren Winterstürmen wird von der Gewalt des Meeres so viel Sand abgetragen, dass sie danach besonders gut zu sehen sind. Im Nebel wirken die Baumstümpfe besonders mystisch. Die Launen der Natur sind leider unvorhersehbar. Eine Garantie, dass man den Geisterwald zu sehen bekommt, gibt es nicht.
⇨ *12 mi/20 km nördlich von Lincoln City links in den S Beach Dr und so weit wie möglich bis zum Strand durchfahren. Auf dem Weg zum Strand sollte man den Privatbesitz der Anwohner respektieren*

Wenig nördlich von Neskowin wendet sich Highway 101 ins Binnenland und trifft erst 65 Kilometer weiter vor Rockaway Beach wieder aufs Meer. Die lohnenswerte Alternative ist der Three Capes Loop, eine insgesamt 70 Kilometer lange Schleife entlang der Küste, die drei Kaps verbindet. Alle drei stehen als Staatsparks unter Naturschutz. Cape Kiwanda, Cape Lookout und Cape Meares ragen als hohe Sandsteinfelsen ins Meer und sind ideale Aussichtspunkte für die Walbeobachtung.

Am Strand von Pacific City bei Cape Kiwanda wird noch mit einem traditionellen Holzboot, dem Dory, gefischt. Ursprünglich wurden sie als Beiboote auf großen Fangschiffen mitgenommen. Inzwischen sind sie motorisiert. Wenn sie vom Fang zurückkehren, preschen sie einfach mit voller Kraft den Strand hinauf.

Zur Spitze von Cape Lookout führt ein drei Kilometer langer Wanderweg. Der Blick vom 120 Meter hohen Kliff ist atemberaubend. Cape Mears ist nur knappe 70 Meter hoch, wird aber von einem Leuchtturm geziert und ist auf einem 400 Meter langen Fußweg zu erreichen. Wer auf das letzte der drei Kaps verzichten und sich fünfzehn Straßenkilometer sparen will, kann schon im Örtchen Netarts auf den

Highway 131 biegen, der im zehn Kilometer entfernten Tillamook wieder auf den Highway 101 trifft.

🏛 Tillamook (4.500 EW)

Im Herzen der gleichnamigen Bucht liegt das vollständig in rechtwinkligem Straßenmuster angelegte Städtchen Tillamook. Auf dem Farmland der Ebene wird vor allem Milchvieh gehalten. Käse aus Tillamook ist im ganzen Land bekannt, und die Käsefabrik wird jährlich von Tausenden Touristen besucht. Es handelt sich um eine Kooperative, die seit über hundert Jahren von der Farmergemeinschaft der Bucht betrieben wird. Man kopiert alle möglichen klassischen europäischen Käsesorten, von Brie über Mozzarella bis Cheddar. Daneben werden aber auch Joghurt, Eiskreme und Butter produziert.

Neben der Käseindustrie hat sich auch die Holzwirtschaft einigermaßen von den schweren Waldbränden erholt, die Mitte des 20. Jahrhunderts in der Umgebung wüteten. Das erste Feuer legte 1933 über 1.250 Quadratkilometer Wald in Schutt und Asche. Alle Versuche, den Waldbrand zu löschen, scheiterten. Erst nach drei Wochen kamen starke Regenfälle zur Hilfe. Die Asche wurde vom Wind bis zu 800 Kilometer weit aufs Meer hinausgetragen. Innerhalb der nächsten 18 Jahre folgten drei weitere schwere Waldbrände in der Region, die riesige Waldflächen vernichteten. Die Wiederaufforstung dauerte Jahrzehnte.

▶ Tillamook County Creamery

Eine Führung durch die Käsefabrik ist eine interessante Abwechslung. Natürlich gibt es ein Visitor Center, wo man die Spezialitäten gleich erstehen und 38 verschiedene Geschmacksrichtungen von Eiskreme probieren kann.

✉ *4175 Highway 101 North, Tillamook, OR 97141*
⇨ *Direkt am HW101, 1,8mi/ 3 km nördlich von Tillamook*
🕙 *Sommer 8-20h, Winter 8-18h*
☎ *1-503 815 1300*
🖥 *www.tillamookcheese.com*

▶ Tillamook Forest Center

Die schweren Waldbrände sind bei Oregons Bevölkerung im kollektiven Gedächtnis geblieben. Das Zentrum will Kenntnis und Bewusstsein für den Wald vermitteln und bietet ein breites Angebot von Führungen und Seminaren.

13 Kilometer weiter östlich kann man sich über eine Gemeinde namens „Idiotville" amüsieren. Das Holzfällercamp war so abgelegen, dass der Volksmund meinte, nur Idioten wären bereit, dort hinzuziehen. Der Name wurde 1977 offiziell anerkannt. So etwas wie einen Ortskern oder ein Schild mit der Aufschrift „Willkommen in Idiotville – Fühlen Sie sich wie zu Hause" gibt es allerdings nicht.

✉ 45500 Wilson River Highway, Tillamook, Oregon 97141
⇨ Von Tillamook auf dem HW6, 22 mi/ 35 km
   nach Osten
◷ Mi-So 10-16h
∞ Frei
☎ 1-503 815 6800
🖥 www.tillamookforestcenter.org

🏛 Garibaldi (900 EW)

Highway 101 folgt der Uferlinie der Tillamook Bay und erreicht nach wenigen Kilometern eine Ortschaft mit dem hübschen
Namen, den sich das Örtchen zu Ehren
des Guerillakämpfers für die Einigung Italiens Guiseppe Garibaldi gab. Ein Denkmal
direkt am Highway ehrt Captain Robert
Gray, der 1792 den Columbia River entdeckte. Gray stammte aus Rhode Island
an der Ostküste und segelte im Auftrag
von Handelsunternehmen aus Boston bis
nach China. Am Columbia errichteten seine Männer ein Camp, das in der Diskussion mit der englischen Krone um den Besitz des Territoriums Oregon als Argument
benutzt wurde. Die Geschichte von Captain
Grays Weltreisen dokumentiert das kleine
Museum direkt hinter der Statue.

▶ Garibaldi Museum
✉ 112 Garibaldi Ave, Garibaldi, OR 97118
⇨ In Garibaldi direkt nach der Rechtskurve auf
   der rechten Seite
◷ Mai-Oktober Do-Mo 10-16h

∞ Erwachsene: $ 3, Senioren: $ 2,50, Kinder: $ 2,50
☎ 1-503 322 8411
🖥 www.garibaldimuseum.com

🏛 Nehalem (200 EW)

Eine kurze aber hübsche Straßenzeile mit
einigen Läden ist fast alles, was Nehalem zu
bieten hat. Seine verschlafene Atmosphäre
prädestinierte den Ort als Schauplatz für
Wolfgang Petersens Thriller „Tod im Spiegel", und auch Oregons Alternativpoprocker

Captain Robert Gray

🎵 Soundtrack Nehalem

Künstler	Titel	Album	Jahr	Genre
Everclear	Nehalem	Sparkle and Fade	1995	Poprock

Everclear widmeten Nehalem einen Song. Der Ort erhebt sich nur ein paar Meter über den Nehalem River, was ihn regelmäßig zum Opfer von Überflutungen gemacht hat.

🎬 Film

Tod im Spiegel

Originaltitel	Shattered
Jahr	1991
Regie	Wolfgang Petersen
Hauptdarsteller	Tom Berenger, Bob Hoskins
Genre	Thriller

🏛 Cannon Beach (1.700 EW)

Auch Cannon Beach ist ein überaus populäres Ausflugs- und Ferienziel der Großstädter aus Portland und im Sommer reichlich überlaufen. Ähnlich wie bei anderen Orten dieser Kategorie ist es die Kombination aus Strand, Shopping und guter Erreichbarkeit, die die Besucherströme anzieht. Hauptattraktion ist der 72 Meter hohe Haystack Rock, ein mächtiger Basalt-Monolith, der direkt vor dem Ort im Wasser liegt. Bei Ebbe ist er problemlos zu Fuß zu erreichen.

Ursprünglich hieß der Ort Ecola, doch die amerikanische Postbehörde bestand auf einer Namensänderung, um die regelmäßigen Irrtümer der Briefesortierer zu beenden, denen die Unterscheidung vom 200 Kilometer entfernten Eola schwerfiel. Also benannte man sich nach einem nahegelegenen Strand, an dem 1846 eine Kanone angespült worden war. Der Schoner Shark der US-Marine war trotz größter Vorsicht auf eine Sandbank gelaufen und gesunken.

Nahe der Mündung des Columbia River versteckt sich ein ganzes System von

Cannon Beach

Sandbänken unter der Wasseroberfläche, die obendrein ständig ihre Position verändern. In den vergangen zweihundert Jahren sind ihnen mehrere hundert Schiffe zum Opfer gefallen. Heute setzt die Küstenwache Lotsen ein, um Schiffe sicher um die Sandbänke zu geleiten.

Das Columbia Bar genannte Sandbanklabyrinth ist allerdings nur ein kleiner Teil des schwierig zu navigierenden Küstenabschnitts zwischen Tillamook Bay und Vancouver Island. Die Kombination von häufigem Nebel, schweren Stürmen, hohem Seegang, unberechenbaren Strömungen, Felsen und Sandbänken führte zu einer riesigen Zahl von Schiffshavarien, die der Zone den Spitznamen „Graveyard of the Pacific", der Friedhof des Pazifiks, einbrachte. Allein vor der meerseitigen Küste von Vancouver Island wurden fast 500 Schiffswracks dokumentiert.

Am nördlichen Ortsausgang von Cannon Beach wendet sich Highway 101 von der Küste ab und führt zielsicher nach Astoria, dem letzten Ort an Oregons Küste.

🏨 Astoria (10.000 EW)

Die letzte Stadt des Staates ist aus anderem Holz geschnitzt als alles, was man bisher entlang der Küste Oregons gesehen hat. Die wuchtige Stahlkonstruktion der Astoria-Megler Brücke macht schon bei der Ankunft klar, dass hier mit hochgekrempelten Ärmeln hart gearbeitet wird. Über zweihundert Jahre war Astorias Hafen einer der wichtigsten Güterumschlagplätze im pazifischen Nordwesten, obwohl Seattle und Portland die Stadt heute weit in den Schatten stellen. Fischfang und Holzindustrie waren die anderen beiden Achsen der lokalen Ökonomie, doch bekanntermaßen befinden sich beide Wirtschaftszweige in einer tiefen Krise.

Astoria ist die älteste US-amerikanische Siedlung westlich der Rockies, gegründet Jahrzehnte bevor das Territorium den Vereinigten Staaten einverleibt

wurde. Namensgeber John Jacob Astor war 21jährig aus Walldorf bei Heidelberg – heute mit Astoria verschwistert – in die USA ausgewandert, um ein millionenschweres Handelsimperium aufzubauen. Zunächst ließ er sich in New York nieder. Er gründete die American Fur Company, die den Pelzhandel des Landes im Laufe der Jahre nahezu monopolisierte. Ab 1808 begann Astor im mittleren Westen und in der Region der Großen Seen Handelsposten aufzubauen. Neben dem Fellhandel spekulierte er mit Landbesitz und war in den Opiumhandel verstrickt. Er kaufte tonnenweise Opium in der Türkei und verschiffte es illegal nach China. Astor starb 1848 als reichster Mann Amerikas, man schätzt den heutigen Wert seines Vermögens auf rund 110 Milliarden Dollar, mehr als das Doppelte des Reichtums von Bill Gates, dem aktuell reichsten Mann des Kontinents.

1810 gründete das Unternehmen den ersten Handelsstützpunkt an der Westküste und nannte ihn Fort Astoria. Doch angesichts des Territorialstreits zwischen England und den USA wurde der einträgliche Handelsposten an die Briten verkauft. Über den Oregon Trail zogen amerikanische Siedler zu, darunter viele Familien, die ursprünglich aus Skandinavien stammten. Astoria wuchs rasch zu einer der wichtigsten Städte der Westküste. Um die Mitte des 20. Jahrhunderts verpackten fast 40 Fischfabriken Lachs in Blechdosen und verschickten sie ins ganze Land. Viel ist von dieser Fischindustrie nicht übrig geblieben. Der Holzindustrie erging es ähnlich, der ehemals größte Arbeitgeber der Stadt, die Astoria Plywood Mill, schloss 1989 ihre Pforten.

Astoria suchte neue wirtschaftliche Standbeine. Die Stadt sieht zwar nicht auf einen goldfarbenen Hausstrand, sondern auf eine vielbefahrene Wasserstraße, kann aber dennoch einige touristische Attraktionen bieten. Nach einem teuren Ausbau der Hafenanlagen legen viele Kreuzfahrtschiffe in Astoria an, und Tagesbesucher überrollen das Zentrum. Auch eine lebendige

Kulturszene und viele alte viktorianische Holzhäuser machen die Stadt durchaus attraktiv. Ein Besuch im nahegelegenen Fort Clatsop, wo die Expedition von Lewis and Clark überwinterte, ist für amerikanische Patrioten fast schon obligatorisch.

In Fort Astoria kam ein besonderer amerikanischer Abenteurer zur Welt. Ranald MacDonald entwickelte schon als kleiner Junge eine ungeheure Neugier auf Japan, als er drei japanische Seeleute kennenlernte, die vor der Pazifikküste Schiffbruch erlitten hatten. Doch Japan betrieb seinerzeit eine drakonische Isolationspolitik. Jedem Ausländer, der einen Fuß auf japanischen Boden setzte, wurde mit dem Tode gedroht. MacDonald ließ sich von seinem Traum nicht abbringen, heuerte auf einem Walfänger an und überzeugte schließlich den Kapitän, ihn in einem Beiboot vor der japanischen Küste auszusetzen. Er wurde gefangengenommen, gab sich als Schiffbrüchiger aus und wurde in einem Tempel in Nagasaki interniert. Dort wurden ihm vierzehn Samurai zugewiesen, denen er die englische Sprache beibringen sollte, die in Japan absolut niemand sprach. Nach knapp einem Jahr wurde MacDonald einem amerikanischen Kriegsschiff übergeben, das ihn zurück in die Heimat brachte.

▶ Astoria Column

Es gilt, die 164 Stufen der inneren Wendeltreppe zu überwinden, um einen wahrhaft majestätischen Rundumblick zu genießen. Im Westen liegt der Pazifik, im Norden die mächtige Mündung des Columbia River und weit im Osten kann man bei guter Sicht die schneebedeckten Vulkankegel der Cascade Range erhaschen. Die 38 Meter hohe Säule wurde 1926 vom Urenkel von John Jacob Astor gestiftet. Die Außenmauer ziert ein Wandgemälde, das entscheidende Momente der Geschichte des Staates Oregon darstellt, darunter natürlich die Expedition von Lewis und Clark und die Entdeckung des Columbia River durch Captain Gray.

⇨ Auf der 15th St aus dem Zentrum nach Süden, nach 750 m links in den Coxcomb Dr, dann noch 1 km bis zum Parkplatz

🕙 Von Sonnenauf- bis Sonnenuntergang

👁 Pro Vehikel: $ 1

☎ 1-503 325 2963

💻 www.astoriacolumn.org

▶ Columbia River Maritime Museum

Auf 4.100 Quadratmetern werden alle möglichen Aspekte des mächtigen Columbia River dokumentiert, von der Quelle bis zur Mündung. Täglich wird ein Rettungseinsatz der Küstenwache nachgestellt. Gut vertäut liegt am Dock ein altes Feuerschiff, das der Orientierung bei der Einfahrt in die Flussmündung diente. Das Museum zählt zu den besten des Staates Oregon.

✉ 1792 Marine Dr, Astoria, OR 97103

⇨ Vom HW1 vor dem HW30 ins Zentrum folgen, 2,5 km nach dem Abzweig auf die Astoria-Megler Bridge unübersehbar auf der linken Seite

🕙 Täglich 9.30-17h

👁 Erwachsene: $ 10, Senioren: $ 8, Kinder: $ 5

☎ 1-503 325 2323

💻 www.crmm.org

▶ 14th Street Ferry Dock

Schöne Aussichtspunkte zur Beobachtung des Schiffsverkehrs auf dem Columbia River gibt es viele entlang des Riverwalks, doch an dieser Stelle kann man über Lautsprecher live der Funkkommunikation zwischen den Lotsen und der Zentrale der Küstenwache lauschen.

✉ 175 14th St, Astoria, OR 97103

⇨ Vom HW1 vor dem HW30 ins Zentrum folgen, 1 mi/1,5 km nach dem Abzweig auf die Astoria-Megler Bridge an der Ecke 14th St

▶ Fisher Poets Gathering Festival

Was als kleines Event in einem Pub begann, hat sich in wenigen Jahren zu einem echten Kulturereignis gemausert. Fischer oder alle, die sich dem Fischfang verbunden fühlen, treten zu einem Dichterwettbewerb an und tragen selbstverfasste Poesie und Lieder vor.

Astoria-Megler Bridge, Astoria

📷 Jeweils Ende Februar

🖥 www.clatsopcc.edu/community/fisherpoets-gathering

▶ **Astoria-Megler Bridge**

Die letzte Attraktion des Staates Oregon führt direkt aus ihm hinaus. Die 6,5 Kilometer lange Brücke über den Columbia River bringt den Reisenden auf dem kürzesten Wege nach Washington. Allerdings liegt die Staatsgrenze nicht etwa in der Flussmitte, wie man vermuten möchte, sondern knappe 700 Meter vor dem Festland des Staates Washington.

Der erste Kilometer ist eine Stahlfachwerkbrücke, die mit 60 Metern Höhe die Schiffsdurchfahrt erlaubt. Danach senkt sie sich je nach Wasserstand auf wenige Meter über die Flussoberfläche. Für den Highway 101 war sie bis zur Eröffnung 1966 das letzte fehlende Teilstück für die ununterbrochene Reise von der mexikanischen zur kanadischen Grenze. Die zweispurige Brücke wurde konstruiert, um Windgeschwindigkeiten von bis zu 240 Stundenkilometern standzuhalten. Leider dürfen sie Fußgänger nur einmal im Jahr, zum Great Columbia Crossing genannten Wettrennen betreten, das im Oktober ausgetragen wird.

📺 **Film**

Free Willy – Ruf der Freiheit	
Originaltitel	Free Willy
Jahr	1993
Regie	Simon Wincer
Hauptdarsteller	Jason James Richter, Lori Petty
Genre	Tierfilm

Vorstoß in den Westen –
Die Expedition von Lewis & Clark

Ocean in view! O! The Joy!   *Ozean in Sicht! Oh! Welche Freude!*

Meriwether Lewis' Tagebucheintrag
vom 7. November 1805

Hollywood interessierte sich schon immer mehr für Bankräuber und Revolverhelden, so dass ein wild zusammengewürfelter Haufen friedfertiger amerikanischer Idole jenseits des Atlantiks fast unbekannt blieb. Dabei gäbe ihre Geschichte Stoff für ein Dutzend Filme ab. Zu Fuß, zu Pferd und zu Wasser legten 29 Männer, eine Frau und ein Kleinkind innerhalb von zwei Jahren tausende von Kilometern durch den amerikanischen Westen zurück. Sie hatten keine Karte und keine vorgegebene Route. Nur punktuell waren Trapper und Pelzjäger in die Weiten des unbekannten Nordamerika vorgestoßen. Man wusste nur: Irgendwo am Ende liegt das Meer.

Ihr Weg führte durch Wüsten und Wälder, Steppen und Gebirge. Sie trafen auf Bären und Büffel, freundliche und feindlich gesinnte Ureinwohner und überlebten zwei entbehrungsreiche Winter in der Wildnis. Nur einer der Männer starb an einer Blinddarmentzündung. Die zahlreichen Zusammentreffen mit den Indianern verliefen überwiegend friedlich. Nur vereinzelt kam es zu Auseinandersetzungen, bei denen es auf keiner Seite Opfer zu beklagen gab.

Die Geschichte dieser außergewöhnlichen Gruppe begann mit der großen Politik. Die USA sahen ihre Zukunft in der Expansion nach Westen, doch die riesigen Territorien jenseits des Mississippi gehörten nicht ihnen, sondern zu Frankreich. Glück für die Amerikaner war, dass sich Napoleon wieder einmal in Kriegsvorbereitungen gegen den englischen Erzfeind befand und dringend Geld für seine Kriegskassen brauchte. So dauerte es nicht lange und die beiden Regierungen einigten sich über den Kaufpreis: Für scheinbar lächerliche 15 Millionen Dollar überließ Frankreich den USA die Kolonie Louisiana, die vom Mississippi bis zu den Rocky Mountains reichte. Ein Gebiet so groß wie Deutschland, Frankreich und Spanien zusammen.

Doch die Amerikaner kauften die Katze im Sack. Das Territorium war völlig unerforscht, und außer einigen hundert Kilometern entlang des Missouri kannte man nur einen einzigen Fixpunkt: Die Mündung des Columbia River in den Pazifik, Luftlinie rund 3.000 km entfernt. Zwischen St. Louis und dem Ozean zeigten die Landkarten nur eines: gähnende Leere. Dafür umwoben Legenden von walisisch-sprechenden, blauäugigen Indianern und peruanischen Lamas den weiten Westen – keine besonders vielversprechende Perspektive.

Präsident Jefferson sah nur eine Möglichkeit: Eine Expedition, die stichhaltige Informationen zu Geographie und wirtschaftlichem Potenzial des neuen Territoriums liefern konnte. Und er hoffte, eine Nordwest-Passage zu finden, eine Flussverbindung, die den Schiffstransport von Ost nach West erlauben würde.

Jefferson beauftragte seinen Privatsekretär, Meriwether Lewis, den er schon seit der Kindheit kannte, mit der großen Aufgabe, ein Expeditionsteam zusammenzustellen und zu leiten. Für den

Fall des Falles wurde ein zweiter, gleichberechtigter Anführer ernannt, Lewis' Freund und ehemaliger Vorgesetzter in der Armee: William Clark.

Monatelang wurde die Expedition vorbereitet, Lewis unterzog sich einem Crash-Kurs in Medizin, Botanik und Zoologie. Gleichzeitig wurde der Rest der Truppe zusammengestellt: Rund 30 Männer mit Erfahrung im Grenzgebiet und in der Wildnis, darunter Spezialisten wie Schmiede, Bootsbauer und Jäger.

Am 14. Mai 1804 brach die Expedition von Camp Dubois am Zusammenfluss von Missouri und Mississippi auf. Ein speziell konstruiertes, 18 Meter langes Kielboot sollte die Männer 1.500 Meilen den Missouri hinauf tragen. Bei guten Windverhältnissen konnte es segeln, ansonsten gerudert oder mit Stangen vorwärts geschoben werden. Auf zwei angehangenen Flößen wurden zwei Tonnen Material mitgeschleppt, darunter Gastgeschenke für die Indianer, wie Nähnadeln, Scheren, Tabak oder Taschenspiegel.

Nach 11 Tagen passierte der Trupp das Dorf La Charette und damit die letzte weiße Siedlung. Bald darauf kam es zu ersten Kontakten mit noch freundlich gesinnten Indianern. Im September traf die Expedition auf Lakota-Sioux, die nicht weniger als eines der Boote als Wegezoll verlangten. Es kam unausweichlich zu einem kleinen Scharmützel, dem der Trupp durch eine geschickte Flucht entkommen konnte.

Danach ging die Reise vorerst ohne größere Unterbrechungen weiter, bis Lewis und Clark beschlossen, für den hereinbrechenden Winter ein Quartier zu errichten. Aus Pappelholz wurde in der Nähe des heutigen Ortes Washburn in North Dakota Fort Mandan gezimmert, wo der Trupp bis zum folgenden April ausharrte.

In der Zwischenzeit war ein kanadischer Trapper und Pelzjäger namens

Fort Clatsop

Toussaint Charbonneau aufgetaucht, der hier mit zwei indianischen Frauen vom Stamm der Shoshone lebte. Lewis engagierte Charbonneau und seine Frau Sacajawea als Übersetzer. Sacajawea war als Kind von Hidatsa-Indianern entführt worden und sprach mehrere indianische Sprachen. Bevor sich die Expedition weiter nach Westen in Bewegung setzte, gebar sie einen Sohn, Jean Baptiste. Das Kind konnte unmöglich zurückgelassen werden, der Trupp machte sich also um einen kleinen Expeditionsteilnehmer bereichert wieder auf die Reise.

Die Flüsse wurden immer flacher, das Kielboot wurde aufgegeben, und die Expedition musste sich in sechs Kanus und zwei Pirogen über den Yellowstone River bis zum Fuß der Rocky Mountains vorwärts kämpfen. Dort kam es zum Zusammentreffen mit den Nez Perce - Indianern, die sich selbst Nimi'ipuu nannten. Sie waren von befreundeten Stämmen bereits vom bevorstehenden Eintreffen einer Gruppe Weißer unterrichtet worden. Dennoch boten diese blassen, blauäugigen Geschöpfe einen befremdlichen Anblick. Sie verströmten einen unangenehmen Geruch und hatten die seltsame Angewohnheit, immer nach der Hand fremder Menschen zu greifen. Doch die Weißen taten ihnen leid: Während die Nez Perce im Sommer reichlich Lebensmittelvorräte für den langen Winter angehäuft hatten, waren die Fremden im Oktober schon halb verhungert und hatten sogar eines ihrer Pferde schlachten müssen. Die Indianer nannten sie folglich „miyapkawits" – die Nichtswisser.

Doch die Bleichgesichter besaßen einige sonderbare Gegenstände, die die Neugier der Indianer weckten: „Lange Augen" holten entfernte Objekte näher an den Betrachter heran und die „stumme Sprache" erlaubte, eine Nachricht durch bloßes Betrachten seltsamer Zeichen auf Papier zu verstehen. Fasziniert von diesen fremdartigen Errungenschaften, beschlossen die Nez Perce den armen Geschöpfen zu helfen und sie als Gäste aufzunehmen. Die junge Freundschaft mündete bald in der Zeugung halbindianischer Nachkommen.

Nach der Überquerung der kontinentalen Wasserscheide folgte der Trupp in Kanus dem Columbia River. Sehnsüchtig erwartete man die Ankunft am Ozean. Es war bereits wieder tiefer Herbst, es regnete fast täglich. Ein Winterquartier musste konstruiert und Vorräte mussten angehäuft werden. Am 7. November 1805 campierte die Expedition an einer langgestreckten Flussbiegung südlich des Dörfchens Rosburg. Als sich der morgendliche Nebel auflöste, öffnete sich vor den Augen der Männer eine riesige Wasserfläche. Der Ozean! Die Freude war riesig. Mehr als 4.000 Meilen hatten sie in 18 Monaten zurückgelegt.

Clark notierte in seinem Tagebuch, er könne das Brausen der Wellen hören. Doch in Wirklichkeit sahen sie nur die weite Öffnung des Columbia-Flusses kurz vor seiner Mündung und waren noch zwanzig Meilen vom Meer entfernt. Erst zehn Tage später erreichte Clark mit einem Stoßtrupp von zehn Männern den Pazifikstrand.

Die Suche nach einem geeigneten Standort für das Winterquartier führte die Expedition auf die Südseite der Mündung des Columbia. Der Wald bot Schutz vor den Unbilden der Witterung und war scheinbar ein gutes Jagdgebiet. Das Meer, wo man das lebensnotwendige Salz gewinnen konnte, lag fünf Kilometer westlich. Am 9. Dezember begann der Trupp Bäume zu fällen und das kleine Fort zu errichten. Zwei Wochen später bezogen die Männer ihr noch nicht ganz fertiggestelltes Winterquartier.

Insgesamt verharrten sie 106 nasskalte Tage in Fort Clatsop. Clark verzeichnete ganze zwölf regenfreie Tage. Die Anführer der Expedition widmeten sich der Perfektionierung ihrer Aufzeichnungen und dem Anfertigen von Landkarten, während die übrigen Männer den täglichen Arbeiten, der Jagd und dem Handel mit den Clatsop-Indianern nachgingen. Das Verhältnis zu den Ureinwohnern war friedlich aber distanziert. Die Clatsop, ein Stamm der Chinook, betrieben schon seit langer Zeit Handel mit Weißen, die den Küstenabschnitt per Segelschiff frequentierten. Trotz der Geschäfte mit den Ureinwohnern war der Tisch in Fort Clatsop nicht allzu reichlich gedeckt. Zwar schossen die Jäger fast jeden Tag einen Hirsch oder ein Reh, doch mussten auch Salzfleischvorräte für den beschwerlichen Heimweg angelegt werden. So beschränkte sich der Speiseplan auf wenig Fleisch und Wurzeln, bei extremer Knappheit an Frischfleisch wurde auf einen Hund zurückgegriffen.

Ende März brach die Expedition den Heimweg an und erreichte im September 1806 nach insgesamt zwei Jahren und vier Monaten den Ausgangspunkt St. Louis. Fort Clatsop verfiel. 1955 wurde an gleicher Stelle auf der Basis von Clarks Zeichnungen ein Nachbau errichtet. Er brannte 2005 vollständig nieder. In der Feuerwehrzentrale vermutete man, dass die eingegangenen Notrufe falscher Alarm waren und dass die Anrufer Nebel mit Rauch verwechselt hätten. Das Fort wurde im folgenden Jahr vollständig neu errichtet.

Auf dem Rückweg nach St. Louis spaltete sich die Expedition in fünf Kleingruppen auf, die unterschiedliche Routen nahmen, um mit einem Maximum an Information über den unbekannten amerikanischen Westen zurückzukehren.

Lewis und Clark dokumentierten akribisch alle Beobachtungen ihrer Reise.

Ihr Logbuch wurde veröffentlicht und kreierte den romantischen Mythos vom wilden und freien Westen, der in den folgenden Jahrzehnten hunderttausende Weiße ins Indianerland zog. Die beiden Anführer wurden zu Nationalhelden und machten Karriere in der Politik.

Doch die dunklen Seiten der romantischen Entdecker werden gern verschwiegen: Lewis wurde zwar kurz nach seiner Rückkehr zum Gouverneur des „Louisiana Territory" ernannt, war jedoch in seinem Handeln äußerst glücklos, politisch ungeschickt und entwickelte sich zum depressiven Alkoholiker. 1809 kam er schließlich unter mysteriösen Umständen ums Leben: In einem Hotel in der Nähe von Nashville wurde er mit zwei Schusswunden tot aufgefunden. Die Frage nach Mord oder Selbstmord ist bis heute ungeklärt.

William Clark hatte auf die Expedition auch seinen persönlichen Sklaven „York" mitgenommen, den er unterwegs als vollwertiges Mitglied der Crew akzeptierte und ihm sogar die Erlaubnis erteilte, eine Waffe zu tragen. Bei gemeinsamen Abstimmungen durfte er mit vollem Stimmrecht mit entscheiden. Nach der Rückkehr in die Zivilisation änderte Clark seine Haltung schlagartig, verweigerte York die Entlassung in die Freiheit und hielt ihn weiterhin als persönlichen Sklaven.

Toussaint Charbonneau arbeitete später weiter als Trapper und Führer und begleitete 1832 die Expedition von Naturforscher Prinz Maximilian zu Wied-Neuwied und dem Maler Karl Bodmer durch den amerikanischen Westen. Ihre Bilder und Reiseberichte inspirierten Karl May zu seinen Romanen von Winnetou und Old Shatterhand. Im Alter von 70 Jahren heiratete Charbonneau nochmals. Eine 14jährige Indianerin.

Websites

- Das vollständige Logbuch der Expedition zum Nachlesen: http://lewisandclarkjournals.unl.edu
- Graphisch und inhaltlich aufwendige Darstellung der Expedition: www.lewis-clark.org

▶ Fort Clatsop

Beim Besuch des Forts kann man sich vorstellen, dass ein langer feuchter Winter mit fast 30 Personen in den Gebäuden keine Freude gewesen sein kann. Das Visitor Center liegt wenige Meter vom Nachbau des Forts entfernt und umfasst eine Ausstellung zur Expedition von Lewis und Clark, ein kleines Kino, das einen Dokumentarfilm zeigt, und natürlich das unvermeidliche Souvenirgeschäft.

Vom Fort führt der 2,5 Kilometer lange Netul River Trail zu der Stelle, wo die Expedition mit ihren Kanus gelandet war.

Unterwegs erklären Informationstafeln die Pflanzenwelt und Einzelheiten der Expeditionsgeschichte. Der 10 Kilometer lange Fort to Sea Trail ist der Weg zum Strand, den die drei ständig zur Salzproduktion abgestellten Männer benutzten. Sie waren kontinuierlich damit beschäftigt, Meerwasser in fünf Kesseln über offenem Feuer zu kochen. In vier Monaten produzierten sie etwa 120 Kilogramm reines Meersalz.

- ✉ 92343 Fort Clatsop Rd, Astoria, OR 97103
- ⇒ Etwa 9 mi/14 km nördlich des Örtchens Seaside vom HW101 rechts in den Fort Stevens Highway, nach 2,5 mi/4 km rechts in die Fort Clatsop Rd und 800 m geradeaus zum Parkplatz
- ⊙ Mitte Juni – Labor Day 9-18h, danach 9-17h
- ⚭ Personen ab 16 Jahren: $ 3, darunter frei
- ☎ 1-503 861 2471
- ⌨ www.nps.gov/lewi

WASHINGTON

High Tech und tiefe Wälder – Der Staat Washington

Als sich Ende der 60er Jahre der Plan zum Bau der Astoria Brücke über den Columbia River konkretisierte, regten sich auch kritische Stimmen. „Eine sechs Kilometer lange Brücke soll eine Kleinstadt von 10.000 Einwohnern mit gähnender Leere verbinden?" Das Projekt roch fulminant nach Verschwendung von Steuergeldern. Die nächsten hundert Kilometer Highway 101 nach Norden sollten ein Territorium mit kaum 10.000 Einwohnern erschließen. Der Pacific County, insgesamt so groß wie das Saarland, zählt heute etwa 21.000 Einwohner, um 1970 waren es noch ein Viertel weniger. Die Fahrt von Astoria nach Raymond, der Bezirkshauptstadt, dauert im Auto eine gute Stunde. Und Raymond zählt weniger als 3.000 Bewohner.

Highway 101 umrundet die gesamte Halbinsel Olympic, eine der am dünnsten besiedelten Regionen der Vereinigten Staaten; eine der letzten Zonen, die man ohne Bedenken als Wildnis bezeichnen kann. Dichte, kaum zugängliche Regenwälder bedecken die Halbinsel. Auf einer direkten Linie von 125 Kilometern Länge gibt es keine befahrbare Straße in Ost-West-Richtung, gerade so, als gäbe es zwischen Karlsruhe und Mainz keine einzige Brücke über den Rhein. Olympic ist die äußerste Peripherie der zusammenhängenden Bundesstaaten der USA. Cap Alava markiert die westlichste und Cape Flattery die nordwestlichste Landspitze. Kein Wunder, dass die Halbinsel der letzte weiße Flecken auf amerikanischen Landkarten war. Erst 1965 wurde sie offiziell kartiert.

Ähnlich wie in Oregon und Kalifornien existieren im Staate Washington spärlich besiedelte, wirtschaftlich unentwickelte Regionen neben den kulturellen und wirtschaftlichen Speerspitzen des Landes. Seattle, die größte Stadt im Staate, repräsentiert schlicht das Gegenteil der Halbinsel Olympic: politisch progressiv, weltoffen, multikulturell und als Heimat von Konzernen wie Microsoft, Boeing, Amazon oder Starbucks eine Aktivzone der Weltwirtschaft. Seattle erlangte Anfang der 90er weltweiten Ruhm als Heimat der Grunge-Welle, einer kruden Stilrichtung der Rockmusik, die bedenkenlos Elemente aus allen möglichen Musikrichtungen mit einbezog. Die mediale Symbolfigur der Strömung, Kurt Cobain, durchlebte und erlitt die beiden Gesichter seines Heimatstaates. Aufgewachsen im deprimierten Holzhafen Aberdeen an der Westküste, stieg er nach seinem Umzug nach Seattle zum Weltstar auf und trieb in den Selbstmord.

Washington ist ein Staat extremer natürlicher Gegensätze. Der Wilde Westen ist leer und unerschlossen, in der hochentwickelten Region Seattle konzentrieren sich sechzig Prozent der Bevölkerung. Weiter im Osten türmt sich das Gebirge der Cascade Range auf, das das östliche Drittel des Staates von der feuchten Luft des Pazifiks abschirmt und in eine halbtrockene Steppe verwandelt. Das Klima der Pazifikküste dagegen klassifizieren Meteorologen harmlos als feucht-gemäßigt. Doch wer meint, in Hamburg regne es mit 774 Millimetern pro Jahr viel, muss die 2.100 Millimeter in Aberdeen als Strafe biblischer Dimensionen empfinden. Den Reisenden mag trösten, dass die Sommer der Westküste vergleichsweise trocken sind und von Juni bis August nur sieben Prozent der Jahresniederschläge niedergehen. Doch zwischen November und März regnet es in Aberdeen durchschnittlich doppelt so viel, wie in Hamburg im ganzen Jahr.

Wer auf der Reise nach Norden vom ewigen Nieselregen getroffen wird, hat immerhin die Option, seine Route zu modifizieren und den direkten Weg nach Seattle zu wählen. In kaum zwei Stunden ist die Metropole kurz vor der kanadischen Grenze erreicht. Durch den mächtigen Gebirgsstock des Mount Olympus von der extremen Feuchtigkeit des Pazifik abgeschirmt, kann man in Seattle nahezu echtes Hamburger Wetter erwarten. Laut Wetterstatistik regnet es ein bisschen mehr, dafür ist es aber auch ein paar Grad wärmer. Und besonders der Sommer verspricht relativ stabile und trockene Wetterlagen.

Leider weiß man, dass die menschliche Wahrnehmung alles andere als objektiv ist. Genauso wie Hamburg statistisch wärmer und trockener ist als München, taucht Seattle in der Statistik der zwanzig regenreichsten amerikanischen Großstädte gar nicht erst auf. An der Spitze stehen vermeintlich sonnige Paradiese wie New Orleans, Miami und Palm Beach.

Seattle wird den Besucher für die lange Anreise fürstlich belohnen. Die Stadt hat alles, was man von einer amerikanischen Metropole erwartet – und noch ein bisschen mehr: eine majestätische Skyline, großartige Museen und Kulturinstitutionen, eine quirlige und vergleichsweise fußgängerfreundliche Innenstadt und höchst lebendige Kultur- und Musikszenen. All das umgeben von einer großartigen Naturlandschaft mit Gebirgen und unendlich viel Wasser. Die vereinigte Vielfalt des Staates Washington wird man auf einer Reise entlang der Pazifikküste leider kaum erkunden können. Er bedeckt eine Fläche mehr als halb so groß wie die gesamte Bundesrepublik.

Nach der Entdeckung Amerikas durch Christoph Columbus blieb der pazifische Nordwesten noch dreihundert Jahre lang kolonisatorisches Niemandsland. Die schätzungsweise 125 Indianerstämme des Nordwestens wussten längst um den Einfall des weißen Mannes in anderen Teilen des Kontinents, doch bis 1774 setzte kein Europäer nur einen Fuß auf das Territorium des Staates Washington. Spanien, Russland und England traten in einen Wettlauf um überseeische Besitzungen, zu dem sich auch die jungen Vereinigten Staaten von Amerika hinzugesellten.

Der mallorquinische Seefahrer Juan Perez war der erste, der die entlegenen Küstenstreifen erreichte, es folgten die britischen Kapitäne Cook, Barkley und

Washington in Zahlen	Washington	Zum Vergleich: Griechenland
Einwohner	6,6 Mio.	11,2 Mio.
Fläche	184.827 km^2	132.000 km^2
Einwohner pro km^2	34	85
Höchste Erhebung	Mount Rainier, 4.395 m	Mytikas (Olymp), 2.917 m
Hauptstadt	Olympia	Athen

Mount Rainier

Vancouver. Russland gab das Rennen bald auf, Spanien wurde vom rebellierenden Lateinamerika fast vollständig aus dem Kontinent vertrieben. England und die USA verabredeten eine „gemeinsame Besetzung", verblieben aber trotz des Abkommens in einem Jahrzehnte andauernden diplomatischen Streit, bis die Briten 1846 nachgaben und das Territorium Oregon den Vereinigten Staaten überließen. Die teilten das Gebiet schließlich in mehrere Einheiten auf und nahmen Washington 1889 als vollwertigen Staat in die Union auf.

Zu Ehren ihres ersten Präsidenten wurde der Staat Washington genannt, der einzige amerikanische Bundesstaat, der nach einem Staatsoberhaupt betitelt ist. Die Grenzen wurden in typisch kolonialistischer Manier auf der Landkarte gezogen, meist mit dem Lineal entlang der Längen- und Breitengrade, zu einem kleinen Teil entlang der bekannten Wasserwege. Über den Oregon Trail und den Missouri waren schon seit Jahrzehnten weiße Siedler in den Nordwesten geströmt, darunter auch viele deutsche Einwanderer. Ebenso wie beim südlichen Nachbarn Oregon berufen sich heute die meisten Bewohner auf eine deutsche Abstammung.

Die Siedler pflanzten Apfelbäume, säten Getreide und beuteten die holzreichen Wälder aus. Seattle wurde zum zentralen Sprungbrett für die Goldsucher, die sich zum Klondike aufmachten, und entwickelte sich zum schnell wachsenden Industrie-

zentrum. Schiffbau und Schwerindustrie boomten, während der beiden Weltkriege floss viel Geld aus der Hauptstadt in die Rüstungsmaschinerie. Schon 1916 begann William Boeing Wasserflugzeuge zu bauen. Die Fima stieg in wenigen Jahrzehnten zum weltgrößten Flugzeugbauer auf und ist heute das nach Umsatzvolumen führende Exportunternehmen der USA. 2001 versetzte die Konzernführung die Stadt Seattle in einen akuten Schock, als es ankündigte, seine Zentrale zu verlegen. Schließlich gehörte Boeing so zu Seattle wie der Eiffelturm zu Paris. Nach kurzen aber intensiven Verhandlungen über Steuererleichterungen mit Denver, Dallas und Chicago entschied man sich für letzteren Kandidaten. Doch die Produktionsanlagen in den Außenbezirken laufen weiter auf Hochtouren, und Boeing bleibt der größte private Arbeitgeber im Staate. Die Fabrikhalle in Everett ist weiterhin mit 13 Millionen Kubikmetern unangefochten das nach Volumen größte Gebäude der Welt.

Seattle hat sich in den vergangenen Jahrzehnten zu einem der wichtigsten amerikanischen High-Tech Standorte entwickelt. Softwaregigant Microsoft zog 1986, ein Jahr nach der Marktreife des ersten Windows-Betriebssystems, von Albuquerque nach Redmond. Auch der japanische Videospielgigant Nintendo pflanzte sein amerikanisches Hauptquartier in Seattle, wo er obendrein größter Anteilseigner des Major League Baseball Teams

Seattle Mariners ist. Für die Zukunft setzt Seattle auf das Wachstum des Biotechnologie- und Umweltsektors.

Für die Politik birgt die regionale Diversifikation des Staates in eine konservativ-ländliche und eine städtisch-liberale Gesellschaft eine ähnliche Situation wie beim südlichen Nachbarn Oregon. Seit 1988 hat sich die Mehrheit in Washington dank des urbanen Schwergewichts des Großraums Seattle und der zweitgrößten Stadt Spokane in allen Wahlen für einen demokratischen Präsidenten ausgesprochen. Doch das Stimmungstief um die Regierung Obama machte den Senatswahlkampf im Herbst 2010 zu einer Schlammschlacht. Dabei scheute sich die demokratische Kandidatin Patty Murray nicht, dem republikanischen Gegenspieler Rossi zu unterstellen, seine Kampagne werde von Boeings Hauptkonkurrent Airbus finanziert. Eine reichlich gehässige Verleumdung, die beim Wähler auch leicht nach hinten losgehen kann. Trotzdem erzielte sie vier Prozent mehr Stimmen als ihr Rivale. Die religiös-konservative Seite der Bürger Washingtons enthüllten gleichzeitig zwei Volksbefragungen, bei denen sich jeweils die Mehrheit gegen den Verkauf von Alkohol außerhalb der lizenzierten „Liquor Stores" und gegen eine Einkommenssteuer für Besserverdienende aussprach.

Die kulturelle Zweiteilung des Staates spiegelt sich auch in der Wahrnehmung der amerikanischen Öffentlichkeit wieder. Auf der einen Seite garantiert Seattle ein liberales und progressives Image, demgegenüber steht die Figur des hinterwäldlerischen Holzfällers. Washington wird nicht selten als Heimat von triebgesteuerten Psychopathen und Hotspot von Serienmördern aufgefasst. Zwar rangieren Seattle und der Staat Washington insgesamt in den Kriminalstatistiken irgendwo unter ferner liefen im Mittelfeld, doch einige infame und höchst brutale Serienkiller erregten seinerzeit nationales Aufsehen: Ted Bundy strangulierte zwischen 1974 und 1978 mit Vorliebe College-Studentin-

nen. Zunächst war er in Washington aktiv, wo nahezu im Vier-Wochen-Rhythmus ein Mädchen verschwand. Dann zog er eine Blutspur über Idaho, Utah und Colorado bis nach Florida, wo er schließlich gefasst wurde und über dreißig Morde gestand. Der Green River Killer, ein Autolackierer namens Gary Ridgeway, brachte es auf 71 Opfer, deren Leichen er allesamt im Green River nahe des Boeing-Flughafens im Fluss versenkte.

Einen Ausbruch ganz anderer Gewalt erlebte der Staat Washington und mit ihm die Fernsehzuschauer der Welt beim Ausbruch des Mount St. Helens im Jahr 1980. Seit über 130 Jahren ruhte der 2.950 Meter hohe Vulkan, doch eine Serie von Erdbeben entfesselte eine gigantische Explosion, die drei Kubikkilometer Gestein in Bewegung setzte. Die Aschewolke stieg 27 Kilometer hoch in die Atmosphäre und ging bis ins tausend Kilometer entfernte Edmonton im kanadischen Alberta nieder. 57 Menschen kamen ums Leben, 250 Wohnhäuser, 47 Brücken und 300 Kilometer Landstraße wurden zerstört. Auf einem Gebiet von 370 Quadratkilometern blieb kein Baum aufrecht stehen.

Dreißig Jahre nach dem Ereignis befindet sich die natürliche Umgebung immer noch mitten in der Regenerierung. Für die Wissenschaft eine einmalige Gelegenheit, diesen Prozess wie in einem lebendigen Labor zu studieren. Dabei ist man auf ganz erstaunliche Details gestoßen: Der Ausbruch fand Mitte Mai statt, doch war der Winter 1980 besonders lang und große Teile der Umgebung noch schneebedeckt. Der Schnee wirkte wie eine Schutzschicht. Die Schäden an Flora und Fauna wären ein paar Monate später noch wesentlich schlimmer ausgefallen. Alles eine Frage des Timings. Zur Stunde X morgens um halb neun hatten sich die nachtaktiven Tiere schon in ihren Bau verkrochen, wo die Überlebenschancen wesentlich größer ausfielen.

Die Rückkehr zu einem neuen ökologischen Gleichgewicht geht stoßweise vonstatten. Bestimmte Tier- und Pflanzenarten erlebten eine plötzliche Explosion ihrer Populationen, solange natürliche Feinde noch nicht nachgerückt waren. Doch die ließen dann aufgrund des reichen Futterangebots nicht lang auf sich warten.

Mount St. Helens wurde nach der Katastrophe als Schutzgebiet ausgewiesen. Hollywood konnte natürlich nicht umhin, die Ereignisse in einem Katastrophenfilm visualisieren. Das betroffen Örtchen „Dante's Peak" war allerdings das fünfhundert Kilometer weiter östlich in Idaho gelegene Wallace.

Websites

- www.olympicpeninsula.org
- www.experiencewa.com
- www.access.wa.gov

Film

Dante's Peak	
Originaltitel	Dante's Peak
Jahr	1997
Regie	Roger Donaldson
Hauptdarsteller	Pierce Brosnan, Linda Hamilton
Genre	Katastrophenfilm

Durch Washington I

Nach der Überquerung des Columbia River steht man vor den südlichen Gebirgen der Halbinsel Olympic wie vor einer grünen Wand. Es gibt keinen anderen Weg, als nach rechts oder links abzubiegen. Der Highway 101 setzt sich in Richtung Westen am Nordufer der Mündung des Columbia fort. Zwei Kilometer weiter führt ein Tunnel unter dem Fort Columbia State Park hindurch. Wer einen kurzen Blick auf amerikanische Küstenverteidigungsanlagen von der Wende des 19. zum 20. Jahrhundert werfen will, kann gleich hinter dem Tunnelausgang links abbiegen.

🏛 Chinook (470 EW)

Wie sich unschwer vermuten lässt, gehen die Ursprünge des Orts auf eine Siedlung des gleichnamigen Indianerstamms zurück. Die Chinook lebten natürlich vorwiegend von den Ressourcen der Meeresküste, waren aber in ein weitverzweigtes Handelsnetz eingebunden, das bis zu den Nez Perce jenseits der Grenze zu Idaho reichte. Jene waren durch die von Chief Joseph angeführte Flucht vor den amerikanischen Truppen nach Kanada zu einiger Berühmtheit gelangt. In drei Monaten legten sie mit Frauen und Kindern 2.900 Kilometer im Zickzack zurück und entwischten immer wieder ihren Verfolgern. Dabei durchquerten sie 1875 den Yellowstone Nationalpark, der schon drei Jahre zuvor ins Leben gerufen worden war.

Die Chinook wurden von den weißen Siedlern aus ihrem traditionellen Lebensraum vertrieben und nahezu ausgerottet.

An der Stelle des ehemaligen Indianerdorfs etablierten die Siedler in den 1850er Jahren Chinookville. Direkt an der Mündung des Columbia konnten sie Meeresfische und -früchte fangen, die dann auf dem Wasserweg schnell ins Bevölkerungszentrum um Portland transportiert werden konnte. Doch der Fluss überschwemmte regelmäßig den Ort, sodass die Bewohner den Standort schließlich aufgaben und sich ein paar Kilometer weiter an der Stelle des heutigen Chinook ansiedelten. Chinookville wurde zur Geisterstadt und verschwand schließlich und endgültig in den Fluten.

Mit der Erfindung der Konservendose brach ungeahnter Reichtum über die junge Gemeinde her. Dosenlachs bescherte ihnen zeitweise eines der höchsten Pro-Kopf-Einkommen in den gesamten USA. Einige der schönen Holzhäuser aus dieser Zeit zeugen noch heute von der Blütezeit des Ortes.

Doch die ist längst vergangen. Zwar hängen noch heute die meisten Jobs am Fischfang, doch reich wird damit kaum jemand. Im Gegenteil, vor wenigen Jahren konnte der völlige Zusammenbruch gerade noch verhindert werden. Der Hafen, in dem knapp 30 lokale Fischerboote und 300 Freizeityachten ankern, wurde von den Behörden 2003 in die Kategorie „gering genutzt" eingestuft, was konkret bedeutete, dass keine Finanzmittel zur Instandhaltung zur Verfügung gestellt wurden.

In kürzester Zeit versandete das Hafenbecken, sodass die Boote nur noch bei höchstem Wasserstand ein- und auslaufen

konnten. Die heimischen Fischer und Geschäftsleute kämpften und bettelten, und schließlich machte der Staat die Mittel locker, um den Hafen freizuschaufeln. Damit wurden 50 Vollzeit- und 100 saisonale Jobs bei der Bell Buoy Crab Company, dem zweitgrößten Krebsverarbeiter im Staate, gerettet. Alles andere hätte vermutlich auch Chinook zur Geisterstadt werden lassen.

Der Highway 101 setzt sich weiter in nordwestlicher Richtung fort, um nach wenigen Meilen plötzlich rechtwinklig abzuknicken. Folgt man der Straße geradeaus, kommt man nach Long Beach. Das klingt zwar vielversprechend, doch die 40 Kilometer lange Dünenhalbinsel schneidet im Vergleich mit den bisher gesehenen Abschnitten des Naturwunders Küste eher schlecht ab. Die Südspitze, namentlich Cape Disappointment – Kap der Enttäuschung, wird der Realität schon eher gerecht, sprich, man kann auf den Abstecher getrost verzichten.

Der Highway windet sich durch endlose Sekundärwälder und einsame Marschländer in nördliche Richtung und erreicht nach 70 Kilometern South Bend. Man begegnet nur selten einem Auto, eher schon einer Handvoll LKWs in der grün-grauen Einsamkeit, in die sich kaum eine Menschenseele verliert. Man fühlt sich unwei-

gerlich an Skandinavien erinnert. Die Strecke ist arm an Höhepunkten, um nicht zu sagen ausgesprochen eintönig.

🏛 South Bend (1.800 EW)

Auch die Kleinstadt an der namensgebenden Südschleife des Willapa River erlebte nur einen kurzlebigen Boom. Investoren und Spekulanten reagierten 1889 sofort, als das Gerücht umging, die Northern Pacific Eisenbahn solle bis South Bend ausgebaut werden. Man träumte schon davon, das San Francisco des Nordens zu werden. Umgeben von schier endlosem Holzreichtum, an einem schiffbaren Fluss und einer austernreichen Bucht gelegen, schien South Bend eine goldene Zukunft bevorzustehen. Innerhalb von sechs Jahren schoss die Einwohnerzahl von 150 auf 3.500. Doch der Eisenbahnbau fand nicht statt, und South Bend fiel wieder dahin zurück, wo es hergekommen war. Die Naturaustern der Bucht waren nach wenigen Jahren ausgebeutet. Immerhin schaffte man erfolgreich, eine Austernzucht aufzubauen, die noch heute die Haupteinnahmequelle darstellt. Der Bedarf an preiswerten Arbeitskräften hat Zuwanderer aus Lateinamerika angelockt, weshalb South Bend und Nachbar Raymond zu den eth-

nisch diversifizierteren Gemeinden des extremen Nordwestens zählen.

🏛 Raymond (3.000 EW)

Nur sieben Kilometer flussaufwärts von South Bend stößt man schon auf die Nachbarstadt Raymond, die größte im Pacific County. Auch Raymond hat schon bessere Zeiten gesehen. Zwischen 1910 und 1930 operierten mindestens zwanzig Sägewerke im Ort, der seinerzeit doppelt so viele Einwohner wie heute zählte. Ursprünglich waren die Gebäude auf hölzernen Pfählen über den hochwassergefährdeten Marschländern errichtet worden, was heute zweifellos eine Touristenattraktion allererster Güte wäre. Doch bald wurden Deiche gebaut, und von der ursprünglichen Struktur blieb nichts übrig.

Noch heute ist die Holzindustrie der wichtigste Arbeitgeber. Weyerhaeuser, einer der weltgrößten Forstwirtschaftskonzerne mit Sitz in Tacoma bei Seattle, besitzt umfangreiche Waldgebiete in der Umgebung und betreibt ein Sägewerk in Raymond. Der Firmengründer Friedrich Weyerhäuser wanderte als 18jähriger aus Saulheim bei Mainz in die USA aus, wo er in Illinois als Lehrling in einem Sägewerk unterkam. Er stieg innerhalb weniger Jahre zum Betriebsleiter auf und kaufte die Firma schließlich. Damit legte er den Grundstein zu seinem Ruf als „Holzkönig von Amerika" und einem Konzern, der heute mit 14.900 Beschäftigten in Kanada, China, Japan, Korea, Australien und Brasilien riesige Waldgebiete besitzt und bewirtschaftet. Doch Wirtschafts- und Immobilienkrise und immer schärfere Umweltauflagen machen dem Unternehmen zu schaffen. 2009 fuhr es einen Verlust von 545 Millionen Dollar ein.

Das unscheinbare Städtchen Raymond wird in der Musikwelt immer wieder als der Ort zitiert, wo die Grunge-Heroen Nirvana ihren ersten öffentlichen Auftritt zelebrierten. Bei einer Party in einem Privathaus im März 1987 konnten sich die drei um die Zwanzigjährigen aus dem knapp viermal so großen Aberdeen als wilde Großstädter präsentieren. Die Originalaufnahme mit unerträglich schlechter Klangqualität wird noch heute unter Sammlern vertrieben.

🏛 Aberdeen (16.000 EW)

Die Bedeutung der Holzindustrie sticht auf den folgenden vierzig Kilometern immer wieder ins Auge, während man abgeholzte Waldflächen oder Wiederaufforstungszonen durchfährt. Die meisten liegen jedoch außer Sichtweite des Highways.

Aberdeen bildet mit den Nachbargemeinden Hoquiam und Cosmopolis mit knapp 30.000 Einwohnern schon eine regelrechte urbane Agglomeration. Rein gar nichts riecht hier nach süßlichem Urlaubsflair. Aberdeen ist eine Arbeiterstadt. Wer nicht arbeitet, ist auf der Suche nach einem Job oder steht kurz vor der Entscheidung wegzuziehen. Hier verkehren keine Yuppies, keine Filmstars und keine reichen Rentner. Das Holzfällerhemd ist kein Modeaccessoire, sondern Alltagskleidung.

Doch Fischfang und Holzindustrie stecken in einer tiefen Krise. Weyerhaeuser, einst größter Arbeitgeber der Stadt, hat das Sägewerk und die Papierfabrik geschlossen. Dabei sind 1.200 Jobs verloren gegangen. Laut Statistik leben 22 Prozent der Bewohner unter der Armutsgrenze. Man sieht kaum Jugendliche auf der Straße. Es gibt keine Arbeit und kein College, die Jugend von Aberdeen lebt in Seattle.

Im nationalen Rahmen ist Aberdeen kein Extrem. Es gibt Gegenden, die weit schlimmer dran sind. Die Anführer regionaler Armutsstatistiken liegen in den Südstaaten, in den Appalachen, an der texanisch-mexikanischen Grenze oder in entlegenen Indianerreservaten. Doch hier, an der großartigen Pazifikküste, wo jeder Amerikaner Urlaub machen oder seinen Lebensabend verbringen möchte, ist Aberdeen die heruntergekommenste Stadt von allen. Das Zentrum wirkt verwahrlost und ungeordnet, viele Läden sind geschlossen und mit Brettern vernagelt. Herzhaft lachen kann kaum jemand, es regiert eher ein zynischer Galgenhumor. In den Kneipen stehen nur ein paar einsame Gäste, gekommen, um ihren Frust runter zu spülen und der hübschen Kellnerin hinterherzuglotzen.

Doch die Krise ist keine Neuigkeit, sondern fast schon ein Dauerzustand. Schon vor hundert Jahren hatte Aberdeen den Ruf der rauesten Stadt der Westküste, als „Höllenloch des Pazifiks". Während der Wirtschaftskrise der 30er Jahre schlossen drei Viertel der Sägewerke. Danach ging

es mit der Holzindustrie wieder eine Zeit lang aufwärts, doch seit den 70er Jahren herrscht die permanente Krise. Neue Hoffnung gab das Bauprojekt des Kernkraftwerks Satsop, 25 Kilometer weiter im Inland. Doch nach dem Reaktorzwischenfall von Three Mile Island bei Harrisburg, Pennsylvania, wendete sich die öffentliche Meinung gegen die Kernkraft. Als die veranschlagten Kosten immer weiter in die Höhe schnellten, wurde der Bau gestoppt und schließlich das gesamte Projekt aufgegeben. Die Arbeitslosenrate in Aberdeen verdoppelte sich von einem Tag auf den nächsten. Man beschloss, das Gelände in einen Industriepark zu verwandeln. Zwei Kühltürme, durch die noch nie eine Schwade Wasserdampf gestiegen ist, stehen fast fertiggestellt als Dekoration daneben. Immerhin haben sich ein paar Unternehmen auf dem Gelände niedergelassen, ein Türenfabrikant, ein Call Center und eine Bootswerft.

Hin und wieder gibt es auch positive Nachrichten. 2007 startete die größte amerikanische Raffinerie für Biodiesel ihre Produktion im Hafen von Hoquiam, dem westlichen Vorort von Aberdeen. Die acht über zwanzig Meter hohen Haupttanks fassen jeweils 7,5 Millionen Liter Biodiesel oder Pflanzenöl. Die Anlage kann alle möglichen Öle zu Biodiesel verarbeiten, tatsächlich wird aber fast ausschließlich Rapsöl verwendet. Die Freude währte jedoch nicht lange, schon ein Jahr nach der Inbetriebnahme musste der Betreiber, die erst 2004 in Seattle gegründete Firma Imperium Renewables, über ein Viertel der hundert Beschäftigten entlassen. Mit einem Kreuzfahrtschiffunternehmen hatte man einen der wichtigsten Kunden verloren. Seitdem wird nur ein Teil der Kapazitäten für die Jahresproduktion von 370 Millionen Liter Biodiesel genutzt.

Zu den Feierlichkeiten des 100. Geburtstags des Staates Washington wurde in Aberdeen eine seetaugliche Nachbildung des historischen Zweimastseglers Lady Washington gebaut. Robert Gray war mit dem Original von Boston bis an

die Küsten Oregons und Washingtons ge-
segelt. Mit dem Schwesterschiff Columbia umrundete er danach den gesamten
Globus. Das Leben der Lady Washington
war mit nur zehn Jahren allerdings ausgesprochen kurz. 1797 kenterte sie vor den
Philippinen. Der Nachbau segelt heute die
amerikanische Pazifikküste auf und ab.
Mit etwas Glück kann man den Segler im
Hafen von Aberdeen sichten, wenn er nicht
gerade für Dreharbeiten für Hollywood-Filme wie Fluch der Karibik unterwegs ist.

▢ Film

Fluch der Karibik	
Originaltitel	Pirates of the Caribbean: The Curse of the Black Pearl
Jahr	2003
Regie	Gore Verbinski
Hauptdarsteller	Johnny Depp, Orlando Bloom, Geoffrey Rush
Genre	Abenteuerfilm

Aufstieg und Untergang – Kurt Cobain

There are only three roads out of this town.
And two of them are dead ends.

Es gibt nur drei Straßen, die aus dieser Stadt
führen. Und zwei davon sind Sackgassen.

Kurt Cobain über seine Heimat Aberdeen

„Wie wird man ein Gott der Rockwelt?" fragte der Journalist Marc Spitz in der Zeitschrift Spin. Seine Antwort umfasste vier zentrale Punkte: Sei kryptisch, mache unkontrollierten Krach, gebe dich leidenschaftlich deinen Lastern hin und spucke ins Gesicht sozialer Konventionen.

Kurt Cobain beherrschte alle diese Fähigkeiten. Seine Songtexte waren vielfach unverständlich und in sich widersprüchlich. Cobain hatte das Talent, Melodien von ungeheurer Eingängigkeit zu kreieren, doch in seinem Hang zu mutwilliger Zerstörung ließ er sie nicht selten in einem Höllenlärm verenden. Seit der achten Klasse rauchte er Marihuana, im Lauf der Jahre weitete er seinen Konsum auf das gesamte verfügbare Drogenspektrum aus. Er wurde zum Polytoxikomanen, Entzüge waren von kurzer Dauer, Therapieversuche schlugen fehl. Und schließlich pfiff er darauf, sich sozialen Erwartungen anzupassen. Im Gegenteil, seit dem Teenageralter fühlte er sich als Außenseiter, was er immer wieder damit manifestierte, den Rest der Welt vor den Kopf zu stoßen. Genau das tat er auch, als er 1994 seinem Leben mit einer Schrotflinte ein Ende setzte.

Die Welt war schockiert, hunderttausende Teenager in aller Herren Länder trauerten, Massen strömten zu Cobains Haus im Osten Seattles und entzündeten Kerzen auf der Straße. Die Medien waren selbstverständlich überall präsent. Kurt Cobain hatte den letzten großen Schritt vom Rockstar zum Gott auf dem Rock'n'Roll-Olymp getan und gesellte sich zu Jimi Hendrix, Brian Jones, Jim Morrison und Janis Joplin. Mysteriöserweise verstarben alle fünf im Alter von 27 Jahren. In allen Todesfällen spielten Rauschmittel eine zentrale Rolle.

Die Witwe Courtney Love und die damals kaum zwei Jahre alte Tochter Frances Bean waren die einzigen Erben der Rechte an Cobains Musik, ein Vermögen, das auf 100 Millionen Dollar geschätzt wird. Das Wirtschaftsmagazin Forbes platzierte Cobain auf Nummer Eins der bestverdienenden Toten. Zu Lebzeiten Cobains hatten Nirvana ganze drei Platten veröffentlicht. Nach dem spektakulären Selbstmord stürzten sich Leichenfledderer auf die Figur, um mit mittelmäßigen oder zufälligen Aufnahmen ein Vermögen zu machen, allen voran der Fernsehsender MTV mit dem „unplugged"-Album.

Hunderte von Presseartikeln und zwei Dutzend Biographien suchten nach einer Erklärung für Cobains Freitod, doch niemand scheint in der Lage, seine Persönlichkeit zu verstehen und sein Agieren nachzuvollziehen. Zu simpel waren die Ansätze, zu rational versuchte man eine irrationale Persönlichkeit zu analysieren, zu sehr verließ man sich auf Interviews und öffentliche Erklärungen eines unsicheren Menschen, dessen Gemütslagen im Stundentakt von einem Extrem zum anderen schwankten.

Die Scheidung seiner Eltern – das Einzelkind Kurt war gerade neun Jahre alt – wird immer wieder als entscheidende Zäsur angeführt. Eine Theorie im Stil staatlicher Sozialarbeiter, die außer Acht lässt, dass das Zerbrechen von Familien heutzutage an der Tagesordnung ist und dass das traditionelle Familienmodell in der modernen Welt schon so gut wie obsolet ist. Für Kurt war das Problem weniger die Trennung der Eltern, als vielmehr die Entscheidung, bei welchem der Familienmitglieder er leben wollte, sollte, durfte oder musste.

Der sensible Teenager tat, was Pubertierende aus intakten Familien genauso tun. Er suchte nach Orientierung und Glück, er rauchte Joints und ließ sich von der Energie des Punkrock überrollen. Er zweifelte an Allem, und zu allererst an sich selbst. Er stürzte von emotionalen Höhenflügen in tiefe Depression. Als Mittzwanziger wurde er zum Rockstar. Zu seiner eigenen Überraschung, denn er wusste zwar um sein Talent, aber hatte nie aufgehört, an sich selbst zu zweifeln. Kurt Cobain hatte das Glück oder das Unglück, im richtigen Moment am richtigen Ort zu sein. Zu Ende der 80er war die Rockmusik zu einer inhaltsleeren

Hülse verkommen, Bands wie Guns 'n' Roses verkörperten Glamour und Kommerz in all seiner Lächerlichkeit.

Die Welt des Rock'n'Roll schrie nach Erneuerung. Der Kalte Krieg war beendet, die Welt hatte jedwede ideologische Alternative verloren. Es regierte der Kapitalismus, und keine Alternative war in Sicht. Die Zweifelnden zweifelten an sich selbst, nicht am siegreichen System. Grunge war unpolitisch, weil es keine Alternative mehr gab. Ohne Pathos und große Gesten war Grunge nur ehrlich, wütend, zärtlich und sensibel. Man brauchte keine Lasershow, keine Schminke und keine Raumanzüge. Es genügten ein paar Liter Bier und vielleicht ein Joint. Grunge lieh sich die Rohheit des Punk, die Do-it-yourself-Philosophie des Hardcore, Elemente aus Folk und Metal und fügte die eigene Ziellosigkeit hinzu.

Bei der Einfahrt in die triste und heruntergekommene Industriestadt Aberdeen kann man die Gefühlswelt der heimischen Teenager leicht nachvollziehen. Es ist kein Ort, der eine fröhliche Zukunft verspricht. Hier ist das Überleben ein all-

täglicher Kampf. Wer hier bleibt, kann sich auf ein Leben voller harter schmutziger Arbeit und die ewige Sorge um den Job einstellen. Eine Stadt, in der Kultur Fernsehen und wo das Feierabendbier das einzige Glücksgefühl bedeutet. „All you can be is thirsty in a town with no cheer", sang Tom Waits und traf den Kern der Sache. "Das einzige, was du sein kannst, ist durstig in einer Stadt ohne Freude."

Kurt ging es genauso. Nach der Schule hing er mit den Kids aus der Nachbarschaft ab, wegen des ewig miesen Wetters verzogen sie sich unter eine Brücke, die den trägen und braunen Wishkah River überspannt. Mit 17 zog er bei seiner Mutter aus. Er übernachtete bei Freunden oder im Warteraum des städtischen Krankenhauses und nach eigenem Bekunden auch unter der Brücke. Zur gleichen Zeit formierte er mit Bassist Krist Novoselic eine Band, deren Namen und Trommler regelmäßig wechselten. In Aberdeen aber war für eine Band nicht viel zu holen, Kurt zog zunächst in Washingtons Hauptstadt Olympia und dann nach Seattle. Dort hatte das aus einer Musikzeitschrift erwachsene Plattenlabel SubPop begonnen, Grungebands zu vermarkten. Kurts Band nannte sich inzwischen Nirvana, man wollte einen süßlichen Namen, „keinen, der von vornherein nach rotzigem Punk klang, so wie Angry Samoans – die zornigen Samoaner" – erklärte Kurt. Nirvana unterschrieben einen Vertrag bei SubPop, sahen sich aber für die erste Scheibe unter Druck gesetzt, so zu klingen, wie es das Label erwartete. „Bleach" blieb zunächst weitgehend unbeachtet und wurde höchstens von den College Radios gespielt.

Während die Band sich nach einer anderen Plattenfirma umsah, begeisterte sich Kurt für die erfolgreichen Pixies aus Boston, die pure Energie mit rotzigen Gitarrenriffs und großartigen Melodien verbanden. Die nächste Platte sollte in diese Richtung gehen. 1991 kam „Nevermind" auf den Markt und übertraf alle Erwartungen. Das Video lief konstant auf MTV. Pro Woche ging die Platte mehr als 300.000 Mal über die Ladentische, und Nirvana verdrängten Michael Jacksons „Dangerous" von der Spitze der Verkaufslisten. Von Musikkritikern einhellig als eine der besten Scheiben der Rockgeschichte gefeiert, verkaufte sich Nevermind weltweit über 10 Millionen Mal. Alternativrock erreichte erstmals ein Massenpublikum.

Für Kurt Cobain war es der Ausweg aus der Armut. Der Ruhm als Rockstar ermöglichte ihm die schönen Dinge des Lebens: einen wilden bourgoisen Lebensstil, attraktive Frauen und alle Drogen dieser Welt. Es gab keine Sorgen mehr über den leeren Kühlschrank oder die nächste fällige Miete. Doch die inneren Widersprüche, die depressive Leere und die eigenen Dämonen verschwanden nicht. Dem schüchternen Musiker war sein plötzlicher Erfolg fast peinlich. Der Drogenkonsum nahm immer mehr zu, Kurt verspritzte Heroin in rauen Mengen. Entzüge waren von kurzer Dauer, Therapieversuche wurden abgebrochen.

Die große Chance auf eine Rückkehr in ein normales und halbwegs gesundes Leben bot die Ehe mit der Sängerin Courtney Love, doch die war ebenfalls kein Kind von Traurigkeit. Im Sommer 1992 wurde die Tochter Frances Bean geboren. Das Jugendamt drohte, dem drogenkonsumierenden Elternpaar das Sorgerecht zu entziehen. Erst nach wochenlangem Rechtsstreit vor den Objektiven der Fotografen erlaubte ein Gericht dem Paar, das Kind zu behalten. Kurt zeigte sich als glücklicher und liebevoller Vater, was man der sensiblen Seele durchaus abnehmen konnte.

Dennoch fand sich Cobain keine zwei Jahre später wieder im Teufelskreis von Depression und Heroin. Anfang März 1994 wurde er in Rom mit einer schwe-

Kurt Cobains Elternhaus

ren Überdosis ins Krankenhaus eingeliefert, was sich später als Selbstmordversuch herausstellte. Freunde und Familie überzeugten ihn von einem ernsthaften Therapieversuch in einer Spezialklinik in Los Angeles. Doch Cobain verschwand am zweiten Tag und flog zurück nach Seattle. Eine Woche später fand ein Elektriker seine Leiche in einem Raum über der Garage seines Hauses. Neben ihm lagen ein Abschiedsbrief und eine Flinte.

Für die Behörden war der Fall klar, doch wie immer bei dem verfrühten Ableben eines Popstars, sprossen Mord- und Konspirationstheorien wie Frühlingsblumen. Etliche Bücher und Filme dokumentieren Ungereimtheiten in den Schlussfolgerungen der polizeilichen Untersuchung.

Einige verweisen auf die Ehefrau als Drahtzieherin im Hintergrund, andere beschuldigen die finanziellen Interessen der Musikindustrie: Cobain hatte offensichtlich die Schnauze voll vom Dasein als Weltstar und dachte daran, sich aus der Musik zurückzuziehen. Doch für die Industrie war sein Name Millionen wert. Bei einem Rückzug wäre er bald vergessen, ein spektakulärer Tod würde ihn jedoch unsterblich machen und die Geldmaschine weiter antreiben.

Klar ist jedoch, dass Kurt Cobain sich zeit seines Lebens mit dem Tod beschäftigt hat und Suizid zumindest zeitweise als Ausweg in Betracht gezogen hatte. In seinen Texten finden sich reiche Referenzen zu Tod, Mord und Schusswaffen.

▶ Schauplätze

Das Elternhaus
Kurt wuchs in einem kleinen Holzhaus in der 1210 E First Street in Aberdeen auf.

Das Mietshaus
Im Herbst 1985 bezog Kurt ein heruntergekommes Mietshaus in der 408 W. First Street in Aberdeen.

Die Brücke
Keine 200 Meter von seinem Elternhaus führt die Young Street Bridge über den Wishkah River. Cobain besang sie in dem Song „Something near the way". Heute erinnern ein Marmorstein und eine Tafel an den Sänger und fordern die Jugend auf, die Finger von Drogen zu lassen.

Das Plattenlabel

Die einstige Underground-Firma SubPop hat mit Warner Brothers inzwischen einen potenten Teilhaber. Dem ursprünglichen Musikstil ist man weitgehend treu geblieben. Die Firma residiert im vierten Stock der 2013 Fourth Avenue in Seattle.

Das Haus in Seattle

Die Garage, in der man die Leiche fand, wurde wenige Monate später abgerissen. Das Haus befindet sich im Osten Seattles, unweit des Ufers des Lake Washington im 171 Lake Washington Blvd East. Direkt südlich schließt sich der kleine Viretta Park an, wo eine Bank von Verehrern als Erinnerungsschrein missbraucht wird.

🖵 Filme

Kurt & Courtney

Originaltitel	Kurt & Courtney
Jahr	1998
Regie	Nick Broomfield
Genre	Dokumentarfilm

Kurt Cobain: About a Son

Originaltitel	Kurt Cobain: About a Son
Jahr	2006
Regie	AJ Schnack
Genre	Dokumentarfilm

The last 48 hours of Kurt Cobain

Originaltitel	The last 48 hours of Kurt Cobain
Jahr	2007
Regie	John Dower
Genre	Dokumentarfilm

Durch Washington II – Die Umrundung der Halbinsel Olympic

In Aberdeen muss man entscheiden, ob man die gesamte Olympic Halbinsel umrunden will oder direkt nach Seattle fährt. Die einsame Strecke um die Halbinsel ist 400 Kilometer lang, auf direktem Wege sind es 175 Kilometer. Der längere Weg lohnt sich eigentlich nur, wenn man fest entschlossen ist, den Olympic National Park zu besuchen oder ein Fan der Twilight-Bücher oder Filme ist. Die aktuelle Wetterlage sollte in die Entscheidung unbedingt mit einbezogen werden. Wir folgen treu dem Highway 101 um die nordwestlichste Ecke der USA.

Nördlich von Aberdeen wird es richtig einsam. Der nächste Ort, Humptulips, ist zwar in 40 Kilometern Entfernung auf der Straßenkarte verzeichnet, doch er besteht aus nicht viel mehr als einer Tankstelle und einem Postamt. Immerhin. Offiziellen Zahlen zufolge zählt das Dorf 200 Einwohner. Die Strecke über niedrige Hügel, durch dunkle Wälder und gerodete Lichtungen ist ausgesprochen monoton. Hin und wieder sieht man ein verlorenes Haus abseits der Straße und fragt sich, wie und von was man hier draußen in der Einsamkeit wohl leben kann. Nicht viel anders als

Quinault Rain Forest

in Humptulip sieht es 22 Kilometer weiter in Neilton mit 350 Einwohnern aus.

Sechs Kilometer später erreicht man den See Lake Quinault, um den sich einige kleine Ortschaften und mehrere Ferienresorts gruppieren. Er gehört zum Naturschutzgebiet des Quinault Rain Forest.

▶ Quinault Rain Forest

Lake Quinault liegt zu Füßen des mächtigen Gebirgsstocks der Olympic Mountains. Die umliegenden Gipfel ragen bis zu Höhen von 1.300 Metern auf. Dichter Regenwald bedeckt die Berge, auf die jährlich bis zu 3.600 Millimeter Niederschlag herabprasseln. Man erinnere sich der vergleichsweise lächerlichen 774 Millimeter Regen in Hamburg. Das Tal des Quinault River wird auch das Tal der Regenwald-Riesen genannt, denn hier recken sich Sitka-Fichten, Lebensbäume, Douglasien und Hemlocktannen bis zu siebzig Meter hoch in den Himmel. Vor 25.000 Jahren, als riesige Gletscher die Gebirgstäler einschnitten, durchstreiften Mammuts die Wälder, die heute von einsamen Wanderwegen erschlossen werden.

Am Südufer des Sees liegt das Örtchen Amanda Park, wo man neben dem Informationszentrum auch Wildwassertouren auf einem Schlauchboot reservieren kann. An der Südwestseite des Sees verlaufen etliche, unterschiedlich lange Wanderwege. Besonders lohnenswert ist der 10 Kilometer lange Falls Creek Loop, der durch den dichten Wald zu mehreren Wasserfällen führt. Man kann den See mit einem fahrbaren Untersatz auch auf einer fünfzig Kilometer langen Straße umrunden.

ℹ Quinault Rain Forest Visitor Information Center

✉ 6094-B US Hwy 101, Amanda Park, WA 98526
⇨ 200m nach Überquerung des Quinault Rivers auf der rechten Seite
☎ 1-360 288 0571
🖥 www.quinaultrainforest.com

Falls Creek

Am Lake Quinault wendet sich der Highway wieder nach Westen, um nach weiteren 42 Kilometern die Küste zu erreichen. Die Straße verläuft in wenigen hundert Metern Entfernung parallel zum Strand, allerdings ist die Sicht aufs Meer meist von Bäumen versperrt, die den Ozean dahinter kaum vermuten lassen. Die Strände sind nicht wirklich außergewöhnlich schön, aber dafür absolut einsam. 38 mi/60 km nördlich von Amanda Park kann man kurz vor einer Rechtskurve links abbiegen, um vom Parkplatz aus zum letzten Mal den Strand zu besuchen. Danach wendet sich Highway One ins Inland und erreicht 26 mi/43 km später die Kleinstadt Forks.

🏛 Forks (3.200 EW)

Stephanie Meyer suchte als Schauplatz für ihre romantisch-gespenstische Vampirsaga „Twilight" einen besonders düsteren und verregneten Ort. Sie fand ihn in Forks, wo im Jahresdurchschnitt etwa 2.700 Millimeter Regen pro Jahr niedergehen. Ihre Bücher haben sich weltweit 85 Millionen Mal verkauft. Die beiden Verfilmungen „Twilight" und „New Moon" zogen allein in Deutschland über fünf Millionen Menschen in die Kinos. In den letzten Jahren hat sich Forks zur Pilgerstätte für Vampirfanatiker entwickelt. Der entlegenen Kleinstadt, die zuvor fast ausschließlich von der Holzindustrie lebte, wurde neues Leben eingehaucht. Seit der Veröffentlichung der ersten Bücher hat sich der Besucherstrom versechsfacht, die Spitze des Eisbergs ist vermutlich noch nicht erreicht. In einer Focus-Reportage sagte die Bürgermeisterin, Stephanie Meyers Bücher hätten den Effekt eines Konjunkturpakets für die Stadt. Restaurants und Motels haben ihr Interieur auf den neuen Boom eingestellt. Überall prangen Fotos von dem edlen Vampir Edward oder dem Werwolf Jacob.

Die Buchautorin selbst stammt aus der gegenüberliegenden Ecke der USA, aus Hartford, der Hauptstadt des Staates Connecticut. Trotz des Faibles für schlechtes Wetter zieht sie allerdings die ganzjährig scheinende Sonne vor und lebt außerhalb von Phoenix, Arizona. Allerdings soll sie auch ein Haus auf Marrowstone Island besitzen, einer Insel im Puget Sound, wenige Kilometer von Seattle entfernt. Die gläubige Christin hatte nach eigenen Angaben nie zuvor ans Schreiben gedacht, bis sie eines Nachts von einem Vampir träumte und die Geschichte zu Papier brachte. Sie bot ihr Werk etlichen Verlagen an, die meisten lehnten uninteressiert ab. Ein schwerer Fehler, denn eines ihrer Bücher verbrachte 52 aufeinanderfolgende Wochen unter den Top 10 der amerikanischen Bestseller-Liste.

Die Touristeninformation in Forks hat inzwischen eine Karte publiziert, anhand derer man in den Romanen beschriebene Schauplätze besuchen kann. Diese beschränken sich allerdings nicht auf Forks selbst, sondern finden sich auch im 25 Kilometer entfernten Küstenstädtchen La Push oder in Port Angeles, 90 Kilometer weiter entlang dem Highway 101. Inzwischen bieten drei Unternehmen geführte Twilight-Touren durch Stadt und Region an.

Abgesehen von umtriebigen Blutsaugern spielt sich das Nachtleben in Forks überwiegend vor heimischen Flimmerkisten ab. Vermeintlich rebellische Jugendbewegungen sollen schon im Keim erstickt werden. Im November 2010 wurde eine Schülerin der lokalen High School angewiesen, schleunigst ihr Sex Pistols T-Shirt gegen neutrale Kluft einzutauschen. Ein solidarischer Mitschüler, der sich am Folgetag im gleichen Outfit präsentierte, wurde vorübergehend von der Schule verwiesen, was den Verkauf kurzärmliger Hemden mit dem Logo einer vor 35 Jahren als rebellisch angesehenen Band mächtig ankurbelte. Am dritten Tag wurden zwei Dutzend weitere Teenager in den schulischen Zwangsurlaub geschickt.

🏢 Forks Chamber of Commerce Visitor Center

- ✉ *1411 S Forks Ave, Forks, WA 98331*
- ⇨ *Direkt am Highway One, gegenüber der eingezäunten Landebahn des lokalen Flughafens*
- 🕐 *Mo-Fr 10-17h, Sa&So 11-16h*
- ☎ *1-360 374 2531*
- 💻 *www.forkswa.com*

Website
- 💻 *www.forkswa.com*

▶ Forks Timber Museum

Die Geschichte und Techniken der Holzindustrie veranschaulicht das kleine Holzmuseum direkt neben der Touristeninformation.

🎞 Filme

Twilight – Bis(s) zum Morgengrauen	
Originaltitel	Twilight
Jahr	2008
Regie	Catherine Hardwicke
Hauptdarsteller	Kristen Stewart, Robert Pattinson, Billy Burke
Genre	Horror

New Moon – Bis(s) zur Mittagsstunde	
Originaltitel	The Twilight Saga: New Moon
Jahr	2009
Regie	Chris Weitz
Hauptdarsteller	Kristen Stewart, Robert Pattinson, Billy Burke
Genre	Horror

Eclipse – Bis(s) zum Abendrot	
Originaltitel	The Twilight Saga: Eclipse
Jahr	2010
Regie	David Slade
Hauptdarsteller	Kristen Stewart, Robert Pattinson, Billy Burke
Genre	Horror

Obwohl sich in Forks fast alles nur noch um Vampire zu drehen scheint, gibt es auch ein Leben jenseits der Dämmerung. Der Ort stellt ein gutes Basislager für eine intensive Erforschung des Olympic National Parks dar, was bis vor wenigen Jahren auch die meisten Reisenden anzog. Daneben sind die umliegenden Flüsse attraktiv für Angler, die auf reiche Beute an Lachs und Forellen spekulieren. Die Holzindustrie liegt darnieder, was kaum noch der Erwähnung bedarf.

▶ Cape Flattery

Forks ist der ideale Ausgangspunkt für eine Visite am Cape Flattery, der äußersten nordwestlichsten Landspitze der 48 zusammenhängenden Bundesstaaten der USA. Hier mündet die Juan de Fuca Straße, die die Grenze zwischen Kanada und den Vereinigten Staaten markiert, in den Pazifischen Ozean. Sie ist gleichzeitig der wichtigste Wasserweg für Ozeandampfer nach Seattle und Vancouver. Allerdings nimmt der Ausflug zum Kap einige Stunden in Anspruch. Von Forks summieren sich insgesamt neunzig Kilometer, auf dem Rückweg trifft man nach siebzig Kilometern wieder auf den Highway 101.

Die letzten vier Meilen folgt man einer Schotterpiste bis zum Besucherparkplatz. Von dort fehlt dann noch ein halbstündiger Fußweg zum Kap.

⇨ *Von Forks 12 mi/20 km auf dem HW101 nach Norden, links auf den HW113, nach 10 mi/16 km links auf den HW112 und 27 mi/43 km bis Neah Bay, dort auf die Cape Flattery Rd, 7 mi/12 km bis zum Parkplatz*

Die 56 mi/91 km lange Route von Forks nach Port Angeles führt weiter durch einsame Wälder und Rodungslichtungen. Kurz nach der Hälfte der Strecke erreicht man den wunderschön zwischen Bergketten eingebetteten Lake Crescent. Das langgestreckte Tal des Indian Creek wurde während der letzten Eiszeit von einem Gletscher ausgekerbt. Zehntausend Jahre später blockierte ein Erdrutsch den Abfluss des kleinen Flusses und staute den 19 Kilometer langen See auf. Sein tiefblaues klares Wasser kontrastiert mit der dicht bewaldeten Umgebung und erinnert an norwegische Fjorde. Die maximale Tiefe des Sees konnte bisher nicht ermittelt werden, doch die auf dem Grund verlegten Stromkabel weisen auf Tiefen von mindestens 300 Metern hin. Am östlichen Ende überquert der Highway die Schutthalde des historischen Erdrutsches, um seinen Weg im Tal des Indian Creek in Richtung Port Angeles fortzusetzen.

▶ Olympic National Park

In knapp 40 Kilometer Entfernung von der Nordküste der Halbinsel klettert Mount Olympus bis auf 2.432 Meter Höhe. Im Winter fallen riesige Mengen von Schnee, von denen an seinen Hängen sechs Gletscher gespeist werden. Der Nationalpark umfasst ein riesiges Gebiet, das sich über eine Fläche von 3.700 Quadratkilometer in vier verschiedenen Counties erstreckt. Man kann Tage oder Wochen damit verbringen, den Park eingehend zu erforschen. Allerdings ist der Park im Vergleich zu vielen anderen ausgesprochen wild und unerschlossen. Nur einige wenige Stichstraßen führen hinein.

Beginnen sollte man einen Besuch des Parks in jedem Fall im Besucherzentrum in Port Angeles, das mit Kartenmaterial versorgt und über die aktuellen Straßen- und Wetterbedingungen informiert.

🛈 Visitor Center
✉ *3002 Mount Angeles Rd, Port Angeles, WA 98362*
⇨ *Von Forks 56 mi/91 km auf dem HW101 zunächst nach Norden, dann wendet sich die*

Olympic National Park

Straße nach Osten, an der Ampel halbrechts in den E Lauridsen Blvd, nach knapp 1 mi/1,6 km rechts in die S Race St, nach 0,4 mi/0,7 km auf der rechten Seite

🕐 *Täglich, aber wechselnde Öffnungszeiten*

💲 *Eintritt in den Park: $ 15 pro Vehikel, auf Motorrad, Fahrrad oder zu Fuß: $ 5*

☎ *1-360 565 3130*

🖥 *www.nps.gov/olym*

▶ Hurricane Ridge

Für einen Kurzbesuch im Park lohnt der Ausflug zur Hurricane Ridge, wo etliche Wanderwege unterschiedlicher Länge ins Gebirge führen. Der Name lässt schon auf die harschen Klimabedingungen schließen. Stürme von bis zu 160 Stundenkilometern überrollen die dichten Wälder. Im Winter liegt meist ein Meter Schnee, der erst im späten Frühjahr taut. Die Zufahrtsstraße bleibt von Oktober bis Mai geschlossen.

Vom Hurricane Ridge Visitor Center gelangt man auf dem Cirque Rim Trail zu einem Aussichtspunkt mit Blick auf die Juan de Fuca Straße und Port Angeles. Hin- und Rückweg sind zusammen etwa eine Meile lang. Ein grandioses Rundumpanorama lässt sich vom ebenso langen High Ridge Trail genießen. Der Big Meadow Trail ist halb so lang und führt durch offene Wiesen mit Blick auf die höchsten Erhebungen des Mount Olympus. Darüber hinaus gibt es Wanderwege von über 25 Kilometern Länge, die zum Teil erhebliche Höhenunterschiede überwinden. Voraussetzung für den ungestörten Genuss der Panoramablicke ist natürlich entsprechendes Wetter.

⇨ *Vom Visitor Center auf der Hurricane Ridge Rd 17 mi/27 km nach Süden bis zum gleichnamigen Besucherzentrum*

🏛 Port Angeles (18.400 EW)

Wie sehr das Klima auf der Olympic Halbinsel von spezifischen lokalen Gegebenheiten abhängt, kann man in Port Angeles beobachten. Während an der Westküste Niederschläge in rauen Mengen niedergehen, liegt die Stadt im Regenschatten des Mount Olympus Gebirges. Mit 650 Millimetern pro Jahr fällt hier gerade mal ein sechstel der Regenmengen von Lake Quinault. Selbst in Seattle regnet es spürbar mehr. Trotzdem kann es auch in Port Angeles heftig stürmen.

Eine fünf Kilometer lange Nehrung namens Ediz Hook schützt den natürlichen Hafen von Port Angeles, wo der spanische Seefahrer Franzisco de Eliza 1791 ankerte. Er taufte ihn auf die Schutzheilige „Nuestra Señora de los Ángeles", genau wie die fast zeitgleich etablierte Kolonie in Kalifornien, die sich zur Millionenmetropole Los Angeles entwickeln sollte. Der Nehrungshaken kann mit dem Auto befahren werden und bietet schöne Ausblicke auf Port Angeles mit seinen Hausbergen im Hintergrund.

⇨ *Aus dem Zentrum auf dem Marine Drive, der Fortsetzung der Front St, nach Westen, nach 2 km rechts zum Ediz Hook*

Port Angeles ist der nördlichste Punkt des Highway 101, in Richtung Seattle wendet er sich leicht nach Südosten. Auf der gegenüberliegenden Seite der Juan de Fuca Straße kann man bei guter Fernsicht einen Blick auf Vancouver Island in Kanada erhaschen. Bis zur Südspitze der Insel beträgt die Entfernung Luftlinie 22

Hurricane Hill

Kilometer. Nach Victoria, der mit 78.000 Einwohnern ansehnlichen Hauptstadt des Staates British Columbia, sind es per Fähre 40 Kilometer. Für einen eintägigen Abstecher nach Kanada kann man problemlos früh morgens den Dampfer nehmen und am Nachmittag wieder zurückkehren. Die Überfahrt dauert 90 Minuten, man hat also einige Stunden Zeit für einen Spaziergang in Victoria. Für die Einreise nach Kanada genügt der Reisepass.

▶ **Black Ball Ferry Line**

✉ *101 E Railroad Ave, Port Angeles, WA 98362*

⇨ *In Port Angeles dem HW101 um die Linkskurve bis zur E Front Rd folgen, links ab und die erste wieder rechts*

🕙 *Abfahrt morgens 8.20h, Rückfahrt je nach Jahreszeit 15h, 16h oder später*

☍ *Eine Fahrt Erwachsene: $ 15,50, Kinder: $ 7,75*

☎ *1-360 457 4491*

🖳 www.cohoferry.com

Website

🖳 www.portangeles.org

Durch eine breite, landwirtschaftlich genutzte Küstenebene führt der Highway fast schnurgerade in den nächsten Ort. Man bemerkt schnell, dass es mit der Einsamkeit jetzt vorbei ist. Die Ebene ist dicht besiedelt, der Verkehr nimmt deutlich zu und der Highway wird wieder vierspurig.

🏛 Sequim (6.000 EW)

Die Einwohnerzahl täuscht, „Skwimm", wie der Ortsname üblicherweise ausgesprochen wird, zählt zwar offiziell nur knapp 6.000 Seelen, doch die Statistik bezieht sich auf die Gemeindegrenzen. Im Tal des nur 45 Kilometer langen Dungeness River residieren noch 20.000 Einwohner mehr. Viele davon sind Pensionäre, die dem Trubel in Seattle entflohen sind. In der Küstenebene wird intensiv Lavendel angebaut. Weil jeder gern mal Hauptstadt wäre, nennt sich Sequim die Lavendel-Kapitale Nordamerikas. Dem lila blühenden Kraut wird auch alljährlich

Port Angeles

Der bekannteste Cowboy-Darsteller der Hollywood-Geschichte liebte nicht nur Pferde und Colts, sondern schipperte auch mit Hingabe auf seiner Yacht Wild Goose die Pazifikküste auf und ab. Hoch oben im pazifischen Nordwesten wurde er obendrein weniger von Autogrammjägern belästigt. Westlich von Sequim kaufte er 22 Hektar Land, wohl schon mit der Idee, hier einen Sportboothafen entstehen zu lassen. Dieser entstand erst zehn Jahre nach seinem Tod unter der Federführung der Hafenverwaltung von Port Angeles. Die 300 Liegeplätze sind dauerhaft vermietet, man kann sich bei Interesse aber auf eine Warteliste setzen lassen. Doch auch an John Wayne geht die Wirtschaftskrise nicht vorbei. 2010 schloss die einzige Bootsvermietung, und man kann weder Eis noch Souvenirs erwerben.

✉ *2577 W Sequim Bay Rd, Sequim, WA 98382*

⇨ *2,5 mi/4 km östlich von Sequim vom HW101 links auf den Whitefeather Way, nach 1 km links auf die W Sequim Bay Rd, nach 300 m auf der rechten Seite*

Von Sequim nach Seattle

Der Highway 101 umrundet östlich von Sequim zunächst die gleichnamige Bucht und kurz danach die Discovery Bay. 21 mi/33 km südöstlich von Sequim verabschiedet man sich am besten vom Highway 101 und folgt dem Highway 104, um den Puget Sound per Fähre zu überqueren. Wollte man unbedingt dem 101 treu bleiben, müsste man eine riesige Schleife von 235 Kilometer Länge über Washingtons Hauptstadt Olympia bis in die Metropole überwinden, die vom touristischen Standpunkt nur bedingt lohnt. Die Überfahrt mit der Fähre dagegen ist bei akzeptablen Wetterbedingungen die Reise wert.

Highway 104 quert die Hood Canal Bridge, die die Olympic- mit der Kitsap-Halbinsel verbindet. Mit 2.400 Metern Länge ist sie die drittlängste schwimmende Pontonbrücke der Welt. Ein anderer Brückentyp an dieser Stelle hätte aufgrund

ein lokales Fest gewidmet.

▶ **Sequim Lavender Festival**

🕙 *Mitte Juli*

🖥 *www.lavenderfestival.com*

▶ **Purple Haze Lavender Farm**

Die Lavendelfarm kann besichtigt werden. In dem natürlich zugehörigen Laden kann man alle möglichen Lavendelprodukte erstehen, vom Massageöl bis zum Salatdressing.

✉ *180 Bellbottom Rd, Sequim, WA 98382*

⇨ *Aus dem Zentrum von Sequim der Washington St nach Osten folgen, nach 1 mi/1,5 km halblinks in die W Sequim Bay Rd und nach weiteren 1 mi/1,5 km rechts in die Bellbottom Rd*

🕙 *Unregelmäßig, am besten vorher anrufen oder auf gut Glück vorbeifahren*

☎ *1-360 683 1714*

🖥 *www.purplehazelavender.com*

▶ **John Wayne Marina**

Lavendelfelder bei Sequim

der Wassertiefe von bis zu 104 Metern zu ungeheuren Baukosten geführt. Die Entscheidung für die kostengünstigere Version rächte sich 1979, als bei einem Februarsturm mit Windgeschwindigkeiten von bis zu 190 Stundenkilometern die westliche Hälfte der Brücke im Wasser versank. Es dauerte drei Jahre, bis die Überfahrt wieder dem Verkehr geöffnet werden konnte. Auch heute noch wird sie bei Stürmen geschlossen.

Direkt hinter der Brücke biegt man nach rechts auf den HW 3, nach 7 mi/11 km wieder links auf den HW305 in Richtung Bainbridge Island. Nach weiteren 14 mi/22 km erreicht man direkt den Fährterminal in der gleichnamigen Kleinstadt. Man zahlt kurz die Fährkosten am Kassenhäuschen, ohne aus dem Auto aussteigen zu müssen, und reiht sich in die Schlange. Die Überfahrt dauert etwa 35 Minuten.

An Wochenenden verkehren weniger Fähren, die erste legt um 5.20h und die letzte um Mitternacht ab. Feiertags kann der Verkehr sowohl eingeschränkt als auch ausgeweitet werden, je nachdem, ob mit mehr oder weniger Andrang gerechnet wird.

Abfahrtszeiten Fähre (Uhrzeiten)			
4.45	10.25	16.35	23.35
5.20	11.30	17.30	0.55
6.20	12.20	18.30	
7.05	13.10	19.10	
7.55	14.05	20.10	
8.45	14.55	20.55	
9.40	15.50	21.45	

Besonders früh morgens muss man mit hohem Verkehrsaufkommen rechnen und sollte möglichst eine Dreiviertelstunde vor der Abfahrt am Fährterminal eintreffen. Außerhalb der Stoßzeiten kann man mit etwa 20 Minuten Wartezeit rechnen.

Motorräder werden meist zuerst auf der Fähre platziert. Kommt man zu spät, muss man eventuell auf die nächste Fähre warten, Motorräder werden vom Personal meist nach vorn durchgewunken. Bei der Auffahrt auf die Fähre ist Vorsicht geboten, der Metallboden kann nass und rutschig sein.

∞ *Auto oder Motorrad: $ 11,85, Wohnmobile je nach Fahrzeuglänge: $ 17,80 oder $ 35,55. Passagiere fahren in Richtung Seattle kostenlos, auf dem Rückweg wären $ 6,90 fällig.*

Ankunft und Orientierung in Seattle

Nach der Abfahrt von der Fähre folgt man dem Verkehr um den Anleger und befindet sich nach wenigen hundert Metern mitten im Herzen der Großstadt. Jetzt heißt es schnell entscheiden, in welche Richtung man sich wendet. Unterstützung kann dabei der Abschnitt „Orientierung" bieten, der dem Einführungskapitel zur Stadt Seattle folgt.

Smaragd in Grau – Seattle

Der weite Weg hat sich gelohnt. Seattle, das nordwestlichste Extrem der amerikanischen Großstadtlandschaft, gehört zweifellos zu den lebenswertesten urbanen Gemeinschaften. Das Wetter ist zugegebenermaßen oft erbärmlich, doch eine grandiose natürliche Umgebung, architektonische Ästhetik und eine lange Liste kultureller Höhepunkte entschädigen den Bewohner wie den Besucher. Seattle ist seit Jahren in Mode. Tolerant, weltoffen und umweltbewusst sind die Attribute, die der amerikanische Durchschnittsmensch mit dem Namen der Stadt verbindet. Der Vergleich mit San Francisco drängt sich nicht nur wegen der Omnipräsenz des Wassers auf. Seattle ist sicher ein bisschen seriöser und bürgerlicher, aber dafür auch sauberer und vertrauenerweckender.

Es ist keine Megastadt, kein Moloch wie Los Angeles oder New York, sondern rangiert unter den amerikanischen Metropolen eher in der zweiten Reihe. Nach der städtischen Einwohnerzahl nimmt Seattle nur den 23. Rang ein, was aber an der administrativen Grenzziehung liegt. Als urbane Agglomeration betrachtet, landet die Stadt dennoch nur auf Platz 14, knapp hinter San Francisco und vor San Diego. Doch das kulturelle Gewicht ist auf nationaler Ebene zweifellos größer. Das mag nach einer subjektiven und mit Fakten schwer belegbaren Einschätzung klingen. Doch seit Jahren rangiert Seattle zusammmen mit Minneapolis konstant an vorderster Front unter den Großstädten mit dem höchsten Bildungsniveau. Während der Grunge-Welle der 90er war Seattle zumindest in der Populärmusik für einige Jahre die unangefochtene Welthauptstadt. Als Firmensitz von Konzernen globaler Bedeutung wie Microsoft, Starbucks und bis vor Kurzem Boeing hat Seattle der Welt seinen Stempel aufgedrückt und ist in fast allen Winkeln des Globus präsent.

Seattle in Zahlen	Seattle	Zum Vergleich: Frankfurt
Einwohner im Stadtgebiet	617.000	671.000
Fläche	217 km²	248 km²
Einwohner im Ballungsraum	2,7 Mio.	1,8 Mio.
Einwohner pro km²	2.842	2.706
Durchschnittstemperatur	11,3 °C	9,7 °C
Jährlicher Niederschlag	941 mm	658 mm
Höhe über NN	3 m	112 m
Partnerstädte	21, darunter Perugia, Reykiavik, Bergen	

Seattle

Für den Reisenden bietet die Stadt in jedem Fall eine Reihe von Attraktionen ersten Ranges und lässt sich relativ leicht erschließen. Man muss nicht eine halbe Stunde im Auto sitzen, um von einem Publikumsmagneten zum nächsten zu gelangen, so wie in Los Angeles. Viele Bewohner bewegen sich zu Fuß oder mit dem Fahrrad. Hier spielt sich noch Leben auf der Straße ab, bei gutem Wetter sind die Terrassen der Straßencafés prall gefüllt. Bei Regen findet das Leben drinnen statt – aber es findet statt.

Das Wetter ist natürlich ein entscheidender Faktor. Seattle gilt als Regenhauptstadt der USA. Nach den offiziellen Wetterstatistiken fällt zwar weniger Niederschlag als in Miami, Boston, Washington oder New York, doch tatsächlich ist die Zahl der Tage mit endlosem Nieselregen weit höher. Glücklicherweise konzentrieren sie sich auf die Monate von Oktober bis April. Doch wenn die Temperaturen steigen und die Sonne durch die Wolken bricht, erwacht Seattle zu frenetischem Leben. Alles schwingt sich aufs Fahrrad, vergnügt sich in den Parks und schlürft Kaffee auf den Terrassen. Dann wird die Stadt ihrem selbstgewählten Beinamen „the emerald city" – „grün wie ein Smaragd" gerecht.

Der Sommer ist dementsprechend auch die touristische Hauptsaison. Insgesamt strömen alljährlich etwa neun Millionen Besucher nach Seattle. Von Juni bis September können Hotelzimmer in der Downtown knapp werden, besonders wenn ein Festival oder ein sonstiges Großereignis stattfindet. Und das passiert in der kulturell hyperaktiven Metropole alles andere als selten. Am schlimmsten wird es Ende Juli zur alljährlichen Sea Fair, wenn sich Seattle als Hafenmetropole feiert. Eine rechtzeitige Hotelbuchung ist in jedem Fall angezeigt.

Das städtische Territorium war seit Ewigkeiten besiedelt, bevor die ersten Weißen in der Gegend auftauchten, denn die Kombination von fischreichen Gewässern, tiefen Wäldern und weiten Hochgrassteppen bot eine vielfältige Lebensgrundlage für die Indianer. Archäologische Ausgrabungen belegen eine kontinuierliche Besiedlung über 4.000 Jahre, doch höchstwahrscheinlich muss man mindestens mit dem doppelten Zeitraum rechnen. Siebzehn ehemalige Siedlungen der Ureinwohner sind bis heute nachgewiesen worden. Die Stämme der Duwambish und der Suquamish lebten in hölzernen Langhäusern, ähnlich wie sie auch bei den Wikingern oder bei Indianern der Ostküste wie den Irokesen verbreitet waren. Die oft zwölf, manchmal sogar bis zu 20 Meter langen Gebäude wurden von einer ganzen Großfamilie bewohnt. Sie boten Schutz vor Regen, Schnee und wilden Tieren; ein Totempfahl war immer integriert und diente der spirituellen Sicherheit.

Nachdem die Gegend von Seattle von weißen Entdeckern lange Zeit nur gestreift worden war, traf 1851 die erste Siedlergruppe ein, bestehend aus einem Dutzend Erwachsenen und ebenso vielen Kindern. Den Kern der Gruppe bildete die sogenannte Denney Party, die heute als Stadtgründer verehrt werden. Die neunköpfige Familie war in Illinois aufgebrochen und hatte die über 3.000 Kilometer bis nach Portland in nur fünf Monaten zurückgelegt. Dort trennten sich jedoch ihre Wege. Einige ließen sich in Oregon nieder, der Rest segelte zusammen mit anderen Siedlungswilligen zum Puget Sound weiter. Nach einem harten Winter am Alki Point zogen sie einige Kilometer weiter nach Süden und ließen sich definitiv in einer festen Siedlung an der Stelle des heutigen Pioneer Square nieder.

Benannt wurde der Ort in anglisierter Form nach dem lokalen Indianerhäuptling „Si'ahl". Das Verhältnis der Indianer zu den Neuankömmlingen war zwiespältig, hin und wieder kam es zu gegenseitigen Überfällen mit manchmal tödlichem Ausgang. Häuptling Seattle unterhielt eine enge Freundschaft zu David Swinson Maynard, als erster Arzt, Kaufmann und Richter einer der zentralen Figuren im Ort. Seattle vertrat eine Politik der Annäherung und des Ausgleichs. Doch keineswegs hielt sich der Indianerhäuptling mit Kritik an der fremden Lebensart zurück. Obwohl genaue Zeit und Ort nicht endgültig geklärt sind, erlangte eine Rede von Häuptling Seattle vor großem Publikum und dem Gouverneur des Territoriums zu großer Berühmtheit. Auch der genaue Wortlaut ist unbekannt, Seattle benutzte seine Muttersprache, die zunächst in Chinook und dann ins Englische übersetzt wurde. Teile der Ansprache wurden viele Jahrzehnte später von der westlichen Ökologiebewegung als weise Warnung für die Bewahrung der Umwelt aufgegriffen. Sätze wie „Was immer der Erde widerfährt, widerfährt den Söhnen und Töchtern der Erde" oder „Wenn Menschen auf den Boden spucken, spucken sie auf sich selbst"

prangten auf Aufklebern und T-Shirts, ähnlich wie die der berühmten Weissagung der Cree. Tatsächlich ist allerdings fraglich, ob Seattle eine Warnung zur Bewahrung der Schöpfung abgab, vielmehr zielte er wohl auf die Respektierung der Orte, wo die Ahnen begraben lagen.

Sensible Rhetorik nutzte den Indianern am Puget Sound genauso wenig wie anderswo in Amerika. Mit einer Kombination aus Diplomatie und Gewalt wurde ihnen ein Abkommen nach dem anderen aufgezwungen, in denen sie den Weißen immer mehr Land und immer mehr Rechte abtraten. Die Gewalttaten der Indianer gegen Weiße als Akt der Selbstverteidigung dienten als erstklassige Rechtfertigung für ihre Vertreibung.

Seattle begann als kleine prosperierende Holzfällerstadt, die in kurzen Boomphasen rasant wuchs, um danach in die Krise zurückzufallen. Diese Zyklen ziehen sich durch die gesamte Geschichte der Stadt.

1873 erreichte die Northern Pacific Eisenbahn das fünfzig Kilometer südlich gelegene Tacoma. Seattles Zukunftsaussichten verdüsterten sich schlagartig, es drohte von seinem Nachbarn weit überholt zu werden. Die Stadt beschloss, auf eigene Faust eine Eisenbahn nach Süden zu bauen, um an ein überregionales Streckennetz angeschlossen zu werden. Der größtenteils von Freiwilligen gelegte Schienenstrang reichte am Ende nur bis ins 18 Kilometer östliche Newcastle, erwies sich letztendlich dennoch als großer Schritt für die Entwicklung Seattles. In Newcastle wurde Kohle gefunden, bald abgebaut und Seattle zum Verschiffungshafen. Auch für die Ansiedlung schwerer Industrien spielte die Kohle eine entscheidende Rolle. Wenige Jahre später entschied die Great Northern Railway, Seattle zur Endstation der großen Überlandroute von Minnesota nach Westen zu machen. Damit war Seattle über Chicago an die Metropolen des Ostens angeschlossen. Noch heute kann man in durchschnittlich 45 Stunden für 150 Dollar im „Empire Builder" von Seattle nach Chicago reisen, was im Auto

höchstens unwesentlich weniger Zeit in Anspruch nähme. 3.300 Kilometer fährt man nicht mal eben am Stück.

Mit der Eisenbahn kamen auch die chinesischen Arbeiter, die in Seattle nicht weniger zu leiden hatten als in anderen Städten des Westens. Die weißen Lohnarbeiter machten sie für Arbeitslosigkeit und lausige Löhne verantwortlich, und mehr als einmal fiel der Mob in Chinatown ein.

1889 vernichtete ein verheerendes Feuer 29 Blocks der Innenstadt, doch wer meint, das sei ein Rückschlag, irrt sich gewaltig. Im folgenden Jahr schnellte die Einwohnerzahl von 25.000 auf 40.000 hoch, denn der Wiederaufbau erforderte Arbeitskräfte. Kurz darauf stürzte das gesamte Land in eine Wirtschaftskrise, die auch Seattle nicht verschonte. Doch die Stadt sollte sich als erste erholen und direkt in die nächste Boomphase gelangen: Am 17. Juli 1897 lief der Dampfer Portland in Seattle ein. Der Seattle Post - Intelligencer verkündete lauthals, an Bord seien 64 Glücksritter, die am Klondike ein Vermögen gemacht hätten. Binnen Minuten war die Sonderausgabe der Zeitung vergriffen. Doch das Goldfieber griff schneller um sich als die Beulenpest, und niemand war immun. Hunderte packten schon am ersten Tag ihre Sieben Sachen und machten sich auf den zweitausend Kilometer langen Weg zum Klondike. Der Dampfer Portland platzte auf der Rücktour nach Norden aus allen Nähten. Bürgermeister William Wood telegraphierte seinen Rücktritt und schiffte sich direkt auf der Dienstreise in San Francisco zum Klondike ein, ohne in seiner Heimat auch nur Station zu machen.

Für Seattle war die Hysterie eine Goldgrube, die es auszuheben galt. Der Präsident der Handelskammer fachte das Medienfeuer weiter an, um die Stadt zum Ausrüster und Sprungbrett für die Goldsucher zu etablieren. Schon dreimal war ein Goldfieber geringeren Ausmaßes über Seattle hereingebrochen, 1858 am Fraser River, 1864 in Boise („Beusie"), Idaho, und 1878 am Sultan River. Doch diesmal waren die Kaufleute entschlossen, die Zitrone bis

Blick vom Puget Sound

zum letzten Tropfen auszupressen. „Mining the miners" nannten sie das, was sich leider nicht so rund auf Deutsch übersetzen lässt. Binnen sechs Wochen nach dem Anlegen der SS Portland brannte Seattle vor Energie und Optimismus. Es gab nicht nur Ausrüstung, Saloons, Bordelle und Schnaps für die Glücksritter auf dem Weg nach Norden, sondern auch schon Banken und Rechtsbeistand für die ersten erfolgreichen Rückkehrer. Hunderttausend kamen aus ganz Amerika, aus Großbritannien und Südafrika. Seattles Einwohnerschaft multiplizierte sich von 42.000 im Jahr 1890 auf 237.000 zwanzig Jahre später. Jack London hat Kampf und Leiden der Einzelnen literarisch verewigt, doch dass der Goldrausch gezielt angefacht wurde, stellte auch er nicht klar. Der Immobilienboom in Irland, Spanien und den USA nach 2004 war nichts anderes: eine hysterische Massenbewegung in der Hoffnung, sich in kürzester Zeit schnell bereichern zu können.

Währenddessen ließ die Konkurrenz aus San Francisco und Portland kein gutes Haar an dem erfolgreichen Gegenspieler im Norden. „Seattle wird dich betrü-

gen!" wetterten die Lokalzeitungen. Man glaubt manchmal, der Konkurrenzkampf zwischen Städten und Regionen um Investoren sei ein junges Phänomen, doch zu Ende des 19. Jahrhunderts wurde er in Amerika schon mit allen erlaubten und unerlaubten Mitteln ausgefochten.

In Seattle erinnert ein zwanzig Meter hoher Totempfahl an den Goldrausch. Er wurde aus einem Indianerdorf gestohlen. Als er Jahrzehnte später von Vandalen beschädigt wurde, bestellte die Stadt einen neuen Pfahl im gleichen Dorf und bezahlte schließlich beide. Das 7-stöckige Gebäude an der Ecke Cherry und 3rd Street wurde vom Arctic Club gebaut, einer Vereinigung von Veteranen des Goldrauschs.

Seattle wuchs auch im 20. Jahrhundert schubweise weiter. Etliche Hügel wurden eingeebnet, um Hindernisse für die städtische Expansion zu beseitigen. Man baute Schiffe und handelte mit Asien. Im Jahr 1909 wurde die künstliche Hafeninsel „Harbor Island" mit 18 Millionen Kubikmetern Erde aufgeschüttet. Für knapp 30 Jahre war sie mit einer Fläche von 1,4 Quadratkilometern die größte künstliche

Insel der Welt. Die Bedeutung des Hafens für die Wirtschaftsregion ist allerdings weit geringer, als landläufig angenommen wird. Unter den Hochseehäfen der USA rangiert Seattle nach Wert des Güterumschlags gerade mal auf Rang 37, noch etliche Plätze hinter dem südlichen Nachbarn Tacoma. In Long Beach, dem größten Hafen der US-Pazifikküste, werden fast dreimal so viele Güter umgeschlagen.

William Boeing, Sohn deutscher Einwanderer aus Michigan, investierte zunächst seine Gewinne aus der Holzindustrie in ein Flugzeugbauunternehmen, das zum größten der Welt werden sollte. Es dauerte bis zum 2. Weltkrieg, bis das Geschäft wirklich florierte. Doch auch Boeing durchlebte schwere Krisen, etwa den Abbruch des Apollo-Programms durch die NASA oder das Scheitern eines Konkurrenzprojekts zur Concorde. Die Rivalität mit dem europäischen Airbus bedeutet ein alljährliches Kopf-an-Kopf-Rennen um die meisten Aufträge. 2010 hatte Boeing mit 530 zu 574 das Nachsehen, allerdings nur aufgrund der Bestellung von 60 Fliegern für Virgin Airlines, die bei Airbus am 20. Dezember einging. Dafür zeigte sich aber das US-Verteidigungsministerium ausgesprochen ausgabefreudig: Die Marine orderte im gleichen Jahr 117 schwerbewaffnete Bomber zur U-Boot-Bekämpfung. Das „P-8A Poseidon" genannte Projekt ist nichts anderes als eine umgerüstete Boeing 737, ein Flugzeug, in dem so gut wie jeder schon mal seine Ration Erdnüsse gekaut haut. Die Flieger im Wert von insgesamt 40 Milliarden Dollar werden zuerst im zivilen Werk im nördlichen Renton zusammengeschraubt und dann in einer eigens errichteten, neuen Fabrik am Boeing Field Flughafen mit Raketen und Torpedos bestückt.

Der Siegeszug des Computers in die Büros und Wohnzimmer der Welt bescherte Seattle eine neue Phase der Prosperität. Microsoft, der Marktführer bei Betriebssystemen und Office–Programmen, zog von Albuquerque nach Seattle, kurz nachdem das erste Windows-Betriebssystem auf den Markt gekommen war. Seattle verdiente sich seinen Ruf als Hightech-Zentrum. Im März 2001, als der Internet-Boom zu völlig überhöhten Marktwerten vieler junger Unternehmen geführt hatte, platzte schließlich die dot.com-Blase. Von einem Tag auf den nächsten schlossen viele Firmen ihre Tore, Tausende verloren ihre Jobs. Mehr und mehr Menschen wanderten aus Seattle ab, denn die Arbeitslosenrate lag plötzlich unter den höchsten der amerikanischen Großstädte. Mit dem grenzenlosen Optimismus war es vorbei. Erstmals seit den 70er Jahren ging die Einwohnerzahl zurück, denn das Leben in Seattle war und ist alles andere als preiswert.

In der Popkultur kennt man Seattle als Heimat von Jimi Hendrix und als Welthauptstadt der Grunge-Bewegung Anfang der 90er Jahre. Beide revolutionierten die Rockmusik und gaben ihr für die Zukunft eine neue Richtung. Jimi Hendrix faszinierte seit frühester Jugend nichts so wie die Gitarre. Als Linkshänder brachte er sich selbst bei, sie verkehrt herum zu spielen. Nach kaum mehr als einem Jahr bei der Armee wurde er vorzeitig entlassen, weil ihm das Saiteninstrument jede Motivation für seine militärischen Pflichten nahm. Fortan versuchte er sich als Musiker durchzuschlagen, ging von Seattle nach Tennessee und nach New York. Er experimentierte mit allen möglichen elektrischen Apparaten, um den Klang seiner Gitarre zu modifizieren und zu verzerren und machte das Wah-Wah-Pedal populär. Bei den Festivals von Monterey und Woodstock erntete er seinen Ruf als vielleicht einflussreichster Gitarrist der Rockgeschichte. Doch seine Karriere war von kurzer Dauer. Er gab sich den Genüssen des Rockstar-Daseins hin. Im September 1970 wurde er in einem Londoner Hotel tot aufgefunden, nachdem er große Mengen Wein und Schlaftabletten konsumiert hatte.

Hendrix-Verehrer fochten jahrelang mit den Behörden in seiner Heimatstadt Seattle um die Errichtung eines Denkmals, das erst Mitte der 80er Jahre errichtet wurde. Am Broadway, wenige Meter nördlich der Ecke Pine St steht eine lebensgroße Bronzestatue, die Hendrix in ekstatischer Pose mit Gitarre festhielt. Eine andere

Pilgerstädte ist sein Grab auf dem Greenwood Cemetery in Renton, 12 mi/19 km südöstlich von Seattle in der 350 Monroe Ave NE. Das Haus der Familie stand in der 2010 S Jackson St in Seattle, ist aber inzwischen verschwunden.

Trotz des großen Namens Jimi Hendrix blieb Seattle in den 70er und 80ern musikalische Provinz. Kein vernunftbegabar Mensch hätte darauf gewettet, dass ausgerechnet hier ein Erdrutsch losgetreten werden würde. Von den Trendsuchern in den Pop-Metropolen Los Angeles und New York vollkommen übersehen, formierte sich in Seattles Untergrund seit Mitte der 80er eine alternative Rockszene, die mit entsprechenden Bars, Studios und Plattenlabels ihre eigene Infrastruktur aufbaute. Im Zusammenspiel der Eckpunkte dieser Szene entwickelte sich ein eigener Sound, eine gemeinsame Richtung bei der Interpretation von Rockmusik. Kreischend verzerrte Gitarren bildeten das Markenzeichen einer Melange aus Punk und schwerem Rock, doch man bewies auch den Mut, sanfte und sensible Töne einzufügen. Soundgarden war die erste von Seattles Grungebands, die einen Vertrag bei einem Major Label unterschrieb, es folgten Nirvana und Pearl Jam. Plötzlich wurde Musik aus Seattle zum Selbstläufer, die Plattenfirmen kauften alles auf, was sich in der Stadt herumtrieb. Grunge wurde zum Mainstream, und Seattle bekam seinen Platz auf der Weltkarte des Rock'n'Roll. Doch Nachschub hatte Seattle keinen. Bis heute sind es die gleichen Bands geblieben, die Platten verkaufen und Konzertsäle füllen, auch wenn die krude Energie der frühen Jahre inzwischen zu einer reproduzierten Pose geworden ist.

Kurzfristig erfreuten sich zumindest humorvolle Teile der Bevölkerung Seattles an einer ganz anderen Art von Popstar: Colton Harris-Moore wurde berühmt und berüchtigt als der „Barefoot Bandit", der barfüßige Bandit. Innerhalb weniger Jahre brach er in etwa 100 Häuser ein, allerdings nicht, um Wertgegenstände zu entwenden, sondern um Eiskreme zu stibitzen, ein Bad zu nehmen oder sich mit der PlayStation zu vergnügen. Dabei lernte er offensichtlich so gut mit dem Flugsimulator umzugehen, dass er im Laufe seiner Karriere fünf Kleinflugzeuge entführte. Im Juli 2010 wurde der gerade erst 19jährige von der Polizei auf den Bahamas geschnappt. Bei einer wilden Verfolgungsjagd zerschossen die Beamten den Motor einer geklauten Motorjacht.

Die Lebensgeschichte des kleinen Robin Hood ist allerdings weit weniger erfreulich: In einem völlig zerrütteten Elternhaus aufgewachsen, gab sich die Mutter der Trinksucht hin, und der Vater hatte versucht, den Jungen im Alter von 12 Jahren zu erwürgen. Schon als Siebenjähriger hatte Colton zeitweise allein im Wald gelebt und mit Einbrüchen in Häuser und Wohnwagen überlebt.

Die Augen der Welt blickten auf Seattle, als im November 1999 die Welthandelsorganisaton zu einer Ministerkonferenz ins Convention Center lud. Etwa 50.000 Globalisierungsgegner protestierten überwiegend friedlich gegen das unfaire Welthandelssystem. Die Demonstranten blockierten zentrale Straßenkreuzungen und störten massiv das Zusammentreten der Konferenz, trotz martialischem Polizeiaufgebots mit Schlagstock- und Tränengaseinsatz. Polizeichef Norm Stamper sah sich nach den Ereignissen zum Rücktritt gezwungen, Bürgermeister Paul Schell wurde nicht wiedergewählt.

Inzwischen regiert in Seattle der populäre Demokrat Michael McGinn, ein Mann des Volkes, der täglich auf einem Elektrorad zum Rathaus rollt und im Krämerladen gegenüber einkauft. Er besiegte seinen Gegenkandidaten mit einem Programm, das Lebensqualität, öffentliche Verkehrsmittel und Umweltaspekte ins Zentrum rückte. Nun soll Seattle die Umweltziele des Kyoto-Protokolls erfüllen und peilt eine 60prozentige Reduzierung der Treibhausgase an.

Websites

🖥 *www.visitseattle.org*
🖥 *www.seattle.gov*

Orientierung

Die Downtown Seattles liegt an der östlichsten Stelle der halbmondförmigen Bucht. Sie gliedert sich in einen modernen nördlichen Teil und den historischen Distrikt rund um den Pioneer Square weiter südlich. Die Hauptverkehrsadern nach Norden oder Süden sind der erhöhte Alaskan Way, den man direkt vor dem Fährterminal unterquert, und der Interstate 5, 700 Meter weiter östlich. Beide führen auf relativ direktem Wege zum SeaTac Airport, wie der internationale Flughafen üblicherweise genannt wird. Er befindet sich etwa 20 Kilometer südlich des Zentrums. In seiner Umgebung konzentrieren sich preiswertere Hotels und Motels, während sich in Downtown die eher teureren Etablissements mit großen Namen finden.

Im Osten, gewissermaßen im Rücken der Stadt, liegt der Lake Washington. Die Uferlinie in etwa vier Kilometer Entfernung verläuft nahezu exakt in Nord-Süd-Richtung. Seattle Center wird das Gelände der Weltausstellung von 1962 mit der Space Needle genannt. Es sollte nicht mit der Downtown verwechselt werden, denn es befindet sich drei Kilometer nördlich.

Abgesehen von der Downtown birgt es die größte Konzentration sehenswerter Attraktionen.

Downtown

Seattles Stadtzentrum lässt sich problemlos zu Fuß erschließen. Je nachdem, wo man logiert, nutzt man öffentliche Verkehrsmittel, um ins Zentrum zu gelangen. Zentraler Ausgangspunkt ist der Pioneer Square. Die Orientierung fällt nicht schwer. Alle Straßen, die grob in Nord-Süd-Richtung verlaufen, tragen Nummern, der Rest Namen. Eine Adresse südlich des Pioneer Square wird mit dem Zusatz „S" versehen. Hier beginnt auch der International District, wo einst vor allem chinesische Zuwanderer logierten. Die heutige Chinatown liegt östlich der 5th Street, nahe des Klondike Goldrush National Parks.

▶ Pioneer Square

Der dreieckige Platz ist der neuralgische Punkt des historischen Downtown-Distrikts. Umgeben von den ältesten Gebäuden der Stadt, war dies die Stelle, wo sich die ersten Pioniere niederließen, also der Geburtsort Seattles. Auf dem Platz finden sich ein Brunnen, der dem Namensva-

ter Häuptling Seattle gewidmet ist, und der Totempfahl aus Alaska. Die Umgebung ist der wichtigste Shopping Distrikt und prall gefüllt mit Cafés und Restaurants.

▶ Seattle Underground Tour

Seattle von unten bietet eine etwas andere Vision der Stadt. Ein kleines Labyrinth verwinkelter unterirdischer Gänge verbindet Gebäude und städtische Infrastruktur. Die Tour gibt Einblick in das Auf und Ab der Stadtgeschichte, vom großen Feuer 1889 über den Niedergang des historischen Viertels bis zu seiner Wiederentdeckung und der Umgestaltung zum Shopping Distrikt.

- ⊠ 608 1st Ave, Seattle, WA 98104
- ⇒ An der Ostseite des Pioneer Square
- 🎦 Stündlich im Sommer 10h bis 19h, zu anderen Jahreszeiten etwas reduziert
- ∞ Erwachsene: $ 15, Senioren: $ 12, Kinder: $ 7
- ☎ 1-206 682 4646
- 🖳 www.undergroundtour.com

▶ Pike Place Market

Fleisch, Meeresfrüchte, Milchprodukte und Gemüse von unabhängigen Einzelhändlern und lokalen Produzenten. Per Volksabstimmung wurde die Ansiedlung von Restaurant- oder Ladenketten in der Marktgegend untersagt. Einzige Ausnahme ist Starbucks, das hier sein erstes Café eröffnete.

- ⊠ Haupteingang an der Ecke 1st Ave / Pike St
- ⇒ Entlang der 1st Ave acht Blocks nördlich des Pioneer Square auf der Westseite
- 🎦 Mo-Fr 10-18h, So 11-17h
- ∞ Frei
- ☎ 1-206 682 7453
- 🖳 www.pikeplacemarket.org

▶ Central Waterfont

Seit dem Bau des Containerhafens in den 60er Jahren hat sich die maritime Aktivität nach Süden verlagert. An der städtischen Wasserkante legen nur noch Fähren, Kreuzfahrtdampfer und Freizeitkapitäne an. Die alten Gebäude wurden zu schicken Lofts umgebaut oder direkt abgerissen, um Platz für neue Apartments zu

schaffen. In näherer Zukunft werden weitere Umgestaltungen stattfinden. Ein Erdbeben im Jahre 2001 stellte klar, dass der auf Stelzen stehende Alaska Way gegen Erdstöße nicht vollständig immun ist und deswegen verstärkt oder direkt abgerissen werden muss.

An den Piers 55 und 56 warten Läden, Restaurants und Attraktionen. Eine hochgradig touristische Zone, die von Einheimischen wenig besucht wird, vergleichbar mit Fisherman's Wharf in San Francisco.

- ⊠ Die Central Waterfront erstreckt sich entlang der Wasserlinie vom Yesler Way nach Norden.

▶ Seattle Art Museum

Das Museum konzentriert sich auf moderne amerikanische und das, was als ethnische Kunst bezeichnet wird, also gewissermaßen modern interpretiertes, traditionelles Kunsthandwerk aus Afrika, Asien und Lateinamerika. Europäische Kunst wird dagegen weitgehend vernachlässigt.

- ⊠ 1300 First Ave, Seattle, WA 98101
- ⇒ Vom Pioneer Square auf der First Ave sechs Blocks nach Norden
- 🎦 Mi-So 10-17h, Do & Fr bis 21h
- ∞ Erwachsene: $ 15, Senioren: $ 12, Schüler & Studenten: $ 9, Kinder: frei, jeden ersten Donnerstag im Monat kostenlos
- ☎ 1-206 654 3100
- 🖳 www.seattleartmuseum.org

▶ Seattle Central Library

Der gläserne Palast des niederländischen Architekten Ren Koolhaas ist sicher eines der ungewöhnlichsten und modernsten Bibliotheksgebäude des Planeten. Von Skulpturen geziert, veranstaltet die Bibliothek regelmäßig Lesungen mit Autoren von zumindest nationalem Format.

- ⊠ 1000 4th Ave, Seattle, WA 98164
- ⇒ Vom Pioneer Square vier Blocks nach Norden, rechts in die Madison St nach drei Blocks auf der linken Seite
- 🎦 Mo-Do 10-20h, Fr & Sa 10-18h, So 12-18h
- ∞ Frei
- ☎ 1-206 386 4636
- 🖳 www.spl.org

▶ Chinatown-International District

Die Bezeichnung International District ist tatsächlich passender als Chinatown, denn nur etwas mehr als die Hälfte der Bewohner sind tatsächlich Chinesen, auch wenn sie Handel und Gastronomie des Viertels dominieren. Der Rest der Bewohner hat Wurzeln in Japan, Thailand, Vietnam und auf den Philippinen. Im Vergleich zur Chinatown von San Francisco ist das Stadtviertel klein und weit weniger pittoresk.

Auch in Seattle hatte die chinesische Gemeinschaft unter den Anfeindungen der weißen Arbeiter zu leiden. Wie üblich wurden sie angeklagt, die Löhne zu drücken und „weiße" Arbeitsplätze zu besetzen. Mehrfach fiel der Mob in Chinatown ein.

Das obligatorische Tor zur Chinatown in Form einer Pagode wurde erst 2008 installiert, es überspannt die King Street an der Ecke 5th Avenue South.

1983 überfielen drei Männer eine Spielhölle in der Maynard Alley und erschossen 13 Spieler. Die Täter wollten offensichtlich keine Zeugen hinterlassen, doch ein einziger Mann überlebte und konnte die Übeltäter identifizieren. Die Ereignisse gingen als Wah Mee Massaker in die Kriminalitätsgeschichte ein.

Wer Chinatown genauer kennen lernen will, nimmt am besten an einem geführten Rundgang teil.

▶ Chinatown Discovery Tours
- ⊠ 719 South King St, Seattle, WA 98104
- ⇨ S King St an der Ecke 8th St
- ◙ Di-Fr 10.15 & 14h, Sa 10.15, 13 & 15h
- ⊗ Erwachsene: $ 17,95, Senioren: $ 15,95, Studenten: $ 12,95, Kinder: $ 10,95
- ☎ 1-206 623 5124
- ▤ www.seattlechinatowntour.com

▶ Klondike Gold Rush National Historical Park - Seattle Unit
Ein übergreifendes Nationalparkprojekt verbindet verschiedene Standorte in Seattle, Kanada und Alaska, um die Historie des zweiten großen amerikanischen Goldrauschs zu erforschen, zu bewahren und der Öffentlichkeit zu erläutern. Der Ableger in Seattle fasst die Geschichte zusammen und konzentriert sich auf die Rolle der Stadt.
- ⊠ 319 Second Ave S, Seattle, WA 98104
- ⇨ Drei Blocks südlich des Pioneer Square links in die S Jackson St, nach 250 m an der Ecke 2nd Ave
- ◙ Täglich 9-17h
- ⊗ Frei
- ☎ 1-206 220 4240
- ▤ www.nps.gov/klse

▶ Seattle Center

Der irreführende Name bezeichnet das 32 Hektar große Gelände der Weltausstellung von 1962, das in Wahrheit knappe vier

Seattle Art Museum

Kilometer nördlich der Downtown liegt. Es beherbergt eine Reihe von Museen und Attraktionen, darunter das Wahrzeichen der Stadt, die 184 Meter hohe Space Needle. Fast 50 Jahre nach der Ausstellung, die den Weg in die Zukunft weisen wollte, wirkt die Architektur zum Teil nicht mehr wirklich futuristisch, sondern fast schon „retro".

Zwölf Jahre später kam die Weltausstellung wieder nach Washington, diesmal in die zweitgrößte Stadt Spokane, 400 Kilometer östlich von Seattle. Mit 200.000 Einwohnern ist es die kleinste Stadt, die jemals eine Weltausstellung ausgerichtet hat.

⇨ *Vom Pioneer Square braucht man für den Fußweg knappe 40 Minuten. Die zweite Hälfte kann man sich sparen, indem man an der Ecke 5ᵗʰ Ave / Pine St den Seattle Monorail besteigt. Zwischen 9 Uhr morgens und 11 Uhr abends verkehrt die Schnellbahn alle 10 Minuten.*

∞ *Erwachsene: $ 4, Senioren: $ 2, Kinder von 5-12 Jahren: $ 1,50*

⇨ *Im Auto: Von Downtown Seattle auf dem Alaskan Way nach Norden, rechts in die Broad St, nach 1km steht die Space Needle unübersehbar auf der linken Seite*

Parken
Auch wenn des Abends die Verkaufsschalter der öffentlichen Parkplätze geschlossen sind, muss der Stellplatz am Automaten bezahlt werden. Die Parkwächter drehen regelmäßig ihre Runde, um die städtische Schatulle zu füllen.

▶ Space Needle
Die vor allem nachts futuristische anmutende Space Needle war nach ihrem Bau 1962 zeitweise das höchste Gebäude westlich des Mississippi. Die Konstruktion soll extremen Windstärken von über 300 Stundenkilometern und Erdbeben bis zur Stärke 9,1 standhalten. In 160 Metern Höhe befindet sich eine Aussichtsplattform, die eine großartige Rundumsicht über den Puget Sound und die Downtown bis zum Hausberg, dem fast 4.400 Meter hohen Mount Rainier, in 90 Kilometer Entfernung erlaubt.

✉ *400 Broad St, Seattle, WA 98109*

⇨ *Von Downtown Seattle auf dem Alaskan Way nach Norden, rechts in die Broad St, nach 1 km unübersehbar auf der linken Seite*

🕐 *Mo-Do 10-23h, Fr & Sa 9.30-23.30h, So 9.30-23.00h*

⚲ *Erwachsene: $ 18, Senioren: $ 16, Kinder: $ 11*
☎ *1-206 905 2100*
🖥 *www.spaceneedle.com*

▶ Experience Music Project

Architekt Frank Gehry verkauft sich fast genauso gut wie Coca Cola. Auch in Seattle konnte er sein vielfach wiederholtes Konzept der metallenen Platten in gewundenen Formen an den Mann bringen. Die ständige Ausstellung beschäftigt sich mit der Bedeutung Washingtons in der amerikanische Rock und Pop Musik und zählt auf eine Gitarren-Galerie und eine Musikbibliothek. EMP war eine Idee von Microsoft Mitbegründer Paul Allen, der die Rock'n'Roll Kathedrale mit Stücken seiner Privatsammlung füllte.

▶ Science Fiction Hall of Fame

Zum gleichen Komplex gehört die Science Fiction Hall of Fame, die Eintrittskarte gilt für beide Attraktionen. Das Museum zollt den Autoren des Genres Tribut, die populärsten Ausstellungsstücke sind aber eher der Ka-

pitänssitz von Captain Kirk aus Raumschiff Enterprise oder der Roboter B9 aus Lost in Space. Im Beratergremium sitzen die Hollywood-Regisseure George Lucas, Steven Spielberg und James Cameron.

✉ *325 5ᵗʰ Ave N, Seattle, WA 98109*
🕐 *Täglich 10-17h*
⚲ *Erwachsene: $ 15, Senioren: $ 12, Kinder: $ 12*
☎ *1-206 770 2700*
🖥 *www.empsfm.org*

▶ Attraktionen im übrigen Stadtgebiet

▶ Olympic Sculpture Park

Das 36.000 Quadratmeter große Freiluftmuseum für moderne Kunst beheimatet gleichzeitig den einzigen städtischen Strand. Das Gelände einer ehemaligen Ölraffinerie wurde 2007 völlig umgestaltet und wird heute vom Seattle Art Museum verwaltet. Einige Skulpturen stammen von Bildhauern von Weltruf wie Claes Oldenburg oder Richard Serra.

✉ *2901 Western Ave, Seattle WA 98121*

Washington Park

⇨ *Von der Space Needle auf der Broad St fünf Blocks nach Südwesten*

◎ *Mai-September 6-21h, Oktober-April 7-18h*

⊗ *Frei*

☎ *1-206 654 3100*

🖳 *www.seattleartmuseum.org*

▶ Washington Park Arboretum & Japanese Garden

In einem der schönsten Parks Seattles versteckt sich der Japanese Garden, ein kleines, aber mit unglaublicher Perfektion gepflegtes Paradies, dessen farbige Blütenpracht im Frühjahr geradezu explodiert.

✉ *1075 Lake Washington Blvd E, Seattle, WA 98112*

⇨ *Vom Pioneer Square auf der James St nach Osten, nach 1 km links auf den Broadway, nach 500 m rechts auf die Madison St, nach knapp 3 km links auf den E Washington Blvd, 400 m bis zum Parkplatz auf der linken Seite*

◎ *Je nach Jahreszeit stark variierend, im Sommer 10-19h, Mitte Nov.-Mitte Feb. geschlossen*

⊗ *Erwachsene: $ 5, Senioren, Schüler, Studenten: $ 3, Kinder: frei*

☎ *1-206 684 4725*

▶ Burke Museum of Natural History and Culture

Einen natur- und kulturhistorischen Rundumschlag schafft dieses Museum, das alle denkbaren Themen des pazifischen Nordwestens beleuchtet, von der Geologie über Flora und Fauna bis zur Anthropologie der Ureinwohner.

✉ *17th Ave NE / NE 45th, Seattle, WA 98195*

⇨ *Auf dem IS5 nach Norden, nach 4 mi/6 km Exit 169 NE 45th St, rechts auf die 45th St, nach 700 m rechts auf die 17th Ave, direkt auf der rechten Seite*

◎ *Täglich 10-17h*

⊗ *Erwachsene: $ 9,50, Senioren: $ 7,50, Schüler & Studenten: $ 6*

☎ *1-206 543 7907*

🖳 *www.washington.edu/burkemuseum*

▶ Henry Art Gallery

Keine kommerzielle Kunstgalerie, sondern ein universitätseigenes Museum für moderne Kunst, versucht Henry immer auf der Höhe der Zeit zu sein. Ständig wechselnde Ausstellungen beschäftigen sich mit einzelnen Künstlern oder übergreifenden Themen. Besonders populär ist die Installation Skyspace von James Turrell, die den Nachthimmel mit Licht modifiziert.

✉ *15th Ave NE / NE 41st, Seattle, WA 98195*

⇨ *Auf dem IS5 nach Norden, nach 4 mi/6 km Exit 169 NE 45th St, rechts auf die 45th St, nach 600 m rechts auf die 15th Ave, nach 500 m auf der linken Seite*

◎ *Mi 11-16h, Do & Fr 11-21h, Sa & So 11-16h*

⊗ *Erwachsene: $ 10, Senioren: $ 6, Kinder: frei*

☎ *1-206 543 2280*

🖳 *www.henryart.org*

▶ Hiram M. Chittenden Locks

Seattle zwängt sich auf einen schmalen Landstreifen zwischen den Puget Sound, einem Meeresarm und den Lake Washington, einem Süßwassersee. 1906 wurde ein Kanal zur Verbindung der beiden Gewässer gebaut. Die Schleuse gleicht den Höhenunterschied aus und verhindert das Eindringen von Salzwasser in den See. Für anadrome Fische wie Lachs, also solche, die vorwiegend im Meer leben, aber zum Laichen in Flüsse migrieren, wurde eine Fischleiter gebaut. Die Lachse springen im Kanal über 21 Stufen bis auf das Niveau des Washington Lake. Vom Besucherzentrum kann man durch ein Fenster in den Kanal sehen und mit Glück auch schwimmende Lachse erhaschen. Die Hauptmigrationsperiode beginnt Anfang Juli und endet Mitte August, dann stehen die Chancen am besten.

✉ *3015 NW 54th, Seattle WA 98107*

⇨ *Vom Pioneer Square auf der 1st Ave nach Norden, nach 2 km halblinks in den Denny Way, kurz darauf dem Straßenverlauf halbrechts in die Western Ave folgen, nach 3 mi/5 km über die Brücke, rechts einordnen und die erste Abfahrt nehmen, links in den NW Leary Way, nach 1 km links in die NW Market St, nach 750 m der Hauptstraße halblinks folgen, nach 300 m Parkplatz auf der linken Seite*

◎ *Täglich 10-18h*

♻ *Frei*
☎ *1-206 783 7059*

▶ **Museum of Flight**

In einer Stadt der Flugzeugindustrie darf ein Museum zur Geschichte der Luftfahrt nicht fehlen. Gleich hinter der Landebahn des Boeing Fields, Seattles kleinem Flughafen, der vor allem von Luftfrachtlinien frequentiert wird, kann man Flugapparate aus allen Epochen bewundern, darunter natürlich viele aus dem Hause Boeing.

✉ *9404 East Marginal Way S, Seattle, WA 98108*
⇨ *Auf dem IS5 7 mi/12 km in Richtung Süden, Exit 158, auf der S Boeing Access Rd nach Westen, nach 500 m rechts in den E Marginal Way, nach 0,8 mi/1,3 km auf der linken Seite*
🕐 *Täglich 10-17h*
♻ *Erwachsene: $ 16, Senioren: $ 14, Kinder: $ 9, Kinder unter 4 Jahren: frei*
☎ *1-206 764 5720*
🖥 *www.museumofflight.org*

▢ **Seattle im Film**

Singles – Gemeinsam einsam

Originaltitel	Singles
Jahr	1992
Regie	Cameron Crowe
Hauptdarsteller	Bridget Fonda, Campbell Scott
Genre	Komödie

Schlaflos in Seattle

Originaltitel	Sleepless in Seattle
Jahr	1993
Regie	Nora Ephron
Hauptdarsteller	Tom Hanks, Meg Ryan
Genre	Komödie

Enthüllung

Originaltitel	Disclosure
Jahr	1994
Regie	Barry Levinson
Hauptdarsteller	Michael Douglas, Demi Moore, Donald Sutherland
Genre	Thriller

Firewall

Originaltitel	Firewall
Jahr	2006
Regie	Richard Loncraine
Hauptdarsteller	Harrison Ford, Paul Bettany
Genre	Thriller

Battle in Seattle

Originaltitel	Battle in Seattle
Jahr	2007
Regie	Stuart Townsend
Hauptdarsteller	Martin Henderson, Charlize Theron, Woody Harrelson
Genre	Drama

🎵 Soundtrack Seattle

Künstler	Titel	Album	Jahr	Genre
Perry Como	Seattle	Seattle	1968	Pop
Public Image Limited	Seattle	Happy?	1987	Punkrock
Nirvana	Frances Farmer Will Have Her Revenge on Seattle	In utero	1993	Grunge
Tocotronic	Wir sind hier nicht in Seattle, Dirk	Digital ist besser	1995	Alternativ-rock
Steve Vai	Boy from Seattle	Alien Love Secrets	1995	Rock
Marcy Playground	The Shadow of Seattle	Marcy Playground	1997	Alternativ-rock
Gene Mitchell	Cold Seattle Night	Tropical Jazz	2000	Songwriter
Magic Mike	Fight to Seattle	Journey Era of Bass One	2000	HipHop
Conflict	From St Pauls to Seattle	There's No Power Without Control	2003	Punk
Mudhoney	West Seattle Hardcore	My brother the cow (re-release)	2003	Grunge
Bruce Dickinson	The post alternative Seattle Fallout	Balls to Picasso (extended edition)	2005	Rock
Mclusky	Bipolar Bears take Seattle	Mcluskyism	2006	Alternativ-rock
F-Lee	Seattle, Seattle	Live from the Hood	2007	HipHop

The Empire Builder – Starbucks

I go to starbucks for one reason: a cup of Coffee. That's all I want … and they want you to buy a sandwich, and a book and a DVD and a live chicken.

Ich gehe nur aus einem Grund zu Starbucks: für eine Tasse Kaffee. Das ist alles, was ich will … und sie wollen, dass du ein Sandwich, ein Buch, eine DVD und ein lebendiges Huhn kaufst.

Craig Ferguson, Moderator der CBS Late Late Show

Erfolg schafft Feinde, das ist keine Neuigkeit. Multinationale Unternehmen haben viele Feinde. McDonald's, Nike oder Microsoft zählen in der Welt auf ebenso viele überzeugte Anhänger wie entschiedene Gegner. Dass im Falle von Starbucks die Fronten ähnlich verhärtet verlaufen, mag auf den ersten Blick überraschen. Für einen europäischen, insbesondere südeuropäischen Liebhaber einer guten Tasse Kaffee ist die Kette in Amerika oft die letzte Rettung. Der Styroporpott mit 24 Unzen einer brackigen Brühe gleichen Namens für einen Dollar zwanzig von der Tankstelle ist eigentlich für den menschlichen Konsum nicht geeignet. Der Staat müsste Aufkleber wie auf Zigarettenschachteln verordnen: „Der Konsum dieses Getränks kann Geschmackskrebs auslösen." Der Zusatz von „Coffee Creamer" aus Mais- und Sojaöl mit künstlichem Amaretto- oder Vanille-Aroma steigert das Geschmackserlebnis auf das Niveau von Gummibärchensaft.

Kaffee ist in Amerika traditionell dünn wie Jugendherbergstee. Das geht wohl auf die Cowboys zurück, die sich eine Mini-

malration für vier Wochen Viehtrieb einteilen mussten. Bei Starbucks dagegen bekommt man einen Kaffee, der seinem Namen würdig ist. Und auch einen Cappuccino oder einen Espresso, stark genug, einen übermüdeten Trucker 200 Meilen weiter zu treiben. Starbucks war der Vorreiter der „speciality revolution", einer neuen Generation von Unternehmen, die vor allem auf Produktqualität setzten. Man sprach sogar von der „Starbucksification" Amerikas.

Das Land entdeckte eine ganz neue Dimension. Früher trank man Kaffee, um irgendwie weiterarbeiten und weiterkämpfen zu können, doch plötzlich wurde das Brühgetränk zu einem harmonischen Genuss, der die Zeit stillstehen ließ. Das Konzept hatte einen sagenhaften Erfolg. In den 90er Jahren eröffnete Starbucks an jedem Werktag eine neue Filiale. Die Satirezeitschrift The Onion titelte: „Neuer Starbucks eröffnet in der Toilette eines existierenden Starbucks!" Heute ist die Kaffeehauskette mit 14.000 Etablissements in 55 Ländern der Welt präsent, 11.000 davon in den USA und 140 in Deutschland.

Seattle, die Heimat der Marke mit der Meerjungfrau, gilt seit langer Zeit als die Kaffeehauptstadt der USA. Meist wird dafür das Klima als simple Erklärung angeführt: Die Menschheit braucht einfach eine starke Stimulanz, um sich an den 250 grauen Werktagsmorgen im Jahr aus dem Bett zu quälen. Drei intellektuelle Kaffeeliebhaber schlossen sich 1971 zusammen, um aus ihrer Leidenschaft ein kleines Geschäft zu machen. Sie eröffneten in der Western Avenue einen Laden – kein Straßencafé – und verkauften Kaffeebohnen feinster Qualität und das zugehörige Equipment für den heimischen Genuss. Das Business lief gut, nach fünf Jahren zog man in exponierte Lage an den Pike Place um. In der Umgebung von frischem Gemüse und Delikatessen des städtischen Marktes fühlte man sich an der richtigen Stelle.

All das ist Vorgeschichte. Die Transformation vom Nachbarschaftladen an der Ecke zur Starbucks Corporation kam in Person eines aggressiven Managers namens Howard Schultz. Der hatte Starbucks bisher Kaffeemaschinen verkauft, war beeindruckt von der Qualitätsidee und stieg als Marketing Manager ein. Bei einer Reise nach Italien entdeckte er die Kaffeehauskultur und war überzeugt, mit dem Konzept in Amerika einen großen Wurf landen zu können. Die Teilhaber lehnten einen Einstieg ins Gastronomiegewerbe ab, und nach einigem hin und her kaufte Schultz schließlich 1987 den ganzen Laden und den Namen dazu.

Schultz setzte auf sofort auf Expansion. Noch im gleichen Jahr eröffnete er ein Starbucks in Vancouver und eins in Chicago. Eine logische Standortentscheidung: Kalt und grau musste es die meiste Zeit im Jahr sein in trendbewussten zahlungswilligen Großstädten. Fünf Jahre später ging Starbucks mit 165 Filialen an die Börse. Nicht viel später erfolgte der Sprung nach Japan und dann nach Großbritannien. Schultz

kaufte gleich ganze Ladenketten auf, um sie mit seinem Logo zu bestücken.

Schultz vertraute den Franchising-Systemen anderer Ketten wie McDonald's oder Burger King nicht. Er fürchtete, die Qualität könnte leiden, wenn Unternehmer mit ganz eigenen Interessen die Starbucks-Lokale führten. Also blieben alle Cafés Eigentum der Corporation. Diese Taktik bot auch gewisse strategische Vorteile: Aus Imagegründen betrieb er Cafés an besonders exponierten Stellen, auch wenn die Umsätze kaum die horrenden Mieten deckten. Kein Wunder, dass man Starbucks an allen wichtigen Plätzen der Welt findet, am Pioneer Square in Seattle oder mit ungehindertem Blick auf das Brandenburger Tor. Mit der Taktik, gleich mehrere Starbucks in nächster Umgebung zu pflanzen, provozierte man eine künstliche Marktsättigung und drängte weniger solvente Unternehmen aus dem Markt. Und das, obwohl Starbucks tendenziell teurer ist als die Konkurrenz.

Vier Dollar für einen Kaffee, den man sich auch noch selbst holen muss, wollen gerechtfertigt werden. Starbucks pflegt das Ambiente, Starbucks ist nicht McDonald's. Die Lokale sind hell und sauber und strahlen die heimische Ikea-Design-Gemütlichkeit aus. Und jede Filiale ist ein bisschen anders, es gibt keine Einheitsmöbel und man passt sich dem lokalen Geschmack an. Die Zielgruppe ist klar definiert: moderne, aufgeschlossene und individualistische Menschen, die keine Produkte von der Stange wollen. Starbucks Marketing-Experten erfanden Phantasienamen wie „Frapuccino" oder „Vivanno", um den innovativen Getränkekreationen ein Gefühl mediterraner Lebensart einzuhauchen.

Mit millionenschweren Publicity-Kampagnen versuchte Schultz ein Image zu kreieren, das seine Zielgruppe ansprach. Er gab vor, sein Unternehmen allein aus persönlicher Leidenschaft für die Sache zu betreiben, in jedem Pappbecher Kaffee schwinge ein Stück seines Herzens. „Manchmal hatte ich Angst, Starbucks könnte zu einer weiteren seelenlosen Kette verkommen", gestand er in seiner Autobiographie.

Wahrscheinlich ist es gerade diese Scheinheiligkeit, die Starbucks so viele Feinde eingebracht hat. Denn viele Praktiken widersprechen der scheinbar noblen Unternehmensphilosophie. Starbucks bekennt sich zu einer lokalen und globalen Verantwortung. Howard Schultz konstatiert, seine Angestellten seien genauso wichtig wie seine Kunden. Doch Starbucks kam ins Gerede, als etliche, „Baristas" genannte Angestellte gefeuert wurden, weil sie Gewerkschaftsmitglieder waren. Die internationale Gewerkschaft IWW forderte daraufhin zum Boykott von Starbucks auf. Inzwischen haben Angestellte von Starbucks eine eigene Gewerkschaft gegründet. Nach vierjährigem Rechtsstreit verurteilte ein kalifornisches Gericht im Jahr 2008 das Unternehmen, seinen Angestellten 100 Millionen Dollar an einbehaltenen Trinkgeldern auszuzahlen. Trinkgelder spielen in der amerikanischen Gastronomie bekanntlich eine wichtige Rolle für das Einkommen des Personals. Und die Bezahlung ist bei Starbucks nicht gerade üppig. 2004 kämpften die Angestellten in New York für eine Lohnerhöhung, 7 Dollar 75 pro Stunde seien in einer der teuersten Städte des Landes nicht genug zum Leben, zumal den Beschäftigten keine Mindestarbeitszeiten garantiert werden.

Auch die globale Verantwortung ist ein zweischneidiges Schwert. Starbucks hat zwar schon Auszeichnungen für seine Recycling-Politik eingeheimst, doch die Realität ist, dass die schätzungsweise 2,5 Milliarden Pappbecher, die allein in den USA alljährlich in den Müll wandern, wegen des Kunststoffüberzugs nicht recyclebar sind.

Das globale Gewicht des Unternehmens wird deutlich, wenn man sich vor Augen hält, dass es über zwei Prozent der Weltkaffeeproduktion einkauft. Kaffee wird bekanntermaßen im ärmeren Teil des Globus angebaut. Kleinbauern sind den Schwankungen des Weltmarkts voll ausgeliefert und natürlich das schwächste Glied in der Kette. Darum war Nicaragua-Kaffee in den 80er Jahren auch das erste Produkt, das in Europa die Idee von einem fairen Handel populär machte. Starbucks brüstete sich im Jahr 2000 erstmals, fair gehandelte Produkte anzubieten. Zahlen aus dem Jahr 2006 besagen jedoch, dass gerade mal sechs Prozent des Einkaufsvolumens des Unternehmens aus fairem Handel stammen.

Das fortschrittliche Image von Starbucks ist inzwischen empfindlich angeschlagen. In Seattle hat das Unternehmen schon drei Lokale umbenannt, damit sie nicht als Teil der Kette identifiziert werden können. Gerade in der Heimatstadt von Starbucks hat Geschäftsmann Howard Schultz einiges an Popularität eingebüßt. Von 2001 bis 2006 war er Haupteigentümer des Profi-Basketballteams der Seattle SuperSonics. Für 350 Millionen Dollar verkaufte er das Team an eine auswärtige Investorengruppe, die die SuperSonics wenig später nach Oklahoma umsiedelten und seitdem unter dem Namen Oklahoma City Thunder auftreten. Für die Sportbegeisterten im pazifischen Westen das war ein herber Schlag.

Mit der aktuellen Wirtschaftskrise erreichte die ungebremste Expansion von Starbucks ihr Ende. Entgegen der ursprünglichen Planung, weltweit 900 neue Lokale zu eröffnen, wurde 2008 die gleiche Zahl allein in den USA geschlossen. Damit gingen geschätzte 18.000 Arbeitsplätze verloren. In Australien wurden drei Viertel der 84 Cafés dicht gemacht. Angesichts der Krise besinnt sich der Geist der Konsumenten stärker auf den Geldbeutel. So befindet sich jetzt der Billig-Konkurrent Dunkin' Donuts im Aufschwung und eröffnet Dutzende neuer Lokale.

▶ Schauplätze in Seattle

▶ Das Original

Das Gebäude des ersten Starbucks-Kaffeeladens stand in der 2000 Western Ave, wurde aber in den 70er Jahren abgerissen.

▶ Der Nachfolger

Der Laden wurde nach dem Kauf des Unternehmens durch Howard Schultz in das erste Starbucks-Café verwandelt. Es befindet sich noch heute am 1912 Pike Place, wo weit und breit keine andere Gastronomiekette präsent ist.

▶ Das Hauptquartier

Das Starbucks Center befindet sich drei Kilometer südlich des Zentrums in der 2401 Utah Avenue S. Das historische Gebäude wurde 1912 von der Union Pacific Railroad errichtet und beherbergt früher unter anderem einen Ableger der Handelskette Sears. Es wurde 2007 mit einer Goldmedaille des amerikanischen Green Building Council für sein Umweltkonzept aus gezeichnet, das beispielsweise wasserlose Urinale, energiesparende Beleuchtung und ein Recyclingprogramm beinhaltet.

REISEVORBEREITUNG & UNTERWEGS

Reisevorbereitung

Bis zu welchem Grad man seine Reise vorbereitet, hängt von den Gewohnheiten jedes Einzelnen ab. Man kann jede Etappe detailliert durchplanen und seine Unterkunft reservieren oder aufs Geratewohl losfahren. Jeder muss seinen eigenen Kompromiss zwischen Sicherheit und Freiheit finden.

In jedem Fall sind aber rechtzeitig einige grundsätzliche Überlegungen anzustellen. Abhängig von der Zeit, die für die Reise zur Verfügung steht, muss die Frage geklärt werden, ob man die gesamte Strecke zwischen den Extrempunkten San Diego und Seattle abfahren will.

Der südlichste Abschnitt zwischen San Diego und Los Angeles ist zwar reich an Sehenswertem, landschaftlich aber wesentlich weniger reizvoll als der gesamte Rest der Strecke. Südkalifornien ist hochgradig urbanisiert, teilweise geht eine Stadt fließend in die nächste über. Die Reise entlang des Highway One kann durch die hohe Verkehrsdichte wesentlich mehr Zeit in Anspruch nehmen, als man sich angesichts der Entfernungen vorstellt. Dafür sind im Sommer die Luft- und Wassertemperaturen hoch genug, um sich ein Bad im Ozean zu genehmigen.

Das Teilstück von Los Angeles nach San Francisco ist nicht ohne Grund der populärste Abschnitt des Pacific Highways. Eine grandiose Küstenlandschaft und viele erlebenswerte Orte ziehen eine Menge Reisende an. In stark frequentierten Orten wie Santa Barbara oder San Luis Obispo kann der Verkehr im Sommer schon mal zusammenbrechen. Also gilt es, auch hier eine ausreichende Zeitmarge einzuplanen.

Nördlich von San Francisco wird es ziemlich einsam, und die Entfernungen zwischen den Orten nehmen drastisch zu. Man sollte regelmäßig einen Blick auf die Tankanzeige werfen und sicherstellen, dass der Vorrat bis zur nächsten größeren Ortschaft reicht. Die Investition von vielleicht zehn Dollar für einen kleinen Reservekanister kann sich durchaus lohnen. Bis Seattle findet sich keine einzige Großstadt mehr. Die Küstenlandschaft ist von überwältigender Schönheit, und die Redwood-Wälder sind absolut sehenswert. Die Dichte an großen Attraktionen nimmt allerdings erheblich ab. Baden werden hier nur die wirklich Hartgesottenen.

Die Küste Oregons ist landschaftlich wie klimatisch rauer als der Abschnitt in Kalifornien. Abgesehen von den wilden Felsküsten, sturmumtosten Kaps, einsamen Stränden und nostalgischen Leuchttürmen ist die Küstenroute allerdings arm an touristischen Highlights. Bedeutende kulturelle Attraktionen sucht man vergebens.

Gleiches gilt für den Highway 101 in Washington, wobei die Route hier größtenteils abseits des Küstensaumes verläuft. Von außergewöhnlicher Schönheit ist allerdings der Olympic National Park. Je nach aktueller Wetterlage kann man den letzten Streckenabschnitt abkürzen und direkt nach Seattle vorstoßen.

Auch wenn man entscheidet, ohne genaue Routenplanung loszufahren, sollte man dennoch eine ungefähre Etappenstruktur entwerfen, damit man am Ende nicht hetzen muss, um den Rückflug zu erreichen. Die Streckentabelle am Anfang des Buches wird dabei helfen. Unter der Spalte „Hauptstrecke" ist die Gesamtroute in zehn 200 bis 300 Kilometer lange Etappen unterteilt, was genauso viele Tage reiner Fahrtzeit impliziert. Selbstverständlich kann man die Etappen verlängern, um schneller vorwärts zu kommen. Man muss noch Tage hinzurechnen, die man eventuell in den Metropolen San Diego, Los Angeles, San Francisco und Seattle verbringen möchte. Irgendwo unterwegs einen etappenfreien Tag einzuplanen, ist auch keine schlechte Idee. Den kann man dann entweder zur Entspannung, als Reserve für eine eventuelle Panne oder als Puffer nutzen, wenn man spontan entscheidet, irgendwo einen Tag länger zu bleiben.

Die touristische Infrastruktur ist auf der gesamten Strecke gut ausgebaut, Unterkünfte, Restaurants, Tankstellen und Supermärkte gibt es mehr als genug. Doch man darf nicht vergessen, dass die Pazifikküste in der Sommersaison ein außerordentlich populäres Urlaubsziel ist. Gerade an kleineren Küstenorten kann es mitunter schwierig werden, auf den letzten Drücker ein Hotelzimmer aufzutreiben. Auch die Preise schießen in der Hochsaison rapide in die Höhe. Gleiches gilt für Wochenenden im Frühjahr und Herbst, insbesondere für verlängerte Wochenenden, die dadurch häufiger als gewohnt zustande kommen, dass die nationalen Feiertage in den USA immer auf einen Montag fallen. In jedem Fall vernünftig ist, zumindest am Ankunftsort schon ein Hotel reserviert zu haben, damit man nach dem langen Flug nicht noch die Großstadt nach einem Schlafplatz absuchen muss.

Unerlässlich ist die Gültigkeit der erforderlichen Dokumente zu prüfen: Reisepass, Führerschein, Kreditkarte. Bei der Letzteren ist obendrein das erlaubte Kreditlimit von entscheidender Bedeutung, damit man nicht im falschen Moment am falschen Ort ohne Geld dasteht.

Die Vorlaufzeit der Reiseplanung hängt natürlich davon ab, wie tief man ins Detail gehen möchte. Ein paar Monate vor Reiseantritt Flug und Mietvehikel zu buchen, ist sicher vernünftig, vor allem, wenn man die Tour im Sommer machen will. Mit etwas längerer Vorausplanung hat man größere Chancen, preiswerte Flüge zu erwischen.

Reisezeit

Die Pazifikroute erstreckt sich über knapp 16 Breitengrade, was in etwa der Distanz Sizilien – Hamburg entspricht. Die Strecke von San Diego nach Seattle entlang der Küstenroute ist allerdings noch knapp 500 Straßenkilometer länger. Von den Klimabedingungen passt der Vergleich Hamburg – Sizilien ebenfalls. Mediterranes Flair in Südkalifornien mit warmen Sommern und milden Wintern und frisches und feuchtes Wetter hoch im Norden. Der Sommer ist klimatisch natürlich die beste Reisezeit, zumal auch an der Küste Südkaliforniens extrem hohe Temperaturen eher selten sind. Die kühlen Strömungen des Pazifiks halten die Höchsttemperaturen meist in einem angenehmen Rahmen. Weiter nördlich kann es auch im Sommer ausgesprochen frisch sein, vor allem bei den häufigen Küstennebeln. Ganz egal, zu welcher Jahreszeit man reist, auf Tage mit niedrigen Temperaturen muss man zumindest eingestellt sein.

Hauptreisezeit ist auch für die Amerikaner natürlich der Sommer. Dann platzen die Strandbäder zwischen San Diego und Los Angeles aus allen Nähten. Somit sind Früh- und Spätsommer, also etwa die Monate Juni und September die beste Wahl. Befahren kann man die Strecke das ganze Jahr über, mit Schnee ist nicht zu rechnen. Aber zumindest ab San Francisco aufwärts kann es sehr feucht und frisch werden. Man sollte also auf alle Eventualitäten vorbereitet sein. Umgekehrt gilt natürlich die Regel, das Notwendigste mitzunehmen. Wie immer gilt es, einen im wahrsten Sinne des Wortes „tragbaren" Kompromiss zu finden. Die Reise, auf der man sich nicht irgendwann sagt, „verdammt, hätte ich doch xy mitgenommen" existiert sowieso nicht.

Kosten

Die individuelle Tour entlang der Pazifikküste ist schon etwas teurer als der Last-Minute-Trip nach Mallorca oder Antalya. All-inclusive-Angebote scheint es für die Pazifikroute keine auf dem Reisemarkt zu geben. Diese Reiseform würde auch dem Charakter der Strecke widersprechen. Die Kosten lassen sich allerdings zumindest grob überschlagen. Kostenfaktor eins ist der Flug. Zwischen 800 und 1000 Euro sollte man von vornherein veranschlagen, mit Glück kommt man billiger weg. Als zweites steht das Mietfahrzeug an. Da sich die Preise natürlich von Gefährt zu Gefährt unterscheiden, ist es hier schwierig, exakte Anhaltspunkte zu geben. Mietwagen sind im Allgemeinen preiswert, mit Glück kommt man bei einem Kleinwagen mit weniger als 50,- Euro pro Tag aus, bei einem Motorrad geht es eher über die 100,- Euro, und ein Wohnmobil schlägt mindestens mit 130,- Euro pro Tag zu Buche. Hinzu kommen Bereitstellungs- und Rückführgebühren. Die Kosten schwanken obendrein in Abhängigkeit vom jeweils aktuellen Dollarkurs.

Auch die Kosten für Unterkünfte hängen von der Reisedauer und den eigenen Ansprüchen ab. Außerhalb der Metropolen kann ein heruntergekommenes Motel für 30,- Euro pro Doppelzimmer gefunden werden, wer Wert auf minimalen Komfort legt, sollte eher mit 50,- Euro kalkulieren. Nach oben sind keine Grenzen gesetzt.

Die ungefähren Benzinkosten kann man ebenfalls leicht hochrechnen: Den Liter Benzin für etwa 0,65 Euro verrechnet man mit mindestens 3.000 zu fahrenden Kilometern, wobei man grob von folgenden, durchschnittlichen 100-km-Verbräuchen der Fahrzeuge ausgehen kann: Pkw 8-12 l / 100 km, Motorrad 6-8 l / 100 km, Wohnwagen 15-25 l / 100 km.

Fehlen noch die Ausgaben für die eigene Verköstigung. Bei den meisten Standard-Motels ist ein kontinentales Frühstück inklusive. Das heißt im Normalfall: Selbstbedienung an dünnem Kaffee, industriellem Orangensaft, Corn Flakes, Bagels, Donuts, Waffeln, Toast mit Marmelade, Sirup, Erdnussbutter. Von allem so viel wie man möchte. In etwas besseren Establissements kann es auch Wurst, Käse oder Joghurt geben.

Ernährt man sich aus dem Supermarkt, ist die Kostenersparnis gegenüber dem Standard-Fastfood überraschenderweise nicht extrem groß. Lebensmittel sind nicht wirklich preiswert, vor allem frische. Für sechs bis zehn Euro wird man in einem Fastfood-Restaurant zum Mittagessen erst mal satt. Bedeutend bessere Qualität bekommt man aber für den gleichen Preis in den Diners, den privaten Hamburger-Restaurants.

Ein vernünftiges Mahl im Restaurant kommt derzeit nur wegen des günstigen Dollarkurses etwas preiswerter als in Mitteleuropa. Für ein ordentliches amerikanisches Steak mit Beilagen legt man mindestens zehn Euro auf den Tisch. In Restaurants, die Wert auf etwas Ambiente legen, schnell das Doppelte. Es sei denn, man stürzt sich auf „all you can eat" – Büffets in den chinesischen Restaurants. Alles in Allem summiert sich da einiges zusammen.

Informationen

Für die Reisplanung kann man auf umfangreiche Ressourcen zurückgreifen. Die Reisebranche ist in den Vereinigten Staaten ein wichtiger Wirtschaftsfaktor. Das amerikanische Reiseinformationsbüro in Frankfurt ist allerdings geschlossen worden. Die staatlichen Tourismuszentralen betreiben aufwendig gestaltete Websites, der Wert der publizierten Informationen ist für den neugierigen Reisenden aber leider eher gering. Hintergründe werden stiefmütterlich behandelt, man präsentiert die USA als Spaß- und Freizeitparadies. Die Tourismuszentralen verschicken kostenlose Infobroschüren, die inhaltlich wenig über schön bebilderte „Gelben Seiten" hinausgehen. Das Gleiche gilt für die Website der US-Touristeninformation. Man beschränkt sich auf schöne Fotos der allseits bekannten Attraktionen.

- 💻 *www.discoveramerica.com*
- 💻 *www.seeamerica.org*

Für Detailinformationen hilfreicher sind die Links der Website der amerikanischen Botschaft:

- 💻 *www.usa.usembassy.de/reisen.htm*

Alle Bundesstaaten betreiben große Informationsbüros in den Großstädten, an Flughäfen und an den Staatsgrenzen. Liegt so ein Infocenter auf der Strecke, wird im jeweiligen Abschnitt darauf hingewiesen. Man bekommt tonnenweise bunte Broschüren, die einem neue Ideen geben können. Der Informationsgehalt ist aber auch hier eher niedrig. Bei speziellen Interessen hilft natürlich immer nachfragen.

Karten

Auch im Zeitalter der Navigationssysteme sind Karten für die eigene Orientierung immer hilfreich. Die Pazifikroute ist allerdings nicht schwer zu finden, schließlich folgt man immer derselben Straße, auch wenn sie nur in Kalifornien Highway 1 heißt und in Oregon als Highway 101 ausgeschildert wird.

Herausragend sind die jährlich aktualisierten Straßenatlanten von Rand McNally, die man an jeder Tankstelle für $ 14 bekommt, bei WalMart kostet das gleiche Produkt allerdings nur $ 6. In Deutschland kann man die etwas unhandlichen Atlanten auch bekommen, allerdings zu einem deutlich höheren Preis. Weniger detailliert sind die deutschen Kartenwerke von R&V, Hallwag oder vom ADAC. Für die Planung zu Hause reichen sie sicher aus, und die große amerikanische Version kann man sich ja dann unterwegs besorgen.

Die staatlichen Fremdenverkehrsämter geben hervorragende kostenlose Straßenkarten des jeweiligen Staates heraus. Man bekommt sie unterwegs bei den Touristeninformationsbüros. Allerdings sind die meisten Büros nur von 9-17 Uhr geöffnet und am Wochenende geschlossen.

Bei den staatlichen Informationswebsites kann man die Karten zusammen mit reich bebilderten, aber inhaltlich bescheidenen Broschüren bestellen. Angesichts der Portokosten senden aber nicht alle Staaten das Material nach Übersee. Eine Bestellung per e-mail, in der man sein besonderes persönliches Interesse und seine Reisepläne darlegt, kann Wunder bewirken. Allerdings sollte man sich rechtzeitig um diese Informationen kümmern, denn die Post ist oft wochenlang unterwegs.

Kalifornien	🖳 www.visitcalifornia.com
Oregon	🖳 www.traveloregon.com
Washington	🖳 www.experiencewa.com

Ein Navigationssystem ist natürlich ausgesprochen hilfreich. Den Wert einer Karte zur eigenen Orientierung kann es nicht ersetzen, aber dafür wird den Reisenden auf direktem Weg zum Ziel bringen. Das GPS-Gerät kann man zu Tagesraten von 8 bis 12 Euro zusammen mit dem Vehikel mieten. Ist man zwei Wochen unterwegs, kann es also schon preiswerter sein, sich eines zu kaufen. Sonderangebote für Geräte der gängigen Marken wie TomTom oder Garmin findet man in Einkaufszentren, WalMarts oder Elektronik-Stores ab 100 Euro. Wer bereits ein eigenes Gerät besitzt, kann schon zu Hause eine geeignete US-Karte kaufen und installieren. Die gängigen Software-CDs bekommt man zu Preisen von etwa 70 Euro aufwärts.

Einreiseformalitäten und Dokumente

Bis 2008 genügte für die Einreise in die USA ein noch mindestens drei Monate gültiger Reisepass mit implantiertem Chip für Staatsbürger Deutschlands, Österreichs und der Schweiz. Seit Januar 2009 ist eine vorherige Autorisation via Internet verpflichtend. Ohne die „ESTA" (Electronic System for Travel Authorization) genannte Erlaubnis wird man nicht mal in den Flieger einsteigen können. Bis maximal 72 Stunden vor Reiseantritt muss man dabei online eine Reihe persönlicher Daten eingeben. Präsident Obama machte die Prozedur obendrein noch kostenpflichtig. Bei der Antragsstellung sollte man seine Kreditkarte zur Hand haben, die dann mit 14 Dollar belastet wird.

Die Autorisation ist im Allgemeinen für zwei Jahre und mehrere Einreisen gültig, man muss die Prozedur also nicht jedes Mal wiederholen. Verliert der Pass in diesem Zeitraum seine Gültigkeit, muss ein neuer Antrag gestellt werden. Sollte der Einreiseantrag aus irgendwelchen Gründen abgelehnt werden, muss man beim nächstgelegenen amerikanischen Konsulat ein Visum beantragen.

Man sollte in jedem Fall die Antragsnummer notieren oder ausdrucken und gut aufbewahren, um persönliche Daten ändern zu können. Für die Einreise wird die Nummer nicht benötigt. Spätestens innerhalb von 72 Stunden erhält man eine Antwort. Fällt sie negativ aus, muss man ein Visum beantragen. Theoretisch kann man trotz positiver Autorisation an der Grenze abgewiesen werden, was in der Praxis aber höchst selten der Fall ist. Um Probleme zu vermeiden, sollte man darauf achten, die Daten so exakt wie möglich aus dem Reisepass in die Online-Formulare einzutragen.

Im Jahr 2010 wurde weiterhin verlangt, die gleichen Angaben nochmal auf der grünen Einreisekarte zu machen, die im Flugzeug verteilt wird. Ob diese Praxis auch in Zukunft üblich bleiben wird, ist im Moment nicht bekannt. Weiterhin wird man im Flieger das hellblaue Formular der „customs declaration", also eine Zollerklärung, ausfüllen müssen. Die Einfuhr von Obst, Gemüse, Pflanzen oder Fleisch ist verboten.

Bei der Ankunft an einem US-Flughafen heißt es meist erst einmal, geduldig in der Schlange für „Non US citizens" zu warten. Einer nach dem anderen muss dann die Einreiseprozedur über sich ergehen lassen. Die nicht immer sympathischen Beamten geben sich normalerweise mit ein paar Fragen zum Reisegrund und -ziel zufrieden. Hilfreich ist die Adresse der ersten Unterkunft im Kopf oder auf dem Zettel zu haben. Ohne sich als Bittsteller fühlen zu müssen, kann ein freundliches und respektvolles „Good morning, Sir" die Prozedur verkürzen. Hin und wieder stößt man auf einen Beamten, der in Deutschland als G.I. gedient hat und sich über einen deutschen Besucher freut. Man wird aufgefordert, für das biometrische Foto in die Kamera zu schauen, und muss an einem kleinen Scanner seine Fingerabdrücke hinterlassen. Danach holt man sein Gepäck vom Laufband, muss durch die Zollkontrolle – und die Prozedur ist überstanden.

Alles in allem verliefen die Einreiseformalitäten in den letzten Jahren bedeutend entspannter als die gängigen Gerüchte behaupten. Eine Änderung der weltpolitischen Situation wird aber automatisch ihre Auswirkungen haben. Bei konkreten Fragen zu den Zoll- und Einreisebestimmungen wendet man sich an die nächstgelegene diplomatische Vertretung der USA im Heimatland. Auch die telefonische Visaauskunft ist kostenpflichtig. Bei Inlandsgesprächen kostet der Anruf mindestens 1,86 Euro pro Minute, bei Anrufen aus dem Ausland wird die Zahlung von pauschal 15 Euro per Kreditkarte fällig.

Deutschland

☎ Telefonauskunft für individuelle Visainformationen 0900-1-850055

Website der US-Vertretungen:
🖥 http://german.germany.usembassy.gov

Amerikanische Botschaft Berlin
✉ Pariser Platz 2, 10117 Berlin
☎ (030) 2385 174

Konsularabteilung
✉ Clayallee 170, 14195 Berlin

Generalkonsulat der Vereinigten Staaten
✉ Alsterufer 27/28, 20354 Hamburg
☎ (040) 411 71 100

Amerikan. Generalkonsulat Düsseldorf
✉ Willi-Becker-Allee 10, 40227 Düsseldorf
☎ (0211) 788-8927

Amerikan. Generalkonsulat Frankfurt
✉ Gießener Str. 30, 60435 Frankfurt / Main
☎ (069) 7535-0

Amerikanisches Generalkonsulat Leipzig
✉ Wilhelm-Seyfferth-Str. 4, 04107 Leipzig
☎ (0341) 213-840

Amerikan. Generalkonsulat München
✉ Königinstraße 5, 80539 München
☎ (089) 2888-0

Österreich

Botschaft der Vereinigten Staaten
✉ Parkring 12a, 1010 Wien
☎ Visum-Informationen: 0900-510300
🖥 www.usembassy.at

Schweiz

Botschaft der Vereinigten Staaten
✉ Sulgeneckstrasse 19, CH-3007 Bern
☎ 031 357 70 11
🖥 http://bern.usembassy.gov

Anreise

Ein Gabelflug Los Angeles/Seattle muss nicht teurer als 800 € sein. Bei rechtzeitiger Buchung kann man die preiswerten Kontingente bis um die 500 € erwischen. Air Berlin fliegt Los Angeles und Vancouver an, tendenziell unterscheiden sich die Flugpreise aber sowieso kaum von den klassischen Fluggesellschaften. Das Angebot ist vielfältig, die Preise bei Internet-Brokern sind selten deutlich besser als die der klassischen Reisebüros. Am besten man fragt einfach erst einmal im Reisebüro seines Vertrauens an.

Verkehrsmittel & Fahrzeugmiete

Mietwagen

Die Wenigsten werden versuchen, die Pazifikroute ohne eigenen fahrbaren Untersatz zu bereisen. Ob Mietwagen, Motorrad oder Wohnmobil – in jedem Fall sollte man sich rechtzeitig um ein Vehikel kümmern. Die Mietkosten sind wesentlich günstiger, wenn man vorher reserviert. Überraschenderweise kommt die Miete auch preiswerter, wenn man über einen Agenten bucht, insbesondere über die Internet-Anbieter in Deutschland. Das vereinfacht den Prozess natürlich ungemein. Allerdings muss man vor der Buchung genau darauf achten, welche Zusatzkosten für eine Einwegmiete fällig werden, diese können sehr ins Gewicht fallen. Am preiswertesten ist die Gebühr bei National, die $ 250 für die gesamten USA berechnen. Die meisten anderen Anbieter berechnen das Doppelte. Auch sollte man das Kleingedruckte, besonders die Versicherungsbedingungen, genau unter die Lupe nehmen.

Bei der Ankunft am Zielflughafen, verlässt man den Terminal und folgt den Schildern „Rental Cars" zur Haltestelle, wo die kostenlosen Shuttle-Busse zu den verschiedenen Mietwagenfirmen abfahren. Mit dem Voucher, der Reservierungsbestätigung, einer Kreditkarte, dem Pass und dem Führerschein sind die Formalitäten schnell erledigt. Wird man gefragt, ob man ein „upgrade" möchte, also einen Vertreter der nächsthöheren Wagenklasse, beginnt ein Glücksspiel. Sagt man „ja", wird es teurer, sagt man „nein", ist es gut möglich, dass man zum gleichen Preis einen größeren Wagen bekommt, weil in der ursprünglich gewünschten Klasse kein Modell verfügbar ist.

Alle Fahrer müssen in den Mietvertrag mit aufgenommen werden, sonst kann es im Schadensfalle zu Versicherungsproblemen kommen. Allerdings gibt es Vermieter, die für zusätzliche Fahrer eine Gebühr erheben.

Beim Autovermieter bekommt man eine Reihe möglicher Zusatzversicherungen angeboten. Eine zusätzliche Haftpflichtversicherung macht durchaus Sinn, da die in den USA gesetzlich vorgeschriebene Deckungssumme von etwa $ 5.000 ausgesprochen niedrig liegt. Besser ist jedoch, eine solche Versicherung schon zu Hause abzuschließen. Die KFZ-Versicherer bieten eine Traveller Police an, die eine wesentlich höhere Schadenssumme abdeckt.

Danach wird man auf den Parkplatz geschickt und kann sich ganz allein seinen Untersatz aussuchen, natürlich nur innerhalb der gebuchten Wagenklasse. Bei der Auswahl sollte man besonders auf Ausstattung und Kofferraumgröße achten. Vorteilhaft sind in jedem Fall Modelle, bei denen der Kofferraum vom Wageninneren getrennt und von außen nicht einsehbar ist.

Ein Luxus, den man auf der langen Reise zu schätzen lernen wird, sind die neuen Satellitenradios, die erlauben, im ganzen Land etwa 200 unterschiedliche Radiosender in CD-Qualität empfangen zu können. Man erkennt sie an der kleinen Haifischflosse auf dem Dach. Die Geräte werden oft zu Promotionszwecken an die Mietwagenfirmen verschenkt, die Lizenz ist aber von begrenzter Dauer. Man sollte also kurz testen, ob der Satellitenempfang tatsächlich funktioniert. Es kann nämlich sein, dass die Lizenz abgelaufen ist und man trotz des schicken modernen Radios nur UKW empfangen kann.

Zur Vermeidung von Missverständnissen sollte man den Wagen auf Schäden überprüfen und im Zweifelsfall gefundene Makel von einem der Techniker in den Papieren vermerken lassen. Ansonsten kann es passieren, dass man für Schrammen aufkommen muss, die man nicht verursacht hat.

Über die Kreditkarte wird als Kautionsbetrag die Summe der Selbstbeteiligung

blockiert, die im Falle eines Schadens am Wagen dann zur Reparatur eingezogen wird. Bucht man über einen Agenten, schließt man zwar meist automatisch eine Vollkaskoversicherung ab, die Vermieterfirmen bestehen dennoch auf die Hinterlegung einer Kaution.

Oft bekommt man zwei Schlüssel für den Wagen ausgehändigt, die mit einem Stahlseil so verbunden sind, dass man sie nur mit Gewalt trennen kann. Wenn man keinen Ersatzschlüssel für den Wagen hat und einen verliert, kann es ziemlich kompliziert werden. Die modernen Zündschlüssel können wegen der eingebauten Elektronik nicht ohne weiteres ersetzt werden, und man kann durchaus Tage und jede Menge Nerven verlieren, bevor Ersatz beschafft ist. Man sollte also zumindest fragen, ob man die zusammenhängenden Schlüssel trennen darf.

Sicherstellen sollte man auch, welche Art von Beistand man vom Vermieter im Fall einer Panne zu erwarten hat. Die entsprechende Notfallnummer gehört natürlich auch dazu. Im Falle eines Unfalls sollte man in jedem Fall die Polizei hinzuziehen, sei der Schaden auch noch so klein. Hat man den Schaden nicht verschuldet, ist das die einzige Möglichkeit, nicht vom Vermieter für die Reparaturkosten verantwortlich gemacht zu werden.

Bisher bekam man den Wagen üblicherweise vollgetankt, und musste ihn ebenso wieder abgeben. Inzwischen hat sich leider die unfaire Praxis durchgesetzt, dass man den Wagen mit vollem Tank übernimmt und möglichst leer zurückgeben muss. Die erste Tankfüllung wird natürlich vom Vermieter berechnet. Den Rest des Tankinhalts bei der Rückgabe schenkt man somit der Autovermietung. In jedem Fall sollte man sichergehen, dass man die Regelung genau versteht und auch erfüllt.

Im Allgemeinen ist die Wagenmiete erst ab einem Alter von 21 Jahren möglich oder mit teils horrenden Zuschlägen verbunden. Wer jünger ist, muss den Markt noch wesentlich genauer ausloten. Sollen mehrere Personen den Wagen lenken dürfen, müssen diese im Mietvertrag vermerkt werden. Unter Umständen wird dadurch ein Zuschlag auf den Mietpreis fällig.

Wichtig bei allen vertraglichen Angelegenheiten, besonders bei der Wagenmiete, ist es, sich alle Bestimmungen genau durchzulesen und nur zu unterschreiben oder zuzustimmen, wenn man genau verstanden hat, was die Bedingungen inhaltlich bedeuten. Auch wenn man sich als nervender Tourist fühlt, braucht man sich nicht zu scheuen, den Vermieter mit Fragen zu löchern.

Grundsätzlich ist die Einwegmiete zwischen allen größeren Städten der USA möglich. Die Vermieter erlauben allerdings keinen Grenzübertritt. Will man seine Reiseroute also beispielsweise bis Vancouver ausdehnen, muss der letzte Reiseabschnitt mit öffentlichen Verkehrsmitteln bestritten werden.

Online-Mietwagenagenturen

Die meisten Agenturen lassen in ihrer Eingabemaske gar keine Einwegmiete über große Entfernungen zu. Also muss man per E-Mail oder Telefon Kontakt aufnehmen und Angebote erfragen. Von vornherein vorgesehen ist die Möglichkeit der Einwegmiete bei folgenden Anbietern:

- 🖥 www.billiger-mietwagen.de
- 🖥 www.autoeurope.de

Mietwagenklassen

Es ist nicht möglich, ein bestimmtes Modell zu reservieren. Man mietet eine bestimmte Fahrzeugklasse und kann sich bei Abholung einen Wagen innerhalb dieser Klasse aussuchen. Die übliche Klassen sind:

Convertible	Cabriolet
Economy	Kleinwagen
Compact	Klein, aber sportlich
Midsize	Mittelklassewagen
Fullsize	PS-starke Limousine
Premium	Große, starke Limousine
Luxury	Luxus-Limousine
SUV / ATV	Geländewagen
4WD	Allradantrieb
Minivan	Kleinbus
RV	Wohnmobil

Wohnmobil

Die Camper werden RV („Recreational Vehicle") genannt und üblicherweise nach ihrer Länge in Fuß klassifiziert (C23, C25, C29, C31 also 7,0 m/7,6 m/8,8 m/9,4 m). Man muss sich vor der Buchung also genau über-

legen, welchen Kompromiss man zwischen Geräumigkeit und Beweglichkeit schließen möchte. Auf modernen amerikanischen Straßen kommt man auch mit einem solchen Ungetüm ganz gut klar, die Küstenroute ist aber teils sehr kurvig und stellenweise ziemlich schmal. Man sollte aufpassen, dass man nicht zum Verkehrshindernis wird und schnelleren Fahrzeugen das Überholen ermöglichen. Zum Führen eines Campingmobils reichen ein normaler PKW-Führerschein und ein Mindestalter von 21 Jahren.

Schon bei der Buchung sollte man erfragen, inwieweit das Mobil mit allem Nötigen und Nützlichen ausgestattet ist. Meist muss man die Küchen-Utensilien gegen Gebühr ausdrücklich ordern. Gleiches gilt für Handtücher und Bettwäsche.

Die Anmietung eines Wohnmobils ist kein ganz leichtes Unterfangen. Meist muss man erst ein Angebot anfragen, das dann allerdings nur sehr kurze Zeit gültig ist. Der Wohnmobilmarkt funktioniert wie eine Börse, die Preise werden ständig an Angebot und Nachfrage angepasst. Die Vermieter sind daran interessiert, ihre Fahrzeuge so lange wie möglich zu verleihen und möglichst weit im Voraus zu buchen. Normalerweise bekommt man keine oder nur wenige Freimeilen und muss für lange Strecken paketweise Meilen hinzukaufen. Eine Einweggebühr fällt selbstverständlich auch an. Nur wenige Anbieter erlauben eine Anmietung und Rückgabe zwischen San Diego, Los Angeles und Seattle. Meist kann die Übernahme nur nachmittags stattfinden, während die Rückgabe nur vormittags möglich ist. Auch das sollte man für die Reiseplanung sicherstellen. Alles in allem kann eine Wohnmobilreservierung eine ziemlich nervenaufreibende Angelegenheit sein.

Bei der Übernahme sollte man darauf achten, dass man alle technischen Details versteht, insbesondere bezüglich der Einrichtungen wie Toilette, Herd, Heizung, Wassertanks. Die Prozedur ist langwierig, am selben Tag wird man nicht mehr sehr weit kommen. Auch nach den jeweiligen Benutzerhandbüchern und Bedienungsanleitungen sollte man fragen, denn Zweifel werden erst unterwegs aufkommen.

- 🖥 www.cruiseamerica.com
- 🖥 www.motorhomesworldwide.com

Motorrad

Für die Motorradmiete hat man nicht allzu viel Auswahl, die wenigsten Anbieter erlauben eine

Einwegmiete über eine derartige Entfernung. Marktführer ist Eagle Rider, der neben Harley Davidson auch verschiedene Honda- und BMW-Modelle im Angebot hat. Einziger Konkurrent ist Street Eagle, dessen Mietstationen in Brea (65 km) und Richland (330 km) allerdings sehr weit von den Flughäfen Los Angeles bzw. Seattle entfernt liegen. Reservieren ist Pflicht für die lange Strecke, die Prozedur verläuft gleichförmig wie bei der Automietung direkt über die Websites. Eine Garantie, dass man das gewünschte Motorradmodell tatsächlich bekommt, gibt es nicht. Die Preise sind im Vergleich zu Mietwagen gesalzen. Man kann mit rund 100 Euro pro Tag plus Einweggebühr von 300 Euro rechnen, je nach Dollarkurs.

- 🖥 www.eaglerider.com
- 🖥 www.streeteagle.com

Eaglerider-Bikes können auch über eine lange Reihe von Agenten in Deutschland gebucht werden. Die folgende Liste ist noch nicht mal vollständig. Eine einfache Anfrage genügt, um Preise zu vergleichen.

- 🖥 www.bikeworld-travel.de
- 🖥 www.am-tours.com
- 🖥 www.mercator-reisen.de
- 🖥 www.xxs-biker.de
- 🖥 www.usareisen.de

Die Vermieter stellen kostenlos zwei Helme pro Motorrad zur Verfügung, die Auswahl ist allerdings begrenzt, meist handelt es sich um die für Amerika typischen Halbschalen. Man sollte sich also überlegen, ob man nicht den eigenen Helm mitnimmt. Regenkleidung bekommt man keine, die sollte man also entweder von zu Hause mitbringen oder in den Staaten kaufen.

Auch die Frage, wie viel Gepäck man mitnimmt, sollte gut bedacht werden. Einen Koffer kann man kaum aufs Motorrad schnallen. Die Motorräder werden zwar auf Wunsch mit Satteltaschen ausgestattet, viel Stauraum bieten diese aber natürlich nicht.

Welches Modell man wählt, hängt vom persönlichen Geschmack ab. Passionierte Motorradfahrer kennen ihre Vorlieben genau. Dennoch sollte man sich diese Frage gut überlegen und praktischen Aspekten den Vorzug vor ästhetischen Gesichtspunkten geben. Bei 3.000 Kilometern auf teils kleinen Landstraßen ist eine bequeme Sitzposition von entscheidender Bedeutung. Auch die Unbilden des Klimas sollte man in Betracht

ziehen, nördlich von San Francisco herrscht oft feuchtes und windiges Wetter.

Die Verleihstationen von Eagle Rider befinden sich nicht in unmittelbarer Nähe der Flughäfen. In Seattle, San Diego und Los Angeles beträgt die Entfernung sechs Kilometer, in San Francisco über zwanzig. Man muss sich also noch auf eine kleine Taxifahrt einstellen.

Je nachdem, wie lang die Schlange vor einem ist, können für die reichlich umständliche Übernahmeprozedur schon mal ein bis zwei Stunden ins Land gehen. Dabei wird vorgeschlagen, für umgerechnet etwa 12 oder 15 Euro pro Tag zusätzliche Versicherungen abzuschließen, die die Selbstbeteiligung und die zu hinterlegende Kaution senken. Darüber hinaus bekommt man eine Zusatzhaftpflichtversicherung und eine Unfallversicherung angeboten.

Die gesetzlich vorgeschriebene Haftpflichtversicherung ist schon im Mietpreis enthalten. Inwieweit man sich zusätzlich versichert, hängt vom Sicherheitsbedürfnis jedes Einzelnen ab. Den Unfallschutz sollte man schon zu Hause abschließen. Eine Versicherung des Motorrads für Fälle von Beschädigung oder Diebstahl macht da schon eher Sinn, da man sonst für den vollen Schaden verantwortlich gemacht werden kann.

In Europa wird allgemein angenommen, dass in den USA generell keine Helmpflicht besteht. Das ist allerdings nur bedingt richtig. In Kalifornien, Oregon und Washington besteht im Gegensatz zu vielen anderen Staaten eine Helmpflicht.

Führerschein

Ein internationaler Führerschein ist nicht zwingend notwendig, kann aber die Prozeduren bei der Fahrzeugmiete beschleunigen und ein Zusammentreffen mit dem Auge des Gesetzes vereinfachen. Er kann bei der Führerscheinstelle problemlos beantragt werden. Die Mietwagenfirmen geben sich normalerweise mit dem nationalen Führerschein zufrieden. Zu Hause vergessen darf man seinen Führerschein aber auf keinen Fall, sonst bekommt man keinen Wagen. Wohnmobile kann man mit dem normalen Autoführerschein Klasse 3 fahren.

Öffentliche Verkehrsmittel

Entgegen weit verbreiteter Vorurteile kann man die Vereinigten Staaten durchaus mit öffentlichen Verkehrsmitteln bereisen. Im Fall der Pazifikroute geht das sogar hervorragend. Man reist umweltfreundlich und nicht von der Außenwelt abgeschottet in einer vierrädrigen Blase. Ein amerikanischer Mittelschichtler nimmt natürlich keinen Bus, sondern Auto oder Flugzeug. Einen Trip im Greyhound kann man somit als Sozialstudie des amerikanischen Undergrounds auffassen. Mit einem Minimum an Interesse an seinen Mitmenschen wird man eine Menge kuriose Gestalten kennenlernen und viel Spaß haben.

Mit der großen Überlandlinie Greyhound kann man von San Diego bis nach Astoria an der Grenze der Staaten Oregon und Washington reisen. Die Fahrtroute weicht allerdings auf mehreren Teilstücken vom Küstenhighway ab. Zwischen San Luis Obispo und Santa Cruz beispielsweise folgt der Greyhound der schnelleren Inlandsroute auf dem Highway 101, genau wie zwischen San Francisco und Eureka. Neben dem Greyhound gibt es aber regionale Busunternehmen, die Nebenstrecken bedienen.

An der Westküste Washingtons verkehren keine Greyhounds, dafür aber lokale Transportunternehmen, die nicht nur ausgesprochen freundlich, sondern auch preiswert sind. Die Küstenroute mit dem Bus zu bereisen, heißt natürlich, dass man seine Etappen nicht genau planen kann und immer abhängig von den jeweiligen Fahrplänen ist. Für jedes Teilstück kann man aber pro Tag mit mindestens zwei Bussen rechnen.

☎ www.greyhound.com

Mit dem Daumen im Wind lässt sich logischerweise rein gar nichts planen, was aber wohl auch kaum beabsichtigt ist. Von amerikanischen Straßen ist der Tramper zwar ähnlich wie in Europa weitgehend verschwunden, doch gerade in ländlichen Räumen sind die Amerikaner erstens hilfsbereit und zweitens ausgesprochen neugierig. Man kommt zwar nur langsam vorwärts, macht aber Erfahrungen, die dem Reisenden in der Seifenblase des eigenen Vehikels verwehrt bleiben.

Tramper ziehen in den USA leicht die Aufmerksamkeit des Auges des Gesetzes auf sich. Man muss damit rechnen, von der Polizei kontrolliert zu werden. Wichtig ist, dass man sich so positioniert, dass absolut niemand gefährdet wird, sonst kann man schnell Probleme bekommen. Eine andere Schwierigkeit ist, dass sich die entsprechenden Gesetze von Staat zu Staat unterscheiden und obendrein lokale Normen gelten. In keinem der drei Westküstenstaaten ist Trampen grundsätzlich verboten, in Washington allerdings auf den Interstate Highways.

Die schwierigste Aufgabe ist, eine geeignete Stelle zu finden, um die Großstädte zu verlassen. In ländlichen Gegend ist der Verkehr zwar wesentlich dünner, trotzdem hat man größere Chancen auf einen Lift, weil die Menschheit vertrauensvoller und weniger gestresst ist. Tendenziell funktioniert Trampen sehr gut in Nordkalifornien und Oregon. Das gilt im Prinzip auch für Washington, wo allerdings die Gesetze streng sind und die Polizei im Falle einer Übertretung schnell mit einem Strafzettel zur Hand ist. Südkalifornien gilt dagegen unter passionierten Trampern als ausgesprochen schwieriges Terrain.

Übernachten

Unterkünfte in den großen Städten sind teuer, besonders wenn sie zentrumsnah sein sollen. Außerhalb der Metropolen kann man recht preisgünstig übernachten, also ab etwa 30 Euro aufwärts pro Doppelzimmer. Generell sind die Preise ausgesprochen variabel. Bei den gängigen Motelketten, die den Markt dominieren, kann man eine Nacht für 40 Euro unterkommen, am nächsten Tag kostet ein gleichwertiges Zimmer derselben Kette in einer anderen Stadt das Doppelte. Die Gesetze von Angebot und Nachfrage werden radikal angewandt. Trifft ein potentieller Gast erst spät am Abend ein, geht man an der Rezeption davon aus, dass er bereit ist, einen höheren Preis zu akzeptieren, weil er keine Lust hat, noch ein anderes Hotel zu suchen.

Die Pazifikküste ist ein populäres Reiseziel, insbesondere in Kalifornien. Zur Hauptreisezeit kann es passieren, dass viele Unterkünfte ausgebucht sind. An vielen Tankstellen findet man kostenlose Werbebroschüren, in denen Hotels annoncieren. Man kann sich die Anfahrt sparen, indem man kurz anruft und nachfragt, ob Zimmer zur Verfügung stehen. Oft bekommt man am Telefon einen besseren Preis genannt, als wenn man sich persönlich an der Rezeption präsentiert.

Die relativ preiswerten Motels sind eine ausgesprochen anonyme und standardisierte Angelegenheit, aber durchaus komfortabel. Wichtig ist, auf die Lage der Unterkunft zu achten. Die meisten Motels liegen weit außerhalb der Innenstädte nahe der Autobahnausfahrten und der Industriegebiete. Wer abends noch etwas unternehmen möchte, ist dann wieder auf sein Vehikel angewiesen. Die Ausdehnungen amerikanischer Städte sind gewaltig, selbst in Kleinstädten kann man etliche Kilometer vom Zentrum entfernt landen. In der näheren Umgebung findet sich aber zumindest fast immer ein Ableger einer Fastfood-Kette. Interessanter ist es selbstverständlich, in einer lebendigeren Gegend abzusteigen, wo es auch nach Einbruch der Dunkelheit noch etwas zu erleben gibt.

Will man Hotels im Voraus buchen, macht man das entweder über einen der Internet-Agenten oder direkt bei den Motelketten. Die richtige Auswahl ist übers Internet natürlich nicht ganz leicht. Was die Qualität angeht, kann man bei den großen Ketten nicht allzu viel falsch machen, wenn man nicht von überhöhten Ansprüchen geplagt wird. Für alle wichtigen Orte entlang der Route findet sich im Anhang eine Hotelliste, wobei versucht wurde, die omnipräsenten Motelketten möglichst zu meiden und stattdessen atmosphärisch ansprechendere Etablissements aufzunehmen.

Die Zimmer sind fast immer mit Klimaanlage, Fernseher, Telefon und Kühlschrank ausgestattet. Amerikanische Betten sind groß und außerordentlich bequem. An der Rezeption wird man immer mit der Frage konfrontiert werden, welchen Bettentyp man möchte. King Size steht dabei für ein riesiges Ehebett, Double-Queen bedeutet zwei getrennte Betten. Drei-Bett-Zimmer sind nicht üblich, aber fast immer wird gegen geringen Aufpreis ein Klappbett aufgestellt.

Nördlich von San Francisco finden sich an der Küste nur noch wenige Motels der großen Ketten. Die Tendenz geht eher zu niedlichen aber auch teureren Bed & Breakfasts.

Hotel-Agenten gibt es zu Dutzenden im Internet, ungerechterweise kann hier nur eine Auswahl der größten gegeben werden:

Hotel Reservation Service	🖳 www.hrs.de
Expedia	🖳 www.expedia.de
Holiday Check	🖳 www.holidaycheck.de
Travel Jungle	🖳 www.traveljungle.de

Die wichtigsten nationalen und internationalen Motelketten präsentieren sich unter:

Best Western	🖳 www.bestwestern.com
Day's Inn	🖳 www.daysinn.com
Red Roof Inn	🖳 www.redroof.com
Super 8	🖳 www.super8.com
Econo Lodge	🖳 www.choicehotels.com
Motel 6	🖳 www.motel6.com
Budget Host	🖳 www.budgethost.com
Best Value	🖳 www.bestvalueinn.com
Knights Inn	🖳 www.knightsinn.com
Travelodge	🖳 www.travelodge.com

Campgrounds

Mit dem Wohnmobil kann man natürlich völlig unabhängig reisen und sich im Prinzip hinstellen, wo man möchte. An vielen landschaftlich reizvollen Orten ist eine Übernachtung im Wohnmobil allerdings untersagt. Eine Ausnahme bilden die vielen State Parks, die fast alle Stellplätze zu relativ guten Preisen bieten. Die Ausstattung ist allerdings höchst variabel. Eine andere Möglichkeit sind kommerzielle Campgrounds. Im Anhang findet sich eine Liste mit Vorschlägen für Campingplätze entlang der Strecke.

Gesundheit und Versicherungen

Das amerikanische Gesundheitssystem ist exzellent und dementsprechend teuer. Ohne Versicherung wird man mit ungeahnt hohen Kosten konfrontiert. Die gesetzliche Krankenversicherung deckt eine Behandlung in den USA nicht ab. Auf der anderen Seite geht die Tendenz eher zur Überversicherung. Kreditkarte und Mitgliedschaft im Automobilclub enthalten oft Versicherungspolicen, von denen man gar nicht weiß, wozu sie gut sind. Also macht man sich entweder keine weiteren Gedanken und kauft eine Reisezusatzversicherung zusammen mit dem Flugticket im Reisebüro oder

man macht sich die Arbeit, all das Kleingedruckte zu lesen, um zu verstehen, inwieweit
man in den USA abgesichert ist.

Persönliche Medikamente sollte man in
ausreichender Menge mitnehmen, insbesondere rezeptpflichtige, und, um Missverständ-
nisse zu vermeiden, diese in der Originalver-
packung belassen. Standardmedikamente
für die alltäglichen Wehwehchen bekommt
man preiswert im Supermarkt oder in Drug-
store-Ketten wie Walgreens.

Mitnehmen

Außer den eigenen Papieren und der Kreditkarte kann man sich in den USA eigentlich
alles besorgen, was man zu Hause vergessen haben könnte. Und das dank des derzeit niedrigen Dollarkurses außerdem relativ
günstig. Einzig die Adapter für amerikanische Steckdosen sind praktisch nicht aufzutreiben. Was man an Kleidung mitnimmt,
hängt vor allem von der Jahreszeit und den
eigenen Plänen ab. Wer die Natur entdecken will, braucht natürlich entsprechendes
Schuhwerk. Motorradfahrer benötigen die
vollständige Ausrüstung, lediglich den Helm
können sie bei der Motorrad-Vermietung bekommen.

Die Amerikaner kleiden sich informal, bequem und leger. Das gilt auch für Hotels und
Restaurants der gehobenen Klasse. Die An-
lässe, zu denen man formale Abendgardero-
be benötigt, sind eher selten. Regnen kann es
das ganze Jahr über, eine Regenjacke ist also
mehr als empfehlenswert.

Umwelt und Gewissen

Eine Ozeanquerung per Flugzeug und eine
Autofahrt über 3.000 Kilometer sind als Frei-
zeitvergnügen natürlich eine zutiefst verdam-
menswerte Umweltsünde. Auch wenn man
das schlechte Umweltgewissen überwindet,
sollte man sich im Klaren sein, dass man mit
dem Interkontinentalflug mehr als zwei Tonnen Kohlendioxyd in die Atmosphäre bläst,
plus knapp einer Tonne für die Autofahrt von
San Diego nach Seattle. Heutzutage kann
man natürlich freiwillig den entsprechenden
Ablass zahlen, beispielsweise bei:

🖳 *www.atmosfair.de*
🖳 *www.climatecare.com*

Die durch die Reise entstandenen klimaver-
ändernden Gase werden direkt in Bargeld
umgerechnet, das in Umweltprojekte investiert wird, die die Emissionen wieder ausglei-
chen sollen. Die Rechenergebnisse fallen bei
den verschiedenen Umweltorganisationen
durchaus unterschiedlich aus.

Einigermaßen umweltbewusstes Verhalten sollte man unterwegs genauso wie zu
Hause an den Tag legen. Dazu gehört selbstverständlich, verbrauchsarm zu fahren, so
wenig Müll wie möglich zu produzieren und
ihn entsprechend zu entsorgen.

Bleibt man mehrere Nächte im gleichen
Hotel, bedeutet ein auf dem Boden liegendes
Handtuch für den Zimmerservice, dass man
ein neues wünscht. Aufgehangene Handtücher wollen nicht gewaschen sondern nochmal benutzt werden.

Unterwegs

Botschaften

Wichtige Anlaufstellen bei Verlust oder Diebstahl von Papieren und rechtlichen Problemen sind die deutschen, österreichischen oder Schweizer Konsulate in den USA.

Deutschland

Botschaft der Bundesrepublik Deutschland
✉ 4645 Reservoir Road, N.W., Washington DC,
☎ 1-202 298 4000

Deutsches Generalkonsulat Los Angeles
✉ 6222 Wilshire Blvd, Suite No. 500, L. A., CA 90048
☎ 1-323 930 2703

Deutsches Generalkonsulat San Francisco
✉ 1960 Jackson Street, San Francisco, CA 94109
☎ 1-415 775 1061

Österreich

Österreichische Botschaft in den USA
✉ 3524 International Court NW,
Washington DC, 20008
☎ 1-202 895 6700

Generalkonsulat Los Angeles
✉ 11859 Wilshire Blvd, Suite 501, LA. CA 90025
☎ 310 444 9310

Honorarkonsulat San Francisco
✉ 580 California St, Suite 1500, SF, CA 94104
☎ 1-415 765 9576

Schweiz

Schweizerische Botschaft
✉ 2900 Cathedral Avenue NW,
Washington DC, 20008
☎ 1-202 745 7900

Generalkonsulat Los Angeles
✉ 11766 Wilshire Blvd, Suite 1400
Los Angeles, CA 90025
☎ 1-310 575 1145

Generalkonsulat San Francisco
✉ 456 Montgomery St, Suite 1500,
San Francisco, CA 94104
☎ 1- 415 788 2272

Konsulat Seattle
✉ 6920 94th Ave SE, Mercer Island WA 98040
☎ 1-206 228 8110

Elektrizität

Mit 110 Volt Spannung wird die Mehrzahl der europäischen elektrischen Apparate in den USA nicht funktionieren. Die Ausnahme bilden reisetaugliche Geräte, wie z.B. Haartrockner, Rasierapparate etc. Ob diese Geräte mit der niedrigeren Spannung betrieben werden können, sollte man sicherheitshalber in den Bedienungsanleitungen nachschauen. Batterien von Handys, Laptops und Kameras kann man meist problemlos laden, da die Ladegeräte auf verschiedene Spannungen ausgerichtet sind. Das Laden dauert nur ein wenig länger. Den Adapter für die Steckdosen sollte man unbedingt schon in Europa kaufen, in Amerika wird man ihn nur unter größten Schwierigkeiten auftreiben. Dabei muss man keine 15 oder 20 Euro in ein luxuriöses Multifunktionssystem investieren. Im Elektronikfachhandel findet man kleine und simple Adapter für ein Zehntel dieses Preises.

Essen und Trinken

Fast alle Motels bieten ein kostenloses „Continental Breakfast", das aber selten aus mehr besteht als einem kleinen Buffet mit Donuts,

Bagels, Corn Flakes, Toast, Marmelade frisch gerührtem Instant-Orangensaft und amerikanischem Kaffee. Ein kräftiges amerikanisches Frühstück mit Eiern, Speck und Würstchen in allen möglichen Variationen schlägt mit schätzungsweise acht bis zehn Dollar zu Buche, ist also nicht nur sättigend, sondern auch preiswert. Am besten fragt man an der Hotelrezeption, welches Frühstücksrestaurant empfohlen wird.

Das Angebot für das Mittagessen wird überwiegend von dem bestimmt, was man in Europa unter Fastfood einordnen würde. In den familienbetriebenen Burger-Restaurants würde diese Klassifizierung allerdings als Beleidigung aufgefasst werden. Entlang der Pazifikroute findet man jede Menge davon, und die Burger werden nicht nur als vollständiges und ausgewogenes Mahl mit Fleisch, Brot und Salat betrachtet, sondern oft auch mit Liebe zubereitet. In jedem Fall ist dieser Typ von Etablissement sympathischer, stilsicherer und gesünder als irgendeine Fastfood-Kette. Für acht bis zehn Dollar wird man auch hier satt.

Die bedenkenswerte Alternative ist ein Picknick. Entlang der Landstraßen und vor allem in den State Parks findet man kleine schattige Picknick-Areas mit Bänken und Tischen. In den Supermärkten werden für ein paar Dollar Styropor-Campingkühlboxen, sogenannte „Styrofoam Cooler", verkauft, die man an jeder Tankstelle mit Eis füllen kann. So bleiben die Lebensmittel und das (besser alkoholfreie) Bier kühl und frisch. Die Ersparnis an Bargeld ist gering, Wurst und Käse sind von maximal mittelmäßiger Qualität und vergleichsweise teuer. Dafür ist ein Picknick in der Natur einfach fröhlicher, und nach dem Mittagsmahl folgt nicht die große Müdigkeit.

Gute Restaurants gibt es durchaus. Neben amerikanischer und mexikanischer Küche findet man jede Menge chinesische und italienische Restaurants, und in den größeren Städten auch fast alle anderen Nationalitäten. Das beste Preis-Leistungsverhältnis bekommt man zum Abendessen entweder am chinesischen „all you can eat"-Menü oder in Saloons, Sports Bars und Roadhouses. Das sind Mischungen aus Bar und Restaurant und bieten normalerweise Burger, Pizza, Salate, Steaks und Nudelgerichte an. Dazu gibt es Country oder Mainstream Rock zu hören, auf einem, mehreren oder Dutzenden von Fernsehern laufen live die aktuellen Baseball oder Football Spiele. Oft kann man hier nach dem Abendessen die Verdauung mit körperlicher Aktivität beim Billard, Dart oder Hufeisenwerfen anregen.

Die amerikanische Küche ist der deutschen nicht unähnlich, wirkt aber oft überladen. Viele Gerichte werden von schweren Soßen begleitet, und Salat ist keineswegs automatisch ein vegetarisches Gericht.

Die amerikanische Dienstleistungsmentalität mit dem eisernen Willen, den Kunden absolut zufrieden zu stellen, kann dem Fremden im Restaurant das Leben schwer machen. Wenn man nicht hundertprozentig Englisch spricht, kann die Bestellung des Frühstücks schon mal eine halbe Ewigkeit dauern. Die Fragenserie, welchen Toast und wie man die Eier wünscht, scheint kein Ende zu nehmen. Zur Hilfestellung stehen weiter unten im Glossar die wichtigsten Begriffe.

Ob man Wein oder Bier zum Essen serviert bekommt, hängt nicht nur von der Politik des Hauses ab, sondern auch von der des Staates oder des Countys. In den Fastfood-Ketten-Restaurants und beim Chinesen gibt üblicherweise keinen Alkohol.

Die meisten Restaurants wenden die „wait to be seated"-Regel an und weisen oft mit einem Schild am Eingang darauf hin. Dies bedeutet, dass man beim Betreten des Restaurants im Eingangsbereich wartet, bis man einen Platz zugewiesen bekommt.

Frühstück

bacon – Schinkenspeck
boiled egg – gekochtes Ei
bread – Brot
cereal – Cornflakes in allen Formen und Farben
cheese – Käse
cream – Kaffeesahne
crispies – knusprige Getreideflocken
eggs – Eier
french toast – in Fett gebackener, weicher Toast
fried eggs – gebratene Eier
ham – Schinken
ham and eggs – Spiegeleier mit Schinken
hash browns – Minireibekuchen
jam – Marmelade
jelly – Gelee
maple syrup – Ahornsirup
milk – Milch
pancakes – Pfannkuchen
peanut butter – Erdnussbutter
rolls – Brötchen
sausage – Würstchen
Spanish omelette – Omelett mit Gemüsefüllung
waffles – Waffeln

white bread – Weißbrot
wholewheat bread – Vollkornbrot

Eier
boiled – gekocht
scrambled – Rührei
sunny side up – Spiegelei
over easy – Spiegelei von beiden Seiten gebraten

Beilagen
baked potatoes – Folienkartoffeln
boiled potatoes – normale Salzkartoffeln
chips – gebratene Kartoffelscheiben
French fries – Pommes frites
hash browns – geriebene und dann gebratene
Kartoffeln, Minireibekuchen
mashed potatoes – Kartoffelbrei
potatoe pancakes – Kartoffelpuffer
potatoe salad – Kartoffelsalat
salad – Salat
vegetables – Gemüse

Gemüse
asparagus – Spargel
beans – Bohnen
beetroot – Rote Beete
cabbage – Kohl, Kraut
carrots – Karotten
cauliflower – Blumenkohl
cole slaw – Krautsalat
corn – Mais
cucumber – Gurke
garlic – Knoblauch
horseradish – Meerrettich
lettuce – Feldsalat
mushrooms – Pilze
onion – Zwiebel
onion rings – frittierte Zwiebelringe
parsley – Petersilie
peas – Erbsen
potatoes – Kartoffeln
pumpkin – Kürbis
radish – Radieschen
red & green pepper – rote & grüne Paprika
rice – Reis
spinach – Spinat
tomatoes – Tomaten

Obst
apples – Apfel
apricots – Aprikosen
cherries – Kirschen
dates – Datteln
grapes – Trauben
lemon – Zitrone

peaches – Pfirsiche
pears – Birnen
pineapple – Ananas
plums – Pflaumen
strawberries – Erdbeeren

Fisch und Meeresfrüchte
clams – Muscheln
bass – Barsch
catfish – Wels
clams – Herz-Muschel
cod – Kabeljau
crab – Krabbe
crayfish – Languste
fish chowder – weiße Fischsuppe
halibut – Heilbutt
herring – Hering
lobster – Hummer
oysters – Austern
salmon – Lachs
seafood – Meeresfrüchte
shrimp – Garnelen
swordfish – Schwertfisch
trout – Forelle
tuna – Thunfisch

Fleisch
beef – Rindfleisch
chicken – Hähnchen
duck – Ente
filet mignon – Filetstück
fried chicken – Brathähnchen
ham – Schinken
lamb – Lamm
liver – Leber
meat balls – Hackbällchen
pork chops – Kotelett
poultry – Geflügel
prime rib – Rinder-Rippe
sirloin steak – Lendensteak
spareribs – Schweinerippchen
T-bone steak – Steak mit Knochen
tenderloin steak – Filet
turkey – Truthahn
veal – Kalbfleisch
wings – Flügel

Bestellt man ein Steak, fragt die Bedienung automatisch, wie stark gebraten man es möchte. Tendenziell wird in Amerika wesentlich stärker durchgebraten als in Europa. „Bloody", wie man direkt aus dem Deutschen übersetzen möchte, wird man sein Fleisch kaum bekommen, sondern nur ein verständnisloses Kopfschütteln. Wer sein Steak relativ roh möchte, sagt mit ernster Miene „extra rare" oder „ rare, rare".

rare – außen angebraten, innen rot
medium – gut durchgebraten
done – voll durchgebraten

boiled – gekocht
broiled – gebraten
fried – frittiert
grilled – gegrillt
sauteed – gedünstet
steamed – gedampft

Tex-Mex
burritos – hackfleischgefüllte Tortilla
chili relleno – käsegefüllte Pfefferschoten
enchiladas – gerollte Tortillas mit Chili & Fleisch
guacamole – Avocadomus
nachos – Maischips
tacos – gefüllte Mais-Tortillas
tamales – Maisblätter mit Chili & Hackfleisch
tortilla – runder Maisfladen

Getränke
beer – Bier
champagne – Sekt
coffee – Kaffee
decaf – koffeinfreier Kaffee
diet – kalorienarm
draught – Fassbier
hot chocolate – heiße Schokolade
iced tea – Eistee
milk – Milch
orange juice – Orangensaft
sugar free – zuckerfrei, kalorienarm
tea – Tee
vegetable juice – Gemüsesaft
water – Wasser
wine – Wein

Alkohol
Die amerikanische Alkoholgesetzgebung ist konfus und schwer zu durchschauen. Jeder Staat hat seine eigene Alkoholgesetzgebung, hinzu kommen lokale Restriktionen, die bis zum völligen Verbot reichen können. Also ist Vorsicht geboten, wenn man keine Probleme bekommen möchte. Dementsprechend sollte man auf öffentlichen Plätzen keinen Alkohol konsumieren. Kaufen kann man Alkohol entweder im Supermarkt, in den lizenzierten „liquor shops", oft aber auch an Tankstellen. In jedem Fall sollte man seinen Einkauf im Kofferraum verschwinden lassen. Im Fahrgastraum des

Autos kann einem auch eine ungeöffnete Flasche unter Umständen Probleme einhandeln.

Feiertage

Offizielle nationale Feiertage gibt es theoretisch nicht, die Entscheidung liegt bei den einzelnen Staaten. Doch praktisch überall werden folgende Feiertage begangen:

Neujahr: 1. Januar

Geburtstag von Martin Luther King:
dritter Montag im Januar

Washington's Birthday (President's Day):
dritter Montag im Februar

Memorial Day (Volkstrauertag):
letzter Montag im Mai

Independence Day (Unabhängigkeitstag):
4. Juli

Labor Day (Tag der Arbeit):
erster Montag im September

Columbus Day (Kolumbustag):
zweiter Montag im Oktober

Veteran's Day (Tag der Veteranen):
11. November

Thanksgiving Day (Erntedankfest):
vierter Donnerstag im November

Weihnachten: 25. Dezember

Geld

Der Umgang mit den Dollarnoten und Münzen ist am Anfang etwas ungewohnt. Die Geldscheine sind nur mit genauem Blick auf die Zahlen voneinander zu unterscheiden, mit den Münzen passiert zum Teil das gleiche. jede Münze hat zudem ihren eigenen Namen, kein Mensch spricht beispielsweise von 10 cent, sondern nur von „dimes":

Penny, Cent	$ 0,01
Nickel	$ 0,05
Dime	$ 0,10
Quarter	$ 0,25
Half Dollar	$ 0,50
Dollar	$ 1,00

Oft werden Preise ohne Steuern angegeben, die dann bei der Bezahlung fällig werden. Wer dies nicht berücksichtigt, wundert sich, wieso er mehr als die erwartete Summe auf den Tisch legen muss. Obendrein sind die Steuersätze in jedem Staat unterschiedlich.

Mit der Kreditkarte kann man in den USA alles und überall bezahlen. Denkt man. Die Pazifikroute führt durch sehr entlegene Gebiete, in denen es durchaus passieren kann, dass zum Beispiel die Tankstelle Barzahlung verlangt. Auch wenn der Gebrauch der Kreditkarte überwiegend zum Alltag gehört, ist etwas Bargeld also immer nützlich.

Auch sollte man vor der Abreise unbedingt sein Kreditlimit überprüfen und gegebenenfalls erhöhen lassen. Denn wenn man Flug und Vehikel mit der Karte bezahlt, ist die Grenze schnell erreicht, und man wird trotz wohlgefülltem Konto zahlungsunfähig. Das kostet dann umständliche Anrufe bei der heimischen Bank und ist besonders ärgerlich, wenn es am Wochenende passiert. Mit Glück kann man per Internet auf sein Konto zugreifen und das Kreditlimit selbst erhöhen.

Wichtig ist auch, seine Kreditkartennummer und die Notfalltelefonnummer zu notieren. Diese Information muss natürlich getrennt von der Karte aufbewahrt werden, damit man diese bei Verlust in Windeseile sperren lassen kann.

Viele Dollars in bar muss man nicht mitnehmen. In großen Supermärkten und an fast allen Tankstellen gibt es Geldautomaten, ATM genannt ("Automatic Teller Machine"). Viele Banken haben einen Drive-Through-Geldautomaten, wo man sich direkt durchs Autofenster mit Bargeld versorgen kann. Witzigerweise sind die Tastaturen auch mit Blindenschrift ausgestattet. Die meisten funktionieren mehrsprachig, die Bedienung ist simpel und die einbehaltene Kommission relativ gering, normalerweise $ 1,50 pro Operation. Die Summe, die man maximal abheben kann, ist allerdings begrenzt, selten auf $ 100, meist auf $ 300. Trotzdem ist es vernünftig, so viel Bargeld bei sich zu tragen, dass man drei oder vier Tage ohne Kreditkarte überleben könnte.

Bei Verlust oder Diebstahl sollte man die Kreditkarte sofort sperren lassen. Allerdings nur, wenn man sich wirklich sicher ist – eine Reaktivierung der Karte ist normalerweise nicht möglich.

Die Notfall- und Sperrnummern der wichtigsten Kreditkartenanbieter:

American Express ☎ 1-800-548-4800
Mastercard ☎ 1-800-826-2181
Visa ☎ 1-800-336-8472

Den aktuellen Dollarkurs bekommt man im Internet. Unter 🖳 www.oanda.com/convert/classic kann man sich gleich eine praktische Umrechnungstabelle ausdrucken.

Internet

Einen Computer mit Internet-Anschluss findet man natürlich in Internet-Cafés in allen größeren Städten. Viele Motels bieten ihren Gästen ebenfalls die Möglichkeit, kostenlos oder gegen Gebühr einen Rechner zu benutzen.

Wer einen Laptop mitschleppt, achtet bei der Suche nach einer Unterkunft auf den Hinweis „Free Wireless", am besten mit dem Zusatz „high speed". Dann kann man bequem und kostenlos vom Hotelzimmer ins Netz gehen. Trotzdem sollte man immer an der Rezeption nachfragen, ob das System auch funktioniert und ob es tatsächlich kostenlos ist. Einige Hotels betreiben nämlich Systeme, bei denen man zuerst per Kreditkartennummer seine Online-Zeit kaufen muss. Beim Einchecken informiert man sich gleich über ein eventuell notwendiges Passwort.

In vielen öffentlichen Einrichtungen wie Bibliotheken oder Universitäten finden sich ebenfalls Wireless-Hotspots. Viele Cafés und sogar die meisten kalifornischen State Parks bieten diesen Service. Listen öffentlicher Hotspots findet man im Netz unter:
🖳 www.wififreespot.com
🖳 www.hotspot-locations.com

Nationalparks

Die Nationalparks kosten Eintrittsgeld. Am besten man überlegt sich rechtzeitig, welche man besuchen will, und stellt eine kurze Rechnung auf. Dann weiß man, ob es sich lohnt, für $ 80 einen „America the beautiful – Annual Pass" zu kaufen, der für ein ganzes Jahr zum Eintritt in alle Nationalparks des Landes berechtigt. Entlang der Route summieren sich einige: Channel Islands, Point Reyes, Redwoods und Olympic sind sicher die besuchenswertesten.

Einige der berühmtesten Nationalparks liegen nicht allzu weit von der Route entfernt im Inland. Ein Abstecher zum Mount Rainier ist von Seattle aus an einem Tag zu schaffen, nach Yosemite und zum Crater Lake muss man eher zwei Tage einplanen.

Notfälle

Die Notrufnummer 911 gilt zwar in den gesamten USA, ist aber in einigen wenigen ländlichen Gegenden noch nicht erreichbar. In über 90 % des Territoriums wird auch ein Handy-Notruf automatisch an die nächstgelegene Notfallstation weitergeleitet.

Außerdem gibt es noch die 1-888-87-1-4636, ein landesweites Servicetelefon für Ausländer, wo dem Fremden in 140 Sprachen weitergeholfen wird.

Öffnungszeiten

In den USA genießen Geschäftsbetreiber größte Freiheiten, was ihre Öffnungszeiten angeht. Große Supermärkte und Einkaufszentren haben oft rund um die Uhr und auch sonntags geöffnet. Eine einheitliche oder übliche Regelung gibt es nicht, im Normalfall werden Besucher aber eher positiv von den flexibleren Öffnungszeiten überrascht sein. Bei öffentlichen Stellen wie Postämtern oder Touristeninformationen gilt meistens: von 9-17h geöffnet und am Wochenende geschlossen.

Orientierung

Die Beschilderung amerikanischer Straßen ist nicht nur spärlicher, sondern für einen Europäer auch ungewohnt. Es wird weniger auf Städte als Ziel hingewiesen, als vielmehr auf Straßennummer, -name und Himmelsrichtung. Da kann man leicht durcheinander kommen, wenn Westen angekündigt wird, die Straße aber real in diesem Abschnitt in südlicher Richtung verläuft.

Die Highways sind nach einem allgemeingültigen System nummeriert, das aber viele Ausnahmen kennt. Die Interstate Highways, also die Überlandautobahnen, tragen gerade Zahlen, wenn sie generell in Ost-West-Richtung verlaufen. Die Nord-Süd-Autobahnen haben ungerade Nummern. „Generell" heißt aber eben nicht, dass die Straße nicht an bestimmten Stellen in eine ganz andere Richtung verläuft. Ist die Nummer dreistellig, handelt es sich um eine Zubringerautobahn.

Außer in Kalifornien sind auch die Autobahnausfahrten nummeriert, allerdings nach keinem einheitlichen System. Einige Staaten benutzen die Entfernung in Meilen zum südlichen oder westlichen Startpunkt der Autobahn, andere nummerieren die Ausfahrten einfach geradlinig durch.

Post

Die gute alte Postkarte benötigt immer noch ein bis zwei Wochen, um überseeische Ziele zu erreichen. Briefmarken bekommt man bei den dünn gesäten Postämtern, aber auch in vielen Läden und an Tankstellen. Ein Standardbrief nach Europa kostet derzeit 98 cents.

Rauchen

Die restriktive Rauchgesetzgebung der USA ist weithin bekannt, doch auch hier gibt es große lokale und regionale Unterschiede. Der amerikanische Westen hat die Anti-Tabak-Normen am weitesten vorangetrieben. In allen drei Küstenstaaten ist das Rauchen in Restaurants und Bars strikt untersagt. Auch in vielen öffentlichen Parks stehen Verbotsschilder. Man sollte sich an Ort und Stelle nach den gültigen Regeln erkundigen, bevor man loslegt. Hotelzimmer für Raucher existieren allerdings.

Sicherheit

Die Vereinigten Staaten sind ein sicheres Reiseland. Das gilt ganz besonders für die ländlichen Gegenden, die der Highway One durchquert. Die Zentren der Metropolen sind ebenso sicher oder unsicher wie europäische Großstädte. Opfer eines Diebstahls wird meist nur der, der sich als Opfer anbietet. Folglich sollte man nicht mit seinem Reichtum protzen und seinen gesunden Menschenverstand einsetzen.

Die Horrorgeschichten von Ghettos, aus denen man nicht mehr rausfindet und automatisch überfallen wird, sind weit übertrieben. Zweifellos gibt es aber Viertel, die besonders nachts gemieden werden sollten. Vielfach grenzen solche Gegenden direkt ans Stadtzentrum. Hier hilft der gesunde Menschenverstand. Mit ein wenig Aufmerksamkeit bemerkt man, wie sich die Atmosphäre verändert. Wenn man sich nicht sicher fühlt, fragt man am besten den erstbesten greifbaren Einheimischen, sei es die Rezeptionistin des Hotels oder ein vertrauenerweckender Passant.

Straßenverkehr

Die USA sind das Autoland schlechthin. Die Stadtplanung orientierte sich über Jahrzehnte ausschließlich an den Bedürfnissen des Straßenverkehrs. Die der Fußgänger wurden völlig vernachlässigt.

Der Straßenverkehr funktioniert dementsprechend gut. Die Amerikaner sind hochgradig disziplinierte Fahrer, wozu auch die mit eiserner Faust durchgesetzten Verkehrsregeln beigetragen haben. Außerhalb der Großstädte läuft der Verkehr flüssig, und in den ländlichen Gegenden nimmt die Zahl der Fahrzeuge stark ab.

In den Metropolregionen bricht der Verkehr trotz des dichten Autobahnnetzes schon öfter mal zusammen. Hier ist höchste Konzentration gefordert, denn vielfach sind Abzweigungen oder Ausfahrten nur ein einziges Mal ausgeschildert. Auch gibt es Autobahnausfahrten, die von der linken Fahrspur abzweigen, eine durchaus ungewohnte Situation.

Rechts überholen ist grundsätzlich auf Autobahn erlaubt, wird aber meist nur in den Stadtregionen praktiziert. Das Fahren auf der Autobahn ist außerordentlich entspannt, die Amerikaner schalten ihr Cruise Control (Tempomat) ein und beschränken sich für die nächsten hundert Meilen aufs Lenken.

Grundsätzlich ähneln die Verkehrsregeln denen in Europa, mit einigen Abweichungen. Am besten beobachtet und kopiert man das Verhalten der anderen Verkehrsteilnehmer, dann kann man nicht viel falsch machen. Gurt anlegen ist natürlich Pflicht, Zuwiderhandlung kann teuer werden.

Ampeln befinden sich meist in der Mitte der Kreuzung, man muss also vor der Kreuzung halten und darf nicht bis zur Ampel vorfahren. Ein „4-way Stop" bedeutet, dass Fahrzeuge aus allen vier Richtungen an der Kreuzung anhalten müssen. Wer zuerst steht, hat das Recht, als erster über die Kreuzung zu fahren. Oft wird sich aber auch mit Handzeichen verständigt, denn die Autofahrer sind nicht nur diszipliniert, sondern auch zuvorkommend.

Außer in New York darf man an roten Ampeln rechts abbiegen. Vorher muss das Fahrzeug aber vollständig zum Stehen gebracht und niemand, auch kein Fußgänger, behindert werden. Der Hinweis „no turn on red" verbietet das Rechtsabbiegen bei rot. Anhaltende Schulbusse darf man keinesfalls überholen, auch ein Vorbeifahren aus der Gegenrichtung ist nicht erlaubt, da sind die Amerikaner ausgesprochen vorsichtig.

In Europa grassiert noch immer der Glaube an die einheitliche Höchstgeschwindigkeit von 55 Meilen pro Stunde. Inzwischen darf auf vielen Autobahnen bis zu 75 mi/h gefahren werden. Die erlaubte Höchstgeschwindigkeit variiert von Staat zu Staat. Die Beschilderung fordert in regelmäßigen Abständen ihre Einhaltung ein. Überhaupt ist die Vorstellung von der Einzigartigkeit des deutschen Schilderwalds ein Aberglaube. In den USA wird man schon lange vor einer Geschwindigkeitsbegrenzung auf deren zukünftige Existenz hingewiesen.

Obendrein spart man nicht mit Drohungen: „$ 375 für überhöhte Geschwindigkeit" oder „3 Jahre Knast, wenn du einen Bauarbeiter anfährst" sind keine Seltenheit, aber durchaus ernst zu nehmen. „Buckle up for next 1 Million miles", „Anschnallen auf der nächsten Million Meilen" ist mein Lieblingsschild.

Die Polizei kontrolliert die Geschwindigkeit auch auf entlegenen Straßen. Die Strafen sind drakonisch, man hält sich also besser an die Vorschriften. Polizeikontrollen erscheinen wie ein Klischee aus Hollywoodfilmen, gehören aber zum Alltag. Wird man von einer Streife zum Halten aufgefordert, sollte man ohne Panikreaktion so schnell wie möglich, aber ohne irgendeine Gefahr zu provozieren, rechts ranfahren, nicht aussteigen, sondern sitzenbleiben, das Seitenfenster herunterkurbeln und die Hände auf dem Steuerrad belassen. Meist hält der Polizeiwagen in einigem Abstand hinter dem eigenen Fahrzeug, und es kann eine Weile dauern, bis ein Beamter aussteigt und zur Fahrertür kommt, auf Autobahnen auch manchmal auf die Beifahrerseite. Mit Sicherheit wird er den Führerschein sehen wollen, den man am besten griffbereit hat.

Einfachste Verhaltensregel: Korrekt und freundlich sein, der Mann macht nur seine Arbeit, und sich bemühen, ihm seine Aufgaben zu erleichtern. Und keine überschnellen Handbewegungen. Die könnten ebensolche provozieren. Bei kleineren Vergehen kommt man als Tourist öfters mit einer Verwarnung davon. „Yes, Sir, thank you. Have a nice day."

Hart durchgegriffen wird aber, wenn Alkohol im Spiel ist – dann kann man sich schneller als einem lieb ist mit Handschellen im Streifenwagen auf dem Weg zum County-Gefängnis wiederfinden.

Die wichtigsten Verkehrsschilder

In den USA wird wesentlich weniger mit Symbolen beschildert als in schriftlicher Form – viele Ausdrücke sind dabei auch einem gut Englisch sprechenden Besucher fremd.

(Schild)	Kreuzung, das erste ankommende Fahrzeug hat Vorfahrt
ONE WAY →	Einbahnstraße
← ONE WAY	Einbahnstraße
NO TURN ON RED	Rechts abbiegen bei roter Ampel verboten
WRONG WAY	Einfahrt verboten
LEFT ON GREEN ARROW ONLY	Links abbiegen an der Ampel nur bei grünem Pfeil
SPEED ZONE AHEAD	Geschwindigkeitsbegrenzung voraus
DO NOT PASS	Überholverbot
STOP HERE ON RED	Bei roter Ampel hier halten
LEFT TURN YIELD ON GREEN	Linksabbieger müssen bei grüner Ampel Gegenverkehr durchlassen
DETOUR →	Umleitung

ROAD CLOSED	Straße geschlossen
(Schild)	Bauarbeiten
RIGHT LANE ENDS	Rechte Fahrbahn endet
(Schild)	Kinder
SPEED LIMIT 50	Geschwindigkeit begrenzt auf 50 mi/h
ROAD CONSTRUCTION 1500 FT.	Straßenarbeit in 1.500 Fuß Entfernung (500 m)
YIELD AHEAD	An der nächsten Kreuzung Vorfahrt gewähren
R X R	Bahnübergang
(Schild)	Fußgängerüberweg

Andere wichtige Ausdrücke, die regelmäßig auf Straßenschildern Verwendung finden:

buckle up – Anschnallpflicht
bump – Bodenwelle
dead end – Sackgasse
fine – Bußgeld
merge left/right – links oder rechts einfädeln
no through street – keine Durchgangsstraße
no U-turn – keine 180°-Wende erlaubt
pavement ends – Asphaltierung endet
pedestrian – Fußgänger
ped X-ing – Fußgängerüberweg
slippery – Rutschgefahr
watch for ... – auf ... achten

Tanken

Autos und Motorräder laufen in den Staaten praktisch ausschließlich mit Benzin, nur LKWs benutzen Diesel. Es gibt drei Typen von Benzin: Regular (87 Oktan), Midgrade (89 Oktan) und Premium (91 Oktan). Welcher der richtige ist, erfährt man bei seinem Autovermieter.

Tanken kann manchmal durchaus kompliziert sein, da die Tankstellen unterschiedliche technische Systeme verwenden. Mit der Zeit entwickelt man aber einen Instinkt dafür, was als nächstes zu tun ist.

Fast überall kann man direkt an der Zapfsäule mit Kreditkarte tanken, man braucht also nicht ins Kassenhäuschen zu gehen. Vielfach wird man vom digitalen Display zu „Enter your ZIP-Code" aufgefordert. Das heißt, man muss seine heimische Postleitzahl eingeben und „Enter" drücken. In letzter Zeit werden an vielen Tankautomaten keine ausländischen Kreditkarten mehr akzeptiert. Dann muss man häufig erst an der Kasse seine Kreditkarte hinterlegen, den Tank füllen und die Plastikkarte wieder abholen. In den Großstädten oder in sehr abgelegenen Gebieten findet man auch Tankstellen, die Vorkasse verlangen.

Um eine Zapfsäule zu aktivieren, muss bei älteren Modellen die Halterung des Zapfhahns nach oben geklappt werden. Fast immer wählt man den richtigen Benzintypen per Knopfdruck. Meist gibt es ein digitales Display, das einem den nächsten Schritt erklärt. Wenn gar nichts funktioniert oder man nicht versteht, was man machen muss, muss man sich wohl oder übel als unwissender Tourist zu erkennen geben, ins Kassenhäuschen stiefeln und um Hilfe bitten, was glücklicherweise höchst selten unfreundlich beantwortet wird.

All das gilt für Kalifornien und Washington, in Oregon gibt es keine Tankstellen mit Selbstbedienung, die sind dort kurioserweise gesetzlich verboten. Da kommt natürlich sofort die Frage auf, ob man den Tankwart mit einem Trinkgeld für seinen Service belohnt. Einheimische tun das eher selten, da die Dienstleistung ja gesetzlich verordnet wird. Allerdings sollte man die äußeren Umstände in Betracht ziehen. Ist es mitten in der Nacht oder ist das Wetter besonders unangenehm, werden ein oder zwei Dollar vom Tankwart mit Wohlwollen aufgenommen. Auch eine betont zuvorkommende Bedienung darf belohnt werden.

Auf einigen Streckenabschnitten sind größere Ortschaften und damit auch Tankstellen dünn gesät. Das gilt insbesondere zwischen Cambria und Big Sur, in Nordkalifornien und in Washington. Man sollte also darauf achten, genügend Reserven im Tank zu haben, das gilt besonders für Motorräder mit geringer Reich-

weite oder Wohnmobile mit hohem Spritverbrauch. Die höchstens zehn Dollar Investition für einen gefüllten Reservekanister können im Fall des Falles Gold wert sein.

Die Benzinpreise sind in den USA in letzter Zeit zwar deutlich gestiegen, liegen aber weiterhin etwa bei der Hälfte dessen, was in Deutschland verlangt wird. Allerdings können die Preise extrem schwanken, der Unterschied zwischen zwei dreihundert Meter entfernten Tankstellen kann leicht mal 20 cent pro Gallone betragen. Die Preise variieren wegen unterschiedlicher Steuerniveaus auch oft stark von Staat zu Staat. Im Falle der Pazifikroute sind die Unterschiede allerdings nicht extrem. Tendenziell ist Benzin in Nordkalifornien und anderen abgelegenen Gegenden am teuersten. Aktuelle Benzinpreise gibt es bei: ⌨ www.gasbuddy.com

Telefonieren

Längst nicht alle europäischen Handys funktionieren auch in den USA, da dort mit einer anderen Sendefrequenz gearbeitet wird. Die Roaming-Gebühren sind außerdem sündhaft teuer. Trotzdem ist ein Mobiltelefon in abgelegenen Regionen keine schlechte Idee, um im Falle einer Panne oder gar eines Unfalls Hilfe holen zu können. Dummerweise kann man sich gerade in diesen Gegenden außerhalb des Funknetzes befinden.

Für wenig Geld kann man sich auch ein amerikanisches Handy zulegen. Dazu besucht man einfach ein Einkaufszentrum und hält Ausschau nach einem Telefonladen. Die gängigsten Anbieter mit dem größten Funknetz sind T-Mobile, Verizon Wireless, Sprint und AT&T. Für ein Prepaid-Handy werden etwa 25 Dollar verlangt, die SIM-Karte kostet üblicherweise um die 10 Dollar. Die Aktivierung übernimmt das fachkundige Personal. Besitzer eines freien, also nicht anbietergebundenen Handys, können das natürlich mit einer amerikanischen SIM-Karte laden, sofern es mit dem amerikanischen Frequenzband arbeitet.

Mobiltelefone werden in einem bestimmten Gebiet registriert, verlässt man diese Zone, steigen auch die Telefongebühren. Dann kann der Kredit relativ schnell aufgebraucht sein. Obendrein bezahlt man auch, wenn man angerufen wird.

Das Mobiltelefon wird in den USA als „cell phone" bezeichnet, den so schön englisch klingenden Begriff „Handy" wird dort keiner verstehen.

Die preiswerteste und praktischste Art, in die Heimat zu telefonieren, ist vom Hotelzimmer aus. Allerdings nicht, indem man direkt anruft – das kann je nach Hotel ebenfalls sehr teuer werden – sondern mit einer Telefonkarte. Die findet man in breiter Auswahl an Tankstellen und Supermarktkassen. Einige werben mit speziellen Tarifen für Auslandsgespräche.

Man wählt zunächst die Nummer für eine externe Leitung, meist die Null oder die Neun, dann die Nummer der Telefongesellschaft, die auf der Karte angegeben ist. Danach folgt der auf der Karte abgedruckte Code. Schließlich fehlen noch die 011 für Auslandsgespräche, die Landeskennzahl des Heimatlandes und die Telefonnummer. So kommen für ein einziges Gespräch zwar schon mal 30 Ziffern zusammen, doch für $ 10 kann man dann auch zwischen 60 und 90 Minuten nach Übersee telefonieren.

Mit der gleichen Prozedur kann man auch von öffentlichen Fernsprechern aus telefonieren, allerdings wird eine zusätzliche Gebühr abgezogen.

Für Gespräche innerhalb der USA muss immer die 1 vorgewählt werden!

In den letzten Jahren hat die unpraktische Sitte sich gegriffen, die letzten Ziffern der Telefonnummern in Buchstaben anzugeben (sogenannte vanity numbers). Wer nicht ständig SMS schreibt, wird auf sein Handy sehen müssen, um die Nummer richtig zu verstehen. Das Western American Railroad Museum (WARM) gibt seine Durchwahl beispielsweise mit ☎760-256-WARM an, was übersetzt ☎760-256-9276 bedeutet. Man muss also das Handy-Display im Kopf haben:

1	**2** abc	**3** def
4 ghi	**5** jkl	**6** mno
7 prqs	**8** tuv	**9** wxyz

Trinkgeld

In Restaurants ist es üblich, 15 % Trinkgeld auf den Rechnungspreis aufzuschlagen. Nicht selten macht das Restaurant das direkt selbst und weist den Servicepreis schon auf der Rechnung aus. Zahlt man mit Kreditkarte, bekommt man den Zahlungsbeleg zum Unterschreiben an den Tisch gebracht. Auf der unteren Linie notiert man den Betrag, den man als Trinkgeld (Tip) geben möchte. Er wird dann zusammen mit der Rechnungssumme von der Kreditkarte abgebucht. Ein Taxifahrer erwartet ebenfalls rund 15 % Trinkgeld.

Umrechnungstabellen

Distanzen in Meilen			
Miles	**Km**	**Km**	**Miles**
0,5	0,81	0,5	0,3
1	1,61	1	0,6
2	3,22	2	1,2
5	8,05	5	3,1
10	16,1	10	6,2
15	24,1	15	9,3
20	32,2	20	12,4
25	40,2	25	15,5
30	48,3	30	18,6
35	56,3	35	21,7
40	64,4	40	24,8
50	80,5	50	31
60	96,6	60	37,2
70	112	70	43,4
80	128	80	49,6
90	144	90	55,8
100	161	100	62
120	193	120	74,4
130	209	130	80,6
150	241	150	93
200	322	200	124
300	483	300	186
500	805	500	310
1.000	1.610	1.000	620
1.500	2.415	1.500	930

Geschwindigkeit in Meilen/h				Temperaturen in Fahrenheit			
mph	km/h	km/h	Mph	°F	°C	°C	°F
mph=km	1,609	km=mph	0,62	0	-17,8	-20	-4
1	2	5	3	10	-12,2	-15	5
5	8	10	6	20	-6,7	-10	14
10	16	15	9	30	-1,1	-5	23
15	24	20	12	40	4,4	0	32
20	32	25	16	50	10	2	35,6
25	40	30	19	55	12,8	4	39,2
30	48	35	22	58	14,4	6	42,8
35	56	40	25	61	16,1	8	46,4
40	64	45	28	63	17,2	10	50
45	72	50	31	66	18,9	12	53,6
50	80	55	34	69	20,6	14	57,2
55	88	60	37	72	22,2	16	60,8
60	97	65	40	75	23,9	18	64,4
65	105	70	43	78	25,6	20	68
70	113	75	47	81	27,2	22	71,6
75	121	80	50	84	28,9	24	75,2
80	129	85	53	87	30,6	26	78,8
		90	56	90	32,2	28	82,4
		95	59	93	33,9	30	86
		100	62	96	35,6	32	89,6
		105	65	99	37,2	34	93,2
		110	68	102	38,9	36	96,8
		115	71	105	40,6	38	100,4
		120	74	108	42,2	40	104

Größen in Fuß			
Feet	Meter	Meter	Feet
1 foot = m	0,305	m = feet	3,28
10	3	10	33
50	15	20	66
100	31	50	164
200	61	100	328
300	92	150	492
400	122	200	656
500	153	300	984
600	183	400	1.312
700	214	500	1.640
800	244	600	1.968
900	275	700	2.296
1.000	305	800	2.624
2.000	610	900	2.952
3.000	915	1.000	3.280
4.000	1.220	1.500	4.920
5.000	1.525	2.000	6.560
6.000	1.830	2.500	8.200
7.000	2.135	3.000	9.840
8.000	2.440	3.500	11.480
9.000	2.745	4.000	13.120
10.000	3.050	4.500	14.760
11.000	3.355	5.000	16.400
12.000	3.660	6.000	19.680
13.000	3.965	7.000	22.960

Volumen in Gallonen			
Galons	Liter	Liter	Galons
1	3,79	1	0,26
2	7,58	2	0,52
3	11,37	3	0,78
4	15,16	4	1,04
5	18,95	5	1,3
6	22,74	6	1,56
7	26,53	7	1,82
8	30,32	8	2,08
9	34,11	9	2,34
10	37,9	10	2,6
11	41,69	15	3,9
12	45,48	20	5,2
13	49,27	25	6,5
14	53,06	30	7,8
15	56,85	35	9,1
16	60,64	40	10,4
17	64,43	45	11,7
18	68,22	50	13
19	72,01	55	14,3
20	75,8	60	15,6
25	94,75	65	16,9
30	113,7	70	18,2
35	132,65	85	22,1
40	151,6	90	23,4
45	170,55	95	24,7

Zeitzonen

Die kontinentalen USA sind in 4 Zeitzonen unterteilt: Eastern (-6h), Central (-7h), Mountain (-8h) und Pacific (-9h). Bei der Ankunft an der Westküste hinkt man also theoretisch neun Stunden hinter der heimatlichen Uhrzeit hinterher. In der Praxis erfolgt die Umstellung von Winter- auf Sommerzeit in den USA aber zwei Wochen früher als in Europa und die Rückstellung eine Woche später. Die Zeitdifferenz kann also im Frühjahr kurzfristig 8 Stunden und im Herbst 10 Stunden betragen.

Die gesamte Reiseroute befindet sich in der gleichen Zeitzone, auch die Grenzregionen der Nachbarländer Mexiko und Kanada. Im Laufe der Reise wird also keine Zeitumstellung fällig werden.

ANHANG

Hotels

Angesichts ihrer Attraktivität für den Reisenden sind Unterkünfte an der amerikanischen Pazifikküste reich gesät. In den einsameren Regionen wie etwa zwischen San Francisco und Fort Bragg sind preiswerte Übernachtunsmöglichkeiten allerdings eher rar.

Wir versuchen im Folgenden eine gesunde Mischung simpler preiswerter Unterkünfte und kostspieligerer, aber für Lage oder Atmosphäre besonders angenehmer Etablissements zu bieten.

Angegeben sind die Minimalpreise für ein Doppelzimmer. In der Hochsaison und an Wochenenden können die verlangten Tarife bedeutend höher liegen. Vielfach werden zusätzliche Kosten, Gebühren und Steuern aufgeschlagen. Die Zimmerpreise in Lodges und Bed & Breakfasts variieren je nach Zimmerausstattung.

Die preisgünstigen Kettenmotels gleichen sich wie ein Ei dem Anderen und erfordern keine individuellen Anmerkungen.

KALIFORNIEN

San Diego

Unterkünfte in San Diego sind außerhalb der Hauptsaison relativ preiswert. Im Zentrum und direkt am Pazifik werden Zimmer natürlich etwas teurer. In nächster Nähe des Super 8 konzentrieren sich eine ganze Reihe günstiger Motels der großen Ketten.

Super 8 San Diego Airport / Sea World
Die günstigen Optionen San Diegos konzentrieren sich in dieser Zone und weisen keine wirklich großen Unterschiede auf.
- ⊠ 3275 Rosecrans St, San Diego, CA 92110 US
- ☎ 1-619 224 2608
- 🖥 www.super8.com
- ⊘ $ 60
- ⇨ Von Downtown San Diego auf dem I5 nach Norden, Exit 18A Pacific Highway, nach 2,5 km links in die Barnett Ave, nach 1,5 km rechts in die Rosecrans St, nach 400 m auf der rechten Seite
- ⇨ Vom Internationalen Flughafen auf dem N Harbor Dr nach Westen, nach 1,5 km rechts in die Laning St, nach 750 m wieder rechts in die Rosecrans St, nach 2 km auf der rechten Seite

500 West Hotel
Unter den preiswerteren Angeboten in Downtown San Diego wahrscheinlich die empfehlenswerteste.
- ⊠ 500 West Broadway, San Diego, CA 92101
- ☎ 1-619 231 4092
- 🖥 www.500westhotelsd.com
- ⊘ $ 75
- ⇨ Direkt am Broadway, zwischen Front St und 1st Ave auf der Nordseite
- ⇨ Vom Flughafen auf dem N Harbor Dr nach Osten, nach 4km links in den Broadway, nach 500 m auf der linken Seite

La Pensione
Freundliches kleines Hotel in Little Italy.
- ⊠ 606 West Date St, San Diego, CA 92101
- ☎ 1-619 236 8000
- 🖥 www.lapensionehotel.com
- ⊘ $ 90
- ⇨ Vom Broadway kurz vor dem Hafen auf die India St nach Norden, nach 800 m links in die Date St, das erste Gebäude auf der rechten Seite
- ⇨ Vom Flughafen auf dem N Harbor Dr nach Osten, nach 3 km links in die W Grape St, nach 300 m rechts in den Kettner Blvd, die zweit links in die W Date St, nach 50m auf der linken Seite

The Bristol
Gutes Hotel direkt am Broadway.
- ⊠ 1055 First Ave, San Diego, CA 92101
- ☎ 1-619 232 6141
- 🖥 www.greystonehotels.com/bristol
- ⊘ $ 150
- ⇨ Direkt im Zentrum, vom Broadway auf die 1st St in Richtung Norden, nach 50 m auf der rechten Seite
- ⇨ Vom Flughafen auf dem N Harbor Dr nach Osten,

nach 4 km links in den Broadway, nach 900 m links auf die 1st St in Richtung Norden, nach 50 m auf der rechten Seite

Hotel del Coronado
Historisches Luxushotel am Strand, wo "Manche mögens heiβ" mit Marilyn Monroe gedreht wurde.
- ✉ *1500 Orange Ave, Coronado, CA 92118*
- ☎ *1-619 435 6611*
- 🖥 *www.hoteldel.com*
- ⊗ *$ 300*
- ⇨ *Von Downtown San Diego auf den IS5 nach Süden, nach 1 mi/1,5 km auf den CA75 in Richtung Corona-do, nach knapp 3 mi/5 km links in die Orange Ave, nach wiederum knapp 1 mi/1,5 km rechts in den Rh Dana Dr*
- ⇨ *Vom Flughafen auf dem N Harbor Dr nach Osten, nach 3 km links in die W Grape St, nach 600 m auf den IS5 in Richtung Süden, nach 4 km Exit 14A auf den HW 75 in Richtung Coronado, nach 4 km links in die Orange Ave, knapp 2 km bis zum Hotel folgen*

Laguna Beach

Travelodge
In allen Belangen akzeptables Standard Motel.
- ✉ *30806 S Coast HW, Laguna Beach, CA 92651*
- ☎ *1-949 499 2227*
- 🖥 *www.travelodge.com*
- ⊗ *$ 75*
- ⇨ *Am HW1 auf der rechten Seite, an der Ampel rechts in den Montage Resort Dr*

Casa Laguna
Kleines aber feines Resort Hotel, allerdins relativ weit vom Zentrum von Laguna Beach entfernt.
- ✉ *2510 South Coast Hwy, Laguna Beach, CA 92651*
- ☎ *1-949 494 5009*
- 🖥 *www.casalaguna.com*
- ⊗ *$ 150*
- ⇨ *Direkt am HW 1 auf der rechten Seite, etwa 2 km südlich des Zentrums von Laguna Beach*

Huntington Beach

Pacific View Inn and Suites
Preiswertes kleines Hotel, nur durch den Highway vom Strand getrennt.
- ✉ *16220 Pacific Coast HW, Huntington Beach, CA 92649*
- ☎ *1-800 726 8586*
- 🖥 *www.pacificviewinnandsuites.com*
- ⊗ *$70*
- ⇨ *Am Nordende von Huntington, im Ortsteil Surfside, am HW1 auf der rechten Seite*

Long Beach

Queen Mary
Eine Nacht auf dem Luxusliner im Hafen von Long Beach ist sicher eine willkommene Abwechslung und verspricht bleibende Erinnerungen.
- ✉ *1126 Queens Highway, Long Beach, CA 90802*
- ☎ *1-877 342 0738*
- 🖥 *www.queenmary.com*
- ⊗ *$ 125*
- ⇨ *Vom HW1 direkt nach Überquerung des Los Angeles River auf den IS710 Richtung Süden, nach 2,7 mi/ 4,3 km rechts auf den Queens Way bis zum Exit Queen Mary/Cruise Terminal, nach 700 Metern links*

Vagabond Inn
Ausgesprochen preiswerte zentrumsnahe Unterkunft.
- ✉ *150 Alamitos Ave, Long Beach, CA 9082*
- ☎ *1-562 435 7621*
- 🖥 *www.vagabondinn-long-beach-california-hotel.com*
- ⊗ *$ 55*
- ⇨ *Knapp 1km nach der Brücke über den San Gabriel River links in die E 2nd St, nach 2,5 km halblinks in die E Livingston Dr, nach 4 km recht in die Alamitos Ave, nach 200 m auf der rechten Seite*

Santa Monica

Ocean View Hotel
Santa Monica ist ein teures Pflaster. Das Ocean View ist ein gutes Hotel im Zentrum, nur von der breiten Ocean Avenue vom Kliff oberhalb des Strandes getrennt.
- ✉ *1447 Ocean Ave, Santa Monica, CA 90401*
- ☎ *1-800 452 4888*
- 🖥 *www.oceanviewsantamonica.com*
- ⊗ *$ 220*
- ⇨ *Am HW1 direkt hinter der Ecke Brodway im Zentrum von Santa Monica*

Hollywood

Saharan Motor Hotel
Ein Klassiker, der im Stil an die Motels der Route 66 erinnert.
- ✉ *7212 Sunset Blvd, Los Angeles, CA 90046*
- ☎ *1-866 211 6431*
- 🖥 *www.saharanhotel.com*
- ⊗ *$ 80*
- ⇨ *Auf dem Santa Monica Blvd von Santa Monica nach Nordwesten, nach 9 km bei den Glaspalästen am Wilshire Blvd nach links und sofort wieder rechs in den Santa Monica Blvd, nach weiteren 7 km links in die N Formosa Ave und die zweite wieder links in den Sunset Blvd. Nach 100 m auf der linken Seite*

Hollywood Roosevelt Hotel
Direkt gegenüber vom Kodak Theatre, wo die Oscars vergeben werden, beherbergte das Roosevelt alle groβen Namen Hollywoods.
- ✉ *7000 Hollywood Blvd, Los Angeles, CA 90028*
- ☎ *1-323 466 7000*

🖥 www.hollywoodroosevelt.com
⚘ $ 280
⇒ Vom Flughafen auf dem Sepulveda Blvd nach
   Norden, nach 1,6 mi/2,5 km rechts auf den Howard
   Hughes Pkwy und dann links auf den FWY405
   nach Norden, nach 6 mi/10 km Exit 55A, rechts
   auf den Santa Monica Blvd, nach 3 mi/5 km bei
   den Glaspalästen am Wilshire Blvd nach links und
   sofort wieder rechts in den Santa Monica Blvd, nach
   weiteren 3,5 mi/5,5 km links in die Fairfax Ave, und
   nach 1 km rechts in den Hollywood Blvd. Nach 1 mi/
   1,6 km auf der rechten Seite

Santa Barbara

Motel 6
Das erste Etablissement der inzwischen über
1.000 Motels umfassenden Kette eröffnete 1962.
✉ 443 Corona Del Mar. Santa Barbara, CA 93103
☎ 1-805 564 1392
🖥 www.motel6.com
⚘ $ 85
⇒ HW1, Exit 94C Cabrillo Blvd (Ausfahrt von der linken
   Spur!), links auf den Cabrillo Blvd, nach knapp 2 km
   rechts in den Corona del Mar Dr, an der nächsten
   Ecke rechter Hand

Harbor House Inn
Sehr persönliches Motel mit Flair in Strandnähe.
✉ 104 Bath St, Santa Barbara, CA 93101
☎ 1-805 962 9745
🖥 www.harborhouseinn.com
⚘ $ 150
⇒ HW1 Exit 96B Garden St, links in die Garden St, nach
   600 m rechts in den Cabrillo Blvd, nach 800 m recht
   in die Bath St, nach 100 m auf der rechten Seite

San Luis Obispo

Direkt im Zentrum existieren keine Unterkünfte.
Die genannten beiden sind sehr günstig gelegen.
Abgesehen davon konzentrieren sich eine Menge
Ketten-Motels in der Monterey St, etwa 1,5 km
nordöstlich des Zentrums.

San Luis Obispo Downtown Travelodge
Standard-Motel, aber nur 5 Fußminuten vom Zentrum entfernt.
✉ 345 Marsh St, San Luis Obispo, CA 93401
☎ 1-800 458 8848
🖥 www.travelodge.com
⚘ $ 85
⇒ Vom HW101 Exit 202A, nach 500 m links in die
   Carmel St und gleich wieder links in die Higuera St,
   nach 50 m auf der linken Seite

Garden Street Inn
Liebenswertes zentrumsnahes Bed & Breakfast.
✉ 1212 Garden St, San Luis Obispo, CA 93401

☎ 1-805 545 9802
🖥 www.gardenstreetinn.co
⚘ $ 140
⇒ HW1 Exit 202A Marsh St, nach 1 km rechts in die
   Garden St, nach 50 m auf der linken Seite

Morro Bay

Dem entspannten kleinen Küstennest merkt
man sein ungeheures Angebot an Unterkünften
kaum an. Außerhalb von Wochenenden und der
Hochsaison kann man hier sehr preiswert unterkommen. Allerdings können die Preissprünge für
Spätankömmlinge durchaus dreiste Dimensionen
annehmen.

Pleasant Inn Motel
Simples aber angenehmes Motel kaum 200 Meter von der Morro Bay entfernt und umgeben von
Bars und Restaurants.
✉ 235 Harbor St, Morro Bay, CA 93442
☎ 1-805 772 8521
🖥 www.pleasantinnmotel.com
⚘ $ 85
⇒ Von San Luis Obispo kommend, HW1 Exit 278, dem
   Morro Bay Blvd 1,5 km nach Westen folgen, rechts
   in die Morro Ave und die erste links in die Harbor St,
   gleich auf der rechten Seite

San Simeon

Best Western Cavalier Ocean Front Resort
Direkt am Strand gelegen sicher eine der besten Optionen in der Nähe des Hearst Castle.
In Anbetracht der Touristenströme, die das
Märchenschloß anzieht, ist eine Reservierung
in der Hochsaison und an Wochenenden unabdingbar.
✉ 9415 Hearst Drive, San Simeon, CA 93452
☎ 1-805 927 4688
🖥 www.bestwestern.com
⚘ $ 90
⇒ 2 km nördlich des San Simeon State Park die erste
   links in die Vista del Mar Ave und sofort wieder
   rechts, nach 600 m auf der linken Seite

Big Sur

Die wilde Naturlandschaft der Küste von Big Sur
hat ihren Preis. Wer sein Budget schonen will,
muß wohl oder übel einige Dutzend Kilometer
weiter nördlich in der Gegend von Monterey übernachten.

Big Sur Lodge
Ein grandioses Beispiel dessen, was in Amerika
als "romantic getaway" verkauft wird: Frieden
und Bequemlichkeit in großartiger natürlicher
Umgebung.

✉ *47225 California HW 1, Big Sur CA 93920*
☎ *1-831 667 3100*
🖥 *www.bigsurlodge.com*
∞ *$ 180*
⇨ *Kaum einen halben Kilometer entfernt vom HW1, aber dennoch nicht ganz leicht zu finden. Etwa 1 km hinter dem deutlich sichtbaren Restaurant At Ventana rechts und gleich wieder links*

Monterey

Preiswerte Motels außerhalb des Zentrums wie Days Inn, Super 8 oder Howard Johnson reihen sich entlang der Munras Ave auf, auf die man von Süden kommend automatisch vom Exit 399B geleitet wird.

The Olympia Lodge
Kleines komfortables Motel mit kleinen Zimmern aber in schöner Lage nur einen Steinwurf vom alten Leuchtturm entfernt.
✉ *1140 Lighthouse Ave, Pacific Grove, CA 93950*
☎ *1-831 375 8741*
🖥 *www.theolympialodge.com*
∞ *$ 100*
⇨ *HW1 Exit 399A Pacific Grove, dem HW68 3 mi/5 km folgen, links in die Lighthouse Ave, nach 1 mi/1,5 km auf der rechten Seite*

Monterey Hotel
Charmantes kleines Hotel im viktorianischen Stil in komfortabler zu-Fuß-Entfernung zur Fisherman's Wharf.
✉ *406 Alvarado St, Monterey, CA 93940*
☎ *1-831 375 3184*
🖥 *www.montereyhotel.com*
∞ *$ 140*
⇨ *HW1 Exit 399B Monterey, nach 1 mi/1,5 km der Munras Ave an der Ampel nach halblinks folgen, dem Straßenverlauf weitere 600 m folgen, auf der linken Seite*

Santa Cruz

Im Zentrum finden sich eine ganze Reihe simpler preiswerter Motels. Die Preise variieren stark mit der Nachfrage, an Wochenenden kann man gut und gern 30 % zu den genannte Tarifen hinzuaddieren, in der Hauptsaison 60 %.

The Carousel
✉ *110 Riverside Ave, Santa Cruz, CA*
☎ *1-831 425 7090*
🖥 *www.santacruzmotels.com/carousel.html*
∞ *$ 80*
⇨ *HW1 Exit 441B, dem HW17 Ocean St 1,5 mi/2,5 km in Richtung Santa Cruz folgen, rechts in den Broadway und die zweite links in die Campbell St, nach 800 m auf der rechten Seite*

Babbling Brook Inn
Intimes Bed & Breakfast mit riesigem Garten und Kamin in vielen Zimmern.
✉ *1025 Laurel St, Santa Cruz, CA 95060*
☎ *1-831 427 2437*
🖥 *www.babblingbrookinn.com*
∞ *$ 160*
⇨ *HW1 Exit 441B, dem HW1 in Richtung Watsonville folgen, nach knapp 2 mi/3 km links in die Laurel St, nach 300 m auf der rechten Seite*

San Francisco

Angesichts des gehobenen Preisniveaus in San Francisco ist man verführt, sich irgendwo außerhalb niederzulassen, doch sollte man bedenken, daß der Weg in die Stadt ebenfalls Zeit und Geld kostet und daß man eventuell gewisse Erfahrungen in einer besonderen Stadt verpassen wird.

Die meisten Unterkünfte in der Stadt selbst liegen in der Gegend um den Union Square verstreut. Hier finden sich alle Preis- und Güteklassen. Für die zentrale Lage muß man bei den meisten Hotels gesalzene Parkgebühren entrichten. Gleiches gilt für die Touristenhotels der Waterfront und um Fisherman's Wharf. Stadtviertel wie SoMa und Haight Ashbury bestechen durch ihr autentisches Stadtteilleben, dafür vergrößert sich die Entfernung zu den wichtigsten Attraktionen.

Parken ist im Stadtgebiet immer ein Problem, nur die Hotels der gehobenen Klasse verfügen über Gästeparkplätze, für die gesalzene Gebühren verlangt werden.

Cornell Hotel de France
Einfaches kleines Hotel in hervorragender Lage.
✉ *715 Bush Street, San Francisco, CA 94108*
☎ *1-415 421 3154*
🖥 *www.cornellhotel.com*
∞ *$ 80*
⇨ *HW1 von Süden kommend rechts in den Geary Blvd, nach 2,5 mi/4 km halb rechts in den Starr King Way, dem Verlauf der O'Farrell St folgen, nach 0,5 mi/0,8 km links in die Leavenworth St, nach 500 m rechts in die Bush St*

Stratford Hotel
Die berühmten Cable Cars fahren direkt vor der Tür des hervorragend situierten Mittelklassehotels vorbei und machen das Stratford zum meistfotografierten Hotel in San Francisco.
✉ *242 Powell St, San Francisco, CA 94102*
☎ *1-415 397 7080*
🖥 *www.hotelstratford.com*
∞ *$ 100*
⇨ *HW1 von Süden kommend rechts in den Geary Blvd, nach 2,5 mi/4 km halb rechts in den Starr King Way, dem Verlauf der O'Farrell St folgen, nach 0,8 mi/1,3 km links in die Powell St, nach 50 m auf der rechten Seite*

Grove Inn

Kaum hundert Meter von den ehrwürdigen und fotogenen viktorianischen Villen der Three Sisters entfernt ist das Grove Inn selbst ein historisches Gebäude aus dem 19. Jahrhundert, in dem man relativ preiswert eine ruhige Nacht verbringen kann.

- ✉ 890 Grove Street, San Francisco, CA 94117
- ☎ 1-415 929 0780
- 🖥 www.grovinn.com
- ∞ $ 130
- ⇒ HW1 von Süden kommend vor dem Golden Gate Park rechts in den Lincoln Way, am Ostende des Parks links in die Stanyan St, die dritte rechts in die Haight St, nach 1,3 mi/2 km links in die Fillmore St, die dritte rechts in die Grove St

The Red Victorian

Das knallrote viktorianische Gebäude mitten in Haight-Ashbury bewahrt die Atmosphäre von 1968 und wird von dem Hippie-Urgestein Sami Sunchild geführt, die ihre Gäste gern überschwenglich persönlich begrüßt.

- ✉ 1665 Haight St., San Francisco, CA 94117
- ☎ 1-415 864 1978
- 🖥 www.redvic.com
- ∞ $ 100
- ⇒ HW1 von Süden kommend vor dem Golden Gate Park rechts in den Lincoln Way, am Ostende des Parks links in die Stanyan St, nach 500 m rechts in die Oak St, nach 1,3 mi/2 km rechts in die Fillmore St

Mandarin Oriental

Die beeindruckendsten Blicke über Stadt, Bucht und Golden Gate Bridge hat man entweder direkt vom Zimmer oder zumindest von der Dachterrasse des Luxushotels, besonders wenn der Nebel vom Pazifik in die Bucht rollt.

- ✉ 222 Sansome Street, San Francisco, CA 94104
- ☎ 1-415 276 9888
- 🖥 www.mandarinoriental.com/sanfrancisco
- ∞ $ 500
- ⇒ HW1 von Süden kommend rechts in den Geary Blvd, nach 2,5 mi/4 km halb rechts in den Starr King Way, dem Verlauf der O'Farrell St folgen, nach 0,5 mi/0,8 km links in die Leavenworth St, nach 500 m rechts in die Bush St, nach 1,2 km links in die Sansome St, an der nächsten Ecke auf der rechten Seite

Marin, Sonoma & Mendocino County

An der reizvollen Küste nördlich von San Francisco sind preiswerte Unterkünfte dünn gesät, es überwiegen dagegen atmosphärische und liebevoll gestaltete Lodges und Bed & Breakfasts. In jedem kleineren Ort findet man davon ein handvoll, die Basispreise von 100 bis 150 Dollar werden in Zeiten starker Nachfrage kräftig angehoben. Preisgünstige Kettenmotels findet man erst wieder in Fort Bragg.

Inverness

Motel Inverness

Simples aber gemütliches Bed & Breakfast außerhalb von Inverness, einen Steinwurf von den Wassern der Tomales Bay entfernt.

- ✉ 12718 Sir Francis Drake Blvd, Inverness, CA 94937
- ☎ 1-866 453 3839
- 🖥 www.motelinverness.com
- ∞ $ 125
- ⇒ 2 mi/3 km nördlich von Olema nicht dem HW1 folgen sondern links in Richtung Inverness auf den Sir Francis Drake Blvd, nach 3 mi/5 km auf der rechten Seite

Point Reyes

Point Reyes Hostal

Einsam in den Hügeln gelegen ist das Hostal die weit und breit preiswerteste Unterkunft. Ein Bett im Schlafsaal kostet $ 22, ein Privatzimmer für bis zu 5 Personen $ 64.

- ✉ 1390 Limantour Spit Road, Point Reyes, CA 94956
- ☎ 1-415 663 8811
- 🖥 www.norcalhostels.org/reyes/
- ∞ $ 64
- ⇒ 2 mi/3 km nördlich von Olema nicht dem HW1 folgen sondern links in Richtung Inverness auf den Sir Francis Drake Blvd, nach 500 m links auf die Bear Valley Rd, nach 1,5 mi/2,5 km links am Schild Limantour Natural Area, der Straße 5,5 mi/8,5 km folgen und wieder links, nach 3 km auf der linken Seite

Bodega Bay

Bodega Harbor Inn

- ✉ 1345 Bodega Ave, Bodega Bay, CA 94923
- ☎ 1-707 875 3594
- 🖥 www.bodegaharborinn.com
- ∞ $ 80
- ⇒ Dem HW1 durch Bodega Bay folgen, am Ende der Rechtskurve rechts in die Bodega Ave, nach 100 m auf der rechten Seite.

The Inn at the Tides

- ✉ 800 Highway One, Bodega Bay, CA 94923
- ☎ 1-707 875 3930
- 🖥 www.innatthetides.com
- ∞ $ 140
- ⇒ Vom HW1 in Bodega Bay direkt hinter der Tankstelle rechts

Fort Ross

Fort Ross Lodge

Wenige Meter von der Steilküste bietet die Fort Ross Lodge grandiose Blicke über den Ozean.

- ✉ 20705 Coast HW, Jenner, CA 95450
- ☎ 1-707 847 3333
- 🖥 www.fortrosslodge.com

- ◕ $ 130
- ⇒ 12mi/19km nördlich von Jenner, etwa 600m nach der Folge einer scharfen Links- und dann einer Rechtskurve auf der Meerseite

Mendocino

The Blue Heron Inn
Kleines gemütliches B&B mit kontinentalem Frühstück inklusive.
- ✉ 90 Kasten St, Mendocino, CA 95460
- ☎ 1- 707 937 4323
- 🖥 www.theblueheron.com
- ◕ $ 120
- ⇒ Etwa 400 m nach der Brücke auf halber Höhe der Steigung an der ersten großen Kreuzung links in die Main St, die fünfte rechts in die Kasten St, nach 200 m auf der linken Seite

Sea Gull Inn
Neun Zimmer unterschiedlicher Größe, Ausstattung und Preislage, teilweise im Puppenhäuschen-Stil eingerichtet.
- ✉ 44960 Albion St, Mendocino, CA 95460
- ☎ 1-707 937 5204
- 🖥 www.seagullbb.com
- ◕ $ 150
- ⇒ Etwa 400 m nach der Brücke auf halber Höhe der Steigung an der ersten großen Kreuzung links in die Main St, bei der Tankstelle rechts in die Howard St und gleich wieder links in die Albion St, nach 50 m rechter Hand

Fort Bragg

Colombi Motel
Einfaches Motel im Stil der 50er Jahre.
- ✉ 647 East Oak St, Fort Bragg, CA 95437
- ☎ 1-707 964 5773
- 🖥 www.colombimotel.com
- ◕ $ 50
- ⇒ Im Zentrum von Fort Bragg rechts in die Oak St, nach 600 m auf der rechten Seite

Super 8 Fort Bragg
- ✉ 888 S Main St, Fort Bragg, CA 95437
- ☎ 1-707 964 4003
- 🖥 www.super8.com
- ◕ $ 63
- ⇒ Am HW1 300 m nach der Flussquerung auf der rechten Seite

Garberville

Humboldt Redwoods Inn
- ✉ 987 Redwood Dr, Garberville, CA 95542
- ☎ 1-707 923 2451
- 🖥 www.humboldtredwoodsinn.com
- ◕ $ 75

- ⇒ HW101 Exit 639A, direkt nach der Ausfahrt auf der rechten Seite

Best Western Humboldt House Inn
- ✉ 701 Redwood Dr, Garberville, CA 95542
- ☎ 1-707 923-2771
- 🖥 www.humboldthouseinn.com
- ◕ $ 100
- ⇒ HW101 Exit 639A, nach 1 km auf der rechten Seite

Fortuna

Super 8 Fortuna
- ✉ 1805 Alamar Way, Fortuna, CA95540US
- ☎ 1-707 725 2888
- 🖥 www.super8.com
- ◕ $ 70
- ⇒ Hwy 101 Exit 687 Kenmar

Eureka

Motel 6 Eureka
- ✉ 1934 Broadway Street, Eureka, CA 95501
- ☎ 1-707 445 9631
- 🖥 www.motel6.com
- ◕ $ 50
- ⇒ Direkt an der Ortsdurchfahrt des HW101 unübersehbar auf der linken Seite

Arcata

Super 8 Arcata
Gut sechs Kilometer außerhalb des Zentrums. In der gleichen Straße finden sich eine ganze Reihe von Etablissements der großen Hotelketten.
- ✉ 4887 Valley West Boulevard, Arcata, CA95521
- ☎ 1-707 822 8888
- 🖥 www.super8.com
- ◕ $ 63
- ⇒ HW101, Exit 716B, rechts in die Giuntoli Ln, gleich wieder rechts in den Valley West Blvd, nach 200 m auf der rechten Seite

Hotel Arcata
Direkt am zentralen Platz gelegen ist das Hotel Arcata sicher die beste Adresse im Ort.
- ✉ 708 9th St # B, Arcata, CA 95521
- ☎ 1-707 826 0217
- 🖥 www.hotelarcata.com
- ◕ $ 95
- ⇒ HW101 Exit 713 Samoa Blvd West, nach 600 m rechts in die F St, nach weiteren 400 m links in die 9th St, an der nächsten Straßenecke

Crescent City

Hampton Inn & Suites
Einen Steinwurf vom Strand entfernt ist das Hampton zweifellos das bestgelegene Hotel am

Ort. Entlang des HW101 finden sich unübersehbar eine ganze Reihe von Standardmotels.

- 100 A St, Crescent City, CA 95531
- 1-707 465 5400
- www.hamptoninn.com
- $ 175
- Nachdem die Fahrspuren des HW101 geteilt werden an der ersten Kreuzung links in die Front St, geradaus bis zum Ende der Straße

OREGON

Brookings

Wild Rivers Motor Lodge
Einfaches Motel aber nicht ganz so stereotyp wie die Häuser der großen Ketten.

- 437 Chetco Ave, Brookings, OR 97415
- 1-541 469 5361
- www.wildriversmotorlodge.com
- $ 80
- 500 m nach der Überquerung der Brücke auf der linken Seite des HW101

Best Western Plus Beachfront Inn
Direkt an der Wasserkante gelegen, allerdings benötigt muß man für den Weg ins Stadtzentrum auf das eigen Gefährt zurückgreifen.

- 16008 Boat Basin Rd, Brookings, OR 97415
- 1-541 469 7779
- www.bestwesternoregon.com
- $ 110
- An der ersten Ampel in Brookings nach links in die W Benham Lane, nach 800 m hinter der Rechtskurve nach links, nach 100 m auf der linken Seite

Gold Beach

Azalea Lodge
Einfache aber sehr saubere Unterkunft.

- 29481 Ellensburg Ave, Gold Beach, OR 97444
- 1-541 247 6635
- www.azalealodge.biz
- $ 80 (Nebensaison: die Hälfte)
- Unübersehbar auf der westlichen Seite des HW101

Port Orford

Castaway by the Sea
Historische Lodge mit schönem Blick auf Hafen und Meer, umgeben von Wald und Wiesen.

- 545 5th Street, Port Orford, OR 97465
- 1-541 332 4502
- www.castawaybythesea.com
- $ 90 (Nebensaison: $ 70)
- Vom HW101 beim Schild "Port of Port Orford" nach links, die nächste rechts und 200 m bis zum Ende der Straße

Home by the Sea
Einfache Zimmer auf einem Felsvorsprung der Steilküste.

- 444 Jackson St, Port Orford, OR 97465
- 1-541 332 2855
- www.homebythesea.com
- $ 100
- Bei dem kleinen Imbiss "Norwegian Fish & Chips" nach links in die Jackson St und bis zum Ende durch

Bandon

Preiswertere Motels der nationalen Ketten finden sich 40km weiter nördlich entlang des HW101 in Coos Bay.

Best Western Inn at Face Rock
- 3225 Beach Loop Dr, Bandon, OR 97411
- 1-541 347 9441
- www.innatfacerock.com
- $ 120
- Beim Schild "Loop Rd to State Parks" links in den Seabird Dr, nach 0,8 mi/1,3 km links in den Beach Loop Dr, nach 500 m auf der Seeseite

Sunset Oceanfront Lodging
Riesiger Komplex mit Zimmern, Appartments und Bungalows unterschiedlichster Größen und Preislagen.

- 1865 Beach Loop Dr, Bandon, OR 97411
- 1-541 347 2453
- www.sunsetmotel.com
- $ 165 (Nebensaison: $ 125)
- Beim Schild "Loop Rd to State Parks" links in den Seabird Dr, nach 0,8 mi/1,3 km rechts in den Beach Loop Dr, nach 1 km auf der rechten Seite

Florence

The Landmark Inn
Gute Qualität zum fairen Preis.

- 1551 4th St, Florence, OR 97439
- 1-541 997 9030
- www.landmarkhotel.com
- $ 70
- Etwa 400 m nach der Brückenquerung vom HW101 rechts in die Nopal St und gleich wieder rechts in die 4th St, bis zum Ende

River House Inn

Direkt über dem Siuslaw River gelegenes Motel mit Blick auf die Flußbrücke.

- ✉ *1202 Bay St, Florence, OR 97439*
- ☎ *1-888 824 2750*
- 🖥 *www.riverhouseflorence.com*
- ⌖ *$ 110*
- ⇨ *Nach der Brücke die erste rechts, gleich wieder rechts und nochmal rechts in die Bay Street, nach 150 m auf der linken Seite*

Die beiden folgenden Unterkünfte befinden sich beide ein gutes Stück südlich des eigentlichen Ortskerns von Yachats.

Heceta Head Lighthouse

Eine Übernachtung im Haus des Leuchtturmwärters ist zweifellos ein verführerisches Angebot. Für die sechs unterschiedlich großen Zimmer werden dementsprechend verschiedene Preise verlangt. Reservierung ist in jedem Fall erforderlich.

- ✉ *92072 HW101 South, Yachats OR 97498*
- ☎ *1-866 547 3696*
- 🖥 *www.hecetalighthouse.com*
- ⌖ *$ 210 (Nebensaison: $ 133)*
- ⇨ *1 mi/1,6 km nördlich der Sea Lion Caves dem Schild „State Park" mit dem Leuchtturmsymbol nach links zum Besucherparkplatz folgen*

The See Vue

Alle Zimmer bieten grandiose Blicke aufs Meer, einige einen Kamin, aber dafür weder Telefon noch Fernseher.

- ✉ *95590 HW 101 S, Yachats, OR 97498*
- ☎ *1-541 547 3227*
- 🖥 *www.seevue.com*
- ⌖ *$ 110 (Nebensaison: $ 90)*
- ⇨ *18 mi/30 km nördlich von Florence auf der linken Seite direkt am HW101*

Etliche preisgünstige Motels reihen sich in Newport entlang des HW101 auf, zum Beispiel Econo Lodge, Days Inn, Rodeway Inn oder America Inn.

Sylvia Beach Hotel

Kleines historisches Themenhotel, das jedes Zimmer einer literarischen Persönlichkeit widmet, von Agatha Christie bis Ernest Hemingway.

- ✉ *267 NW Cliff, Newport, OR 97365*
- ☎ *1-541 265 5428*
- 🖥 *www.sylviabeachhotel.com*
- ⌖ *$ 110 (Nebensaison: $ 80)*
- ⇨ *Vom HW101 250 m hinter der Shell Tankstelle links in die 3rd St und bis zum Ende durchfahren*

Crown Pacific Motel

- ✉ *50 NE Bechill St, Depoe Bay, OR 97341*
- ☎ *1- 541 765 7773*
- 🖥 *www.crownpacifiqmotels.co*
- ⌖ *$ 100 (Nebensaison: $70)*
- ⇨ *Etwa 500 m nördlich der Brücke unübersehbar auf der rechten Seite des HW101*

Looking Glass Inn

- ✉ *861 SW 51st St, Lincoln City, OR 97367*
- ☎ *1-541 996 3996*
- 🖥 *www.lookingglass-inn.com*
- ⌖ *$ 120 (Nebensaison: $75)*
- ⇨ *Nach der Einfahrt in den südlichen Stadtteil Taft an der ersten Ampel links in die SE 51 St, nach 400 m auf der rechten Seite*

Comfort Inn & Suites

- ✉ *136 NE HW 101, Lincoln City, OR 97367*
- ☎ *1-541 994 8155*
- 🖥 *www.choicehotels.com*
- ⌖ *$ 130 (Nebensaison: $ 80)*
- ⇨ *Kurz nach der Querung des kürzesten Flusses der Welt auf der rechten Seite direkt am HW101*

The Inn at Pacific City

Einfaches aber günstig gelegenes Motel.

- ✉ *35215 Brooten Rd, Pacific City, OR 97135*
- ☎ *1-503 965 6366*
- 🖥 *www.innatpacificcity.com*
- ⌖ *$ 100 (Nebensaison: $ 60)*
- ⇨ *6 mi/10 km nördlich von Neskowin links in Richtung Pacific City, nach 2,6 mi/4 km rechts in den Haystack Dr, nach 40 m auf der rechten Seite*

Inn at Cape Kiwanda

Einen Steinwurf vom Strand entfernt ist das Inn eine ausgesprochen komfortable Unterkunft.

- ✉ *33105 Cape Kiwanda Dr, Pacific City, OR 97112*
- ☎ *1-877 747 8713*
- 🖥 *www. magnusonhotels.com*
- ⌖ *$ 140*
- ⇨ *6 mi/10 km nördlich von Neskowin links in Richtung Pacific City, der Hauptstraße 2,8 mi/4,5 km folgen, bei der Shell-Tankstelle links, gleich nach der Brücke rechts in den Cape Kwanda Dr, nach 800 m auf der rechten Seite*

Econo Lodge

- ✉ *227 Garibaldi Ave, Garibaldi, OR 97118*
- ☎ *1-503 322 2552*

- 🖥 www.choicehotels.com
- ♋ $ 75
- ⇒ Am HW1, 100 m nach dem Museum auf der linken Seite

The Garibaldi House Inn
Äußerlich nicht sonderlich ansprechendes aber gepflegtes Motel mit beheiztem Hallenbad.
- ✉ 502 Garibaldi Ave, Garibaldi, OR 97118
- ☎ 1-503 322 3338
- 🖥 www.garibaldihouse.co
- ♋ $ 130 (Nebensaison: $ 85)
- ⇒ Am HW1, 150 m hinter dem Econo Lodge Motel auf der rechten Seite

Cannon Beach

Lighthouse Inn
Leider handelt es sich nicht um einen Leuchtturm sondern um zweistöckige Cottages, die sich um den Parkplatz gruppieren. Bei florierenden Geschäften wird ein Mindestaufenthalt von 2 Nächten gefordert.
- ✉ 963 South Hemlock, Cannon Beach, OR 97110
- ☎ 1-503 436 2929
- 🖥 www.vblinn.com
- ♋ $ 95
- ⇒ Etwa 16 mi/25 km nördlich der Ortschaft Nehalem rechts ab in Richtung Cannon Beach, die Schleife fahren und auf dem Sunset Blvd in Richtung Westen, am Ende rechts in die S Hemlock St, nach 350 m auf der rechten Seite

Seaside

Holiday Inn Express
- ✉ 34 N Holladay Dr, Seaside, OR 97138
- ☎ 1-503 717 8000
- 🖥 www.hiexpress.com

- ♋ $ 190 (Nebensaison: $90)
- ⇒ Vom HW101 im Zentrum von Seaside am nach dem grünen Schild „Seaside Downtown" links in die Oceanway St, die nächste rechts, direkt auf der linken Seite

Astoria

Commodore Astoria
Ordentliches und gut gelegenes historisches Innenstadthotel.
- ✉ 258 14th St, Astoria, OR 97103
- ☎ 1-503 325 4747
- 🖥 www.commodoreastoria.com
- ♋ $ 95 (Nebensaison: $ 69)
- ⇒ Vom HW101 nicht zur Brücke Richtung Long Beach abbiegen, sondern geradeaus der Beschilderung „City Center" folgen. Dem Straßenverlauf 1,5 mi/2,5 km folgen und links in die 14th St biegen, direkt auf der rechten Straßenseite

Best Western Lincoln Inn
- ✉ 555 Hamburg Ave, Astoria, OR 97103
- ☎ 1-503 325 2205
- 🖥 www.bestwesternoregon.com
- ♋ $ 170 (Nebensaison: $ 90)
- ⇒ Auf dem HW101 über den Kreisel am Stadteingang, die nächste links in die Hamburg Ave, 50 m weiter auf der linken Seite

Nördlich des Astoria River werden Unterkünfte spärlich. Die Entfernungen von Ort zu Ort nehmen erheblich zu, die wenigen Motels werden zwar nicht von Touristen überlaufen, können aber dennoch punktuell ausgebucht sein, wenn zum Beispiel gerade ein Straßenbautrupp untergebracht ist. Im Fall des Falles muß man bis Aberdeen durchfahren, wo es ein ausreichendes Angebot gibt.

WASHINGTON

South Bend

Chen's
Simples Motel mit chinesischem Restaurant und Wohnmobilplätzen.
- ✉ 206 E Robert Bush Dr, South Bend, WA 98586
- ☎ 1-360 875 5538
- 🖥 www.chenssouthbend.com
- ♋ $ 70
- ⇒ Nach halber Ortsdurchquerung auf dem HW101 100 m hinter der roten Tankstelle auf der rechten Seite

Seaquest Motel
- ✉ 801 West First St, South Bend, WA 98586
- ☎ 1-360 875 5349

- 🖥 www.northwesthosting.org
- ♋ $ 85
- ⇒ Vom HW101 am großen Hinweisschild zum Seaquest Motel rechts in den Memorial Dr, nach 150 m rechts in die 1st St, direkt an der Ecke

Raymond

Golden Lion
- ✉ 524 3rd St, Raymond, WA 98577
- ☎ 1-360 942 5571
- 🖥 www.goldenlionmotel.com
- ♋ $ 70
- ⇒ Etwa 1 km nach der Brücke rechts in die Franklin St, die zweite wieder links in die 3rd St

Aberdeen

Aberdeen Olympic Inn Motel
Unter den preisgünstigen Motels vielleicht die beste Wahl.
- ✉ 616 W Heron St, Aberdeen, WA 98520
- ☏ 1-360 533 4200
- 🖥 www.aberdeenolympicinn.com
- ⊗ $ 66
- ⇨ Auf dem HW101 am Ende der Brücke auf die Ausfahrt W State St, nach 0,8 mi/1,2 km rechts in die S Adler St, gleich wieder rechts in die W Heron St, gleich auf der linken Straßenseite

America's Best Value Inn
- ✉ 521 West Wishkah St, Aberdeen, WA 98520
- ☏ 1-360 532 5210
- 🖥 www.americasbestvalueinn.com
- ⊗ $ 70
- ⇨ Auf dem HW101 über die Brücke nach Aberdeen hinein, die zweite links in die E Wishkah St, nach 800 m auf der rechten Seite

A Harbor View B&B
Klassisch möbliertes Bed and Breakfast mit nur fünf Zimmern, teilweise mit Blick auf den Hafen.
- ✉ 111 W 11th St, Aberdeen, WA 98520
- ☏ 1-360 533 7996
- 🖥 www.aharborview.com
- ⊗ $ 140
- ⇨ Auf dem HW101 über die Brücke nach Aberdeen hinein, die zweite links in die E Wishkah St, nach 350 m rechts in die N Broadway St, nach 1,2 km links in die W 11th St, nach 50 m auf der linken Seite

Hoquiam

Econo Lodge
Gut 5km außerhalb von Aberdeen in der Vorstadt Hoquiam gelegenes Standard-Motel.
- ✉ 910 Simpson Avenue, Hoquiam, WA 98550
- ☏ 1-360 532 8161
- 🖥 www.econolodge.com
- ⊗ $ 60
- ⇨ Auf dem HW101 über die Brücke nach Aberdeen hinein, die zweite links in die E Wishkah St, nach 0,6 mi/1 km rechts in die S Adler St, dem Straßenverlauf 3 mi/5 km folgen, nach der Brücke die zweite links in die Simpson Ave, nach weiteren 500 m auf der rechten Seite

Amanda Park

Quinault River Inn
Einfache aber saubere Lodge direkt am Fluß.
- ✉ 8 River Drive, Amanda Park, WA 98526
- ☏ 1-360 288 2237
- 🖥 www.quinaultriverinn.com
- ⊗ $ 125 (Nebensaison: $ 85)
- ⇨ 70 km nördlich von Aberdeen, direkt am HW101 nach der Brücke über den Fluß rechts ab, und nach 100 m wieder rechts

Lake Quinault Resort
- ✉ 314 North Shore Rd, Amanda Park, WA 98526
- ☏ 1- 360 288 2362
- 🖥 www.lakequinault.com
- ⊗ $ 190
- ⇨ 4 mi/6 km nordwestlich von Amanda Park vom HW101 in Richtung Olympic National Park / Quinault Valley rechts abbiegen, nach 3 km auf der rechten Seite

Forks

Forks Motel
Großes, sauberes, spartan eingerichtetes Motel mit über 70 Zimmern, im Sommer mit beheiztem Swimming Pool.
- ✉ 351 S Forks Ave, Forks, WA 98331
- ☏ 1-360 374 6243
- 🖥 www.forksmotel.com
- ⊗ $ 85 (Nebensaison: $ 65)
- ⇨ Kurz nach dem Ortseingang auf der rechten Seite des HW101

Olympic Suites Inn
Voll ausgestattete kleine Suites mit Mikrowelle, Kühlschrank und Kaffeemaschine etwa 15 Fußminuten nördlich des Zentrums.
- ✉ 800 Olympic Dr, Forks, WA 98331
- ☏ 1-360 374 5400
- 🖥 www.olympicsuitesinn.com
- ⊗ $ 105 (Nebensaison: $ 65)
- ⇨ Etwa 1 km nördlich der Ampel beim Wegweiser "Olympic Suites Inn" rechts in den Olympic Dr und gleich wieder halb links und der Straße bis zum Ende folgen

Port Angeles

Riviera Inn
Einfaches akzeptables Motel ohne weitere Besonderheiten.
- ✉ 535 East Front St, Port Angeles, WA 98362
- ☏ 1-360 417 3955
- 🖥 www.rivierainn.net
- ⊗ $ 90 (Nebensaison: $ 60)
- ⇨ Auf dem HW101 bis ins Stadtzentrum, rechts in die 1st St, die vierte links in die N Alber St, gleich wieder rechts in die Front St und sofort rechts auf den Parkplatz

Quality Inn Uptown
Zentral gelegenes Motel der Quality Inn - Kette
- ✉ 101 E 2nd St, Port Angeles, WA 98362
- ☏ 1-360 457 9434
- 🖥 www.qualityinn.com
- ⊗ $ 95

⇒ *Auf dem HW101 in Richtung Zentrum, linker Hand*
großes Hinweisschild zum Quality Inn, links in die
2nd St, nach 150 m auf der rechten Seite

Sequim

Econolodge
- ✉ *801 E Washington St, Sequim, WA 98382*
- ☎ *1-360 683 7113*
- 🖳 *www.econolodge.com*
- 👁 *$ 90*
- ⇒ *HW101 Exit Sequim Ave, links, nach 500 m an der*
  Ampel rechts in die E Washington St, nach 600 m
  auf der rechten Seite

Seattle

Die Metropole am Puget Sound ist im Sommer
ein beliebtes Urlaubsziel und die Suche nach
einer zentral gelegenen Unterkunft kann unter
Umständen einige Versuche erfordern. Besser
ist, rechtzeitig zu reservieren oder zumindest am
selben telefonisch anzufragen, ob freie Zimmer
zur Verfügung stehen. Downtown Seattle bietet
eine große Auswahl an guten Hotels, für eine etwas preiswertere Übernachtung bewegt man sich
eher Richtung Space Needle. Alle Hotels im Zentrum sind empfehlenswert, wenn sie auch die übliche anonyme Atmosphäre von Business-Hotels
verströmen.

Travelodge Seattle Center
Sehr günstig gelegenes Motel, nur 300 Meter
von der Space Needle und den anderen Attraktionen des Seattle Center entfernt. Mit dem
Monorail erreicht man schnell und bequem die
Downtown, ohne sich auf Parkplatzsuche bege-
ben zu müssen.
- ✉ *200 6th Ave N, Seattle, WA 98109*
- ☎ *1-866 446 4151*
- 🖳 *www.travelodgeseattlecenter.co*
- 👁 *$ 160 (Nebensaison: $ 105)*
- ⇒ *Vom Anleger der Fähre von Bainbridge Island die*
  Marion St zwei Blocks nach Nordosten, links in die
  1st Ave, nach 1,5 km rechts in die Battery St, nach
  500 m links in die 6th Ave und 300 m weiter gerade-
  aus. Das Hotel ist auf der rechten Seite

Ramada
Bis zum Union Square hat man gut 2 km zu laufen, doch auch wenn Ramada und das folgende
Sixth Avenue Inn nicht exakt im Zentrum liegen,
so finden sie sich doch in einer durchaus interessanten und lebendigen Umgebung mit Bars, Restaurants und Theatern.
- ✉ *2200 5th Ave, Seattle, WA 98121*
- ☎ *1-206 448 0924*
- 🖳 *www.ramada.com*
- 👁 *$ 160 (Nebensaison: $ 79)*
- ⇒ *Vom Anleger der Fähre von Bainbridge Island die*
  Marion St zwei Blocks nach Nordosten, links in die
  1st Ave, nach 1,2 km rechts in die Blanchard St, nach
  400 m links in die 5th Ave, das Hotel ist direkt an der
  Straßenecke

Sixth Avenue Inn
- ✉ *2000 6th Ave, Seattle, WA 98121*
- ☎ *1-206 441 8300*
- 🖳 *www.sixthavenueinn.com*
- 👁 *$ 175 (Nebensaison: $ 110)*
- ⇒ *Vom Anleger der Fähre von Bainbridge Island die*
  Marion St zwei Blocks nach Nordosten, links in die
  1st Ave, nach 1 km rechts in die Virginia St, nach
  500 m links in die 6th St, direkt auf der rechten Seite

Doubletree Arctic Club Seattle
Die Hotels um den Pioneer Square sind vor allem
auf Geschäftsreisende ausgerichtet, die Preise
sind entsprechend.
- ✉ *700 3rd Ave, Seattle, WA 98104*
- ☎ *1-206 340 0340*
- 🖳 *doubletree1.hilton.com*
- 👁 *$ 220 (Nebensaison: $ 200)*
- ⇒ *Vom Anleger der Fähre von Bainbridge Island die*
  Marion St zwei Blocks nach Nordosten, rechts in die
  3rd Ave, nach 150 m auf der linken Seite

Courtyard Seattle Downtown
- ✉ *612 2nd Ave, Seattle, WA 98104*
- ☎ *1-206 625 1111*
- 🖳 *www.marriott.com*
- 👁 *$ 220 (Nebensaison: $ 170)*
- ⇒ *Vom Anleger der Fähre von Bainbridge Island die*
  Marion St zwei Blocks nach Nordosten, rechts in die
  2nd Ave, nach 250 m auf der linken Seite

Campgrounds

CAMPGROUNDRESERVIERUNGEN

California State Parks

Reservierungen sind bis zu sieben Monate im Voraus möglich.

- 🕐 *März-Sept: tägl. 6-18h, Okt.-Febr. Werktags 9-17h, am Wochenende 9-15h, 18.-31. Dez 8-17h, keine tel. Reservierungsmöglichkeit an Neujahr, Thanksgiving und Weihnachten*
- ☎ *1-800 444 7275 (1-800 444 PARK)*
- 🖥 *www.parks.ca.gov*
- ⚭ *Gebühr je Campsite: $ 8 (wird nicht zurückerstattet oder verrechnet)*

Oregon State Parks

Reservierungen sind möglich zwei Tage bis neun Monate im Voraus.

- ☎ *1-800 452 5687*
- 🖥 *Infos: www.oregon.gov/OPRD/PARKS/reserve3.shtml*
- 🖥 *www.reserveamerica.com*
- ⚭ *Gebühr je Reservierung: $ 8 (wird nicht zurückerstattet oder verrechnet)*

Washington State Parks

Stell- oder Zeltplätze können bis zu neun Monate im Voraus reserviert werden.

- ☎ *1-888 226 7688 ider 1-888 226 CAMPOUT*
- 🖥 *Infos: www.parks.wa.gov/reservations*
- 🖥 *https://secure.camis.com/WA/*
- ⚭ *Gebühr je Reservierung: online $ 6,50, per Telefon $ 8,50 (wird nicht zurückerstattet oder verrechnet, nicht Ortsansässige zahlen zusätzlich $ 5 pro Reservierung)*

Stellplatzpreise

RV Parks und private Campgrounds:

*	bis $ 40
**	bis $ 60
***	mehr als $ 60

KALIFORNIEN

San Diego

Campland on the Bay
Im nördlichen Stadtteil an der Fiesta Bay gelegen.
- ⇒ *HW5 Exit 23 Balbao Ave*
- ✉ *2211 Pacific Beach Dr, San Diego, CA 92109*
- ☎ *1-800 422 9386*
- 🕐 *ganzj.*
- 🛏 *ja* 🍽 *ja* 🚿 *ja*
- ⚭ *** bis ****
- 🖥 *www.campland.com*

Chula Vista RV
Südlich von Downtown an der San Diego Bay gelegen.
- ⇒ *HW5 Exit 8B Bay Blvd*
- ✉ *460 Sandpiper Way, Chula Vista, CA 91910*
- ☎ *1-800 770 2878*
- 🕐 *ganzj.*
- 🛏 *ja* 🛁 *237, alle Anschlussmöglichkeiten*
- 🚿 *nein* 🍽 *ja* 🚿 *nein*
- ⚭ *** bis ****
- 🖥 *www.chulavistarv.com*

San Elijo State Beach Park
Der Park bietet Freizeitaktivitäten wie Schwimmen, Surfen, Schnorcheln und Tauchen.
- ✉ *2,5 mi/4 km südlich von Ecinitas an der San Diego Coast HW101*
- ☎ *760 753 5091*
- 🕐 *ganzj.*
- 🛏 *ja* 🛁 *171, alle Anschlussmöglichkeiten*

🍴 *ja* 🐾 *ja*
💲 *$ 35 bis $ 55*
🖥 *www.parks.ca.gov*

South Carlsbad State Beach Park
Der im Sommer sehr beliebte Park liegt zwei Kilometer südlich von Carlsbad und bietet Freizeitaktivitäten wie Schwimmen, Surfen, Tauchen Fischen.
⇨ *Zwei Kilometer südlich von Carlsbad*
  an der San Diego Coast HW101
✉ *7201 Carlsbad Blvd., Carlsbad, CA 92008*
☎ *760 438 3143*
🅿 *ganzj.*
🚻 *ja* 🏕 *222*
🍴 *ja* 🐾 *ja*
💲 *$ 35 bis $ 50*
🖥 *www.parks.ca.gov*

Oceanside

Paradise By The Sea RV Resort
In nur wenigen Minuten erreicht man den weiten Sandstrand und den knapp 600 m langen Historic Oceanside Pier, der zu den längsten hölzernen Piers an der Westküste gehört.
✉ *1537 South Coast Hwy, Oceanside, CA 92054*
☎ *760 439 1376*
🅿 *ganzj.*
🚻 *ja* 🏕 *102, alle Anschlussmöglichkeiten* 🐾 *ja*
💲 *** bis ****
🖥 *www.paradisebytheseanvresort.com*

San Onofre State Beach Park
Der Park wird in drei Abschnitte unterteilt: San Onofre Surf Beach, San Onofre Bluffs und San Mateo Campground. Den Strand erreicht man vom Mateo CG über den etwa zwei Kilometer langen Panhe Nature Trail. Der San Onofre Bluffs CG liegt unterhalb der Küstenfelsen direkt an der Küste, ist besonders bei Surfern beliebt und wer gut zu Fuß ist, kann auf rauen unwegsamen Trails die Felsen erklimmen. Weitere Trails führen vom Mateo Campground durch den beeindruckenden Küstencanyon.
✉ *südlich von San Clemente am HW101, Exit Basilone Rd*
☎ *949 492 4872*
🅿 *ganzj.*
🚻 *ja*
🏕 *San Onofre Mateo: 157,*
  einige mit Wasser- und Stromanschluss
🏕 *San Onofre Bluffs: 175*
🍴 *ja* 🐾 *ja, Bluffs CG: nur kalte Duschen*
💲 *Mateo: $ 35 bis $ 60, Bluffs: $ 35*
🖥 *www.parks.ca.gov*

San Clemente State Beach Park
Alle Wassersportliebhaber, besonders die Surfer, wird dieser zu Füßen der steilen Küstenfelsen

und genau auf halber Strecke zwischen San Diego und Los Angeles liegende Park begeistern.
⇨ *am Südende von San Clemente gelegen, HW101,*
  Exit Cristianitos (für nordwärts fahrende) oder Exit
  Calafia Ave (für südwärts fahrende)
☎ *949 492 3156*
🅿 *ganzj.*
🚻 *ja*
🏕 *175, 72 Stellplätze mit allen Anschlussmöglichkeiten*
🍴 *ja* 🐾 *ja* ⚓ *ja*
💲 *$ 35 bis $ 60*
🖥 *www.parks.ca.gov*

Doheny State Beach Park
Im nördlichen Teil des Parks, jenseits des San Juan Creeks befindet sich eine sehr weiträumige Picknickanlage mit allerlei Freizeitangeboten. Südlich des Creeks liegt der Campground mit 120 Stellplätzen, einige in unmittelbarer Pazifiknähe.
✉ *25300 Dana Point Harbor Dr, Dana Point, CA 92629*
☎ *949 496 6172*
🅿 *ganzj.*
🚻 *ja* 🏕 *120* 🍴 *ja* 🐾 *ja*
💲 *$ 35 bis $ 60*
🖥 *www.parks.ca.gov*

Großraum Los Angeles

Bolsa Chica State Beach Park
Nicht nur für Surfer ist dieser Standabschnitt ein geeignetes Plätzchen, sondern auch Fischen, insbesondere Brandungsfischen, ist sehr populär. Gegenüber der Zufahrt zum Stand befindet sich das Bolsa Chica Ecological Reserve. In diesem 121 ha großen Vogelschutzgebiet mitten im Stadtgebiet von Huntington Beach hat man in der Vergangenheit mehr als 300 der insgesamt 420 in Orange County lebenden Vogelarten gesichtet. Ein Trail führt durch das Schutzgebiet.
✉ *17851 Pacific Coast HW, Huntington Beach, CA 92648*
☎ *714 46 3460*
🅿 *ganzj.*
🚻 *ja* 🏕 *57, Wasser- und Stromanschluss möglich*
🍴 *ja* 🐾 *ja*
💲 *$ 50 bis $ 65*
🖥 *www.parks.ca.gov*

Golden Shore RV Resort
Das RV Resort liegt am Strand von Long Beach mit Blick auf die Skyline der Stadt.
⇨ *Pacific Coast HW, Long Beach Freeway 710 South,*
  West Shoreline Dr
✉ *101 Golden Shore, Long Beach, CA 90802*
☎ *1-800 668 3581*
🅿 *ganzj.*
🚻 *ja* 🏕 *80, alle Anschlussmöglichkeiten*
🐾 *ja*
💲 *** bis ****
🖥 *www.goldenshorerv.com*

Dockweiler Beach RV Park

Der fast baumlose RV Park liegt in unmittelbarer Nähe des Pazifiks mit Blick auf Malibu

⇨ Pacific Coast HW, in El Segundo auf den West Imperial HW bis zum RV Park
✉ 12001 Vista del Mar, Playa del Rey, CA 90293
☎ 1-800 950 7275
🕐 ganzj.
🚻 ja 🔌 alle Anschlussmöglichkeiten
♨ ja 🛏 ja
💲 * bis **

Malibu Creek State Park

Das ehemals von den Chumash Natives bewohnte schroffe Malibu Creek Gebiet inmitten der Santa Monica Mountains war ideales Gelände für die Filmemacher in Hollywood. So wurden hier einige Filme und Fernsehsendungen gedreht: z.B. M*A*S*H* und Planet der Affen.

Bevor die Parkverwaltung das Gelände 1974 übernahm, war es in drei Parzellen aufgeteilt, die Eigentümer waren: Bob Hope, Ronald Reagan und die 20th Century Fox Filmgesellschaft.

Besucher, die sich nach endlosen Stränden nach einer Wanderung durch den Wald sehnen, kommen in diesem Park voll auf ihre Kosten.

⇨ 4 mi/6,4 km südl. v. HW101 auf der Las Virgenes, Malibu Canyon Rd zum Park oder vom HW1 östl. v. Malibu Abzweig Malibu Canyon Rd ca. 9 mi/14,4 km zum Park
☎ 818-880-0367
🕐 ganzj.
🚻 ja 🔌 63, max. 30 ft
♨ ja 🛏 ja
💲 $ 35
🖥 www.parks.ca.gov

Leo Carrillo State Park

Surfen, Wandern, Küstenhöhlen und Riffe erforschen sind neben den Grauwal-Beobachtungen im April und Mai die interessantesten Gründe, hier zu verweilen. Und wenn man an klaren Tagen auch noch einen Blick auf die Channel Islands werfen kann, ist das Glück sicherlich vollkommen.

✉ 35000 W. Pacific Coast Highway, Malibu, CA 90265
☎ 310 457 8143
🕐 ganzj.
🚻 ja 🔌 139
♨ ja 🛏 ja
💲 $ 35
🛶 ja, hike & bike
💲 hike & bike: $ 7
🖥 www.parks.ca.gov

Point Mugu State Park

Der Park am Rande der Santa Monica Mountains gelegen, ist landschaftlich besonders abwechslungsreich. Er bietet weite Strände, die zum Schwimmen, Surfen und Fischen einladen.

Mit der angrenzenden Boney Mountains State Wilderness Area können sich Wanderer über ca. 70 mi/112 km Wanderwege freuen.

⇨ HW1 15 mi/24 km südl. v. Oxnard
✉ 9000 W. Pacific Coast Highway, Malibu, CA 90265
☎ 818 880 0363
🕐 ganzj.
🚻 ja 🔌 58
♨ ja 🛏 ja 🛶 ja, hike & bike
💲 $ 35
💲 $ 7
🖥 www.parks.ca.gov

Oxnard

Evergreen RV Park

Der RV Park liegt im nördlichen Stadtbereich, Restaurants und Shopping Center sind zu Fuß gut erreichbar

⇨ HW1 auf West Vineyard Ave zum Oxnard Blvd
✉ 2135 N. Oxnard Blvd, Oxnard, CA 93036
☎ 805 485 1936
🕐 ganzj.
🚻 ja 🔌 94 🛏 ja
💲 * bis **
🖥 www.evergreenrvpark.com

McGrath State Beach Park

Der Park liegt entlang des Santa Clara River Ufers und der Pazifikküste. Er bietet eine der besten Vogelbeobachtungen in Kalifornien. Per Trail kann zum Santa Clara Estuary Natural Preserve gewandert werden. Schwimmer aufgepasst: Es herrschen starke Strömungen.

⇨ 4 mi/6,4 km südlich von Ventura vom HW101 Abfahrt Harbor Blvd
✉ 2211 Harbor Blvd, Oxnard, CA 93035
☎ 805 654 4744
🕐 ganzj.
🚻 ja 🔌 173
♨ ja 🛏 ja, Münzduschen 🛶 ja, hike & bike
💲 $ 35
💲 $ 10
🖥 www.parks.ca.gov

Ventura

Faria Beach County Campground

✉ HW101 Freeway nördl. v. Ventura, Exit State Beaches, Ventura, CA 93001
☎ 805-654-3951
🕐 ganzj.
🚻 ja 🔌 42, alle Anschlussmöglichkeiten 🛏 ja
💲 *

Carpinteria State Beach Park

Im Park bieten sich gute Möglichkeiten, Robben, Seelöwen und mitunter auch Grauwale zu sichten. Schwimmen, Surfen, Wandern und das Suchen nach allerlei Meeresgetier in den Tidepools bietet sich als Freizeitaktivität an. Auf dem Campground sind die Stellplätze auf vier Loops verteilt, die maximale Länge der Fahrzeuge sollte 35 ft nicht überschreiten.

⇒ *HW101, 12 mi/19,2 km südlich von Santa Barbara, Exit Casitas Pass Rd, weiter nach Westen zur Carpinteria Ave*
⊠ *5361 6th St, Carpinteria, California 93013*
☎ *805-968-1033*
⊚ *ganzj.*
⌑ *ja* ⛆ *216*
⛺ *ja* ⛆ *ja, Münzduschen*
∞ *$ 35 bis $ 50*
⚠ *ja, hike & bike (∞ $ 10)*
🖥 *www.parks.ca.gov*

Santa Barbara

Sunrise RV Park

Vom RV Park sind es nur kurze Wege nach Downtown, zum Strand und zu Verbindungen des Öffentlichen Personennahverkehrs.

⇒ *HW101, Exit Salinas St nach Norden*
⊠ *516 S. Salinas, Santa Barbara, CA 93103*
☎ *805 966 9954*
⊚ *ganzj.*
⌑ *ja* ⛆ *33, alle Anschlussmöglichkeiten* ⛆ *ja*
∞ ****

El Capitán State Beach Park

Oberhalb der Küstencliffs liegt der Campground zwischen dem HW101 und dem Pazifik. Treppen führen hinunter zum Strand, der, wie viele andere Parks entlang der Pazifikküste, wieder bestens zum Surfen, Schwimmen und Fischen geeignet ist. Wanderer können auf der jenseits des HW liegenden Parkgeländes den Bill Wallace Trail wandern, der etwa vier Stunden in Anspruch nimmt und durch wunderschönen Mischwald führt.

⇒ *HW101 17 mi/27,2 km westlich von Santa Barbara*
☎ *805 968 1033*
⊚ *ganzj.*
⌑ *ja* ⛆ *119* ⛺ *nein* ⛆ *ja*
∞ *$ 35*
⚠ *ja, hike & bike (∞ $ 10)*
🖥 *www.parks.ca.gov*

Lompoc

Jalama Beach County Park

Fürs leibliche Wohl nach einer anstrengenden Surf- oder Schwimmtour probieren Sie vielleicht „World Famous Jalama Burger" oder „Aunt Ruth's Raw Apple Cake", beides wird im Restaurant angeboten.

⇒ *Folgen Sie dem Hinweis vom HW1 4,5 mi/7,2 km südlich von Lompoc, weitere 14,5 mi/23,2 km zum Park*
⊠ *9999 Jalama Rd, Lompoc, CA 93436*
☎ *805 736 3504*

⊚ *ganzj.*
⌑ *ja* ⛆ *117, Wasser- und Stromanschluss möglich*
⛺ *ja* ⛆ *ja*
∞ *****

Pismo Beach State Park

Der Park liegt wenig südlich des Ortes Oceano. Freizeitaktivitäten wie Surfen, Schwimmen, Wandern und natürlich das Suchen nach den schönsten Muscheln werden hier gerne unternommen. Der Strand von Pismo ist bekannt als „Clam Capital" und alljährlich im Oktober wird dies gebührend mit dem Muschel-Festival gefeiert. Ein weiteres Highlight des Parks ist die größte Überwinterungs-Kolonie der farbenprächtigen Monarchschmetterlinge. Zwei Campgrounds liegen im Park: North Beach und Oceano Campground, der an der Oceano Lagune liegt.

⇒ *HW1, Abfahrt Pier Ave*
⊠ *555 Pier Ave, Oceano, CA 93445*
☎ *805 473 7220*
⊚ *ganzj.*
⌑ *ja* ⛆ *Oceano: 82* ⛆ *North Beach: 103*
⛺ *ja* ⛆ *ja*
∞ *Oceano: $ 35 bis $ 50, North Beach: $ 35*
🖥 *www.parks.ca.gov*

Morro Bay State Park

Der Morro Bay Park, dessen optisches Kennzeichen der weithin sichtbare Morro Felsen ist, bietet Naturliebhabern besonders informative Trails durch das Morro Estuary Natural Reserve, weitere Trails führen zu Aussichtspunkten. Am Parkplatz der Day Use Area befindet sich das Museum of Natural History, das neben Vorträgen, Videos usw. auch geführte Touren anbietet.

⇒ *HW1, Abfahrt Morro Bay Blvd*
☎ *805 772 2560*
⊚ *ganzj.*
⌑ *ja* ⛆ *117*
⛺ *ja* ⛆ *ja* ⚠ *ja, hike & bike*
∞ *$ 35 bis $ 50*
🖥 *www.parks.ca.gov*

Hearst San Simeon State Park

Der Park ist einer der ältesten State Parks Kaliforniens. Wunderschöne Felsenküste, Sumpfgebiete mit der typischen Tier- und Pflanzenwelt und historisch interessante archäologische Fundstätten zeichnen den Park aus, die per Wanderung durch das Santa Rosa Creek Preserve, San Simeon Natural Preserve und Pa-nu Cultural Preserve erkundet werden können.

Zwei Campgrounds befinden sich im Park: San Simeon Creek und der eine Meile landeinwärts liegende Washburn Campground, max. Länge der RVs: 35 ft

⇒ *HW1 35 mi/56 mi nördlich von San Luis Obispo und 5 mi/8 km südlich von der Hearst San Simeon State Historical Monument Visitor Information (Hearst Castle)*

☎ 805 927 2020
🅾 ganzj.; Mitte März-Ende Sept. full service,
   danach kein Service
🚻 ja   ▨ San Simeon Creek: 115   ▨ Washburn: 68
🚿 ja   ▥ ja, Münzduschen
♾ $ 20 bis $ 35
⛺ ja, hike & bike (♾ $ 5)
🖥 www.parks.ca.gov

Plaskett Creek Campground
Einfach ausgestatteter Campground östlich des HW1.
⇨ HW1, 35 mi/56 km nördl. v. Hearst San Simeon SP
☎ 805 434 1996
🚻 ja   ▨ 42
🚿 nein   ▥ nein   ⛺ ja
♾ $ 22

Limekiln State Park
Der Park liegt entlang des gleichnamigen Creeks
und bietet fantastische Ausblicke auf die Küste
von Big Sur. Er wird besonders Wanderfreunde
begeistern, denn einige Wege führen durch dichte Redwoods und durch den Hare Creek und den
Limekiln Canyon, der zu den steilsten Küsten-
canyons der Pazifikküste gehört. Hier sind noch
Reste der ehemaligen Brennöfen zu sehen, die
zum Brennen von Kalkstein dienten. Drei Campgrounds befinden sich im Park: Redwood Zelt-
platz, Beach und Lower Campground. Redwood
ist ab 21.März 2011 für einige Zeit geschlossen,
ggf. in einer Visitor Info nachfragen.
⇨ HW1, 2 mi/3,2 km nördlich von Lucia
☎ 831 667 2403
🅾 ganzj., Redwood im Winter geschlossen
🚻 ja   ▨ 24
🚿 nein   ▥ ja   ⛺ 11
♾ $ 35
🖥 www.parks.ca.gov

Ventana Campground
Wer einen naturnahen, rustikalen und einfach
ausgestatteten Campground sucht, wird sich auf
dem Ventana Campground im Post Canyon inmitten der Redwoods sicherlich wohlfühlen. Auf den
Stellplätzen finden RVs mit einer max. Länge bis
22 ft Platz.
⇨ HW1, 65 km nördlich von San Simeon in Big Sur
☎ 831 667 2712
🅾 ganzj.
🚻 ja   ▨ 92
▥ ja   ⛺ ja
♾ * bis **
🖥 www.ventanawildernesscampground.com

Pfeiffer Big Sur State Park
Der Park ist landschaftlich besonders schön,
Trails führen durch dichte Wälder, die auch immer

wieder den Blick auf das Big Sur Valley und die
Pazifikküste freigeben. Zahlreiche Tiere, darunter
auch Stinktiere, Waschbären und Rotwild sind
hier beheimatet. Im Park befindet sich die Big Sur
Lodge mit Store, Café und 61 Gästezimmer.
⇨ HW1, 26 mi/41,6 km südlich von Carmel
☎ 831 667 2315
🅾 ganzj.
🚻 ja   ▨ 204
🚿 ja   ⛺ ja, hike & bike (♾ $ 5)
♾ $ 35
🖥 www.parks.ca.gov

Fernwood Resort
Wunderschöner Campground inmitten hoher
Riesenlebensbäume. „Empfangen" wird man am
Historic School House, worin sich das Office befindet. Übernachtungen in Cabins und Zelt-Cabins
werden ebenfalls angeboten.
⇨ HW1, 30 mi/48 km südlich von Carmel
✉ 47200 Highway 1, Big Sur, CA 93920
☎ 831 667 2422
🅾 Mai-Okt.
🚻 ja   ▨ 60
▥ ja   ⛺ ja (♾ *)
♾ * bis **

Veterans Memorial Park Monterey
Der Park liegt westlich von Downtown Monterey auf
der vorgelagerten Halbinsel. Naturliebhaber finden
im angrenzenden Huckleberry Hill Nature Preserve
mehrere Trails, die nicht nur die Tier- und Pflanzenwelt des Schutzgebietes zeigen, sondern auch fantastische Ausblicke auf den Pazifik bieten.
⇨ HW1 Exit 378 Holman HW68, beim Hinweis
   „Skyline Forest" weiter auf dem Skyline Dr zum Park
☎ 831 646 3865
🅾 ganzj.
🚻 nein   ▨ 30
🚿 nein   ▥ ja   ⛺ 10, hike & bike (♾ $ 5)
♾ *
🖥 www.monterey.org/rec/vetspark.html

Sunset / Manresa State Beach Park
Die beiden Parks liegen 16 mi/25,6 km südlich
von Santa Cruz direkt am Pazifik und eröffnen
gute Chancen, Grauwale, Seeotter oder Delphine
zu beobachten. Der Manresa Park ist für Zelter
reserviert, der Sunset bietet RVs bis zu 31 ft Länge Stellplätze zwischen Kiefern, und als Freizeit-
beschäftigung bieten sich Schwimmen, Fischen
oder einfach Relaxen und das bunte Treiben am
und im Meer an.
⇨ HW1, Abfahrt San Andreas Rd
✉ 201 Sunset Beach Rd, Watsonville, CA
☎ 831 763 7062/3
🅾 ganzj.

🚻 *ja* 🔥 *Sunset: 90*
⛺ *nein* 📶 *ja* 🏊 *Manresa: 64 (🐾 $ 35)*
🐾 *$ 35*
🖥 *www.parks.ca.gov*

Watsonville

Santa Cruz/Monterey Bay KOA
Der Campground ist voll ausgestattet mit Minigolf-
anlage, Spiel und Spaß für die Kleinen, Schwimm-
bad uvm.
⇒ *HW1, Abfahrt San Andreas Rd, weitere 3,5 mi/5,6 km
zum Campground*
✉ *1186 San Andreas Rd, Watsonville, CA 95076*
☎ *1-888 562 0000*
📷 *ganzj.*
🚻 *ja* 🔥 *230, alle Anschlussmöglichkeiten*
⛺ *ja* 📶 *ja* 🏊 *ja*
🐾 ****
🖥 *http://koa.com/campgrounds/cody*

New Brighton /Seacliff State Beach Park
Die beiden Parks liegen nur eine Meile voneinander entfernt. Das Besondere des südlich gelegenen Seacliff Parks ist der am Ende des Piers
liegende Tanker SS Palo Alto, der eigentlich seinen Dienst im Ersten Weltkrieg aufnehmen sollte,
doch aufgrund des akuten Materialmangels in
der Kriegswirtschaft wurde das Schiff nie fertiggestellt. Es diente einige Jahre als Unterhaltungs-
schiff, hatte ein Restaurant mit Tanzflächen, doch
der Betreiber Cal-Nevada Film ging bankrott. Später nutzten Angler das Deck zum Fischen. Heute
ist das Betreten nicht mehr gestattet, da die Sicherheit nicht mehr gewährleistet ist.

Die Campgroundbereiche auf dem Seacliff Park
am nicht sehr breiten, langgezogenen Stand sind
eng begrenzt, auf dem beliebten New Brighton findet man einen breiten Strand und einen weiträu-
migen Campground oberhalb der Küstenfelsen
mit tollem Blick auf die Monterey Bay.
⇒ *Seacliff: HW1, Seacliff State Park Dr, New Brighton:
HW1, New Brighton Park Ave*
☎ *New Brighton: 831 464 6330*
☎ *Seacliff: 831 685 6442*
📷 *ganzj.*
🚻 *ja* 🔥 *New Brighton: 111*
🔥 *Seacliff: 26, alle Anschlussmöglichkeiten*
⛺ *ja* 📶 *ja, gebührenpflichtig* 🏊 *ja*
🐾 *New Brighton: $ 35 bis $ 50, Seacliff: $ 55 bis $ 65*
🖥 *www.parks.ca.gov*

Henry Covell Redwoods State Park
Wer die Natur pur liebt und gerne wandert, sollte
den kurzen Abstecher vom HW1 zum Park machen. Die Trails führen durch Redwoods mit mehr
als 200 Jahre alten Exemplaren. Das Nature Center und die Picknickanlage des Parks liegen etwa
3 Meilen entfernt vom Campground, bei Interesse

achten Sie auf die separate Zufahrt vom HW9.
⇒ *In Santa Cruz vom HW1 auf den HW9 North nach
Felten und weiter 0,5 mi/0,8 km zum Park*
✉ *2591 Graham Hill Road, Scotts Valley, CA 95060*
☎ *831 335 4598*
📷 *Mai-Okt.*
🚻 *ja* 🔥 *112*
⛺ *ja* 📶 *ja* 🏊 *ja, hike & bike (🐾 $ 7)*
🐾 *$ 35*
🖥 *www.parks.ca.gov*

Großraum San Francisco

Half Moon Bay State Beach Park
Insgesamt vier Meilen weite Sandstrände bietet der
Park, der besonders an Wochenenden und zu Fe-
rienzeiten viel besucht wird, daher ist in diesen Zeiten eine Vorreservierung unbedingt zu empfehlen.
⇒ *HW1 in Half Moon Bay, Abfahrt Kelly Ave W zum Park*
☎ *650 726 8819*
📷 *ganzj.*
🚻 *ja* 🔥 *52*
⛺ *ja* 📶 *ja, Münzduschen* 🏊 *ja, hike & bike (🐾 $ 7)*
🐾 *$ 35 bis $ 50*
🖥 *www.parks.ca.gov*

San Francisco RV Resort
Das Resort mit engen Stellplätzen aber grandio-
sem Ozeanblick liegt ca. 15 Meilen südlich der
Golden Gate Bridge. Es bestehen gute Verbindungen nach San Franzisco.
⇒ *HW1 Exit Oceana Blvd/Monterey Dr in Pacifica,
weiter aus dem Manor Dr, Palmetto Ave, RV Resort
liegt auf der gegenüberliegenden Seite des HW1 am
Pazifik*
✉ *700 Palmetto Ave, Pacifica, California 94044*
☎ *1-877 570 2267*
📷 *ganzj.*
🚻 *ja* 🔥 *182, alle Anschlussmöglichkeiten*
⛺ *ja* 📶 *ja*
🐾 ****
🖥 *www.sanfranciscorvresort.com*

Golden Gate Trailer Park
Der Trailer Park liegt neun Meilen nördlich der
Golden Gate Bridge. Von hier sind die Sehenswürdigkeiten der Stadt via Bus oder Fähre gut zu
erreichen.
⇒ *HW 101, Exit Redwood HW*
✉ *2000 Redwood Highway, Greenbrae, CA 94904*
☎ *415 924 0683*
📷 *ganzj.*
🚻 *ja* 🔥 *alle Anschlussmöglichkeiten* 📶 *ja*
🐾 ** bis ***
🖥 *www.goldengatetrailerpark.com*

Candlestick RV Park
Der RV Park liegt an der San Francisco Bay nur
vier Meilen von Downtown San Francisco entfernt.

Ein Shuttle-Bus fährt vormittags stündlich nach Downtown, $ 12 Hin- und Rückfahrt.

⇨ HW1 weiter auf HW101 Exit 429A
✉ 650 Gilman Ave, San Francisco, CA 94124
☎ 1-800 888 2267
📅 ganzj.
🏕 ja 🚐 165, alle Anschlussmöglichkeiten 🚿 ja
🐾 **
♿ 24
🖥 www.sanfranciscorvpark.com

Samuel P. Taylor State Park

Der State Park liegt zu beiden Seiten des Lagunitas Creek, bietet sowohl dichte Wälder als auch freie Wiesenflächen, zahlreiche Wander-, Reit- und Mountainbikewege.

⇨ nördlich von Stinson Beach, vom HW1 Abfahrt Sir Francis Drake Boulevard nach Osten
☎ 415 488 9897
📅 März-September
🏕 ja 🚐 61
🚻 ja 🚿 ja, Münzduschen ♿ ja
🐾 $ 35
🖥 www.parks.ca.gov

Sonoma Coast State Park

Die etwa 16 Meilen lange wilde, schroffe Küste mit abgelegenen Buchten, Höhlen und Sanddünen des Sonoma Coast Parks ziehen viele Besucher an. Mehrere Abgänge führen vom HW1 hinunter zur Küste und Viewpoints bieten fantastische Aussichtspunkte. Am Südende des Parks ist die Abfahrt zum Bodega Dunes Campground, einige Meilen nördlich liegt der Wright`s Beach Campground.

Die Brandung ist extrem gefährlich entlang der Küste, Schwimmen ist daher nicht gestattet.

✉ Bodega Dunes CG: 2485 HW1, Bodega Bay, CA 94923
✉ Wright's Beach CG: 7095 HW1, Bodega Bay, CA 94923
☎ 707 875 3483
📅 ganzj.
🏕 ja 🚐 Wright's Beach: 30, Bodega Dunes: 98
🚻 Bodega Dunes: ja, 🚿 Bodega Dunes: ja
🐾 Wright's Beach: $ 35 bis $ 45, Bodega Dunes: $ 35
♿ ja, hike & bike (🐾 $ 5)
🖥 www.parks.ca.gov

Salt Point State Park

Ein besonderes Phänomen ist in diesem zu beiden Seiten des HW1 gelegenen Park zu bewundern: An der wilden Küste mit starker Brandung findet man Kalkstein-Tafoni. Tafonis sind bienenwabenähnliche Verwitterungen des Gesteins, die außergewöhnliche und teils sehr fragile Felsformationen bilden und am Gerstle Cove und Fisk Mill Cove besonders schön zu sehen sind. Östlich des HW1 findet man dichten Wald mit riesigen Douglastannen, immergrünen Tanoaks und Erdbeerbäumen. Auf vielen Wanderwegen kann man

die unterschiedlichsten Landschaften erkunden. Am HW1 befinden sich Parkplätze, die zum Strand oder in das Waldgebiet führen. Die Campgrounds liegen im südlichen Teil des Parks, Woodside östlich, Gerstle Cove westlich des HW1.

⇨ HW1, 90 mi/144 km nördlich von San Francisco
✉ 25050 HW1, Jenner, CA 95450
☎ 707 847 3221
📅 ganzj.
🏕 ja 🚐 Woodside: 76, Gerstle Cove: 29
🚻 nein 🚿 nein
🐾 Woodside & Gerstle Cove: $ 35
♿ Woodside: 20 walk-in ($ 20)
♿ ja, hike & bike ($ 6)
🖥 www.parks.ca.gov

Van Damme/Russian Gulch State Park

Der vom HW1 geteilte Van Damme Park liegt etwa drei Meilen südlich von Mendocino, der Russian Gulch zwei Meilen nördlich des Ortes. An der Pazifikseite befinden sich die Picknickplätze und östlich die Campgrounds der Parks. Wanderwege führen im Van Damme Park durch die farnreiche Schlucht des Little River, im Russian Gulch durch den Russian Gulch Creek zu einem Wasserfall. Die Küste kann per Kajak-Tour erforscht werden, allerdings nur mit Genehmigung der Parkverwaltung.

⇨ Van Damme: HW1, 3 mi/4,8 km südl. v. Mendocino
⇨ Russian Gulch: HW1, 2 mi/3,2 km nördl. v. Mendocino
☎ 707 937 5804
📅 ganzj.
🏕 ja
🚐 Van Damme: 74, Russian Gulch: 30
🚻 Van Damme: ja 🚿 ja
🐾 Van Damme: $ 25 bis $ 35, Russian Gulch: $ 35
♿ ja, hike & bike ($ 5)
🖥 www.parks.ca.gov

Pomo RV Park & Campground

Schöner, gepflegter Campground in der Nähe der fantastischen Mendocino Coast.

⇨ HW1 ca. 1 mi/1,6 km südl. v. Fort Bragg, Abfahrt Tregoning Lane
✉ 17999 Tregoning Lane, Fort Bragg, CA 95437
☎ 707 964 3373
📅 ganzj.
🏕 ja 🚐 94
🚻 ja 🚿 ja, Münzduschen ♿ ja (🐾 *)
🐾 * bis **
🖥 www.pomorv.com

MacKerricher State Park

Der sehr beliebte Park liegt zwischen den beiden Flüssen Fort Bragg und Ten Mile River und bietet eine Küstenlandschaft mit Dünen, Sumpfgebieten und Felsenküste. Robben leben auf den Felsen vor der Küste und in dem ufernahen Cleone

Lake tummeln sich mehr als 90 Vogelarten. Im Park liegen vier Campgrounds: Cleone und Surfwood CG in unmittelbarer Nähe des Cleone Lake, East und West Pinewood nördlich der Zufahrtstraße. Wandern, Joggen, Reiten und Radfahren sind sehr populäre Sportarten, die hier möglich sind.

⇨ HW1, 3 mi/4,8 km nördl. v. Fort Bragg,
   Abfahrt Mill Creek Rd
✉ 24100 MacKerricher Park RD, Fort Bragg, CA 95437
☎ 707 937 5804
🅾 ganzj.
🚻 ja �️ 148
🚾 ja 🚿 ja
♾ $ 35
⛺ ja, walk-in (♾ $ 25)
⛺ ja, hike & bike (♾ $ 5)
🖥 www.parks.ca.gov

Richardson Grave State Park
Der Park ist einer der ersten Redwood Parks im nördlichen kalifornischen Küstenbereich. Riesige Mammutbäume sind die typischen Vertreter dieser Redwood-Wälder, einige Trails führen durch die dichten Wälder, geführte Touren werden angeboten, wobei man sich intensiv über die Redwoods informieren kann. Im South Fork Eel River besteht im Sommer Bademöglichkeit. Achtung, hier ist Bärengebiet. Im Park liegen drei Campgrounds: Huckleberry und Madrone westlich und Oak Flat CG östlich des Highways.

⇨ HW1/101, ca, 15 mi/24 km nördl. v. Legget
✉ 1600 US HW 101, 8 Garberville, CA 95542
☎ 707 247 3318
🅾 Huckleberry/Madrone: ganzjährig
🅾 Oak Flat: Mitte Juni-Mitte Sept.
🚻 ja
�️ Huckleberry u. Madrone: 76, Oak Flat: 93
🚾 nein 🚿 ja
♾ Huckleberry/Madrone: $ 35, Oak Flat: $ 45
⛺ ja
🖥 www.parks.ca.gov

Humboldt Redwoods State Park
Dieser über 200 km² große Park gehört sicherlich zu den sehenswertesten Redwood Parks im Norden von Kalifornien. Fast ein Drittel des Parks ist noch unberührte Wildnis, zahlreiche Trails unterschiedlichster Schwierigkeitsgrade führen durch die Wälder und bieten auf mehrtägigen Touren auch Übernachtung auf Zeltplätzen. Parallel zum HW101 führt die 32 Meilen/51,2 Kilometer lange Avenue of Giants von Phillipsville bis Pepperwood durch den Park. Eine Info-Broschüre ist an beiden Enden der Avenue of Giants zu bekommen. Die Visitor Information liegt im Herzen des Parks, dort gibt's Bücher, es werden Filme gezeigt uvm. In unmittelbarer Nähe der Visitor Information liegt der Burlington Campground, Hidden Springs im Süden und Albee Creek im Westen des Parks. Achtung: Der Park ist Bärengebiet.

⇨ HW101, 20 mi/32 km nördl. v. Garberville
☎ 707 946 2409
🅾 Park: ganzj.
🅾 Albee Creek CG: Ende Mai-Mitte Okt.
🅾 Hidden Springs CG: Mitte April-Anfang Sept.
🅾 Burlington CG: ganzj.
🚻 ja
�️ Ablee Creek: 40, Hidden Springs: 141, Burlington: 57
🚾 nein 🚿 ja
♾ $ 35
⛺ ja, walk-in u. hike & bike (♾ $ 5)
🖥 www.parks.ca.gov

Eureka KOA
Bestens ausgestatteter Campground mit Spielplatz, Swimmingpool, uvm.

⇨ 4 mi/6,4 km nördl. v. Eureka am HW101
✉ 4050 North HW101, Eureka, CA 95503
☎ 707 822 4243
🅾 ganzj.
🚻 ja �️ 172
🚾 ja 🚿 ja ⛺ ja
♾ **
🖥 http://koa.com

Patrick's Point State Park
Im Herzen der kalifornischen Redwoods liegt dieser State Park, dessen Wälder sich bis zur schroffen Felsenküste ausdehnen. Einige Aussichtspunkte an der Küste bieten grandiose Ausblicke auf den Pazifik, viele Wanderwege führen durch das Parkgelände und man kann ein nachgebildetes Yurok Village, einen Garten des Natives, besichtigen. Drei Campgrounds liegen im Park: Agate, Abalone und Penn Campground.

⇨ HW101, 25 mi/40 km nördlich von Eureka
✉ 4150 Patrick's Point Dr, Trinidad, CA 95570
☎ 707 677 3570
🅾 ganzj.
🚻 ja �️ 124 ⛺ ja, hike & bike
🚾 nein 🚿 ja
♾ $ 35 bis $ 45
🖥 www.parks.ca.gov

Prairie Creek Redwood State Park
Der Prairie Creek Redwood State Park, der sich westlich des HW101 ausdehnt und auf dem Newton B. Parkway durchquert werden kann, steht seit 1994 unter der Verwaltung des Redwood National Parks. Er bietet viele Meilen Wanderwege von einfachen bis zu sehr anstrengenden Touren. Ein besonderes Highlight des Parks ist der Fern Canyon, der mit sieben Farnarten bewachsen ist und einen hängenden Garten ähnelt. Der Elk Prairie Campground liegt direkt am Highway, der Gold

Bluff an der Küste. Entlang der Küste verläuft die Beach Road, eine schlechte Schotterstrasse, die von Wohnmobilen über 24 ft Länge nicht befahren werden darf.

⇨ *50 mi/80 km nördl. v. Eureka Abfahrt Newton B. Drury Scenic Parkway vom HW101*
☎ 707 946 2263
🅿 *ganzj.*
🛏 *ja* ⛽ *Gold Bluff: 26, Elk Prairie: 76*
🍽 *nein* 🚿 *ja* ⛺ *ja*
♻ *$ 35*
🖥 *www.parks.ca.gov*

Del Norte Coast Redwoods State Park

Nach weiteren achtzehn Meilen Richtung Norden erreicht man den Del Norte Coast Redwoods State Park, der ebenfalls unter der Verwaltung des Redwood National Parks steht. Schwimmen, Surfen, Wandern und Ausreiten gehören zu den Freizeitaktivitäten, die im Park möglich sind.

⇨ *7 mi/11,2 km südlich von Crescent City Abfahrt vom HW101 nach Osten zum Park*
✉ *1111 2nd St, Crescent City, CA 95531*
☎ 707 465 2146
🅿 *Mai-Sept.*
🛏 *ja* ⛽ *145*
🍽 *ja* 🚿 *ja* ⛺ *ja, hike & bike*
♻ *$ 35*
🖥 *www.parks.ca.gov*

Jedediah Smith Redwoods State Park

Im nordöstlichen Teil des Redwood National Parks liegt dieser State Park, ebenfalls unter der Nationalparkverwaltung. Zu Fuß, auf dem Pferd oder auch per Mountainbike lässt sich das Parkgelände erobern und für die Übernachtung steht der Jedediah Smith Campground zur Verfügung.

⇨ *HW101 bis Abzweig HW199 in Crescent City, weiter 9 mi/14,4 km zum Park*
☎ 707 458 3018
🅿 *ganzj.*
🛏 *ja* ⛽ *106*
🍽 *ja* 🚿 *nein* ⛺ *ja, hike & bike (♻ $ 5)*
♻ *$ 35*
🖥 *www.parks.ca.gov*

Shoreline RV Park

An der rauen Pazifikküste und stadtnah gelegener Campground.

⇨ *HW101, Abfahrt Sunset Circle*
✉ *900 Sunset Circle, Crescent City, CA 95531*
☎ 707 464 2473
🅿 *ganzj.*
🛏 *ja* ⛽ *alle Anschlussmöglichkeiten*
🚿 *ja* ⛺ *ja*
♻ ** bis ***
🖥 *www.crescentcity.org/shoreline*

OREGON

Harris Beach State Park

Am Nordende von Brookings liegt dieser strandnahe Campground, ideal zum Relaxen, Wandern und Sonnenbaden.

✉ *1655 Hwy 101 N, Brookings, OR 97415*
☎ 541-469-2021
🅿 *ganzj.*
🛏 *ja* ⛽ *149, alle Anschlussmöglichkeiten*
🍽 *ja* 🚿 *ja*
♻ *Winter: $ 21, Sommer: $ 26*
⛺ *ja (♻ $ 16/$ 20) und hike & bike (♻ $ 5)*
🖥 *www.oregonstateparks.org*

Humbug Mountain State Park

Der Park liegt sechs Meilen südlich von Port Orford an der Küste Oregons und wird von einer bewaldeten Hügellandschaft eingerahmt. Der dominierende Hügel Humbug Mountain (535 m hoch) ist der Namensgeber des Parks. Eine Wanderung auf den Humbug Mountain ist sicherlich eine der Hauptaktivitäten der Parkbesucher.

✉ *39745 HW101 S, Port Orford, OR 97465*
☎ 541 332 6774
🅿 *ganzj.*
🛏 *ja* ⛽ *94, Strom- und Wasseranschluss möglich*
🍽 *nein* 🚿 *ja*

♻ *Winter: $ 16, Sommer: $ 20*
⛺ *ja (♻ $ 13/$ 17) und hike & bike (♻ $ 5)*
🖥 *www.oregonstateparks.org*

Cape Blanco State Park

Dieser am westlichsten Punkt Oregons liegende Park bietet als besondere Attraktion Besichtigungstouren zum ältesten Leuchtturm an der Pazifikküste Oregons. Fast 75 m hoch über dem Ozean bietet er überwältigende Panoramablicke. Gegen geringes Entgelt kann man von April bis Oktober außer montags eine Besichtigungstour unternehmen.

⇨ *vom HW101 Abfahrt zum Park 9 mi/14,4 km nördlich von Port Orford*
✉ *39745 S Hwy 101, Port Orford, OR 97465*
☎ 541 332 6774
🅿 *ganzj.*
🛏 *ja* ⛽ *53, Wasser- und Stromanschluss möglich*
🍽 *nein* 🚿 *ja* ⛺ *ja, hike & bike (♻ $ 5)*
♻ *Winter: $ 16, Sommer: $ 20*
🖥 *www.oregonstateparks.org*

Bullards Beach State Park

Der Park liegt an der Mündung des Coquille River in den Pazifik und ist sehr beliebt. Weite Strände laden zum Picknick oder einem Spaziergang oder Ausritt entlang der Küste ein. Am Ende der Zufahrt zum Strand befindet sich der 1896 erbaute Coquille Leuchtturm, der seit 2007 wieder in seinen Originalfarben erstrahlt, allerdings nicht mehr in Betrieb ist.

⇨ 2 mi/3,2 km nördlich von Bandon am HW101
☎ 541 347 2209
◉ ganzj.
🚐 ja 🚃 185, alle Anschlussmöglichkeiten
⛺ ja 🏕 ja 🛶 ja, hike & bike (♾ $ 5)
♾ Winter: $ 20, Sommer: $ 24
🖥 www.oregonstateparks.org

Sunset Bay State Park

Der Park bietet ein Netz von Trails, die herrliche Ausblicke bieten und durch ursprüngliche Küstenwälder führen.

⇨ nördl. v. Coos Bay Abfahrt v. HW101 nach Westen auf Cape Arago Highway, weitere 12 mi/19,2 km zum Park
✉ 89814 Cape Arago Hwy, Coos Bay, OR 97420
☎ 541 888 4902
◉ ganzj.
🚐 ja 🚃 130, alle Anschlussmöglichkeiten
⛺ nein 🏕 ja
♾ Winter: $ 20, Sommer: $ 24
🛶 ja (♾ Winter: $ 15, Sommer: $ 19) und hike & bike (♾ $ 5)
🖥 www.oregonstateparks.org

Coos Bay

Alder Acres RV Park

⇨ vom HW101 in Coos Bay zur Newmark St W, danach bis Abzweig Ocean Blvd NW bis 28th Court
✉ 1800 N 28th Court, Coos Bay, OR 97420
☎ 1-888 400 7275
◉ ganzj.
🚐 ja 🚃 88, alle Anschlussmöglichkeiten
⛺ ja 🏕 ja
♾ * bis **
🖥 http://alderacresrv.homestead.com

Umpqua Lighthouse & William M. Tugman State Park

Die beiden State Parks liegen nur zwei Meilen voneinander entfernt und in unmittelbarer Nähe der Oregon Dunes National Recreation Area. Der Umpqua Leuchtturm befindet sich an der Winchester Bay, von Mai bis September werden Touren angeboten. Der pittoreske See Lake Marie mit kleinem Sandstrand eignet sich bestens zum Schwimmen, Kanufahren und Fischen.

⇨ 6 mi/9,6 km bzw. 8 mi/12,8 km südl. v. Reedsport vom HW101
☎ 541 271 4118
◉ ganzj.
🚐 ja 🚃 Umpqua: 44, alle Anschlussmöglichkeiten

⛺ William M. Tugmann Park: ja 🏕 ja
♾ Winter: $ 20, Sommer: $ 24
🛶 ja (♾ Winter: $ 15, Sommer: $ 19) und hike & bike (♾ $ 5)
🖥 www.oregonstateparks.org

Jessie M. Honeyman Memorial State Park

Durch eine Dünenlandschaft von der Pazifikküste getrennt, liegt dieser sehr beliebte Park an den beiden Seen Cleawox und Woahink. Cleawox ist bestens zum Schwimmen geeignet, am Woahink Lake befindet sich eine Bootsrampe, daher wird er gern für alle möglichen Wassersportarten genutzt.

⇨ HW101, 3 mi/4,8 km südlich von Florence
✉ 84505 Highway 101 S, Florence, OR 97439
☎ 541 997 3641
◉ ganzj.
🚐 ja 🚃 355, alle Anschlussmöglichkeiten
⛺ ja 🏕 ja
♾ Winter: $ 22, Sommer: $ 26
🛶 ja (♾ Winter: $ 16, Sommer: $ 21) und hike & bike (♾ $ 5)
🖥 www.oregonstateparks.org

Carl G. Washburne Memorial State Park

Der bewaldete Campground des Parks liegt östlich des HW101, zum weiten Sandstrand führt ein kurzer Weg unter dem Highway hindurch. Über einen Wanderweg kann man das Historic Heceta Head Lighthouse erreichen, das von März bis Oktober täglich und von November bis Februar Freitag bis Dienstag besichtigt werden kann.

⇨ HW101, 14 mi/22,4 km nördlich von Florence
✉ 93111 Highway 101 N, Florence, OR 97439
☎ 541 547 3416
◉ ganzj.
🚐 nein 🚃 58, alle Anschlussmöglichkeiten
⛺ ja 🏕 ja
♾ Winter: $ 22, Sommer: $ 26
🛶 7 (♾ Winter: $ 16, Sommer: $ 21) und hike & bike (♾ $ 5)
🖥 www.oregonstateparks.org

Beachside State Recreation Site

Nur wenige Schritte von der Küste entfernt liegen die Stellplätze dieses kleinen, netten Campgrounds, ideal, um einen fantastischen Sonnenuntergang oder die Brandung des Pazifiks genießen zu können.

⇨ HW101, nördl. v. Yachats
✉ 5580 S Coast Highway, Newport, OR 97366
☎ 541 563 3220
◉ ganzj.
🚐 ja 🚃 74, Wasser- und Stromanschluss möglich
⛺ nein 🏕 ja
♾ Winter: $ 22, Sommer: $ 26
🛶 ja (♾ Winter: $ 16, Sommer: $ 21) und hike & bike (♾ $ 6)
🖥 www.oregonstateparks.org

South Beach State Park

Der Campground des Parks liegt nur wenige hundert Meter vom weiten Sandstrand entfernt. Ein Boardwalk mit Infotafeln führt zu einem Aussichtspunkt, mehrere weitere kurze Wanderwege sind ausgeschildert.

⇨ HW101, 2 mi/3,2 km südlich von Newport
✉ 5580 S. Coast Highway, Newport, OR 97366
☏ 541 867 4715
⊙ ganzj.
🚻 ja 🚐 228, Stromanschluss möglich
⛺ ja 🛁 ja
♾ Winter: $ 22, Sommer: $ 26
⛺ ja (♾ Winter: $ 16, Sommer: $ 21)
   und hike & bike (♾ $ 6)
🖥 www.oregonstateparks.org

Beverly Beach State Park

Dieser sehr beliebte Park mit weitem Sandstrand eignet sich bestens zum Sandburgen bauen, Drachen steigen lassen oder man geht auf Fossiliensuche im südlichen Strandabschnitt. Der schattenspendende Campground des Parks liegt östlich des Highways entlang des Spencer Creeks, ein Weg führt unter dem Highway hindurch zum Strand.

⇨ HW101, 7 mi/11,2 km nördlich von Newport
✉ 198 NE 123rd Street, Newport, OR 97365
☏ 541 265 9278
⊙ ganzj.
🚻 ja 🚐 256, alle Anschlussmöglichkeiten
⛺ ja 🛁 ja
♾ Winter: $ 22, Sommer: $ 26
⛺ ja (♾ Winter: $ 16, Sommer: $ 21)
   und hike & bike (♾ $ 6)
🖥 www.oregonstateparks.org

Devils Lake State Recreation Area

Nur wenige Minuten von Downtown Lincoln City entfernt liegt dieser Park östlich des Highways am Devil's Lake, einem Vogelparadies, das für viele Wasservögel auch Winterquartier ist. Wassersportaktivitäten sind sehr beliebt und es besteht die Möglichkeit, auf einer geführten Kajaktour die Geschichte und Ökologie des Sees zu erkunden. (Erw.: $ 15, Kinder 6-14 J.:$ 10). Kajaks werden gestellt. Anmeldungen unter der u.g. Telefonnummer. Eines der größten Outlet Stores Oregons befindet sich in der Nähe.

⇨ HW101, Lincoln City
✉ 1452 NE 6th Drive, Lincoln City, OR 97367
☏ 541 994 2002
⊙ ganzj.
🚻 ja 🚐 87, alle Anschlussmöglichkeiten
⛺ nein 🛁 ja
♾ Winter: $ 23, Sommer: $ 28
⛺ ja (♾ Winter: $ 17, Sommer: $ 21)
   und hike & bike (♾ $ 6)
🖥 www.oregonstateparks.org

Cape Lookout State Park

Eine Sanddüne trennt den bewaldeten Campground von der weiten Pazifikküste. Vom Parkplatz der Picknickanlage führt ein etwa 2,5 mi langer Wanderweg zum Cape Lookout, wo man während der Wal-Wanderzeiten gute Chancen hat, diese grandiosen Tiere zu beobachten.

⇨ HW101 nördl. v. Beaver Abfahrt Sandlake Rd, später Cape Lookout Rd
✉ 13000 Whiskey Creek Rd W,Tillamook, OR 97141
☏ 503 842 4981/2
⊙ ganzj.
🚻 ja 🚐 212, alle Anschlussmöglichkeiten
⛺ ja 🛁 ja
♾ Winter: $ 20, Sommer: $ 24
⛺ ja (♾ Winter: $ 15, Sommer: $ 19)
   und hike & bike (♾ $ 5)
🖥 www.oregonstateparks.org

Nehalem Bay State Park

Der Park befindet sich drei Meilen südlich von Nehalem auf einer Landzunge zwischen der Nehalem Bay und dem Pazifik. So bieten sich gleich zwei Strände für die unterschiedlichsten Freizeitaktivitäten an. Bootstouren, wobei vielleicht auch der eine oder andere Fisch geangelt wird, können in der Nehalem Bay unternommen werden, wo sich eine Bootsrampe befindet. Entlang der Pazifikküste kann man auf „Schatzsuche" gehen oder auch einfach nur dem Rauschen der Brandung lauschen.

⇨ vom HW101 in Nehalem ab Manzanita Jct Richtung Airport
✉ 9500 Sandpiper Lane, PO Box 366, Nehalem, OR 97131
☏ 503 368 5154
⊙ ganzj.
🚻 ja 🚐 265, Strom- und Wasseranschluss möglich
⛺ ja 🛁 ja
♾ Winter: $ 20, Sommer: $ 24
⛺ ja, hike & bike (♾ $ 5)
🖥 www.oregonstateparks.org

Fort Stevens State Park

Der Park liegt am Ende einer Landzunge an der Mündung des Columbia River in den Pazifik nahe einem ehemaligen Militärgeländes, das zum Schutz der strategisch wichtigen Mündung gebaut wurde. 84 Jahre lang vom Beginn des Amerikanischen Bürgerkrieges 1861 bis zum Ende des Zweiten Weltkrieges 1945 war dieses Fort in Betrieb. Im Military Museum kann man sich anhand von Aufzeichnungen und Ausstellungsstücken über die Geschichte informieren, im Sommer werden geführte Touren durch das ehemalige Militärgelände angeboten.

Strandbesucher werden sicherlich das verrostete Schiffswrack der „Peter Iredale" entdecken, es liegt in der Nähe des Parkplatzes. Das englische Segelschiff lief während eines Sturmes im Jahr 1906 auf

Grund. Zum Schwimmen, Fischen oder für Bootsausflüge bietet sich der in der Nähe des südlichen Campgrounds liegende Coffenbury Lake an.

⇨ HW101, Columbia Beach/Ridge Rd ca. 10 mi/16 km südlich von Astoria in Hammond
✉ 100 Peter Iredale Rd, Hammond, OR 97121
☎ 503-861-1671
🄏 ganzj.
🚐 ja 🚗 495, alle Anschlussmöglichkeiten
🚻 ja 🚿 ja
♿ Winter: $ 23, Sommer: $ 27
⛺ ja (♿ Winter: $ 17, Sommer: $ 21) und hike & bike (♿ $ 6)
🖥 www.oregonstateparks.org

Astoria / Warrenton / Seaside KOA
Bestens ausgestatteter Campground.

⇨ HW101, Columbia Beach/Ridge Rd ca. 10 mi/16 km südlich von Astoria in Hammond
✉ 1100 Northwest Ridge Rd, Hammond, OR 97121
☎ 503 861 2606
🄏 ganzj.
🚐 ja 🚗 alle Anschlussmöglichkeiten 🚿 ja
♿ **
⛺ ja
🖥 http://koa.com

WASHINGTON

Cape Disappointment State Park
(ehem. Fort Canby State Park)
Der Park liegt auf der Long Beach Halbinsel an der Pazifikküste. Im Park befinden sich zwei Leuchttürme, Cape Disappointment Lighthouse im Süden und North Head Lighthouse in der Nähe des Campgrounds. Letzterer kann besichtigt werden. Infos: ☎ 360 642 3029.

⇨ HW101 in Ilwaco Richtung Süden Long Beach Peninsula, Robert Gray Dr
✉ 244 Robert Gray Dr, Ilvaco, WA 98624
☎ 360 902 8844
🄏 ganzj.
🚐 ja 🚗 215, alle Anschlussmöglichkeiten
⛺ ja, $ 5 (bei Übernachtung frei) 🚿 ja ⛺ ja
♿ $ 14 bis $ 28
🖥 www.parks.wa.gov

Grayland Beach State Park
Besonders bei Drachenfliegern beliebt ist dieser Park nördlich von Grayland. Achtung: Bei Drucklegung war der Park wegen Überflutung gesperrt, bitte informieren Sie sich auf der Internetseite über den aktuellen Stand, wenn Sie den Park anfahren möchten.

⇨ nördl. von Raymond vom HW101 auf den HW105 ca. 24 mi/38,4 km bis zum Park
✉ 940 Granberry Beach Rd, Grayland, WA 98547
☎ 360 902 8844
🄏 ganzj.
🚐 ja 🚗 113, alle Anschlussmöglichkeiten
⛺ ja, $ 5 (bei Übernachtung frei) 🚿 ja ⛺ ja
♿ $ 14 bis $ 36
🖥 www.parks.wa.gov

Twin Harbors State Park
Der Park liegt ca. 16 mi/25,6 km westlich von Aberdeen nahe der Pazifikküste. Ein Teil des Campgrounds liegt östlich, ein weiterer Teil westlich des HW105. Während der 1930er Jahre war hier militärisches Übungsgelände, die letzten

Baracken wurden 1877 abgebaut. Achtung: Bei Drucklegung war der Park wegen Überflutung gesperrt, bitte informieren Sie sich auf der Internetseite über den aktuellen Stand, wenn Sie den Park anfahren möchten.

⇨ nördl. von Raymond vom HW101 auf den HW105 ca. 26 mi/41,6 km bis zum Park
✉ 3120 HW105 Westport, WA 98591
☎ 360 902 8844
🄏 ganzj.
🚐 ja 🚗 299, alle Anschlussmöglichkeiten
⛺ ja, $ 5 (bei Übernachtung frei) 🚿 ja ⛺ ja
♿ $ 14 bis $ 36
🖥 www.parks.wa.gov

Hoquiam River RV Park
Netter privater RV Park westlich von Aberdeen am Hoquiam River, Grocery Store und Restaurants befinden sich in der Nähe des RV Parks.

⇨ in Hoquiam v. HW101 kurz vor der Brücke über den Hoquiam River Richtung Osten auf die Queen Ave bis zum Park
✉ 425 Queen Ave, Hoquiam, WA 98550
☎ 360 538 2870
🄏 ganzj.
🚐 ja 🚗 75, alle Anschlussmöglichkeiten
⛺ ja 🚿 ja
♿ *
🖥 www.hoquiamriverrvpark.com

Ocean City State Park
Ein Mix aus Dünen und niedrigen dichten Küstenkiefern kennzeichnen den Strand des Parks. Naturliebhaber können hier je nach Jahreszeit Scharen von Zugvögeln und Grauwalen neben vielen weiteren Meeressäugetieren beobachten.

✉ 148 State Route 115, Hoquiam, WA 98550
☎ 360 538 2870
🄏 ganzj.

ja   178, alle Anschlussmöglichkeiten
ja, $ 5 (bei Übernachtung frei)   ja   ja
$ 14 bis $ 36
www.parks.wa.gov

Pacific Beach State Park

Surfen und Sandburgen bauen gehören zu den beliebtesten Freizeitbeschäftigungen am Strand des zwischen der Mündung Joe Creek und Pazifiks gelegenen Parks.

⇒ in Hoquiam vom HW101 auf den HW109, weiter ca. 30 mi/48 km bis zum Park
✉ 49 2nd St, Pacific Beach, WA 98571
☎ 360 538 2870
◻ ganzj.
ja   64
ja, $ 5 (bei Übernachtung frei)   ja   ja
$ 14 bis $ 36
www.parks.wa.gov

Willaby Campground

Der einfach ausgestattete Campground liegt am Südufer des Lake Quinault vor der Kulisse der mächtigen Bergwelt des Olympic National Parks inmitten des Küstenregenwaldes. Eine Bootsrampe befindet sich am See.

⇒ 40 mi/64 km nördl. v. Aberdeen vom HW101 auf die South Shore Rd und weitere 1,5 mi/2,4 km zum Campground
✉ 353 South Shore Rd, Quinault, WA 98575
☎ 360 288 2525
◻ Frühling-Herbst
nein   19, RVs b. ca. 20 ft Länge
Overflow: 10, bis 32 ft Länge
nein   nein   ja
$ 17
www.fs.fed.us

Kalaloch Campground

Der einfach ausgestattete Nationalpark Campground thront auf einer Anhöhe mit prächtigem Blick über den Pazifik. Die meisten Stellplätze sind für kürzere RVs bis 21 ft Länge geeignet, nur wenige bis 35 ft.

⇒ vom Quinault Lake ca. 27 mi/43,2 km weiter auf dem HW101 bis zur Abfahrt zum Park
☎ 360 565 3132, Reservierung: 1-800 365 2267
◻ ganzj.
ja, v. Mitte Juni-Anf. Sept.   170
ja, $ 5   nein   ja
$ 14 bis $ 18
www.nps.gov/olym

Bogachiel State Park

Dieser dicht bewaldete Park liegt am Ufer des Bogachiel River.

⇒ 6 mi/9,6 km südl. v. Forks am HW101
✉ 185983 Highway 101, Forks, WA 98331
☎ 360 902 8844
◻ ganzj.

---

nein   42
ja, $ 5 (bei Übernachtung frei)   nein   ja
$ 12 bis $ 31
www.parks.wa.gov

Forks 101 RV Park

Gut ausgestatteter privater RV Park in Forks. Einkaufsmöglichkeiten in unmittelbarer Nähe des Parks.

⇒ in Folks am HW101
✉ 901 S. Forks Ave /HW101) Forks, Wa 98331
☎ 360 374 5073
◻ Mai-Okt.
ja   75, alle Anschlussmöglichkeiten
ja (2011 geschlossen)
* bis **
www.forks-101-rv-park.com

Klahowya Campground

Der einfache, dicht bewaldete Campground liegt am Südufer des Sol Duc River.

⇒ 20 mi/32 km östlich von Forks am HW101
✉ 437 Tillicum Lane, Forks, WA. 98331
☎ 360 374 6522
◻ April-Oktober
nein   55
nein   nein   ja
$ 12
www.fs.fed.us

Sol Duc Hot Springs Resort Campground

⇒ 30 mi/48 km westlich von Forks vom HW101 zweigt die Sol Duc Valley Rd nach Süden ab, weitere ca. 12 mi/19,2 km bis zum Campground
✉ 12076 Sol Duc Hot Springs Road, Port Angeles, WA 98363
☎ 1-866 476 5382 (866.4SOLDUC)
◻ Ende März-Ende Okt.
ja   17, Wasser- und Stromanschluss möglich
nein   nein
*
www.olympicnationalparks.com/accommodations/sol-duc-hot-springs-resort.aspx

Sol Duc Campground

Einfach ausgestatteter Nationalpark Campground am Ufer des Sol Doc River. Bestens geeignet, um ein warmes wohltuendes Bad in den nahen Hot Springs zu nehmen.

⇒ 30 mi/48 km westlich von Forks vom HW101 zweigt die Sol Duc Valley Rd nach Süden ab, weitere ca. 12 mi/19,2 km zum Campground
☎ 360 374 6522
◻ ganzjährig, Ende Okt.-Ende März abhängig von der Befahrbarkeit der Zufahrtstraße
nein   82, RVs b. 21 ft, einige bis 35 ft Länge
ja   nein   ja
$ 14
www.nps.gov/olym

Fairholme Campground

Der Nationalpark Campground befindet sich am Westende des Lake Crescent, eine Bootsrampe für Wassersportaktivitäten ist vorhanden. Ein kleiner General Store versorgt mit dem Nötigsten.

⇒ *51 mi/81,6 km östlich von Forks am HW101*
☎ *360-565-3130*
🎦 *April-Oktober*
🚻 *nein* 🚐 *88, RVs b. ca. 21 ft Länge*
⛺ *nein* 🚿 *nein* ♨ *ja*
🛒 *$ 12*
🖥 *www.nps.gov/olym*

Port Angeles

Shadow Mountain RV Park

Mit Blick auf den Mt. Baldy, Storm King und Baldy Ridge ist dieser private Campground gut für eine Übernachtung geeignet, da die Stellplätze bewaldet und auch eine gewisse Privatsphäre haben. Ein Store und eine Tankstelle befinden sich in unmittelbarer Nähe des RV Parks.

⇒ *HW101 bei Mile Post 233 etwa 15 mi/24 km westlich von Port Angeles*
✉ *232951 Highway 101, Port Angeles, WA 98363*
☎ *1-877 928 3043*
🎦 *ganzj.*
🚻 *ja* 🚐 *40, alle Anschlussmögl.* 🚿 *ja* ♨ *ja*
🛒 ***
🖥 *www.shadowmt.com*

Altair Campground

Einfach ausgestatteter bewaldeter Nationalpark Campground in der Nähe des Elwha River.

⇒ *ca. 6 mi/9,6 km westl. v. Port Angeles am HW101*
☎ *360-565-3130*
🎦 *Ende Mai-Mitte September*
🚻 *nein* 🚐 *30, RVs b. 21 ft, einige bis 35 ft Länge*
⛺ *nein* 🚿 *nein* ♨ *ja*
🛒 *$ 12*
🖥 *www.nps.gov/olym*

Elwha Campground

Einfach ausgestatteter Nationalpark Campground im waldreichen Elwha Valley.

⇒ *ca. 5 mi/8 km westl. von Port Angeles am HW101*
☎ *360-565-3130*
🎦 *ganzj.*
🚻 *nein* 🚐 *40, RVs b. 21 ft, einige bis 35 ft Länge*
⛺ *nein* 🚿 *nein* ♨ *ja*
🛒 *$ 12*
🖥 *www.nps.gov/olym*

KOA Port Angeles / Sequim

Privater, bestens ausgestatteter Campground.

⇒ *HW101, 7 mi/11,2 km östlich von Port Angeles*
✉ *80 O'Brian Rd, Port Angeles WA 98362*
☎ *360 457 5916*
🎦 *Mitte März-Ende Okt.*
🚻 *ja* 🚐 *alle Anschlussmöglichkeiten*
⛺ *ja* 🚿 *ja* ♨ *ja*
🛒 ** bis ***
🖥 *http://koa.com*

Sequim Bay State Park

Der Park liegt an der Sequim Bay, einige Stellplätze sind bewaldet, weitere liegen an der Küste.

⇒ *3 mi/4,8 km südöstlich von Sequim am HW101*
✉ *269035 Highway 101, Sequim, WA 98382*
☎ *360 902 8844*
🎦 *ganzj.*
🚻 *ja* 🚐 *64*
⛺ *ja, $ 5 (bei Übernachtung frei)* 🚿 *ja*
🛒 *$ 14 bis $ 36*
♨ *ja, auch hike & bike*
🖥 *www.parks.wa.gov*

Kitsap Memorial State Park

Der Park befindet sich am Ostufer des Hood Canal.

⇒ *nach Überqueren der Hood Canal Bridge 4 mi/6,4 km nach Süden auf dem HW3 bis zur Abfahrt Northeast Park St*
✉ *202 Northeast Park St, Poulsbo, WA 98370*
☎ *360 902 8844*
🎦 *ganzj.*
🚻 *ja* 🚐 *39, Wasser- und Stromanschluss möglich*
⛺ *ja, $ 5 (bei Übernachtung frei), zur Zeit nicht in Betrieb*
🚿 *nein* ♨ *ja*
🛒 *$ 14 bis $ 36*
🖥 *www.parks.wa.gov*

Fay Bainbridge State Park

Der familienfreundliche Park liegt im Nordosten von Bainbridge Island am Puget Sound.

⇒ *3 mi/4,8 km nach Überqueren der Agate Pass Bridge am HW305 auf braunes Hinweisschild zum Park achten*
✉ *15446 Sunrise Drive, Bainbridge Island, WA 98110*
☎ *360 902 8844*
🎦 *ganzj.*
🚻 *ja* 🚐 *62, einige mit Wasseranschluss*
⛺ *ja, $ 5 (bei Übernachtung frei)* 🚿 *ja* ♨ *ja*
🛒 *$ 14 bis $ 36*
🖥 *www.parks.wa.gov*

Seattle

Seattle / Tacoma KOA

Im Süden von Seattle am Green River und in Flughafennähe gelegen. Es werden Touren zu den Sehenswürdigkeiten in Downtown Seattle angeboten.

⇒ *IS5 South, Exit 152 Orillia Rd, 212th St*
✉ *5801 S 212th, Kent, WA 98032*
☎ *253 872 8652*
🎦 *ganzj.*
🚻 *ja* 🚐 *alle Anschlussmöglichkeiten*
⛺ *ja* 🚿 *ja* ♨ *ja*
🛒 ****
🖥 *http://koa.com*

Stichwortverzeichnis